普通高等教育交通运输类专业教材精品系列

ECONOMICS OF TRAFFIC
AND TRANSPORTATION

交通运输经济学

| 第 4 版 |
4TH EDITION

贾顺平 编著

人民交通出版社股份有限公司
北　京

内 容 提 要

本书从经济学的角度研究人与物的空间位移问题,以及与之相关联的交通运输基础设施和载运工具的经济规律问题。全书共 13 章,除第 1 章绪论外,分为四部分:第一部分为交通运输需求理论,包括交通运输需求基础、旅客与货物运输需求、城市交通出行需求;第二部分为交通运输供给理论,包括交通运输供给基础、交通运输基础设施与载运工具供给、城市公共交通供给;第三部分为交通运输市场理论,包括交通运输市场、交通运输外部性与政府作用、交通运输成本与价格;第四部分为交通运输企业经济理论,包括交通运输项目投资评价、交通运输固定资产折旧与设备更新、交通运输企业经济活动分析。

本书将经济学基础理论与交通运输专业知识融为一体,基本概念定义清晰,理论分析深入浅出。各章末均包含大量的**阅读案例**与**思考习题**,也有供课堂讨论的**研讨主题**与**分析素材**,并配套有重要知识点内容的**微课程视频讲解**,读者不需要安装任何软件,用手机扫描相关内容对应位置的二维码即可在线观看,丰富了学习方式,也为教师开展反转课堂教学、研讨互动教学等提供了方便。同时,为方便教学,本书还配备了**教学课件**及**课时安排大纲**。

本书可作为交通运输类专业的基础平台课教材,学生无须先修经济学课程;本书也可供相关专业的研究生,以及交通运输行业、企业的规划、管理和决策者者参考。

图书在版编目(CIP)数据

交通运输经济学/贾顺平编著. —4 版. —北京:
人民交通出版社股份有限公司,2024.1
ISBN 978-7-114-19221-0

Ⅰ.①交… Ⅱ.①贾… Ⅲ.①运输经济学—教材
Ⅳ.①F50

中国国家版本馆 CIP 数据核字(2023)第 240215 号

Jiaotong Yunshu Jingji Xue

书　名:	交通运输经济学(第 4 版)
著 作 者:	贾顺平
责任编辑:	吴燕伶　高鸿剑
责任校对:	赵媛媛
责任印制:	刘高彤
出版发行:	人民交通出版社股份有限公司
地　　址:	(100011)北京市朝阳区安定门外外馆斜街 3 号
网　　址:	http://www.ccpcl.com.cn
销售电话:	(010)85285995
总 经 销:	人民交通出版社股份有限公司发行部
经　销:	各地新华书店
印　　刷:	北京印匠彩色印刷有限公司
开　　本:	787×1092 1/16
印　　张:	30.25
字　　数:	615 千
版　　次:	2011 年 8 月　第 1 版
	2015 年 1 月　第 2 版
	2019 年 1 月　第 3 版
	2024 年 1 月　第 4 版
印　　次:	2024 年 7 月　第 4 版　第 2 次印刷　累计第 14 次印刷
书　　号:	ISBN 978-7-114-19221-0
定　　价:	65.00 元

(有印刷、装订质量问题的图书,由本公司负责调换)

第4版前言

《交通运输经济学》自2011年首版出版至今,历经2015年、2019年两次修订,广受读者好评,被多所高等院校选为教材或教学参考书。

随着我国高等教育教学改革的深入,以及近年来教材使用过程中的实践,作者再次对教材进行了修订,形成本书第4版。教材内容除第1章绪论外,包括四部分:第一部分为交通运输需求理论(第2~4章),第二部分为交通运输供给理论(第5~7章),第三部分为交通运输市场理论(第8~10章),第四部分为交通运输企业经济理论(第11~13章)。本书适合作为交通运输类专业的基础平台课教材,学生无需先修经济学课程;也可供相关专业的研究生,以及从事相关领域工作的研究者、规划者和决策者参考。

第4版教材重点进行了如下的一些修订和完善:

(1) 对全书内容进行了梳理。修正和完善了部分文字表述,对第3章内容顺序进行了调整,增强了相关内容的连贯性;按照统一的线型和尺寸大小重新绘制了全书的示意图,使之更加清晰直观;各章末内容做了调整,重新设计了"案例与阅读""作业与思考",同时针对重要章节内容增加了"问题与研讨",可以作为教师组织课堂专题研讨的主题和素材;书末增设附录"本课程教学安排建议"。

(2) 第6章完善了基础设施特许经营的含义和特征描述,重点修改了"公共部门与社会资本合作模式(PPP)"内容,同时对"载运工具的经济装载量"内容进行了修订。

(3) 第8章对四种市场形态的特征进行了更清晰合理的表述,补充完善了完全垄断市场和寡头垄断市场的相关内容;将原交通运输成本和交通运输价格章节的部分内容移至本章进行介绍,使得章节逻辑关系更加合理。

(4) 第 9 章由原来的三节扩充为四节,增加了"垄断与不正当竞争"部分,补充了政府在反垄断、反不正当竞争方面的作用,使本章的内容更加充实;另外对政府投资、管制以及政府作用局限性等内容进行了必要的修订和完善。

(5) 将原第 10 章、第 11 章合并为"第 10 章 交通运输成本与价格",相关内容作了必要的调整。

第 4 版教材由北京交通大学贾顺平教授负责统筹、编写并审核全书,博士研究生张书婧参与了全书示意图的重新绘制工作。

感谢北京交通大学交通运输经济学课程组的孙会君、武旭、卫振林、贾元华、李宝文、任华玲、徐猛、李新刚、唐金金、李树凯、熊志华、郭欣等老师对教材编写提出的宝贵意见,感谢毛保华教授、关伟教授、聂磊教授、朱晓宁教授的支持与帮助。同时还要感谢本书所引用的所有参考文献的作者,限于篇幅未能在书中一一标注,敬希谅解。

由于作者水平有限,书中错误在所难免,欢迎读者批评指正。

贾顺平
2024 年 1 月于北京交通大学

第 3 版前言

《交通运输经济学》(2011年)、《交通运输经济学(第2版)》(2015年)自出版以来,广受读者好评,被多所高等院校选为教材或教学参考书。

本书为第3版,基本保持了第2版的章节结构。第3版内容除第1章绪论外,仍旧包括四部分:第一部分为交通运输需求理论(第2~4章),第二部分为交通运输供给理论(第5~7章),第三部分为交通运输市场理论(第8~11章),第四部分为交通运输企业经济理论(第12~14章)。本书适合作为交通运输类专业的基础平台课教材,学生无须先修经济学课程;也可供相关专业的研究生、实际工作部门的管理者参考。

第3版重点进行了如下的一些补充和完善:

(1) 对各章节的内容进行了全面的梳理,修正和完善了一些基本概念和分析论述。重要的内容修订体现在:第1章有关经济学产生与发展和经济分析逻辑部分,第4章交通出行需求特点和分类分析部分,第6章交通运输基础设施特性和规划过程分析部分,第7章公共交通特征和辅助公共交通(巡游出租车和网络预约出租车)分析部分,第9章政府管制和政府作用局限性分析部分,第10章不同角度成本分类分析部分。

(2) 重新撰写了各章结尾的总结与提要。将本章涉及的内容从关键概念、重点掌握、一般理解三方面进行了总结,使读者能够快速了解本章的关键概念和重点内容。

(3) 配套有重要知识点内容的微课程视频讲解。读者不需要安装任何软件,用手机扫描书页对应位置的二维码即可在线观看,丰富了学习方式,也为教师开展反转课堂教学、研讨互动教学等提供了方便。

第3版由贾顺平教授负责统筹、编写并审核全书。感谢北京交通大学交通运输经济学课程组的贾元华、卫振林、孙会君、雷黎、孙熙安、李宝文、武旭、任华玲、徐猛、李新刚、孙宏声等老师对教材编写提出的宝贵意见,感谢毛保华教授、孙全欣教授、关伟教授、聂磊教授、朱晓宁教授的支持与帮助。同时还要感谢本书所引用的所有参考文献的作者,限于篇幅未能在书中一一标注,敬希谅解。

感谢人民交通出版社股份有限公司对微课程视频录制和在线播放的支持,丰富了读者的学习方式。

由于作者水平有限,书中错误在所难免,欢迎读者批评指正。

贾顺平
2019 年 1 月于北京交通大学

第 2 版前言

交通运输经济学(Economics of Traffic and Transportation)自2011年出版以来,受到读者的好评,被多所院校选为教材或教学参考书。

经过几年的教学实践,更深入地体会到一本好的教科书对老师和学生的作用,也体会到应避免把教科书变为枯燥的学术著作。第2版不是对第1版的修修补补,而是进行了重大的改写和完善:

(1)对第1版的结构进行了调整。合并了部分章节,去掉了关联性不大的内容,同时增加了一些新的内容,全书由第1版的16章变为14章。调整了一些章节的先后顺序,使全书章节在内容的联系上更加紧密,逻辑关系更强。

(2)对各章节的内容进行了全面的修订和改写。梳理了全书的基本概念和分析论述,修订了第1版存在的一些含糊不清的表达,以及逻辑性不强的描述。对涉及的所有基本概念给出了清晰的定义,理论分析力求简单明了,语言描述注重深入浅出,更适合学生阅读和学习。

(3)充实了案例分析和问题思考部分。交通运输经济学不是枯燥的理论推导和概念定义,而是和日常生活紧密结合的身边的科学,研究、讨论、互动型的学习更为有效和重要。为了适应新的教学需要,本次出版更新补充了大量的案例和思考题,便于教师组织课堂研讨和学生课后复习思考。

第2版内容除第1章绪论外,仍旧包括四部分:第一部分为交通运输需求理论(第2~4章),第二部分为交通运输供给理论(第5~7章),第三部分为交通运输市场理论(第8~11章),第四部分为交通运输企业经济理论(第12~14章)。本书适合先期没有选学微观经济学的大学生作为交通运输大类专业的基础平台课教材,也可供相关专业的研究生、实际工作部门的管理者参考。

第2版由北京交通大学贾顺平教授负责统筹、编写并审核全书。研究生周洋帆、张思佳参与了相关资料整理、录入及图表制作工作。

感谢北京交通大学贾元华、卫振林、孙会君、雷黎、任华玲、朱广宇、孙熙安、李宝文、姜秀山、武旭、葛正义、罗江浩、徐猛、彭宏勤、曾进、孙宏声等老师对教材编写提出的宝贵意见，感谢毛保华教授、孙全欣教授、关伟教授、聂磊教授、朱晓宁教授的支持与帮助。同时还要感谢本书所引用的所有参考文献的作者，限于篇幅未能在书中一一标注，敬希谅解。

感谢人民交通出版社股份有限公司对本书的再版采用了新的排版格式，更方便学生的阅读和记录。

由于作者水平有限，书中错误在所难免，欢迎读者批评指正。

贾顺平

2015 年 1 月于北京交通大学

第1版前言

交通运输经济学(Economics of Traffic and Transportation)是运用经济学的思维逻辑和理论方法,研究交通运输系统问题的一门学科。本书拓展了运输经济学(Transportation Economics)的研究领域,从"交通运输是载运工具在交通基础设施上流动和载运工具上载运人员与物资在两地之间位移的经济活动和社会活动的总称"这一概念出发,不仅从经济学的角度研究人与物的空间位移问题,也研究与之相关联的交通设施工具的经济规律问题,从而形成了较为完整的交通运输经济学理论体系。

本书共16章,第1章绪论从经济学的研究视角出发,通过回顾经济学的产生与发展,引领读者进入经济学的世界,进而阐述交通运输的含义和系统特性,明确了交通运输经济学的研究内容。其余内容大致可归纳为四部分:第一部分为交通运输需求理论,包括交通运输需求基础(第2章)、货物运输需求(第3章)、旅客运输需求(第4章)、城市交通出行需求(第5章);第二部分为交通运输供给理论,包括交通运输供给基础(第6章)、交通运输基础设施供给(第7章)、载运工具供给(第8章)、城市公共交通供给(第9章);第三部分为交通运输市场理论,包括交通运输成本(第10章)、交通运输价格(第11章)、交通运输市场(第12章)、交通运输外部性与政府职能(第13章);第四部分为交通运输企业经济理论,包括交通运输项目投资评价(第14章)、交通运输固定资产折旧与设备更新(第15章)、交通运输企业经济活动分析(第16章)。

全书由北京交通大学贾顺平教授统筹大纲、组织编写,并审核全书。参与编写的人员及其分工为:贾顺平(第1、2、3、6、7、8、10、11、12、13、15章),任华玲(第4章),刘智丽(第5章1、2节及第9章),陈绍宽(第5章3、4节),

罗江浩(第14章),雷黎(第16章1、3、4节),丁勇(第16章2节)。另外,研究生郭啸峰、黄海军参与了本书的资料整理、录入、图表制作等工作。

感谢北京交通大学交通运输经济学课程组贾元华、秦四平、葛正义、卫振林、徐猛、孙会君、孙熙安、彭宏勤、武旭、姜秀山、朱广宇、李宝文、刘华、吴建军等老师对教材编写提出的宝贵意见,感谢朱晓宁教授、毛保华教授、杨浩教授、孙全欣教授的支持与帮助。同时还要感谢本书所引用的所有参考文献的作者,限于篇幅未能在书中一一标注,敬希谅解。

由于作者水平有限,书中错误在所难免,欢迎读者批评指正。

贾顺平
2011年7月于北京交通大学

目 录

第1章 绪论 1
  1.1 经济学的研究视角 1
  1.2 交通运输的意义 13
  1.3 交通运输经济学的研究重点 18
  总结与提要 20
  作业与思考 21

第2章 交通运输需求基础 22
  2.1 需求的含义 22
  2.2 需求的表示与变化 24
  2.3 需求弹性分析 31
  2.4 个人选择与消费者行为 44
  2.5 交通运输需求 54
  总结与提要 61
  案例与阅读 62
  作业与思考 65
  问题与研讨 67

第3章 旅客与货物运输需求 68
  3.1 旅客运输需求及变化 68
  3.2 旅客运输需求弹性与广义费用 73
  3.3 货物运输需求及变化 79
  3.4 货物运输需求弹性与广义费用 84
  总结与提要 94
  案例与阅读 94
  作业与思考 96
  问题与研讨 97

第4章 城市交通出行需求 ·············· 99
4.1 城市发展与交通出行需求 ·············· 99
4.2 交通出行方式选择 ·············· 109
4.3 交通需求管理 ·············· 116
总结与提要 ·············· 122
案例与阅读 ·············· 122
作业与思考 ·············· 124

第5章 交通运输供给基础 ·············· 126
5.1 供给的含义 ·············· 126
5.2 供给的表示与变化 ·············· 127
5.3 供给弹性分析 ·············· 132
5.4 厂商生产活动分析 ·············· 135
5.5 公共物品 ·············· 145
5.6 交通运输供给 ·············· 151
总结与提要 ·············· 157
案例与阅读 ·············· 158
作业与思考 ·············· 162
问题与研讨 ·············· 163

第6章 交通运输基础设施与载运工具供给 ·············· 165
6.1 交通运输基础设施的特性和构成 ·············· 165
6.2 交通运输基础设施形成的规划机制 ·············· 173
6.3 交通运输基础设施特许经营模式 ·············· 182
6.4 载运工具的效率与使用寿命 ·············· 187
总结与提要 ·············· 197
案例与阅读 ·············· 197
作业与思考 ·············· 200
问题与研讨 ·············· 201

第7章 城市公共交通供给 ·············· 203
7.1 城市公共交通系统 ·············· 203
7.2 城市公共交通供给方式 ·············· 208
7.3 城市公共交通发展策略与模式 ·············· 220
总结与提要 ·············· 226
案例与阅读 ·············· 227
作业与思考 ·············· 230

第8章 交通运输市场 231
8.1 市场与市场均衡 231
8.2 竞争与垄断：不同组合下的市场形态 241
8.3 市场中的博弈与决策 264
8.4 交通运输市场 270
总结与提要 280
案例与阅读 280
作业与思考 284
问题与研讨 287

第9章 交通运输外部性与政府作用 289
9.1 外部性与市场失灵 289
9.2 政府的经济职能与政策作用 294
9.3 垄断与不正当竞争 307
9.4 交通运输的外部性 313
总结与提要 324
案例与阅读 324
作业与思考 328
问题与研讨 329

第10章 交通运输成本与价格 331
10.1 交通运输成本构成与特点 331
10.2 交通运输成本计算与分析 339
10.3 运价特征与类型 349
10.4 运价制定策略 354
总结与提要 366
案例与阅读 366
作业与思考 370
问题与研讨 371

第11章 交通运输项目投资评价 373
11.1 资金时间价值及等值计算 373
11.2 投资评价指标计算与不确定性分析 382
11.3 项目投资评价内容 394
总结与提要 402
案例与阅读 402
作业与思考 405

第 12 章　交通运输固定资产折旧与设备更新 ·················· 407
 12.1　交通运输固定资产损耗 ·· 407
 12.2　交通运输固定资产折旧 ·· 413
 12.3　交通运输设备更新决策 ·· 421
 总结与提要 ··· 427
 作业与思考 ··· 427

第 13 章　交通运输企业经济活动分析 ·································· 429
 13.1　人力资源管理与效率分析 ······································· 429
 13.2　载运工具运用指标分析 ·· 438
 13.3　运输企业经济效益分析 ·· 450
 总结与提要 ··· 458
 案例与阅读 ··· 458
 作业与思考 ··· 459

附录　本课程教学安排建议 ·· 461

参考文献 ·· 466

第1章 绪 论

1.1 经济学的研究视角

1.1.1 经济学的产生与发展

自从有人类历史以来,经济活动就和人类的日常活动息息相关。虽然人类从事经济活动已有悠久的历史,但是作为一门系统研究人类从事生产和消费活动一般规律的学科,经济学只有200多年的历史。1776年英国的亚当·斯密(Adam Smith,1723—1790)发表了著名的《国民财富的性质和原因的研究》(简称《国富论》),一般公认为其标志着经济学作为一门学科的开始。但在此之前,已经有了一些早期的经济思想的萌芽。

1. 重商主义与重农主义

从16世纪开始,欧洲的封建主义开始崩溃,资本主义开始兴起。随着资本主义生产关系的发展,出现了早期的经济思想,在这个时期形成了重商主义和重农主义两大思想主张。

(1) 重商主义

重商主义(Mercantilism)的代表人物有英国的约翰·海尔斯(J. Hales,? —1571)、威廉·斯塔福德(W. Stafford,1575—1612)和托马斯·孟(Thomas Mun,1571—1641),法国的安徒安·德·孟克列钦(A. D. Montchretien,1575—1621)。托马斯·孟是英国重商主义的集大成者,其重商主义理论及税收思想集中表现在《英国得自对外贸易的财富》一书之中。该书不仅成为英国,而且成为一切实行重商主义政策的国家在政治、经济等方面的基本准则。托马斯·孟的重商主义理论的核心是国际贸易差额论,并主张国家要干预经济生活。

重商主义的基本观点是:金银(即货币)是财富的唯一形态,一切经济活动的目的就是为了获取金银。为了增加金银财富,除直接开采金银矿藏外,有效的方法是通过对外贸易实现顺差。他们认为,国内商业虽有益处,但不能增加一国的金银财富,只有通过对外贸易并实现顺差,金银货币才能流入国内,从而使一国的金银财富增加。因此,重商主义者认

边注:

作为系统研究人类从事生产和消费活动一般规律的学科,经济学只有200多年的历史。1776年英国的亚当·斯密发表了著名的《国民财富的性质和原因的研究》(简称《国富论》),一般公认为其标志着经济学作为一门学科的开始。

重商主义: 起源于16世纪的一种经济观点,认为货币是财富的唯一形态,增加财富的有效办法是通过对外贸易实现顺差。

为,国家为了致富,必须发展对外贸易,并在对外贸易中遵守多卖少买的原则。为确保这一目标的实现,国家必须积极干预经济生活,鼓励出口,限制进口。这种贸易保护主义的思想一直影响至当今世界的国际贸易。

(2) 重农主义

> **重农主义**:流行于17世纪的一种经济观点,认为只有农业才能使物质财富的数量增加,农业应该在国民经济中占首要地位。

重农主义(Physiocracy)的代表人物有法国的布阿吉尔贝尔(P. Boisguillebert,1646—1714)、弗朗斯瓦·魁奈(F. Quesnay,1694—1774)、杜尔哥(Anne Robert Jacques Turgot,1721—1781)等。魁奈是重农主义学派的主要代表人物,在其代表作《经济表》中阐述了他的社会再生产理论,首次把一国经济活动描述为货币与实物的循环往复运动。他对一定时期内社会商品流通总量和货币流通总量、社会总产品和总收入以及社会两大生产部门——工业和农业之间的交换关系作了科学的分析,这是对经济学思想的一个重大贡献。杜尔哥的《关于财富的形成和分配的考察》是重农主义的重要文献,他发展、修正了魁奈的论点。

重农主义认为在充分自由竞争的条件下,交换总是按等价的原则进行的,所以流通不可能是财富的源泉,而只有农业才能使物质财富的数量增加,因为在农业中,一千克种子的播种可以生产出几十千克的谷物。工业的作用只不过是改变农业所提供的原料形态,把各种使用价值合为一种新的使用价值,所以它不是增加物质财富的部门。至于商业更不是生产部门。重农主义提出土地是财富的来源,农业应该在国民经济中占首要地位,增加社会财富的唯一办法是发展农业,降低农业税赋,实行自由贸易,国家不应过多干预社会经济活动。

2. 古典经济学

> **古典经济学**:英国的亚当·斯密于1776年发表了著名的《国富论》,系统地提出了自己的经济理论体系,被公认为是"经济学之父"。他开创建立的经济学理论称为古典经济学。

18世纪下半叶,英国资本主义的发展已经进入了一个新的时期。这一时期,英国的亚当·斯密于1776年发表了著名的《国富论》,他在分析继承前人经济思想的基础上,系统地提出了自己的经济理论体系,被公认为是"经济学之父"。他开创建立的经济学理论称为古典经济学(Classical Economics)。

(1) 亚当·斯密的《国富论》

在《国富论》这一历史巨著中,亚当·斯密批判了重商主义者把金银货币看作财富唯一形态的观点,克服了重农主义学派片面的财富定义,认为劳动生产物——商品是财富的代表,劳动是财富的源泉。他提出劳动是衡量一切商品交换价值的真实尺度,商品的价值是由生产中耗费的劳动量所决定的。

亚当·斯密区分了市场价格和自然价格,认为市场价格是指商品出售时的实际价格,自然价格是低于这个价格企业家不再出售这种商品的

经济学思想的萌芽

长期价格,取决于长期成本。亚当·斯密考察了市场价格因商品供求关系的变化而波动的情况,即当市场上商品供大于求时,市场价格低于其自然价格,生产者就会减少该种商品的生产,直到商品的供求趋于平衡;当市场上商品供小于求时,市场价格就会高于自然价格,于是资本就会流向这一部门,生产就会增加,直至供求趋于平衡。他认为,这种价格机制就像一只"看不见的手",调节着社会资源合理而有效率地分配到各种商品的生产中去。这种观点对经济学产生了深远的影响。

> 价格机制就像一只"看不见的手",调节着社会资源合理而有效率地分配到各种商品的生产中去,调节着商品的供求平衡。

亚当·斯密认为一切经济活动的原动力是人的利己心。利己是人的天性,但是人为了达到自己的目的,从别人那里取得自己所需要的东西,就必须先给别人需要的东西,于是就有了分工、交换等经济现象的产生。利己与利他是不矛盾的,商家要赚钱,这就是利己之心的驱动;但要做到这点,商家就必须考虑顾客的利益,提供顾客所需要之物,这是利他的行为,整个社会就是在这许许多多利他行为中实现了每个人的个人利益。因此,增加一个国家的财富,最好的经济政策就是给私人的经济活动完全的自由,因为充分的自由竞争是发挥社会每个成员主动性和积极性的条件。

亚当·斯密认为"看不见的手"起作用的关键是自由竞争,竞争的结果是资源被有效地配置在最有价值的地方,使经济运行充满效率。所以亚当·斯密反对国家干预经济,主张政府应该主要行使好三个职能:第一保护社会免受外来入侵,第二建立司法机构,第三建立和维护私人企业家不能有效供给的公共工程和机构。这一理论和主张对现代经济学的发展产生着相当大的影响,一直被西方经济学家视为一个基本信条。

> 古典经济学最基本的特征是强调市场机制的作用,主张自由放任政策,认为政府不该干预国民经济活动。

亚当·斯密不仅是一位经济学大师,而且是一位杰出的伦理学家。在《国富论》之前,他于1759年出版了《道德情操论》,主要讨论道德的力量,研究通过限制人们的自私而把人们组合成一个可以运转的社会。《道德情操论》用同情的基本原理来阐释正义、仁慈、克己等一切道德情操产生的根源,说明道德评价的性质、原则,以及各种美德的特征,进而揭示出人类社会赖以维系、和谐发展的基础,以及人的行为应该遵循的一般道德准则。《国富论》从人的利己本性出发,而《道德情操论》更关注人的同情心和利他行为,这看似矛盾的两个方面也真实反映出了人性的复杂。亚当·斯密的思想对人类社会产生了深远的影响。

(2)大卫·李嘉图的比较成本学说

英国的大卫·李嘉图(David Ricardo,1772—1823)继承和发展了亚当·斯密经济理论的精华,使古典经济学达到了高峰,同时他也是成功的商人、金融和投资专家。大卫·李嘉图在1817年出版了《政治经济学和

经济学的诞生

赋税原理》，统一了劳动价值论的理论基础，更清晰地分析了使用价值和交换价值的区别，并首次提出决定商品交换价值的劳动不是实际的个别劳动，而是社会必要劳动。大卫·李嘉图在深入研究国际贸易的基础上，提出了比较成本学说。这种学说认为每个国家专门生产自己具有相对优势的商品，即使这种商品成本的绝对值高于其他国家，但只要它在本国生产所用成本相对较低，就能通过国际贸易获得利益。比较成本学说对国际贸易理论有很大的影响。

(3) 理论体系的进一步完善

从亚当·斯密开始，经过大卫·李嘉图的丰富和发展，其间比较有代表性贡献的还有法国的让·萨伊(Jean Baptiste Say, 1767—1832)、英国的约翰·穆勒(John Stuart Mill, 1806—1873)等许多学者，经济学经历了一个大发展时期，形成了一个内容丰富的庞大体系，被后人称为古典经济学派。其最基本的特征是强调市场机制的作用，主张自由放任政策，认为政府不该干预国民经济活动。在国际贸易上，该学派则认为国际分工能在国际范围内提高资源的利用效率，主张实行自由贸易政策。

3. 新古典经济学

(1) 边际效用价值论

> **新古典经济学：**
> 英国的阿尔弗雷德·马歇尔于1890年出版了《经济学原理》一书，建立了以边际效用分析为手段、均衡价格为核心的经济学体系，是古典经济学的发展和更新，被称为新古典经济学。

19世纪中期，一些人认识到了劳动价值论的局限，主张用一种主观价值论来代替。奥地利的门格尔(C. Menger, 1840—1921)、英国的杰文斯(W. Jevons, 1835—1882)、法国的瓦尔拉斯(L. Walras, 1834—1910)这三个经济学家几乎同时且独立地于1871年前后提出了边际效用价值论。他们认为商品的价值既不由劳动决定，也不由生产费用来决定，而是由消费者的主观评价决定的。消费者之所以需要商品，是因为商品都有满足人们消费欲望的效用。人们对商品效用的评价，随着这种商品消费量的增多而降低，某种商品的价格高低由这种商品给消费者带来的边际效用而定。这就是被称为"边际革命"的边际效用价值论。这是一种与古典经济学派的劳动价值论完全不同的价值理论，同时在方法上也和古典学派不同，它把高等数学中的一些分析方法用到经济研究中，推动了数理经济学的发展。

(2) 马歇尔的《经济学原理》

英国剑桥大学的阿尔弗雷德·马歇尔(Alfred Marshall, 1842—1924)于1890年出版了《经济学原理》一书，该书系统综合了自亚当·斯密以来的经济理论和学说，建立了以边际效用分析为手段、均衡价格为核心的经济学体系，由于这个体系是英国古典经济学的发展和更新，因此这个经济学体系被称为新古典经济学(Neoclassical Economics)。马歇尔的《经济学

经济学的发展与壮大

原理》一书被看作是可以和亚当·斯密的《国富论》相提并论的划时代著作。在马歇尔的努力下,经济学从仅仅是一门必修课发展成为一门独立的学科,剑桥大学在他的影响下建立了世界上第一个经济学系。

(3)新古典经济学与古典经济学的共同点与主要区别

新古典经济学与古典经济学既有共同点,也有区别。两者的主要共同点是都承认"经济人"假设,都主张经济政策的自由放任,反对政府干预经济。所谓经济人(Homo Economicus)即指人都以自身利益最大化为目标进行理性的决策和行动,本质是利己自私的,但他的行为又是利他的。

> 经济人假设:人都以自身利益最大化为目标进行理性的决策和行动,本质是利己自私的,但他的行为又是利他的。

主要不同点是:

第一,研究对象不同。古典经济学只重视对生产的研究,新古典经济学更加重视对消费和需求的研究。

第二,价值理论不同。古典经济学所持的是劳动价值论,而新古典经济学所持的是边际效用价值论。

第三,研究的中心问题不同。古典经济学研究的中心问题是国民财富如何增长,强调财富是物质产品,因此,增加财富的方法是通过资本积累等途径来发展生产;而新古典经济学则把资源配置作为经济学研究的中心,论述了价格如何使社会资源的配置达到最优,将消费、需求分析与生产、供给分析结合起来,提出了均衡价格理论。

4. 微观经济学

马歇尔的理论反映的是完全竞争情况下的市场价格运行机制。到了19世纪末20世纪初,资本主义经济进入了垄断阶段,不同的市场由于垄断程度不同,均衡价格运行机制也完全不同。美国的张伯伦(E. H. Chamberlin,1899—1967)、英国的琼·罗宾逊(J. Robinson,1903—1983)于1933年对马歇尔的完全竞争情况下的市场价格运行机制作了补充完善。

因为现实生活中很难有完全竞争市场,常常是不同程度的垄断和竞争交织在一起。张伯伦用垄断竞争理论,罗宾逊用不完全竞争理论说明了现实市场中存在的这种情况,分析研究了不同市场条件下厂商决定其产量和价格,实现利润最大化的行为,形成了比较切合实际的厂商均衡理论,补充和发展了马歇尔的新古典经济学理论,形成了现在所称的微观经济学理论体系。

微观经济学(Microeconomics)是以单个经济单位(单个生产者、单个消费者、单个市场经济活动)作为研究对象,分析单个经济单位的经济行为,在此基础上,研究市场运行机制及其在经济资源配置中的作用的经济学说。

> 微观经济学:以单个经济单位(单个生产者、单个消费者、单个市场经济活动)作为研究对象,分析单个经济单位的经济行为,在此基础上,研究市场运行机制及其在经济资源配置中的作用的经济学说。

5. 宏观经济学

(1) 市场调节功能的失调

从亚当·斯密到马歇尔，几乎所有的经济学家都颂扬自由竞争，都认为市场价格机制能有效地调节供给与需求，失业仅仅是一种偶然现象，都主张政府不要干预经济。古典和新古典经济学都认为市场像一部精巧的机器，它会自动调节供求，使两者平衡，因而不会产生产品过剩和工人失业的情况。法国经济学家萨伊曾提出一个萨伊定律，该定律指出，供给会自行创造需求，所以从全局看，有供必有求，供求必相等。然而1929—1933年发生的世界性的经济危机，对传统的经济学理论是一个沉重的打击。在大危机年代，大量产品过剩、大量工人失业已是无可争辩的事实。这对萨伊定律是一个沉重打击，表明古典和新古典经济学已陷入困境，无法说明和解决经济大危机年代出现的新问题。

(2) 凯恩斯的《就业、利息和货币通论》

现实迫使经济学家对传统的经济理论进行反思。其中，英国的约翰·梅纳德·凯恩斯(John Maynard Keynes，1883—1946)于1936年出版的《就业、利息和货币通论》被称为凯恩斯革命，标志着现代宏观经济学体系的建立。

凯恩斯在《就业、利息和货币通论》一书中，抛弃了传统经济学的一些基本观点，认为生产和就业的水平决定于总需求的水平，提出在自由放任的条件下，不可避免会产生失业和危机。

凯恩斯运用宏观总量分析方法，阐述了在自由放任条件下有效需求不足是产生经济危机的根源，而有效需求不足又是由三个基本心理规律造成的：

> **有效需求不足的三个基本心理规律**：边际消费倾向递减规律、资本边际效率递减规律、流动性偏好规律。

第一，边际消费倾向递减规律。当人们收入水平发生变化时，消费需求也会随之发生变化，消费需求与收入水平之间存在着一定的函数关系，这种关系被称为消费倾向。人们的收入一部分用于消费，另一部分用于储蓄，储蓄是"未消费的收入"。边际消费倾向递减规律指的是消费随收入的增加而增加，但在增加的收入中，用来消费的部分所占比重越来越小，用来储蓄的部分所占比重越来越大。这种现象导致了消费需求的不足。

第二，资本边际效率递减规律。资本边际效率之所以会下降，一方面是由于投资的增加，使生产设备的运转压力加大，生产成本提高，预期的利润率下降；另一方面，更重要的原因是，随着投资增加，可能出现市场供大于求的情况，企业家对未来收益率的预期会下降。这样，由于企业家对投资前景缺乏信心，他们预期的资本边际效率常常偏低，从而导致投资需求的下降。

第三,流动性偏好规律。流动性是指一种资产在不损害其原有价值的情况下变成现金的难易程度。人们都具有保有一定量现金,以应付日常开支、意外开支和投机活动需要的心理动机,即流动性偏好。如果要让人们放弃这种偏好,将货币借贷给别人,就必须要给予相应的报酬,即利息。利率的大小由利息决定,人们的流动性偏好决定了利率会保持在一定的高度,从而导致投资需求的不足。

(3) 宏观经济学理论

宏观经济学(Macroeconomics)是以整个国民经济为考察对象,使用国民总收入、经济总投资、社会总需求和就业总水平等总体性的经济概念来分析经济运行规律的一个经济学领域。

宏观经济学理论认为整个社会的总需求是由消费需求和投资需求构成的,它们的不足会使总需求低于总供给,从而造成产品过剩和工人失业。在微观经济学理论中,价格、工资和利率的自动调整会使总需求趋向于充分就业的水平。根据当时生产和就业情况迅速恶化的现实,凯恩斯指出,事实上这个自动调节机制没有起作用,并提出有效需求理论:社会就业量取决于有效需求(包括消费需求和投资需求),而有效需求的大小又主要决定于三个基本心理因素,即"消费倾向""对资产未来收益的预期"和"对货币的流动偏好"。在这一理论基础上,他提出的对策是扩大政府干预经济的权力,采取财政货币措施,增加公共开支,降低利率,刺激消费,增加投资,以提高有效需求,实现经济的充分就业均衡。

凯恩斯提出政府需要采取干预措施,用宏观经济政策来保证充分就业和经济发展。他的政策主张先是被西方发达国家政府接受并付诸实施,该经济理论也逐渐被经济学家所接受,成为与传统的微观经济学并立的宏观经济学流派,凯恩斯被称为"宏观经济学之父"。

6. 现代经济学

自凯恩斯之后,经济学被分为两大流派:微观经济学和宏观经济学。从 20 世纪 30 年代到 60 年代,凯恩斯的宏观经济学被发达国家政府广泛用于经济管理,取得显著成效。但到了 20 世纪 70 年代,西方各国出现了经济停滞和通货膨胀并发的"滞胀"局面,而这是凯恩斯宏观经济学无法解释的现象。不少经济学家认为经济"滞胀"的根源是政府干预经济的结果,是为刺激需求而推行财政赤字,同时发行过量货币来填补赤字导致的后果。鉴于此,经济学家纷纷提出了各种各样的理论,形成了不同的流派,其中较有影响的主要有:

(1) 以弗里德曼(Milton Friedman,1912—2006)为首的现代货币主义学派。弗里德曼认为经济体系的不稳定,主要是因为货币因素的扰动引

流动性:指一种资产在不损害其原有价值的情况下变成现金的难易程度。

宏观经济学:是以整个国民经济为考察对象,使用国民总收入、经济总投资、社会总需求和就业总水平等总体性的经济概念来分析经济运行规律的一个经济学领域。

起的,货币是支配经济中产量、就业和物价变动的唯一重要因素,因此,经济理论中最重要的就是货币问题。在政策方面,弗里德曼主张以自由放任为根本政策,让市场自动调节的机制充分发挥作用,而辅之以政府对货币总量的控制。只有适当的货币政策才能稳定经济,实现充分就业。

(2)以穆斯(John F. Muth,1930—2005)、卢卡斯(Robert E. Lucas Jr. 1937—2023)、萨金特(Thomas J. Sargent,1943—)等为代表的理性预期经济学派。理性预期学派着重强调任何人都是理性的"经济人",都具有最大化自己利益的行为和理性预期。因此,对于任何宏观经济政策,他们都会有相应的对策来避免或化解对自己的不利影响,从而会造成宏观经济政策的无效。理性预期学派反对国家干预的政策,主张政府应在宣布政策长期不变从而取信于民的基础上,由市场机制对经济自行加以调节,最终使经济达到自然率增长的水准。

(3)以蒙代尔(Robert Mundell,1932—2021)、费尔德斯坦(Martin S. Feldstein,1939—2019)、拉弗(Arthur B. Laffer,1941—)等为代表的供给学派。供给学派针对经济学长期以来一直强调需求分析而忽视供给研究的倾向,力图从总供给方面寻求解决问题的方案。他们重新阐述"萨伊定律",进一步论证供给是实际需求得以维持的源泉。其在总供给的管理方面,主要论点是要解决由于过高的税率所产生的劳动力供给不足,以及失业率长期居高不下的问题。

(4)以加尔布雷斯(John Kenneth Galbraith,1908—2006)、缪达尔(Gunnar Myrdal,1898—1987)等为代表的新制度学派。新制度学派强调科学技术和管理对社会制度性质变化的决定作用,主张国家应干预经济,但干预的重点与凯恩斯主义又有所不同,认为国家干预的目标是所谓"社会平等",强调社会制度向某一既定方向演进,其途径就是社会变革。

(5)以布坎南(James M. Buchanan,1919—2013)、科斯(Ronald H. Coase,1910—2013)、诺思(Douglass C. North,1920—2015)、斯蒂格勒(George Joseph Stigler,1911—1991)等为代表的新制度经济学。新制度经济学不同于新制度学派,新制度经济学致力于用传统的古典经济理论来分析制度的构成和运行,其理论内容非常丰富,包括公共选择理论(布坎南)、交易成本理论、企业理论和产权理论(科斯),制度变迁与经济发展理论(诺思),产业组织和政府管制理论(斯蒂格勒)等。

(6)以哈耶克(Friedrich August Von Hayek,1899—1992)、坎南(Edwin Cannan,1861—1935)等为代表的新自由主义学派。哈耶克以亚当·斯密的经济自由主义为思想基础,从伦理学角度探讨平等与自由的含义,反对一切形式的国家干预,倡导实行竞争性私人货币制度下的自由化市场经济;

认为生产资料公有制代替私有制后,计划经济没有价格机制和市场竞争,无法实现资源的合理配置,不可能有好的效益。

当然还有其他形形色色的经济学理论和流派。特别是 1997 年亚洲金融危机、2008 年美国次贷危机引发的世界性的金融和经济危机、2010 年欧洲债务危机的出现,给经济学的理论和实践带来了巨大的冲击。如何从理论上解释这种现象,进而能够预防历史悲剧的重演,是摆在经济学家面前的一道未解难题。

1.1.2 经济学的研究内容

1. 研究内容

那么,究竟什么是经济学?或者说经济学的研究内容是什么?对于这个问题,从不同的角度有不同的回答。一个较为普遍的回答是:经济学研究的是一个社会如何利用稀缺的资源生产有价值的商品,并将它们在不同的人中间进行分配。

稀缺(Scarcity)是指资源是有限的,而人们的欲望是无限的。因此,就一项经济活动而言,最重要的就是最好地利用其有限的资源。人们在运用稀缺性资源进行选择时,要考虑如何用既定的资源生产经济物品,以便更好地满足人们的需要,这就涉及以下的资源配置问题。

(1) 生产什么?资源的用途是多方面的,并在一定程度上可以相互替代。如一定量的土地和劳动既可以种植小麦,也可以种植玉米,这时人们就需要做出选择:到底生产什么?生产多少合适?

(2) 如何生产?即用什么方法进行生产。通常情况下,生产一定数量的某种产品可采用不同的方法,可以多用资本(购置大量的机器设备)少用劳动,采取资本密集型生产方式,也可以多用劳动少用资本,采用劳动密集型的生产方式。不同的方法有时可以达到不同的产量,但其经济效率或成本一般是有区别的。在生产什么、生产多少已确定的情况下,人们就需要选择合适的生产方法,以达到最高效率利用现有资源的目的。

(3) 为谁生产?即生产出来的产品是如何进行分配的,谁来享用这些产品。产品在社会成员之间如何分配,将影响生产要素的流向和配置。一般而言,优质的劳动、资金、土地总是流向回报较高的部门和企业。

2. 经济体制

解决生产什么、如何生产、为谁生产这样的问题,需要采取不同的经济体制进行组织,经济体制指配置资源的制度和机制。通常我们按三种类型来区分不同的经济组织体制。

经济学的研究内容:经济学研究的是一个社会如何利用稀缺的资源生产有价值的商品,并将它们在不同的人中间进行分配。

资源配置问题:解决生产什么、如何生产、为谁生产的问题。

经济体制:指配置资源的制度和机制,主要分为市场经济、计划经济、混合经济三种体制类型。

(1) 市场经济

市场经济(Market Economy)是一种主要由个人和企业自主决定生产和消费的经济制度。企业自主决定雇佣谁和生产什么（生产那些利润最高的商品）、如何生产（采用成本最低的生产方式）；消费者自主决定为哪家企业工作、如何花费自己的收入购买商品（为谁生产），这些收入包括来自劳动的工资收入和来自财产所有权的财产收入。这些企业和消费者在市场上相互交易，价格就是"看不见的手"，用来指导企业和消费者的经济行为。当消费者决定买多少时他们盯着价格，当企业决定生产多少时他们也盯着价格，价格由市场交易自发决定，不需要政府的任何限制。价格、市场、盈亏、刺激与奖励等一整套机制解决了生产什么、如何生产以及为谁生产的问题。市场经济并非意味着政府无所作为，政府制定法律监管市场，提供教育和治安服务，管制污染和经济外部性，决策货币的发行、税收的调节、国家财政预算资金的投放等。

(2) 计划经济

计划经济(Command Economy)也称为指令经济，是由政府做出有关生产和分配的所有重大决策。计划经济的前提假设是政府可以最佳地配置经济资源，避免市场中的资源浪费现象。这种体制下，生产什么、如何生产并非由各个企业自主决定，而是由政府来决定的，决定的依据是政府对数量及比例的估计。价格也不是市场交易自发决定，而是政府规定。计划经济之所以失败，最大原因在于政府把价格这个"看不见的手"捆绑起来了，价格由计划者规定，就缺失了消费者偏好和生产者成本的必要信息，而在市场经济中，价格在交易中的动态波动和变化能够准确反映这些信息。同时计划经济也缺少刺激与奖励机制，无法调动人们的积极性，生产效率极低，市场上的商品数量普遍不足。

(3) 混合经济

混合经济(Mixed Economy)是指兼有市场经济成分和计划经济成分的组织机制。需要注意的是，不能因为市场经济体制中，企业生产有计划性、政府决策也有计划性，就把市场经济也称之为混合经济。混合经济的成分在偏向市场还是偏向计划的程度上有所不同，某些经济领域或部门以市场经济成分为主，另一些经济领域或部门以计划经济成分为主。理论上，混合经济的制度设计似乎可以同时吸取市场与计划的好处，但实际上，国民经济是一个整体，各经济领域和部门之间存在着复杂的、密切的联系，很难完全隔离，因此混合经济的结果往往是市场经济的好处不能充分发挥，同时会带来权力腐败和灰色经济行为的问题。

经济学的研究内容

1.1.3 经济学的逻辑

1. 理论研究与数量分析

经济生活是由一系列活动组成的复杂的集合,包括购买、销售、讨价还价、投资、劝说等。经济科学的最终目的就是要理解这些复杂的活动。经济学是一种思维方式,它需要细心的观察和逻辑推理,同时还需要借助经济理论研究和数量分析解释经济情况和现象。

经济学家经常依赖理论研究,理论研究方法能够使经济学家进行一般化的抽象,通过对经济现象的观察,在一定的假设条件下,通过逻辑推理,抽象得出普遍性的结论。理论研究是一个"大胆假设,小心求证"的思想过程,首先会提出一个假设,或者一个设想,对所疑惑的现象进行解释;然后再检验该假设对实际现象的预测是否准确,如果该假设通过了检验,那么它就是可接受的。

经济数量分析模型通常是对真实世界的抽象或简化,它们选取非常复杂的现象,如个人、企业、政府的行为,然后将其简化。经济模型与物理模型的不同之处在于它们要尽力对人们的行为进行解释,而行为是非常复杂的,一般具有不可预见性。经济模型能够用语言、数字表格、图形或数学方式来描述,经济学家常用的一种数学分析方法称为经济计量学,即将统计学工具应用到经济问题的分析之中,包括利用统计分析和历史记录来观察经济事件,历史可以提供丰富的前车之鉴。借助经济计量学,可以从堆积如山的经验数据中抽象出事物之间简单明了的关系。

2. 实证分析与规范分析

对于经济问题的研究常常会涉及事实本身和它是否公平这两方面的问题,人们经常会为一个问题发生争论,而最后发现争论的焦点其实并不一致。为了避免在事实判断过程中对价值观问题的纠缠,从研究思维与方法的角度划分,有实证分析和规范分析两大类。

(1)实证分析

实证分析(Positive Analysis)是指在观察事物时,排除一切有关事物本身是"好"或"坏"的价值判断,只注重事物本身是如何运行的,描述和分析的是现存事物的实际状况和未来发展趋势。实证分析试图回答的是"是什么(What)""为什么(Why)"这样类型的问题。其涉及的问题可能是简单的,也可能是复杂的,但都以客观存在为基础。

实证分析,要研究回答诸如为什么医生比门卫赚的钱多、自由贸易是提高了还是降低了中国人的工资、计算机对生产力的影响是什么等问题,

> **实证分析**:指在观察事物时,排除一切有关事物本身是"好"或"坏"的价值判断,只注重事物本身是如何运行的,描述和分析的是现存事物的实际状况和未来发展趋势。

尽管这些问题有时很难回答,但可以通过分析和经验例证找到答案,这些分析属于实证分析,这类问题属于实证分析的研究范畴。

(2)规范分析

规范分析(Normative Analysis)是指在观察事物时,以一定的价值判断为基础,提出某些标准作为分析和处理问题的准则,它所关心的是事物是"好"还是"坏",应该如何运行,并力图改变现实。规范分析试图回答的是"应该怎样(Ought to)""不应该怎样(Ought not to)"这种类型的问题。

规范分析要研究回答价值判断问题,诸如医生应该比门卫收入多吗?穷人必须工作才能得到政府帮助吗?应该限制自由贸易吗?等等。由于这类问题涉及伦理、价值观,而非事实本身,因此其答案也就无所谓正确或错误,它们只能靠政治辩论和决策来解决,而不能仅仅依靠经济分析。

3. 经济学的逻辑基础

经济学研究社会如何配置和管理稀缺的资源。在大多数社会中,资源是通过千百万家庭和企业的共同行动来配置和管理的,因此,经济学家研究人们如何做出决策:他们做什么工作,购买什么商品,购买多少;研究人们如何交易:众多消费者和生产者如何共同决定一种商品的价格和销售数量,政府在市场中起什么作用。经济学的研究是多方面的,也包括研究平均收入、货币、失业等的整体经济如何运行。经济学的研究中包含一些基本的逻辑基础。

(1)如何做出决策

人的一生面临着各种不同的权衡取舍。一个学生在决定如何配置其宝贵的时间资源时面临着不同的决策:可以把所有的时间用于学习经济学,也可以把所有的时间用于学习高等数学,还可以在两个学科之间进行不同的时间分配。并且,对于所有学习时间,都意味着要放弃本来可以用于睡眠、打球、玩游戏、聊天的机会。舍掉的机会就是得到东西的成本。

经济学家通常假定人是利己的"经济人"和具有理性思维的"理性人"。人们的决策一般是针对现有行动的微小增量调整,经济学家称之为边际变动,即人们是通过比较边际收益和边际成本来做出决策的。同时人们会对激励做出反应,激励是指引起一个人做出某种行为的东西,最常见的包括奖励或惩罚。实际上,经济学中激励包含的案例更为广泛,比如价格就是一种非常重要的激励信号,当香蕉价格上涨时,人们决定少吃香蕉,但果园主会决定雇佣更多的人砍香蕉出售,因为可以得到更多的收入。

规范分析:指在观察事物时,以一定的价值判断为基础,提出某些标准作为分析和处理问题的准则,它所关心的是事物是"好"还是"坏",应该如何运行,并力图改变现实。

(2) 如何进行交易

人们都在市场进行交易,市场是组织经济活动的一种有效的方法。自由市场包括大量商品与劳务的许多买者和卖者,所有人都主要关心自己的利益,并进行自主决策。通过交易,买者和卖者都能获利。价格作为"看不见的手"同时调节着商品的生产和需求,从而达到社会福利的最大化。因此,让人们在市场中自主生产和消费,而不是由政府来指导计划,结果往往会更好。

但市场经济的美好也不意味着不需要政府的管理。政府需要维护市场制度和规则,比如要保护作为市场经济基础的产权制度。另外市场也有失灵的时候,在经济存在外部性的情况下及市场竞争带来不平等的情况下,需要政府的干预和管制。

20世纪以来,经济学已经从一棵小树成长为一棵参天大树,特别是人类社会进入21世纪之后,涌现了很多新的现象、新的技术、新的问题,在经济学的研究中也出现了各种各样的思想、理论、流派,一切都发生着飞速的变化,令人目不暇接,但稀缺性、选择、经济联系依然是经济学中的基本概念。经济科学的最终目的是改善人们的日常生活条件,然而人类社会几千年的历史告诉我们,仅仅依靠热情是不能够解决饥饿和治愈疾病的。一个自由和有效的市场并不能必然地使收入分配得到全社会的认同。决定经济进程的最佳路径需要冷静的头脑和合适的制度,不受各种一厢情愿空想的干扰。

无论是在经济学、物理学还是在其他学科中,没有一个理论是绝对正确的,所有的理论都是建立在一定的客观基础之上和一定的限制条件之下的。同其他学科不同的是,经济学需要综合掌握逻辑推理、语言表述、数量分析的技术。实际上,我们就处在经济社会中,经济学就在我们身边,它是一门非常重要的学科,会影响到人们的日常工作和生活。也许通过学习,你也会像一个经济学家那样去思考问题,解决问题。

1.2 交通运输的意义

1.2.1 交通与运输的概念

1. 运输

运输这一词语在日常生活、专业领域和科学研究中,都用得十分广泛。"运"具有搬运、移动的含义,"输"具有输送的含义。一般人们认为

> **运输**:借助交通网络设施和载运工具,通过一定的组织管理技术,实现人与物空间位移的一种经济活动和社会活动。

运输是将物品或人员从一地运送到另一地及完成这类运送的各种手段。可以说,运输是指借助交通网络设施和载运工具,通过一定的组织管理技术,实现人与物空间位移的一种经济活动和社会活动。

运输作为一项经济活动和社会活动,具有特定的含义。在经济和社会生活中发生的人与物的空间位移几乎无所不在,但运输只指具备相关要素的人与物的空间位移。

交通:通过一定的组织管理技术,实现载运工具在交通网络上流动的一种经济活动和社会活动。

例如,经济活动中的输电、供暖、供水和电信传输的信息等,虽然也产生物的位移,但都已拥有独立于交通网络及其设施之外的专用传输系统,不再依赖于人们一般公认的运输工具,因此不属于运输的范畴。又如,一些由载运工具改作他用的特种移动设备(比如消防车、电视转播车、清扫车等)行驶所发生的人与物的位移,虽然利用交通网络及其设施,因载运工具安装了多种为完成特种任务所需的设备,其行驶的直接目的是为完成某项特定工作,而不是为了完成人与物的位移,也不属于运输的范围。此外,在工作单位、家庭周围、建筑工地由运输工具所完成的人与物的位移,由某种工作性质所引起的位移,也不属于运输的范围。

现代交通概念,已经不包括专业化物质传输系统比如输电、供水、供暖、供气等,也不包括比如语言、文字、符号、图像等形式的信息传输系统。

目前主要有五种运输方式:铁路运输、公路运输、水路运输、航空运输和管道运输。

2. 交通

(1)传统的交通概念

传统上,认为交通是比运输高一层次的概念,交通包括了运输,运输是交通的一部分。比如,《辞海》对交通的解释为:"各种运输和邮电通信的总称,即人和物的转运和输送,语言、文字、符号、图像等传递和播送。"《中国大百科全书·交通卷》对交通的解释则为:"交通包括运输和邮电两个方面。运输的任务是输送旅客和货物。邮电是邮政和电信的总称;邮政的任务是传递信件和包裹,电信的任务是传送语言、符号和图像。"

(2)现代的交通概念

随着科学技术的发展,伴随而来的专业化物质传输系统的形成,使得人们已经不把输电、供水、供暖、供气等形成的物质位移列入运输的范围,而且也不再把语言、文字、符号、图像等形式的信息传输列入交通的范围。交通与运输成为一个并列的概念,因此也就有了人们经常说的"交通运输"的概念。否则,如果交通仍旧包括运输概念的话,"交通运输"这一词就于理不通。

从专业角度出发,交通是指通过一定的组织管理技术,实现载运工具在交通网络上流动的一种经济活动和社会活动。随着社会的进步和经济的发展,物资的位移和人员的流动都要借助于载运工具来实现,因此"交

交通与运输的区别与联系

通"的含义特指"交通工具在交通网络上的流动"。根据交通网络范围的不同,交通可分为全国交通、区域交通和城市交通。应该指出,交通一词在很多场合专用于城市范围,即交通工具在城市交通网络上的流动。

1.2.2 交通运输的含义

1. 交通与运输的区别

从对交通与运输两个概念的论述中可以看出,交通强调的是载运工具在交通线网(基础设施)上的流动情况,而与交通工具上所载运人员与物资的有无和多少关系不大;运输强调的是载运工具上载运人员与物资的多少、位移的距离,而并不特别关心使用何种交通工具和运输方式。

交通量与运输量这两项指标的概念最能说明这一点。例如,在公路运输中,公路交通量是指单位时间内(例如 1 昼夜或 1h)通过某路段道路的车辆数,它与运输对象无关,若说某路段的昼夜交通量是 5000 辆车,这 5000 辆车或都是空车或都是重车,或空重都有,都不会使交通量有任何改变。运输量则不同,它是指一定时期内运送人员或物资的数量。空车行驶不产生运输量,即使都是重载,如果运输对象在每一车辆上的数量不同,所产生的总运输量也会出现不同的情况。在铁路运输中,行车量与运输量的关系也是如此。

交通与运输的区别:交通关心的是载运工具的流动情况(流量的大小、拥挤的程度),运输关心的是流动中载运对象的位移情况(载人与物的有无与多少,将其输送了多远的距离)。

2. 交通与运输的联系

显然,交通与运输反映的是同一事物的两个方面,或者说是同一过程的两个方面。这同一过程就是载运工具在交通线网上的流动。两个方面指的是:交通关心的是载运工具的流动情况(流量的大小、拥挤的程度),运输关心的是流动中载运对象的位移情况(载人与物的有无与多少,将其输送了多远的距离)。在有载时,交通的过程同时也就是运输的过程。从这个意义上讲,由交通与运输构成的一些词语中,有一部分是可以相互替换使用的,如交通线与运输线、交通部门与运输部门、交通系统与运输系统等。因此可以说,运输以交通为前提,没有交通就不存在运输;没有运输的交通,也就失去了交通存在的必要。交通仅仅是一种手段,而运输才是最终的目的。交通与运输既相互区别,又密切相关,统一在一个整体之中。

3. 交通运输的含义

根据交通、运输的意义及交通与运输关系的分析,可以将交通运输这一概念的含义概括为:载运工具在交通基础设施上流动和载运工具上载运人员与物资在两地之间位移这一经济活动和社会活动的总称。

交通运输:载运工具在交通基础设施上流动和载运工具上载运人员与物资在两地之间位移这一经济活动和社会活动的总称。

构成交通运输的四要素包括:
(1)交通网络设施。
(2)载运工具。
(3)运营组织管理技术。
(4)运输对象(人或物)。

随着对交通与运输及两者相互关系认识的深化,人们看到了交通与运输既相互区别又密切联系,认识到其中任一概念都不能包括交通与运输的全部内容,而交通运输同时表明了同一过程的两个方面。因此,目前通常的用法是采用交通运输这一复合型的概念来进行表述。

1.2.3 交通运输的产业属性

产业作为产业经济学的一个基本概念,有着多种理解和分类方法。一般而言,产业是指从事相同性质的经济活动的所有单位的集合。交通运输业是指提供人或物空间位置移动服务的所有单位的集合,通常包括铁路运输、公路运输、水路运输、航空运输、管道运输五种运输方式以及城市交通的基础设施和运营企业。

1. 交通运输属于第三产业

20世纪30年代初,费雪(A. G. B. Fisher)提出了三次产业分类法,并首次将交通运输纳入第三次产业内,克拉克(C. G. Clark)运用三次产业结构分类法研究了经济发展与产业结构之间的变化规律,使交通运输的第三次产业属性得以推广。

所谓的三次产业,是根据社会生产活动历史发展的顺序对产业结构的划分,产品直接取自自然界的部门称为第一产业,初级产品进行再加工的部门称为第二产业,为生产和消费提供各种服务的部门称为第三产业。三次产业是世界上通用的产业结构分类,但各国的划分不尽一致。我国的三次产业划分为:

第一产业是指农、林、牧、渔业(不含农、林、牧、渔服务业)。

第二产业是指采矿业(不含开采辅助活动),制造业(不含金属制品、机械和设备修理业),电力、热力、燃气及水生产和供应业,建筑业。

第三产业即服务业,是指除第一产业、第二产业以外的其他行业。第三产业包括:批发和零售业,交通运输、仓储和邮政业,住宿和餐饮业,信息传输、软件和信息技术服务业,金融业,房地产业,租赁和商务服务业,科学研究和技术服务业,水利、环境和公共设施管理业,居民服务、修理和其他服务业,教育,卫生和社会工作,文化、体育和娱乐业,公共管理、社会保障和社会组织,国际组织,以及农、林、牧、渔业中的农、林、牧、渔服务业,采矿业中的开采辅助活动,制造业中的金属制品、机械和设备修理业。

作为第三产业的交通运输,其劳动与第一、二产业劳动不同,表现出服务性的特点。这种"服务"是指以劳务活动形式而非实物形式提供某种使用价值以满足人们需要的经济活动过程。

交通运输所提供的劳动不是制造物质产品,而是通过提供服务直接满足人们空间位移的需要,这种需要也就是我们通常所说的对交通运输的"派生需求"。位移服务就是交通运输的产品。运输服务与消费这种服务产品的过程同始同终,运输服务所创造的特殊使用价值和价值,也在消费过程中同时表现出来。

2. 交通运输是网络型产业

网络由多个节点和联系节点的线路构成,表示各个对象及其之间的相互关系。交通运输是以交通运输网络为基础的产业。交通运输网络从组成来讲,可分为三部分,一是由交通运输固定设施组成的运输实体网络,也就是通常所指的交通运输基础网络;二是由交通运输运营线路与载运工具共同组成的交通运输运营网络;三是由各种交通运输资源信息组成的交通运输信息资源网络。

交通运输网络: 由交通运输基础网络、交通运输运营网络和交通运输信息资源网络组成。

从空间分布讲,交通运输网络是由以城市为中心的交通运输枢纽和各种交通运输线路共同布局连接构成的网络系统,为社会经济提供客货运输服务,属于双向网络系统。对于实体网络而言,交通运输无疑是最重要和最复杂的网络,它主要由各种交通运输工具和其所依附的基础设施在空间中通过各种组织方式所形成。交通运输网络也包含了虚拟网络的一些重要特征,例如运输组织和管理上的协调。

此外,交通运输网络服务对象众多,人员、原材料和制成品等都是运输的对象,这远远地超过了诸如电力、通信、供水等只是单一服务于一种或几种物质组织形式的实体网络。这就使得交通运输表现出很强的网络经济属性,这种网络经济属性使得交通运输的供给、组织和管理变得相当复杂。

3. 交通运输是基础产业

交通运输是国民经济的基础产业,其基础性表现在:工农业生产、人民生活、国防建设和社会生活对交通运输具有普遍需求性。交通运输业是其他生产部门正常运转、协调发展的前提,是社会再生产得以延续的不可缺少的基本环节。

交通运输还具有军事战略性。交通基础设施在平时虽以民用为主,但同时也是军事力量部署与国防物资调配的重要依托。而一旦发生战争,则更是军力集结与军需补给的重要保障,因此交通基础设施是国防力量的重要组成部分,在军事上具有重要的战略意义。交通基础设施的军事战略性在公路交通基础设施上体现得尤为明显。

4. 交通运输是先导性产业

交通运输负责完成经济社会生活中的人和货物的空间位移,实现生产要素和商品的流动,而生产要素和商品的流动是经济实现分工、专业化发展的前提之一。先导性产业指的是只有先行发展某种产业,社会经济和居民生活才会正常发展。先导性产业包括诸如电力、运输、供水之类所有的基础工业。

在许多发展中国家,交通基础设施的不足是社会经济发展和民族融合的重要瓶颈之一。通常,缺乏交通基础设施会导致难以引入其他社会基础设施,如教育和医疗服务设施。现代技术的传播、农业生产的投入以及农业和其他经济部门通过市场的联系,都会因为交通基础设施的缺乏而受到阻碍。从交通基础设施在经济发展中的作用可以看出,交通基础设施具有经济先导性,其适度超前发展可以支撑和促进经济发展,否则其有可能成为经济发展的瓶颈。

1.3 交通运输经济学的研究重点

1.3.1 交通运输经济学的研究范围

交通运输是一项范围十分广泛的人类基本活动。交通运输经济学作为经济科学的一个分支,不可能去研究人类的一切运输活动,在确定交通运输经济学研究对象之前,必须明确交通运输经济学研究的交通运输这一概念的含义及交通运输经济学的研究范围。

1. 研究经济活动中的交通运输问题

> 非经济活动所引起的人与物的空间位移,不属于交通运输经济学研究内容。

非经济活动所引起的人与物的空间位移,比如,人们在家里、在工作单位或在其他建筑内的移动;人们在娱乐场所的室外移动,如在公园里、在游乐场所的活动、水上活动、空中旅游等,不属于交通运输经济学研究内容。

军事运输也是由非经济活动所引起的,尽管军队的人员、装备和军用物资的调运,要依赖于一个国家的运输体系并作为该体系的重要组成部分而存在,但它毕竟是一个比较特殊的领域,属于军事后勤学的研究范围。虽然两者之间有密切的联系,但一般不属于交通运输经济学研究之列。

2. 研究载运工具实现的交通运输问题

非载运工具所引起的人与物的空间位移往往是为了执行特定的任务，一般与经济活动不发生直接关系，如消防车、电视转播车、环境监测车、扫路车、洒水车、高空作业车、工程救险及海上救助的车、船、直升机等，其本身不过是所安装设备的一个载体，虽然其活动也引起人或物的空间位移，往往也利用交通线路，但它们不属于载运工具，因而也不属于交通运输经济学研究的范围。

3. 研究非专用传输系统的交通运输问题

作为经济活动所引起的物的位移有很多，除了一般的货运之外，还有供电、供水、供暖，邮政部门投递的信件、包裹等邮件，电信部门传输的信息等。这些物的移动从本质上来说与货物运输并没有什么大的差别，有的确实就是从货物运输中逐渐分离出来的。但是，它们一经分离出去，就有了自身独立的传输系统，由这些传输系统专门完成的物的移动，不属于交通运输经济学的研究范围。虽然有的物品移动至今尚未从交通运输业中彻底分离出去，比如一些地区的邮政信函、包裹等仍然是由承担客货运输的车辆、船舶或飞机捎运的，但一般也不作为交通运输经济学研究的内容。

4. 研究经济单位的外部交通运输问题

经济活动中，不少运输工具只承担工厂或联合企业内部的短距离运输任务，如有些大型钢铁联合企业在厂区内设有铁路专用线，大型石化企业在厂区内设有输油、输气的专用管道，其内部运输量很大。但这些交通运输是与直接生产过程有关的交通运输，主要是从事原材料和半成品在不同生产环节内的周转或出入库等。上述交通运输不论运量大小、运输方式如何，均是内部交通运输，属于企业管理所研究的内容。虽然有时内部交通运输与外部交通运输不易区分清楚、不能截然分开，但交通运输经济学的主要任务是研究外部交通运输。

1.3.2 交通运输经济学的研究内容

交通运输经济学是经济学的一个分支，它是以经济学的理论和方法，研究与交通运输有关的各种问题的一门学科，是一门交叉学科，属于社会科学的范畴。

交通运输经济学的研究对象，是人们如何有效地通过资源的最优配置，包括在交通运输和其他经济活动之间分配资源，以及如何有效地利用已经分配于交通运输部门的资源，来最大限度地满足人们的交通运输需

> 非载运工具所引起的人与物的空间位移往往是为了执行特定的任务，一般与经济活动不发生直接关系，也不属于交通运输经济学研究内容。

> 独立的传输系统专门完成的物的移动，不属于交通运输经济学研究内容。

> 大型企业内部的短距离运输，不属于交通运输经济学研究内容。

交通运输经济学的研究内容

求。交通运输经济学也要回答"运输什么,运输多少,如何运输,为谁运输"的问题。

交通运输业作为国民经济中的一个重要组成部分,具有自己的经济运行规律。交通运输经济学就是要从经济学的角度,研究、发现这种规律。交通运输经济规律包括两方面的内容:一是一般经济规律在交通运输业中的表现和作用;二是交通运输业本身特有的经济规律。研究经济规律,不仅仅是从生产关系和上层建筑的角度去研究,而且要结合交通运输部门的生产力去研究生产关系,从宏观和微观经济环境对交通运输业的相互作用,从交通运输需求和供给的内在联系,去探索和揭示交通运输部门内在的客观经济规律。

交通运输经济学的研究内容:主要包括交通运输需求理论、交通运输供给理论、交通运输市场均衡理论、交通运输企业经济分析理论等几部分。

交通运输经济学的主要研究内容包括:

(1) 交通运输需求理论。其包括交通运输需求基础、货物运输需求、旅客运输需求、城市交通出行需求等。

(2) 交通运输供给理论。其包括交通运输供给基础、交通运输基础设施供给、载运工具供给、城市公共交通供给等。

(3) 交通运输市场均衡理论。其包括交通运输市场、交通运输外部性及政府作用、交通运输成本、交通运输价格等。

(4) 交通运输企业经济分析理论。其包括交通运输项目投资评价、交通运输固定资产折旧与设备更新、载运设备运用效率与经济效益分析等。

总结与提要

关键概念:微观经济学,宏观经济学,实证分析,规范分析,"经济人"假设,资源配置,价格机制,流动性,市场经济,计划经济,混合经济,交通运输,交通运输四要素。

重点掌握:经济学的研究内容,市场经济与计划经济的区别,交通运输经济学的研究内容,交通运输经济学的研究范围。

一般理解:重商主义与重农主义,古典经济学,新古典经济学,经济学的发展历程,交通运输产业属性,产业划分,重要的经济学代表人物。

作业与思考

1. 经济学的研究内容是什么？
2. 重商主义的基本观点是什么？对现代经济有什么影响？
3. 重农主义的基本观点是什么？其产生的历史社会背景是怎样的？
4. 古典经济学和新古典经济学有什么相同点？有什么不同点？
5. 如何理解"经济人"假设？
6. 资源配置指什么？
7. 什么是经济体制？主要包括哪几种形式？各有什么特点？
8. 什么是实证分析？什么是规范分析？
9. 什么是微观经济学和宏观经济学？两者有着怎样的区别和联系？
10. 什么是运输？
11. 传统交通概念和现代交通概念有什么区别？
12. 如何理解交通与运输的区别和联系？
13. 交通运输的含义是什么？什么是交通运输的四要素？
14. 产业指什么？交通运输业主要包括哪些部分？
15. 三次产业是如何划分的？为什么说交通运输业属于第三产业？
16. 哪些位移活动不属于交通运输经济学的研究范围？
17. 交通运输经济学的研究内容主要包括哪些？
18. 查找相关资料，了解并总结亚当·斯密和大卫·李嘉图的主要贡献。

第 2 章　交通运输需求基础

2.1　需求的含义

2.1.1　需求的基本概念

需求（Demand）是指针对某种商品或服务，在一定的时间内，对于每一种可能的价格，消费者愿意并且具有支付能力的购买数量。

需求在经济学中又被称为有效需求，所谓"有效"是指除了有购买欲望，还必须要有支付能力。人们想要得到很多东西，都有很多的需要或欲望，但一般而言，人们的需要很难得到完全的满足，除非你愿意并且能够支付你可能想要的东西，否则你的"需要"并不能称为"需求"。

因此，理解经济学中需求的概念，需要把握三方面的含义：

第一，需求是和时间密切相关的，不同时间的需求是不一样的。

第二，不同的价格（Price）对应不同的需求数量，消费者愿意购买的商品或服务的数量与价格水平密切相关。

第三，消费者必须具有相应的支付能力。欲望人人都有，一个身无分文的流浪汉也想拥有豪宅，但这仅仅是欲望，构不成需求。

这里需要对两个概念加以区别：需求与需求数量。

从需求的定义可以看出，需求包括了在每一种价格下所对应的购买数量。

需求数量（Quantity Demanded）指的是在其他条件不变的情况下，对于某个具体的价格，消费者愿意购买并能够支付的商品或服务的数量。

在超市购物时，你看到鸡蛋的价格是 10 元/kg，这时你决定买 2kg，共花费了 20 元。你所购买的 2kg 鸡蛋是你在 10 元/kg 的价格水平下对鸡蛋的需求数量，并不是你对鸡蛋的需求。

假定你看到鸡蛋的价格便宜了，是 9 元/kg，这时你可能觉得应该多买一些，买了 3kg；如果鸡蛋的价格更便宜，为 8 元/kg，可能你会一次购买 4kg。当然，如果鸡蛋涨价了，比如涨到 11 元/kg，可能你只会购买 1kg。对于你来说，相对不同的鸡蛋价格，你会有不同的需求数量，所有这些价格和相应价格水平下的需求数量形成的全部组合,我们称之为需求。这里的需求因为是个人行为,又称之为个人需求(Personal Demand)。

与个人需求相对应的是市场需求(Market Demand)。市场需求是个人需求的总和,是全体消费者在某商品或服务的各个价格水平下愿意且能够购买的各个可能数量的总和。通常经济学家讨论的是市场需求,现实生活中,企业不关心作为个人的顾客 A 或顾客 B 是否真正购买他们的产品,企业关心的也是市场需求,即社会上会有多少人购买他们的产品。

需求可以用需求表的形式来表示(常用的形式还有需求函数和需求曲线,后面会对其进行讨论)。所谓需求表(Demand Schedule)是一个价格和需求数量的二维表格,表明价格和数量的一一对应关系。

比如上述购买鸡蛋的例子,可以表示为表 2-1 这样的需求表。

> **市场需求**:全体消费者在某商品或服务的各个价格水平下愿意并且能够购买的各个可能数量的总和。

需求表　　　　　　　　表 2-1

价格(元/kg)	需求数量			
	个人需求数量(kg)			市场需求数量(kg)
	A	B	C	
8	4	6	5	15
9	3	5	4	12
10	2	4	3	9
11	1	3	2	6

> **需求表**:是一个价格和需求数量的二维表格,表明价格和数量的一一对应关系。

需求告诉我们,在各种不同的价格水平下消费者会购买的数量;需求数量告诉我们,在某个特定的价格水平下消费者会购买的具体数量。

2.1.2　需求法则

日常生活中我们都有这样的体会,人们购买一种商品的数量在很大程度上取决于商品的价格。在其他因素不变的情况下,一种商品的价格越高,人们愿意购买的数量就越少;反之,价格越低,人们购买的数量就越多。

例如上述关于超市购买鸡蛋的例子。鸡蛋的价格越高,购买的数量越少,鸡蛋的价格越低,购买的数量越多。这体现了需求的一个重要方面:你在低价格的需求数量不同于你在高价格的需求数量,具体地说,你的需求数量与价格成反比,即向相反的方向变化。

价格是市场调整个人欲望并限制人们需求数量的工具。当商品稀缺、价格高涨时,随着价格上升人们的购买数量会减少;当商品充足、价格下降时,随着价格下跌人们的购买数量会增加。"看不见的手"——价格机制会确保人们的需求与可获得的商品相匹配。

> **需求法则**:在其他条件不变的情况下,商品的需求数量与商品价格成反比。

需求法则与商品类型的经济学划分

经过科学观察和研究,经济学家发现上述现象具有普遍性,因此人们总结归纳出称之为需求法则(Law of Demand)的规律:在其他条件不变的情况下,商品的需求数量与商品价格成反比。

需求法则揭示了商品需求数量随价格上升而下降的趋势。那么需求数量为什么会随价格的上升而下降呢?原因有很多,其中最重要的原因有两点:

替代效应:当某一物品的价格上升时,消费者倾向于用其他物品来替代变得较为昂贵的该种物品,从而更便宜地获得满足。

第一为替代效应(Substitution Effect)。替代效应指的是当某一物品的价格上升时,消费者倾向于用其他物品来替代变得较为昂贵的该种物品,从而更便宜地获得满足。

很多的物品之间具有可替代性,当一种物品的价格上升时,我们会用其他类似的物品来替代它,从而减少了对原来物品的消费量(前提是可替代物品的价格没有变化)。比如禽流感的流行导致了鸡肉供应的短缺从而使鸡肉价格上涨,这时人们会转而增加牛肉或猪肉的消费从而减少对鸡肉的购买。

收入效应:物品价格变化通过对消费者实际收入的影响,进而影响消费者对该物品的需求数量。

第二为收入效应(Income Effect)。收入效应指的是物品价格变化通过对消费者实际收入的影响,进而影响消费者对该物品的需求数量。

当价格上升时,尽管我们的收入没变,但会发现自己比以前变穷了,实际收入降低了(实际收入指货币能够购买到的物品的实际数量),他们的钱不再足以购买以前的数量,自然会减少消费开支。

2.2 需求的表示与变化

2.2.1 需求函数与需求曲线

1. 需求函数

需求函数:以函数来表达的商品需求数量和商品价格之间的关系式。

现实生活中,消费者愿意消费某种商品的数量取决于很多种因素,比如商品的价格、收入的多少、消费的偏好、是否有替代商品以及替代商品的价格等。如果把对某种商品的需求数量作为因变量,把影响人们对该种商品需求的因素作为自变量,就可以得出需求函数:

$$Q = f(P, I, T, R, \cdots) \qquad (2-1)$$

式中:Q——对该种商品的需求数量;

P——该种商品的价格;

I——人们的收入;

T——人们对该种商品的喜好程度;

R——该种商品的替代物的价格。

由于影响商品需求的因素很多,通常情况下要同时考虑众多因素的相互作用是比较困难的。一般我们采取称之为局部均衡的分析方法,即在需求函数中,假定其他自变量均保持不变,只考虑对需求数量影响最大的因素——商品价格变化的影响。这样,上述需求函数公式可以简化为需求价格函数:

$$Q = f(P) \tag{2-2}$$

式中:Q——对该种商品的需求数量;

P——该种商品的价格。

由于微观经济学中大部分情况下都假定其他因素不变,从而重点研究商品价格变动对需求数量的影响,因此一般情况下把需求价格函数简称为需求函数。

按照需求法则,在其他条件不变的情况下,商品的需求数量与商品价格成反比。当一种商品的价格越高时,消费者愿意购买的数量就越少;反之,价格越低,消费者愿意购买的数量就越多。需求函数形式必须满足需求法则的要求。当然,满足需求法则要求的函数形式也多种多样,不过在研究中,为了简化起见,一般采用一种斜率为负数的线性函数关系,比如:

$$Q = a - bP \tag{2-3}$$

式中:Q——对该种商品的需求数量;

P——该种商品的价格;

a——常数;

b——斜率。

2. 需求曲线

需求可以用需求表或需求函数的形式表示,同样,需求也可以用曲线的形式表示。以商品的需求数量为横坐标,以商品的价格为纵坐标,考查在每一种价格下所对应的需求数量,将这些坐标点连成曲线,形成了我们所说的需求曲线(Demand Curve),如图 2-1 所示。

在图 2-1 中,纵轴代表商品价格 P,横轴代表商品的需求数量 Q。曲线(D)上的点表示出了在相应的价格水平下消费者愿意并且能够购买的商品数量。把价格与需求数量联系在一起的向右下方倾斜的曲线称为需求曲线。需求曲线给出了每一个价格水平上消费者所愿意购买的需求数量,表示出了所有价格和需求数量的组合。

按照需求法则的原理,在其他条件不变的情况下,商品的需求数量与商品价格成反比,这样的规律反映在图形曲线上,即需求曲线向右下方倾斜。需求曲线表明消费者消费的商品数量和其价格之间是负相关的。

这里需要注意的是,经济学中的需求曲线的表示方式和通常数学中

需求曲线:以商品的需求数量为横坐标,以商品的价格为纵坐标,将每一种价格和需求数量对应的坐标点连成曲线形成的图形。

的函数曲线的表示方式有所不同。在数学中一般函数曲线的表示方法，自变量是横坐标，因变量是纵坐标。而在需求函数中，价格是自变量，需求数量是因变量；对应的需求曲线图中，以需求数量（因变量）为横坐标，以价格（自变量）为纵坐标。

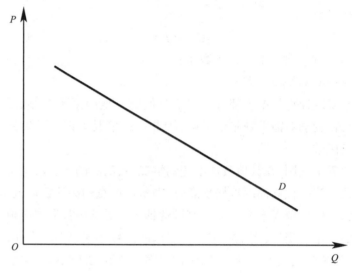

图 2-1　需求曲线图

需求曲线图中，需求数量为横坐标，价格为纵坐标。

2.2.2　需求数量与需求的变化

1. 需求数量变化

在其他条件不变的情况下，需求曲线反映了需求数量和价格的关系。需求数量指的是对于某个具体的价格，消费者愿意购买的商品数量。从图形来说，需求指的是整个需求曲线，需求数量指的是需求曲线上某一个具体的点。

需求数量变化：在其他条件不变的情况下，由商品价格变化引起的需求曲线上的点沿需求曲线的移动。

需求数量的变化指在其他条件不变的情况下，由商品价格变化引起的需求曲线上的点沿需求曲线的移动。比如某种商品的需求曲线如图2-2所示。当商品的价格为P_A时，消费者的需求数量为Q_A；当价格降为P_B时，意味着需求曲线上的点从A移动到B，此时消费者的需求数量增加为Q_B；假如商品价格提升为P_C，消费者对应的需求数量会减少为Q_C，需求曲线上的点又会沿曲线移动到C。

也就是说，在需求曲线本身不变的情况下，曲线上的点沿需求曲线的移动代表了需求数量的变化。那么，需求曲线本身会移动变化吗？这就涉及对需求变化的理解。

2. 需求变化

需求变化：除商品价格以外的其他条件发生变化所引起的需求曲线的移动。

需求点沿需求曲线的移动揭示了在其他条件不变的情况下，商品价格的涨落对需求数量的影响。但实际上，"其他条件不变"的前提在大部分情况下都很难严格地满足,而"其他条件的变化"不仅会影响到需求数量的移动规律,更重要的是会影响到需求本身,使需求发生了变化。

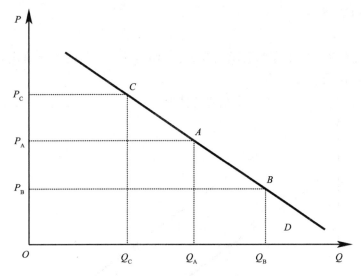

图 2-2　需求数量沿需求曲线的移动

需求变化指的是除商品价格以外的其他条件发生变化所引起的需求曲线的移动。需求曲线的移动有两种形式:需求曲线右移和需求曲线左移。

(1)需求曲线右移

图 2-3 所示为需求曲线右移的情形。

需求曲线右移:意味着需求的增加,在同样价格水平下对商品的需求数量增加了。

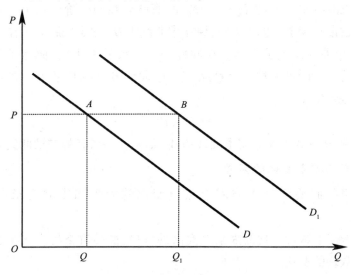

图 2-3　需求曲线右移

需求曲线右移代表着需求的增加,这就意味着在同样价格水平下对商品的需求数量增加了。图 2-3 中,原需求曲线为 D,新需求曲线 D_1 在 D

需求曲线的移动

的右边,即需求曲线发生了右移。在同样的价格水平 P 下,在原需求曲线 D 上对应的 A 点的需求数量为 Q,在新需求曲线 D_1 上对应的 B 点的需求数量为 Q_1,这里:

$$Q_1 > Q$$

注意,B 点并不在原需求曲线 D 上,而是在一条新的需求曲线 D_1 上。

(2)需求曲线左移

图 2-4 所示为需求曲线左移的情形。

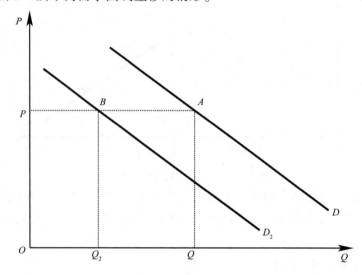

图 2-4 需求曲线左移

需求曲线左移:意味着需求的减少,在同样价格水平下对商品的需求数量减少了。

需求曲线左移代表着需求的减少,意味着在同样价格水平下对商品的需求数量减少了。图 2-4 中,原需求曲线为 D,新需求曲线 D_2 在 D 的左边,即需求曲线发生了左移。在同样的价格水平 P 下,在原需求曲线 D 上对应的 A 点的需求数量为 Q,在新需求曲线 D_2 上对应的 B 点的需求数量为 Q_2,这里:

$$Q_2 < Q$$

注意,B 点并不在原需求曲线 D 上,而是在一条新的需求曲线 D_2 上。

3. 影响需求变化的因素

影响需求数量变化的因素:价格。

影响需求变化的因素:除价格之外的其他因素。

这里我们要区分影响需求数量变化的因素和影响需求变化的因素。

影响需求数量变化的因素是商品的价格,商品价格的变化会引起商品需求数量的变化。

但商品价格并不是影响需求变化的因素,价格是包含在需求中的内容。引起需求变化的是除商品价格之外的"其他因素"。

影响需求变化的因素有很多,其中比较重要的包括以下一些因素。

(1) 消费者的收入

很显然,消费者的收入(Income)是影响需求的最重要的因素。按照需求的定义,需求是指"在一定的时间内,对于每一种可能的价格,消费者愿意并且能够支付的购买某种商品或服务的数量"。这里的支付能力直接受制于消费者的收入水平。如果人们的收入发生了变化,那么他们对商品的购买数量往往也会发生变化。

大部分情况下,收入的增加会提高人们对商品的购买量。例如一个刚毕业工作不久的大学生,其收入不会太高,因此尽管他也有购买汽车的欲望,但由于缺乏基本的支付能力,因此他的欲望甚至算不上是需求。假如工作几年之后,职务升迁薪酬增加,他有支付能力购买汽车,这样由于增加了一个个人需求数量,总体上对汽车的市场需求数量也增加了。对于这些需求数量随着收入的提高和下降而相应增加和减少的商品,一般称之为正常商品(Normal Good)。

> **正常商品**:需求数量随着收入的提高和下降相应增加和减少的商品。

但是还有一些商品的性质不同,随着消费者收入的增加,对商品的需求数量反而在下降,这类商品一般称之为劣等商品或低档商品(Inferior Good)。这里的"劣等"或"低档"并非指商品的质量,而只是商品在经济学中的一种性质的术语表达。比如随着收入的增加,消费者会放弃购买显像管电视转而购买液晶电视,显像管电视的需求数量会下降。这里,正常商品和劣等商品的概念是相对而言的,随时间的变化而变化。比如在早期,彩色显像管电视刚刚兴起的时候,黑白电视机是劣等商品,彩色显像管电视机是正常商品。随着消费者收入的增加,黑白电视机的需求数量会下降,彩色显像管电视机的需求数量会上升。而近几年,随着液晶电视的兴起,彩色显像管电视机就成为劣等商品,表现为随着收入的增加,其需求数量在下降。

> **劣等商品**:需求数量随着收入的提高反而减少的商品。

因此,如果商品为正常商品,消费者收入的增加会导致需求曲线右移,收入的减少会导致需求曲线左移;如果商品为劣等商品,消费者收入的减少会导致需求曲线右移,收入的增加会导致需求曲线左移。

(2) 相关商品的价格

商品本身的价格不构成对该商品需求的影响(只影响该商品的需求数量),但是相关商品的价格会影响对该商品的需求。这里所说的相关商品包括两类:一类是替代品(Substitute),另一类是互补品(Complement)。

某种商品的替代品是指与原商品具有相同的特征、类似的功能或能带来同样享受的商品。

> **替代品**:指与原商品具有相同的特征、类似的功能或能带来同样享受的商品。

一般而言,如果某种商品的替代品价格上涨,对该商品的需求就会增加;如果替代品的价格下跌,对该商品的需求就会减少。比如牛肉和羊肉对于大部分人来说具有替代作用,如果由于某种原因使得牛肉的价格上涨,大部分人会转而更多地购买羊肉,从而增加了羊肉的需求。

某种商品的互补品是指需要与该商品共同消费或使用的商品。

如果某种商品的互补品价格上涨,对该商品的需求就会减少;如果互补品的价格下跌,对该商品的需求就会增加。比如数码相机和相机存储卡是互补品,它们互相配合使用,如果数码相机的价格上涨,那么对相机存储卡的需求就会减少,反之如果数码相机的价格下跌,那么对相机存储卡的需求就会增加。

因此,商品互补品的价格下跌会导致该商品的需求曲线右移,互补品价格上涨导致该商品的需求曲线左移;商品替代品的价格上升会导致该商品的需求曲线右移,替代品的价格下跌会导致该商品的需求曲线左移。

(3)消费偏好

每个消费者都有自己的喜好,可能特别偏爱某种商品,作为市场整体而言也会表现出对某种商品或服务具有倾向性的喜好和偏爱,在经济学上称之为消费偏好(Consumer Preference)。消费偏好的形成既有历史原因,也有社会风俗习惯和心理因素的影响,甚至广告的影响。

消费偏好的变化对商品需求的影响也很大。比如时尚服装,某一段时期可能流行一种风格,消费偏好集中于某类型款式,那么对这一类的商品需求会有很大影响。

(4)市场上消费者的数量

需求代表的是市场上商品的价格与所有消费者的需求数量之间的关系,如果市场上消费者的数量增加了,那么市场需求也会增加;如果消费者的数量减少了,市场需求也会减少。例如 20 世纪 90 年代末,诞生于"婴儿潮"时期的婴儿都成长为青少年,因此美国青少年的数量急剧增长,对滚轴溜冰鞋、祛痘化妆品等青少年消费品的需求都相应增加了。如果人口构成中的老年人口增加,对老年医疗以及福利院的需求就会增加。

因此,消费者数量增加会导致需求曲线右移;消费者数量减少会导致需求曲线左移。

(5)消费者对未来的预期

如果消费者估计某些影响需求的因素在未来会发生变化,那么他们就会及时调整消费,从而影响现期的需求。通常情况下,未来很难进行预测。但是有时市场的一点儿波动会传递影响,从而使消费者对未来形成某种预期,进而会做出相应的反应。

例如,人们预期商品价格未来会上涨,他们就会在涨价之前进行购买;相反,如果人们预期未来商品价格会下跌,他们就会减少现在的购买量,等到价格真的降下来之后再购买。通常情况下,当人们预期未来价格会上涨时,现期需求会增加;当人们预期未来价格会下跌时,现期需求会减少。

因此,消费者预期商品未来价格上涨会导致需求曲线右移;预期商品未来价格下跌会导致需求曲线左移。

(6) 商品宣传的信息影响

消费者对与商品有关的信息的了解程度也会引起需求的变化。例如随着社会对吸烟危害宣传力度的加大,人们逐步意识到了吸烟的危害,了解了相关的信息,对香烟的需求就会下降。同样,随着医学健康知识的普及,人们开始了解胆固醇对健康的影响,从而会减少对一些高胆固醇食物的需求。

同样,一些商品通过市场广告和宣传的方法,让消费者逐步增加对商品的了解和正面印象,从而也会提高商品的市场需求。

总之,多种多样的因素会分别对需求产生不同程度的影响,使需求发生变化。需求的变化在图形上表现为需求曲线的移动。在讨论需求曲线移动时,对沿着需求曲线所做的移动和需求曲线本身的移动进行区分是非常重要的,前者指的是需求数量的变化,即由于价格的变化引起的需求数量的变化;后者指的是需求的变化,即由于价格之外的因素导致的需求变化规律。

有这样的例子,由于经济衰退,某主题公园游览人数减少了。针对这一现象,该公园下调了门票的价格。如何分析这种现象描述的是需求变化还是需求数量的变化?

经济不景气导致入园人数下降反映了收入下降的影响,这描述的是需求变化,另外也可以看出公园游览属于正常商品。

降低门票是为了吸引更多的游客入场,也就是希望通过价格的下降导致需求数量的上升,这描述的是需求数量沿着需求曲线的移动,反映了需求数量的变化。

2.3 需求弹性分析

2.3.1 需求价格弹性及其计算

1. 弹性概念

弹性(Elasticity)的概念最早源于物理学,指的是反应,例如一个物体与另一个物体相碰撞时的反应。如今经济学家对弹性概念的使用频度已经不亚于物理学家,同时弹性的信息对于企业定价决策具有非常重要的意义。

我们需要知道需求数量在多大程度上对价格的变化做出反应。比如观光旅游者对航空票价十分敏感,较大的折扣票价会吸引更多以旅游为目的的乘客,而商务出行者通常不太关注票价的折扣。另外一些物品,如食品、燃气等必需品的消费,几乎不受价格变化的影响。这些问题可以运用弹性这一重要概念进行分析。

弹性:指一个变量对于另一个变量反应的敏感性,用因变量变化率与自变量变化率的比值进行衡量。

弹性指一个变量对于另一个变量反应的敏感性,用因变量变化率与自变量变化率的比值进行衡量。若两个经济变量存在某种函数关系:

$$Y = f(X) \tag{2-4}$$

那么弹性公式可以表示为:

$$E = \frac{\Delta Y/Y}{\Delta X/X} \tag{2-5}$$

式中:E——Y 对 X 的弹性;

Y——因变量,ΔY 为因变量 Y 的变化量;

X——自变量,ΔX 为自变量 X 的变化量。

弹性告诉我们的是如果一个变量(自变量)变化 1%,另一个变量(因变量)将会发生多大的百分比的变化。因为自变量和因变量有时是负相关的关系(例如价格和需求数量),因此弹性的计算有时会出现负值。

另外需要注意,在弹性的计算中,分子是因变量的变化率 $\Delta Y/Y$(而非变化量 ΔY),分母是自变量的变化率 $\Delta X/X$(而非变化量 ΔX)。变化率是无量纲的相对数,变化量是有量纲的绝对数。因此弹性也是无量纲的相对数,与自变量和因变量的度量单位无关。一般而言,如果两个经济变量之间存在某种关联关系,就可以用弹性来表示因变量对自变量反应的敏感程度。

2.需求价格弹性

需求价格弹性:简称为需求弹性,表示一定时期内需求数量对于价格变化的敏感程度,用需求数量变化率除以价格变化率来计算。

经济学中更多地涉及需求价格弹性(Price Elasticity of Demand)的概念,需求价格弹性一般也简称为需求弹性(Elasticity of Demand),表示在一定时期内需求数量对于价格变化的敏感程度,用需求数量变化率除以价格变化率来计算。一般需求函数表现为需求数量和价格之间的关系:

$$Q = f(P) \tag{2-6}$$

式中:Q——商品的需求数量;

P——商品的价格。

需求价格弹性的计算公式为:

$$E_\text{P} = \frac{\Delta Q/Q}{\Delta P/P} \qquad (2-7)$$

式中：E_P——需求价格弹性；

ΔQ——需求数量的变化；

ΔP——价格的变化。

由于需求数量和价格是呈负相关的，因此上述公式计算出的 E_P 为负数，一般我们只讨论其绝对值的大小。

需求弹性计算的不是需求数量和价格绝对量的比值，而是需求数量对价格的相对变动率，反映了需求数量对价格的敏感程度，即价格变化 1% 会带来需求数量变化百分之几。不同物品的需求价格弹性差别很大，当一种物品的需求价格弹性比较高时，我们称这种物品是"富有弹性的"，意味着该物品的需求数量对价格波动反应比较强烈。当一种物品的需求价格弹性比较低时，我们称这种物品是"缺乏弹性的"，也就是说该物品的需求数量对价格波动反应比较微弱。

需求价格弹性的概念与计算

3. 需求价格弹性的计算

需求价格弹性的计算有两种方法：弧弹性计算方法和点弹性计算方法。

（1）弧弹性计算

弧弹性是指需求曲线上某两个价格区间之间的弹性。一般来说，当价格在一定的范围内变动较大时，采用弧弹性的计算方法，如图 2-5 所示。

弧弹性：指需求曲线上某两个价格区间之间的弹性。

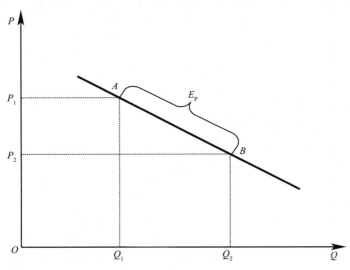

图 2-5 弧弹性的计算

当价格从 P_1 下降到 P_2 时，需求数量则从 Q_1 增加到 Q_2，其变化量计算公式为：

$$\left.\begin{array}{l}\Delta P = P_2 - P_1 \\ \Delta Q = Q_2 - Q_1\end{array}\right\} \quad (2\text{-}8)$$

而对于 P 或 Q 的取值,如果取 P_1、Q_1,和 P_2、Q_2 得到的弹性显然有区别,意味着在需求曲线 AB 区间内,降价的弧弹性和涨价的弧弹性值是不同的。为解决这一矛盾,弧弹性的计算一般采用中点公式:

$$\left.\begin{array}{l}Q = \dfrac{Q_1 + Q_2}{2} \\ P = \dfrac{P_1 + P_2}{2}\end{array}\right\} \quad (2\text{-}9)$$

对应弧弹性的计算公式为:

$$E_\mathrm{P} = \frac{\Delta Q}{\Delta P} \cdot \frac{P_1 + P_2}{Q_1 + Q_2} \quad (2\text{-}10)$$

(2)点弹性计算

点弹性:指需求曲线上某一点的弹性。

点弹性是指需求曲线上某一点的弹性,点弹性可以看作是弧弹性的特例。在需求曲线上,当价格变动很微小的时候,需求数量的变动也很微小,用数学方法来表示,当 ΔP 趋向于 0 的时候,ΔQ 也趋向于 0,这时,弧最终就成为一个点了。点弹性的计算公式为:

$$E_\mathrm{P} = \lim_{\Delta P \to 0} \frac{\Delta Q}{\Delta P} \cdot \frac{P}{Q} = \frac{\mathrm{d}Q}{\mathrm{d}P} \cdot \frac{P}{Q} \quad (2\text{-}11)$$

直观地,点弹性还可采用几何作图来计算,如图 2-6 所示。

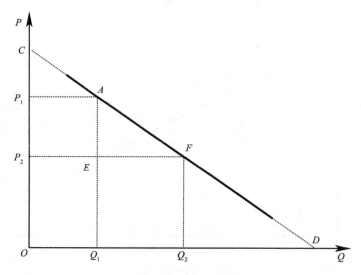

图 2-6 点弹性几何测度

假设: $\overset{\frown}{AF}$ 为无限小量,$\overset{\frown}{AF}$ 区间的需求弹性为:

$$E_P = \frac{\Delta Q}{\Delta P} \cdot \frac{P}{Q} = \frac{Q_1 Q_2}{P_1 P_2} \cdot \frac{OP_1}{OQ_1} = \frac{EF}{EA} \cdot \frac{Q_1 A}{OQ_1} \qquad (2-12)$$

因为 $\triangle AEF \sim \triangle AQ_1 D$，得：

$$\frac{EF}{EA} = \frac{Q_1 D}{Q_1 A}$$

因此：

$$E_P = \frac{EF}{EA} \cdot \frac{Q_1 A}{OQ_1} = \frac{Q_1 D}{Q_1 A} \cdot \frac{Q_1 A}{OQ_1} = \frac{Q_1 D}{OQ_1} \qquad (2-13)$$

又因为 $AQ_1 // OC$，得：

$$\frac{Q_1 D}{OQ_1} = \frac{AD}{AC} \qquad (2-14)$$

所以：

$$E_P = \frac{Q_1 D}{OQ_1} = \frac{AD}{AC} \qquad (2-15)$$

对于非线性需求曲线来说，测定某一点的弹性，可以根据曲线在这一点的切线来测定其弹性，如图 2-7 所示。

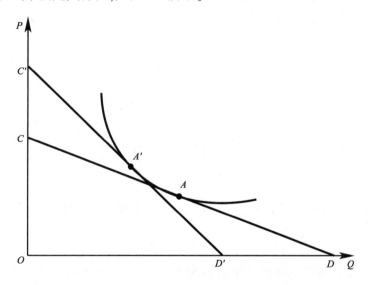

图 2-7 非线性需求曲线点弹性的测定

为测定需求曲线 A 点的弹性，可以在 A 点作一条切线与坐标轴分别相交于 C、D 点，那么 A 点的需求弹性为：

$$E_A = \frac{AD}{AC} \qquad (2-16)$$

同样，如果计算 A' 点的弹性，可以过 A' 点作一条切线与坐标轴分别相交于 C'、D' 点，那么 A' 点的需求弹性为：

$$E_{A'} = \frac{A'D'}{A'C'} \tag{2-17}$$

需要注意的是,按几何方法计算得到的,实际上是需求弹性的绝对值,需求弹性本身应该是负数。

(3)弹性与需求曲线斜率

一般情况下,为方便讨论,我们通常将需求曲线绘成一条直线。初学者常常会凭直觉认为需求曲线的斜率就是需求弹性,真实情况是这样吗?

答案可能会令你大吃一惊!直线需求曲线上每一点的需求价格弹性都是不相等的,需求价格弹性的绝对值可以从 0 变动到无穷大。

直线需求曲线上所有点都具有相同的斜率,但不同点的需求弹性不同。如图 2-8 所示。

弹性与斜率：直线需求曲线上所有点都具有相同的斜率,但不同点的需求弹性不同,可以从 0 变动到无穷大。

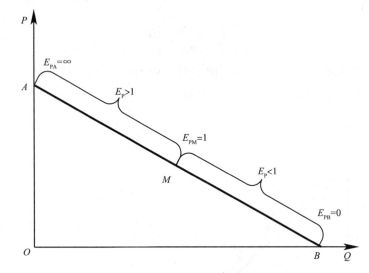

图 2-8 斜率与弹性的区别

按照点弹性的计算公式,在直线的中点 M 处,$MA = MB$,那么：

$$E_{PM} = \frac{MB}{MA} = 1 \tag{2-18}$$

即 M 点的需求弹性的绝对值为 1。显然,在 M 点的下方,需求弹性 $|E_P| < 1$；在 M 点的上方,需求弹性 $|E_P| > 1$；在端点 A 处,$|E_{PA}| = \infty$；在端点 B 处,$|E_{PB}| = 0$。

按照弧弹性的计算方法可以得出同样的结论。原因在于对于同样的变化量 ΔP 和 ΔQ,在靠近 B 点部分,需求数量 Q 较大,因此需求数量的变化率 $\Delta Q/Q$ 较小,而价格 P 较低,价格的变化率 $\Delta P/P$ 相对较大,因此计算出的弹性就较小；而在靠近 A 点的部分正相反,需求数量 Q 较小,因此需求数量的变化率 $\Delta Q/Q$ 较大,而价格 P 较高,价格的变化率 $\Delta P/P$ 相对较小,因此计算出的弹性就较大。

2.3.2 需求价格弹性的类型和影响因素

1. 需求价格弹性的类型

根据需求价格弹性(E_P)绝对值的大小,可以将需求价格弹性分为五种类型:

(1)富有弹性

当 $1<|E_P|<\infty$ 时,它表示较小价格的变化会带来较大的需求数量的变化,我们称此时的需求是富有弹性的,如图2-9所示。

图2-9是对需求富有弹性的描述。当价格从 P_1 下降到 P_2 时,需求数量则从 Q_1 增加到 Q_2。如果需求数量的变化率 $\Delta Q/Q$ 大于价格变化率 $\Delta P/P$,即 $(\Delta Q/Q)/(\Delta P/P)>1$,其需求是富有弹性的。

非生活必需用品,比如消费类电子产品、观光旅游、时尚品牌服装等,对价格的变化十分敏感,它们属于富有弹性的产品。因此商家也经常用各种名目的降价促销手段达到提升消费量的目的,因为较小的降价幅度会带来较大的市场需求数量增加。

(2)缺乏弹性

当 $0<|E_P|<1$ 时,表示需求数量的变化率小于价格变化率,即较大的价格波动带来较小的需求数量的变化,需求是缺乏弹性的。

如图2-10所示,当价格从 P_1 到 P_2 发生较大变动时,仅引起需求数量从 Q_1 到 Q_2 较小的变动,显然,其需求弹性小于1。

> 需求弹性类型:需求弹性分为五种类型:富有弹性、缺乏弹性、完全弹性、完全无弹性、单一弹性。

> 富有弹性:需求弹性的绝对值大于1。

> 缺乏弹性:需求弹性的绝对值小于1。

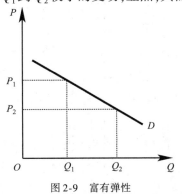

图2-9 富有弹性

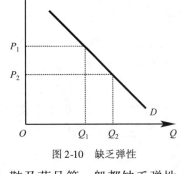

图2-10 缺乏弹性

一些生活必需品,比如农产品、燃料、鞋及药品等一般都缺乏弹性,因为这些是日常生活所必需的,所以对价格的反应不敏感。比如大米,当价格下降时也不会增加太多的需求数量,价格上升时也不会减少需求数量,因为人们一日三餐的用量基本是稳定的。

对于需求曲线上的某一个点,通过这点的需求曲线越平坦,需求的价格弹性就越大;通过这点的需求曲线越陡峭,需求的价格弹性就越小。对于不同的点,无法直观地通过需求曲线的平坦或陡峭来判断其需求弹性的大小。

(3) 完全弹性

完全弹性:需求弹性的绝对值趋于无穷大。

当$|E_P|=\infty$时,表示价格的微小变化,会引起需求数量的无限变动,称为完全弹性。实际上,这时的价格为固定价格,不会发生变化,参见图2-11。

图2-11中需求曲线D为一条平行于横坐标轴的直线。

(4) 完全无弹性

完全无弹性:需求弹性的绝对值等于0。

当$|E_P|=0$时,表示不管价格怎样变动,都不会引起需求数量的变动,称为完全无弹性。这时需求数量固定不变,如图2-12所示。图中需求曲线D为一条垂直于横坐标轴的直线。

(5) 单一弹性

单一弹性:需求弹性的绝对值等于1。

当$|E_P|=1$时,表示价格的变动会引起需求数量同等程度的变动,即价格的变化率等于需求数量的变化率,称为单一弹性,如图2-13所示。如果需求曲线上每一个点的弹性都等于1,这条曲线必然是正双曲线的一部分。

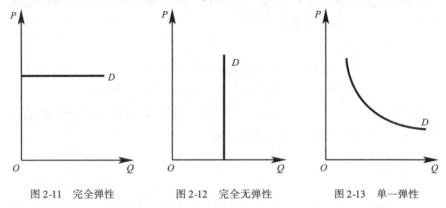

图2-11 完全弹性　　　图2-12 完全无弹性　　　图2-13 单一弹性

现实生活中我们可以听到"薄利多销"的说法,这也是商家经常采取的一种促销手段,意思是经营者降低价格,可以提高销售量,从而可以使经营收入提高。真实的情况是这样吗?

经营者的收入R就是消费者的支出,消费者的支出等于商品价格乘以购买的商品数量,即:

$$R = Q \cdot P \tag{2-19}$$

式中:Q——商品数量;
　　　P——商品价格。

按照需求法则,价格提高,需求数量下降;价格下降,需求数量提高,两者变动方向相反。作为价格与需求数量的乘积,消费者的消费支出(也就是经营者的收入)随价格如何变化?

要准确分析这一问题,需要区别不同需求价格弹性的商品。价格与需求数量的变动都会影响收益与支出。但当需求弹性不同时,一定的价格变动量所引起的需求数量变动是不同的,从而收益或支出的变动也不同。价格变动所引起的需求数量的变动取决于需求弹性的大小,所以,当价格变动为既定时,需求弹性的大小就会影响收益或支出。

富有弹性的商品,亦即需求价格弹性绝对值大于1的商品,若价格下降,则因为需求数量提高的比率要大于价格下降的比率,消费者支出会提高,即经营者的收入会增加。

缺乏弹性的商品,亦即需求价格弹性绝对值小于1的商品,若价格下降,则因为需求数量提高的比率要小于价格下降的比率,消费者支出会下降,即经营者的收入会减少。

单一弹性的商品,亦即需求价格弹性绝对值等于1的商品,其价格无论提高还是下降,需求数量总在相反方向变动同样的比率,所以消费者总支出不变,经营者的收入也不变。

根据以上分析可以知道,"薄利多销"是有条件的。如果商品富于弹性,那么降低价格,其需求数量增加的比率大于价格下降的比率,总收益得到提高。只有在这种条件下,才能"薄利多销多收益"。反之,如果商品缺乏弹性,降低价格只能使收益降低。

薄利多销:薄利多销能否增加商家的收入是有条件的,只有富有弹性的商品降价销售才可增加商家的收入。

2. 影响需求价格弹性的因素

影响需求价格弹性的因素有许多,归纳起来主要有以下因素。

(1) 商品的性质

一般来说,生活必需品,如粮食、盐、日用品等,其需求价格弹性比较小,为缺乏弹性的物品;而奢侈品和耐用消费品,如高级香水、首饰、钢琴、住宅、小汽车等,其需求价格弹性比较大,为富有弹性的商品。

(2) 商品替代品的丰富程度

如果某种商品有许多相近的替代品,那么它的需求价格弹性就比较大。因为当它的价格上涨后,人们就会不同程度地将消费转向替代品,而减少购买该商品。例如当羊肉涨价后,人们就会转向牛肉或家禽肉的消费来满足自己的肉类需求,从而减少对羊肉的需求数量。如果商品的替代品很少,其需求价格弹性就较小。同样是食物,鸡蛋的替代品很少,鸡蛋涨价后人们也没有太多的替代选择,鸡蛋的需求弹性就小。

(3) 人们对价格变动做出反应的时间长短

通常商品的长期需求价格弹性和短期需求价格弹性是有区别的,但孰大孰小取决于商品的特性。比如汽油价格突然上涨,短期内你不会放弃开车来减少汽油消费,这时的汽油需求非常缺乏弹性。但长期而言,你

影响需求弹性的因素:主要有商品的性质、商品替代品的丰富程度、人们对价格变动做出反应的时间长短、商品用途的广泛性、商品在消费者预算支出中所占的比重。

可以根据汽油较高的价格来调整自己的消费行为,你可能会淘汰旧的高耗油的汽车,购买小型节能汽车或电动汽车,也可能放弃开小汽车转乘公共交通工具,或骑自行车,这意味着汽油的长期需求价格弹性要大于短期需求价格弹性。但对汽车消费而言,短期需求价格弹性要大于长期需求价格弹性。本章后面的案例与阅读也说明了这一现象。

(4)商品用途的广泛性

一般来说,需求价格弹性与商品用途的广泛性密切相关。一种商品的用途越广泛,其需求价格弹性就越大;用途越单一,其需求价格弹性就越小。例如,电是一种用途较广的物品,当电费价格提高后,人们就会将电用于最迫切需要的地方,比如照明、保温等,从而需求数量就会减少;当电费价格下降后,除了日常照明、保温等,人们可能会增加各种各样的用电设备,比如电视、电脑、电子烹调设备、电淋浴器等,电的使用范围有较大程度的增加,电的消费量就会大幅上升。

(5)商品在消费者预算支出中所占的比重

商品在消费总支出中占的份额越低,消费者对其价格变化的反应也越小,需求价格弹性也越低。如文具、电池、牙刷等商品,由于它们在消费者的预算支出中所占的比重较低,所以消费者较少计较其价格变化,其需求价格弹性也比较低。

2.3.3 其他需求弹性

1. 需求收入弹性

消费者收入是影响需求的重要因素。随着收入的提高,对商品的需求数量一般也会提高(当然也有相反的情况,比如劣等商品),这种需求数量的提高并非由于价格的变化。弹性的概念能够用于度量收入变化导致的需求数量变化,但需要与需求价格弹性相区别。我们引入需求收入弹性(Income Elasticity of Demand)的概念。

需求收入弹性:在价格不变的情况下,消费者收入对商品需求数量影响的敏感程度,用需求数量变化率除以消费者收入变化率的比值来表示。

需求收入弹性指的是在价格不变的情况下,消费者收入对商品需求数量影响的敏感程度,用需求数量变化率除以消费者收入变化率的比值来表示。

对需求收入函数:

$$Q = f(I) \tag{2-20}$$

式中:Q——商品需求数量;

I——消费者收入。

定义需求收入弹性 E_I 为:

需求收入弹性

$$E_\mathrm{I} = \frac{\Delta Q/Q}{\Delta I/I} \tag{2-21}$$

式中：Q、ΔQ——商品需求数量及其变化量；

I、ΔI——消费者收入及其变化量。

需求收入弹性度量的是当价格及其他条件不变时，消费者收入增加百分之一，会使商品需求数量增加百分之几。

前面我们提到过正常商品和劣等商品的概念。一般来说，正常商品的需求收入弹性大于0，即随着收入的增加，需求数量也增加；劣等商品的需求收入弹性小于0，即随着收入的增加，需求数量反而下降。在正常商品中，奢侈品需求收入弹性较大，即随着收入的增加，奢侈品的需求数量以较大的比率增加，生活必需品需求收入弹性较小，即随着收入的增加，生活必需品需求数量以较小的比率增加。例如随着居民收入的提高，家用电器需求数量增加很多，而柴米油盐需求数量增加非常有限。

以纵轴表示收入I，横轴表示商品的需求数量Q，可以得到收入需求曲线D_I，它是反映人们的货币收入量与商品的需求数量之间关系的曲线。由于德国统计学家和经济学家恩格尔（Ernst Engel, 1821—1896）曾对此做过专门的研究，因此收入需求曲线又称为恩格尔曲线（Engel Curve）。根据商品需求收入弹性E_I的大小不同，恩格尔曲线可呈现出多种形状。

恩格尔曲线：又称为收入需求曲线，即以纵轴表示收入，横轴表示商品的需求数量得到的曲线，它是反映人们的货币收入量与商品需求数量之间关系的曲线。

（1）奢侈品

奢侈品（Luxuries）属于正常商品，其需求收入弹性大于1，即$E_\mathrm{I} > 1$。参见图2-14。

奢侈品：需求收入弹性大于1的正常商品。

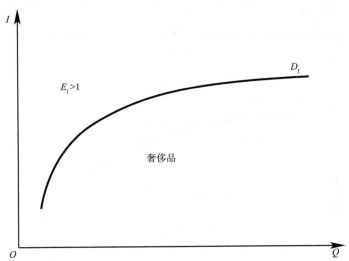

图2-14 奢侈品需求收入曲线

仔细观察会发现，对奢侈品，只有在收入提高到相当水平时才会有需求，以后，随着收入的提高，奢侈品需求数量以更高的增长比率增加。

生活必需品： 需求收入弹性大于0小于1的正常商品。

(2) 生活必需品

生活必需品(Necessities)也属于正常商品,其需求收入弹性小于1。即 $0 < E_I < 1$。参见图2-15。

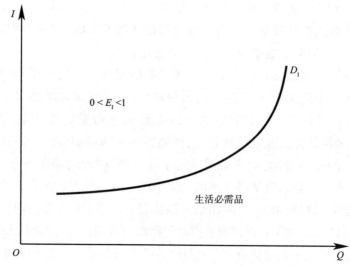

图 2-15　生活必需品需求收入曲线

在收入处于较低阶段时,就开始对生活必需品有了较大的需求数量。之后,随着收入的提高,生活必需品的需求数量也提高,但其增加的比率不断下降。显而易见,生活必需品需求收入弹性小于1。

当然,奢侈品和必需品是相对的概念,在不同的时期和条件下,两者可能相互转换。

(3) 劣等商品

劣等商品(Inferior Goods)的需求收入弹性为负,即 $E_I < 0$。参见图2-16。

劣等商品： 即需求数量随着收入的提高反而减少的商品。表现为需求收入弹性小于0。

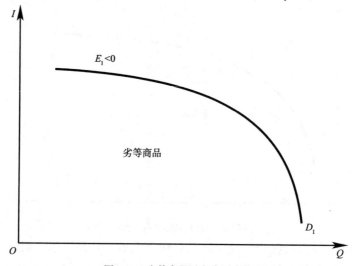

图 2-16　劣等商品需求收入曲线

劣等商品需求数量随着收入的提高而下降,而且下降比率不断增加,即随着收入的提高,每一次新增收入中用于劣等商品的购买支出份额不断下降。劣等商品需求收入弹性小于 0。

恩格尔根据统计资料分析人们的收入水平与其消费结构,发现了一个具有规律性的趋势,那就是随着收入的增加,食物支出在家庭生活支出中所占的比例将逐渐降低,这一规律被人们称为"恩格尔定律",同时又将消费者用于购买食品支出占全部消费支出的比例,称为恩格尔系数。

一般研究表明,恩格尔系数在 59% 以上为绝对贫困;50%~59% 为可以度日;40%~50% 为小康水平;20%~40% 为富裕;20% 以下为最富裕。当然这种方法也不是绝对的,利用恩格尔系数进行贫富判断时,应综合考虑影响人们消费结构的其他因素。例如在我国,具有相同人口和货币收入的农村家庭和城市家庭,由于农村家庭可以自己生产部分食品供自己消费,其恩格尔系数会稍低。

恩格尔定律:随着收入的增加,食物支出在家庭生活支出中所占的比例将逐渐降低。

恩格尔系数:消费者用于购买食品支出占全部消费支出的比例。

2. 需求交叉弹性

有时候不同商品之间是有关联的,一种商品价格的变化除了影响其本身需求数量的变化之外,还会引起其他商品需求数量的变化。前面提到过互补品和替代品的概念,对于互补品来说,一种商品降价导致它的需求数量上升时,会使其互补品的需求数量也上升。对于替代品来说则相反,当一种商品价格下降,它的消费增加时,其替代品的需求数量就会下降。对于这种不同商品之间价格变动和需求数量变化的影响,需要用需求交叉弹性(Cross Elasticity of Demand)来定量度量。

需求交叉弹性指的是某种商品需求数量发生变动的变化率与另一种商品价格发生变动的变化率的比值。定义商品 A 对 B 的需求交叉弹性 E_{AB} 为:

$$E_{AB} = \frac{\Delta Q_A / Q_A}{\Delta P_B / P_B} \quad (2\text{-}22)$$

式中:Q_A——商品 A 的需求数量;

ΔQ_A——商品 A 需求数量的变化量;

P_B——商品 B 的价格;

ΔP_B——商品 B 价格的变化量。

商品 A 对 B 的需求交叉弹性,表示当 A 商品价格和消费者收入均不变时,B 商品价格变动百分之一会使 A 商品需求数量变动百分之几。根据交叉弹性的正负,可以判别两种商品之间的关系。

(1)$E_{AB} > 0$,A、B 为替代关系

如果需求交叉弹性 $E_{AB} > 0$,说明 B 商品价格与 A 商品需求数量同方

需求交叉弹性:某种商品需求数量发生变动的变化率与另一种商品价格发生变动的变化率的比值。

商品替代关系:需求交叉弹性大于 0。

需求交叉弹性

向变化,即 B 商品价格的下降会带来 A 商品需求数量的减少。我们可以这样分析:如果 B 商品价格下降,按照需求法则,消费者会增加对 B 商品的需求数量,从 $E_{AB}>0$ 可知消费者同时会减少对 A 商品的需求数量,说明商品 A、B 是替代关系。

(2) $E_{AB}<0$,A、B 为互补关系

如果需求交叉弹性 $E_{AB}<0$,说明 B 商品价格与 A 商品的需求数量反方向变化,即 B 商品价格的下降会带来 A 商品需求数量的增加。B 商品价格下降,消费者会增加对 B 商品的需求数量,而同时增加对 A 商品的需求数量,说明商品 A、B 是互补关系。

> 商品互补关系:需求交叉弹性小于0。

(3) $E_{AB}=0$,A、B 互不关联

如果需求交叉弹性 $E_{AB}=0$,说明 $\Delta Q_A=0$,即使 B 商品的价格发生变化,但 A 商品的需求数量没有变化,商品 A、B 互不关联。

> 商品互不关联:需求交叉弹性等于0。

2.4 个人选择与消费者行为

2.4.1 效用与消费者剩余

1. 效用的概念

作为消费者,我们每天都面临着消费选择(Consumer Choice),面临着权衡取舍。当你多购买了衣服,可能要减少几次去酒吧的消费。当你把更多时间用于休闲旅游并用更少的时间工作时,由于收入降低,所以只能减少对其他物品的消费。

在解释消费行为的时候,经济学依赖于一个基本的前提假设,即人们倾向于选择他们认为最有价值的物品和服务。通过什么来说明"他们认为最有价值"这样的行为呢?经济学家采用了效用这一概念。

效用(Utility)是指消费者在消费商品或服务时所感受到的满足程度。或者说,效用也决定了消费者如何在不同的商品和服务之间进行排序和选择。

> 效用:指消费者在消费商品或服务时所感受到的满足程度。

满足程度决定于两种因素:一是由商品的自然属性所决定的商品的可用来满足人们某种需要的能力,如衣服可以御寒,粮食可以饱腹;二是人们在消费商品时对满足需要程度的主观感受,这种主观感受取决于消费者在消费商品时所处的状态。

效用是一种主观的感觉,满足程度只能取决于消费者自己在一定条件下对某种商品的消费中产生的主观心理感受。比如一个面包对饿汉来说,具有相当大的效用,但对一个已经吃饱了饭的人来说,几乎是没有用处的。

因此，效用是衡量消费效果的综合指标。如果消费者在消费活动中获得较大的满足程度，则认为其效用较高；如果满足程度较小，则认为其效用较低。

如何衡量商品效用的大小呢？有两种理论：一种是认为可以用某种效用单位来计量效用的基数效用论，即消费某物品所得到的满足程度可以用效用单位来进行衡量，并且对各个物品的效用是可以相加求和的；另一种是认为只能对效用大小进行相对排序比较的序数效用论，即效用作为一种心理现象无法确切计量，只能表示出满足程度的高低与顺序。虽然两种理论对效用的度量不同，但两种理论对消费者行为的分析结果是一致的。

2. 边际效用递减规律

人们在进行商品购买的选择时，通常把他们的收入分配于许多不同种类的商品。这种多样化的原因之一是，当他们消费越来越多的任何一种商品时，他们从这种商品的新增单位中得到的满足程度必定从某一点开始减少，这就是边际效用递减规律（Law of Diminishing Marginal Utility）。

边际效用递减规律可表述为：在一定的时间内，在其他商品的消费数量保持不变的条件下，随着消费者对某种商品消费量的增加，消费者从该商品连续增加的每一消费单位中所得的效用的增量会逐渐减少。

这里涉及两个概念——总效用和边际效用。

总效用（Total Utility）指消费者在一定时间内消费一定数量的商品或服务所获得的总满足程度。边际效用（Marginal Utility）指在一定时间内消费者每增加一个单位商品或服务的消费所得到的新增加的效用。

总效用 TU 和边际效用 MU_x 之间有如下的关系：

$$TU = \sum_{x=1}^{n} MU_x \tag{2-23}$$

例如消费者为满足食欲吃面包，假定能够对面包的每一消费数量水平给出相应的边际效用，就可计算出总效用，参见表 2-2。

不同消费数量下的边际效用和总效用表　　表 2-2

消费数量（x）	1	2	3	4	5
边际效用（MU）	10	7.5	5	2.5	0
总效用（TU）	10	17.5	22.5	25	25

边际效用的大小，与消费的数量多少成反比。由于在一定时间内，欲望的强度有限并随着满足的增加而减弱，因此，消费量越多，边际效用越小。图 2-17 所示为总效用和边际效用的关系。

可以看到，当边际效用为正时，总效用处于递增状态；当边际效用为零时，总效用达到最大值。

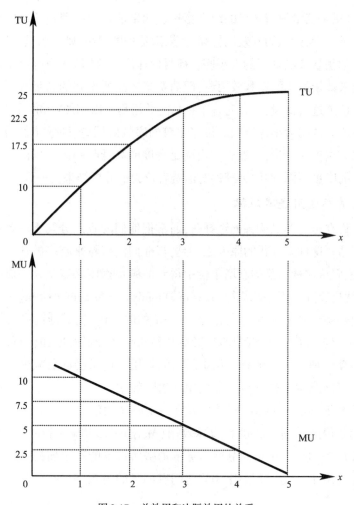

图 2-17 总效用和边际效用的关系

3. 消费者剩余

消费者剩余：消费者根据自己对物品效用的评价所愿意支付的价格与实际价格的差额。

消费者在购买商品或服务中所愿意支付的价格取决于他对该商品或服务的效用评价,该商品对消费者的效用越大,他愿意支付的价格越高。若购买一定数量的商品,因为每一个商品对消费者的效用是不一样的,因此消费者愿意支付的价格也不同。但在现实生活中,商品的市场价格是一定的,消费者实际支付的是该商品固定的市场价格,消费者所得到的大于所支付的,这种额外的好处称之为消费者剩余(Consumer Surplus)。

消费者剩余是消费者根据自己对物品效用的评价所愿意支付的价格与实际价格的差额。正因为边际效用是递减的,所以消费者可以获得消费者剩余。如图 2-18 所示。

效用与消费者剩余

D 为消费者对面包的消费曲线,该曲线表明了消费者对不同数量面包愿意支付的价格,P 为实际市场价格。消费者对第一个面包的评价最大(第一个面包对他的效用最大),他为这一面包愿意支付的价格为 7 元,由于边际效用递减,所以购买的第二、第三个面包给他增加的效用(即愿意支付的价格)也递减,分别为 6 元和 5 元,依此类推。而市场面包的实际价格为 3 元,当购买第一个面包时,他愿意支付 7 元,而实际上只需按市场价格支付 3 元,这样就有 4 元的消费者剩余。依次类推,他购买第二、三、四个面包分别得到 3、2、1 元的消费者剩余,购买第五个面包愿意支付的价格等于市场价格,没有消费者剩余。他购买五个面包所获得的消费者剩余的总和为图 2-18 中的阴影部分,这就是他从交易之中得到的好处。

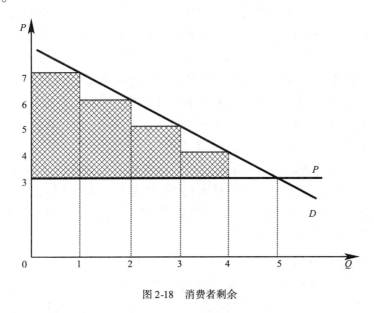

图 2-18　消费者剩余

2.4.2　消费者偏好与无差异曲线

1. 消费者偏好

消费者偏好(Consumer Preference)指的是消费者根据自己的意愿对可供消费的商品组合按照其总效用大小进行的排序,反映的是消费者个人的兴趣或爱好。这种偏好是决定消费者行为的最重要因素之一。

消费者面临的选择大部分是多种商品,不同商品的数量组合可以有许多种,消费者面临的决定是选择其中哪一个组合。例如,消费者要考虑一星期购买的羊肉和牛肉的数量,他面临 A、B、C、D、E、F、G、H 八种不同的组合,每种组合中羊肉和牛肉的数量不同,见表 2-3。

消费者偏好:消费者根据自己的意愿对可供消费的商品组合按照其总效用大小进行的排序,反映的是消费者个人的兴趣或爱好。

不同商品的购买选择组合　　　　表2-3

商品组合	羊肉(kg)	牛肉(kg)
A	0.5	4.0
B	0.6	3.5
C	0.9	2.5
D	1.5	1.5
E	2.2	1.0
F	3.0	0.7
G	3.4	0.6
H	4.0	0.5

为了分析这些问题,我们必须先作以下几个假定。

(1)完备性。这是指消费者对于每一种商品组合都能说出偏好顺序,即消费者可以比较所有组合,分辨出对哪一种组合更偏好,或者对其中的组合同样喜欢,即偏好无差异。

(2)传递性。传递性是指消费者对不同商品的偏好是有序的,连贯一致的。如果消费者在面对 A 和 B 两个组合中,更喜欢 A,也就是说对 A 的偏好大于 B,在 B 和 C 中,对 B 的偏好大于 C,那么,消费者在面对 A 和 C 的比较中,一定有对 A 的偏好大于 C。

(3)不充分满足性。这是指在我们所考察的消费者活动中,消费量远未使消费者的满足程度达到极大(边际效用等于0)。因此,在不考虑预算结束时,消费者认为所有商品数量总是多一些好,多多益善,增加消费量总使消费者的总效用提高。

2. 无差异曲线

无差异曲线：用来表示两种商品不同数量组合给消费者所带来的效用完全相同的一条曲线,又称为等效用曲线。

在满足消费者偏好的假设下,无差异曲线(Indifference Curve)是用来表示两种商品不同数量组合给消费者所带来的效用完全相同的一条曲线,又称为等效用曲线。用无差异曲线可以方便直观地表现消费者偏好,对于该线上任何一个点所代表的两种商品的数量组合,消费者的偏好程度是无差异的。

对某一个消费者,假定表2-3中的商品组合 A~H 给其带来的效用是完全一样的,可以在直角坐标系上,用横轴表示牛肉的数量,纵轴表示羊肉的数量,把 A 到 H 各点连接起来,就得到一条无差异曲线,参见图2-19。

无差异曲线表明,消费者若从 A 点组合转换为 B 点组合,他的满足感不会有任何变化。同样,在 A~H 中任意两种组合消费带给消费者的效用是完全一样的,消费者的偏好也是无差异的。

3. 无差异曲线的特性

两种商品的消费数量可以有任意多种组合,可以形成任意多条无差

预算约束下的
消费者均衡(一)

异曲线,参见图 2-20。

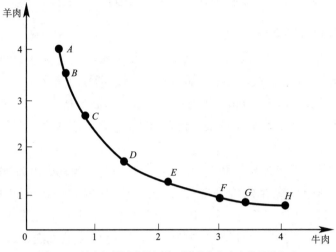

图 2-19　具有相同消费效用的不同羊肉和牛肉数量的组合

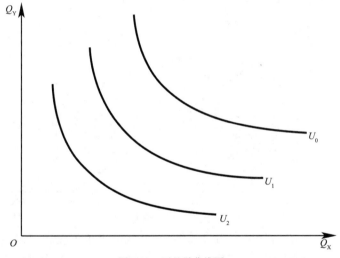

图 2-20　无差异曲线图

无差异曲线具有如下特性:

(1)无差异曲线是一条向右下方倾斜的曲线,其切线斜率为负。这表明,在收入与价格既定的条件下,为了得到相同的总效用,若要增加一种商品的消费量,则必须减少另一种商品的消费量。两种商品不能同时减少或增加。

(2)不同的无差异曲线代表不同的效用,离原点越远的无差异曲线其效用越大,离原点越近的无差异曲线代表效用越小。图 2-20 中效用 $U_0 > U_1 > U_2$。

(3)任意两条无差异曲线不相交。因为在交点上两条无差异曲线代表了相同的效用,这样两条曲线实际上就重合了。

(4)无差异曲线凸向原点。

2.4.3 预算约束下的消费者均衡

1. 消费者预算线

> 消费者预算线：在一定的商品价格水平下，消费者所能购买到的两种商品数量的最大组合的轨迹。

尽管有不同的商品组合，但消费者在做购买决策时并非只考虑效用最大的满足，还需要顾及自己口袋里有多少钱，即预算是多少。消费者预算线（Consumer Budget Line）指的是在一定的商品价格水平下，消费者所能购买到的两种商品数量的最大组合的轨迹。消费者预算线表明了消费者行为的限制条件。

假定某一消费者准备用于购买羊肉和牛肉的总预算支出为 200 元，羊肉价格为 50 元/kg，牛肉价格为 40 元/kg。如果全部用于购买牛肉，可买 5kg；若全部用于购买羊肉，可买 4kg。消费者多买 1kg 牛肉，就要少买 0.8kg 的羊肉。总支出 200 元可以购买的羊肉和牛肉的数量组合如图 2-21 所示。

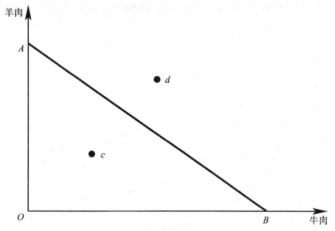

图 2-21 消费者预算线

图中直线 AB 称为消费者预算线，预算线给出了消费者可以选择的区域的界限。在图中 AB 线以下的区域内任何一点所代表的商品组合都是消费者的收入可以承担的，在 AB 线上的点正好让消费者耗尽所有的收入，而在 AB 线以内的点，如 c 点，消费者的收入还有剩余。但在 AB 线以外的点，如 d 点，则是消费者力所不能及的消费组合。消费者不能无止境地消费，无论他的偏好多么强烈，他只能在预算约束线划定的范围内进行选择。

在消费者收入和商品价格既定的条件下，消费者预算线是确定的一条直线。但如果价格或收入发生变化，消费者预算线也将发生变动，参见图 2-22。

（1）收入变化对预算线的影响

当两种商品价格都不变时，预算线的斜率不变，因此预算线的变动是平行移动的。消费者收入增加，预算线由 AB 向右平移到 A_1B_1；收入减少则预算线向左平移至 A_2B_2，见图 2-22a）。

(2)价格变化对预算线的影响

当消费者收入不变而两种商品中的一种价格变化时,预算线在价格不变商品对应坐标轴的截距不变,而在价格变动商品对应坐标轴的截距发生变动。假定 Y 商品价格不变,X 商品价格下降,预算线由 AB 以 A 点为轴心向外旋转为 AB_1;若 X 商品价格上升,预算线由 AB 以 A 点为轴心向内旋转变为 AB_2,见图 2-22b)。

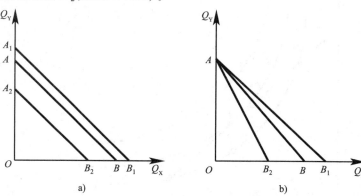

图 2-22 收入、价格变动对消费者预算的影响

(3)收入与价格同时变化对预算线的影响

如果收入与价格同时变化,预算约束线的变化既有平移也有旋转。一个特殊的情况是:收入和两种商品的价格同时上升或下降相同的倍数,那么预算约束线不出现任何移动,在经济学中,我们称这样的物价上涨为"被充分抵消的通货膨胀"。

2. 消费者均衡

无差异曲线代表的是消费者对不同商品组合的主观态度,而预算约束线则显示了消费者有支付能力的商品消费的客观范围。如何在既定的收入和价格条件下在商品之间做出最佳配置,求得最大效用,这是消费者追求的目标,是消费者主观选择和客观限制条件下达到的一种均衡状态。

消费者均衡(Equilibrium for Consumer)指的是在给定的收入和价格水平下,消费者选择了能够最大限度满足其需要的商品组合,消费者效用达到最大化时的状态。

根据无差异曲线分析方法,对于一个消费者来说,两种商品的不同组合按其主观评价可以绘制出无数条的无差异曲线,越远离原点的无差异曲线,其效用越大。而能否实现最大的效用,还要取决于消费者的预算约束。只有既定的预算线与无差异曲线中任意一条的相切点,才是消费者获得最大效用水平的均衡点。

图 2-23 中,AB 线段表示收入和价格一定的条件下某消费者的预算

消费者均衡:在给定的收入和价格水平下,消费者选择了能够最大限度满足其需要的商品组合,消费者效用达到最大化时的状态。

预算约束下的消费者均衡(二)

线,U_1、U_2、U_3 为三条无差异曲线,它们效用大小的顺序为 $U_1 < U_2 < U_3$。预算线 AB 与 U_2 相切于 E 点,则 E 点是在既定收入和价格约束下消费者能够获得最大效用水平的均衡点,该点对应的商品 X 的数量 q_X 和商品 Y 的数量 q_Y 是消费者购买商品的最佳组合。

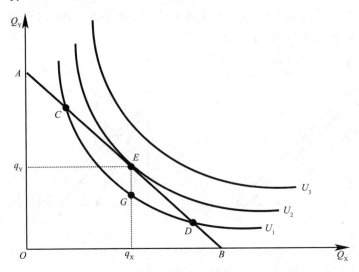

图 2-23 消费者均衡点

消费者均衡点：
预算线与无差异曲线的切点为消费者均衡点。

这是因为,效用曲线 U_3 与 AB 预算线既不相交也不相切,说明选择效用水平 U_3 的 X 商品与 Y 商品数量组合在收入与价格既定的条件下是无法实现的。预算线 AB 与 U_1 相交于 C 点和 D 点,在 C 点和 D 点上购买到的 X 商品和 Y 商品数量也是收入和价格既定条件下的组合,但 C 和 D 代表的商品组合效用未达到最大。事实上,在 G 点的商品组合与 C、D 点具有相同的效用,但花费显然要小于 C 点和 D 点。只有在 E 点,消费者既花掉了所有的预算,又得到了在此预算下的最大效用,因此,消费者唯一可实现效用最大的消费点在 E 点,即预算线与无差异曲线的切点,所以预算线与无差异曲线的切点代表着消费者均衡点。

3. 价格变化与消费者选择

在两种商品价格和消费者收入既定的情况下,可得出一条确定的消费预算线。若两种商品中的一种价格发生变动,则会引起预算线的变动,相应的消费者均衡也会发生变动。假设消费者购买两种商品 X 和 Y,初始的价格分别为 P_{X1} 和 P_{Y1},预算线为 AB_1,当收入和 Y 商品的价格不变,而 X 商品的价格下降时,消费者均衡的变动如图 2-24 所示。

图 2-24a)中,Y 商品的价格不变,X 商品的价格由 P_{X1} 依次下降为 P_{X2}、P_{X3}、P_{X4},消费预算线由最初的 AB_1 以 A 点为轴心向外旋转分别移至 AB_2、AB_3、AB_4,预算线在纵轴的截距不变,但它在横轴的截距增大。相应

地消费者均衡点也发生变动,由 E_1 移到 E_2、E_3、E_4。

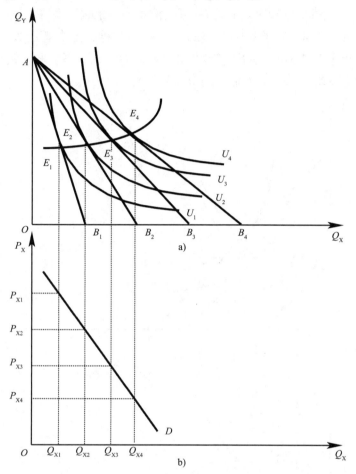

图 2-24 价格变化时消费者均衡点的移动

价格消费曲线： 在收入和另一种商品价格既定时,在消费者均衡状态下某种商品的价格和消费数量的关系。

可以看出,随着 X 商品价格的变化,其消费量也在相应地变化,即消费者以追求效用最大化为目的,按价格调整商品的消费量。根据 X 商品价格和消费量的关系,可以推导出一条有关 X 商品的价格消费曲线(Price Consumption Curve),参见图 2-24b),它表示在收入和另一种商品价格既定时,在消费者均衡状态下某种商品的价格和消费数量的关系。价格消费曲线描述的是消费者个人而非市场全体的行为。

4. 收入变动与消费者选择

在价格不变的情况下,如果收入发生了变动,消费者预算线会平行移动,消费者均衡也会发生变化,见图 2-25。

图 2-25a)中,随着收入的提高,消费预算线由最初的 A_1B_1 平行移至 A_2B_2、A_3B_3、A_4B_4,相应的消费者均衡也发生变动,由 E_1 移到 E_2、E_3、E_4,对 X 商品和 Y 商品的消费量也增加了。

以某种商品(比如 X 商品)的消费量为横轴,消费者的收入为纵轴,根据 X 商品消费量和收入的关系,可以推导出一条收入消费曲线(Income Consumption Curve),参见图 2-25b)。它表示在商品价格既定时,在消费者均衡状态下某种商品的消费数量和消费者收入的关系。收入消费曲线描述的也是消费者个人而非市场全体的行为。

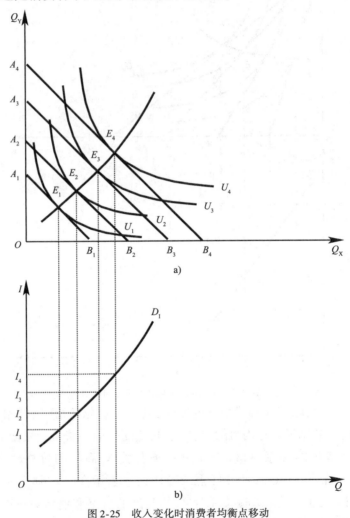

收入消费曲线: 在两种商品价格既定时,在消费者均衡状态下某种商品的消费数量和消费者收入的关系。

图 2-25 收入变化时消费者均衡点移动

2.5 交通运输需求

2.5.1 交通运输需求的产生

1. 交通运输需求的概念

在绪论里已经论述了交通与运输的相同与不同之处,同时也明确了现在一般用交通运输这样一个复合性的概念来描述我们的研究对象。简单地说,交通运输指的是载运工具在交通线网设施上的流动以及人与货物在两地之间的位移。

交通运输本质上是一种位移服务而非有形的商品。交通运输需求(Transportation Demand)是指针对某种交通运输服务,在一定的时间内,对于每一种可能的价格,消费者愿意购买并能够支付的位移服务数量。

> **交通运输需求**：针对某种交通运输服务,在一定的时间内,对于每一种可能的价格,消费者愿意购买并能够支付的位移服务数量。

理解交通运输需求的概念,除了把握一般需求的含义之外,需要进一步理解交通运输需求的特殊之处：

第一,就像不同类别的商品一样,交通运输服务也分为不同的种类。根据运输对象、载运工具方式以及位移起讫点的不同组合,形成了不同种类的交通运输服务。运输对象有人和不同种类的货物；载运工具方式有铁路、公路、水运、航空、管道等宏观层面的运输方式的不同,以及比如同属公路运输的大客车、小汽车载运工具的不同；而位移起讫点更是散布在不同的地点。交通运输需求是一种位移服务需求,既包括运输对象的位移,也包括载运工具的位移。

> **交通运输服务**：根据运输对象、载运工具方式以及位移起讫点的不同组合,形成了不同种类的交通运输服务。

第二,交通运输需求不同于一般商品的需求,有其明显的特征。后面我们会详细研究交通运输需求的特征。

2. 交通运输需求的产生

交通运输需求被认为是一种派生需求,即它不是本源性的社会需求,而是由社会经济中的其他活动所引发的一种需求,实际上涉及了商品在不同地区的生产和消费情况。我们以一个简单的例子来说明。

商品是苹果,A 地主要为生产地(假设也有一小部分消费),B 地为纯粹的消费地。一开始,A、B 两地并没有运输通道连接,苹果的产销量在一个较低的水平达到平衡,参见图 2-26。

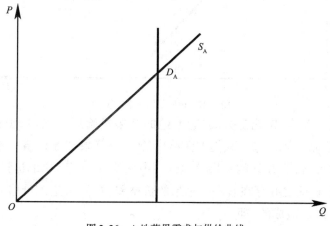

图 2-26　A 地苹果需求与供给曲线

图中 D_A 是 A 地的苹果需求曲线,为简单起见,假定 A 地对苹果的消费量是固定的,不随价格变化,D_A 是一条完全无弹性的直线:

$$Q_{DA} = 100 \tag{2-24}$$

式中:Q_{DA}——A 地苹果的需求数量,kg。

S_A 是 A 地苹果的供给曲线(有关供给及供给曲线的内容在后面的章节会详细讨论),为简单起见,假定 S_A 也是一条直线:

$$Q_{SA} = 50P_A \tag{2-25}$$

式中:Q_{SA}——A 地苹果的供给量,kg;

P_A——A 地苹果的价格,元/kg。

交通运输需求

在这种情况下,A 地苹果的供给量为 100kg,需求数量也是 100kg,供需达到了平衡,均衡价格为 2 元/kg。

现在 A、B 两地之间有了一条运输通道,B 地的消费者也对苹果有了消费需求。由于 B 地居民的消费水平较高,苹果的需求曲线见图 2-27。对苹果的需求函数为:

$$Q_{DB} = 1500 - 50P_B \tag{2-26}$$

式中:Q_{DB}——B 地苹果的需求数量,kg;

P_B——B 地苹果的价格,元/kg。

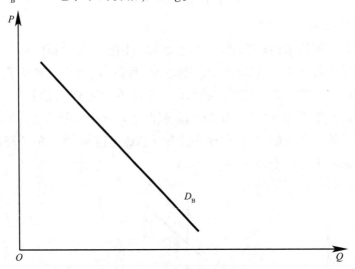

图 2-27 B 地苹果需求曲线

由于 A 地与 B 地是分离的,A 地的苹果供给要变成 B 地的苹果消费,必须依靠苹果运输。我们上面给出的 A 地苹果产地价格中不包含苹果运输的价格,而 B 地的苹果销地价格中显然包括了苹果的运输价格,因此 A 地与 B 地之间存在着一个苹果的价格差,我们假定该价格差仅仅是由于苹果运输造成的,即:

$$P_B = P_A + P_T \tag{2-27}$$

式中：P_T——A、B 两地间的苹果运输价格,元/kg。

可以想象出,在产销地供求曲线已经分别确定的情况下,从 A 地运往 B 地的苹果数量,取决于苹果的运输价格。运价越低,两地间的苹果价格差越小,相对较高的产地收购价可以鼓励产地的农民多种植苹果,而较低的销地价格则鼓励消费地的客户多消费苹果。

考虑 A、B 两地的需求数量,在供需达到平衡时,各地的需求数量、生产量及价格等见表 2-4。

苹果供需数量及价格关系表　　　　表 2-4

A 地需求量 （kg）	B 地需求量 （kg）	A 地生产量 （kg）	B 地价格 （元/kg）	A 地价格 （元/kg）	AB 间运输价格 （元/kg）
100	50	150	29	3	26
100	100	200	28	4	24
100	150	250	27	5	22
100	200	300	26	6	20
100	250	350	25	7	18
100	300	400	24	8	16
100	350	450	23	9	14
100	400	500	22	10	12
100	450	550	21	11	10
100	500	600	20	12	8
100	550	650	19	13	6
100	600	700	18	14	4
100	650	750	17	15	2

当我们把表 2-4 中 B 地需求数量和 AB 间的运输价格转换到坐标图上,就可以得到图 2-28。

这是一条苹果运输需求数量随运输价格变化的曲线。从形式上看,运输需求曲线与一般产品或服务的需求曲线没有什么不同,也是一条向右下方倾斜的曲线,即随着价格下降需求逐渐增加,但我们通过上面的例子已经知道运输需求是衍生出来的。运输需求取决于社会经济中其他活动所提出来的对货物或旅客在空间位移的需要。

2.5.2　交通运输需求的特征

交通运输需求与其他商品需求相比,有其特殊性,这种特殊性表现在以下几个方面：

1. 非物质性

人们对商品的需求都是有形的物质性需求,需求的满足主要通过物质产品本身的效用实现而获得。而交通运输需求是一种非物质性的位移服务需求,消费者支付货币后,实际消费的并非物质产品,而是非物质性服务。由于服务不具有物质形态,因此服务不能被存储和保管,服务的生产和消费只能同时发生,服务的无形性和不可存储性使服务功能和能力具有易逝性。

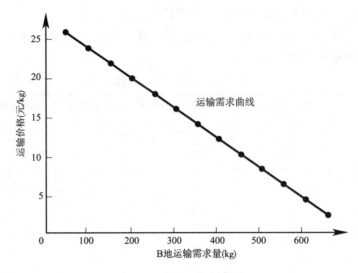

图 2-28　苹果运输需求曲线

本源性需求：如果消费需求的满足主要通过商品或服务本身的效用实现而获得,这种需求称为本源性需求。

2. 派生性

在人们的实际需求中,存在着包括交通运输需求在内的各种各样的需求。这些需求可分为两大类。一是直接性需求或称本源性需求;另一种为间接性需求,即派生性需求。在经济生活中,如果消费需求的满足主要通过商品或服务本身的效用实现而获得,这种需求称为本源性需求。如果对一个商品或服务的需求是由另一种或几种商品或服务的需求所衍生出来的,那么对该商品或服务的需求称为派生性需求(Derivative Demand)。

如旅客乘车,乘车不是他的最终目的,而是通过乘车实现其空间位置的改变,最终满足其上班、购物、探亲、访友或其他需求。货物的移动也不是目的本身,是为了使其进入生产过程,进行加工、制造,生产出更为有用的产品,或者是为了运抵市场,进入消费,满足人们的消费需求。运输不过是一个中间环节,交通运输需求是派生性需求。

派生性需求：如果对一个商品或服务的需求是由另一种或几种商品或服务的需求所衍生出来的,那么对该商品或服务的需求为派生性需求。

3. 空间矢量性

交通运输需求是对货物、旅客或交通工具进行空间位移的要求,而且这种位移带有方向性。两点之间的交通运输需求带有方向性,不同方向的需求数量也不同,此所谓交通运输需求的空间矢量性。

比如,农产品产地在农村,而市场在城市,这就决定了农产品的运输需求是从农村到城市。对于货物运输来说,运输需求在方向上往往是不平衡的,如通往林区、采矿场及煤矿的线路上,一般是进货少、出货多,或者是空车去、重车回,形成单边运输。对于城市内的交通出行需求,往往在上班时,从居住地到工作地的交通需求非常大,经常会出现交通拥挤的现象,而相反的方向,从工作地到居住地的交通出行需求比较小,会出现道路资源的空闲。交通运输需求这种空间上的矢量性或不均衡性,使得交通运输供给为了满足重载或高峰方向的需求需要配备较大的能力,而由于载运工具必须在双方向间均衡使用,因此会造成供给能力的浪费。

空间矢量性:两点之间的交通运输需求带有方向性,不同方向的需求数量也不同。

4. 时间特定性

交通运输需求在时间上也有一定的要求,位移服务需要在一定时间内完成,不同时间段内的需求数量大小也有显著的区别,这就是交通运输需求的时间特定性。

交通运输需求的时间分布呈现不均衡状态。在一天之内、一年之内,甚至更长时期内,都是如此,因而有需求的淡季和旺季之分。从客运需求来看,周末和重要节日前后的客运需求明显高于其他时间;市内交通的高峰期往往是在职工上下班的时间;寒暑假期间,学生的运输需求集中。对货运需求来说,大多数作为货物的商品在生产和消费上都有季节性,有的在生产上是均衡的,而在消费上却不均衡,如化肥、农药等;有的在生产上不均衡,而在消费上却是均衡的,如粮食、蔬菜;有的生产和消费都不均衡,如水果等。交通运输需求这种时间上的特定性或不平衡性也会增加交通运输供给组织的难度。

时间特定性:位移服务需要在一定时间内完成,不同时间段内的交通运输需求数量大小也有显著的区别。

5. 基础性

交通运输是任何社会经济活动赖以存在的基础,无论是人们的生产活动,还是社会活动及文化交往,莫不如此。与其他商品和服务的需求相比,交通运输需求是一种基础性的需求,可以说任何人都离不开交通运输。

由于地球自然资源分布的非均衡性,任何一地都不可能提供当地居民所需要的全部物品,因此需要交通运输来使不同地区之间互通有无。现代社会的高度物质文明依赖于专业化分工,而大工业既需要从各地获得多样化的原材料,也需要为产品开拓远方市场,实现规模经济。交通是增加社会交流与理解的基础,并有助于解决由于地域不同而产生的问题。交通条件的改善使得人们在自己的居住地点、工作地点以及日常购物、休闲地点之间可以做出很多选择和安排。交通运输有助于国际文化交流，以便人们了解其他国家的文化特点，并通过国际展览、艺术表演、体育比赛等方式向国外展示本国文化。交通运输还承担着重要的政治与军事角色，对内而言，一个国家需要良好的运输系统以支持有效的国防和政治上的凝聚力；对外而言，强大的运输能力是一个国家强盛的重要标志。

6. 多样性

人类活动的目的形式是多种多样的，所产生的作用、关系也是丰富多彩的，由此产生的交通运输需求在方向、范围、强度和质量上也是各不相同的，交通运输需求具有多样性的特点。

在货运需求中，由于货物不同的物理、化学性质，以及在重量、体积、形状上的不同，需要不同的包装、保管和运输条件来保存它的使用价值，因而在运输过程中必须采取不同的技术措施。如油品等液体货物需要用罐车、油船、管道来运输，化学品、危险品以及长大件货物等也都要求特殊的运输条件。旅客运输需求对服务的要求也是多种多样的，旅行目的、旅行时间、舒适程度等都有所不同，呈现多样化的特点。

7. 部分可替代性

特定的运输对象、载运工具方式以及位移起讫点构成了特定的交通运输需求。一般来说，不同的交通运输需求之间是不能互相替代的，如人与物的位移需求不能相互替代；不同目的地的运输需求不能相互替代；不同种类的商品的运输需求也不能相互替代。但是在某种情况下，却可以对某些不同的交通运输需求做出替代性的安排。

一是"外部替代"，即指某种交通运输需求有时可以由运输以外的方式来替代，这种替代使运输对象、载运工具方式以及位移起讫点均有可能发生变化。比如到外地出差开会的旅行需求可以通过视频会议的方式替代；从煤矿到城市发电厂的煤炭运输可以通过建立坑口电站，架设长距离输变电线路来替代。

二是"内部替代"，即指某种交通运输需求有时可以通过另一种交通运输需求来替代，这种替代一般是由运输对象、位移起讫点不变，载运工具方式发生变化了的另一种交通运输需求来完成。由于人或货物的交通运输需求是以位移为目的，在一定的条件下不同的载运工具方式可以实现同样的位移功能。如石油的运输可以通过铁路，也可以通过公路和管道运输。由于不同运输方式的技术经济特征不同，在不同的范围内，运输的经济效果不同，因而使运输需求有了一定的划分和替代特性。

需求外部替代：某种交通运输需求有时可以由运输以外的方式来替代，这种替代使运输对象、载运工具方式以及位移起讫点均有可能发生变化。

需求内部替代：某种交通运输需求有时可以通过另一种交通运输需求来替代，这种替代一般是由运输对象、位移起讫点不变，载运工具方式发生变化了的另一种交通运输需求来完成。

8. 多维属性

一般的商品需求，用需求数量就可以表示。但交通运输需求不只数量属性，对于每一个具体的交通运输需求来说，一般具有流量、流向、流程、流时四个方面的属性。

(1) 流量。即交通运输需求数量，指交通运输需求的规模大小和数量的多少。与一般商品的需求数量表示不同，因为交通运输需求涉及空间位移的概念，因此有时需要用复合指标来衡量交通运输需求数量。通常流量可用两个指标来表示：一个是交通运输量，以货物运输量（简称为货运量，t）、旅客运输量（简称为客运量，人、人次）或车流量（车，车次）来表示；另一个是交通运输周转量，定义为交通运输量与相应的运输距离的乘积，以货物运输周转量（简称为货运周转量，t·km）、旅客运输周转量（简称为客运周转量，人·km）、车辆周转量（车·km）来表示。

> **流量**：交通运输需求数量，一般用交通运输量或交通运输周转量来表示。

(2) 流向。即货物、旅客或载运工具空间位移的地理走向，从何处来，向何处去，反映了地域间社会经济和居民的运输联系。

> **流向**：货物、旅客或载运工具空间位移的地理走向。

(3) 流程。即交通运输需求的距离，指货物、旅客或载运工具位移起讫点之间的空间长度。一般用运输距离（简称为运距，km）来表示。

> **流程**：位移起讫点间的空间长度，即运输距离。

(4) 流时。即交通运输需求提供服务所需的时间，包括运输服务开始的时间和完成的时间。一般用起运时间（交通运输服务开始的时间）和运达时间（交通运输服务结束的时间）表示。

> **流时**：为交通运输需求提供服务所需的时间。

总结与提要

关键概念：需求，需求数量，需求法则，正常商品，劣等商品，替代品，互补品，需求价格弹性，需求收入弹性，需求交叉弹性，效用，边际效用，边际效用递减规律，消费者剩余，消费者偏好，消费者均衡，交通运输需求，交通运输服务。

重点掌握：需求的函数与曲线表示，需求和需求数量的区别，需求变化与需求数量变化的区别，影响需求变化的因素，需求价格弹性类型，影响需求价格弹性的因素，正常商品与劣等商品的判别指标，替代品与互补品的判别指标，奢侈品和生活必需品的判别指标，无差异曲线与预算线分析方法，交通运输需求的特征。

一般理解：弧弹性和点弹性计算方法，薄利多销的适用条件，恩格尔曲线，恩格尔定律，恩格尔系数，价格消费曲线，收入消费曲线，本源性需求，派生性需求，交通运输需求的产生原理，交通运输需求的内部替代与外部替代。

案例与阅读

2-1 设计新的汽车

一辆汽车的两大特性是其款式设计和性能。款式设计和性能都是受到人们关注的特性,一辆汽车,它的款式设计越好,性能越佳,其需求量就越大。然而,重新设计款式,提高汽车的性能,这是要花钱的。在一辆汽车里,应该增加多少特性呢?

问题的答案部分地取决于生产成本,也取决于消费者对于汽车特性的偏好。图2-29显示了消费者偏好的两个特性描述,图2-29a)表示一部分人偏好性能,而不是款式,他们愿意放弃相当的款式造型以换取更好的性能。将这些偏好与图2-29b)所示的另一部分人的偏好进行比较,后者偏好款式而不是性能,他们愿意为获得更新颖的款式而容忍低效的续航里程或稍差的驾驶性能。

可以用无差异曲线来描绘对于汽车特性的偏好,每一条曲线表明了能带来同等程度满足的性能和款式组合。图2-29a)中的消费者愿意放弃相当程度的款式造型来获得增加的性能;而图2-29b)中的消费者的偏好恰恰相反。

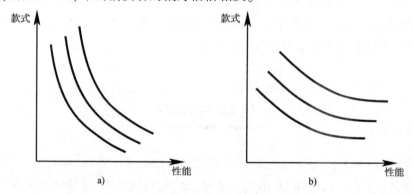

图2-29 对于汽车特性的偏好

掌握人群中哪个偏好组别占了多数,有助于汽车公司做出战略性的生产决策。判断这一情况的途径之一是对人们进行调查,这些调查就款式和性能不同组合的几种汽车询问每个被调查者的偏好。另一途径是从统计上分析消费者以往购买不同款式和性能的汽车的数量,将不同汽车的售价和汽车的特性水平联系起来,人们就可以判断不同组别的消费者赋予每一特性的相对价值。

(摘编自:平狄克,鲁宾费尔德.微观经济学[M].4版.北京:中国人民大学出版社,2000:63-64)

2-2 汽油和汽车的需求

汽油和汽车是互补品,一种商品价格的上升会导致对另一种商品需求的减少,并且,它们各自的动态行为(长期的和短期的弹性)正好彼此相反。对汽油而言,价格和收入的长期弹性要大于其短期弹性;对汽车来说,情形正相反。

现在有许多关于汽车和汽油需求的统计研究。在这里,我们引述两项研究中的价格和收入弹性的估计值,这些研究都突出了对于需求的动态反应。表2-5列出了美国汽油需求的价格和收入弹性,包括短期的、长期的和介于两者之间的数值。

美国汽油的需求弹性 表2-5

弹性	价格或收入弹性变化的年数					
	1	2	3	5	10	20
价格	-0.11	-0.22	-0.32	-0.49	-0.82	-1.17
收入	0.07	0.13	0.20	0.32	0.54	0.78

注意长期的与短期的弹性之间的巨大差异。1974年,随着欧佩克(OPEC,石油输出国组织)的兴起以及由此带来的汽油价格的暴涨,许多人(包括汽车和石油产业的经理们)宣称,对于汽油的需求将不会有太大的变化,这种需求并不十分富有弹性。的确,在价格上升的第一年里,他们是对的,需求量并没有太大的变化。但是,需求最后的确发生了变化。人们改变了他们的驾车习惯,选择更小的,而且更省油的汽车来替换大车,这需要花费时间。在1979—1980年的第二次油价大幅度上涨以后,这种反应依然存在。正是部分地由于这一原因,欧佩克没能将油价维持在每桶30美元以上的水准,价格下跌了。

表2-6显示了汽车需求的价格和收入弹性。注意短期弹性远远大于长期弹性。从收入弹性来看,人们可以很清楚地知道,为什么汽车产业具有很强的周期性。例如,在1982年的衰退期,GNP(国民生产净值)下跌了近3%(扣除通货膨胀因素),但是汽车的实际销售额下跌了近8%。然而在1983—1985年间,汽车的销售又得到了恢复。在1991年衰退期间(当时GNP下降了2%),汽车的销售额又下跌了8%,但是在1993年又开始回升。

美国汽车的需求弹性 表2-6

弹性	价格或收入弹性变化的年数					
	1	2	3	5	10	20
价格	-1.20	-0.93	-0.75	-0.55	-0.42	-0.40
收入	3.00	2.33	1.88	1.38	1.02	1.00

(摘编自:平狄克,鲁宾费尔德.微观经济学[M].4版.北京:中国人民大学出版社,2000:34-35)

2-3 网络上的运输需求

假设在一个固定的经济空间中存在着若干个煤炭的生产地,用菱形代表它们的位置,每一个煤炭地由于生产条件不同都有自己相应的供给曲线,菱形的大小表示各个产地煤炭生产成本的不同,生产成本越低菱形越大;煤炭的需求地或消费地用圆形代表,它们可能是一些大的钢铁企业、火力发电厂,也可能是城市,圆形的大小表示该地煤炭需求

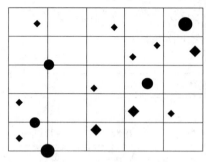

图 2-30 多个煤炭产销地点的分布

的多少。我们还假设在这一经济空间里存在着两种可以相互替代的运输方式:一种是政府经营的公共铁路;另一种是私营的货车。图 2-30 中的网络代表已有的铁路网。每一个垂直线路与水平线路的交点代表铁路车站,使用铁路的运输费用包括列车在线路上的运行成本和在相关车站上的作业,如调车及列车编解等成本。货车可以直接把煤炭从生产地运到销售地,因此假设其运输费用只包括与运输距离有关的成本(货车运输所使用的道路在图 2-30 中没有画出)。

对于任何一对产销地点是选择铁路还是货车运输,我们都假定只取决于相应的运输费用,当然这是指包括可达性和耗费时间在内的全部运输费用。在铁路线路上的运行成本一般比较低,但由于并不是所有的产销地点都坐落在铁路车站所在处,因此使用铁路存在着可达性问题,这需要额外的成本;铁路运输在有关车站上还会发生费用和时间成本。此外,由于铁路网的铺设往往会发生一定的绕道运输,使得运输距离加长。货车的运输费用比较单纯,假设其只包括与运输距离有关的成本,由于可以做到点对点直达,因此没有运输中的场站成本,但货车的单位运行成本比较高。一般而言,用户的选择是综合考虑和评判的结果,尽管铁路的线路运行成本较低,但如果其附加的可达性、站场作业、绕道运输和时间成本使得总运输费用高于私营货车,则用户就可能选择后者。在给定产销地点和供求曲线,同时假设公共铁路综合运输成本较高的情况下,我们用图 2-31 表示该网络系统的一个运输均衡解。

在图 2-31 中,虚线表示使用货车把煤炭从生产地运到需求地,粗实线表示使用铁路承担相应的煤炭运输。系统中所有的 5 个需求地点都得到了相应的供给,但有若干个可能的煤炭生产地没有得到利用。该运输均衡使用的货车运输要多于铁路运输,而很多可能发挥作用的铁路线没有被利用。这说明,由于铁路的可达性、场站作业、绕道运输和时间成本等方面的总运输费用过高,使其无法发挥线路运行成本较低的优势,结果用户更多地选择了货车运输。

如果假设在已经实现的运输均衡条件中改善铁路的服务并采取降价措施,比如说使铁路的总运输费用降低 20%,则可能在其他条件不变的情况下得到另外一种运输均衡,见图 2-32。

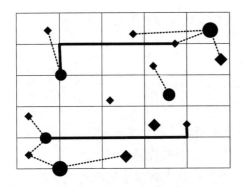 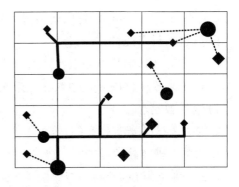

图 2-31 铁路运输成本较高情况下的运输均衡　　图 2-32 铁路运输费用下降情况下的运输均衡

在图 2-32 中,5 个需求点仍旧得到相应的供给,但运输系统的利用状况发生了很大变化。由于铁路运输费用下降了 20%,因此有些原先使用货车运输的用户现在改为利用铁路,货车运输大体上只保留在比较近的范围里;由于铁路在线路上的运行成本较低,而且不可避免地存在一些迂回运输,因此总的煤炭运输距离比以前延长了;由于相对运输费用的变化,有些原来提供煤炭的生产地因为不再合算而退出,而另一些原先没有得到利用的生产地投入了生产。

(摘编自:荣朝和.西方运输经济学[M].2 版.北京:经济科学出版社,2008:8-11)

作业与思考

1. 解释以下概念:需求、需求法则、消费者剩余、边际效用、消费者均衡。
2. 什么是正常商品和劣等商品?根据什么指标来区分?
3. 奢侈品和生活必需品有什么区别?
4. 什么是互补品和替代品?根据需求交叉弹性如何判别两种商品之间的关系?试分别举例说明。
5. 需求与需求数量有什么区别?
6. 什么是恩格尔系数?恩格尔定律指什么?
7. 什么因素决定买者对一种物品的需求量?
8. 什么是需求表和需求曲线?它们之间是什么关系?为什么需求曲线向右下方倾斜?
9. 哪些因素变化会导致需求曲线左移?哪些因素变化会导致需求曲线右移?
10. 解释并举例说明需求价格弹性的五种类型。
11. 试分别举例说明"薄利多销"是正确的,以及"薄利多销"是错误的。
12. 消费者偏好的变化引起沿着需求曲线的变动,还是需求曲线的移动?价格的变化引起沿着需求曲线的变动,还是需求曲线的移动?

13. 在下列每一对物品中,你认为哪一种物品的需求更富有弹性?为什么?

(1)指定教科书或神秘小说。

(2)贝多芬音乐唱片或一般古典音乐唱片。

(3)在未来6个月内乘坐地铁或在未来5年内乘坐地铁。

(4)生啤酒或水。

14. 如果需求是富有弹性的,价格上升会如何改变总收益?解释原因。

15. 如果一种物品的需求收入弹性小于零,我们把这种物品称为什么?

16. 公务乘客和度假乘客对从北京到上海之间民航机票的需求情况见表2-7。

民航机票的需求情况 表2-7

价格(元)	需求量(张)(公务乘客)	需求量(张)(度假乘客)
900	2100	1000
1100	2000	800
1250	1900	600
1300	1800	400

(1)当票价从1100元上升到1250元时,公务乘客的需求价格弹性为多少?度假乘客的需求价格弹性为多少?(用中点法计算。)

(2)为什么度假乘客与公务乘客的需求价格弹性不同?

17. 价格变动引起一种物品的需求量减少了30%,而这种物品的总收益增加了15%。这种物品的需求是富有弹性还是缺乏弹性?解释原因。

18. 假设你对某商品需求表为表2-8。

商品需求表 表2-8

价格(元)	需求量(收入=10000元)	需求量(收入=12000元)
10	40	50
15	32	45
22	24	30
30	16	20
40	8	12

(1)用中点法计算,在收入分别为1万元和1.2万元的情况下,当商品的价格从10元上升到15元时,你的需求价格弹性。

(2)分别计算在价格为22元和30元的情况下,当你的收入从1万元增加到1.2万元时,你的需求收入弹性。

19. 你有关于X物品与Y物品的信息:X物品的需求收入弹性是 −3。X物品与Y物品的需求交叉价格弹性是2。问:收入增加和Y物品价格下降肯定会减少X物品的需求吗?为什么?

20. 司机小张和司机小王分别开车到加油站,在看价格之前,小张说:"我想加20升汽油。"小王说:"我想加150元的汽油。"每个司机的需求价格弹性是多少?

21. 什么是边际效用递减规律?

22. 试调研一些实际数据,用预算线和无差异曲线的方法分析消费者均衡的实现。

23. 什么是交通运输需求?交通运输需求有哪些特征?

24. 什么是本源性需求?什么是派生性需求?试分别举例说明。

25. 试分别举例说明交通运输需求的空间矢量性和时间特定性。

问题与研讨

2-1 关于"吉芬商品"的分析

经济学研究历史上,"吉芬商品"的发现是一个有趣的现象。请围绕"吉芬商品"分析主题,完成以下工作:

(1) 查阅资料,介绍"吉芬商品"的概念,以及相关发现的来龙去脉。

(2) "吉芬商品"的发现,是否意味着需求法则的例外?关于此,找出不同观点的相关研究资料加以分析。

(3) 阐述自己的观点,以及支撑你观点的理由。

2-2 关于需求曲线的分析

需求曲线隐含着需求法则,即在其他条件不变的情况下,某种商品或服务的需求数量和价格成反比。需求法则背后的原因,在于收入效应和替代效应的作用。在研究消费者选择行为时,我们学习了无差异曲线和预算约束线的分析框架和方法。请围绕需求曲线分析主题,完成以下工作:

(1) 无差异曲线和预算约束线的分析框架中,选择的两种商品一定是替代品吗?为什么?

(2) 利用无差异曲线和预算约束线的分析方法,图示说明收入效应和替代效应是如何起作用的。

第3章 旅客与货物运输需求

3.1 旅客运输需求及变化

3.1.1 客运需求与类型

1. 客运需求的概念

旅客运输需求(Passenger Transport Demand)简称为客运需求,是指针对某种旅客运输服务,在一定的时间内,对于每一种可能的价格,消费者愿意购买并能够支付的人员位移服务数量。

在现代社会,人们的社会活动频繁,活动的地域范围广阔,除个别近距离者可以步行以外,一般都要利用各种运输工具作为代步工具,所以旅客运输活动派生于人类的出行活动。旅客按照其需要在一定时间和空间范围内,沿运输线网上一个方向的流动形成客流。衡量客运需求的指标有四个:客运流量、客运流向、客运流程和客运流时。

(1)客运流量。即旅客运输需求的规模大小和数量的多少,通常用两个指标来表示:一个是旅客运输量(简称为客运量,人);另一个是旅客运输周转量(简称为客运周转量),定义为旅客运输量与相应的运输距离的乘积,以人公里来表示。

(2)客运流向。即旅客空间位移的地理走向,从何处来,向何处去。

(3)客运流程。即旅客运输的距离,指旅客进行空间位移的起讫点之间的空间长度,一般用公里来计算。

(4)客运流时。即旅客运输需求提供服务所需的时间,可以用出发时间和到达时间来表示。

2. 客运需求函数

客运需求函数是用函数形式表示旅客运输需求量与影响因素之间的数量关系。影响客运需求的因素很多,一般假定其他因素保持不变,只考虑运输服务价格对客运需求量的影响,客运需求函数可以简化为客运需求价格函数:

$$Q = f(P) \tag{3-1}$$

式中：Q——旅客运输需求量；

P——运输服务价格。

按照需求法则，在其他条件不变的情况下，旅客运输的需求数量与运输价格成反比：运输价格越高，旅客愿意出行的数量就越少；反之，价格越低，旅客愿意出行的数量就越多。也就是说，需求函数是随着运输价格的增长而单调递减的。

3. 客运需求曲线

客运需求曲线是假定在运输服务价格以外其他因素均保持不变的条件下，反映客运需求量与运输价格之间关系的曲线。例如，如果我们已经比较清楚地知道了客运需求量与客运价格之间的相互关系，就可以在价格与需求坐标系中画出一条客运需求曲线，可以根据运价水平的变化考察客运需求量的变化。如图3-1所示。

> **客运需求曲线：** 在运输价格以外其他因素均保持不变的条件下，反映客运需求量与运输价格之间关系的曲线。

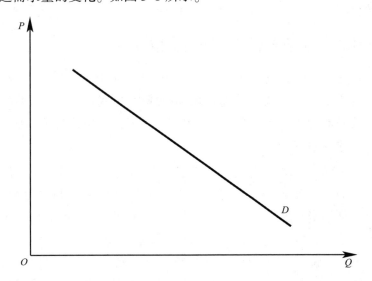

图3-1 客运需求曲线

在一般情况下，如果客运服务的价格下降，则客运需求者对于运输的需求量将会增加，反之则减少。客运需求曲线是一条向右下方倾斜的曲线。

4. 客运需求类型

人们的出行目的对客运需求的影响非常大，因此，旅客运输需求按照不同的出行目的分为以下两大类。

（1）公务与商务出行

公务与商务出行是指由于政府单位的事务性工作，或者商业机构与各种买卖商品服务相关的商业事务所引起的出行，也称为生产性旅行需

> **公务与商务出行：** 指由于政府单位的事务性工作，或者商业机构与各种买卖商品服务相关的商业事务所引起的出行，也称为生产性旅行需求。

求。以公务和商务为目的的旅客运输需求来源于生产领域,是与人类生产、交换、分配等活动有关的需求,这种需求是生产活动在运输领域的继续,其运输费用进入产品或劳务成本,对价格不敏感,没有季节性。对运输服务的要求是快捷、舒适、高效、安全。

（2）个人事务与旅游出行

> **个人事务与旅游出行**：指由于出行者的个人事务需要,包括探亲、访友、医疗保健等带来的出行,或是个人休闲性质的,包括度假、旅游、购物等的出行,也称为消费性旅行需求。

个人事务与旅游出行是由于出行者的个人事务需要,包括探亲、访友、医疗保健等带来的出行,或者是个人休闲性质的,包括度假、旅游、购物等的出行,也称为消费性旅行需求。个人事务出行有的在时间上没有自由度,如参加婚礼、开学典礼等必须在特定的时间到达；有的有规律性,如探亲访友多在传统节假日。以旅游为目的的出行季节性较强,除退休者外,在职人员几乎都是利用带薪假期外出,他们对目的地和出行方式有较大的选择自由。以个人事务和旅游为目的的旅客运输需求来源于消费领域,其运输费用来源于个人收入,对价格敏感。其对旅行服务的要求是便宜、方便、安全。

3.1.2 影响客运需求变化的因素

除价格之外的其他因素发生变化,会导致客运需求的变化,意味着在同样的价格水平下,客运需求量会增加或减少,也就是客运需求曲线会发生向右或向左的移动。影响客运需求变化的因素主要有以下几种。

1. 消费者收入

> **可自由支配收入**：指个人或家庭收入中扣除全部税收、日常生活必须消费支出之后余下的收入。可自由支配收入增加,旅行消费水平一般也会增加。

消费者的收入水平,往往决定着其旅行消费水平。但真正起作用的是收入中的可自由支配部分,它是指个人或家庭收入中扣除全部税收、日常生活必须消费支出（衣、食、住、医疗、学习等支出——根据马斯洛的需求层次理论,衣、食、住、医疗只能算是人们起码的生存和安全需要）之后所余下的收入部分。很多研究表明,当一个家庭的收入不足以购买生活必需品时,该家庭很少会外出旅行,一旦这个家庭的收入水平超过某个临界点,该家庭用于旅行的消费便会增加,而且超过这一临界水平后,每增加一定比例的收入,旅行消费一般会以更大的比例增加。

消费者收入水平提高,人们出行对票价的敏感性降低了,相同票价水平下,客运需求量较大。也就是说,随着消费者收入水平的提高,客运需求曲线的位置向右发生了移动；相反地,消费者收入水平降低,客运需求曲线的位置则向左发生移动。

此外,收入对长期需求和短期需求的影响是不一样的。一般来说,收入降低会使旅行需求水平在短期内急剧下降,但由于人们在长期中重新调整他们的支出模式,在较长的时间段内,人们在旅行上的花费占可自由支配收入的比例可能接近一个常数。

2. 旅行目的

如前所述，客运需求是派生性需求，旅客乘车并不是他的最终目的，而是通过乘车实现其空间位置的改变，最终满足其上下班、探亲访友、出差、旅游或其他的需求，所以没有与客运需求相关的本源性需求（出行目的）产生，就不会有客运需求的产生。换言之，旅行目的对客运需求产生的影响是本源的，也是最重要的。不同的旅行目的，对客运需求所起的影响作用也是不同的。

客运需求的本源性需求：指相关的公务或商务活动，个人事务或旅游活动。

（1）需求价格弹性不同

对于公务、商务公费出差的旅客，只要不超过国家规定，很少考虑票价的高低，运价变动对这类客运需求影响小，需求弹性小。当票价上涨时，此类旅客由于工作或业务的需要，仍然必须选择出行，并没有因为票价上涨而取消。

而以个人事务、旅游为目的出行的旅客与公费出差的旅客相比，运输费用来源于个人收入，他们对价格的变化因素较为敏感，票价对他们的影响比较大，需求弹性大。当票价有所下降，客运需求量就有较大幅度的上升，也就是说，票价的小幅优惠就能吸引大量的以个人事务、旅游为目的出行的旅客，由原来的不出行转而增加出行计划。这也是旅游线路价格战此起彼伏的一个重要原因。

旅客运输需求及影响因素

（2）时间要求不同

公务、商务这种公费出差的旅客，对时间的要求比较高，表现在两个方面。一是对到达时间有较高的要求，因为这类出行是为了工作或生意上的需要，比如业务洽谈、出席会议等，必须在规定的时间内到达。二是对于此类出差的旅客，时间价值一般都比较大，因此，他们多数会希望花在旅途中的时间尽可能地短。

旅行目的对客运需求的影响非常重要，影响到需求的价格弹性、时间要求、服务质量要求等。

而以个人事务、旅游为目的出行的旅客则相反，他们的出行本来就是休闲、消遣性质的，随意性比较大，因此对时间的要求没有那么高。对于他们来说，旅途上的交友、聊天等也是一种经历。他们首先考虑票价因素，其次才可能会对到达时间和在途时间有一定的要求。

（3）服务质量要求不同

公务、商务出差的旅客，对服务质量的要求和对时间的要求相似。一方面是因为公务、商务出差的运输费用可以报销，另一个原因则是旅途结束后，一般会有更重要的事情要做，因此，他们对旅行服务的舒适性和便利性的要求都比较高。

而以个人事务、旅游为目的出行的旅客，其运输费用来源于个人收入,总的来说,他们对旅行服务的舒适性和便利性的要求,没有公费出差的旅客要求那么高,但也表现出不同的特点。这类旅客对旅行服务的舒适性和便利性的要求与其收入水平有很大的相关性:收入水平高的旅客在出行时也不愿意降低舒适水平;而收入水平较低的旅客对舒适性和便利性的要求也较低。

3. 闲暇时间

个人原因的旅行,不管是旅游还是探亲访友,需要另一个必要条件,那就是可用于旅行的闲暇时间(或称为可自由支配时间)。城镇居民的时间由五部分构成:工作时间、附加工作时间、满足生理需要的生活时间、必需的社会活动时间和闲暇时间。闲暇时间分为每日闲暇时间、周末、公共节假日和带薪假期。与旅行(旅客运输)有关的,一是附加工作时间中的往返交通时间和参加社会活动时的在途时间;二是闲暇时间中用于外出旅行的时间,即周末、公共节假日和带薪假期。许多人为了全家一起外出旅行,往往会选择公共节假日或在学生寒暑假期间休假,这就是旅客运输在节假日会出现高峰的主要原因。

> 城镇居民的时间由五部分构成:工作时间、附加工作时间、满足生理需要的生活时间、必需的社会活动时间、闲暇时间。闲暇时间会影响个人和旅游出行。

对于农村居民,闲暇时间是随农业生产的季节性变化的。除了春节这样的节日外,农村外出旅行、做工的时间主要是农闲时间。旅客运输也会随农业生产的忙闲季节转换而出现周期性高峰。

4. 消费者的特征和偏好

影响个人事务旅行的还有许多其他因素,如个人偏好、年龄、职业、受教育程度等。偏好是一个含义广泛的变量,它不仅影响一个人是否旅行,还影响其旅行方式。比如外出旅行时,有些消费者偏好开车旅行,有些消费者偏好乘坐航空飞机旅行。

年龄的影响反映在身体状况和对旅行的热爱程度上,一般而言,年轻人身体好,外出旅游的热情高,经常把旅行和体育活动结合在一起,外出旅行相对较多。老年人体力较弱,除了疗养性质的旅游,外出旅行的相对较少。职业、受教育程度等主要是由于生活习惯不同,因而对个人的外出旅行产生影响。

5. 相关客运服务的质量与价格

对于某种运输服务的客运需求,其他运输服务的方便程度、运价水平和服务质量对其有直接影响。此外,一种运输服务的需求,除了可能受到与其竞争的和互补的服务者行为的影响,还受到所有市场其他相关服务价格的影响。

如成都至重庆的高速公路开通前,铁路每天开行两对普通直达旅客列车,车票还很紧张。高速公路开通后,由于其旅行时间比铁路少很多,大量旅客流向公路,铁路减少一对列车后仍不能满员。

又如北京至天津之间,早先只有普通旅客列车开行,平均技术速度为80km/h左右;高速公路通车后,北京到天津之间开通了大巴运输,铁路客流大量流向公路;后来北京至天津之间开通了高速客运专线列车,最高速度可达350km/h,服务水平也大大提高,客流又向铁路回流。

6. 人口数量及城乡人口比例的变化

旅客运输需求的主体是人,人口数量自然是影响客运需求的一个重要因素,在人均收入(人均出行率)一定的条件下,人口基数越大,出行人数越多,客运需求量越大。

城市化程度是影响旅客运输需求的另一个因素。城市人口人均出行率比农村人口高,其原因有二:第一,城市人口平均收入高于农村,用于外出旅行的支出高于农村居民;第二,城市人口工作节奏比较快,脑力劳动强度相对较大,同时生活空间小、工作单调,容易产生压抑情绪,需要通过短时间地改变环境来得到休息、放松身心,因此,外出旅行的愿望比农村人口强烈得多。所以,城市人口在总人口中占的比例越大,对客运服务的需求就越多。

另外,历史上人口的大量迁移也影响现实的客运需求。如我国东北地区的大量人口祖籍都在关内和山东,返乡探亲客流长久不衰,尤其是每年春运期间都有大批的旅客进出山海关,或经过渤海湾两岸的大连、烟台往返于东北和山东之间。

3.2 旅客运输需求弹性与广义费用

3.2.1 客运需求弹性

1. 客运需求价格弹性

(1)概念及类型

客运需求价格弹性也简称为客运需求弹性,反映了客运需求量对运输价格变动的敏感程度,其用客运需求量的变化率与运输价格的变化率的比值来表示:

$$E_P = \frac{\Delta Q/Q}{\Delta P/P} \quad (3-2)$$

式中:E_P——客运需求价格弹性;
Q、ΔQ——客运需求量及其变化值;

> **客运需求弹性**:是反映客运需求量对运输价格变动的敏感程度,用客运需求量的变化率与运输价格的变化率的比值来表示。

P、ΔP——运输价格及其变化值。

客运需求弹性的计算也有两种方法:弧弹性计算方法和点弹性计算方法,与第 2 章中的公式一致。

需要说明的是,客运需求分析中的价格可能并不仅仅是乘客所支付的票价,而是包括了其他许多与之有关又相互影响的因素,如时间成本就是其中最重要的一项,此外还有安全、舒适和方便等因素。但由于这种综合性的运输成本不容易准确掌握或计算,因此,现实中很多情况下人们还是利用容易取得的价格资料进行运输需求分析,这使得运输需求的价格弹性计算结果往往与人们预料的要相差很多,其结果一般都偏低。例如,20 世纪 70 年代以来,很多学者对美国、英国、丹麦、澳大利亚等国城市内或城市间客运以及跨北大西洋航空客运分析出来的运输需求价格弹性都比较低,从最低的 -0.08 到最高的 -0.61 不等。

客运需求弹性分析

根据需求价格弹性 E_P 的大小,可以将客运需求价格弹性分为五种类型:富有弹性,缺乏弹性,单一弹性,完全弹性,完全无弹性。

当 $1 < |E_P| < \infty$ 时,客运需求是富有弹性的。比如探亲访友、休闲度假等出行活动,对价格较为敏感,此类旅行需求对运价的弹性相对就高,如图 3-2 所示。

当 $0 < |E_P| < 1$ 时,客运需求是缺乏弹性的。比如各种业务洽谈、技术交流、商业活动和劳务流动等目的性强的刚性出行需求,需求量对价格的敏感性较弱,此类旅行需求对运价的弹性相对就低,如图 3-3 所示。

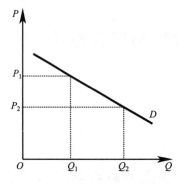

图 3-2 富有弹性的客运需求

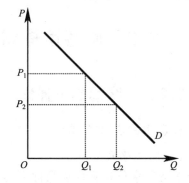

图 3-3 缺乏弹性的客运需求

公务及商务旅行客运需求弹性低,个人事务及旅游旅行客运需求弹性高。

$|E_P| = 1$ 时为单一弹性,$E_P = 0$ 为完全无弹性,$|E_P| = \infty$ 为完全弹性,这三种情形一般很少见。

(2) 影响因素

影响客运需求弹性的因素主要有以下几项。

①出行目的的影响。出行目的不同,客运需求弹性也不同。比如公

务和商务出行需求,其特点是需求比较稳定,出行"风雨无阻",对运价的弹性相对于诸如观光旅游出行要低,因此,航空公司就可以依此而制订不同的定价策略以增加收入。

②费用支付方式的影响。费用支付方式不同,客运需求弹性也不同。各种运输方式的收费方法不同,使用者对旅行价格的感觉与实际花费不同。例如,驾车出行者对旅行的全部真实价格感觉很少,因为私人小汽车的燃油等直接费用相对于既包括燃油又包括保险、维护和折旧等间接费用的全部成本来说只是一小部分;而公共运输工具的使用者在旅行开始之前就得买票,因而非常强烈地感觉到出行成本,但持有旅行卡的人感觉则与驾车者相似。

③时间长短的影响。时间长短期不同,客运需求弹性也不同。面对运输价格的变动,人们在特短时期、短时期和长时期的行为方式可能不相同。例如,人们对市内公交车票涨价的反应,在短期内往往是需求明显减少,但一段时间以后,当人们的心理逐渐适应,这种反应会软化,因此,表现为需求价格弹性短期较高而长期较低。然而燃油价格对人们驾车行为的影响却是一种相反的情况,当20世纪70年代石油危机导致燃油价格上升时,在短期内人们的驾车距离似乎没有很大变化,但在更长的时期内,它对人们选择居住和上班地点以及选择车型都产生了影响。

④运输距离或支付总额的影响。运输距离或支付总额的差别也会导致客运需求弹性不同。都是20%的上涨率,但5美元票价和500美元票价两种基数却会使人反应不同,研究结果是休闲旅行需求在长距离的价格弹性要大于短距离。例如,一项研究表明美国航空旅行需求的价格弹性在644km(400英里)时为 -0.525,而在1288km(800英里)时为 -1.0。

2. 客运需求收入弹性

客运需求收入弹性,反映客运需求量对消费者收入变化的敏感程度,用客运需求量的变化率与消费者收入的变化率的比值来表示:

$$E_I = \frac{\Delta Q/Q}{\Delta I/I} \quad (3-3)$$

式中:E_I——客运需求收入弹性;

Q、ΔQ——客运需求量及其变化值;

I、ΔI——收入及其变化值。

客运需求收入弹性一般为正值。因客运需求量Q和居民收入水平I一般按同方向变动,即居民收入增加时,旅行需求增加;反之,居民收入减少时,旅行需求减少。

需要指出的是,客运需求中的生产性旅行需求,是生产过程必要的需求,它是维持生产消费正常进行的基本需求,其出行费用计入生产成本,与人们的收入无关。而消费性旅行需求,如探亲、旅游等,这类需求的收入弹性较大,当探亲、旅游利用交通工具的费用增加时,人们会减少或取消这些消费,从而减少这类需求的支出。

3. 客运需求交叉弹性

任何一种交通运输需求,无疑会受到与其竞争或与其互补的其他交通运输服务的影响,这其中也包括收费或价格方面变动的影响。客运需求交叉弹性反映某种交通运输服务的需求量受另一种交通运输服务价格变化的影响程度,用该种客运需求量的变化率与另一种交通运输服务价格的变化率的比值来表示:

$$E_{ij} = \frac{\Delta Q_i / Q_i}{\Delta P_j / P_j} \tag{3-4}$$

式中:i、j——客运服务 i 和 j;

E_{ij}——客运服务的 j 的价格变动引起客运服务的 i 的需求量变动的交叉弹性;

Q_i、ΔQ_i——客运服务 i 的需求量以及需求量的变化量;

P_j、ΔP_j——客运服务 j 的价格以及价格的变化量。

客运需求交叉弹性反映两种客运服务的关系,根据交叉弹性值的正负不同,一般有三种表现形式。

(1) 替代型客运服务

对于替代型的客运服务,其交叉弹性为正值,$E_{ij} > 0$,说明客运服务 j 的价格变动将引起客运服务 i 的需求的同方向变动。如航空票价提高,会使高速铁路的客运需求量增加,表明航空运输同高速铁路运输存在替代性。而且,交叉弹性的值越大,替代性越强。

(2) 互补型客运服务

对于互补型的客运服务,其交叉弹性为负值,$E_{ij} < 0$,说明客运服务 j 的价格变动将引起客运服务 i 的需求的反向变动。如航空票价提高会使机场出租车的运输需求量减少,表明这两种相关客运服务存在互补性和合作性,即它们的结合使用,更能满足消费者的需求。

(3) 无关型客运服务

如果两种客运服务的交叉弹性为零,即 $E_{ij} = 0$,说明客运服务 j 的价格变动对客运服务 i 的需求量没有任何影响。如航空运价提高,对公路旅客运输需求量没有影响,因就旅客运输而言,航空运输与公路运输无替代性和互补性,两者相互独立,互不影响。

3.2.2 客运广义费用

1. 客运广义费用的构成

客运需求数量指的是在其他条件不变的情况下,对于某个具体的运输价格,消费者愿意购买的人员位移服务数量。按照一般的理解,影响客运需求数量变化的因素是运输价格。但对旅客运输需求而言,除了运输价格因素,旅客更关注的是整个旅行过程中,为实现位移而付出的全部费用,称之为客运广义费用。

客运广义费用也称为客运广义成本(Generalized Passenger Transport Cost),是消费者在旅客运输过程中所有耗费的总和,一般由经济性费用(金钱)与非经济性费用(折合为金钱)两部分构成;前者主要是运输过程中的客运票价费用,后者主要包括时间价值费用、舒适性费用和安全性费用。

(1)客运票价费用

旅客考虑经济性费用时,主要是以该运输服务的票价作为直接依据,涉及的主要因素包括该运输服务的运价率、旅行里程,有时也将两端衔接的出行票价费用考虑在内。

(2)时间价值费用

旅客旅行时间包括载运工具的运行时间、市内交通的衔接时间和换乘等待时间等全部行程时间。旅行时间在交通运输中具有重要的意义,运输时间的节约是提高运输效率的主要途径,所谓"时间就是金钱"用在运输过程中更为直接。

旅行时间价值费用通常按单位时间价值乘以旅行时间计算。对于某个特定的消费者,单位时间价值根据平均工资加上社会保险费、一般管理费等计算得到;对于某类消费者群体,单位时间价值根据此类群体全社会居民的平均收入计算得到。商务出行的时间价值高于普通出行的时间价值,其单位时间价值通过不同收入群体创造的生产总值与收入的比值同比例放大得到。

(3)舒适性费用

舒适性指标一般难以定量计算,但是为了在效用函数中体现各种运输方式的舒适度特性,必须将舒适性量化。根据研究,票价的高低在一定程度上反映了运输方式的舒适程度(如民航运输中乘坐商务舱与经济舱的票价差别,高速铁路中乘坐一等座与二等座的票价差别)。一个经验数据是舒适性费用的基础值可取各种运输方式票价的5%~10%。

(4)安全性费用

安全性指标主要体现选择该运输方式所承担的事故风险,可根据各

> 客运广义费用:消费者在旅客运输过程中所有耗费的总和,一般由经济性费用(金钱)与非经济性费用(折合为金钱)两部分构成。

> 旅客旅行时间:包括载运工具的运行时间、市内交通的衔接时间和换乘等待时间等全部行程时间。

> 旅行时间价值:通常按单位时间价值乘以旅行时间计算。

> 票价的高低在一定程度上反映了运输方式的舒适程度。

种运输方式的事故伤亡人数比例进行设定取值,并通过事故平均经济损失转换成费用值。一般来说,铁路运输、航空运输的安全性较好,公路运输的安全性较差。

2. 客运广义费用的计算

旅客从某出发地到某目的地的运输过程中,旅客运输服务的客运广义费用一般通过如下公式计算:

$$C_P = P + T + C + S \tag{3-5}$$

式中:C_P——旅客运输服务的客运广义费用,元/人;

P——旅客运输服务的票价费用,包括运输服务中各种运输方式的票价费用,元/人;

T——旅客运输服务的时间价值费用,包括各种运输方式的旅行时间费用及运输方式之间的衔接换乘时间费用,元/人;

C——旅客运输服务的舒适性费用,元/人;

S——旅客运输服务的安全性费用,元/人。

(1)客运票价费用(P)

$$P = \sum_i \alpha_i D_i \tag{3-6}$$

式中:P——旅客运输服务的票价费用,元/人;

α_i——旅客运输服务第 i 种运输方式的运价费率,元/(人·km);

D_i——第 i 种运输方式的运输距离,km。

(2)时间价值费用(T)

$$T = \beta \left(\sum_i \frac{D_i}{v_i} + t \right) \tag{3-7}$$

式中:T——旅客运输服务的运输时间费用,元/人;

β——旅客旅行单位时间价值,元/(人·h);

D_i——第 i 种运输方式的旅行里程,km;

v_i——第 i 种运输方式的旅行速度,km/h;

t——各运输方式之间的衔接换乘时间和,h。

(3)舒适性费用(C)

$$C = \gamma \cdot c \tag{3-8}$$

式中:C——旅客运输服务的舒适性费用,元/人;

γ——旅行舒适性货币价值,元/人;

c——旅客对运输服务总体舒适性的评价等级,$0 \leq c \leq 1$,无量纲。

(4)安全性费用(S)

$$S = \delta \cdot s \tag{3-9}$$

安全性费用可根据各种运输方式的事故伤亡人数比例进行设定取值,并通过事故平均经济损失转换成费用值。

客运广义费用

式中：S——旅客运输服务的安全性费用，元/人；

δ——旅行安全性货币价值，元/人；

s——旅客对运输服务总体安全性的评价等级，$0 \leqslant s \leqslant 1$，无量纲。

3. 客运广义费用的作用

如果客运广义费用发生了变化，客运需求量也会发生变化。假如客运广义费用降低了，一般会带来客运需求量的增加。现在的问题是，新的客运需求量代表的点还在原来的客运需求曲线上吗？换句话说，客运广义费用的变化会导致客运需求量的变化（新的客运需求量点沿原客运需求曲线进行了移动），还是会导致客运需求的变化（新的客运需求量点不在原客运需求曲线上，客运需求曲线发生了移动）？

因为客运广义费用既包含了价格因素，又包含了其他因素，因此，对此问题的答案不能一概而论。

(1) 如果客运广义费用的变化是运价的变化引起的，其他费用因素没有变化，那么这种变化导致的是客运需求量的变化。

(2) 如果客运广义费用的变化是其他费用因素的变化引起的，运价没有变化，那么这种变化导致的是客运需求的变化。

(3) 如果客运广义费用的变化同时由运价和其他费用因素的变化引起的，那么导致的变化既包括了客运需求量的变化，也包括了客运需求的变化。

> 客运广义费用的变化既可能导致客运需求量的变化，也可能导致客运需求的变化。

3.3 货物运输需求及变化

3.3.1 货运需求

1. 货运需求的概念

货物运输需求（Freight Transport Demand）简称为货运需求，是指针对某种货物运输服务，在一定的时间内，对于每一种可能的价格，消费者愿意购买并能够支付的货物位移服务数量。

简单地说，货运需求就是消费者（货物所有者）对运输供给部门提出的为实现货物空间位移的服务要求。货物运输需求是人类社会生活最基本的需要之一，因为自然资源分布的不均衡，任何地区都不可能提供当地居民所需要的全部物品，不同地区之间需要通过运输互通有无；企业既需要从各地获得多样化的原材料，也需要把产品运往各地销售。货物运输需求产生于人类生活和社会生产的各个环节，个人、企业、部门、区域或国家都有可能提出货物空间位移的需要。

> 货物运输需求：针对某种货物运输服务，在一定的时间内，对于每一种可能的价格，消费者愿意购买并能够支付的货物位移服务数量。

货运需求的衡量指标：指货运流量、货运流向、货运流程和货运流时。

货物运输需求是交通运输需求中的一种类型,也具有交通运输需求的基本特征,包括非物质性、派生性、时空特定性、广泛性、多样性、部分可替代性等。对于货物运输需求的属性从四个方面加以考察：货运流量、货运流向、货运流程和货运流时。

①货运流量。表明货运需求的规模大小和数量的多少。一般以货物运输量(简称为货运量,t),或者货物运输周转量(简称为货运周转量,t·km)表示。

②货运流向。即货物空间位移所形成的路径走向。

③货运流程。指货物进行空间位移的起讫点之间的空间长度,一般用运输距离(简称为运距,km)来表示。

④货运流时。即为货物运输需求提供服务所需的时间,一般用起运时间(货物运输服务开始的时间)和运达时间(货物运输服务结束的时间)表明满足运输需求所需的时间。

货运需求函数：用函数形式表示货物运输需求量与货运价格之间的数量关系。

2. 货运需求函数

货运需求函数是用函数形式表示货物运输需求量与影响因素之间的数量关系。货物运输需求量受到许多因素的影响,货物运输需求函数是货物运输需求量与影响这一数量的诸因素之间关系的一种表达式,一般在进行理论分析时,只考虑价格因素的影响,货运需求函数通常简化为：

$$Q = f(P) \tag{3-10}$$

式中：Q——货物运输需求量；

P——货物运输价格。

按照需求法则,在其他条件不变的情况下,货物运输的需求数量与运输价格成反比：运输价格越高,货物运输的需求数量就越少；反之,价格越低,货物运输的需求数量就越多。货物运输需求函数是随着运输价格的增长而单调递减的。

3. 货运需求曲线

货运需求曲线(图3-4)是假定在运输服务价格以外其他因素均保持不变的条件下,反映货运需求量与运输价格之间关系的曲线。在价格与需求坐标系中画出一条货运需求曲线,可以根据运价水平的变化考察货运需求量的变化。

在一般情况下,如果货运服务的价格下降,则货运需求者对于运输的需求量将会增加,反之则减少,因此,货运需求曲线是一条向下倾斜的曲线。

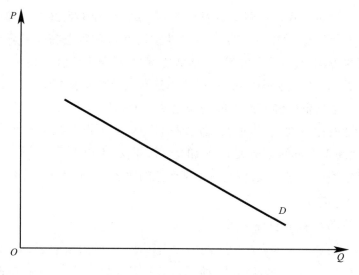

图 3-4 货运需求曲线

货运需求曲线：在运输价格以外其他因素保持不变的条件下，反映货运需求量与运输价格之间关系的曲线。

3.3.2 影响货运需求变化的因素

1. 经济发展水平

货物运输需求是派生需求，这种需求的大小取决于经济发展水平，不同经济发展阶段对货物运输的需求在数量和质量上有很大区别。工业化初期，开采业和原材料对大宗、散装货物的需求急剧增加；到机械加工工业发展时期，原材料运输继续增长，但增长速度已不如以前，而运输需求开始多样化，对运输速度和运输质量方面的要求有所提高。进入精加工工业时期，经济增长对原材料的依赖明显减少，运输需求在数量方面的增长速度放慢，但货物运输需求越发多样，在方便、及时、低损耗等运输质量方面的需求越来越高。

出现这些变化的深层次原因在于，经济的发展使得人们更为富裕，人们的消费行为也发生了改变，由需求弹性较低的货物转向需求弹性较高的货物，或是由农产品转向制造业产品及服务业的服务。

货物运输是实现经济发展的重要手段，是实现产品交换的必要条件，是实现不同地区经济联系的桥梁和纽带。货物运输需求随着经济发展的规模、范围和构成等情况的变化而变化，并且受它的制约。随着经济发展水平的提高，货物运输需求量一般会增大；随着工农业生产和交换范围的扩大，货物运输距离就会延长。

随着经济发展水平的提高，货物运输需求量一般会增大；随着工农业生产和交换范围的扩大，货物运输距离就会延长。

2. 产业结构

按照经济发展规律，一个国家的产业结构总会从低级逐步向高级发展，反映在统计数据上就是第三产业的比重会逐步增加，第一、第二产业的比重会逐步下降。一般工业发达国家,第一产业的比重是10%左右,第二产业的比重为30%左右,第三产业的比重为60%左右。第三产业一般属于服务部门,实物产品较少,产值比重大,运输工作量小。

> 从长期发展趋势来看,产业结构的变化规律会使得货物运输需求的增长速度低于经济产值的增长速度。

从长期发展趋势来看,产业结构的这种变化规律会使得货物运输需求的增长速度低于经济产值的增长速度。工业化水平低的国家,劳动密集型产业的比重大,技术密集型产业的比重小,因而产品的价值低产值小,使运输工作量的增长快于产值的增长;相反,工业水平比较高的国家,技术密集型产业比重大,劳动密集型产业的比重小,使运输工作量的增长慢于产值的增长。

3. 货物种类和供需地分布

不同的货物品类会产生不同的货运需求,比如大宗散货,像煤炭、钢铁、粮食、矿石等,一般流向比较固定,运输需求数量较大,对运输时间的要求较低。而一些日用消费品,比如消费类电子产品、日用小商品等,一般采用集装箱运输,运输需求数量较小,对运输时间的要求较高。

货物供应地和需求地的分布状况会影响货物需求的变化。货物供应地和需求地分布越分离,货物运输需求越大。比如名牌商品,在几个生产地集中生产,但需求遍布世界各地,因此,会产生非常大的运输需求量。而某种区域性的商品,生产地和消费市场局限在特定的区域内,供需地相对集中,因此货物运输需求也较小。

4. 货物运输时间

货物运输时间对货物运输需求量有不可忽视的影响。运输时间是指货物从甲地运到乙地所花费的全部时间,包括托运、待运、装货、运送、中转、卸货等作业时间。货物运输时间的长短与货主的时间效益与运输费用关系极大,从而影响货主对运输的需求。

货物运输需求及影响因素

运送速度或者说在途时间是货主选择运输服务的重要标准之一。在市场经济条件下,时间就是金钱,较快的运输速度,将缩短商品流通的时间,从而获得较大的经济效益,所以对货主而言,快速运输是重要的选择条件。当然货主还要权衡快速运输增加的费用是否低于快速运输所带来的经济效益,如果增加的费用小于带来的经济效益,货主将选择快速运输。

货物运输在时间上不仅存在长短的问题,还存在一个何时出发、何时到达的问题。货物运输在时间上要与产品的生产和销售相衔接、相配合。货物一般在夜间运输,主要是可以使当天生产的产品及时运往消费地,或是使某地生产的产品可以于次日在到达地上市销售,以最快的速度抢占市场,从而减少库存时间及其费用,加速资金周转。

5. 相关货运服务的质量和价格

对于某一种货物运输服务,其他相关的货物运输服务的质量和价格会影响对这种货物运输服务的需求。一旦有多种货运服务存在,考虑一种货运服务替代另一种货运服务的影响因素是十分必要的。

假定用户的决策都取决于他们得到的运输服务的价格,那么最方便的衡量方法就是分析不同货物运输需求的交叉弹性。交叉弹性是在其他条件不变的情况下,某种货运服务的运价变化所引起的另一种货运服务需求量的变化的比例。

如果交叉弹性的数值大于零,即某种货运服务的运价提高引起了另一种货运服务需求量的增加,那么这两种货运服务之间是可以互相替代的,说明用户自动选择了使用更廉价的货运服务解决自己的运输问题。如果交叉弹性的数值小于零,即某种货运服务的运价提高引起了另一种货运服务需求量的下降,那么这两种货运服务之间是互补关系。

6. 运输偏好

运输偏好是指发货人对运输企业的相关要求。每一种运输服务都存在着很多方面的特点,对某些发货人来说运输能力的大小可能是最重要的,对另一些发货人来说运输速度可能更重要,有些发货人可能更看重运输的可靠性,如正点服务,还有很多发货人可能对承运人的形象和服务态度十分注重等。

随着经济结构的转变,货物运输的轻型化、小批量、及时化、安全可靠等特点越来越突出,因此无论是区内运输还是跨区运输,货主都把车型合适、发货迅速和装载及时放在最突出的位置。

7. 非价格成本

有些必须考虑的影响因素是运输的非价格成本,也称为附加的用户成本。例如保证活牲畜运输中的饲养和清洁条件并安排专人押运,易破损货物的特殊包装条件,易损易盗货物的保险费用等,这些额外费用就属于运输的非价格成本。运输的非价格成本本身不是运输价格的组成部分,但是一旦发生这种成本并且其水平达到某种程度,也会减少运输需求(或者使运输需求曲线向左移动)。

运输的非价格成本,也称为附加的用户成本,本身不是运输价格的组成部分,但是一旦发生这种成本并且其水平达到某种程度,也会减少运输需求(或者使运输需求曲线向左移动)。

8. 科技水平与载运工具

科学技术发展水平是影响货物运输需求的重要的长远性的因素。在人类历史的发展中,科学技术作为生产力的构成要素,自始至终起着加速经济增长和推动世界经济国际化的促进作用,改变世界经济结构,使物质生产部门降低原材料的消耗,从而影响货物运输需求。

科学技术进步大大加快了运输工具的改造与革新速度,运输方式的集装箱化、大型化以及专业化等为货物运输提供了前所未有的运输能力。

载运工具都有一定的装载容积以及相对较经济的装载量,因此,运输供应者必须保证运送的货物达到一定的装载量以满足运输工具一次的装载能力。但对于货主说,装载量越大,其产品的存储数量和时间也越大或越长,而产品存储所造成的成本显然也会越高。因此,对于载运工具的不同选择会影响货物运输需求。

如果产品的价值较低且市场需求较稳定,那么,充分利用载运工具的运输能力能够显著地降低运输成本而又不会带来其他成本的大幅度增加。而对于一些单位价值很高、市场需求变化很快的产品来说,过长时间或过大数量的存储显然是不经济且存在极大市场风险的。此时,那些装载容积较小、相对灵活方便的运输工具的优势就体现出来了,因为它们几乎可以随时起运,大大减少产品的存储成本。

3.4 货物运输需求弹性与广义费用

3.4.1 货运需求弹性

1. 货运需求价格弹性

(1)概念及类型

货运需求价格弹性:是反映货运需求量对货运价格变动的敏感程度,用货运需求量的变化率与货运价格的变化率的比值来表示。

货运需求价格弹性也简称货运需求弹性,是反映货运需求量对货运价格变动的敏感程度,用货运需求量的变化率与货运价格的变化率的比值来表示:

$$E_\mathrm{P} = \frac{\Delta Q/Q}{\Delta P/P} = \frac{\Delta Q}{\Delta P} \cdot \frac{P}{Q} \tag{3-11}$$

式中:E_P——货运需求价格弹性;

Q、ΔQ——货物运输需求量及其变化值;

P、ΔP——货运价格及其变化值。

根据货运需求价格弹性E_P的大小,可以将货运需求价格弹性分为五种类型:富有弹性,缺乏弹性,单一弹性,完全弹性,完全无弹性。

当$1<|E_\mathrm{P}|<\infty$时,货运需求是富有弹性的,此类货物对价格较为敏感,货运需求对运价的弹性相对就高。当$0<|E_\mathrm{P}|<1$时,货运需求是缺乏弹性的,此类货物对价格的敏感性较弱,货运需求对运价的弹性相对就低。另外的三种类型即单一弹性($|E_\mathrm{P}|=1$),完全弹性($|E_\mathrm{P}|=\infty$)

和完全无弹性（$|E_p|=0$），在现实中非常少见。

（2）影响因素

影响货运需求弹性的因素主要有以下几项。

①货物价值的高低。货物运输需求的价格弹性往往与货物价值有关，一般而言，货物价值高，其货运需求弹性较小；货物价值低，其货运需求弹性较大。

如果货物价值高，运费在产品成本中的比重较低，则运价的提高或降低，对产品的市场竞争能力不会产生较大的影响，即货运需求对运价的弹性相对就低；相反，如果货物为低值货物，运费在产品总成本中的比重大，则这类货运需求的价格弹性就较大。比如，食品、纸张、布匹等附加值低，对运价的变化反应灵敏；而高档消费品，像皮革制品、光学仪器、电子设备等附加值较高，因而对运价的变化考虑得不是很多。

②货物的季节性及保鲜期。货物运输需求的价格弹性与货物的季节性和保鲜期也密切相关。当货物急于上市销售或不易久存时，其货运需求弹性就较低；当货物的季节性不强或容易长期保存时，其货运需求弹性就较高。

需要在传统的节假日期间销售的产品，比如春节或圣诞节销售的应季产品需要急于上市，这时货主往往情愿选择运价高、速度快的运输方式，对运输价格的反应不敏感，货运需求弹性就较低。一些不宜储存的货物，比如鲜牛奶相对较宜保存的奶粉，其对运价也不太敏感。总之，急于上市的鲜活易腐货物的价格弹性，比可以较长时间储存，不急于上市的散货、杂货等的价格弹性小。

③货物的集中程度及批量大小。货物地点集中且运输批量大，对运输价格的反应弱，货运需求弹性就较低；货物地点分散且运输批量小，对运输价格的反应强，货运需求弹性就较高。

由于货运需求与资源分布及生产力布局有非常重要的关系，因而在能源基地、重工业生产基地存在着相当大的货运需求量，这些运量一经形成，主要受生产规模制约，而对价格敏感程度弱，因而其运价弹性很小。如在铁路的货物发送量中，有70%是靠铁路专用线来运送的，由于这部分运量严重依赖比较固定的运输方式和运输线路，因而对价格的敏感程度并不明显，价格弹性小，在管道运输和大宗货物的海上运输中也存在着类似的情况。而批量较少且又分散的零担货物则对运价的敏感程度强，因而价格弹性大。

2. 货运需求交叉弹性

货运需求交叉弹性是指一种货运服务的需求量受另一种货运服务价

货物价值高，其货运需求弹性较小，货物价值低，其货运需求弹性较大。

货物季节性强或保鲜期短，货运需求弹性较低，货物季节性弱或容易长期保存，货运需求弹性较高。

货运需求弹性分析

货物地点集中且运输批量大，货运需求弹性较低；货物地点分散且运输批量小，货运需求弹性较高。

货运需求交叉弹性：指一种货运服务的需求量受另一种货运服务价格的影响程度，用该种货运需求量的变化率与另一种货运服务价格的变化率的比值来表示。

格的影响程度,用该种货运需求量的变化率与另一种货运服务价格的变化率的比值来表示,反映了两种运输服务之间的关联关系。用公式表示为:

$$E_{ij} = \frac{\Delta Q_i / Q_i}{\Delta P_j / P_j} = \frac{\Delta Q_i}{\Delta P_j} \cdot \frac{P_j}{Q_i} \quad (i \neq j) \quad (3\text{-}12)$$

式中:i、j——货运服务 i 和 j;

E_{ij}——货运服务 i 的货运需求与货运服务 j 之间的需求交叉弹性;

P_j、ΔP_j——货运服务 j 的价格和价格变化量;

Q_i、ΔQ_i——货运服务 i 的需求量和需求量的变化量。

不同的交叉弹性值具有不同的经济意义。

替代型货运服务:交叉弹性为正值的两种货物运输服务。

(1)替代型货运服务

交叉弹性为正值,$E_{ij}>0$,说明货运服务 j 的价格变动将引起货运服务 i 需求量的同方向变动。一种货运服务涨价,会引起相关货运服务的需求增加,一种货运服务降价竞争,会引起相关货运服务的需求减少,这表明两种货运服务间存在替代关系。

互补型货运服务:交叉弹性为负值的两种货物运输服务。

(2)互补型货运服务

交叉弹性为负值,$E_{ij}<0$,说明货运服务 j 的价格变动将引起货运服务 i 的需求量的反向变动。一种货运服务的价格上升引起另一种货运服务的需求下降,或一种货运服务的价格下降引起另一种货运服务的需求上升,这表明两种货运服务之间存在着互补关系。如水运价格提高会使疏港汽车的运输需求量减少,表明两种运输服务存在互补性,即它们的结合使用,更能满足消费者的要求。

无关型货运服务:交叉弹性为零的两种货物运输服务。

(3)无关型货运服务

如果两种货运服务的交叉弹性为零,即 $E_{ij}=0$,说明货运服务 j 的价格变动对货运服务 i 的需求量没有任何影响,两者互相独立,互不关联。

3. 货运需求生产派生弹性

货物运输需求生产派生弹性是指经济水平变化百分之一,货运需求量会变化百分之几,衡量货物运输需求对经济水平变化的敏感程度。其计算公式为:

货运需求生产派生弹性:指经济水平变化百分之一,货运需求量会变化百分之几,衡量货物运输需求对经济水平变化的敏感程度。

$$E_G = \frac{\Delta Q / Q}{\Delta G / G} = \frac{\Delta Q}{\Delta G} \cdot \frac{G}{Q} \quad (3\text{-}13)$$

式中:E_G——货物运输需求生产派生弹性;

G、ΔG——经济水平(如国内生产总值、工业或农业生产总值等)及经济水平变化量;

Q、ΔQ——货物运输需求量及货物运输需求量变化量。

一般情况下 $E_G>0$ 为正值,说明运输需求量 Q 同经济水平 G 呈同方向变化。即当经济水平提高时,需要运输的工农业产品增加,所以运输需求量增加;经济水平降低时,需要运输的工农业产品减少,所以运输需求量减少。

但在个别情况下 E_G 也会出现负值,比如由于产业结构的调整,原先的初级加工工业升级为高新技术产业,虽然产值较前有大幅增加,但货物运输量不会同步增长,甚至反而会减少,由此会出现 $E_G<0$ 的情况。

通过货运需求生产派生弹性的计算和分析,可以反映交通运输业与国民经济各部门发展的比例关系。

4.货运需求商品派生弹性

在市场经济中,货物运输需求取决于货物(即商品)的市场需求,因此可以建立反映货物运输需求随商品需求变动而变动的商品派生弹性。货运需求商品派生弹性是指商品需求数量变化百分之一,货物运输需求量变化百分之几,用来衡量货物运输需求对商品需求变化的敏感程度。计算公式为:

$$E_C = \frac{\Delta Q/Q}{\Delta C/C} = \frac{\Delta Q}{\Delta C} \cdot \frac{C}{Q} \tag{3-14}$$

式中:E_C——货运需求商品派生弹性;

C、ΔC——商品的需求量及其变化量;

Q、ΔQ——货物运输需求量及其变化量。

货运需求商品派生弹性的大小反映了商品生产地与销售地的集中与分散程度以及物流仓储量情况。E_C 比较大,说明较小的商品需求数量的变化引起了这种商品(货物)运输需求量较大的变化,商品的生产地和销售地距离较远,分布比较分散,或者商品仓储水平较低;E_C 比较小,说明商品需求数量的变化对这种商品(货物)运输需求量的变化影响不大,商品的生产地和销售地距离较近,比较集中,或者商品仓储水平较高。

> **货运需求商品派生弹性**:指商品需求数量变化百分之一,货物运输需求量变化百分之几的情况,用来衡量货物运输需求对商品需求变化的敏感程度。

3.4.2 货运广义费用

1.货运广义费用的构成

货运广义费用也称为货运广义成本(Generalized Freight Transport Cost),是货物运输过程中所有耗费的总和,一般由经济性费用(金钱)与非经济性费用(折合为金钱)两部分构成;前者主要是运输过程中的货运运价费用,后者主要包括货物在途价值费用、货物损耗风险费用和非运价成本费用。

> **货运广义费用**:货物运输过程中所有耗费的总和,一般由经济性费用(金钱)与非经济性费用(折合为金钱)两部分构成。

(1) 货运运价费用

运价是货运广义费用的核心部分。关键因素包括不同品类货物运输单价、运输里程以及运输总量。不同品类的货物运输价格存在差异，主要与货物的自身特性、装载与包装需求等因素密切相关。

(2) 货物在途价值费用

货物运输时间指货物从承运开始到到达接受人处的全过程的总时间，包括在途运输时间、集结与中转换装时间等。与旅客时间价值类似，货物也是有价值的，在货物处于运输阶段的总时间内，货物的价值无法实现，意味着货主需要支付时间费用，这个费用除了和运输时间相关，也和货物的价值大小相关。随着经济的发展与物资流动周期的加快，除运价外，货主对运输时间的关注度也越来越高。计算运输时间费用时需要通过货物的在途时间价值进行费用转换。

(3) 货物损耗风险费用

货物损耗风险费用主要体现在选择某种货物运输服务运输货物时所承担的货物损坏与丢失的风险。货物损坏和丢失主要发生在中转装卸环节，需要多次中转装卸作业的运输服务，其货物损坏与丢失的风险就较大。一般，货物损耗风险费用根据不同运输服务各类货物损坏或丢失的比例进行设定取值，并通过货物的平均经济损失转换成费用值。

(4) 非运价成本费用

所谓非运价成本费用是指一些运输过程中的特殊服务需要货主额外付费，这些费用一般并不包括在运输提供者所公布的运价构成中。某些产品属于易腐坏、易破损或易被偷盗丢失的货物，那么在运输这些产品时，货主就需要多付出额外的费用。还有在市场经济不完善的情况下，很多货主在运输中受到承运方工作态度或服务水平较差的影响，这些情况给货主带来的损失也是运输的非价格成本。无论是上述的哪一种情况，运输的非价格成本越高，运输需求就越受到限制。

2. 货运广义费用的计算

货物从某出发地运输到某目的地的过程中，货运广义费用一般通过如下的公式计算：

$$C_f = P + T + S + C \tag{3-15}$$

式中：C_f——货运广义费用，元/t；

P——货物运输的运价费用，包括运输过程中各种运输方式的货运运价费用，元/t；

T——货物运输的在途价值费用，包括货物的在途运输时间费用和

集结中转时间费用,元/t;

S——货物运输的损耗风险费用,元/t;

C——货物运输的非运价成本费用,元/t。

(1) 货运运价费用(P)

$$P = \sum_i \alpha_i D_i \quad (3-16)$$

式中:P——货物运输的运价费用,元/t;

α_i——第 i 种运输方式的货物运价费率,元/(t·km);

D_i——第 i 种运输方式的运输距离,km。

(2) 货物在途价值费用(T)

$$T = \beta \left(\sum_i \frac{D_i}{v_i} + t \right) \quad (3-17)$$

式中:T——货物运输的在途价值费用,元/t;

β——货物运输的单位时间价值,元/(t·h);

D_i——第 i 种运输方式的运输里程,km;

v_i——第 i 种运输方式的营运速度,km/h;

t——货物的集结与中转时间,h。

(3) 货物损耗风险费用(S)

$$S = \gamma \cdot s \quad (3-18)$$

式中:S——货物运输的损耗风险费用,元/t;

γ——运输损耗货币价值,元/t;

s——货物运输损耗风险评价等级,考虑货物损耗风险和货物丢失风险,$0 \leq s \leq 1$,无量纲。

(4) 非运价成本费用(C)

$$C = \delta \cdot c \quad (3-19)$$

式中:C——非运价成本费用,元/t;

c——非运价成本额外费用,元/t;

δ——非运价成本额外付费折扣率,$0 \leq \delta \leq 1$,无量纲。

货运广义费用

3. 货运广义费用的作用

货运广义费用发生变化,货运需求量或货运需求也会发生变化。

①如果货运广义费用的变化是运价的变化引起的,其他费用因素没有变化,那么这种变化导致的是货运需求量的变化。

②如果货运广义费用的变化是其他费用因素的变化引起的,运价没有变化,那么这种变化导致的是货运需求的变化。

③如果货运广义费用的变化同时由运价和其他费用因素的变化引起的,那么导致的变化既包括了货运需求量的变化,也包括了货运需求的

货运广义费用的变化既可能导致货运需求量的变化,也可能导致货运需求发生变化。

变化。

3.4.3 经济区位与运输因素

在任何一种生产形态的生产之中,运输都是一种必不可少的生产要素。任何种类的生产都必须在一定的地理空间中进行和完成,在生产过程中都需要将所需要的生产要素集中到生产场所。同时,一般情况下,生产地与消费地都是处在不同的地理位置,生产、分配、交换和消费,必须通过运输的纽带才能实现。人们普遍认识到,交通运输是经济的主要基础。不论是今日的社会化大生产,还是古代自然经济条件下的小生产,运输都是一种必不可少的生产要素。不同的只是现代运输已随着生产形态的发展进化成为一种产业,并存在于社会诸多产业之中了。交通运输对于不同产业的布局影响程度,关键取决于运输费用在该产业的商品成本中的比重,比重越高,其产业布局受交通运输的影响就越大。

1. 杜能的农业区位理论

在农业区位方面最著名的是德国经济学家杜能(J. H. Thunen)提出的理论。杜能最早注意到运输费用的影响,指出距消费市场的远近对农作物的布局有重大影响。1826 年杜能在《农业和国民经济中的孤立国》一书中首先提出了区位理论的思想。为了说明农产品生产地到消费地的距离对土地利用类型产生的影响,杜能在一系列假设的前提下提出了孤立国的区位模型:一个城市位于一大片平原地区的中心,该地区的气候与土壤条件是完全相同的;城市负责供应必需的生活品,城市周围的土地则种植各种农作物供城市消费;城市是该平原上农民的唯一市场;城市与周围地区通过道路联系,并且从任一点到城市都是直线运输;农产品运到城市的运输费用与其重量和距离成正比。参见图 3-5。

杜能在均质的大平原上,以单一的市场和单一的运输手段为条件,研究农业经营的空间形态及产地与市场间距离的关系。很显然,农民获得的利润等于其产品的市场价格减去生产成本和运输费用。由于市场只有一个,故某一产品的价格也只有一个,农民应根据是否有利于节约运输费用来安排种植。

按照 19 世纪的运输条件,杜能认为易腐产品和重量大、价值低从而不利运输的产品应该靠近市场生产,而不易腐坏的产品和每单位重量价值较高、相对较易运输的产品则可适当远离市场进行生产。因此,第一地带应生产易腐坏的蔬菜和鲜奶;第二地带应生产重量大、价值低的木料和柴薪;第三地带应种植粮食作物;第四、第五地带应生产谷类等农作物与牧场;第六地带是平原的最外区域,应放养牲畜。这样,以市场为中心就会形成一个呈同心圆状的农业空间经营结构,即所谓的杜能环。杜能认为,运输费用是利润的决定因素,而运输费用则可视为产品的重量和生产地与市场地之间距离的函数。因此,生产区位是依照产品重量对它的价值比例来决定的,这一比例越大,其生产区位就越接近市场地。杜能的分析虽然很形式化,他的假设条件距离现实也很远,但他的开创性工作为区位理论的形成做出了巨大贡献,也成为后来农业区位、土地和地租分析进一步发展完善的基础。

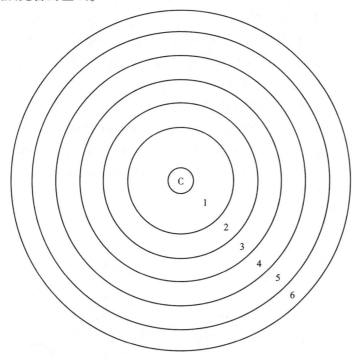

图 3-5 杜能的农业区位理论

C-城市市场;1-蔬菜和鲜牛奶等易腐产品;2-柴薪;3-集约式的粮食作物;4-谷类种植与牧草轮替;
5-粗放的农作物与牧场轮替;6-牧场

2. 韦伯的工业区位理论

德国经济学家韦伯(A. Weber)首先提出了工业区位论的思想。韦伯于 1909 年出版了《工业区位理论》一书,认为工业区位的形成主要与运费、劳动力费用和生产集聚力三个因素有关,其中运费具有把工业企业吸引到运输费用最低地点的趋势,而劳动力费用和生产集聚力具有使区位发生变动的可能。他的方法是先找出最小运输成本的点,然后再考虑劳动力成本和聚集效益这两项因素。他认为,工业区位的决定应最先考虑运输成本,而运输成本是运输物品的重量和距离的函数。在韦伯的区位模型中,假设有一个消费市场,若干个原料产地,不同地点的劳动力费用

> 韦伯认为工业区位的形成主要与运费、劳动力费用和生产集聚力三个因素有关,其中运费具有把工业企业吸引到运输费用最小地点的趋势,而劳动力费用和生产集聚力具有使区位发生变动的可能。

不同但供应充足,运输费用与货物重量和运输距离成正比。

如图3-6所示,M为市场,即所有潜在的顾客都定位于M,而制造厂所需的两种原材料分别位于S_1和S_2。假设所有其他生产因素在所有潜在生产地都可自由地获得,并且从地形学来说,所有活动都在一个均匀平面上运行。假定运输费用与运输距离以及所运货物的重量成正比,因此制造厂的选址,取决于不同原材料所在地和市场的相对拉力。于是,问题在于为制造厂寻求总成本为最小的地点P,换句话说,就是能使TC(运输总成本)达到最小的地点P,即:

$$\min(\text{TC}) = w(M) \times d(M) + w(S_1) \times d(S_1) + w(S_2) \times d(S_2) \quad (3\text{-}20)$$

式中:$w(M)$、$d(M)$——M处所消费的最终产品的重量,以及选址点距市场M的距离;

$w(S_1)$、$d(S_1)$——生产最终产品M所需的在S_1处能得到的原材料的重量,以及选址点距S_1的距离;

$w(S_2)$、$d(S_2)$——生产最终产品M所需的在S_2处能得到的原材料的重量,以及选址点距S_2的距离。

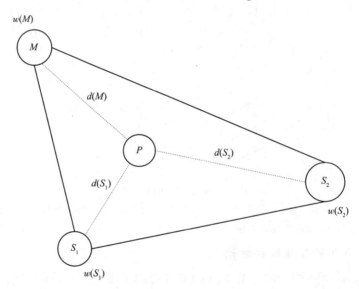

图3-6 韦伯的工业区位理论

显然,生产地点将不会在三角形以外,因为这将增加不必要的运输。在三角形以内运费最低点应在何处,取决于每种原材料所需的数量,以及每一种原材料在加工中损失重量(失重)的特点。如果两种原材料所需重量相同,但其中一种失重较多,则生产地点应靠近距离失重多的原材料产地;如果两种原材料失重大小相同,其中一种原材料使用数量较多,则生产应设在使用较多原材料地的附近。

在韦伯的基本模型中运输费用对生产地的选择起决定作用。当考虑劳动力费用时,被运输费用决定的工业区位会发生第一次变形。韦伯认为生产地点的选择有可能放弃运费最小的地点而移向劳动力费用较低的地点,这取决于节省费用的比较。当考虑聚集因素的作用时,被运输费用和劳动力决定的工业区位会发生第二次变形。韦伯认为聚集效果主要是通过工厂扩大生产规模降低生产成本,以及工厂之间的协作和共同使用基础设施得到的。如果一个地点由于聚集所节约的费用大于因偏离运费最小和劳动力费用最小的位置而增加的支出,那么在新地点组织生产就是合理的。

工业区位分析的基本思想,是根据加工过程中原材料或产成品减重或增重的程度确定加工厂的位置。凡加工过程减重程度较大的产业,被认为应该设立在原料集中的地点;而加工过程增重程度较大的产业,则应设立在靠近市场的地点。前者我们可以看到例如造纸厂(包括纸浆厂)和糖厂等,绝大多数都设立在原料产地,例如加拿大和北欧国家有丰富的木材资源可以造纸,但它们大量出口的是加工过程中已经减轻很多的纸张或纸浆,而不是造纸的初始原料,制糖厂也大都建在甘蔗或甜菜产地;而后者如饮料业,则大多设立在靠近消费地的地方,最明显的例子就是饮料厂,全球最大的饮料厂商——美国可口可乐公司为了节约运输成本,把自己的分装厂建在全世界几乎所有被它打开市场的地方。

3. 现代企业选址的影响因素

现代工业结构的改变,特别是从基础工业到制造业与服务业的转移,使货物运输对区位决策的影响不断减小,很多部门运输成本可能只占产出成本的较小比例。可靠的城市间运输、良好的国际运输联系以及高质量的当地运输(这些是雇用稀缺的熟练劳动力所必须具备的条件),对现代高技术产业是特别重要的。接近市场和原料供应地在选址决策中常常不如稀缺熟练劳动力的可获得性和工厂可建得更大等因素重要。

对于新兴的高技术产业来说,由于它的产品轻、薄、短、小,运费一般在产品成本中所占比重微不足道,其布局中的货物运输问题因此往往被忽视。但是良好的旅客运输设施成为影响高技术企业选址的主要因素,这是因为高技术产业一般耗资巨大而且发展迅速,需要大量科学研究与工程技术专家,从工作地到生活区域之间的交通服务水平十分重要,科学技术专家在选择工作地点时很重视这个条件。良好的都市内部客运和生活环境质量都是在传统工业布局中很少考虑的,然而对于高技术产业却很重要。

此外,在新技术革命的今天,虽然电讯已十分发达,金融家、厂商和技术开发人员仍然需要方便的交通以面对面地洽谈业务和掌握信息。这类

> 对于新兴的高技术产业来说,由于它的产品轻、薄、短、小,运费一般占产品成本比重微不足道,其布局中的货物运输问题因此往往被忽视。但是良好的旅客运输设施成为影响高技术企业选址的主要因素。

人员频繁地乘坐飞机,他们研究与开发活动区位对机场设施的要求是较高的,不仅考虑节约时间,更重要的是安全和可靠程度。

在零售业和其他一些行业中,企业选址的影响因素可进一步加以扩展包括企业接近顾客的愿望。接近市场、接近家庭和上下班距离在影响企业选址的因素中分别列在前三位,地区间的地面运输和接近机场也是比较重要的因素。这表明,企业把重点放在了得到经过训练的工人,得到合适的劳动力是高技术企业和传统企业选址的关键因素。因此运输及与运输有关的因素,在现代企业的选址决策中仍然非常重要。

总结与提要

关键概念:旅客运输需求,公务与商务出行,个人事务与旅游出行,客运需求价格弹性,客运需求收入弹性,客运需求交叉弹性,客运广义费用,货物运输需求,货运需求价格弹性,货运需求交叉弹性,货运广义费用。

重点掌握:影响客运需求变化的因素,影响客运需求价格弹性的因素,客运广义费用的计算,影响货运需求变化的因素,影响货运需求价格弹性的因素,货运广义费用的计算。

一般理解:货运需求生产派生弹性,货运需求商品派生弹性,杜能农业区位理论,韦伯工业区位理论,现代企业选址影响因素。

案例与阅读

3-1 钢铁工业的布点

在20世纪初期,钢铁工业的选址决策主要是依据生产中所用原料,特别是煤和铁矿石成本的最低化。那时,约2t煤和1t铁矿石只能生产不到0.5t钢。显然这是一个"失重"过程,决定选址决策的是原料的运输成本。钢铁工业还大量用水,每生产1t钢约需水24.6万L(6.5万加仑),主要用于冷却和加工。尽管很多水是可以循环使用的,但水的供求数量仍然很大,因此,在选择厂址时,河流和湖泊附近肯定要优先考虑。由于宾夕法尼亚州西部可以获得丰富且廉价的煤和水,所以当时全美国的钢铁工业基本上都分布在那里,匹兹堡成为全国的钢都。

但技术进步使加工1t铁矿石所需煤的数量不断下降,到20世纪70年代中期,加工

1t矿石的用煤量已经不到1t。尽管这一工业仍在原料产地布点,但接近铁矿石产地变得更为重要,五大湖地区埋藏有很丰富的铁矿,由于可以利用廉价的水运运输煤和矿石,又有大量的水资源,于是大型钢铁联合企业就在克利夫兰、休斯敦、底特律、布法罗和芝加哥等地发展起来,这些城市全部都在五大湖区。

近年来,用废金属作为原料变得重要起来。由于底特律和芝加哥有大量的废钢铁,结果使钢铁工业在这两个城市有了更快的发展。事实上,几乎完全依靠废钢铁来生产的相对较小的钢铁厂,已经在不少过去认为根本不可能有钢铁工业的地方建立起来了。

(摘编自:H.彼得森,W.刘易斯.管理经济学[M].北京:中国人民大学出版社,1998:446-447)

3-2 春运难题

2014年春运于2014年2月24日终于落下帷幕。回首40天、36亿多人次的"人类规模最大的周期性迁徙",我们该如何理性思考和应对,让春运之路越走越顺?

40天里,36亿多人次,按照一个人来回需要乘坐4次车计算,相当于中国有9亿人口在流动。春运难,难在运量太大,大到超过运能的支撑;春运难,还难在单向运输,数以十亿计的客流节前从东部向中、西、北部单向流动,节后返回。

从1954年起中国有了春运纪录,但那时的客流只有2300万人次。20世纪80年代以后,随着改革开放后农民进城务工的兴起,春运成为社会现象。此后,春运呈现旅客运输量直线上升的趋势。1984年,全国春运有5亿多人次客流,1994年突破10亿人次,2006年突破20亿人次,2012年突破30亿人次。

看一看人山人海的车站,看一看半夜里还在排队买票的人群,看一看因网购或电话购买一直不畅而焦急生气的旅客,不能不说,微观景象里的民生烦恼甚至辛酸,仍然一览无余。寻常百姓回家过年的不易,确实在给政府与运输部门继续提出要求。但如果要把春运中的问题与责任都推给运输部门,则又有失公允。庞大的人群,要在短时间内迅速实现空间的转移,实在是太不容易了。

表面上看,春运难题主要难在供需关系失衡,深处里呈现的,却是中国社会发展的大问题。中国人的乡土观念、城乡二元结构、地区发展差距、户籍壁垒等一系列深层次因素,都在对春运问题产生作用。大量人群之所以每年候鸟般地在异地之间来回奔走,一是由于中国经济社会的发展不平衡,二是人口未能真正实现自由迁徙。表面问题与深层次问题纠结在一起,反映出的正是一个典型中国式难题的复杂性所在。

资料显示,当前我国数以亿计的农民工集中在一、二线城市,还有相当数量的大学生,他们中每年至少有几百万人毕业后留在城里,不愿回到家乡。为了工作、求学和更好地生活,这些劳动者选择了在异乡奋斗。一年到头忙碌,只有春节才有机会和充足的理由回家与亲人团聚,重温亲情。春运人潮来势凶猛的原因还在于进城务工人员的回乡流、学生流和探亲流合三为一。有人认为如果能提前将这三股人流进行适当的错时分流,比如错时放假等方式,或许能有效缓解春运压力,当然只能是缓解,并非化解。

真正需要化解的不止于此,还有更多深层次的问题。春运难题不只与中国传统文化相关,更多的是当前经济社会的缩影。

(根据相关新闻报道摘要编写)

3-3 乘客是否应该为放弃原定航班而交易

近来,航空公司在处理超售机票导致少数旅客不能搭乘原定航班的问题上,放弃了早先采取的"谁先来谁先走"的办法,转而采取请求某些乘客自愿放弃原定航班的座位,改乘下一个航班,由航空公司支付给他们一定的现金或者赠送免费机票作为补偿。结果,现在放弃座位的乘客都是自愿的,他们得到了补偿,原来对超售机票很大的抱怨基本上消失了。"谁先来谁先走"和"自愿获得补偿"这两种办法,哪一种更有效率?

"谁先来谁先走"的问题在于,它没有给那些有着迫切理由、要求准时到达的乘客以足够重视。有时候,这类旅客无法控制提前到达机场的时间,比如转机或交通拥堵等的原因,更多的时候,这类旅客过早到达机场的时间机会成本可能太高,比如商务人员在机场等待的时间机会成本远高于普通旅客,而在"谁先来谁先走"的办法下,他们被迫放弃原有航班所导致的损失也可能很大。

航空公司对自愿放弃座位的乘客进行补偿的办法应该更有效,因为实际上它为稀缺资源建立了一个市场,避免对这些资源进行非市场的强行配置。在实行"自愿获得补偿"的情况下,凡是自愿放弃座位的乘客,自然都获得了高于其放弃座位所要支付的成本,也保证了那些放弃座位必须支付更大代价的乘客先行登机离开。如果没有人愿意接受最初的补偿而放弃座位,航空公司甚至可以采取竞拍的方式提价出售有关座位,直到有人愿意出让为止。

(摘编自:Robert H. Frank,等. 微观经济学原理[M]. 2版. 北京:清华大学出版社,2004:174-176)

作业与思考

1. 什么是客运需求?什么是货运需求?
2. 举例说明公务与商务出行需求的特点,以及相关需求弹性的变化。
3. 举例说明个人事务与旅游出行需求的特点,以及相关需求弹性的变化。
4. 什么是客运广义费用?其主要由哪些费用构成?
5. 举例说明不同类型的货物运输需求弹性。
6. 生产派生弹性和商品派生弹性有什么不同?它们分别表达了什么含义?

7. 试分析经济发展水平对货运需求的影响体现在哪些方面。
8. 举例说明什么是运输的非运价成本费用。
9. 什么是货运广义费用？其主要由哪些费用构成？
10. 举例说明某种客运需求如何受到相关客运服务质量和价格的影响。
11. 货运需求影响因素与客运需求影响因素有何异同？
12. 什么是客运需求价格弹性？有哪些类型并举例说明？
13. 考察时间的长短如何影响客运需求价格弹性。
14. 什么是客运需求交叉弹性？什么是客运需求收入弹性？
15. 现代企业选址和传统企业选址考虑的因素有何异同之处？

问题与研讨

3-1 关于出行方式选择的分析

北京去广州是乘飞机还是坐高铁？根据"游比比"对京广机票及火车票价统计可以看出，在机票价格最低时，再加上燃油附加费和机场建设费等也高于高铁价格，人们选择高铁出游显然比较划算。但对于这个问题，做服装生意的吴女士却很坚定地回答："当然是飞机啦。对生意人来说，时间就是金钱，越快越好！因为飞机从广州到北京的出行时间是 3.5h，加上去飞机场的时间，还是应该比高铁要更快。虽然飞机出行价格更贵，还是会选择飞机。"

北京铁路局相关负责人表示，2015 年元旦开行的京广高铁动卧与普通卧铺相比在舒适度上有所提升，整个列车共 16 节车厢，可容纳 630 人，北京到广州卧铺最低票价为 999 元。运行速度在 250km/h 左右。"这个速度主要为了考虑乘客夕发朝至的需求，太早到时间不合适，因此速度慢一点，保证第二天一早到。"而根据 2015 年春运实际情况来看，广铁共开行高铁动卧 167 对，基本趟趟爆满。说明高铁动卧还是很受欢迎的，高铁动卧都是夕发朝至，夜行，提升了长距离旅行舒适度，旅客可以安然地休息，清晨到达，毫不匆忙，精神饱满，若当天能将公务处理完，甚至可以晚上再乘车返回，节省住宿费用。

要到广州出差的何先生说，他买了下午 3 时多的机票现在要到晚上 7 时左右才能起飞。"不过我比我的一位朋友幸运多了，他上午来到机场乘飞机，到了之后才知道他要坐的航班暂时不能按时起飞，因此他只能又回到北京上班。"

（根据相关新闻报道摘编）

3-2 关于货运服务选择的分析

根据铁路总公司的相关消息，2017 年铁路运输服务增值税税率从 11% 降至 10%。

随着税率的下调,自5月1日起,铁路下调了主要货物的运价,这次降价是近年来的首次。

自1997年到2011年,铁路共有9次货运提价,每次大都在2厘到4厘之间。有研究表明,以铁路单月货运收入9亿到10亿元之间简单估算,一年每吨公里提价1分钱,将会为铁路带来250亿到300亿元的增收。2014年起,铁路货运价格由政府定价改为政府指导价。此次铁路货运价格的下调,在进一步降低社会物流成本的同时,形成了足够的吸引力加快"公转铁"步伐,让货运更加节能环保,减少大气污染。

近年来,铁路和公路货运总量间的巨大差距已成为铁路市场化过程中必须面对的难题。目前我国公路运输价格普遍在每吨公里0.3元左右,而铁路运输价格在每吨公里0.15元左右,铁路货运价格已经是公路的一半。但相关数据显示,目前选择公路运输的货主仍然占比较多,今年一季度,铁路货运量9.8亿吨,而公路货运量77.4亿吨,两者相差近8倍。目前更愿意选择铁路货运的主要是对时间不敏感的煤炭、水泥、铁矿石等货主。

(根据相关新闻报道摘编)

第4章 城市交通出行需求

4.1 城市发展与交通出行需求

4.1.1 城市发展与城市交通

1. 城市的形成与发展

城市是"城"与"市"的组合词。在汉语中,"城"主要是为了防卫,用墙等围起来的地域;"市"则是指进行物品交易的场所。"城"与"市"的结合形成了现代城市的概念。

城市(City)一般指在相对较小的面积里居住了大量人口的地理区域,主要指人口集中、工商业发达、居民以非农业人口为主的地区,通常是周围地区的政治、经济、文化交流中心。这个定义适用于从小城镇到大城市等不同规模的城市。之所以把人口密度作为基础,其原因就在于不同经济活动的频繁接触是城市经济的本质特征,而这只有在大量厂商和家庭集中于相对较小的区域内才能发生。

城市地区(Urbanized Area)是指人口总量不少于一定的规模,且每平方公里的人口密度不低于特定标准的固定地理区域。人口总量和人口密度的标准在不同国家和地区有较大的差别。

城市人口(Urban Population)是指生活在城市地区的居民。

城市之所以存在,是因为人类科技已经创造出了生产和交换系统,为人类向自然规律提出挑战奠定了物质基础,一个城市的发展必须满足下面三个条件:

①农业生产过剩。城市以外的人口必须生产足够的粮食,来养活他们自己和城市居民。

②城市生产。城市居民必须从事生产,生产出某种产品或服务,以便用这些产品或服务去交换农民种植的粮食。

③用于交换的交通运输体系。为使农民种植的粮食与城市产品能更便利地进行交换,城市必须有一个高效的交通运输体系。

城市的概念有行政意义上的,以及经济学意义上的。一个行政意义

城市:指在相对较小的面积里居住了大量人口的地理区域,主要指人口集中、工商业发达、居民以非农业人口为主的地区,通常是周围地区的政治、经济、文化交流中心。

城市地区:指人口总量不少于一定的规模,且每平方公里的人口密度不低于特定标准的固定地理区域。

上的城市通常以行政权限边界来划分;经济学意义上的城市常常忽略行政边界,它是以特定城市经济体中的城市人口来划分的。

在许多发展中国家,特大型城市吸纳的人口占全国人口的比重往往很高。其主要的原因在于交易的规模经济。规模经济极大地激励了大商业城市的发展,而对小城市的激励作用则不是很明显。例如,对一个港口进行连续性投资,将促使国家把该港口所在地列为一个主要的港口城市。同时国家政策在主要大城市发展过程中扮演着重要角色。权力集中的"大政府"要比权力有限的"小政府"更容易造就超大规模的城市。

另外,在城市集聚过程中,交通基础设施扮演着重要角色。在许多发展中国家,对道路和无线电通信的投资很不协调,在首都附近可能会更多一些,而在首都以外的地区对道路的投资相对较少,这使得国家内部不同地区间存在较高的运输成本,并进一步激励了主要大城市的发展。

2. 城市发展的聚集效益

随着社会生产力的不断发展,手工业、商业从农业中分离出来,从事手工业、商业的人需要有个地方集中起来,进行生产、交换,从而有了城市的产生和发展。工业化带动了城市最初的基础设施建设,同时工业建设使关联行业集中和规模扩展,进而吸引大量分散劳动力聚居,与之而来的是基于这部分人的需求而产生的城市新一轮基础设施建设和服务业的产生和增长。长期发展的结果就形成了规模化的城市。

城市聚集效益: 指社会经济活动因为空间的聚集所产生的效益,是城市发展规模的函数。

城市的发展产生了城市聚集效益(Habitat Benefit)。城市聚集效益是指社会经济活动因为空间的聚集所产生的效益,是城市发展规模的函数。城市聚集效益在城市规模扩大的过程中随着规模的扩大发生阶段性的变化。参见图4-1。

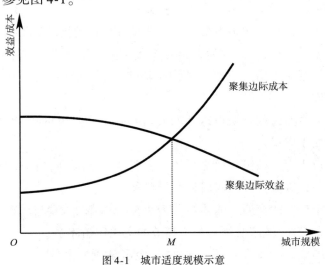

图4-1 城市适度规模示意

从图 4-1 可以看出，在 M 点的左侧，随着城市规模的扩大，所产生的聚集边际效益大于所耗费的边际成本，即产生正的聚集效益；随着城市规模的扩大，聚集边际效益呈现下降趋势，而聚集边际成本则随之上升，到达 M 点时二者正好相等，此时的城市规模是最佳的城市规模。在 M 点的右侧聚集边际成本大于聚集边际效益产生负的聚集效应，所以超过 M 点的城市规模是聚集不经济的城市规模。可见，城市规模和城市的聚集效应是一个区间值，城市规模不够或过度都会使城市聚集效益不高。

城市规模（Urban Scale）一般指的是一个独立连续的城市市区面积与城市人口的关系总和。市区面积涉及距离，人口涉及需求数量。随着城市规模的扩大，人们的出行距离延伸，会增加交通出行需求量。从交通需求产生的直接原因分析，在一定区域发生活动的次数或频率，包括工作、回家、购物、游览、访友、娱乐、看病等，是决定此区域交通强度的主要依据。由于出行距离的延伸，利用车辆出行的可能性还会增强。

城市规模：指一个独立连续的城市市区面积与城市人口的关系总和。

城市规模与交通强度的关系如图 4-2 所示。一般来说，在同样的城市规模条件下，如果城市布局有缺陷，或城市发展及活动的活力强，交通强度都要大一些。城市规模较小时，出行活动大部分依靠步行，城市规模扩大时，大部分出行活动开始依赖自行车等人力工具，在城市规模很大时，出行活动大部分就必须依靠动力车辆。

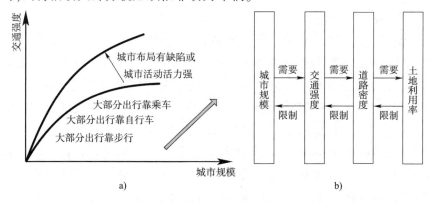

图 4-2 城市规模与交通强度

城市交通和城市发展相辅相成。在城市的不断发展中，城市交通也会影响城市规模效益的实现，城市交通方式的需求和发展，与城市规模存在必然的联系。城市规模需要交通强度来支撑，交通强度需要道路密度来满足需要，道路密度要求占用土地资源。反过来看，土地资源利用限制了道路密度规划，道路密度又限制了可能达到的交通强度，交通强度只能支持一定的城市规模。在不改变土地利用率和道路密度的情况下，提高公共交通在城市交通中的比例，能够增加城市发展规模的极限。

交通出行方式与城市交通结构

4.1.2 交通出行与方式分类

1. 交通出行与旅客运输

交通出行(Traffic)也属于交通运输,指人在空间中的位置移动。通常我们所说的旅客运输也是要实现人在空间中的位置移动,那么交通出行和旅客运输有什么区别吗?

一般而言,旅客运输(Passenger Transportation)特指城市之间较长距离的人的空间位置移动,并且这种空间位移是通过交通运输供给商的服务来完成的。

交通出行特指城市范围内人的空间位置移动,这种空间位置移动可以通过交通运输供给商的服务来完成,比如通过乘坐公交、地铁、出租车等方式完成;也可以由消费者自行完成,比如通过步行、骑自行车或自驾车的方式来完成。

另外,消费者自行完成城市之间长距离的位置移动,比如自己驾车从 A 城市到 B 城市,一般也称为交通出行而非旅客运输。

按照交通工程学的定义,出行(Trip)指人们为完成某一目的,从起点到终点且经过有路名的道路或街巷的位移。可以看到,出行有几个基本属性。

①每次出行有起点和终点两个端点。

②每次出行有一定的目的。比如上学、上班、购物、娱乐、看病等。

③每次出行必须经过有路名的道路或街巷,也就是一般所指的市政道路。在封闭的居住小区内的行走不属于交通工程学意义上的出行。

现实中,人类一般以居住地为中心生活着。因此,家庭就成为交通出行的起点,每天从居住地奔赴工作单位、学校、超市或市场以及观光地等,即产生通勤、上学、购物、观光等出行。这些出行分别具有各自的出行目的。在从生产到消费的经济过程中,出行目的可以分为生产性目的和消费性目的。在生产性目的的出行中,有通勤、出差、销售等;在消费性目的的出行中,有观光、娱乐、教育、购物等。

随着社会经济的发展,基于城市社会活动出行需求的一个重要的变化是多种目的系列出行需求,也叫出行链(Trip Chain)。出行链可定义为:按照一定的活动目的,顺序排列的若干次"出行"组成的系列出行过程,其组成除了起终点还有中间的"换乘点"和"出行段"。许多人在完成工作出行(上班)后,经常产生其他目的的出行,如下班后去接孩子、去商场购物或处理个人的事务等。这里工作出行是基本需求,而下班后的其他出行为非基本需求。与单一出行不同,出行链产生了多种方式的组合

交通出行:特指城市范围内的人的空间位置移动,这种空间位置移动可以通过交通运输供给商的服务来完成,也可以由消费者自行完成。

旅客运输:指城市之间较长距离人的空间位置移动,并且这种空间位移是通过交通运输供给商的服务来完成的。

出行:指人们为完成某一目的,从起点到终点且经过有路名的道路或街巷的位移。

出行链:按照一定的活动目的,顺序排列的若干次"出行"组成的系列出行过程,其组成除了起终点还有中间的"换乘点"和"出行段"。

出行,更加重视出行的多方式换乘与接驳过程。出行链演绎着交通需求多样性的特征。

交通出行本身不是目的,通过出行完成在目的地的各种任务才是其最终目的。在该种意义上,交通出行需求被作为派生需求来处理。

2. 交通出行方式分类

交通出行方式比较多,大体上可以分为三类:私人交通出行、公共交通出行、辅助公共交通出行。

(1)私人交通出行

私人交通出行是指消费者自行完成的空间位移,这种位移的实现可以借助交通工具,也可以不借助交通工具。主要包括:

①步行。
②自行车。
③电动自行车。
④摩托车。
⑤小汽车。

(2)公共交通出行

公共交通出行是指消费者通过公共交通服务供给商完成的空间位移,这种位移服务面向全体消费者,一般有固定的运营线路和运营时间。主要包括:

①公共电汽车。
②快速公交(BRT)。
③地铁。
④轻轨。
⑤有轨电车。
⑥市郊铁路。

(3)辅助公共交通出行

辅助公共交通出行有时也称为准公共交通出行,是指消费者通过特定的交通服务供给商完成的空间位移,这种位移服务或者面向特定的消费者群体,或者没有固定的运营线路和运营时间。主要包括:

①出租车。
②旅游车。
③班车。
④校车。
⑤公共自行车。

有些交通方式有明确的供给商,有些交通方式不需要交通供给者。

> 私人交通出行:消费者自行完成的空间位移,这种位移的实现可以借助交通工具,也可以不借助交通工具。

> 公共交通出行:消费者通过公共交通服务供给商完成的空间位移,这种位移服务面向全体消费者,一般有固定的运营线路和运营时间。

> 辅助公共交通出行:消费者通过特定的交通服务供给商完成的空间位移,这种位移服务或者面向特定的消费者群体,或者没有固定的运营线路和运营时间。

判断一种方式是不是存在供给商,主要看这种出行方式需不需要交通工具,交通工具的所有者、交通工具的操作者和交通工具的使用者是不是同一主体。

不需要特定交通工具的出行方式没有交通供给商,最明显的例子就是步行。步行是人类基本的活动方式之一,在畜力交通出现之前,人类的交通活动主要依靠步行,这种方式在现代交通出行中也依然扮演重要角色。

自行车也是一种环保、节能、健康的出行方式。在汽车普及之前,自行车是城市(尤其是中小城市)的主要交通出行方式。随着经济的发展,人们收入水平的提高,汽车开始进入普通家庭,汽车出行代替了大部分的自行车出行。经过几年的发展,汽车出行的种种弊端开始显现出来,交通拥挤,空气、噪声污染,交通安全问题等,迫使人们重新审视汽车的发展。绿色环保的自行车交通出行重新回到人们的视野,一种新的公共自行车租赁的运营模式使古老的自行车交通方式发挥了新的作用。

公共交通出行的重要性也得到人们的重视。公共交通出行需要有供给提供者。常见的公共交通出行方式(或公共交通供给提供者)主要有公共电汽车、快速公交、地铁、轻轨、有轨电车、市郊铁路等方式。

4.1.3 交通出行需求与广义费用

1. 交通出行广义费用

> 交通出行广义费用:出行者在出行过程中所有耗费的总和,一般包括票价费用或成本费用、时间价值费用、准时性费用和舒适性费用等。

交通出行广义费用也称为交通出行广义成本(Generalized Travel Cost),是出行者在出行过程中所有耗费的总和,一般包括票价费用或成本费用、时间价值费用、准时性费用和舒适性费用等。

(1)票价或成本费用

对于出行者自我完成的出行,没有显性的票价费用,但有隐形的成本费用。利用公共交通和准公共交通方式完成的出行,票价费用是一次出行所涉及的所有部分的票价总和。出行者自我完成的出行,是相关成本(购车费、燃油费、停车费等)在一次出行中的分摊费用。

(2)时间价值费用

时间价值费用通常按单位时间价值乘以出行时间消耗计算。出行时间消耗包括路途行驶时间、中转换乘时间以及候车时间。除了车速影响行驶时间,换乘次数增多会导致换乘时间增加,候车时间增加一样导致出行时耗的增加。在出发地和目的地之间存在多种交通方式时,不同交通方式所耗费的出行时间往往成为出行选择的关键因素。

(3)准时性费用

准时性费用按照误点的损失和误点的概率计算。到达时刻的准确性,对于不允许迟到的出行选择影响很大。人们上班对准时性要求高,选择不受交通阻塞影响的交通方式的比例就大。因为准时性是一个平均值的方差问题,人们在决策时倾向于依据过往的经验,判断某种交通方式误点的概率。

(4)舒适性费用

舒适性是指交通工具中的拥挤程度、乘坐的舒服性、车内环境的友好性、有无空调等因素的综合,正因为如此,舒适性的评价尺度难以制定,受乘客主观感受的影响很大。一般而言,人们对舒适性的要求与收入成正比,收入越高对舒适性的要求越高。

2. 交通出行广义费用的计算

出行者在城市范围内从某出发地到某目的地的出行过程中,其交通出行的广义费用一般通过如下公式计算:

$$C = P + T + R + W \tag{4-1}$$

式中:C——出行者交通出行的广义费用,元/人;

P——交通出行的票价或成本费用,包括在一次出行内涉及的所有票价或成本之和,元/人;

T——交通出行的时间价值费用,包括行驶时间、中转换乘时间以及候车时间等的价值费用,元/人;

R——交通出行的准时性费用,与误点概率和误点损失有关,元/人;

W——交通出行的舒适性费用,元/人。

(1)票价或成本费用(P)

$$P = \sum_i \alpha_i D_i \quad \text{或} \quad P = \sum_j P_j \tag{4-2}$$

交通出行广义费用

式中:P——交通出行的票价或成本费用,元/人;

α_i——出行过程中第i种交通方式的运价费率,元/(人·km);

D_i——第i种交通方式的运输距离,km;

P_j——自行出行过程中第j项成本费用,元/人。

(2)时间价值费用(T)

$$T = \beta \left(\sum_i \frac{D_i}{v_i} + t \right) \tag{4-3}$$

式中:T——交通出行的时间价值费用,元/人;

β——出行者的单位时间价值,元/(人·h);

D_i——第i种交通方式的行驶里程,km;

v_i——第i种交通方式的行驶速度,km/h;

t——出行者在各种交通方式之间的衔接换乘时间和,h。

(3) 准时性费用(R)

$$R = \sum_i k_i L_i \tag{4-4}$$

式中：R——交通出行的准时性费用，元/人；

k_i——第 i 种交通方式的误点概率，$0 \leq k_i \leq 1$，无量纲；

L_i——第 i 种交通方式的误点损失，元/人。

(4) 舒适性费用(W)

$$W = \sum_i \gamma_i \cdot w_i \tag{4-5}$$

式中：W——交通出行的舒适性费用，元/人；

γ_i——第 i 种交通方式的舒适性货币价值，元/人；

w_i——出行者对第 i 种交通方式舒适性的评价等级，$0 \leq w_i \leq 1$，无量纲。

3. 交通出行需求的含义

> 交通出行需求：针对某种交通出行方式，在一定的时间内，对于每一种可能的交通出行广义费用，消费者愿意采用并能够支付的位移出行数量。

交通出行需求(Traffic Demand)是指针对某种交通出行方式，在一定的时间内，对于每一种可能的交通出行广义费用，消费者愿意采用并能够支付的位移出行数量。

交通出行活动派生于人类的工作或生活目的需求。出行者按照其需要在一定时间和空间范围内，沿运输线网上一个方向的流动形成交通流。构成交通流的因素也有四个：流量、流向、流程和流时。

交通出行需求和旅客运输需求的最大区别，在于旅客运输需求反映的是需求数量与价格的关系，而交通出行需求反映的是需求数量与交通出行广义费用的关系。因为交通出行方式既包括有供给商、存在市场价格的公共交通方式、辅助公共交通方式，也包括出行者自我完成的、没有市场价格的私人交通方式。即使对具有市场价格的公共交通供给服务，因为价格受到政府的管制，其需求对考虑了价格因素的交通出行广义费用的反映更直接、密切。

当然，对于一些特定的交通方式，比如出租车，价格在其广义出行费用中起着非常重要的作用，大部分研究中，会把出租车广义费用退化为价格因素。因此，交通出行需求定义中的"对于每一种可能的交通出行广义费用"，在某些情况下，交通出行广义费用可以只包括价格因素。

4. 交通出行需求函数

> 交通出行需求函数：用函数形式表示的交通出行需求量与交通出行广义费用之间的数量关系。

交通出行需求函数是用函数形式表示的交通出行需求量与交通出行广义费用之间的数量关系：

$$Q = f(C) \tag{4-6}$$

式中：Q——交通出行需求量；

C——交通出行广义费用。

交通出行需求同样符合需求法则,在其他条件不变的情况下,交通出行的需求数量与交通出行广义费用成反比:交通出行广义费用越高,居民愿意出行的数量就越少;反之,交通出行广义费用越低,居民愿意出行的数量就越多。也就是说,需求函数是随着交通出行广义费用的增长而单调递减的。

5. 交通出行需求曲线

交通出行需求曲线是假定在交通出行广义费用以外其他因素均保持不变的条件下,反映出行需求量与交通出行广义费用之间关系的曲线。如图 4-3 所示。

> 交通出行需求曲线:假定在交通出行广义费用以外其他因素均保持不变的条件下,反映出行需求量与交通出行广义费用之间关系的曲线。

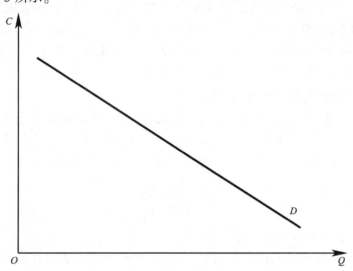

图 4-3　交通出行需求曲线

交通出行需求曲线是一条向右下方倾斜的曲线。

6. 交通出行需求弹性

(1) 交通出行需求费用(价格)弹性

交通出行需求费用(价格)弹性,是反映出行需求量对广义出行费用(价格)变动的敏感程度,用出行需求量的变化率与广义出行费用(价格)的变化率的比值来表示:

$$E_\mathrm{P} = \frac{\Delta Q/Q}{\Delta C/C} \tag{4-7}$$

式中:E_P——交通出行需求费用(价格)弹性;

Q、ΔQ——交通出行需求量及其变化值;

C、ΔC——广义出行费用及其变化量。

根据需求价格弹性 E_P 的大小,也可以将交通出行需求费用(价格)弹性分为五种类型:富有弹性,缺乏弹性,单一弹性,完全弹性,完全无弹性。

> 交通出行需求费用(价格)弹性:是反映出行需求量对广义出行费用(价格)变动的敏感程度,用出行需求量的变化率与广义出行费用(价格)的变化率的比值来表示。

交通出行需求收入弹性:反映交通出行需求量对消费者收入变化的敏感程度,用交通出行需求量的变化率与消费者收入的变化率的比值来表示。

(2) 交通出行需求收入弹性

交通出行需求收入弹性,反映交通出行需求量对消费者收入变化的敏感程度,用交通出行需求量的变化率与消费者收入的变化率的比值来表示:

$$E_I = \frac{\Delta Q/Q}{\Delta I/I} \tag{4-8}$$

式中：E_I——交通出行需求收入弹性；

Q、ΔQ——交通出行需求量及其变化值；

I、ΔI——收入及其变化值。

对于某些交通出行方式,交通出行需求收入弹性为正值,即居民收入增加时,这种交通出行方式的需求会增加,出行需求量 Q 和居民收入水平 I 按同方向变动。对于另外一些交通出行方式,交通出行需求收入弹性为负值,即居民收入增加时,这种交通出行方式的需求反而会减少,出行需求量 Q 和居民收入水平 I 按反方向变动。

(3) 交通出行需求交叉弹性

交通出行需求交叉弹性:指某种交通出行方式的需求量受另一种交通出行方式广义费用(价格)变化的影响程度,用该种出行需求量的变化率与另一种交通出行方式广义费用(价格)的变化率的比值来表示。

交通出行需求交叉弹性是指某种交通出行方式的需求量受另一种交通出行方式广义费用(价格)变化的影响程度,用该种出行需求量的变化率与另一种交通出行方式广义费用(价格)的变化率的比值来表示:

$$E_{ij} = \frac{\Delta Q_i/Q_i}{\Delta C_j/C_j} \tag{4-9}$$

式中：i、j——交通出行方式 i 和 j；

E_{ij}——交通出行方式 j 的广义出行费用(价格)变动引起交通出行方式 i 的需求量变动的交叉弹性；

Q_i、ΔQ_i——交通出行方式 i 的需求量以及需求量的变化量；

C_j、ΔC_j——交通出行方式 j 的广义出行费用(价格)及广义出行费用(价格)的变化量。

交通出行需求交叉弹性反映两种交通出行方式的关系,根据交叉弹性值的正负不同,一般有三种表现形式：互补型出行方式、替代型出行方式和无关型出行方式。

7. 交通出行需求特点

交通出行需求除了具有交通运输需求的一般特性,包括非物质性、派生性、空间矢量性、时间特定性、基础性、多样性、部分可替代性、多维属性等外,还具有如下一些特点。

(1) 交通出行需求的随机性

社会经济生活是一个高度开放的市场化系统,这种高度开放性很大程度上决定了交通出行需求的随机性。影响交通出行的外部因素(如天

交通出行需求弹性分析

气、拥堵等)也是随机的。就个体而言,其出行时间、出行方式、出行路径选择等都存在着选择的差异。不同的人群,其经济属性(职业、收入)、社会属性(年龄、性别)的不同,对完成出行的时间、费用的敏感性存在差异,选择的交通方式大相径庭。不同的需求目的对出行方式的选择,出行的方便性、舒适性、安全性的要求也是不同的,即使完成同一目的也可以有多种选择。交通出行需求受到系统开放性和市场机制的影响,具有较大的随机性。

(2)交通出行需求的可控性

交通出行需求起源于社会经济活动,而社会经济的发展及增长速度具有一定的规律性,决定了交通出行需求也存在一定规律,有规律的交通需求则具有可控性。在一定的时期内,对于一个确定的城市环境来说,交通需求其总量及时空分布与城市环境因素(人口规模、城市形态、土地使用布局、社会经济水平等)及某些交通管理方式与措施之间存在比较稳定的对应关系。掌握交通需求与这些因素间的变化规律,可以建立不同层次的出行需求和各种影响因素变量关系模型,并可通过仿真模拟来预测交通需求的变化,以达到规划、管理与运行控制的目的。

(3)交通出行的外部性

交通出行的外部性指的是对他人或城市环境的影响。主要包括两方面:一方面是交通工具噪声、尾气等排放的影响;另一方面表现在给城市带来的拥挤。所谓交通拥挤(Traffic Congestion)是指交通出行需求超过设施容量时,超过部分的交通出行需求滞留在设施上的交通现象。交通拥挤不仅造成无效的等候、浪费时间、使交通系统效率下降,并成为诱发交通事故的重要因素,更重要的是,交通拥挤本身也存在环境污染问题。交通拥挤时燃料不完全燃烧产生的尾气排放量远远大于汽车正常行驶时的尾气排放量。拥挤路段由于车辆大量积聚,使该路段的污染物浓度明显大于其他路段。

> **交通出行的外部性**:指的是对他人或城市环境的影响。主要包括交通工具噪声、尾气等排放的影响;给城市带来的拥挤。

> **交通拥挤**:指交通出行需求超过设施容量时,超过部分的交通出行需求滞留在基础设施上的交通现象。

4.2 交通出行方式选择

4.2.1 交通出行的互补与替代

1. 出行选择决策过程

交通出行选择其实是交通出行者在一定的交通环境下,通过心理和行为的综合反应得到的结果。影响交通出行者出行选择的因素很多,例如出行时间、出行费用、延误时间、道路状况、道路拥挤程度以及天气状况等。因此,出行者在选择出行时刻以及出行路线时,必然会根据自己的出行经验以及新获取的交通信息做出自己的判断,选择可能的总出行时间最低或者总出行成本最小的路线或者出发时刻。具体过程如图4-4所示。

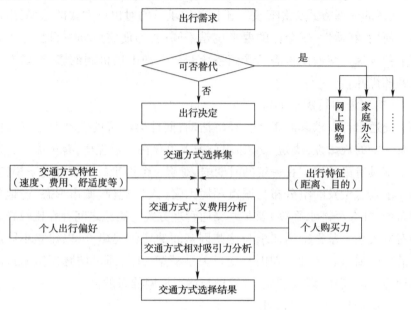

图 4-4 交通方式选择决策过程

> 交通出行选择其实是交通出行者在一定的交通环境下,通过心理和行为的综合反应得到的结果。

对于个体出行者而言,选择交通方式的过程实际是个决策过程。在这个过程中,出行者针对个人的出行需求,考虑是否存在可替代的出行方案。随着社会的发展,可替代出行的方式越来越多。如对于购物出行可考虑网上购物;对于上班出行可考虑家庭办公。当出行不可由其他方式替代时,出行者做出出行决定,包括出行目的地及交通方式选择等。

在交通方式的选择过程中,出行者依据个人及社会条件确定可供个人选择的交通方式选择集,如对于可利用汽车的群体,交通方式选择集将包括汽车、出租车、公共交通及自行车等;对于无汽车的群体,交通方式的选择集只包括出租车、公共交通及自行车等。

在此基础上,比较交通方式特性,分析交通方式广义费用,依据个人购买力和出行偏好,感受交通方式相对吸引力的强弱,从而做出出行方式的选择决策。

2. 互补型与替代型交通出行

有些商品之间是互相关联的,一般我们称之为替代品或互补品。某种商品的替代品是指与该商品具有相同的特征、类似的功能或能带来同样享受的商品。比如智能手机在一定程度上是便携式数码相机的替代品(反过来不成立),一些智能手机的照相功能已经不亚于普通的便携式数码相机。某种商品的互补品是指需要与该商品共同消费或使用的商品。比如数码相机和相机存储卡是互补品,它们互相配合使用。

不同的交通出行方式之间也是互相有关联的,这种关联表现为互补型或替代型。交通出行方式的互补型指对某一起讫点的出行,需要通过两种或两种以上的交通出行方式共同完成,这些交通出行方式称为互补型方式。交通出行方式的替代型指对某一起讫点的出行,可以分别通过不同的交通出行方式完成,这些交通出行方式称为替代型方式。

和普通商品的互补品和替代品概念相比,交通出行方式的互补型与替代型具有以下的特点:

(1) 互补型与替代型是针对具体起讫点的出行

交通出行方式的互补型与替代型是针对具体的起讫点出行而言的,因为不同起讫点的出行实际上是不同的服务(产品)需求,实现同样起讫点位移需求的不同的交通出行方式才是互相关联的服务(产品),不同起讫点之间的出行是互不关联的,也就不存在互补型与替代型。

(2) 互补型与替代型随出行距离而变化

出行距离对交通出行方式的互补型与替代型影响作用非常大,随着出行距离的变化,原先具有互补型的交通出行方式可能会变为替代型的方式,而原先具有替代型的交通出行方式可能会变为互补型的方式。比如某城市居民居住地与工作单位之间的距离为 2km,他可以骑自行车上班,也可以乘坐公交车上班,这时自行车和公交车是替代型的交通出行方式。后来他在郊区购买了新住宅,离工作单位的距离变为 12km,从居住地到公交车站有 1km 的距离,这时他需要骑自行车到公交车站,再乘坐公交车到单位,自行车和公交车变成了互补型的交通出行方式。

(3) 互补型与替代型也受到多种因素的影响

出行选择行为与人的年龄、爱好、职业、收入等因素以及出行目的、出行条件等密切相关,因此,交通出行方式的互补型与替代型也受到这些因素的影响。出行选择决策是一系列过程的结果。首先是出行目的地的选择;其次是出行方式的选择,包括步行、自行车、汽车、出租车、公共汽车、轨道交通等;第三是出行换乘选择,包括换乘接驳过程选择。

例如对汽车出行,存在着是选择直接驾车还是选择换乘点乘轨道交通到达目的地。对轨道交通出行,则存在步行到地铁站乘坐地铁,还是选择乘坐公交到地铁换乘点换乘出行到达目的地等。这些选择最终会影响交通出行方式的互补型与替代型。

(4) 多方式组合的互补型作用越来越明显

城市典型交通出行选择为步行、自行车、公交车、摩托车(包括助力

互补型出行方式:指对某一起讫点的出行,需要通过两种或两种以上的交通出行方式共同完成,这些交通出行方式称为互补型方式。

替代型出行方式:指对某一起讫点的出行,可以分别通过不同的交通出行方式完成,这些交通出行方式称为替代型方式。

交通出行选择

车)和其他机动车(私家车、单位车和出租车)等交通方式。随着城市规模和综合交通体系的发展,居民出行往往需要通过多次交通换乘来完成社会经济活动,从而产生组合交通出行行为,呈现出出行选择的多方式组合性。除了起讫点一般都需要步行以外,常见的典型出行组合方式包括:公交→轨道交通,轨道交通→公交,公交→轨道交通→公交,汽车→轨道交通,非机动车→轨道交通等。多方式组合涉及了不同交通方式之间的换乘,这些换乘的交通出行方式就是互补型出行方式。

4.2.2 出行选择决策的影响因素

人们的日常工作和上学等出行日常性地反复,将会形成出行路径的详细信息,从而形成各自的交通方式选择模式。对这种日常性、定型的出行方式,交通方式划分容易确定。然而,问题是人们并非一成不变地沿用同一种出行形态(Trip Pattern),经常因为某种原因改变其交通工具利用情况。例如,平时利用公共汽车的人们,因为行李、天气、身体等原因改用出租车等。

另外,人们到外地出差,由于不熟悉当地的公交线路或不了解业务单位的具体地址,常利用出租车。诸如此类的出行方式为非定型性出行方式。因为没有掌握交通信息而多利用出租车,如果事先有这方面的信息,可能会利用公交车。另外,人们的交通方式选择还与出行的时间相关,过早或过晚的出行,由于公交车不便等原因,多利用出租车。

地区特性与交通方式选择有着较强的关系,地区特性指标主要包括居住人口密度、人口规模、交通设施水平、地形、气候、停车场和停车费用等。地区内人口密度高,公共交通利用率相对就高;城市规模大,交通设施水平就高,公共汽车利用率变高;山川、河流多,汽车、公共汽车利用率就高;雨天、雪天多的地区,公共交通方式利用率高。

人们的活动,是以一天为一个周期的,因此在某一时刻,人们具有类似交通目的的出行集中的倾向,相同性质的出行集中的时间段有:早高峰上班时间段、平时时间段、晚高峰回家时间段。因为时间段的不同,道路的交通阻塞和出行目的也比较集中。另外,因平日和公休日的交通目的差异很大,因此交通方式选择特性也就不同。

如上所述,影响交通方式选择的原因有多种,如果不考虑不同地区之间的差异,在一个城市内主要影响因素有出行目的与距离因素、交通方式特性因素、个人及家庭属性因素等。

1. 出行目的与距离因素

出行目的和出行距离是影响交通出行方式选择的最重要的因素。

(1) 出行目的

出行目的不同对交通方式选择的影响最大,因出行目的不同,对交通方式的服务质量要求不同。例如,上班时出行时间最重要,因此,人们一般倾向于选择速度较快且准时性好的轨道交通。而旅游时舒适性最重要,人们一般倾向于自驾出行、乘旅游巴士或出租车。

(2) 出行距离

出行距离是影响交通方式选择的主要因素之一。在出发地到目的地之间有几种交通方式时,出行距离将影响乘客的选择。随着出行距离的增加,人们的出行大致按照步行、自行车、摩托车、公共汽车、小汽车、轨道交通的顺序增加。不过不同的出行方式在一定的距离范围内可互相替代。

2. 交通方式特性因素

不同的交通出行方式在速度、准时性、费用、舒适与便利性、安全性、换乘次数和候车时间等方面具有不同的特性,这些都会影响到人们的选择决策。

(1) 出行速度

时间是影响交通方式选择的最重要因素之一,在出发地和目的地之间存在多种交通方式时,不同交通方式的出行速度往往成为乘客选择的关键因素。车速会影响行驶时间,从而导致出行时耗的增加。

(2) 准时性

到达时刻的准确性,对于不允许迟到的出行选择影响很大。人们上班对准时性要求高,选择不受交通阻塞影响的交通方式的比例就大。因为准时性是一个概率问题,人们在决策时倾向于依据经验,将准时性概率转化为时间补偿,纳入总出行时间中加以考虑。

(3) 出行费用

出行费用也是影响交通方式选择的因素之一。在不同的交通方式中,公共交通出行费用一般比较低廉,具有领先优势。但对于不同收入水平的居民群体,人们对出行费用变化的敏感程度不同,一般而言,低收入群体比高收入群体的费用敏感度更高。因此,公交出行费用的降低对原本采用自行车方式的群体的影响,远大于对小汽车出行方式群体的影响。

(4) 舒适性与便利性

舒适性是指交通工具中的拥挤程度、乘坐的舒服性、车内环境的友好性、有无空调等因素的综合。一般而言,人们对舒适性的要求与收入成正比,收入越高对舒适性的要求越高。便利性是人们采用交通方式的方便性、容易性。

> 出行目的和出行距离是影响交通出行方式选择的最重要的因素。

> **交通方式特性因素**:主要包括速度、准时性、费用、舒适与便利性、安全性、换乘次数和候车时间等。

就出行的舒适性和便利性而言,公共交通与小汽车相比并不具有优势,但人们对于舒适性和便利性的要求并不完全根据绝对顺序排列,一般有一个可接受度,只要高于可接受度,就没有选择意义上的显著差别。因此,对于舒适性和便利性因素,公共交通虽然无法达到绝对值的领先,但可以超越预定的可接受度,虽然可接受度也是一个动态的、逐步提高的门槛。

(5)安全性

安全性也是交通方式选择的主要原因之一。无论装饰多么华丽的交通工具,如果它的安全性差,乘客的人身安全得不到保障,将不会有人利用它。然而,因为交通事故本身既有的突发性,因此,人们在选择交通工具时,明确地考虑安全性的比较少。

(6)换乘次数和候车时间

换乘次数增加会导致换乘移动时间和等待时间的增加,从而延长抵达目的地的时间,影响交通方式选择。同时,换乘次数和候车时间的增加还会带来肢体和精神的疲劳。

3. 个人及家庭属性因素

人是交通方式选择的主体,因此,交通方式的选择因个人属性和家庭属性的不同而异,主要因素包括年龄、性别、家庭收入、职业等。

(1)年龄因素

年龄的不同使个体消费能力与观念产生了差异,出行需求也有所不同。不同年龄段的人对交通工具的偏好各有不同,对交通方式的选择产生显著影响。例如,根据对北京市的一项研究表明,随着年龄的增加,公交车的出行比例呈现先下降后上升的态势,20~29岁的群体选择常规公交出行的比例最低。而地铁的出行比例对于20~59岁的群体基本保持稳定。汽车的出行比例,20~39岁的群体最高。出租车的出行比例,60岁以上的老年群体最高。

个人及家庭属性因素:主要包括年龄、性别、家庭收入、职业等。

(2)性别因素

性别的差异在交通方式选择方面也比较明显,通常选择公交车和地铁时,女性较男性多;而选择汽车作为出行方式时,男性较女性多,这通常与消费心理有关。

(3)家庭收入因素

家庭月收入对出行者交通方式的选择几乎有决定性的影响。家庭收入越高,汽车保有率越高,公共交通方式的利用率就越低。以对北京市的研究表明,选择地铁出行的比例随家庭月收入的增加呈先增后减的趋势,家庭月收入为3000~6000元的群体选择地铁出行的比例最高。选择常规公交的比例则随收入的增加而下降。选择汽车出行的比例随家庭月收入的增加而增大。对于出租车出行比例,各群体均保持在较低水平,低收入的群体相对更低。

(4)职业因素

一般而言,职业经理人、政府公务人员的汽车使用率较高。然而,西方工业国的经验表明,随着汽车工业的发展,各种职业的人们购买家庭轿车的比例趋于平均化,职业对交通方式选择的影响逐渐减弱。

4.2.3 城市交通结构

城市交通结构(Traffic Mode Structure)是指一定时间、空间范围内城市不同交通方式所承担的交通量比例,可以反映特定时间和空间范围内交通出行需求的特点,以及各种交通方式的功能与地位。考虑不同区域、不同时间范围的需求特点和交通供给资源的差异,交通结构可以作为评价综合交通系统结构合理性的重要标志。每个城市依据其主导交通方式及其辅助交通方式的客运分担关系,形成独特的城市交通结构模式。

> 城市交通结构:指一定时间、空间范围内城市不同交通方式所承担的交通量比例。它可以反映特定时间和空间范围内交通出行需求的特点,以及各种交通方式的功能与地位。

根据不同的研究重点,城市交通结构具有不同的度量指标,常用的有三类:出行方式结构、乘行方式结构和客运方式结构。采用不同度量方式,交通结构会有较大差异。目前最常用的是出行方式结构。表 4-1 给出了三种不同度量指标下的交通结构特点。

不同度量指标下的交通结构特点 表 4-1

类型	指标	单位	优点	缺点
出行方式结构	出行量	人次	可以反映全部出行方式,通过交通调查得到,最常用的结构指标	调查计算工作量大,忽略了次要级交通方式的比重
乘行方式结构	客运量	乘次	反映特定方式客运量的构成,通过统计资料方便获得	只能反应有运营商的公共和准公共交通方式结构
客运方式结构	客运周转量	人·km	考虑客运量和运距,对运营工作量反应更全面	同乘行方式结构,对统计资料要求更高

1. 出行方式结构

出行方式结构指城市某种交通出行方式的居民出行量占城市居民所有出行量的比例。不同出行方式的出行量通过交通调查得到,可以反映包括私人交通方式、公共交通方式以及辅助公共交通方式在内的所有出行方式。如果居民的一次出行采用了多种交通出行方式,需要按出行方式的优先级进行合并,这次出行量要计算为最高优先级别出行方式的出行量。

> 出行方式结构:指城市某种交通出行方式的居民出行量占城市居民所有出行量的比例。

2. 乘行方式结构

乘行方式结构指城市某种公共(辅助公共)交通方式的客运量占城市所有客运量的比例。乘行方式结构通过运营统计资料计算得到,无法得到私人交通出行方式的客运量。由于客运量包含有换乘因素,居民从起点到目的地的一次出行量可能会形成多人次的客运量。

3. 客运方式结构

客运方式结构指城市某种公共(辅助公共)交通方式的客运周转量占城市所有客运周转量的比例。客运方式结构同时考虑了客运量和运输距离的因素,可以更准确地反应运输工作量。客运方式结构也是通过运营统计资料计算得到的。

4.3 交通需求管理

4.3.1 交通需求管理概念

交通需求管理(Transportation Demand Management 或 Travel Demand Management, TDM)是指为了提高交通系统效率、实现特定目标(如减少交通拥挤、节约停车费用、改善安全、改善行人出行环境、节约能源、减少污染等)所采取的影响出行行为的政策、技术与管理措施的总称。

需求管理的产生源于供给资源的不足。最初的交通需求管理主要是从减轻或消除道路交通拥挤角度提出的。主要方式是通过交通政策的导向作用,影响出行者的交通选择行为(如改变出行方式、增加单位车辆的合乘人数等)以减少道路机动车出行总量,从而达到减轻或消除道路交通拥挤的目的。

为了使地区交通系统达到安全、高效的平衡,现代交通需求管理已从减少高峰期间的拥堵和改善环境(如改善空气质量)扩展到对交通运输系统各个环节、各项功能的优化,既涉及通勤出行和非通勤出行,也需要考虑常发事件和偶发事件等。交通需求管理的最终目标是减少交通出行总量,优化出行结构,使交通时空分布更加均衡。

交通出行需求分为稳定性需求与灵活性需求,不同类型的出行需求有不同的特点。

(1)稳定性交通出行需求

稳定性交通出行需求是指生产与生活活动过程中必须发生的人的流动需求。比如人们上下班、上下学的通勤出行需求,它们在确定的时段内是相对稳定的,受交通供给条件的影响相对较小,而直接的影响因素是城市规模、形态、布局,比如人们工作地与居住地的分布等。

(2)灵活性交通出行需求

灵活性交通出行需求是指生产与生活过程中具有一定弹性或灵活性的出行需求,比如人们购物、娱乐、旅游等出行需求,其流向、大小与分布受交通方式、交通组织及道路设施等因素的直接影响,具有一定的不确定性。

稳定性需求与灵活性需求是交通需求管理研究中要考虑的重要特性。二者与外部相关因素之间存在互动制约关系,这种关系使得它们与相关外部条件(交通系统及交通载体,如道路、地铁、停车场等)的平衡协调发展成为可能。

灵活性交通出行需求:指生产与生活过程中具有一定弹性或灵活性的出行需求,比如人们购物、娱乐、旅游等出行需求。

4.3.2 交通需求管理目的

交通需求管理措施按照出行行为的各个阶段(出行产生、出行分布、出行方式选择、空间路线选择、时间范围选择等)来划分,可以针对不同的行为阶段设定不同的管理目标,并根据各阶段管理目标采取相应的需求管理措施。

①出行产生阶段主要以抑制出行总量的措施为主,例如土地利用控制等,从源头上减少交通出行量。

②出行分布阶段也以抑制出行总量的措施为主,例如优化土地利用类型,就近布设交通发生源和吸引源,减少出行距离。

③出行方式选择阶段以促使低容量方式向高容量方式转移的措施为主,例如公交优先、限制私家车使用等。

④空间路线选择阶段以实现交通负荷空间均衡的措施为主,例如动态交通诱导、区域限行等。

⑤时间范围选择阶段以实现交通负荷时间均衡的措施为主,例如错时出行、高峰时段限行等。

交通出行行为各阶段的需求管理目标以及所采取的具体管理措施见表4-2。

针对交通出行各个阶段的 TDM 目标与措施 表4-2

阶段	TDM 目标	TDM 措施
出行产生	控制或减少交通出行源,以抑制出行总量	土地利用控制(控制或消除那些可以导致出行的特定活动或特定场所);现代信息技术替代出行
出行分布	就近布设交通发生源和吸引源,以抑制出行总量	限制土地利用类型和发展的分区控制,就近布设交通发生源和吸引源;优化服务性设施布局

续上表

阶段	TDM 目标	TDM 措施
出行方式选择	将出行由低容量方式向高容量方式转移	优先发展公共交通;限制小汽车交通出行;例如停车费的调整、鼓励合乘、设置自行车和行人专用道等
空间路线选择	将出行由拥挤路段向非拥挤路段转移	采用智能交通技术及时为出行者提供周围路网交通状况信息,使其能选择一条最优路线
时间范围选择	将出行由高峰时段向非高峰时段转移	错时工作制,弹性工作时间制,例如灵活的工作时间、压缩工作日等

4.3.3 交通需求管理方法

交通需求管理方法:可以分为政策法规强制类、经济手段调节类、技术及设施引导类和其他辅助措施四大类型。

世界各国采用的交通需求管理方法很多,大致可以分为政策法规强制类、经济手段调节类、技术及设施引导类和其他辅助措施四大类型。虽然从政策制定到技术实施各不相同,但是这些交通需求管理方法都是基于所实施地区的实际情况使用的。

1. 政策法规强制类措施

政策法规强制类措施:指政府通过目的明确的规划或建立相应的运行机制来推行需求管理、引导需求消费的各类方法和途径,具有较明显的强制性特点。

政策法规强制类措施是指政府通过目的明确的规划或建立相应的运行机制来推行需求管理、引导需求消费的各类方法和途径,具有较明显的强制性特点。这类措施主要包括车辆拥有限制、出行时段限制、出行区域限制、车辆种类限制等。

（1）车辆拥有限制

车辆拥有限制措施是通过一定的措施来限制人们对私家车的拥有,以达到从根源上减少私家车出行总量的目标。例如,新加坡采用拍卖车牌的措施,并在一定拥有期满后重新进行拍卖,上海实行了车牌拍卖措施,北京推行了车牌摇号分配措施,目的均是减缓车辆拥有快速增长的势头,控制私家车出行需求的迅猛增长。

（2）出行时段限制

出行时段限制措施是通过限制车辆一定时间段的行驶权实现需求总量降低及其时间分布的均衡。例如,北京实施的尾号限行等措施,在一定程度上降低了全日特别是高峰时间段出行总量。

（3）出行区域限制

出行区域限制措施是通过限制车辆一定空间区域内的行驶权实现需求总量降低及其空间分布的均衡。例如,北京采取了外地车高峰时段五环内禁行的措施。

交通需求管理

(4) 车辆种类限制

车辆种类限制措施是通过限制特定种类车辆的行驶权以实现需求总量降低。例如，部分城市实施的货车日间限行措施，以降低这部分车辆与城市公共交通车辆、私家车对道路资源的竞争力度。

2. 经济调节类措施

经济调节类措施是采用收费等经济手段对交通需求进行控制，主要包括道路收费(含拥挤收费)、停车收费、公交收费调整等措施。经济调节类措施对于交通需求管理来说是一项有力的需求管理工具，可以抑制道路的使用，反映出拥挤的边际费用、社会费用、污染和环境费用等。

(1) 道路收费措施

道路行驶收费是传统的向使用者收取养路费的形式。由一条或几条边界线划定一个收费区域，在通往区域的边界道路上征收费用。费用直接与旅程穿越的边界线数目相关，可以根据不同边界线、时间、行驶方向、车辆类型或使用者类型而变化；也可以在一个弹性边界内变化，例如为了鼓励路线或旅行时间上的实时变化可以根据拥挤情况收费。

①基于时间的道路收费(Time-based Road Pricing)。这种道路收费方式是在具体地区出行时，基于出行时间确定金额的收费方式。费用率可以根据一天中的时间、车辆使用者类型和跨越不同时区而变化。一项可行的技术是，道路边的微波装置向附于汽车风窗玻璃上的车载接收装置(IVU)提供收费信息，驾驶人可以使用智能卡根据在具体区域行驶花费的时间缴费。

②基于距离的道路收费(Distance-based Road Pricing)。基于距离收费是根据在具体地区旅行的距离确定收费金额。基于距离收费不受行驶时间的影响，该方式的主要优点是实用，费用计算简单。

③基于拥挤的道路收费(Congestion-based Road Pricing)。基于拥挤的收费是指在交通相对拥挤的地区开展附加收费，以降低拥挤区交通流量从而缓解该区域拥挤水平的方法，其常见形式是高峰期收费。基于拥挤的收费因为包含了当前拥挤水平直接相关的道路使用费用，有人认为它比基于距离收费和基于时间收费更加公平，因为只有当拥挤发生时才应该收费。

(2) 停车收费措施

停车收费措施是最广泛应用的停车控制方式之一。停车收费措施将需求保持在可以提供的停车空间以下以减少寻找停车位的时间。定价策略有基于统一标准、以单位时间定价、最大停留时间定价等方法。停车收

> **经济调节类措施**：采用收费等经济手段对交通需求进行控制，主要包括道路收费(含拥挤收费)、停车收费、公交收费调整等措施。

费的效果依赖于驾驶人的可选方式,与停车——换乘相比,它在城市中心区效果较好,在郊区效果较差。

(3)公交收费调整措施

公交收费调整措施是通过对公交服务的细分,制定吸引乘客的合理价格。这种措施对乘客使用公共交通和小汽车出行具有直接的影响。措施包括根据使用者(职工与学生、通勤者与非通勤者、年长者与年幼者等)、地区(地区关税)、交通方式(包括联合运输售票)、出行时间段(工作日、假期、昼夜等)对费用进行调整和区别。实践表明:公共汽车的费用弹性在 -0.3 左右,轨道交通稍高一些。公交价格调整措施对改进公交使用者的可达性和公平性、改善交通系统效率、降低环境污染都有一定贡献。

3. 技术及设施引导措施

技术及设施引导措施是通过采用先进的信息技术手段与设施改造,提高交通效率与服务水平,均衡交通负荷的时空分布,进而在不同出行阶段实现交通需求管理的目标。技术及设施引导措施是交通需求管理中内容最为丰富、涉及面最广的一类措施。常用的措施包括:

(1)停车——换乘(Park-and-Ride)

停车——换乘是指通过交通设施设计,使小汽车驾驶者开车到公共交通车站换乘公共交通方式,是将公共交通延伸到低密度居住区的方法。

停车——换乘提供了一个可以延伸公共交通优势的低费用方式,它既可以缓解城市区域内部的交通拥堵,也可以减少对周边环境侵扰和交通事故。一般来说,停车——换乘系统只能在附近有足够停车空间的公交换乘点采用。出行距离长度、公共交通系统车辆开行频率以及停车费用和乘车服务综合价格对停车——换乘措施有重要影响。停车——换乘设计在欧洲一些城市得到成功应用,这些城市外围的不少公共交通服务连接点设有较大容量的停车设施。

(2)车辆共用(Car-sharing)

车辆共用是指几个使用者分享一辆私人汽车完成相同或相似出行的系统。车辆共用提供了一种减少道路小汽车交通量而又保留了许多私人汽车出行优点的方法。车辆共用有时也称为车辆分时租赁,是指一辆车的不同使用者在不同时间各自驾驶该车出行,这些使用者使用同一辆车,这样的方案设计旨在减少正在使用的汽车数量。

(3)公共交通优先措施(Public Transit Priority)

公共交通优先措施的一般做法是使公共汽车避开拥堵的交通,从而减少旅行时间并使其更加可靠。最常见的措施是根据公交车流量设置公共汽车专用道,其他措施还有设置公共汽车专用出入口和公共汽车专用路段,在路口对公交车解除禁止转弯、在信号灯处对公交车进行选择性探测以对公共汽车进行信号优先。

(4) 交通宁静措施(Traffic Calming)

交通宁静措施是指为了减少机动车对环境和安全的负面影响而采取的一类措施。传统上,它们适用于居民居住的街道,常用的有两种方法:一是隔离,强制分离外来交通量;二是整合,允许交通量通过,但从环境与安全角度提出强制要求。隔离可以通过单行线、截流和禁止转弯实现,可能会改变周围道路上的交通量、拥挤度以及环境质量,采用时要谨慎考虑。交通宁静的辅助措施包括低速限制、减速墩、车道收缩、重铺路面和种植绿树,所有设计都是为了让驾驶人降低速度小心驾驶。

(5) 高载客车道(High Occupancy Vehicle,HOV)

高载客车道为合乘车辆提供优先行驶的车道。车辆合乘是指同一辆车在一次出行中可以有多个乘坐者,如在同一地点居住的工作伙伴可以在上下班交通中搭乘同事的私人汽车。

这项措施是将公交车优先原理扩展到其他利用率相对高的车辆,鼓励合乘,包括共享车辆、出租车和商用车辆,从而使不充足的道路空间资源得到更高效率的使用。

(6) 停车管理措施(Car-parking Planning)

停车管理措施提供了一个更有效地控制汽车使用的方法,它通过减少空间供应、限制停车时间或停车场开放时间来控制汽车的使用。停车控制的效果很大程度上依赖于所使用的控制方法。例如,仅仅减少空间可能导致寻找停车位时间的增加,反而对缓解拥堵产生不利影响。另一方面,在控制区的边缘地带或私人地方允许其停车,对交通效率和环境的改善效果,要比迫使它们转向公共停车地方要更明显些。停车管理措施最好与停车管理信息、公共交通信息系统建设一起推广。

(7) 行人和非机动车措施(Pedestrian and Non-motorized Transport Measurement)

这类措施为行人和非机动车的交通环境带来较大改善,它包括非机动车车道和优先设施、非机动车停车场和行人穿越设施。国外实践证明:这些措施增加了许多城镇和市中心的商业贸易,既改善了非机动车行驶的安全性,又促进了自行车的使用。

4. 辅助管理措施

有些辅助措施可以用来提高交通网络效率,并且可以用来支持基本

辅助管理措施: 用来提高交通网络效率,并且可以支持基本的交通需求管理目标的措施。

第4章 城市交通出行需求 | 121

的交通需求管理目标的措施。与交通需求管理配合的辅助管理措施主要包括以下内容。

(1) 可变信息信号(Variable Message Signs, VMS)

VMS可以向驾驶者提供网络上关键道路交通状况的最新信息。这些信息涉及拥堵状况、排队长度、高速公路事故、停车地点和停车指引信息等。VMS在网络中的决策点上提供了线路指引,使驾驶人从已知的但不可预测的交通堵塞中转移开。其潜在的收益主要是提高效率。

(2) 匝道控制(Ramp Metering)

当过多的车辆从交汇点进入一条主要道路时,往往会发生交通堵塞问题。在这种情况下,可以使用匝道控制措施。也就是通过信号系统在次要道路上人为地控制接近主要交汇点的交通流量,一般采用短绿灯周期的信号灯来实现。

总结与提要

关键概念:交通出行,私人交通出行,公共交通出行,辅助公共交通出行,交通出行需求,交通出行广义费用,交通出行需求费用(价格)弹性,交通出行需求收入弹性,交通出行需求交叉弹性,互补型出行方式,替代型出行方式,城市交通结构,交通需求管理。

重点掌握:交通出行与旅客运输的区别,交通出行广义费用的计算,交通出行需求特点,交通方式选择决策过程,出行选择决策的影响因素,互补型与替代型出行方式特点,交通需求管理方法。

一般理解:城市与城市地区,城市规模与城市聚集效益,出行,出行链,城市交通结构的不同度量方式,分阶段交通需求管理目标和措施。

案例与阅读

4-1 北京交通出行特征与出行结构的变化

随着北京市经济的发展,人民生活水平不断提高,人均地区生产总值从1986年的2945元增长到2016年的114653元,人均收入从1986年的2137元增长到2016年的52530元,北京市交通结构也随之发生了很大变化。自1986年北京市开展第一次交通调查以来,根据相关部门统计得到的各年北京市各种交通方式出行比例见表4-3。

北京市不同交通方式出行比例　　　　　　表4-3

年份(年)	汽车	地面公交	地铁	出租车	自行车	其他
1986	5.0%	26.5%	1.7%	0.3%	62.7%	3.8%
2000	23.2%	22.9%	3.6%	8.8%	38.5%	3.0%
2005	29.8%	24.1%	5.7%	7.6%	30.3%	2.5%
2007	32.6%	27.5%	7.0%	7.7%	23.0%	2.2%
2008	33.6%	28.8%	8.0%	7.4%	20.3%	1.9%
2009	34.0%	28.9%	10.0%	7.1%	18.1%	1.9%
2010	34.2%	28.2%	11.5%	6.6%	16.4%	3.1%
2011	33.0%	28.2%	13.8%	6.9%	15.1%	3.0%
2012	32.6%	27.7%	16.8%	6.6%	13.9%	2.9%
2013	32.7%	25.4%	20.6%	6.5%	12.1%	2.7%
2014	31.5%	28.6%	19.4%	6.2%	12.6%	1.7%
2015	31.9%	24.8%	25.0%	3.6%	12.6%	2.1%
2016	32.3%	22.3%	27.0%	2.9%	13.5%	2.0%

注:1986—2014年为中心城日均出行比例,2015—2016年为中心城通勤交通出行比例。

汽车出行比例1986年仅仅为5.0%,而2016年已增长到32.3%,尤其是1986—2000年发展迅速。地铁出行比例也日益增大,2016年达到27.0%。自行车出行比例呈现明显的下降趋势,1986年北京市出行以自行车为主,为62.7%,而2016年仅仅为13.5%。

图4-5、图4-6分别为北京市2012年、2016年居民不同出行目的的结构比例。

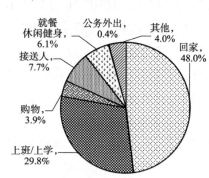
图4-5　北京市2012年居民出行目的结构

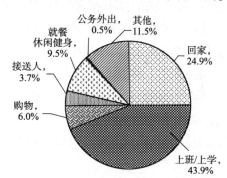
图4-6　北京市2016年居民出行目的结构

从两年的数据可以看到,回家出行和通勤出行(上班、上学出行)基本占据了全部出行目的的65%~80%,且通勤出行的比例由2012年的29.8%增加至2016年的43.9%,回家出行比例由2012年的48.0%降低至2016年的24.9%。此外,公务外出由2012年的0.4%增加至2016年的0.5%,而生活类出行,包括购物、健身休闲娱乐等,2016年比例均比2012年有所上升,说明随着居民生活质量的不断提高,生活类非必要出行比例也在不断上升。

不同交通方式出行距离反映了城市居民在针对不同出行距离时出行方式选择的特点。参见表4-4。

各种交通方式出行距离(单位:km)　　　　　　　　　　表4-4

年份(年)	汽车	出租车	地铁	公共汽(电)车	自行车	步行
2000	10.2	9.5	15.6	11.4	4.8	
2005	14.0	8.6	14.5	9.5	4.2	0.8
2010	9.2	7.1	16.9	9.6	3.2	1.5
2015	13.2	9.9	13.3	7.3	3.6	1.9
2016	14.2	9.4	17.9	11.2	3.4	1.0

从横向上看,各种交通方式中,地铁的出行距离最长,其次分别是汽车、公共汽(电)车、出租车、自行车和步行。从纵向上看,各种交通方式的出行平均距离在一定范围内波动变化。

(根据相关资料整理)

4-2　通过停车措施来减少交通

激进的停车策略在欧洲努力控制汽车使用中发挥了至关重要的作用。1994年,瑞士的城市管理机构提出提高短时间和中等时间的公共停车收费价格,遭到了商业、工业人士的反对,认为收费价格超过维护和控制的费用是不对的,这样做违反了宪法原则(使用道路是免费的)。最后由法庭判定提高收费价格,理由是考虑到中心区有过大的停车需求,停车时间超过30min的结果是过分使用公共物品。最后的结果是:苏黎世市政府可以合法地对30min内的停车收取0.5CHF(瑞士法郎),1h收取2CHF,2h收取5CHF。

荷兰通过调整国家的停车政策来限制商业区和地方政府提供免费的停车服务,减少对汽车出行的停车补助,以达到缓解城市交通和空气污染问题。阿姆斯特丹被认为是实施停车限制最大胆的城市之一,有一项措施是限制在公交可达地区的新商业区设置的停车位数量。例如,在最靠近公交站点的商业点,每10名职工最多可提供1个停车位,此约束极大地限制了特定区域的交通量。

(摘编自:晏克非.交通需求管理理论与方法[M].上海:同济大学出版社,2012:35)

作业与思考

1. 城市发展与城市交通有什么样的关系?
2. 交通出行与旅客运输有什么区别?
3. 如何理解交通出行需求函数反映的是需求数量和广义出行费用的关系?
4. 出行指什么?有哪些基本属性?出行链指什么?

5. 简述私人交通出行方式、公共交通出行方式、辅助公共交通出行方式的特点。
6. 什么是交通出行广义费用？它由哪几部分构成？
7. 简述交通出行需求的特点。
8. 如何计算居民出行的时间价值费用？
9. 影响交通出行方式选择的因素有哪些？
10. 什么是互补型出行方式？什么是替代型出行方式？它们之间的联系和区别是怎样的？
11. 城市交通结构有哪些衡量方式？它们之间有什么区别？
12. 什么是交通需求管理？交通需求为什么需要管理？
13. 交通需求管理在出行的不同阶段各有什么目标和措施？

第5章 交通运输供给基础

5.1 供给的含义

5.1.1 供给的基本概念

1. 基本概念

在经济学中,需求与供给就像硬币的正反面。如果说需求描述的是消费者的行为,那么供给描述的就是生产商(企业)的行为。市场的供给涉及企业愿意生产和销售某物品的条件。

供给(Supply)是指对于某种商品或服务,在一定时间内,对于每一种可能的价格,生产者愿意生产并且能够提供的数量。

供给体现的是在其他条件不变的情况下,商品的市场价格与生产者愿意生产和出售的商品数量之间的关系。

理解经济学中所说的供给概念,需要把握三方面的含义:

第一,供给和时间密切相关,是指特定时间内的供给。

第二,不同的价格水平对应不同的供给数量,生产者愿意出售的数量与价格水平密切相关。

第三,生产者有供应商品或服务的实际能力。供给在经济学中又称为有效供给,所谓"有效"是说生产者除了有出售的愿望,还要有实际提供商品或服务的能力。

2. 供给与供给数量

讨论需求时用到的一些术语的区别同样适用于供给,比如供给和供给数量的区别。

供给是对于每一种可能的价格,生产者愿意并能够提供的某种商品或服务的数量构成的整体;而供给数量(Quantity Supplied)指的是对于某一个特定的价格,生产者愿意并能够提供的商品或服务的具体数量。

供给可以用供给表的形式来表示(常用的形式还有供给函数和供给曲线,后面会对其进行讨论)。所谓供给表(Supply Schedule)是一个价格

供给:对于某种商品或服务,在一定时间内,对于每一种可能的价格,生产者愿意生产并且能够提供的数量。

供给数量:对于某一个特定的价格,生产者愿意并能够提供的商品或服务的具体数量。

和供给数量的二维表格,表明价格和数量的一一对应关系。

假设某牛肉市场仅有三个供给者 A、B、C,在不同的价格水平下,三个生产商愿意并能够出售的牛肉数量见表 5-1。每个生产商的供给称之为个别供给(Individual Supply),所有个别供给的总和形成了市场供给(Market Supply)。

供给表　　　　　　　　　　表 5-1

价格	供给数量			市场供给数量
(元/kg)	个别供给数量(kg)			(kg)
	A	B	C	
10	1	3	5	9
20	5	11	17	33
30	9	19	29	57
40	13	27	41	81
50	17	35	53	105

供给表:价格和供给数量的二维表格,表明价格和数量的一一对应关系。

个别供给:每个生产商的供给。

市场供给:所有个别供给的总和。

供给告诉我们,在各种不同的价格水平下生产者会出售的数量;供给数量告诉我们,在某个特定的价格水平下生产者会出售的具体数量。

5.1.2　供给法则

与需求法则对应的是供给法则。

供给法则(Law of Supply)指的是在其他条件不变的情况下,商品或服务的供给数量与价格成正比。

供给法则说明供给数量随着价格的上升而上升,随着价格的下降而下降。价格像约束需求数量一样同样约束着供给数量。需求法则说的是在其他条件不变的情况下,商品的需求数量与商品价格成反比。可以看到,供给法则与需求法则的作用方向相反。

如同需求法则,供给法则也是"看不见的手"协调市场行为的根本。需求与供给从两个方向对市场进行调节,一个共同的作用媒介就是价格。可见价格在市场中起着非常重要的作用。

供给法则:在其他条件不变的情况下,商品或服务的供给数量与价格成正比。

5.2　供给的表示与变化

5.2.1　供给函数与供给曲线

1. 供给函数

在现实生活中,生产者愿意供给某一商品的数量,同样取决于多种因素,比如:商品的价格、生产技术水平、生产要素的价格等。如果我们把某种商品的供给作为因变量,把影响供给量的各种因素作为自变量,那么就

供给与供给法则

可得出供给函数：
$$Q = f(P, R, C, G, T, \cdots) \tag{5-1}$$
式中：Q——商品的供给数量；

P——商品价格；

R——相关商品的价格；

C——生产要素的成本；

G——厂商的经营战略；

T——生产技术水平。

与需求函数一样，我们不可能同时对各种影响供给的变量进行分析，而只能在假设其他因素既定的条件下，就自身商品价格与供给量之间的关系进行局部均衡分析。这样上述供给函数可简化为：
$$Q = f(P) \tag{5-2}$$

在特定的时期内，生产者对供给一定数量的商品所要得到的最低价格，叫供给价格。与需求价格相反，在通常情况下，生产者愿意提供的商品数量与商品价格呈正方向运动。当一种商品的价格越高，生产者愿意提供的数量就越多；相反，当一种商品的价格越低，生产者愿意提供的数量就越少。在研究中，为了简化起见，可以将供给量与商品价格之间的关系表示为一种线性关系，比如：
$$Q = a + bP \tag{5-3}$$
式中：Q——商品的供给数量；

P——商品价格；

a——常数；

b——正斜率参数，表示商品价格与供给量之间是同方向运动。

2. 供给曲线

供给可以用函数的形式表示，也可以用曲线来表示。将市场供给量与商品价格之间的点在坐标图上用一条曲线连接起来，就可得到一条供给曲线，如图5-1所示。

图中，纵轴代表商品价格 P，横轴代表商品的供给数量 Q。曲线上的点表示出了在相应的价格水平下生产者愿意并且能够提供的商品数量。把价格与供给数量联系在一起的曲线称为供给曲线（Supply Curve）。供给曲线给出了每一个价格水平上生产者愿意出售的商品数量，表示出了所有价格和供给数量的组合。

按照供给法则的原理，在其他条件不变的情况下，商品的供给数量与商品价格成正比，这样的规律反映在图形曲线上，使供给曲线向右上方倾斜。同样在供给函数中，价格是自变量，供给数量是因变量；但对应的供给曲线图中供给数量(因变量)是横坐标轴,价格(自变量)是纵坐标轴。

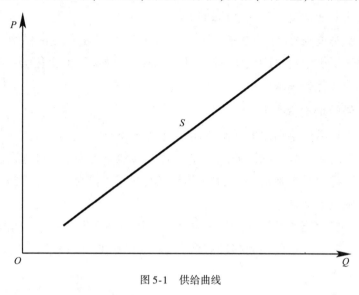

图 5-1 供给曲线

5.2.2 供给数量与供给的变化

1. 供给数量的变化

供给数量指的是对于某个具体的价格,生产者愿意并能够提供的商品数量。在一条确定的供给曲线上,供给数量的变化代表着点沿供给曲线的移动。比如某种商品的供给曲线如图 5-2 所示。

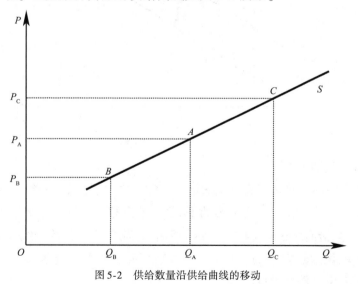

供给数量变化： 在其他条件不变的情况下,由商品价格变化引起的供给曲线上的点沿供给曲线的移动。

图 5-2 供给数量沿供给曲线的移动

当商品的价格为 P_A 时,生产者的供给数量为 Q_A；当价格降为 P_B 时,意味着供给曲线上的点从 A 移动到 B,此时生产者的供给数量减少为

Q_B；假如商品价格增加为 P_C；生产者愿意提供的商品数量会增加为 Q_C，供给曲线上的点又会沿曲线移动到 C。

也就是说，在供给曲线本身不变的情况下，曲线上的点沿供给曲线的移动代表了供给数量的变化，那么，供给曲线本身会移动变化吗？这就涉及对供给变化的理解。

2. 供给的变化

供给点沿供给曲线的移动揭示了在其他条件不变的情况下，商品价格的涨落对供给数量的影响。但实际上，"其他条件不变"的前提在大部分情况下都很难严格地满足，而"其他条件的变化"会影响到供给本身，使供给发生了变化。

供给曲线的移动

供给变化指的是除商品价格以外的其他条件发生变化所引起的供给曲线的移动。供给曲线的移动有两种形式：供给曲线右移和供给曲线左移。见图5-3。

供给变化：除商品价格以外的其他条件发生变化所引起的供给曲线的移动。

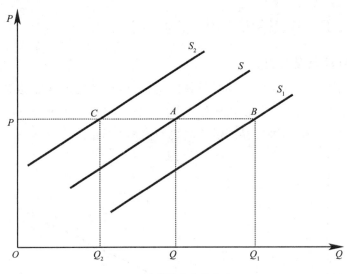

图5-3 供给曲线的移动

供给曲线右移：意味着供给的增加，在同样价格水平下商品的供给数量增加了。

（1）供给曲线右移

供给曲线右移代表着供给的增加。图5-3中，原供给曲线为 S，新供给曲线 S_1 在 S 的右边，即供给曲线发生了右移。在同样的价格水平 P 下，在原供给曲线 S 上对应的 A 点的供给量为 Q，在新供给曲线 S_1 上对应的 B 点的供给量为 Q_1，这里 $Q_1 > Q$，这就意味着在同样价格水平，新的供给曲线下供给数量增加了。

供给曲线左移：意味着供给的减少，在同样价格水平下商品的供给数量减少了。

（2）供给曲线左移

供给曲线左移代表着供给的减少。原供给曲线为 S，新供给曲线 S_2

在 S 的左边,即供给曲线发生了左移。在同样的价格水平 P 下,在原供给曲线 S 上对应的 A 点的供给量为 Q,在新供给曲线 S_2 上对应的 C 点的供给量为 Q_2,这里 $Q_2 < Q$,这就意味着对于同样的价格水平,新的供给曲线下供给数量减少了。

3. 影响供给变化的因素

这里我们要区分影响供给数量变化的因素和影响供给变化的因素的不同。

影响供给数量变化的因素是商品的价格,商品价格的变化会引起商品供给数量的变化。

> 影响供给数量变化的因素:价格。

但商品价格并不是影响供给变化的因素,引起供给变化的是除商品价格之外的"其他因素"。供给曲线是在假定除了价格以外的其他因素都不变的情况下得到的。但在现实生活中,所谓的"其他因素都不变"的条件很难满足,任何一种条件的变化都会引起供给的变动。引起供给曲线移动的原因有很多,主要的原因有以下几种:

> 影响供给变化的因素:除价格之外的其他因素。

(1) 生产所需投入品的价格

商品的生产都是需要投入的,厂商为提供一定的商品供给需购入相应的生产投入品。如果生产所需的投入品的价格,比如原材料或劳动力的价格下降,那么生产商品的成本就会减小,即使供给价格不变,厂商也愿意提供更多的供给量。这样在商品的每一个价格之下,厂商的生产数量就会增加,供给曲线会右移。相反,如果生产所需投入品的价格上升,供给曲线会左移。

> 生产所需投入品价格下降,供给曲线右移;反之,供给曲线左移。

(2) 技术进步

技术进步会改变生产过程,减少生产的投入,或提高生产的效率。这种进步包括从应用科学突破到现有技术的更新与挖潜,或者生产流程的重新组织。技术进步同样也会降低生产成本,从而增加商品的供给,使供给曲线右移。

> 技术进步使供给曲线右移。

(3) 相关产出品的价格

供给角度的相关商品与需求角度相关商品的概念是不同的。从需求的角度,相关商品是从消费使用功能上划分为替代品与互补品。而从供给的角度,相关商品(也称为相关产出品)指的是那些生产所需的投入品和生产过程基本相同的商品。

相关产出品的价格上升,生产者就会将有限的资源用于生产那些价格相对较高的商品。如果玉米的价格提高,小麦的价格不变,那么农民就会在有限的土地资源中,减少小麦的种植,增加玉米的种植,从而使小麦的供给曲线向左移动。

> 相关产出品指那些生产所需的投入品和生产过程基本相同的商品。相关产出品价格上升,产品供给曲线左移。

(4) 市场上的生产者数量

供给一般是指市场供给,市场供给是个别供给的总和。如果生产者的数量增加,那么每一个价格上的生产数量也会相应增加,市场供给量增加,从而使供给曲线右移。如果生产者的数量减少,供给曲线左移。

(5) 对未来价格的预期

如果生产者预测未来其生产的产品价格会上涨,那么他们至少会将一部分商品留待以后价格上涨的时候再出售。因此,对于未来价格将会上涨的预期,会引起供给量的减少,从而使供给曲线左移;相反,对于未来价格将会下跌的预期会引起供给量的增加,从而使供给曲线右移。

(6) 政府的税收和补贴

政府能够对厂商生产的商品产生影响。例如,政府向生产者征税,以弥补其在教育、医疗、公共安全等方面的支出。征税会提高生产厂商的成本,使得供给下降,引起供给曲线的左移。而对某些生产者的补贴,比如向公共交通企业的补贴,会增加补贴商品或服务的供给量,从而引起供给曲线的右移。

5.3 供给弹性分析

5.3.1 供给价格弹性与类型

1. 供给价格弹性

供给价格弹性(Price Elasticity of Supply)表示在一定时期内供给量对于价格变化的敏感程度,用供给量的变化率除以价格的变化率来计算。其计算公式为:

$$E_{SP} = \frac{\Delta Q/Q}{\Delta P/P} = \frac{\Delta Q}{\Delta P} \cdot \frac{P}{Q} \tag{5-4}$$

式中:E_{SP}——供给价格弹性;

Q、ΔQ——供给量及供给量的变化量;

P、ΔP——价格及价格的变化量。

通常供给价格弹性又简称供给弹性(Elasticity of Supply)。由于 P 与 Q 的变化方向一致,所以 E_{SP} 为正值。供给弹性的计算也有点弹性和弧弹性两种方法。

2. 供给价格弹性的类型

与需求价格弹性类似,同样根据 E_{SP} 值的大小,可将供给价格弹性分为以下五种类型。

(1) 富有弹性

当 $E_{SP} > 1$ 时,表示较小的价格变化会带来较大的供给量的变化,在

图 5-4 中,供给量的变动幅度大于商品价格的变动幅度,其供给是富有弹性的。一般来讲,轻工业产品的供给都富有弹性。

（2）缺乏弹性

当 $E_{SP}<1$ 时,表示较大的价格变化会带来较小的供给量的变化,在图 5-5 中,供给量的变动幅度小于商品价格的变动幅度,其供给是缺乏弹性的。一般来讲,生产周期、建设周期较长,资源供给有限的重工业产品和农产品的供给都缺乏弹性。

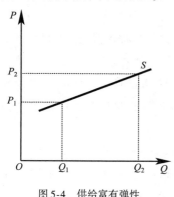
图 5-4 供给富有弹性

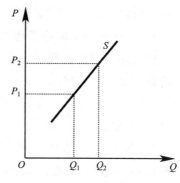
图 5-5 供给缺乏弹性

（3）单一弹性

即 $E_{SP}=1$,表示价格的变动幅度会引起供给量同等程度的变动幅度,图 5-6 描述的是这种类型。这种情况在现实经济生活中是比较少见的。

（4）完全无弹性

即 $E_{SP}=0$。在图 5-7 中,与横轴 OQ 垂直的供给曲线属于这种类型。在这一供给曲线中,无论价格怎样变动,其供给量始终不变。一般来讲,古玩、名画等无法再生产的商品其供给都完全无弹性。

供给价格弹性
计算及类型

（5）完全弹性

即 $E_{SP}=\infty$。在图 5-8 中,与横轴 OQ 平行的供给曲线属于这种类型。在这一供给曲线中,即使价格确定,其供给量仍无穷大。一般来讲,在劳动力大量过剩的国家,在一个既定的水平下,其劳动力供给近似为完全弹性。

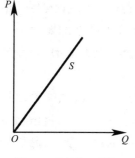
图 5-6 供给单一弹性

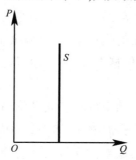
图 5-7 供给完全无弹性

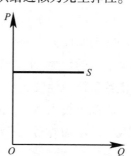
图 5-8 供给完全弹性

5.3.2 影响供给价格弹性的因素

> 影响供给价格弹性的因素：生产的灵活程度、考查时间的长短、投入品价格的变动幅度、资源限制程度等。

供给法则表明，价格上升将使供给量增加。如果供给量对价格变动的反应很大，就说明这种商品的供给是富有弹性的；如果供给量对价格波动的反应很小，说明这种商品的供给是缺乏弹性的。影响商品和服务供给弹性大小的因素有许多，其中主要的有以下几种。

（1）生产的灵活程度

供给价格弹性很大程度上取决于供给者改变他们所生产商品的灵活程度，特别是增加产量的难易程度。生产的灵活程度高，意味着生产商品所需的投入品很容易在现行市场价格下得到，生产能力容易扩张，则商品价格的微小上升就会导致产出大幅增加，这就表明这种商品的供给价格弹性相对较大。比如纺织服装、电子产品等轻工业行业生产的灵活程度较高，供给价格弹性相对较大。

相反，生产的灵活程度低，意味着投入品不易得到，生产能力扩张受到限制。这种情况下，即使商品的价格急剧上升，商品的产出也不会有太大的增加，表明这种商品的供给价格弹性相对较小。比如钢铁、机械制造等重工业行业生产的灵活程度较低，供给价格弹性相对较小。

影响供给价格弹性的因素

（2）考查时间的长短

决定供给价格弹性的另一个关键因素是所考查时间的长短。供给在长期中的弹性通常都大于短期。在短期中，生产者很难轻易地改变工厂的规模和生产能力来增加或减少商品的产量，因此，在短期中商品的供给量对价格不是很敏感，短期供给价格弹性较低。

与此相反，在长期中，生产者可以开设新工厂以增加生产能力，也可关闭旧工厂减少产量，因此，在长期中，供给量可以对价格做出相当大的反应，长期供给价格弹性较高。

（3）投入品价格的变动幅度

商品生产所需的投入品的价格决定了商品的成本，如果投入品价格的变动幅度大于商品价格的变动幅度，意味着商品成本的增加要大于商品价格的增加，即使商品价格上升了，供给量也不会有太大的增加，商品供给价格弹性较低。

如果投入品价格的变动幅度小于商品价格的变动幅度，意味着商品成本的增加要小于商品价格的增加，如果商品价格上升了，生产量增加所带来的收益大于所增加的成本，生产者愿意增加更多的供给量，商品供给价格弹性较高。

(4) 资源限制程度

某些商品的资源的供给在一定时间内是有限的,即使商品的价格上涨,厂商一时也无法增加供给。因此,资源限制程度大的商品,其供给价格弹性较低。例如,在电力限制供给的情况下,对于高耗电的电解铝,即使商品的价格再高,也无法增加供给,这时电解铝的供给价格弹性就较低。再比如金矿开采的资源限制程度很大,即使世界金价发生了较大幅度的变动,黄金的供给量也不会发生太大的变化,其供给价格弹性也较低。

5.4 厂商生产活动分析

5.4.1 生产要素与生产函数

1. 生产要素

正如需求与供给是硬币的两面,市场中也存在着消费者和生产者这两类身份的参与者。消费者产生需求,生产者提供供给。对于生产者,在经济学上一般称之为厂商(Firm),广义上讲,厂商是生产商品或服务的组织。当然,厂商(Firm)、公司(Company)、企业(Business)这些术语是可以互换使用的。

厂商进行生产活动是需要投入的,这些投入物称为生产要素(Factors of Production),它是指生产中所使用的各种资源。这些资源从性质上可以分为四类:

① 劳动(L)。劳动生产要素是指在生产过程中劳动力所提供的体力和脑力方面的服务。

② 资本(K)。资本可表现为实物形态和货币形态。资本的实物形态又称为资本品,如厂房、机器设备、动力燃料、原材料等。资本的货币形态通常称为货币资本。

③ 土地(N)。土地生产要素不仅是指土地本身,还包括地上和地下的一切自然资源,如森林、江河湖泊、海洋、矿藏等。

④ 企业家才能(E)。企业家才能是指企业家组织建立和经营管理企业的才能。经济学中特别重视"企业家才能"这一生产要素,认为把劳动、资本、土地组织起来,使之演出有声有色的生产"戏剧"的关键正是企业家才能。

一般的生产活动均须涉及这四种资源,只是随着生产活动的不同,这四种资源的构成比例不同。

> **生产要素**:生产中所使用的各种资源,包括劳动、资本、土地、企业家才能。

2. 固定投入和可变投入

除了根据生产要素的性质进行分类,在经济学中,经常从以下两个方面对生产要素的投入进行分类研究:

(1) 固定投入

固定投入(Fixed Input)指当市场条件变化而要求产出变化时,其投入量不能立即随之变化的生产要素。一般而言,固定投入主要指的是厂房、设备等生产要素。例如,工业产品生产中工厂的厂房、设备等投入量在一定时期内是不变的,运输企业中的大型运输设备(比如远洋船舶、民航飞机等)在一定时期内也是无法增加或减少的,农业中的土地的投入量也是不变的。

(2) 可变投入

可变投入(Variable Input)是指当市场条件变化而要求产出变化时,其投入量能立即随之变化的生产要素。一般而言,可变投入主要指的是原材料、工人等生产要素。例如,工业产品生产中所投入的原材料、燃料、劳动等生产要素在短期内是与生产量一起变化的。

3. 生产函数

生产函数(Production Function)是以产品(或服务)的产量为因变量,以投入生产过程的生产要素为自变量的函数。生产函数是反映生产中所使用的各种生产要素的数量与所能生产的最大产量之间关系的函数。

生产函数的一般表达式为:

$$Q = f(L, K, N, E) \tag{5-5}$$

式中:Q——产品(或服务)的产量;

L——劳动要素;

K——资本要素;

N——土地要素;

E——企业家才能要素。

生产函数总是与一定时期的技术水平一一对应的,技术水平变了,生产函数也会随之改变。20 世纪 30 年代,美国经济学家 P·道格拉斯(Douglas)和数学家 C·柯布(Cobb)根据美国 1899—1922 年的统计资料,得出了当时美国的生产函数为:

$$Q = AL^\alpha \cdot K^\beta \tag{5-6}$$

这就是经济学著名的柯布—道格拉斯生产函数。Q 代表产量,L 和 K 分别代表劳动和资本的投入量,A、α、β 均为参数,其中 $0 < \alpha < 1$,$0 < \beta < 1$。

厂商与生产投入

柯布—道格拉斯生产函数中的参数 α 和 β 的经济意义是：当 $\alpha+\beta=1$ 时，α 和 β 分别表示劳动和资本在生产过程中的相对重要性，α 为劳动所得在总产量中所占的份额，β 为资本所得在总产量中所占的份额。根据柯布和道格拉斯两人对美国 1899—1922 年期间有关经济资料的分析和估算，α 值约为 0.75，β 值约为 0.25。它说明，在这一期间的总产量中，劳动所做的贡献占 75%，资本所做的贡献为 25%。

柯布—道格拉斯生产函数所反映的是美国当时制造业的要素投入和产品产出之间的关系，它是在美国当时的制造业技术条件下的一种投入产出关系。到了现代，时过境迁，美国制造业的技术条件已经变了，因此，这一生产函数已不能反映现代美国制造业的投入产出关系了。

生产函数具有很强的个性特征，不仅一个国家或一个生产单位在不同时期由于其技术条件不同，因而有不同的生产函数；即使同一时期，不同国家或不同生产单位的生产函数也是不一样的。

4. 短期和长期的区别

经济学中的"短期"和"长期"不是单纯地指时间长短，而是指厂商根据产量的要求调整部分还是全部生产要素的时间跨度。

短期(Short Run)是指在一个特定的时间内，厂商只能通过改变可变投入要素(如原材料和劳动等)来调整生产，但不能改变固定要素(如厂房、机器设备等)的投入。

长期(Long Run)是指在一个足够长的时期，厂商可以根据产量要求调整全部生产要素，包括可变要素和固定要素的投入。

这里，短期与长期是相对而言的，并不存在一个绝对的尺度。随着所分析问题性质的不同，长期与短期的绝对长度也不同。当某产品市场的需求突然变化，为满足这一需求的暂时扩大，厂商只能调整可变投入要素来满足生产。当某产品市场的需求长期稳定增长的情况下，厂商为扩大生产，需调整全部的生产要素，既增加劳动的投入，又增加固定要素的投入，这时所有的生产要素都是可调整的，这属于长期生产调整。

对于一些资本密集型的重工业企业来讲，短期的时间往往相对较长，比如对于钢铁厂，其厂房、高炉等设备需要 2~3 年才能投入生产，意味着 2~3 年对钢铁厂来说都是短期，只能通过改变可变投入要素来调整生产。而对一些劳动密集型的轻工业企业来讲，往往 2~3 个月的时间跨度就可完成固定要素的调整，这样 2~3 个月就可能属于长期，比如服装加工厂。

短期：指在一个特定的时间内，厂商只能通过改变可变投入要素(如原材料和劳动等)来调整生产，但不能改变固定要素(如厂房、机器设备等)的投入。

长期：指在一个足够长的时期，厂商可以根据产量要求调整全部生产要素，包括可变要素和固定要素的投入。

5.4.2 短期生产分析

1. 短期生产函数

短期生产函数是指,在固定要素投入不变的条件下,可变要素投入对产量的影响关系。由于固定要素投入不变,因此短期生产函数中只有劳动(L)作为自变量并影响产出量:

$$Q = f(L) \tag{5-7}$$

式中:Q——生产量;

L——劳动要素。

2. 总产量、平均产量和边际产量

有三个重要的产量概念:总产量、平均产量和边际产量。

总产量(Total Product,TP)是指使用一定量生产要素所生产出来的全部产品产量。

平均产量(Average Product,AP)是指平均每单位生产要素所生产的产品产量。

边际产量(Marginal Product,MP)是指每增加一个单位生产要素所增加的产品产量。

在短期生产函数中,自变量只有劳动投入量,因此,总产量(TP)、平均产量(AP)、边际产量(MP)的相关计算公式为:

$$AP = \frac{TP}{L} \tag{5-8}$$

$$MP = \frac{\Delta TP}{\Delta L} \tag{5-9}$$

在短期生产函数中,总产量、平均产量、边际产量具有如下的曲线关系,参见图5-9。

(1)总产量与边际产量之间的关系

当边际产量 MP = 0 时,总产量 TP 达到最大值。

随着可变要素劳动(L)的增加,总产量也随之而增加。但总产量存在一个最大值,只要边际产量大于0,每增加一个单位的劳动(L)都将使总产量增加;当边际产量小于0时,增加劳动(L)的投入将使总产量下降。当总产量达到最大值时,这时再增加劳动(L)投入时,总产量出现下降的趋势;当总产量达到最大值时,边际产量正好等于0。这一关系可以通过数学方式得到证明。

(2)边际产量与平均产量之间的关系

平均产量曲线与边际产量曲线的交点是平均产量 AP 的最大值。

厂商短期生产活动分析

边栏:

短期生产函数:在固定要素投入不变的条件下,可变要素劳动投入对产量的影响关系。

总产量:指使用一定量生产要素所生产出来的全部产品产量。

平均产量:指平均每单位生产要素所生产的产品产量。

边际产量:指每增加一个单位生产要素所增加的产品产量。

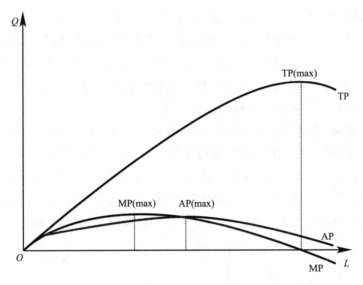

图 5-9　总产量、平均产量和边际产量曲线图

随着可变要素劳动(L)的增加,平均产量和边际产量都呈上升趋势,当边际产量开始呈递减趋势,但仍大于平均产量时,平均产量仍然上升;当边际产量等于平均产量时,平均产量达到最大值。这时,如果再增加劳动(L)的投入,边际产量将进一步下降,边际产量将小于平均产量,平均产量也开始下降。因此,当平均产量曲线与边际产量曲线相交时的点,正好是平均产量的最高点,此时 MP = AP。可以用数学方法证明以上关系。

5.4.3　长期生产分析

1. 长期生产函数

与短期生产函数不同,在长期中,生产函数中的各种生产要素都是可变的,而且各种要素之间可以互相替代。为了分析的便利,一般假定投入要素为资本(K)和劳动(L),相应的长期生产函数为:

$$Q = f(K, L) \tag{5-10}$$

式中:Q——生产量;
　　　K——资本要素;
　　　L——劳动要素。

长期生产函数:产品产量和投入资本以及劳动要素之间的函数关系。

2. 等产量曲线

在投入的生产要素均可变,且要素之间又可互相替代的情况下,同一数量的产出往往可以由各种要素的多种不同组合来得到。这一特征可以用等产量曲线来描述。

等产量曲线(Equal-product Curve)是指为生产某一固定产量,可能采取的两种生产要素所有组合点的轨迹。假定某一种商品的生产需要投入劳动 L 和资本 K 两种要素,两种要素都是可变的,并且两者之间可以相互替代,那么等产量线就是一条用技术上有效的方法生产一定量产品的所有劳动和资本可能组合点所组成的曲线。

比如说,要生产 100 单位的产量,既可以用 20 单位资本和 10 单位劳动,也可以用 8 单位资本和 20 单位劳动。前者是一种多使用资本少使用劳动的生产方法,称之为资本密集型生产技术;后者是一种多使用劳动少使用资本的生产方法,称之为劳动密集型生产技术。可以在以 L、K 为坐标轴的图中画出不同组合点的轨迹,形成了一条等产量曲线,如图 5-10 所示。

等产量曲线:指为生产某一固定产量,可能采取的两种生产要素所有组合点的轨迹。

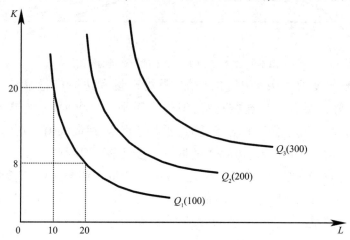

图 5-10 等产量曲线

厂商长期生产活动分析

等产量曲线具有以下几个性质:

①等产量曲线向右下方倾斜。意味着增加一种生产要素的投入,如果维持产量不变,需要减少另一种生产要素的投入。如果两种生产要素同时增加或减少,产量也会增加或减少。

②处在较高位置上,即离原点较远的等产量线总是代表较大的产出。在图 5-10 中,等产量曲线 Q_2 的位置比等产量曲线 Q_1 的位置高,表明前者的产量一定大于后者的产量,同样 Q_3 代表的产量也要高于 Q_2 的产量。这是因为,在一般情况下,投入较多的要素,厂商就一定能够得到较大的产出。

③同一等产量曲线图上的任意两条等产量曲线不能相交。因为两条等产量曲线的交点代表两种投入要素的同一种组合,而同一种组合的投入要素不可能生产出两个不同的产量。

④等产量曲线凸向原点,表明其斜率的绝对值沿着横轴的方向递减。

3. 等成本线

等产量曲线表示投入与产出之间的技术替代关系，一定量的产出可以由要素投入的许多种组合来实现，至于厂商究竟采用哪一种组合来进行生产，还取决于厂商购买劳动和资本所支付的价格及由此决定的总成本。

等成本线(Equal-cost Line)表示资本和劳动这两种生产要素在价格既定的情况下，一定量成本所能够买到的这两种生产要素不同组合的轨迹。它反映了厂商的总支出约束，参见图5-11。

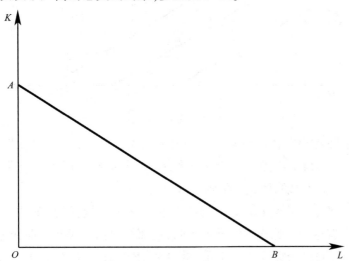

图5-11 等成本线

等成本线：表示资本和劳动生产要素在价格既定的情况下，一定量成本所能够买到的这两种生产要素不同组合的轨迹。

与等产量曲线类似，等成本线上的每一点也表示劳动与资本的一种组合。从中可以看出，等成本线向右下方倾斜，其斜率是负的，这表明要增加某一种要素的投入量而保持总成本不变，就必须相应地减少另一种要素的投入量。

容易得出，在生产要素价格不变的情况下，总成本（即厂商总支出）的变化会引起等成本线的平行移动；当总成本不变时，某一种生产要素的价格发生变化，等成本线以价格不变的生产要素在数轴上的购买量为定点发生左右旋转。

4. 生产者均衡

生产者均衡(Producer Equilibrium)指的是厂商在进行生产要素组合时，要贯彻最大利益原则，即要找到某种组合，使之在既定产量下达到总成本最小，或在既定总成本下达到产量最大。

有了等产量曲线和等成本线这两个概念，我们就可以考察厂商如何将投入要素的组合调整到成本最低，也就是在产量为既定的情况下，使所

生产者均衡：指的是厂商在进行生产要素组合时，要贯彻最大利益原则，即要找到某种组合，使之在既定产量下达到总成本最小，或在既定总成本下达到产量最大。

耗费的成本最小。参见图 5-12。

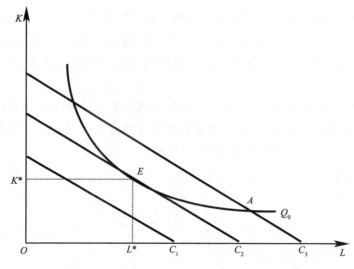

图 5-12　生产者均衡点

在图 5-12 中,离原点较近的等成本线代表较低的成本。从图中可以看出,等成本线 C_1 代表了比等成本线 C_2 更低的成本,但是在产量为 Q_0 的情况下,厂商不可能使成本降到 C_1 的水平。

在 A 点,厂商能够使用 C_3 的成本生产 Q_0 的产量,但 C_3 的成本显然大于 C_2,没有达到最低成本组合。此时,厂商可以沿着等产量曲线 Q_0 向左上方移动,通过增加资本使用量、减少劳动使用量来降低成本,因此 A 点不是最佳选择。

生产者均衡点:
等产量曲线与等成本线的切点为生产者均衡点。

可以看到,等产量曲线 Q_0 可以碰到的最低水平的等成本线是 C_2,两者正好相切于 E 点。在 E 点,生产者的选择达到了最优,生产者不再改变自己的选择,此时,劳动的使用量为 L^*,资本的使用量为 K^*,等产量曲线与等成本线相切之点就代表了达到既定产量所需的最低成本,也代表了生产要素投入的最优成本组合。

由此可见,生产者在等产量曲线与等成本线相切点达到均衡。上述条件的经济意义在于:厂商要实现最优组合,就必须使投在劳动上 1 元钱的边际产量正好等于投在资本上 1 元钱的边际产量,或者说,使投在不同要素上的最后 1 元钱所带来的边际产量都相等。可以设想,如果不相等,那就说明投入 1 元钱资本的边际产量要大于投入 1 元钱劳动的边际产量,此时,如果厂商增加资本的投入而相应减少劳动的投入,那么增加资本所增加的产量要大于减少劳动所减少的产量,这样在成本不变的情况下总产量将会上升(相当于在产量不变的情况下使成本减少),直到两者相等为止。上述结论可推广到 n 种投入要素的情况。

同样,在总成本既定的条件下,可以通过等产量曲线的移动找到与等成本线相切的均衡点,这时厂商达到生产要素的最优成本组合。

5.4.4 规模经济与范围经济

1. 规模经济

厂商生产都是为了追求最大经济效益,也就是要得到最大的报酬。如果长期市场的行情很好,厂商就会考虑扩大生产规模,通过生产规模的扩大更多地增加产出。

规模经济(Economies of Scale)是指在一定的产量范围内,对同一种产品扩大生产,增加产量,平均成本会不断降低,从而带来额外的经济效益。

> **规模经济**:指在一定的产量范围内,对同一种产品扩大生产,增加产量,平均成本会不断降低,从而带来额外的经济效益。

(1)规模报酬递增

规模报酬递增(Increasing Returns to Scale),指提高产量使产品产出增加的比例大于投入增加的比例,长期平均成本随着产量的增加会减少。

当厂商从最初的小规模开始扩张时,往往会出现规模经济的情况。其主要原因可以归纳为以下几点:

①大规模生产可以使得分工得到充分发展,而专业化不仅有利于提高劳动效率,而且有利于发明并使用专用工具和设备,提高效率。

> **规模报酬递增**:指提高产量使产出增加的比例大于投入增加的比例,长期平均成本随着产量的增加会减少。

②具有较高技术水平的机器设备的使用对生产规模一般有最低限度的要求,只有当生产规模达到这一要求时,才能较为充分地发挥相关机器设备生产能力。例如,汽车装配流水线对汽车年产量,大型炼钢炉对选矿、炼焦能力都有一定的要求。因此,当生产规模扩大了,能够利用这些先进的机器设备,就获得了规模扩大的效益。

③厂房、仓库、运输工具的大型化可以获得明显的规模扩大效益。在厂房大型化过程中,建材增加的比例要小于使用空间增加的比例。在仓库、管道、运输汽车大型化过程中,也会发生类似的情况。若这些要素在某种产品的生产中处于重要地位,则该种产品生产规模扩大的效益就会非常显著。

> **规模报酬不变**:指的是产出增加的比例等于投入增加的比例,长期平均成本不随产量变化。

(2)规模报酬不变

规模报酬不变(Constant Returns to Scale)指的是产出增加的比例等于投入增加的比例,长期平均成本不随产量变化。

生产规模扩张到一定阶段,大规模生产的效益已经充分发挥,进一步扩大生产规模,已经很难使规模效益进一步提高。同时,大规模带来的困难已经日趋显露,这迫使厂商调动一切手段来缓解它的不利影响。这样,在生产规模扩大的这一阶段,会出现规模效益大致不变的情形。

规模经济与范围经济

规模报酬递减： 指产出增加的比例小于投入增加的比例，长期平均成本随着产量的增加会增加。

（3）规模报酬递减

规模报酬递减（Decreasing Returns to Scale）也称为规模不经济（Diseconomies of Scale），指的是产出增加的比例小于投入增加的比例，长期平均成本随着产量的增加会增加。

当生产规模过于庞大时，可能会出现规模不经济的情况。其主要原因是：生产规模过大，层次过多，管理人员与一线员工沟通困难，各个工序和操作环节之间难以协调，现场管理混乱，从而导致效率低下。

2. 企业规模的变化

在企业规模不断扩大的过程中，上述三种情况是依次出现的。在厂商开始扩张时，产出增加的比例大于投入增加的比例；在规模达到一定水平时，产出增加的比例等于投入增加的比例；规模继续扩大，产出增加的比例小于投入增加的比例。如果企业对规模扩大抱有谨慎的态度，企业不会扩大到产出增加比例小于投入增加比例的程度，所以我们就较少看到规模报酬递减的情况。不过，的确出现过企业过大导致低效率，最终被拆分的事件。

产出增加比例等于投入增加比例的生产规模是较为理想的。在实际中，一般认为生产规模在达到或接近达到这个阶段时，被认为是实现了规模经济。

生产的大规模会导致企业的大规模，但是，企业的大规模不一定导致生产的大规模。当把上下游各个相关制造环节都纳入一个企业时，企业规模的扩大是因为生产环节增加，而不是生产规模的扩大，企业内每一个环节都可能没有达到规模经济。

当一个完整的产品是通过企业网络内部各个企业的分工合作完成的时候，企业规模的缩小与单个生产环节的规模经济可以并存。这时，各个相互关联的加工制作由不同的专业化企业分别承担，每个专业化企业同时分别为不同的企业加工某种零部件。因此在每一单个生产环节上，规模都扩大了，都实现了规模经济。由于把许多工序分解给不同的专业化企业，单个企业的规模缩小了。

范围经济： 指同一个企业生产两种或两种以上产品时，每种产品的成本低于只生产其中一种的成本，即企业扩大生产范围可以带来节约的情况。

3. 范围经济

范围经济（Economies of Scope）是指同一个企业生产两种或两种以上产品时，每种产品的成本低于只生产其中一种的成本，即企业扩大生产范围可以带来节约的情况。

有许多企业不只生产一种产品。生产录像机的企业也生产音响设备；生产儿童食品的企业还生产儿童服装；房地产企业也办物业公司。范围经济的产生主要有以下的原因：

①一个企业生产的两种产品之间在性质上有某种联系，联合生产可

以充分发挥在原有产品生产上的优势,可以分享技术、品牌等投入要素。

②产品的使用者是同一群体消费者,联合生产也就意味着联合利用营销上的优势和充分利用营销力量,节约交易费用。

③产品在生产过程中会产生某种副产品,通过简单加工就可获得可观效益。

④两种产品之间如果是互补的关系,同时提供两种产品比单独提供一种产品更容易赢得消费者。

⑤企业扩大经营范围,可以共享生产和经营上的统一管理、协调服务,在日程安排、计划调度、供货衔接和财务支持方面获得多种好处。

这些都是企业扩大经营范围的理由,也是范围经济的原因,但有时扩大生产范围不一定带来范围经济。相反,一个企业生产多种产品的成本可能会高于不同企业分别生产各种产品的成本,这时便发生了范围不经济(Diseconomies of Scope),这种情况在一种产品的生产与另一种产品有冲突时可能会发生。

规模经济与范围经济是不同的概念。一家企业可以生产两种以上产品而获得范围经济,但是,它可能在每一种产品的生产上都没有获得充分的规模经济。当然,一个企业也可以只生产一种产品达到规模经济,丝毫不涉及范围经济。

5.5 公共物品

5.5.1 公共物品及其特点

1. 基本概念

(1) 物品消费的竞争性

竞争性(Rivalry in Consumption)指的是在物品消费中,一个人使用一种物品将减少其他人对该物品的使用的特性。比如冰淇淋具有消费中的竞争性——因为如果一个人吃了一个冰淇淋,其他人就不能吃同一个冰淇淋。

(2) 物品消费的排他性

排他性(Excludability)指的是在物品消费中,一种物品具有的可以阻止一个人使用该物品的特性。同样冰淇淋具有消费中的排他性——冰淇淋是有价出售的,如果你不付费就买不到冰淇淋。

(3) 私人物品

前面我们讨论的商品的需求与供给的特点,针对的都是称之为私人物品的商品,所谓私人物品(Private Goods)是指由市场提供给个人享用的

物品消费的竞争性:指的是在物品消费中,一个人使用一种物品将减少其他人对该物品的使用的特性。

物品消费的排他性:指的是在物品消费中,一种物品具有的可以阻止一个人使用该物品的特性。

物品,这些物品在消费中具有竞争性和排他性。

(4)公共物品

与私人物品相对应的是公共物品,所谓公共物品(Public Goods)指的是消费时既无竞争性又无排他性的物品。比如大学校园中的校园广播是公共物品,当播放音乐的时候,要阻止校园里的任何人听到它都是不可能的(不具有排他性);而且当一个人欣赏音乐的时候,并不减少其他人欣赏音乐的乐趣(不具有竞争性)。

一般而言,公共物品由政府提供,并供整个社会共同享用,例如国防、治安、消防、公共道路、基础教育、公共卫生等。私人物品由市场提供给个人享用,如商店里出售的面包、衣服、电视机、计算机等。

需要注意的是,公共物品与由公共支出生产的产品不是同一个概念。公共物品通常由政府公共开支提供生产,但并非所有公共开支所生产的产品都是公共物品。例如一国的邮政可能是由政府公共开支维持的,但邮政业务既不具有非竞争性也不具有非排他性,不是公共物品。

2. 公共物品的特点

公共物品具有两个显著特点。

(1)非排他性

所谓非排他性,是指很难采取某种方法阻止他人对该物品的使用。公共物品的消费权或享用权并不是由某个人独有,而是由整个社会共同所有,非排他性表明要采取收费的方式限制任何一个消费者对公共物品的消费是非常困难,甚至是不可能的,任何一个消费者都可以免费消费公共物品。

公共物品实际上是能够产生正外部性的经济活动的一个极端情况(有关经济活动外部性的概念在后面的章节中会专门进行讲述)。正外部性指的是经济活动使他人或社会受益,而受益者又无须花费代价。公共物品正是这样的经济活动,非排他性使得很难阻止他人对公共物品的享用(即受益者无须花费代价),例如,国家提供的国防安全,该国的人民都可享受。

公共物品的这种特性阻碍了市场机制起作用,因为私人销售者只对付费的人提供产品,如果不付费的人也享用这种产品,他就不会生产这种产品。公共物品的这一特征与私人物品形成鲜明对照,私人物品的排他性是很强的。一个人消费某个产品,必须通过付费购买后才能消费,这样就通过收费的办法排除了未付费人对产品的使用。

公共物品的这个特点很容易造成"搭便车"问题。"搭便车"(Free Ride)或称"免费搭车",是指一个人不必进行购买就可以消费某种物品

公共物品

的现象。产生"搭便车"现象的原因在于公共物品所存在的上述两大特点。在市场机制下,无法有效地解决"搭便车"的问题,这是"市场失灵"的一种表现。

(2)非竞争性

非竞争性是指一个人使用一种物品不会减少其他人对该物品的使用。换言之,增加一个公共物品使用者不会引起公共物品成本的增加,即消费人数增加所引起的产品边际成本为零。当产品是私人物品时,增加一个消费者的消费就要增加产品的数量,从而增加产品生产的成本。在边际成本为零的情况下,有效配置资源的原则就是免费提供公共物品给对其有需求的任何人。

3. 公共物品的生产

公共物品具有上述特点,决定了公共物品只能主要依靠政府来生产和提供。这是因为:

一方面,公共物品具有的非排他性,使每个人都能够免费从这类物品的消费中分享到好处,或者他只需为此付出很小的代价,但所享受到的利益却要多得多,每个人都想做一个"免费乘客",于是,私人企业绝不肯生产这类物品,因为他得不到任何利益。

另一方面,公共物品的非竞争性,使得增加一个公共物品使用者的边际成本为零,因此,不应当排斥任何需要此物品的消费者,否则社会福利就会下降。如果公共物品由政府生产,政府一方面可以用税收获得生产公共物品的经费,这等于全社会都被迫付费,一定程度上消除了搭便车现象(当然不纳税的人依然搭便车);另一方面可免费将此物品提供给全体社会成员,使这种物品得到最大限度的利用。

公共物品的生产和提供是非常复杂的事情。确定政府是生产和提供公共物品的主体只是第一步,接下来必须要决定提供哪些公共物品以及提供的数量是多少,这种决定比生产私人物品更为困难。

当私人物品的买者进入市场时,他们通过自己愿意支付的价格来显示对这种物品的评价,同时卖者也通过自己愿意接受的价格来显示生产的成本,资源通过价格信号配置到有效的均衡状态。但公共物品缺少有效的价格信号,需要通过一系列的制度和方法安排来达到有效供给。

5.5.2 俱乐部物品和公共资源

严格意义上,只有同时具备非竞争性和非排他性两种特征的物品才是公共物品,我们称之为纯公共物品。但在现实生活中,同时具备这两种特征的公共物品并不多,也许国防是同时具有这两种特征的公共物品,你

> "搭便车"现象:指一个人不必进行购买就可以消费某种物品的现象。

> 非竞争性使消费人数增加所引起的产品边际成本为零。在这种情况下,有效配置资源的原则就是免费提供公共物品给对其有需求的任何人。这种特性阻碍了市场机制起作用。

没法排除他人享受国防,即使他们不付费。同时一个人获得安全并不会减少他人的安全保障。其他如治安、消防、司法体系等也是类似的情况。

在纯公共物品和私人物品之间,存在着一些物品,它们具有一定的非竞争性或非排他性的特点,但又不那么完全绝对。这类物品我们称之为准公共物品,典型的准公共物品有两种:俱乐部物品和公共资源。在表5-2中,①是私人物品,②是公共资源,③是俱乐部物品,④是公共物品。

不同类型的物品 表5-2

排他性	竞争性	
	是	否
是	①水果、服装、拥挤的收费道路	③有线电视、电影院、不拥挤的收费道路
否	②公共湖泊中的鱼、环境、拥挤的不收费道路	④航标灯、无线电视、国防、不拥挤的不收费道路

1. 俱乐部物品

> 俱乐部物品:指在一定范围内不具有竞争性但具有排他性的物品。

俱乐部物品(Club Goods)是指在一定范围内不具有竞争性但具有排他性的物品。这类物品好比俱乐部里的东西,对于付了俱乐部费用加入俱乐部的成员来说,是公共物品;但对非俱乐部成员来说,就不是公共物品。比如球场、游泳池、电影院等,在消费上具有排他性,即消费者只有付了费才能进入消费。但增加消费者并不增加使用成本,不构成对其他消费者的竞争,只有消费者增加到一定数量后,消费才有了竞争性。例如,当游泳池里人满为患时,每一个游泳者都会对他人的游泳造成障碍。

再如不拥挤的收费公路,交通非高峰期额外增加一辆机动车不会对其他车辆造成影响,所引起的边际成本近似为零,不具有竞争性,但是通过设立收费站却可以排斥任何不交费的车辆通过,因此具有排他性。说明俱乐部物品的理论称为俱乐部理论,这一理论可广泛用于生产上有联合性而消费上又有排他性的准公共物品的分析。例如,这一理论可用来说明为什么某些高速公路、桥梁等公共基础设施可通过收费回收投资的途径来建设。

> 公共资源:指在一定范围内不具有排他性但具有竞争性的物品。

2. 公共资源

公共资源(Common Resources)是指在一定范围内不具有排他性但具有竞争性的物品。有些物品如江河湖海中的鱼虾、公共牧场上的草、我们周围的生活环境等,其在消费上没有排他性,即一般无法通过收费的办法控制人们捕捞水产、放牧牛羊、影响生活环境;但具有竞争性,尤其当使用

物品公共性与私人性分类

者人数众多时,竞争性很大,这类物品称为公共资源。由于是公共的,使用权、收益权归属是模糊的,谁都有权使用,就产生了过度消费的问题。例如,公共江河湖海中的鱼被过度捕捞,公共山林被过度砍伐,公共矿源被掠夺性开采,公共草地被过度放牧,野生动物被灭绝性猎杀等,这种情况就是所谓的公地悲剧。

公地悲剧(Tragedy of the Commons)的产生与公共资源消费上的非排他性和竞争性是分不开的。消费上的竞争性说明每个在公地上消费的人的活动都有负外部性,即每个家庭的牲畜在公有地上吃草时都会降低其他家庭可以得到的草地的数量,只考虑自己利益的家庭在放牧时不可能考虑这种负外部性,而公地消费的非排他性又无法抑制每个消费者的这种负外部性,结果,公地上放牧的牲畜数量必然迅速超过公地的承受力,从而公地悲剧必然产生。可采取一些办法加以解决,例如,可以限制每个家庭的放牧数量,或对放牧数量递增地征收放牧费税,或干脆把公地划成若干小块分配给每个家庭使用。最后这一途径实际上是把公地变成了私地。

> 公地悲剧:由于公共资源使用权、收益权归属的模糊性,导致过度消费现象。

3. 交通运输服务的公共性

交通运输服务的拥挤临界点对运输产品的私人性、公共性有重要影响,拥挤临界点针对不同的情况有不同的但明确的定义,对载运工具来说,是指额定吨位或者额定载客量;而对运输线路来说,是指通行能力。未达到拥挤点之前,运输服务具有非竞争性特点,是准公共物品。在达到或者超过拥挤临界点时,运输服务的"公共性"开始弱化,私人物品的特性开始加强。因此,交通运输服务具有公共物品和私人物品的复合特征,运输服务的属性因需求函数的不同,在公共物品和私人物品之间呈动态变化趋势。

> 交通运输服务具有公共物品和私人物品的复合特征,拥挤临界点对交通运输服务的私人性、公共性有重要影响。

相关研究对包括交通运输基础设施在内的运输服务性质进行了详细分类。参见表5-3。

交通运输服务的公共性 表5-3

运输服务类型	服务消费的竞争性	服务的公共性和私人性	向用户收费补偿的可能性	市场化指数
铁路线路与车站设施	中等	俱乐部物品	高	2.0
铁路货运与客运服务	高	私人物品	高	2.6
城市公共交通	高	私人物品	中等	1.5
城市地铁服务	高	私人物品	中等	1.8
农村道路	低	公共物品	低	1.0

续上表

运输服务类型	服务消费的竞争性	服务的公共性和私人性	向用户收费补偿的可能性	市场化指数
高等级公路	中等	私人物品	高	2.4
城市道路	高	公共资源	低	1.0
港口与机场设施	中等	俱乐部物品	高	2.0
港口与机场服务	高	私人物品	高	2.6

注：市场化指数是指各种设施的商品化程度：1.0表示不适宜市场出售；2.0表示基本适宜市场出售；3.0表示最适宜市场出售。

城市公共交通既具有排他性、又具有竞争性，属于私人物品；农村道路属于公共物品；铁路货运与客运服务属于私人物品；但铁路线路与车站设施属于俱乐部物品。

5.5.3 公共物品的供给

公共物品一般由政府买单提供，政府生产公共物品，既提供有形物品和服务，比如国防、公共卫生等，也提供无形的影响，比如司法体系等。如何向社会提供性质和数量不同的公共物品，很多情况下难以采用市场的供需方法来确定，一般涉及公共决策理论。

1. 公共物品供给的低效率

一般认为，政府部门生产公共物品往往会缺乏效率，其主要原因有：

（1）政府部门垄断公共物品的供给

政府部门在生产公共物品的时候，没有受到来自私人部门的竞争，因而处于垄断地位。这种垄断地位使公共物品的生产缺乏效率。

（2）政府部门没有利润动机的刺激

政府部门是非盈利机构，缺乏一种动力去实现成本的最小化和利润的最大化，从而在生产公共物品的时候缺乏效率。

（3）政府部门存在过度供给的倾向

政府部门的支出来自预算。不同的政府部门为了各自的利益，往往都强调本部门所生产的公共物品的重要性，希望获得尽可能多的预算，结果造成某些公共物品的过度供给，损害了效率。

> 提高公共物品供给效率的途径主要包括：实行社会成本收益分析、私人承包公共物品的生产、与私人部门进行竞争、分散政府部门的权力等。

2. 提高公共物品供给效率的途径

要促进政府部门的经济效率，可以采用以下的方法：

（1）实行社会成本收益分析

政府投资某个项目，生产公共物品，应以获得最大收益为原则。确定能否获得最大收益,需要进行成本和收益的比较,以判定某项支出所耗费的经济资源与其收益的对比关系如何,从而决定是否需配置或配置多少经济资源。所谓成本收益分析,就是要将一项公共物品的生产建设项目预期所能产生的收益的现值加以估计,然后再将它与预期所需支出的成本相比较,计算出成本收益率,根据成本收益率进行投资决策。

在这里,政府与私人对于成本和收益的估价有所不同。私人考虑的是私人成本和私人收益,即直接用于生产的资本、劳动等经济资源的耗费和利用这些资源从事生产所获得的利润、利息等收益。而政府考虑的是社会成本和社会收益,即成本中不仅包括直接消耗的经济资源,还要包括公众所受到的环境污染、不安定的社会秩序等各种利益损失。收益中不仅包括经济上的直接收益,还要包括整个经济的发展、公众文化水准与健康水平的提高、社会秩序的安定等。

(2)私人承包公共物品的生产

政府部门需要向社会提供公共物品,但并不是非自己生产不可。政府部门可以用招标的方式,让私人部门投标承包公共物品的生产。由私人部门相互之间进行竞争,政府部门可以花费较小的成本而生产出同样数量的公共物品。

(3)与私人部门进行竞争

政府部门还可以和私人部门一起生产同一种公共物品,以促进两个部门之间的竞争,提高政府部门的效率。例如,政府要扩大中小学义务教育覆盖面,为了提高效率,学生可以选择公立学校或私立学校入学,公立学校为了得到政府的教育经费,就要提高教育质量,与私立学校竞争。

(4)分散政府部门的权力

如果政府部门的权力过于集中,规模过于庞大,运行起来就不灵活,工作也就缺乏效率。因此,即使政府部门拥有生产某种公共物品的权力,也应该使权力分散化。

5.6 交通运输供给

5.6.1 交通运输供给概念

1. 基本概念

交通运输供给(Transportation Supply)是指针对某种交通运输服务,在一定的时间内,对于每一种可能的价格,交通运输供应商愿意并能够提供的位移服务数量。

> 交通运输供给:针对某种交通运输服务,在一定的时间内,对于每一种可能的价格,交通运输供应商愿意并能够提供的位移服务数量。

交通运输供给在市场经济中的实现必须同时具备两个相互关联的条件：一是交通运输供应商有提供运输服务的愿望；二是交通运输供应商有提供某种运输服务的能力。这两者是缺一不可的。

根据运输对象、载运工具方式以及位移起讫点的不同组合形成了不同种类的交通运输服务。交通运输供给提供的是一种位移服务，既包括运输对象的位移，也包括载运工具的位移。

> 交通运输供给能力由基础设施和载运工具两个部分构成，二者密切配合，缺一不可，共同形成交通运输供给系统能力。

交通运输供给能力由基础设施和载运工具两个部分构成，二者密切配合，缺一不可，共同形成交通运输供给系统能力。铁路、公路、航道、管道等运输线路及车站、港口、机场等运输枢纽构成了交通运输基础设施，也称为固定设施，形成了运输供给的物质技术基础，是载运设备运行的载体；铁路机车车辆、汽车、船舶、飞机等属于可移动的载运工具，交通运输基础设施和载运工具共同构成了运输的生产能力。虽然在运输管理体制上，交通基础设施与载运设备的管理可能分离，但是在运输生产能力的形成上，两者是紧密结合、缺一不可的。

2. 交通运输供给函数

交通运输供给的大小通常用供给量来描述。交通运输供给量是指在一定时间、空间和一定的条件下，运输生产者愿意且能够提供的运输服务数量。在这里，"一定的时间、空间"同交通运输需求量中时间、空间的含义是相同的；"一定的条件"指的是影响运输供给的诸多因素，如政府对交通运输业的政策、运输服务的价格、运输服务的成本等。

> 交通运输供给函数：假定其他因素不变，反映交通运输供给量与运输价格关系的函数。

在影响供给量的诸多因素中，运输价格是最灵敏、最重要的因素。从经济学的角度，交通运输供给函数一般是假定其他因素不变，考察供给量与价格的关系：

$$Q = f(P) \tag{5-11}$$

式中：Q——运输供给量；

P——运输服务价格。

交通运输供给也符合供给法则，即 Q 与 P 同方向变化，供给量随运价上涨而增加，随运价下跌而减少。

3. 交通运输供给曲线

根据交通运输供给函数，可以做出反映供给量同价格之间关系的交通运输供给曲线。运输供给表示在不同价格水平下，运输生产者愿意且能够提供的运输服务的数量，它表示的是供给量同运价之间的一种对应关系，特定的运输供给对应一条供给曲线。

交通运输供给的变动与供给量的变动也是两个不同的概念。运输供

交通运输供给及特征

给量表示在一个具体确定的价格水平上,运输生产者提供的运输服务数量,它对应于供给曲线上的一点。运输供给量的变动就是当非价格因素不变时,供给量随运价变化而沿供给曲线移动,每一运价水平对应一个相应的供给量。如图 5-13 所示,当运价从 P_1 升到 P_2 时,供给量从 Q_1 升高到 Q_2,这是供给量的变动。

运输供给的变动是非价格因素变化时导致的供给曲线的移动,如果供给发生了变动,即使价格不变,运输供给量也会发生变化。如图 5-14 所示,当不同的非价格因素发生变化时,会导致运输供给曲线由 S_0 向右移动为 S_1 或向左移动为 S_2,此为运输供给的变动。

交通运输供给曲线:以交通运输供给数量为横坐标,以运输价格为纵坐标,将每一种价格和供给数量对应的坐标点连成曲线形成的图形。

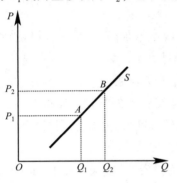

图 5-13　运输供给量的变动

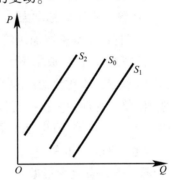

图 5-14　运输供给的变动

5.6.2　交通运输供给弹性

1. 交通运输供给价格弹性

交通运输供给价格弹性也简称交通运输供给弹性,是指在其他条件不变的情况下,运价变动率所引起的供给量变动率的灵敏程度。表示为:

$$E_{\mathrm{S}} = \frac{\Delta Q/Q}{\Delta P/P} = \frac{\Delta Q}{\Delta P} \cdot \frac{P}{Q} \tag{5-12}$$

式中:E_{S}——交通运输供给价格弹性;
Q、ΔQ——交通运输供给量及供给量的变化量;
P、ΔP——交通运输价格及价格的变化量。

由于运输价格同运输供给量同方向变动,所以供给弹性值一般为正值,这样,供给量对运价变化的反应可以用供给弹性值的大小衡量。交通运输供给弹性也有五种类型:富有弹性、缺乏弹性、单一弹性、完全弹性、完全无弹性。

交通运输供给弹性:在其他条件不变的情况下,运价变动率所引起的供给量变动率的灵敏程度。

2. 影响交通运输供给弹性的因素

(1)运输设备的适应范围

运输服务就是使运输对象发生空间位移,但由于运输需求的差异性,

交通运输供给价格弹性

导致提供运输服务的运输设备也具有差异性。如果运输设备适应运输需求的范围大,则供给弹性就大,反之供给弹性就小。如普通货车与油罐车相比,普通货车适合运输的货物种类广泛,在运输市场上便于灵活调配,供给价格弹性就大。而油罐车专用性较强,较难转移到其他货类市场,因此供给弹性较小。

(2)调整运力的难易程度

一般来说,能够根据价格的变动灵活调整运力的运输方式,其价格弹性大;反之,其价格弹性就小。铁路运输方式与公路汽车运输方式相比,前者调整运力困难,供给价格弹性较小,后者调整运力容易,供给价格弹性较大。

> **影响交通运输供给弹性的因素:** 运输设备的适应范围、调整运力的难易程度、运输成本增加幅度大小、考查期间的长短、需求的相对状况、运价波动的方向等。

(3)运输成本增加幅度大小

如果一种运输服务增加供给引起的成本增加较大,那么,其供给弹性就小;反之,如果增加的成本不大,供给弹性就大。如旅客运输在座位满员情况下还能超员(如铁路的无座票)运输,其成本随运量变化而增加的幅度小,则供给价格弹性大。相对而言,处于运量饱和的货物运输再增加运量,就需增加运输工具等,因此带来成本增加的幅度大,供给价格弹性小。

(4)考查期间的长短

交通运输是资金密集型产业,有初始投资大、建设周期长、运力储备风险大等特点,所以短时间内调整运力不易做到,供给价格弹性较小。但从长期考查,运输市场在运价的作用下,供给与需求会逐步趋于相互适应,表明在长期内,运输供给具有足够的弹性。

(5)需求的相对状况

当需求量较低时,通常运输市场供给过剩,因此具有较大的供给价格弹性;当需求量较高时,通常运输市场供给紧张,即使价格上升,也无大量供给投入,因此供给弹性较小。

(6)运价波动的方向

运价朝不同方向变化时,运输供给价格弹性大小亦不同。一般地说,运价上涨时,刺激供给增加,运输供给弹性较大;运价下跌时,供给很难退出市场,只有实在难以维持,才被迫退出市场,此时供给弹性较小。

5.6.3　交通运输供给特征

交通运输供给作为一种服务供给,具有以下特征:

> **交通运输供给特征:** 不可储存性、服务与消费的同时性、网络经济性、整体性、部分可替代性、外部性等。

1. 不可储存性

交通运输市场出售的不是实物产品,而是不具有实物形态、不能储存、不能调拨的运输服务。消费者在运输市场中的购买,不是为了直接占有运输服务,运输服务也不改变运输对象本身的性质和形态,而只是改变运输对象的空间位置,通过运输实现运输对象的"位移"。

运输服务又具有矢量的特征,不同的起始点和目的地之间的运输形成了不同的运输服务,它们之间不能相互替代。因此,不存在任何可以存储、转移或调拨的运输"产成品",运输服务的供给只能以提高运输效率或新增运输能力来适应不断增长的运输市场需求。即使这样,当面对变化莫测的运输需求时,运输服务的不可储存性带来的困难仍然难以克服。

以出租车供给为例,由于潜在的顾客很少正好位于空出租车巡行的地方,因此即使在总需求曲线与总供给曲线的交汇处,仍将有未满足的需求(此时,只有出租车总是精确出现在需要的地点,需求才会完全得到满足)。若要提供充分的服务,就必须提供超过总需求的出租车数量。只有这样,出租车市场的需求量才能等于所提供的车辆数,才不存在由于不能乘上出租车而放弃等候的失望的旅客。

2. 服务与消费的同时性

交通运输的服务过程与消费过程是同时进行,合二为一的。交通运输产品的服务过程和消费过程不可分离的特征对运输服务的质量提出了特殊要求。当旅客发现运输服务质量较差时,他往往已经身处运输过程之中,一般很难立即退出该过程,改变自己的行程安排。货主发现运输质量有问题时,更是在运输过程完成之后。这使得旅客和货主不能像普通商品的消费者一样,把质量不符合标准的商品拿回去退换,他只能消费自己事先选择了的运输过程,不管它是时间上的延误、感觉上的不舒适或是货损货差。如果运输过程中发生安全方面的事故,更会带来无法弥补的生命财产损失。

> 交通运输产品的服务过程和消费过程不可分离的特征对运输服务的质量提出了特殊要求。主要包括严格的准入审查和监督、普遍保险制度等。

运输产品的这种特性使得运输市场上对运输质量的要求应该更加严格,特别是事前对运输业者提供服务的监督和检查比在其他市场上更为重要,以切实保护消费者的利益。为了在发生意外事故时尽可能补偿旅客或货主的经济损失,各国的运输市场还普遍实行了运输保险的制度,有些甚至采取强制性保险的方式。

3. 网络经济性

经济学中,规模经济意味着当固定成本可以分摊到较大的生产量时会产生的经济性,是指随着厂商生产规模的扩大,其产品的平均单位成本呈现下降趋势。范围经济则意味着对多产品进行共同生产相对于单独生产的经济性,是指一个厂商由于生产多种产品而对有关生产要素共同使用所产生的成本节约。

交通运输的规模经济和范围经济概念与一般产品的规模经济和范围

经济的概念是一致的,唯一的区别在于由于交通运输供给既有空间广泛性,又有具体位移的特定性。运输产品进行交换的场所,是纵横交错、遍布各地的运输线路和结点,形成了一个交通运输网络,由于交通运输的网络特性,使得其规模经济与范围经济几乎无法分开,因此,根据它的这种特点,笼统地称之为交通运输供给的网络经济。

> **交通运输网络经济**:指在一定条件下,交通运输服务由于其规模经济与范围经济的共同作用,运输总产出扩大引起平均运输成本不断下降的现象。

所谓交通运输的网络经济,是指在一定条件下,交通运输服务由于其规模经济与范围经济的共同作用,运输总产出扩大引起平均运输成本不断下降的现象。

4. 整体性

交通运输供给的整体性主要表现在两个方面:

一是交通运输基础设施与载运工具能力相互匹配,形成不可分割的整体,才能提供交通运输供给,任何单方面的基础设施或载运工具均无法提供有效的交通运输供给。

二是交通运输基础设施具有整体性。交通运输基础设施可以区分为两个部分:交通运输线路和线路上的车站、机场、港口等设施。基础设施的建设应该统一规划、统一设计、相互配套,共同形成生产能力。如果设计和规划时没有整体观念,就会造成在一些地区或线路上的能力紧张,成为运输供给的"瓶颈",从而影响整个路网的供给能力。

5. 部分可替代性

现代交通运输市场中有铁路、公路、水运、管道、航空多种运输方式及多个运输供给者存在,有时几种运输方式或多个运输供给者都能完成同一运输对象的空间位移,于是这些运输供给之间存在一定程度的可替代性,这种可替代性构成了运输方式之间竞争的基础。当然,由于运输产品具有时间上的规定性和空间上的方向性,因此不同运输供给方式的替代性受到限制。

旅客和货物位移是具体的,只有相同的旅客和货物在相同起运、终点的运输才是相同的运输产品。不能用运输水果代替运输石油,也不能用兰州向乌鲁木齐的运输代替广州向上海的运输,甚至在同一运输线上不同方向的运输也是完全不同的运输产品,相同的运输产品可以由不同的运输方式提供,并行的几种运输工具可以提供相同但质量上(比如运输速度、方便、舒适程度等)有差别的运输产品。在具体的运输市场上,不同的运输生产者的竞争,不仅发生在不同企业之间,也发生在不同的运输方式之间。可以互相替代的运输工具共同组成运输市场上的供给方,它们之间存在着合作竞争关系。

6. 外部性

如果某人或企业从事经济活动时给其他个体或社会带来危害或利益，而他们并未因此支付相应的成本或得到相应的报酬，经济学将这种现象称为外部性。外部性指个人或企业不必完全承担其决策成本或不能充分享有其决策成效，即成本或收益不能完全内化的情形。

外部性分为两种类型：负外部性和正外部性。个人或企业不必承担其行为带来的成本是负外部性；个人或企业不能得到其决策和行为带来的额外收益则是正外部性。

交通运输供给既有负外部性特点，也有正外部性特点。交通运输供给的负外部性表现在两个方面：一方面是由于运输生产者不能储存运输服务，只能储存运输能力，而运输能力在特定时期内是相对稳定的，因此，当运输需求高峰期到来时，运输供给在较大范围内超额服务，但伴随而至的是运输条件的恶化，运输服务质量的下降，使得本应该由运输企业承担的成本部分地转嫁到消费者身上；另一方面是由于交通运输活动带来的空气、水、噪声等环境污染，能源和其他资源过度消耗以及交通堵塞等成本消耗也部分地转移到运输业的外部成本中。

交通运输供给的正外部性也比较明显。比如一条高速公路的建设，使原本和外界联系不畅的某些地区的交通条件大为改善，从而给这些地区的经济和人们的生活带来了极大的方便，刺激了当地经济的发展，提高了居民的收入。而这些收益交通运输部门并没有获得，是交通运输的正外部性效益。

总结与提要

关键概念：供给，供给数量，供给法则，供给价格弹性，生产要素，固定投入，可变投入，总产量，平均产量，边际产量，生产者均衡，规模经济，范围经济，物品消费的排他性，物品消费的竞争性，公共物品，私人物品，俱乐部物品，公共资源，交通运输供给，交通运输供给价格弹性。

重点掌握：供给的函数与曲线表示，供给和供给数量的区别，供给变化和供给数量变化的区别，影响供给变化的因素，供给价格弹性的类型，影响供给价格弹性的因素，长期和短期的区别，公共物品的特点，交通运输供给特征，影响交通运输供给弹性的因素。

一般理解：等产量曲线和等成本线分析方法，规模报酬的三个阶段，公地悲剧，"搭便车"现象，交通运输网络经济性。

案例与阅读

5-1 巴西的气候和纽约咖啡的价格

干旱或零摄氏度以下的气候不时地毁坏或伤害巴西的咖啡树。由于世界上大部分咖啡产自巴西,随之而来的结果必然是咖啡供应的减少和价格的大幅上涨。

一个引人注目的例子发生在 1975 年的 7 月,当时一场寒霜毁掉了巴西 1976—1977 年的绝大部分的咖啡收成(当巴西是冬天的时候,北半球却是夏天)。在纽约,1 磅咖啡的现金价格从 1975 年的 68 美分涨至 1976 年的 1.23 美元,又涨至 1977 年的 2.70 美元,随后价格下跌。1985 年,一场 7 个月长的干旱毁掉了巴西大部分的咖啡收成,1986 年价格又飞涨。最近的一次是从 1994 年 6 月开始的,干旱后的冻害毁掉了巴西 1994—1995 年的近一半咖啡收成,结果,1994—1995 年的咖啡价格大约是 1993 年价格的 2 倍,如图 5-15 所示。

图 5-15 纽约咖啡价格

然而冻害之后的价格暴涨往往时间很短,一年后,价格开始下跌;三四年后,又回到冻害前的水平。例如,在纽约,1978 年的咖啡价格下跌至每磅 1.48 美元,而到了 1983 年,其实际(扣除了通货膨胀因素)价格与 1975 年冻害前的价格相差无几。同样,1987 年的咖啡价格跌至 1984 年干旱以前价格水平之下,随后几年继续下跌,直至 1994 年的冻害。

咖啡价格之所以会如此波动,是因为供给和需求(尤其是供给)都是长期比短期更富于弹性,如图 5-16 所示。在极短的时期内(冻害后的一二个月内),供给是完全无弹性的:咖啡豆的数量有限,而且其中的一些已被寒霜冻坏了;需求也比较缺乏弹性。寒霜的结果是使供给曲线左移,而价格由 P_0 飙升至 P_1。

图 5-16a)图显示巴西的一场冻害使供给曲线向左移动。在短期内,供给完全缺乏弹

性,人们只能收获数量有限的咖啡豆。需求也缺乏弹性,消费者只能慢慢地改变他们的习惯。结果,冻害的最初后果便是价格的大幅上扬,从 P_0 升至 P_1。图 5-16b)图显示在中期内,供给和需求都更具有弹性,所以价格部分地回调至 P_2。图 5-16c)图显示在长期内,供给富于弹性,新的咖啡树已长大成材,所以冻害的后果已消失,价格又回到 P_0。

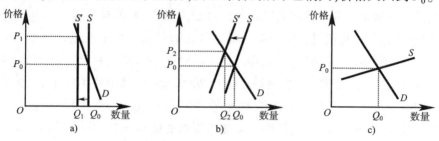

图 5-16 巴西咖啡的供给与需求

(摘编自:平狄克,鲁宾费尔德. 微观经济学[M]. 4 版. 北京:中国人民大学出版社,2000:37-39)

5-2 直面宇宙公地悲剧

自从 1957 年苏联发射"人造卫星 1 号"开启太空时代以来,人类已经向太空发射了超过 7100 个宇宙飞行器。随之而来的是大量垃圾散布在轨道上——故障卫星、火箭发动机废弃物、金属碎片、太空行走中丢失的设备乃至飞行器涂层微粒。美国国家航空航天局(NASA)通过计算机模拟的画面,描绘出看起来如同一大群果蝇团团围绕一个苹果上下翻飞的景象,区别只是这些果蝇的时速高达 2.7 万 km。在这样的速度下,甚至一个小颗粒就可以对卫星或航天器造成严重损坏。

太空垃圾问题最大的麻烦是在高度大约 800km 的低轨道上。根据 NASA 的数据,在这个轨道高度上有 2.1 万个尺寸不小于葡萄柚的残骸碎片;如果把 BB 枪子弹大小的碎片和尘埃颗粒计算在内,这个数字将达到 50 万。有些碎屑在重新进入大气层的时候会燃烧干净;但根据弹道轨迹的不同,有些碎片可能在轨道上逗留数十年甚至数百年。

即便如此,对于风险的急迫性,以及政府是否应该花费大量资金,工程师们有不同看法。抛开技术方面的障碍不谈,目前还没有一个国际共识或法律框架去组织实施这种需要几十年时间的清理工作,并为此支付账单。

在铱星通信公司首席执行官马修·德施看来,情况很危险。在拥挤的低轨道上有他们公司 66 颗通信卫星组成的网络。他透露,该公司已经数百次被迫遥控卫星规避空间废弃物。他把这个问题与另一个进展缓慢而争论激烈的环境挑战联系起来,其全部成本可能几十年之后看到。"听起来有点像全球变暖。"德施说,"之所以有这些碎片,是因为这些碎片没有成本。"

(摘编自:商业周刊中文版[J]. 2014,(3):6-7,原作者:Brian Bremner,Peter Robison)

5-3 排放费对企业投入选择的影响

钢铁厂经常建在河边。河流不仅使企业生产所用的铁矿石的运输十分廉价,而且使其钢铁产品的运输也十分便宜。同样,河流也给企业处理生产过程中的伴随产物,即铁燧岩颗粒排放提供了便利。铁燧岩颗粒可以被倒入河中,从而使企业成本相对较低。相反,其他的运输方式或自己处理的企业的成本就相对较高。由于铁燧岩颗粒是一种不可降解的废物,对植物和鱼类有害,因而环境保护局对向河流排放的钢铁企业征收费用。

假定在没有管制的条件下,企业每月生产2000t钢铁,其中使用资本2000 机器小时和10000 加仑(1 加仑=3.78升)的水(包括放回河中的铁燧岩颗粒)。企业经营者估计每机器小时成本为40 美元,每向河中排1 加仑废水的成本为10 美元。因此,总成本为资本成本180000 美元(80000 美元和100000 美元的废水排放费)。

图5-17 显示了成本最小化的反应。纵轴表示企业每月投入的资本的机器小时数,横轴表示每月排放的以加仑表示的废水的数量。在没有征收排放费时,A 点表示允许企业以最低成本生产一定产量的资本投入和废水数量。由于企业追求成本最小化,A 点位于和等产量线相切的等成本线 FC 上。因为每单位资本的成本是每单位废水的4 倍,所以等成本线的斜率为:10 美元/40 美元=0.25。

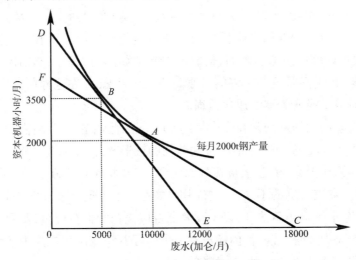

图5-17 成本最小化情况下对排放费的反应

当环保局征收每加仑废水10 美元的排放费时,废水的成本由每加仑10 美元上升至每加仑20 美元,排放费增加了与资本相关的废水的成本。要以尽可能低的成本生产相同的产出,那么经营者必须选择与等产量线相切的斜率为0.5(20 美元/40 美元)的等成本线。在图中,DE 是合适的等成本线,B 点则给出了恰当的资本和废水的选择。由点A 移至点B 表明了由于排放费的存在,选择强调多用资本(3500 机器小时)而少用废水(5000 加仑)的替代性生产技术,要比原先不重视循环的生产过程便宜(总成本已增至

240000美元,其中资本140000美元,废水50000美元和排放费50000美元。若按A点生产方式,总成本为280000美元)。

我们可以从此决策中得到两点收益:第一,生产过程中要素越是容易替代,为减少排放而征收的排放费越有效;第二,替代的程度越高,企业所支付的排放费就越少。在我们所举的例子中,如果企业不改变其投入,那么其应支付排放费100000美元。然而,钢铁厂通过将生产点由A移至B,仅付了50000美元的排放费。

(摘编自:平狄克,鲁宾费尔德.微观经济学[M].4版.北京:中国人民大学出版社, 2000:190-191)

5-4 铁路业的规模报酬

20世纪以后,尽管碰到不少资金问题,铁路运输仍不断发展。规模对铁路运输业有无影响?为什么铁路仍很难与其他形式的运输进行竞争?我们可以从铁路运输的经济分析中来寻找这些问题的答案。

要研究是否存在规模经济效应,需要一系列的指标。可以用运输密度来度量投入,它指的是在一条特定线路上每单位时间内铁路可以承运的货物吨数。产出以沿着该线路在特定时间内运输的货物总重量计。我们要问,产出与投入之间的规模报酬关系如何?起初,我们以为会有报酬递增效应,因为在运输密度增加以后,铁路管理部门可以统筹规划,制定出适宜的、富有效率的运输方案。但是,当运输密度的增加超过一定值后,会出现报酬递减,因为超负荷的运输量已多得很难规划,运输速度也将有所下降。

大量研究表明,在运输密度值较小时,存在着递增报酬,但超过某一值后(这一点称为有效密度),会出现报酬递减。这种现象只在运输密度值很大时才会出现。例如,某一研究称,在一个线路上,在运输密度达到年运量8万~10万t以前,都会呈现报酬递增。为了说明这些数据的实际重要性,在表5-4中,列出了美国主要铁路干线的运输密度,一些干线,如科罗拉多南方干线和联合太平洋已经达到或超过了最佳效率规模(在这一点上,报酬递增现象消失了),但还有许多铁路线上的运输密度要低于此值。

表5-4 主要铁路干线的运输密度(单位:万吨英里)

路线	AT与SF	巴尔的摩与俄亥俄	伯灵顿北线	芝加哥和西北线	科罗拉多南线	福德华斯与丹佛	堪萨斯城南线	密苏里太平洋	南太平洋	联合太平洋	西太平洋
密度	6.03	4.46	6.11	3.10	10.66	6.55	5.96	5.01	5.35	7.87	3.20

既然大多数公司都没有达到最佳规模,说明其进一步增长还是有着优势的。确实,与密度相关的规模经济已成为解释近年来北伯灵顿铁路公司与艾奇森、托派克与圣特菲铁路公司以及联合太平洋铁路公司收购芝加哥—西北铁路公司的重要的效率依据。

(摘编自:平狄克,鲁宾费尔德.微观经济学[M].4版.北京:中国人民大学出版社, 2000:174-175)

5-5　卡车运输业的范围经济

假如你经营一家运输企业,你的企业在城市之间运输各种载运量的货物。在运输业务中,企业是根据载运量的大小和运途的长短来确定提供几种相关但又有所区别的产品。首先,任何载运量,无论大小,均可以直接地由一个地方运至另一个地方而中间不做停留;其次,一定的载运量的货物可以与其他货物合并在一起,在各地之间移动,最终被运至适当的目的地。

这提出了有关规模经济和范围经济的问题。规模方面的问题是,是否大规模的直接运送比小型运输企业各自单独运送更便宜和有利可图？范围方面的问题是,是否大型运输企业享有直接快速运送和间接慢速运送(但比较便宜)方面的成本优势？集中计划和路线的组织可以提供范围经济。规模经济存在的关键是,当众多的货物进入运送范围时,我们所描述的路线的组织和货物的分类可以被更有效地完成,从而使得每辆运输车都装满,而不是仅装一半。

运输业的研究表明范围经济是存在的。对于相当大的企业来说,范围经济的程度为1.576。然而,当企业变得十分大时,范围经济的程度就降至0.104。大企业在运送大宗货物方面十分有效,直接由产地到目的地,具有规模优势,但在中途停留装载部分货物方面通常没有优势,因此当企业变大时范围经济程度下降了。而另一些企业在中途将部分货物合并运送的能力降低了企业的成本,提高了利润率,这是范围经济的优势。

(摘编自:平狄克,鲁宾费尔德.微观经济学[M].4版.中国人民大学出版社,2000:198-199)

作业与思考

1. 供给的含义是什么？影响供给变化的因素有哪些？
2. 什么是供给法则？
3. 生产要素有哪些？举例说明短期和长期的含义。
4. 用图形表示总产量、平均产量、边际产量之间的关系。
5. 什么因素决定了卖者对一种物品的供给量？
6. 什么是供给表和供给曲线？它们之间是什么关系？
7. 为什么供给曲线向右上方倾斜？
8. 生产者技术的变动引起沿着供给曲线的变动,还是供给曲线的移动？价格的变化引起沿着供给曲线的变动,还是供给曲线的移动？
9. 毕加索油画的供给价格弹性是多大？
10. 供给价格弹性在短期中更大,还是在长期中更大？为什么？

11. 如何计算供给价格弹性？供给价格弹性衡量什么？

12. 供给价格弹性的分类有几种？影响供给价格弹性的因素有哪些？

13. 什么是公共物品？它与私人物品有什么区别？

14. 公共物品和公共资源都涉及外部性。

(1) 与公共物品相关的外部性通常是正的还是负的？举例回答。自由市场上的公共物品数量通常大于还是小于有效率的数量？

(2) 与公共资源相关的外部性通常是正的还是负的？举例回答。自由市场上的公共资源的使用量通常大于还是小于有效率的使用量？

15. 张先生看本地公共电视台的"喜乐汇"节目，但在电视台筹集运营资金时，他从不出钱支持电视台。

(1) 经济学家给张先生起了个什么名字？

(2) 政府如何能解决像张先生这样的人引起的问题？

(3) 你能想出私人市场解决这个问题的方法吗？

16. 李家村有十个村民家庭。村民们可以通过编篮子或者钓鱼来获得收入。一个家庭通过编篮子得到的收入是每天 2 元。由于湖里的鱼是有限的，钓鱼的村民越多，每个人钓到的鱼就越少。如果 n 个家庭在湖里钓鱼，那么每个家庭钓到的鱼的收入 (I_f 元) 是：

$$I_f = 12 - 2n$$

(1) 假设每个家庭都独立做出是在湖里钓鱼还是编篮子的决策。你预计每天有多少家庭会钓鱼？有多少家庭会编篮子？计算在这种均衡时全村的总收入。

(2) 说明当三户居民在湖里钓鱼时，全村的总收入大于你在(1)中所算出的总收入。当他们独立行事时，什么阻止了这种可带来更高收入的资源配置的实现？

(3) 钓鱼属于哪一类物品？什么特征使它成为这一类物品？

(4) 如果村民都决定实现(2)中的资源配置，他们需要制定哪一种规则？如何保证他们每个人在新制度下利益均等？

17. 什么是交通运输供给？其特征是什么？

18. 影响交通运输供给弹性的因素有哪些？

19. 简述交通运输规模经济、范围经济以及网络经济的表现形式。

问题与研讨

5-1 关于交通运输中的"公地悲剧"问题

"公地悲剧"的产生与公共资源消费上的非排他性和竞争性是分不开的。消费上的竞争性说明每个在公地上消费的人的活动都有负外部性，而公地消费的非排他性又无法抑制每个消费者的这种负外部性,从而导致了公地悲剧的产生。

请举出典型的交通运输领域中的"公地悲剧"案例现象,并进一步分析:

(1)这种现象产生的原因是什么?

(2)可以采取哪些措施来避免或消除这种现象带来的负面影响?

(3)可以进一步分析出哪些观点或结论?

5-2 关于公共物品进一步的分析

公共物品在社会经济活动中起着重要的作用,如果没有公共物品,社会经济不会正常持续。由于公共物品的特性,传统上认为应该由政府来提供(或主导、参与提供)社会所需的公共物品,可以采取多种灵活的形式。

(1)政府提供的物品或服务一定是公共物品吗?如果是,请论述理由;如果否,请举出反例并论述理由。

(2)公共物品一定是由政府来提供(或主导、参与提供)吗?如果是,请论述理由;如果否,请举出反例并论述理由。

(3)进一步分析上述问题在交通运输领域的体现。

第6章　交通运输基础设施与载运工具供给

6.1　交通运输基础设施的特性和构成

6.1.1　交通运输基础设施概念与特性

1. 基本概念

基础设施一般是指永久性的成套的工程构筑物、设施、设备和它们所提供的企业生产和居民生活共同需要的服务,也可以说是一个国家为保证生产和社会生活的正常运行,需要提供的公共设施和服务的总称。它们都存在不同程度的规模效益递增规律,存在着使用者与非使用者之间利益的溢出性,是维系一个国家社会生产和生活正常进行,促进国民经济发展的必要条件和基础保证。

交通运输基础设施也称为固定设施,是指那些不能移动的交通运输线路、站点以及附属设备等设施。这些固定设施只是与特定地理位置的运输市场有关,在固定设施领域的投资一般只能增加特定地理位置或区域的运输能力。主要包括铁路线路、道路、车站、港口、航道、机场等。

2. 交通运输基础设施的特性

作为交通运输基础设施的铁路线路、道路、车站、港口、航道、机场等固定设施,具有一些不同于其他设施的特性,主要包括:

(1) 正外部性

根据经济学原理,基础设施都具有不同程度的正外部性。正外部性也称为外部效益,是经济行为主体的活动使他人或社会受益,而受益者又无须花费代价。交通运输基础设施也不例外。一个地区交通运输基础设施条件的改善,会极大地促进这一地区经济的发展,提高居民生活的便利性和质量。政府用纳税人缴纳的税费修建的交通运输基础设施,其受益者虽然也是社会成员,但受益者和贡献者并不一一对应。另外,受益者也无须向交通运输基础设施建设和管理部门交纳费用。这种现象本身

> **基础设施**:指永久性的成套的工程构筑物、设施、设备和它们所提供的企业生产和居民生活共同需要的服务,也可说是一个国家为保证生产和社会生活的正常运行,需要提供的公共设施和服务的总称。

> **交通运输基础设施**:指不能移动的交通运输线路、站点以及附属设备等设施。

反映了交通运输基础设施的正外部性。

(2) 级差效益

有些交通运输基础设施,比如公路,具有级差效益。正如不同等级的土地具有不同的级差地租一样,公路等级不同,提供相同服务时产生的效益也不同。所谓级差效益是指对使用者来说,完成相同运输工作量,使用高等级公路会比使用一般公路带来额外的效益,比如时间价值的节约、安全和舒适性的提高等。正是这种特别的效益性决定了高等级公路的补偿形式可以采用区别于一般公路的补偿形式。比如可以对使用者进行"直接买卖交易",即通过过路交费的方式对高等级公路进行价值补偿。

(3) 商品属性

大部分交通运输基础设施在本质上具有某些公共物品的属性,但它们也不同程度地具有某些商品属性,例如它们具有使用价值和价值,具有级差效益等,这些都是交通运输基础设施具有商品属性的表现。因此,世界上不少国家对交通运输基础设施的建设采取多渠道融资的方式,通过债券、股票、经营权转让等方式进行。对这些交通运输基础设施,既不能看作纯粹的公共物品和公益事业,也不能片面强调其商品属性。

(4) 不可分割性

交通运输基础设施在建设和使用上具有很强的不可分割性。对于公路、铁路、航道等运输线路而言,其建设一次至少要求在两个社会经济活动中心点之间全线完成。它不同于一般商品,生产规模可大可小,销售数量可批发可零售。同时,无论是线路还是枢纽,其地面及其以上的设施与其所占土地之间是密不可分的。例如公路路面上的设施(栏杆、路标、路灯等)、公路路面、路基与所占土地不可分割。在形成的公路路产价值中,既包含公路设施的路基、路面价值,又包括所占用土地的价值。地价影响公路工程的价格,而公路工程的建成使用反过来又会提高其影响波及范围内土地的价格。

(5) 网络经济效应

交通运输的网络经济效应,指的是在规模经济和范围经济的共同作用下,交通运输总产出扩大引起平均运输成本不断下降的现象。由于交通运输基础设施的不可分割性,只有点(车站或枢纽)、线(运输线路)结合才能提供运输服务。另外,只有形成比较密集、发达的交通运输网络,才能提供更大规模的、多样化的交通运输服务。交通运输基础设施是一种固定投入,随着运输服务种类和数量的增加,使固定投入不断被分摊稀释,从而使平均运输成本不断降低。因此,交通运输基础设施具有很强的网络经济效应。

> **交通运输基础设施的特性**:主要包括正外部性、级差效益、商品属性、不可分割性、网络经济效应、投资与成本比重的不对称性、沉没成本性、费用难以归依性、互补性与替代性等。

> **公路级差效益**:指对使用者来说,完成相同运输工作量,使用高等级公路会比使用一般公路带来额外的效益。

(6)投资与成本比重的不对称性

交通运输基础设施往往都投资巨大。比如高速公路平均每公里造价高达几千万到上亿元人民币,投资数额十分巨大。但投资巨大并不意味着基础设施费用在运输总成本中的比重就很高。例如,对于运输企业来说,如果把用于道路有关的费用与其他费用(比如燃油、工人工资等)进行对比,则每年用于道路的费用要大大少于用于燃油和工资的费用,它只占全部公路运输费用的10%左右。

(7)沉没成本性

交通运输基础设施一般投资巨大,并且投资是沉没性的。沉没成本是指已经发生而无法收回的费用。因为是无法收回的,所以不会影响企业今后的决策,它是与现时决策无关的成本支出,主要表现为过去发生的事情,费用已经支出,无法改变和反悔。

> **沉没成本**:指已经发生而无法收回的费用,是与现时决策无关的成本支出。

不能移动的交通运输基础设施只是与特定地理位置的市场相关,其投资一般只能增加特定地理位置或区域的运输能力。某一地理位置或区域的固定设施不能够转移到另外一个区域发挥作用,因此,在交通运输基础设施方面的投资大部分是无法回收的,是沉没性的。

(8)费用难以归依性

交通运输基础设施的成本如何精确地分摊到每一个设施使用者身上是非常困难的,也就是所说的交通运输基础设施费用的难以归依性。无论是运输的边际成本分析还是增量成本分析都会产生一个问题,就是有些固定设施运输费用的发生无法归依到某一位具体旅客或某一批具体货物的运输上。

> **费用难以归依**:交通运输基础设施的成本无法精确地分摊到每一个设施使用者身上。

比如一条客货混行的铁路线路,既有旅客列车运行,也有货物列车运行,不同列车的编组、载重、运行速度等都是不同的,对铁路线路的磨损也不同。铁路线路需要投资修建,要维护保持铁路线路的正常状态需要有费用支出,这些费用如何匹配到某一位具体旅客或某一批具体货物上是非常困难的。

虽然公路上的交通量和车辆结构对公路的影响可能是最为关键的,但有些路面的损坏与交通量没有直接关系,例如气候原因也会发生作用。此外,还有些公路费用与交通量的大小或交通结构几乎无关,例如路面厚度有其最低标准,有些公路维修工作是即使没有车辆通行也要进行的,公路上的信息指示标志也不随车辆的载重而变化等。这些费用开支从运输量的角度看是难以归依的。运输领域中最有趣而且最重要的经济问题中,就包括如何在固定设施的运营中处理这些不可归依的成本。

第6章 交通运输基础设施与载运工具供给

(9)互补性与替代性

交通运输基础设施最基本的组成单元是线路和节点,当节点之间存在着不同线路时,这些线路和节点就构成了一个网络。运输基础设施网络的相互连接和合作是其网络经济性的基础,运输网络整体效率的提高有赖于网络中各个主体的合作。运输网络的"互补性"是指前后相继的线路通过节点连接起来,将大大增加各个节点空间交往的机会。网络可以通过允许供给者享受密度经济和范围经济产生成本的节约。许多航空公司的轴辐式航线网络就是这样的例子。同样,从使用者的角度来看,较大的网络通常能提供较多的选择。

运输网络的"替代性"是指当两个节点被不同的线路或网络连接时,不同线网可以开展竞争,其间的差异带来了一定程度的多样性,将增加消费者选择的余地并有利于提高消费者的利益。因此,任何单一网络的管理和调整必须考虑其他竞争或补充网络的相互作用效应。网络间的相互作用效应意味着对任何一个网络中的连线和节点绩效的干预都可能影响该网络的其他元素。例如,给某一个特别的公共汽车线路进行补贴不仅可以对与其竞争的铁路服务产生影响,而且还有可能通过改变旅行行为冲击其他的公共汽车服务。

6.1.2 交通运输基础设施构成

1. 公路基础设施

公路基础设施主要包括道路、汽车站、交通控制设施。

(1)道路

道路是指主要供车辆行驶的具备一定技术条件的线路设施。通常把位于城市及其郊区以外的道路称为公路,而位于城市范围以内的道路称为城市道路。在我国,根据公路的作用及使用性质,划分为:国家干线公路(国道)、省级干线公路(省道)、县级干线公路(县道)、乡级公路(乡道)及专用公路。

根据所适应的交通量水平,公路可分为五个等级:高速、一级、二级、三级和四级公路。不同等级公路满足不同的使用要求,为此各等级公路的设计具有不同的基本控制标准或设计准则,主要的控制标准有:车道数量、路基宽度、曲线半径、最大纵坡、设计速度等。

(2)汽车站

汽车站既是公路运输系统的基本设施,又是汽车运输企业组织公路客货运输的基层单位。根据经营的业务,汽车站可分为客运站、货运站和客货兼营站。此外,城市公共汽车为乘客上下车在行车路线上设置的停车点,通常也称汽车站或公交车站。

①客运站是专门办理旅客运输业务的汽车站,一般设在公路旅客集散点,其规模大小视当地的客运量而定。客运站的主要工作分商务和车务两大部分。商务如售票、接受行李包裹的托运等,车务如车辆的调度、检查、加油、维修、接收和发送等。客运站一般设有售票处、问事处、行包托运处、小件寄存处、候车室、停车场等。

②货运站是专门办理货物运输业务的汽车站,一般设在公路货物集散点。货运站的主要工作是组织货源、受理托运、理货、编制货车运行作业计划,以及车辆的调度、检查、加油、维修等。站内一般设有营业室、调度室、停车场、驾驶人员食宿站等,有的还有装卸设备。

③客货兼营站是兼办客、货运输业务的汽车站,一般设在客运业务和货运业务都不太多的城镇。

(3)交通控制设施

交通控制设施主要有交通标志、路面标线、交通信号和出入口控制设施四类,其功能主要是对车辆、驾驶员和行人起限制、警告和诱导作用。

①交通标志。交通标志是指把交通指示、交通警告、交通禁令等交通管理与控制法规用文字、图形或符号形象化地表示出来,设置于路侧或公路上方的交通控制设施。交通标志主要包括:警告标志,唤起驾驶员对前方公路或交通条件的注意;禁令标志,禁止或限制车辆、行人通行的标志;指示标志,指示车辆、行人行进或停止的标志;指路标志,指出前方的地名或其他名胜古迹的位置和距离,预告和指示高速公路或一级公路的中途出入口、沿途的服务设施和必要的导向等。

交通标志必须简单、明了、醒目,使驾驶员在极短的时间内能看清和识别,并具有统一性,使不同地区或国家的驾驶员都能看懂。因此,它的颜色、形状和符号三方面应符合规定的要求。

②路面标线和路标。路面标线是将交通的警告、禁令、指示和指路用画线、符号、文字等标识画在路面、缘石和路边的建筑物上。路面标线的颜色有黄色和白色两种。白色标线一般用于准许车辆越过的标线;黄色标线一般用于不准许车辆超越的标线。路标为沿道路中线、车道边线或防撞墙埋设的反光标志物。车辆夜间行驶时,在车灯照射下,路标的反光作用勾画出行车道或车道的轮廓,从而为驾驶员提供行驶导向。

③交通信号。交通信号是最主要的交通控制设备,用于在时间上给互相冲突的交通流分配通行权,使各个方向和车道上的车辆安全而有序地通过交叉口的一种交通管理措施。交通信号基本上可分为定时、感应、区域自动控制等几类。

> **交通控制设施**:主要包括交通标志、路面标线、交通信号和出入口控制设施。

> **交通标志**:主要包括警告标志、禁令标志、指示标志和指路标志。

第6章 交通运输基础设施与载运工具供给 | 169

④出入口控制设施。出入口控制设施是限制车辆在指定出入口以外的地点出入道路路界。高速公路和收费公路采用出入口完全控制的设施,仅允许车辆在规定的地点出入公路。一级公路和二级公路,一般都设计成为部分控制的出入口,在交通量大、车速高的路口,应修建立体交叉,在通行能力不大的局部地方,允许平面交叉。

2. 铁路基础设施

铁路基础设施主要包括铁路线路与信号、铁路车站设施。

(1) 铁路线路与信号

①铁路路基与道砟。铁路路基是指用以铺设钢轨设施的路面,而为了适合钢轨铺设,原有的路面高者必须挖掘成路堑,低者必须填筑使之成为路堤。道砟则是指铺设于路基上的碎石,其主要作用在于分散轨枕所传来的列车压力,使其均匀地分布于路基上。若遇雨天时,道砟可利于排水,避免轨枕积水妨碍行车安全。

②钢轨与轨枕。钢轨是铁路设施中列车行驶的支承设施,列车通过车轮与钢轨的摩擦得以前进、减速并制动停车,所以钢轨的材质对于行车安全而言非常重要。单位长度越重的钢轨越能承受车轮的重压,适合高运量列车行驶。钢轨按单位长度质量(kg/m)来分类,一般钢轨轨重有40kg/m、50kg/m、60kg/m 和 75kg/m 等规格。轨枕是铺设于钢轨下面的坚固耐用物体,可以使两轨之间得以保持一定的轨距,以确保行车安全,并承受列车行驶所产生的压力。目前铁路运输系统上所使用的轨枕,依材质不同分为木枕、钢枕及混凝土枕三种。

③道岔。行驶中的列车若欲驶向其他路线,必须在不同路线的钢轨会合处装上特殊的装置,用以引导车轮进入他轨,这项装置即为道岔。通常铁路列车经过道岔时,需降低行车速度,因此可能造成旅行时间的延误。

④信号。铁路运输中列车必须遵循信号的指令行驶,以确保行车安全。目前,营运中的铁路列车大多装有自动停车装置,在设置信号的位置,列车自动减速或停车,以免发生行车事故。一般,铁路信号可分臂板信号、色灯信息和驾驶室信号(即机车信号)三类。

(2) 铁路车站

车站按技术作业性质可以分为中间站、区段站、编组站;按等级可以分为特等站、一至五等站。

①中间站是为提高铁路区段的通过能力,保证行车安全和为沿线城乡及工业生产服务而设置的车站,其主要任务是办理列车会让、越行和客货运业务。

②区段站是办理货物列车的中转作业,进行机车的更换或机车乘务组的换班,以及解体、编组区段列车和摘挂列车的车站,多设置在中等城市和铁路网上牵引区段的分界处。

③编组站是办理大量货物列车解体和编组作业,并设有比较完善的调车设备的车站。主要任务是解编各类货物列车,组织和取送本地区车流,供应列车动力,整备检修机车。

3. 水运基础设施

水运基础设施主要包括港口水域设施、港口陆上设施和航标设施。

(1) 港口水域设施

①港池。一般指码头附近的水域。它需要有足够深度与宽广的水域,供船舶靠离使用。对于河港或与海连通的河港,一般不需要修筑防浪堤坝。对于开敞式海岸港口,为了阻挡海上风浪与泥沙的影响,保持港内水面的平静与水深,必须修筑防波堤。防波堤的形状与位置根据港口的自然环境而确定。

②锚地。是供船舶抛锚候潮、等候泊位、避风、办理进出口手续、接受船舶检查或过驳装卸等停泊的水域。锚地要求有足够的水深,底质一般为平坦的沙土或泥土。锚地离进出口航道要有一定距离,以不影响船舶进出为准,但又不能离进出口航道太远,以便于船舶进港操作。

③航道。是指船舶进出港的通道。为保证安全通航,航道必须有足够的水深与宽度,弯曲度不能过大。为了避免搁浅、擦浅而造成船舶、生命财产损失与环境污染,船舶在航行时必须在龙骨基线以下保持足够的水深。

(2) 港口陆上设施

①港口铁路。包括港口车站、分区车场、码头和库场的装卸线,以及连接各部分的港口铁路区间正线、联络线和连接线等。港口车站负责港口列车到发、交接、车辆编解集结;分区车场负责管辖范围内码头、库场的车组到发、编组及取送;港口铁路区间正线用于连接铁路接轨站与港口车站;装卸线承担货物的装卸作业;联络线连接分区车场与港口车站;连接线连接分车场与装卸线。

②港口道路。分为港内道路与港外道路。港内道路由于要通行载货汽车与流动机械,对道路的轮压、车宽、纵坡与转弯半径等方面都有特殊要求。港内道路行车速度较低,一般为15km/h左右。港外道路是港区与城市道路及公路连接的通道,可通行一般的运输车辆,其功能及技术条件与普通道路相同。

③仓库。港口必须具有足够容量的仓库与堆场,以保证港口的吞吐

水运基础设施:主要包括港口水域设施、港口陆上设施和航标设施。

港口水域设施:主要包括港池、锚地、航道等。

港口陆上设施:主要包括港口铁路、港口道路、仓库、港口机械、港口供电与通信系统等。

第6章 交通运输基础设施与载运工具供给

能力。按仓库所在位置分为前方仓库和后方仓库。前方仓库位于码头的前沿地带,用于临时存储准备装船与从船上卸下的货物;后方仓库用于较长期存储货物,位于离码头较远处。类型有普通仓库、筒仓、油罐等。

④港口机械。港口机械是完成港口货物装卸的重要手段,用于完成船舶与车辆的装卸,货物的堆码、拆垛与转运等。主要包括装卸机械、搬运机械、连续输送机械等。

⑤港口供电与通信系统。港口供电对象主要是装卸机械、维修设备、港口作业辅助设施、照明、通信与导航设施等。港口通信系统包括各类有线、无线通信与计算机网络通信等手段,主要用于港口生产、调度、安全保障等方面。

(3)航标设施

航标的主要功能是为航行船舶提供定位信息、碍航物及其他航行警告信息、航行交通指示和特殊区域指示等。沿海航标分为固定航标和水上浮动航标两种。固定航标设在岛屿、礁石、海岸上,包括灯塔、灯桩、立标;水上浮动航标是浮在水面上,用锚或沉锤、链牢固地系留在预定海床上的标志,包括灯船与浮标。内河航标是设在江、河、湖泊、水库航道上的助航标志,用以标示内河航道的方向、界限与碍航物,为船舶航行指示安全航道。它由航行标志、信号标志和专用标志三类组成。

4. 航空基础设施

> 航空基础设施:主要指航空港,一般由飞行区、客货运输服务区和机务维修区三个部分组成。

航空基础设施主要指航空港,航空港是航空运输用飞机场及其服务设施的总称,一般由飞行区、客货运输服务区和机务维修区三个部分组成。

(1)飞行区

飞行区是航空港的主要区域,占地面积最大。飞行区域有跑道、滑行道和停机坪,以及各种保障飞行安全的设施、无线电通信导航系统、目视助航设施等。一般在良好天气条件下,以目视飞行时,一条跑道每小时可以起降飞机 45~60 架次;在恶劣天气条件下,以仪表飞行时,每小时可起降飞机 20~40 架次。为保证飞机安全起飞和着陆,在飞行区上空划定净空区,即在机场及其邻近地区上空,根据在机场起降飞机的性能,规定若干障碍物限制,不允许地面物体超越限制面的高度,这些限制面以上的空域称为净空区。净空区的规定可以随飞机的发展而改变。

(2)客货运输服务区

客货运输服务区是旅客、货物、邮件运输服务设施所在区域。区内设施包括客机坪、候机楼、停车场等,其主要建筑是候机楼。区内还配备有旅馆、银行、公共汽车站、进出港道路系统等。货运量较大的航空港还设有专门的货运站,在客机坪附近设有管线加油系统。

(3) 机务维修区

机务维修区是维修厂、维修机库、维修机坪等设施的所在区域,区内还有为保证航空正常工作所必需的各项设施,如供水、供电、供热、供冷、下水等各种公用设施及消防队、急救站、储油库等。

6.2 交通运输基础设施形成的规划机制

6.2.1 交通运输的资源配置

1. 交通运输服务层面的市场机制

在交通运输的发展过程中,涉及交通运输的资源配置问题。在这里市场机制是如何起作用的呢?按照经济学的理论,市场通过价格机制,自动对供给和需求进行调节。在交通运输服务提供商满足人、货物或交通工具空间位移这样具体的交通运输需求层面,市场机制起决定作用。旅客或货主根据运输价格(有时候并不是简单的运价,而是运输广义费用)的高低,决定自己的运输需求数量。一般情况下,交通运输市场是一个垄断竞争型市场,交通运输企业在市场机制的作用下,根据运输市场的价格决定企业的运力配置,达到自己的生产均衡状态。企业的运力配置,更多的是对载运工具,比如汽车、机车车辆、船舶、飞机等的配置,以及运输服务线路、服务频次等的优化配置。

> 运输厂商均衡是在一定的交通运输基础设施条件下达到的。

但这种运输厂商均衡是在一定的交通运输基础设施条件下达到的,交通运输市场与普通商品市场的一个最大区别,在于交通运输供给是在固定设施供给与载运工具供给同时匹配起作用的情况下才发挥作用。这里就存在一个问题:交通运输基础设施作为一种固定设施供给,它的均衡是通过市场机制实现的吗?如果交通运输基础设施是通过市场机制实现资源配置的,那么交通运输市场也是一个比较简单的价格机制起作用的市场,但实际情况却复杂得多。

2. 交通运输基础设施层面的规划机制

由于交通运输基础设施的特殊性质,决定了交通运输供给的形成不完全是市场机制作用的结果,交通运输的资源配置也不可能完全由市场决定,其中必然混合了政府的作用。参见图 6-1。

从图 6-1 可以看到,交通运输供给除了按照市场机制受到交通运输需求的影响外,还受到交通运输基础设施供给的制约作用。也许我们会

交通运输基础设施规划

认为交通运输基础设施和交通运输需求是挂钩的,也是受到交通运输需求的市场作用,其实不然。

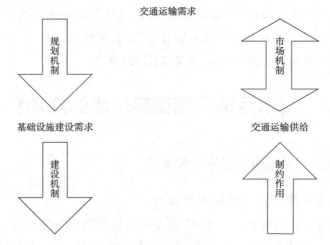

图 6-1 交通运输市场中的调节机制

> 交通运输基础设施供给是满足了交通运输基础设施的建设需求,这个需求实际上是政府需求。政府通过规划机制将交通运输需求转化为交通运输基础设施建设需求,而这个需求和交通运输需求之间可能会存在一定的偏差。

由于交通运输基础设施的特殊性,它不是和交通运输需求直接相关联,中间经过了一个环节,即交通运输基础设施建设需求的环节,交通运输基础设施供给是满足了交通运输基础设施的建设需求,这个需求实际上是政府需求。政府通过规划机制将交通运输需求转化为交通运输基础设施建设需求,而这个需求和交通运输需求之间可能会存在一定的偏差。

> 交通运输市场的资源配置中,除了市场机制起作用,政府通过规划机制也起着重要作用。

另外,交通运输基础设施建设需求和供给建设之间,也不完全是市场行为,这样也可能会存在一些非市场扭曲。因此在交通运输市场的资源配置中,除了市场机制起作用,政府通过规划机制也起着重要作用,这一点常常被我们有意无意地忽略。

6.2.2 规划的市质与特征

1. 市场理性和社会理性

理性有多种,个人和企业追求利益最大化就是众所周知的市场理性。市场理性的社会结果完全出于个体(个人或企业)的逐利行为,市场力量在增加个人和社会财富的同时,也加剧了财富和权力分配的不平等,加速了环境恶化和资源衰竭。换句话说,不加约束的市场理性会给社会带来巨大的负外部效应。

社会理性则是为了平衡私人收益差距和社会福利而出现的,它认为个体是特定社会群体的成员,由于市场理性的资源配置行为可能导致对公众利益的损害,因此社会需要基于社会理性的规划。规划是为克服市场理性的缺陷而出现的资源配置方式。

2. 规划的本质

(1) 规划的概念

规划是公共领域内社会理性对市场理性的替代,是基于公众利益的资源配置方式,是政府制订的代表社会公众利益的政策目标的实现手段。

规划的功能是进行资源配置,目的是实现政府制订的能代表社会公众利益的政策目标。根据经济学原理,在公共领域内,由于产权不明确,市场理性行为所引发的问题更严重,所以规划在公共领域更加重要。这一概念有几点必须说明:

①公共领域也有基于市场理性的行为,比如交通需求者个人出行对交通工具的选取,私人资本在一定的政策环境下投资于公共交通设施等。

②规划体现政府的价值取向,因此也受到政府政策的约束,规划的实施能否真正实现政策目标,能否体现政府维护公共利益的意图,将会是规划方案的重要评价标准,是规划的实施能否得到政府支持的重要前提。

(2) 规划的过程

从规划包含的内容和进行的过程来看,规划是对事物的远景设计和实现过程的选择与控制。规划包括以下几个活动过程。

①定义问题和规划对象。问题主要来自于目前的社会实践,但所定义的问题会对规划行为或政策干预做出响应,即问题应是目前条件下可解决的。定义问题也意味着确定了规划对象。

②现状与未来情景分析。对规划对象的现状和未来可能的发展情景进行分析,并分析特定政策手段、工作制度、社会环境所期望达到的目标及最终目的。

③设计解决方案。方案要标明:

a.远景设计。规划对象在未来一定时间段内预期的整体状态、运行目的和目标,还包括预测分析、可能性判断、行为结果分析等。

b.空间设想。布局、空间组织及物性设计。

c.资源要求。成本估计及对其他稀缺资源的要求。

d.执行程序、反馈和评价程序。

④方案评价。包括规划方案的技术可行性、成本效益分析、对不同群体的可能影响、政治上可接受的程度等。

3. 规划的基本特征

公共领域内的规划有如下基本特征:

(1) 全局性

规划的全局性意味着全局利益高于局部利益。从全局利益和局部利

规划的概念、特征及过程

益的关系考虑,作为局部的地方政府或行业主管部门出于追求自身利益的局部理性,可能对全国的整体利益造成妨碍或损害。在这种情况下往往就需要制订与实施国家规划,用代表全局或更大公共利益的理性替代地方或行业的局部理性,对资源进行配置。

(2) 前瞻性

规划既是远景设计,也是对实现这种远景的行动的预先安排。前瞻性意味着规划不能仅停留在对过去和现在认识的基础上,而必须针对未来反观过去和现在,通过分析未来目标来考察从现在到未来目标达成这一时间段中的所有行动,通过考察规划对象的本体特征、规划对象运作环境的可能变化,来预测规划对象的发展方向和速度。规划的前瞻性实质上是一种对未来不确定性的缓解和抵消,它通过提供有组织的信息,消除决策者在决策过程中对未来发展的不可把握性,从而为决策者决策提供基本的框架。

前瞻性意味着两方面的内容:首先,任何规划都是以未来作为目标趋向、总是针对未来的某个时段的;其次,规划的内容和过程始终是为未来的行动指明方向,引导未来的相关行为来实现规划所确定的某些目标。

(3) 公众性

公众性表现在两个方面:其一是公众利益性;其二是公众参与性。规划的起源已经说明了规划是基于对公众利益的维护而出现的。公众参与性则源自决策可能有的缺陷。规划是由一系列的选择决定的,是要在具体行为发生之前,在大量的可能性中选择某一组合的行动方案,并通过各种机制的作用将它们付诸实践。这实际上包含着风险,因为人的认识是有限的,只能凭借相对简单的模型来物色自己满意的结果。

对方案的选择决定着事物未来的发展,所以不仅是面向现在的问题,更多是面对未来的问题,现时所确定的内容,不仅能为现时的社会所接受,而且更重要的是被今后不同时段的社会所接受和采纳。所以个人的"决策行为"在规划中必须依靠"知识决策"和"群体决策",这也是为什么现代规划强调专家咨询和公众参与的目的。

> 规划的基本特征:全局性、前瞻性、公众性。

6.2.3 交通运输规划制度

1. 交通运输规划的层次性

交通运输系统是一个复杂的系统,对复杂系统的分析一般需要从时间、空间、物性三维展开,因此交通运输规划也有一定的层次性,如图6-2所示。

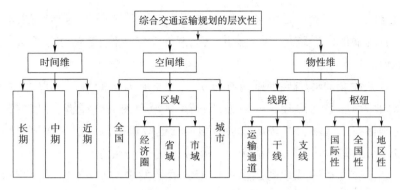

图 6-2 交通运输规划的三维层次

(1) 时间维的层次性

交通运输规划按照时间背景范围可以分为战略层次的长期规划、战术层次的中期规划和执行层次的近期规划。参见表 6-1。

时间背景下交通运输规划的层次　　　　表 6-1

层次	支配要素	交通运输目标	交通运输规划特征
战略层次/长期规划	战略需求	发展战略、交通发展政策和规划布局	重视制度体系的设计、全局性交通网络规划
战术层次/中期规划	结构性需求	布局调整、合理的交通方式结构和等级结构	重视规划方案的科学设计与编制
执行层次/近期规划	总量需求	总量规模和时序安排	重视建设时序的安排、实施制度的保障

不同时间段内影响交通运输变量的因素的变化速度不同,决定了不同层次交通运输规划的不同特性。长期规划重在依据影响交通运输的慢变量的变化制订,而近期规划则是依据影响交通运输的快变量的变化制订,中期规划介于二者之间,起到承上启下的作用。

(2) 空间维的层次性

交通运输规划按照空间背景范围可以分为全国层次、区域层次和城市层次的交通运输规划。参见表 6-2。

空间背景下交通运输规划的层次性　　　　表 6-2

层次	交通运输目标	交通运输规划核心内容
全国层次	国家发展和安全战略、促进经济可持续发展的交通发展政策和规划布局	战略性交通网络和运输通道布局,运输方式协调发展政策,交通可持续发展政策,交通技术发展政策
区域层次	促进区域经济联系和协调发展的交通运输系统	交通网络需求规模与结构,区域性网络和通道布局,交通建设时序安排,交通发展的区域化政策
城市层次	节点站和联运系统,可达性、机动性、时间和费用的节约	节点和枢纽的布局,运输一体化政策

交通运输规划按照时间背景范围可以分为战略层次的长期规划、战术层次的中期规划和执行层次的近期规划。

交通运输规划按照空间背景范围可以分为全国层次、区域层次和城市层次的交通运输规划。

全国层次的交通运输规划重在制订交通运输业发展的国家战略,包括交通运输的发展政策、国家交通运输网的总体规模、结构和布局以及主要通道的构建。

区域性交通运输规划则重在依据经济发展需求制订区际联系通道、区域内城市联系通道和农村通道,以满足区域对内对外经济发展的要求,同时制订符合区域社会环境发展容量的交通政策。区域层次按照区域的构成还可以进一步分为经济圈、省域和市域三个子层次。

城市交通运输规划则是根据城市交通的发展特点,依据居民出行便捷化的要求合理规划城市交通设施布局和连接,强调交通的公益性和普遍服务,制订合理可行的交通运输政策,鼓励公共交通的发展。

城市交通规划和区域交通规划要以国家交通运输规划为依据,按照层次的高低,细化程度也不同,并且层次不同,交通运输规划的方法也不同。

(3)物性维的层次性

交通运输系统的物性维主要体现在交通运输基础设施,即交通线路和交通枢纽两个方面。交通运输线路规划可以分为交通运输通道、交通运输干线和交通运输支线三个层次的规划。交通运输枢纽规划可以分为国际性枢纽、全国性枢纽和地区性枢纽三个层次的规划。

①交通线路主要包括运输通道、交通干线、交通支线三个层次。

运输通道是在某一方向上的客货运输流密集地带,形成由两种或两种以上运输方式共同组成的骨干线路,构成跨省区的、具有全国意义的交通走廊,属于全国交通运输网的主骨架、主动脉。按照现代运输经济理论,一个国家和地区的经济发展必须依托贯通全境的交通主通道,特别是要以沟通内陆地区与沿海地区的出海通道作为主骨架,一旦大通道建成并发挥作用,将改变区域或地区的生产力布局,并在通道沿线形成新的经济增长点,构成通道产业密集带,从而促进全国经济及区域经济的发展。运输通道按照其功能可以分为国际性通道(含陆桥通道)、全国性经济大通道、区域性经济大通道。

交通干线是以畅通为目标、服务于经济发展和国防发展要求构建的覆盖全国或区域的骨干线路网,它是交通运输系统的"动脉",起到联系区域、集疏交通流、联系大中城市的作用。交通干线网一般包括各种运输方式的干线,按照交通干线的重要程度一般可以分为国家干线和地区干线。

交通支线是以通达为目标、联系中小城市、乡镇和农村,满足社会发展对交通的要求,体现普遍服务的原则。交通支线起到交通运输系统的"毛细血管"作用,满足现代社会通达性的运输需求。交通支线一般包括延伸线、联络线和农村公路网。

②交通枢纽主要包括国际性枢纽、全国性枢纽、地区性枢纽。

交通运输枢纽是综合运输网中的重要交通节点,是各种运输方式间、不同地域间、运输供给与运输需求间相互联系的桥梁和纽带,通常表现为多种交通运输方式交汇转换系统,是指综合现代先进技术手段,使各种运输方式的设施装备、运输作业、技术标准、信息传输、组织管理在物理和逻辑上无缝连接而形成的客货换乘、中转系统。

不同地域范围内的交通运输规划所确定的交通运输枢纽是不同的。交通运输枢纽应具备较好的节点易达性,是空间经济联系和几何联系的中心,也是人与货物的集散中心和转运中心。交通运输枢纽以城市为依托,具有运输组织和管理、中转换乘换装、装卸储存、多式联运、信息流通和辅助服务六大功能,对所在区域的交通运输网络的高效运转具有重要的作用。

交通运输枢纽可根据其在网络中的地位分为三种:国际性枢纽是满足国家对外交流的主要港口、机场、车站,是国家交通运输系统的窗口,也是服务于全球或国际经济圈的窗口,具有重要的战略地位;全国性枢纽是指具有全局性综合运输通道的结合点,或者是重要的干线港口、干线车站、干线机场;地区性枢纽是指服务于区域经济发展的交通干线结合点。

2. 交通运输规划制度

交通运输规划是在具有公共属性的交通运输领域基于社会理性的资源配置方式,是政府实现代表公众利益的社会整体价值目标的一种手段。显然,需要某种制度性安排来实现或者保障该目标的实现,而且毫无疑义地,交通运输规划制度设计的合理性与交通运输规划方案制定的科学性同等重要。

规划制度是使规划能够合理编制并正确实施的保证,一般体现在相应的法律和政府规章中。交通运输规划制度的主要组成内容大体可分为以下几个方面:规划分级分类规定,规划主体及权责规定,规划程序与要素规定,资金保障规定,公众参与和评价规定。

(1) 规划分级与分类规定

交通运输规划是分级分类的。从规划所涉及的地域范围看,可以分为地方规划、城市规划、省(自治区、直辖市)规划、大经济区规划和国家规划,有些甚至是跨国的交通运输规划。

从规划所涉及的运输方式或专业领域看,可以分为铁路、公路、内河水运、海运、航空、管道运输规划,也可以分为客运的城市间长途、城市内公交或高峰期车辆疏导规划,或货运的煤炭、石油、粮食及集装箱等专项

交通运输规划制度: 主要包括规划分级分类规定,规划主体及权责规定,规划程序与要素规定,资金保障规定,公众参与和评价规定。

交通运输规划制度

运输规划,以及综合性规划。

从规划所涉及的空间范围还可以分为不同区域的交通线路、通道或节点枢纽等布局规划与时序安排上的建设规划。

从规划所涉及的时间范围看,可以分为短期规划、中期规划和长期规划,其中长期规划侧重发展方向,短期规划侧重建设实施。

(2) 规划主体及权责规定

各级各类交通运输规划各自的权限分工不同,相互之间的衔接、协调与配合必须有系统性的组织与工作制度予以保障。规划主体不同,思考问题的角度也不同,交通运输规划的主体必须是能代表全局利益的、能客观考虑各种运输方式的技术经济特点,并进行有效整合的机构,所以政策或体制应当授权给拥有专业规划知识且能真正保证综合效益的部门来完成科学的设计与编制。

不同范围、层次和类别要求的交通运输规划需要由相应的主体负责编制和实施。一个分工明确和职能合理的交通运输规划编制机构及体系是保证规划编制工作有序而高效进行的重要前提,比如在中央政府设专门的交通运输规划部、局、署或者委员会,专门负责全国交通总体规划的编制工作;在地方设立地方交通运输规划机构,负责区域交通运输规划、城市交通运输规划或地方交通运输规划工作。

需要说明的是,交通运输规划的责任编制和实施主体与交通运输规划方案的研究设计机构不同,规划方案的研究设计机构可以是规划主体自己设立的常设机构,也可以是规划主体临时性委托的机构,包括大学和其他咨询性组织,甚至与规划内容有关的私营公司、商会和社团组织,也可以接受委托进行规划方案的研究,并提交给规划主体,以便使相关利益集团较有利的规划建议能够进入最后的规划方案。

(3) 规划程序与要素规定

交通运输规划程序:在法律法规中应该对规划编制、规划审批、规划实施、规划调整的程序做出明确规定。

交通运输规划程序涉及规划编制、规划审批、规划实施、规划调整几个主要环节。在法律法规中应该对规划程序涉及的所有环节做出明确规定,确保规划无论执行或修改都能够有法可依。

规划编制程序是否规范,直接决定着规划的可实施性和权威性是否能够得到保障,因此规划编制过程应遵从公开性和透明性的原则,鼓励公众的广泛参与。规划审批与实施过程要注重审批原则的设定,要考虑可能产生的环境影响和社会影响、财政资金的落实保障、过程中的监管以及后期的评估等问题。

规划要素,是指编制规划过程中必须考虑并在规划方案报告中体现的内容。不同层次、不同类型的规划,其规划要素会有所不同。一般而言,交通运输规划要素应考虑运输决策中的社会、经济、环境影响,土地利用和发展对交通运输政策的影响,地区交通运输需求,提高和扩展公共交通服务的方法,提高货运效率的方法,线路、枢纽布局与通达性,自行车和人行道设施的配备,交通运输所需的识别和管理系统,融资方式与保障措施等。

这些规划要素一方面有助于实现规划方案的综合性,另一方面有助于保持规划方案的连贯性。规划要素要在法律法规中明确规定,使之成为交通规划编制报告内容的指导依据。

(4) 资金保障规定

好的规划构想如果缺少与之匹配的资金确保实施,也将变成一纸空谈。所以必须事先对规划方案进行财务分析,对规划的实施提出预算报告,分析规划实施中可获取资金的各种渠道以及每种资金获取方式下的资金风险、收益和成本。

如果没有预算约束,那么规划很有可能变成感情冲动的产物,而不是理性思考的结果。规划在实施过程中会出现很多意想不到的困难,甚至无法确保规划的实施。不仅运输系统中各种组成要素的整体性会被破坏,环境协调发展的决策也会失效,公众参与程序更成了摆设,无法发挥应有的作用。

将财政预算约束视为一个合理的一体化运输规划的基础,首先确定预期所能够获得的资源总额度,然后在预算约束下判断各个方案项目的优先级别。这种程序将规划变得更加理性,目标也更易于实现。

(5) 公众参与和评价规定

规划需要借助监管的力量,现代社会中主要凭借两条途径,其一是法律体系的监督管理;其二是社会公众的监督管理。而提高社会公众的监督管理力度就需要制度保障公众参与的权力,鼓励公众通过各种渠道以多种形式参与到规划的过程中。

在规划编制过程中,公众参与不仅包括那些可能产生积极影响或消极影响的实力群体,也包括那些弱势人群,如少数民族、低收入阶层、老年人和残疾人等,确保社会各阶层的公众都能够影响交通规划的决策,这将有助于规划机构了解交通规划决策会对各方面公众产生什么样的影响,以及他们对此做出的反应和这些反应反过来对交通系统产生的影响等一系列问题。进而规划机构能够了解公众真正需要什么样的交通系统,从而进行相应的改进完善,以提供更令人满意的服务形式和内容。更为重要的是,通过公众早期及定期参与,有助于提高相关部门在交通规划决策中的信誉,并赢得民众支持,从而为交通规划制订及以后的顺利实施奠定基础。

规划要素:指编制规划过程中必须考虑并在规划方案报告中体现的内容。

能够发挥影响力的个人或团体大体可分为两类:第一类是普通公众中和交通运输直接相关的个人或团体,包括依靠交通运输系统运送货物或提供服务的个人或团体、日常活动有赖于交通运输系统的个人或团体、受到交通运输项目影响的个人或团体、环境关注者等。第二类是影响或执行交通规划的个人或团体,包括交通运输业的相关利益机构、公共交通部门、交通运输领域的专家、交通运输规划制订者等。

评价是决策前的最后一个阶段,主要判断交通运输规划方案中的设计与编制能否被决策者和公众接受。制度体系中应明确交通运输规划评价的内容、指标的设计、评价方法的选取,并把相关内容体系化、制度化。

6.3 交通运输基础设施特许经营模式

规划机制重点解决将交通运输需求转化为交通运输基础设施建设需求的问题,而到真正形成交通运输基础设施供给,还需要解决交通运输基础设施的建设经营问题。传统上,交通运输基础设施的建设经营大多是国有国营的模式,近几年,出现了多种具有创新性的特许经营模式。

基础设施特许经营,指政府将基础设施项目的投资和经营权,按照法定的程序,通过市场竞争机制选择投资和经营者,授权其在一定期限内投资经营项目并获取商业利润,在期满后将项目转让给政府。基础设施特许经营不同于商业经营中的特许经营,商业特许经营指特许人和受许人之间的契约关系,特许人提供拥有知识产权的商业品牌、技术和经营策略并对受许人进行培训,受许人交纳一定费用取得使用权。

> **基础设施特许经营**:指政府将基础设施项目的投资和经营权,按照法定的程序,通过市场竞争机制选择投资和经营者,授权其在一定期限内投资经营项目并获取商业利润,在期满后将项目转让给政府。

基础设施特许经营具有如下特征:

(1)政府授权。即政府向获得项目投资或经营权的公司授予专营权。

(2)竞争选择。即在经营主体的选择过程中引入竞争机制,一般通过公开招标选择经营者。

(3)项目运作。以项目为基础设立项目公司,由该项目公司负责特许经营具体事务。

(4)协议约束。政府和特许经营主体双方用协议的形式界定各自的责、权、利。

(5)有限经营。项目特许经营权有明确的经营期限。

(6)移交转让。经营期满后,项目公司向政府无偿移交或通过政府回购等方式转让经营项目。

6.3.1 公共部门与社会资本合作模式(PPP)

1. 基本形式

基础设施特许经营,本质上反映的是一种公私伙伴合作关系,因此,现在也将基础设施特许经营模式等同于 PPP 模式。

PPP(Public Private Partnership)指的是公私合作,即公共部门与私人企业合作模式。在中国,公私合作中的"私"并非狭义的私人企业,而是指社会资本,即依法设立且有效存续的具有法人资格的企业,包括民营企业、国有企业、外国企业和外商投资企业等。

因此,PPP 是政府与社会资本基于某个项目而形成的相互合作关系,双方通过合同或协议,明确各自的权利与义务,达成伙伴关系。通过这种合作,政府与社会资本共享投资收益,分担投资风险和责任,各方可以达到比预期单独行动更有利的结果。

PPP 模式下,公共部门和社会资本之间的合作是建立在政府信用和政府保证基础之上的。政府信用是社会公众对政府守信重诺的意愿、能力和行为的评价,反映了公众对政府的信任度。政府信用是 PPP 模式的基石。

2. 模式特点

(1)组织形式复杂

PPP 的组织形式非常复杂,既可能包括营利性企业,同时还可能有私人非营利性组织、公共非营利性组织等。合作双方不可避免会产生不同层次、类型的利益和责任的分歧。公共部门和社会资本追求的目标是不同的,从公共部门来讲,主要为解决公用事业发展资金不足的问题,提高基础设施建设和运营水平;从社会资本来讲,则是为了从项目中获取稳定的回报,并借此机会发展与公共部门的伙伴关系,进入新的投资领域。

当然,为保证特许经营的顺利实施,要求社会资本要具有较高的社会责任感和较强的社会参与意识,根据政府部门确立的目标,社会资本组织成立项目公司作为特许经营权人,承担特许经营协议合同规定的责任和义务。同时也对公共部门运用市场化的手段和监管能力提出了更高的要求。

PPP 项目操作复杂,步骤多,周期长,一般分为项目识别、项目准备、项目采购、项目执行和项目移交等 5 个阶段,每个阶段又可分为若干步骤,对政府的管理能力要求较高。实践中,政府往往难以独自完成整个操作流程,需借助法律、技术、财务、环境以及其他领域的专业顾问力量。合理选择并有效管理顾问团队,对 PPP 项目的顺利实施至关重要。

> **PPP 模式**:是政府与社会资本基于某个项目而形成的相互合作关系,双方通过合同或协议,明确各自的权利与义务,达成伙伴关系。通过这种合作,政府与社会资本共享投资收益,分担投资风险和责任,各方可以达到比预期单独行动更有利的结果。

(2) 引入市场化机制

为满足社会和经济发展对基础设施建设和运营的需求,政府面临的融资压力也越来越大。推进城镇化,修缮老旧设施,满足新进入城镇的居民的公共需求,以及完善公共服务缺失或供给不足地区的基础设施等,都是政府部门面临的挑战。大多数政府的财力有限,PPP模式可以调动社会资本参与基础设施建设,减少政府的财政压力。

PPP模式的实质是国家或相关政府部门在"国有国营"模式基础上,不同程度地吸引社会投资以拓展公共基础设施的资金来源,并提高公共产品或服务的供给质量和效率,即在公共基础设施领域引入市场竞争机制,推行市场化改革。

市场竞争的另一个显著好处是可以降低项目投资成本,提高项目管理水平和社会服务水平。

(3) 实现社会效益最大化

PPP模式能使参与各方实现"双赢"或"多赢",并最终实现社会效益最大化。这种模式的优点是合资公司完全按照市场化原则运作项目,通过公司主观上对利润最大化的追求,为降低成本而提高管理水平,为增加收入而提高服务水平,客观上保障了为公众提供良好交通服务的公共利益。

PPP模式主要包括委托运营(O&M)、管理合同(MC)、建设—运营—移交(BOT)、转让—运营—移交(TOT)等不同的运作方式。

委托运营(Operation & Maintenance)指政府将存量公共资产的运营、维护职责委托给社会资本,社会资本不负责用户服务,政府保留资产所有权,只向社会资本支付委托运营费。管理合同(Management Contract)指政府将存量公共资产的运营、维护及用户服务职责授权给社会资本,政府保留资产所有权,只向社会资本支付管理费。委托运营和合同管理的期限相对较短,而BOT、TOT等方式是PPP模式的主要运作方式。

6.3.2 建设—经营—移交模式(BOT)

1. 基本形式

BOT(Build-Operate-Transfer),即建设—经营—移交模式。典型的BOT融资方式,通常是由某个公司发起,其他公司参加,向当地政府提出建议或申请建设和经营某项目的许可。在取得政府同意后组建项目公司,并由政府授予该项目公司建设和经营特许权。项目公司负责筹集资金,设计和建设该项目(B);在与政府约定的特许经营期间,由项目公司对项目的运营进行管理(O),所获现金流量和收益的支配权归项目公司所有,用于偿还债务,收回投资;特许经营期满后,终止特许经营权利,项

> BOT模式:即建设—经营—移交模式。在取得政府授权后,项目公司负责筹集资金建设项目,并在与政府约定的特许经营期间负责项目的运营管理和收益支配,特许经营期满后将项目完整地无偿移交给政府。

目公司将该项目完整地无偿移交给当地政府(T)。

2. 模式特点

BOT模式的主要特点是可以减少政府的直接财政负担,减轻政府的借款负债义务。所有的项目融资负债责任都被转移给项目发起人,政府无须保证或承诺支付项目的借款,从而也不会影响其融资信用,避免了债务风险。

基础设施特许经营
BOT模式

BOT项目的参与人主要包括政府、项目承办人(即被授予特许经营权的私营部门)、投资者、贷款人、保险和担保人、总承包商(承担项目的设计、建造)、运营开发商(承担项目建成后的运营和管理)等。BOT结构的总原则是使项目众多参与方的分工责任与风险分配明确合理,把风险分配给与该风险最接近的一方。

3. 实施过程

BOT模式的实施过程大致可以分成准备、建设运营和移交三个阶段。

(1)准备阶段

准备阶段主要是政府选定BOT项目,通过资格预审与招标,选定项目承办人。项目承办人选择合作伙伴并取得他们的合作意向,提交项目融资与项目实施方案文件,项目参与各方草签合作合同,申请成立项目公司,并通过特许权协议,授予项目公司特许权。项目公司股东之间签订股东协议,项目公司与贷款人签订融资等主合同之后,另与BOT项目建设、运营等各参与方签订合同,提交开工报告。

(2)建设运营阶段

建设运营阶段又分为两个阶段:建设阶段和运营阶段。在建设阶段,项目公司通过顾问咨询机构,对项目组织设计与施工进行监督,安排进度计划与资金营运,控制工程质量与成本,监督工程承包商,并保证贷款人按计划投入资金,确保工程按预算、按时完工。运营阶段按照与政府约定的特许经营期,由项目公司对项目的运营进行管理,所获现金流量和收益的支配权归项目公司所有,用于偿还债务,收回投资。

(3)项目移交阶段

特许期期满时,项目公司把项目移交给政府。项目移交包括资产评估、利润分红、债务清偿、纠纷仲裁等,这个过程比较复杂。

4. 其他形式

在BOT模式之下,还衍生出几种新的模式,包括BOO模式、BOOT模式和BT模式。

(1)BOO模式

BOO(Build-Own-Operate)即建设—拥有—经营模式,是BOT模式的

一种衍生模式。该方式的特许投资人根据政府的特许权建设并拥有某项基础设施,但最终不将该基础设施移交给政府。

BOO 与 BOT 模式最重要的相同之处在于,它们都是利用私人投资承担基础设施项目。而二者的区别在于,在 BOT 项目实施整个过程中,项目设施的所有权掌握在政府手中,并且项目公司期满后要将项目的经营权交还政府。而 BOO 模式下,项目的所有权和经营权都属于项目公司,并且在期满后(如果有期限约定的话)项目也不交还政府。

(2) BOOT 模式

BOOT(Build-Own-Operate-Transfer),即建设—拥有—经营—移交模式,是 BOT 模式的另一种衍生模式。该模式下私有资本参与基础设施项目,在规定期限内拥有所有权并经营,并于特许期满后交还所有权和经营权。BOOT 与 BOT 的主要区别在于,前者在特许期内拥有项目所有权,后者则没有。另外,前者从项目建成到移交给政府这一段时间一般比后者长。对比两种模式后可以发现,相同投入条件下 BOOT 模式投资的项目比 BOT 增加了产权价值。如果项目预期收益较低,BOOT 模式可以用产权价值弥补项目收益不足的缺点。

(3) BT 模式

BT(Build-Transfer),即建设—移交模式,是项目公司自筹资金建设项目,项目建成后移交给政府,政府承诺在一定期限内将建设资金分期返还给项目公司。这种模式实际上是一种政府担保借债的模式,一般发生在政府和项目建设承包商之间。

6.3.3 移交—经营—移交模式(TOT)

TOT 模式:即移交—经营—移交模式。指政府通过出售现有已建成项目一次性筹得一笔资金用于新项目建设,项目公司在特许经营期内负责项目的运营管理和收益支配,特许经营期满后将项目完整地无偿移交给政府。

1. 基本形式

TOT(Transfer-Operate-Transfer),即移交—经营—移交模式,是指政府通过出售现有已建成项目在一定期限内的现金流量,从而获得资金来建设新项目的一种融资方式。具体来说,就是项目所在政府将已经投产运营的项目移交(T)给私营企业,一次性筹得一笔资金以用于新项目建设。经过特许经营期内的经营(O)之后,该私营企业将原来的项目移交(T)给该政府的模式。这样一来,一方面可以达到提前收回投资的目的,另一方面也为政府与私人之间的投资合作提供了一种新途径,借助私营企业的经营管理经验,提高基础设施项目的运行效率。

2. 模式特点

TOT 与 BOT 两种融资方式都是通过引进私营资本参与基础设施建设,

是解决基础设施建设资金不足问题的途径。但是二者也有许多不同的特点：

(1) 项目运行包含阶段不同

BOT 模式包括了项目的建设阶段，需要政府机构、项目公司、商业银行、项目承包商等诸多方面的参与者。同时，大型交通基础设施建设耗资巨大、建设周期长，需要众多的参与方相互信任、协作、配合，这无疑增加了项目进展的复杂性和难度。相比之下，TOT 模式要简单一些。这种方式运作过程省去了建设环节，仅通过项目经营权移交来完成融资。

(2) 私营企业面临的风险不同

由于 BOT 投资项目周期长，不可避免地存在多种风险。根据已有的一些实践，影响 BOT 项目风险的主要因素有融资成本高、金融市场的变动、东道国政局的稳定性、债务风险以及与经营方式相关的风险等。而 TOT 模式没有建设环节，投资方不需要承担建设阶段和试生产阶段的大量风险，明显地降低了私营企业和私营资本面临的风险。

基础设施特许经营 TOT 模式

(3) 法律环境要求不同

许多国家在外资法等范围内就能解决 TOT 模式所产生的大部分问题。TOT 模式有已建成的项目资产作为担保，即使在法律体系尚不健全的条件下，也能有效地吸引投资者。

(4) 项目融资成本不同

BOT 模式操作过程从项目建设开始非常复杂，中间环节较多，其融资成本也随之增高。由于 BOT 模式包括项目建设期，因此不可避免要承担建设风险。采用 TOT 模式只涉及项目运营阶段，从而使投资风险大幅度下降。相应地，TOT 项目投资人的预期收益率会合理下降；加之项目实施过程的简化，评估、谈判等方面的费用下降，也就降低了项目的融资成本。

(5) 项目实施复杂程度不同

从项目的运作过程看，采用 BOT 模式必须经过项目确定、项目准备、招标、谈判、文件合同签署、建设、运营、维护、移交等阶段，操作过程复杂。而 TOT 模式是对已有项目转让经营权，仅涉及项目的生产运营阶段，不涉及所有权问题，其运作过程要大大简化。

6.4 载运工具的效率与使用寿命

6.4.1 载运工具的构成类型

除了管道以外，其他的交通运输方式都需要使用移动运输设备，即载运工具。只有通过载运工具在固定设施上的移动，才能完成旅客和货物

载运工具：移动运输设备，只有通过载运工具在固定设施上的移动，才能完成旅客和货物的空间位移。对应于不同的运输固定设施，需要不同类型的载运工具。

的空间位移。对应于不同的运输固定设施,需要不同类型的载运工具,比如公路交通的载运工具是汽车,铁路运输的载运工具是机车车辆,水路运输的载运工具是船舶,航空运输的载运工具是飞机。

1. 汽车

汽车按用途一般可分为轿车、客车、载货汽车、牵引车、专用运输车和特种车等。

> 汽车:主要分为轿车、客车、载货汽车、牵引车、专用运输车和特种车等。

(1) 轿车

轿车又称小客车,座位一般不超过9人(包括驾驶员座位),主要供个人使用。轿车一般按发动机排量进行划分,比如微型轿车(发动机排量在1L以下)、普通轿车(发动机排量为1~1.6L)、中级轿车(发动机排量为1.6~2.5L)、中高级轿车(发动机排量为2.5~4.0L)、高级轿车(发动机排量为4.0L以上)。

(2) 客车

客车座位为9人以上(驾驶员座位在内),包括通常人们熟悉的城市公共汽车、公路客运汽车、旅游客车等。客车一般按车身长度进行划分,主要有微型客车(车身长度在3.5m以下)、轻型客车(车身长度为3.5~7m)、中型客车(车身长度为7~10m)、大型客车(车身长度为10~12m),以及特大型客车(包括车身长度大于12m的铰接式客车以及双层客车)。

(3) 载货汽车

载货汽车俗称卡车,主要用于运输货物,其驾驶室内可容纳2~6名乘员。货车一般按其总质量分级,主要有微型载货汽车(总质量小于1.8t)、轻型载货汽车(总质量为1.8~6t)、中型载货汽车(总质量为6~14t)、重型载货汽车(总质量大于14t)。

(4) 牵引车

牵引车专门用于牵引挂车或半挂车,由专门的牵引车牵引的为半挂列车,由普通汽车牵引的称为全挂列车。

(5) 专用运输车

专用运输车按运输货物的特殊要求设计,有专用车厢并装有相应附属设备的运输车,如自卸汽车、液罐汽车、冷藏汽车、散装水泥汽车、集装箱汽车等。

(6) 特种车

特种车是根据特殊的使用要求设计或改装的车辆,主要执行运输以外的特种作业,如救护车、消防车、垃圾车、洒水车及各种工程车等。

2. 铁路机车车辆

> 铁路机车车辆:主要分为内燃机车、电力机车、动车组、客车车辆、货车车辆等。

铁路机车是列车的动力来源,因此机车的台数与牵引力大小均影响列车的行驶速度与服务质量。理想的机车除了能够提供足够的马力之外,在维修保养方面也具有方便性,可以提高运营效率。铁路车辆包括客车车辆和货车车辆。现在较常用的机车车辆有下列几种类型。

(1) 内燃机车

内燃机车利用柴油作燃料,以内燃机运转发电机产生电流作为动力来源,再由电流牵引电动机使其带动车轮转动。

(2) 电力机车

电力机车是利用机车上的受电弓将轨道上空的接触电线网的高压电直接输入至机车的电动机,再将电流导入牵引电动机,使之带动机车轮。电力机车具有速度高、牵引力大的特点。从能源消耗的角度来说,电力机车的能源适用范围很广(因为各种能源方式都容易转换为电力形式),而内燃机车受制于不可再生能源石油的影响,未来也将逐渐被替代。

(3) 铁路车辆

铁路营运主要是载客与运货,因此除了提供动力的机车外,还需能载客或装货的车辆。铁路车辆包括客车车辆和货车车辆。为了满足各种不同类型的旅客需求,则需配备各种不同等级的客车;为了运送不同的货物,则需配备各种类型、不同功能的货车。

(4) 动车组

动车组是将驾驶室及动力与客车合在一起的车辆。动车组也是电力牵引,主要用于高速铁路旅客运输。

3. 运输船舶

(1) 客船

凡以载运旅客为主要业务且搭载旅客超过 12 人的船舶称为客船。客船多以定期方式经营,兼营邮件、行李及贵重物品。一些专门用于旅游服务的客船因需给予旅客舒适、便利、安全、准时等待遇,故多称为豪华客船、快速客船,或称为游船。

(2) 客货船

客货船兼载旅客和货物。有的以客运为主,有的以货运为主,不尽相同,但只要是客货船必有一共同的特点,即必须兼顾客船和货船两方面之优点而避免其缺点。例如装卸设备必须采用电动,以免噪声妨碍旅客安宁;有完善的旅客生活起居设备;有合乎规定的救生、防水、防火及各种安全设施。

(3) 货船

以载运货物为主要业务的船舶称为货船。在当今世界,商队船中绝大部分为货船,由于造船技术的进步,使得货船在性能、设备方面日益改进,并为适应各种特殊货物而制造出各种不同的专用船舶。

> 运输船舶:主要分为客船、客货船、货船等。

①杂货船。定期行驶固定航线港口,以装运零批件货或装运不能集装箱化的杂货为主要业务的商船。因所装货物种类繁多,须具备装载各种不同货物货舱与设备,以及稳定设施和通风设施等。传统杂货船兼具有装运集装箱设备者,称为半集装箱船。

②冷冻船。凡将鱼、肉、蔬菜、青果等货物装入保持一定温度冷冻船舱或冷藏舱内从事运输的船舶,称为冷冻船或冷藏船。冷冻船一般在其货舱内装有调节空气温度与湿度的冷藏机器及设备,货舱舱壁及甲板、舱盖等均加装隔热材料以保持舱内温度。

③集装箱船。载运规格统一的标准集装箱的货船。集装箱船具有装卸效率高、经济效益好等优点,因而得到迅速发展。集装箱船有全集装箱船,即除了装载集装箱外,不兼载其他零批货或散装货的集装箱船;还有多用途船,即除了装载整箱集装箱货物外,亦兼载其他零批杂货或散装货。

④木材船。专门用以运输木材或原木的船舶。船舱宽大,舱内无梁柱及中层甲板,甲板两侧舷墙加高,以便甲板上亦能装载木材。

⑤液体货船。这类船舶多用以装运特种液体货物,如化学品类的硫酸、液化石油气、液化天然气及液体硫黄之类的货物。这类船舶多为将船舱分隔成若干密封货舱,彼此绝对隔离,管道及货舱内壁镀有特殊金属,以防腐蚀。无舱口,无吊杆设备,以管道等装卸液体货物。

⑥车辆运输船。专门用来运送车辆的船舶。将车开入车辆运输船,到达目的地后,直接开出船舱,无须起吊装卸设备,但设计有驶入驶出车道及舷门,甲板层数也较一般船舶为多,甲板上也都有系拴车辆设备,以免海上颠簸倾倒碰撞。

⑦油轮。以散装方式运输原油或燃料的专用船舶,是近年货船专业发展最快的船舶。油轮一般利用管道卸油,装卸速度很快。

⑧大宗散货船。包括专门运输煤炭、矿石、粮食等的货船,这种货船一般装载量大,有专门的装卸设备配合使用。

4. 飞机

飞机:主要分为客机、货机等。

民用飞机是指用于从事客货运输的非军用飞机,按用途分为客机和货机,主要考虑速度、爬升、续航和起降等性能指标。

(1)客机

客机是运送旅客的飞机,机身内有客舱、行李舱和服务舱。为了保证旅客的安全、舒适,高空飞行的现代客机客舱都是增压密封舱,舱内装备有旅客座椅及空调、供氧、救生等生活服务和安全保证设备。

(2)货机

货机是运送货物的飞机,机身内有货舱,舱内设有装卸货物和集装箱的辅助设备,如起重、滑动装置和货物固定设备等。

6.4.2 载运工具的大型化趋势

1. 平均吨位成本下降趋势

伴随科技的进步,存在随着载运工具个体的增大以及载运能力的提高,单个载运工具的平均运输成本逐渐降低的经济现象,即载运能力经济性。载运工具大型化的经济性表现在两方面:平均吨位建造成本的下降和平均吨位运行成本的下降。

(1) 平均吨位建造成本下降

例如,船舶建造成本增加与船舶吨位增加的关系服从所谓"2/3 定律",即船舶的建造成本大体与船舶的表面积成正比,而船舶的装载能力与船舶的体积成正比,从而导致船舶的表面积与其载重能力的增长关系接近2:3。因此,船舶的平均吨位建造成本可以随着船舶越造越大而不断下降。

(2) 平均吨位运行成本下降

大型船舶的平均吨位运行成本则显示出更为明显的优势,其中的一个原因是,航行的人工成本取决于船舶设计时所确定的固定岗位多少,而不是取决于船舶的吨位大小,船员的数量已经由于船舶自动化的实现而大大减少。当然也有些运行费用与船舶吨位大小的相关性更密切些,例如船舶的维护费用和燃油费用。流体力学也可以证实,如果保持船速不变,那么燃油消耗的增加要小于船舶吨位的增加。因此大型船舶的使用显然具有经济性。

2. 停泊装卸成本对大型化的影响

与船舶运行有关的另一种成本,即船舶的停泊装卸成本呈现出不同的变化趋势。船舶越大,其在港口停靠以便进行装卸所需要的时间也越长(载重量增加一倍,装卸时间至少增加30%),虽然集装箱化已经使装卸效率大大提高,但船舶的港口停靠时间仍然十分可观。一般海船每年停靠港口所耗费的时间要长于其在海上航行的时间,即便是集装箱轮,每年也有20%~30%的时间是在港时间。船舶的在港时间延长,就会减少其每年的航行次数,又会减少其实际载运货物的数量。另一方面,船舶过大也会增加港口一次集中或疏散足量货物的难度,而如果由于港口堆场面积和装卸设备的不配套,则问题可能进一步加剧。因此,平均港口成本会由于船舶载重过大而上升。参见图6-3。

船舶的平均完全成本应该是平均吨位成本与平均港口成本之和。在图6-3中,最佳的设计载重量是 Q^*,它是综合考虑大型船建造及运行成本优势与港口劣势的平衡点。在最近的几十年中,由于货物装卸技术的

> 载运工具大型化的经济性表现在两方面:平均吨位建造成本的下降和平均吨位运行成本的下降。

创新,特别是集装箱化的普及,已经使港口成本曲线明显下降,同时使平均完全成本曲线不断右移,因此新船也得以越造越大。

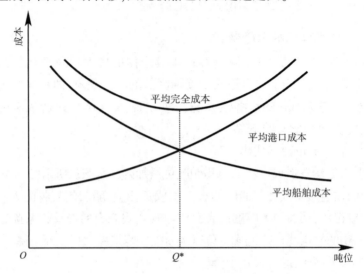

图 6-3　某一航线上最优船型的确定

对于卡车来说,也有类似的规律。随着车轴数量的增加与车体的增大,卡车的平均运输成本逐渐降低。近年来,随着车辆制造技术的进步,卡车的运输能力已经大为增加,平均运输成本也降低到了令人惊讶的程度。

3. 实载率对大型化的影响

在实际运输中,即使卡车的大型化可以降低平均运输成本,也不会导致所有的车主都购置大型卡车,因为这里存在一个能力充分利用的问题,也就是说必须尽可能提高卡车的实载率,否则卡车越大浪费越严重,这也成为公路运输业降低成本或提高效率的一个关键。

实载率是指载运工具实际装载的货物质量与其额定装载重量的比值。卡车实载率的保障显然是有难度的。货运需求存在地区不平衡性,在某些运输方向上,相对较小的运输需求可能永远也无法满足车辆的经济装载量。其次,货运需求的分散性和货运信息的不对称也导致了车主很难获得运输市场上的有效信息,使其难以找到合适的消费者。此外,对于货运需求者来说,追求较大的装载量固然可以降低平均运输成本,但也有可能导致运输服务的其他方面出现问题,例如更复杂的装卸搬运、更多的货损货差、更高的储存成本等。因此,对于大小不一的载运工具的需求都会存在,小型载运工具的拥有成本更低,对车主的收入水平要求更低,在运输市场不景气时车主的承受能力也相对更高。

在运输市场中,大型载运工具和小型载运工具都有存在的必要,各类型载运工具的比例就形成了运输市场的运力结构。理论上,可能存在所谓的最优运力结构,但实际上,这是一个运输市场中千千万万供给者与需求者的群体选择问题,由于运输需求和供给的时空差异,加上供需双方之间交易信息的不完全,运输需求与供给的完全均衡很难实现。从供给者的角度,需要通过合理的运输组织手段,减少载运工具的效率损失。例如,可以通过载运工具的中转运输来充分利用大型载运工具的成本优势与小型载运工具的灵活性,这便属于运输组织的范畴。

6.4.3 载运工具的经济装载量

1. 经济装载量的确定

运输业的产品是旅客与货物的位移,然而除了管道以外,运输服务却是以在线路上运行的载运工具(车、船、飞机、列车等)为单位进行组织的。载运工具的成本和供给特性在不同运输方式之间甚至同一运输方式内部都是有差别的。对于不同的需求批量,不同载运工具的经济性大不相同。从供给者的角度,涉及载运工具的经济装载效率问题。

就货物运输而言,在载运工具类型已定的情况下,运输业者选择装运多少的目的是使提供运输服务的利润最大化。根据经济学的基本原理,供给者应当将产量置于边际收益等于边际成本处。所谓边际收益是指供给者在已提供一定产量的基础上再提供一个单位的产品所带来的额外收益,边际成本是指供给者在已生产一定产量的基础上再生产一个单位的产品所带来的额外成本。相关原理在第8章有详细的阐述。

对于某一具有确定的起讫点和市场运价的运输过程来说,由于运输距离和运价是固定的,运输供给者的产量就是载运工具的装载量。因此,运输供给者应当将装载量定在运输的边际收益等于边际成本时的水平上,我们将此时的装载量定义为"经济装载量"。图6-4可以说明装载量选择的问题。

图6-4中,横坐标为载运工具的装载量,纵坐标为运输成本或价格,L_{max}为载运工具的额定装载量(也就是最大装载量),P为这次运输的市场运价(也是供给者的边际收益)。

AFC曲线代表载运工具的平均固定成本。固定成本是与装载量无关的费用,例如车辆的时间折旧、固定税费、司乘工资等,随着载运工具装载量的增加,平均每一吨货物所分摊到的固定成本呈逐渐下降的趋势。AVC曲线代表载运工具这一运程的平均可变成本,主要包括燃料消耗、物理折旧、维修费用以及其他一些变动开支,它是一条稍微逐渐上升的曲线。AVC曲线后期逐渐上升的一个原因是随着装载量的增加,载运工具的使用强度渐渐增加,其平均燃料消耗、维修费用等会有所提高。AFC曲线与 AVC 曲线的叠加是载运工具这一运输过程的平均成本曲线 ATC。对于某一次特定的运输过程来说,在载运工具的额定装载量内,平均成本曲线基本随着装载量的增加呈下降趋势。

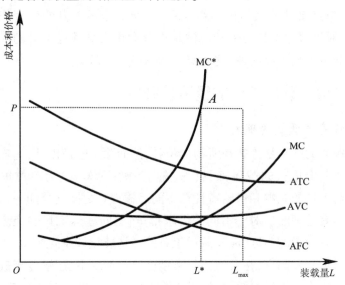

图 6-4 载运工具经济装载量

MC 曲线是载运工具的边际成本,即在一定装载量基础上,每增加一个单位的装载货物带来的成本的增加量。注意 MC 和 ATC 是两个不同的概念。理论上,这次运输过程的经济装载量由边际收益曲线(P)与边际成本曲线(MC)的交点所确定。一般情况下,如果运输过程货品单一且货源充足、只有门到门起讫点(没有中途装卸货物的停靠点),P 与 MC 的交点会超出载运工具额定装载量的范围,也就是说,载运工具额定装载量 $L_{\max}$ 就是这次运输的经济装载量。

2. 影响经济装载量的因素

如果装载量达不到经济装载量,载运工具的运输能力出现闲置,这当然是不经济的;而如果载运工具的装载量超过了经济装载量,在经济上也是无效率的行为。因此,运输供给者应当选择经济装载量为最佳装载量,因为这样可以获得这次运输服务的最大利润。实际上,很多因素都会影响载运工具的经济装载量。

(1)载运工具类型的影响

不同类型的载运工具,其成本曲线的形式不同,经济装载量也千差万别。即使对于同一类型的载运工具来说,由于货运需求的多样性与复杂性,加之每一台车辆、每一架飞机、每一艘船舶或每一列火车的具体状况与使用环境也不尽相同,其运输过程的经济装载量也存在差别。

(2)运输广义费用的影响

运输广义费用也称为运输广义成本,是从需求者(即货主)的角度感受到的运输成本,不仅仅包括运价,还包括由于运输时间的延误、货损货差的发生等带来的成本。

额外的运输时间延误常常发生在大容量的载运工具,比如成编组的铁路货运列车上。为了满足整列车的满载,需要从多个货运站集结货物,或者中途有多个停靠站进行货物装卸,或列车解编组作业,这样大大增加了运输在途时间,为货主带来了额外成本,虽然这些成本并没有体现在运价上,但当这些非直接货币支出的成本超过了其承受度时,原本的货运需求可能会流失。

这种情况下,运输供给者需要特别重视经济装载量问题,不能把追求满载、满足额定装载量作为目标。经济装载量依然是由边际收益曲线和边际成本曲线的交点所决定的,只是此时的边际成本曲线并非原先的 MC,而是要考虑运输时间延误等因素所决定的需求者角度的运输广义成本 MC^*。运输时间延误等因素使得边际运输广义成本 MC^* 随着装载量的增加而急剧上升,这种情况下,MC^* 与边际收益曲线(P)的交点所决定的经济装载量 L^* 一般都会小于额定装载量 L_{max}。

(3)货运需求不平衡性的影响

众所周知,载运工具的运输存在"返程问题"。由于货运需求的地区不平衡性,载运工具在满载方向的运输收益一般都考虑了返程空驶的成本。因此,对于返程运输,供给者一般都愿意接受比较低的边际收益(即较低的运价 P),或者不愿等待更长的时间集结货物从而引起较高的边际成本,这些情况都会使返程方向的经济装载量小于满载方向的经济装载量。

6.4.4 载运工具的使用寿命

同人类一样,载运工具也有自己的生存期限,不过长短差别很大。我们把载运工具从投入市场开始到被市场淘汰为止所经历的时间,称为载运工具的寿命周期。一般将载运工具的寿命分为物理寿命、技术寿命和经济寿命三种类型。

1. 物理寿命

物理寿命指载运工具从开始使用,直到它们的物理性能损耗到不能或不宜继续使用、退出运输过程为止的时间。载运工具的价值一般来说都会随着其使用时间或行驶距离的增加而减少,这些有形损耗是由于使用和自然力的影响而引起的,因此载运工具物理寿命的长短与载运工具

载运工具的寿命周期:载运工具从投入市场起到被市场淘汰为止所经历的时间。

物理寿命:指载运工具从开始使用,直到其物理性能损耗到不能或不宜继续使用、退出运输过程为止的时间。

的质量、使用条件、使用强度和使用维修技术密切相关。

2. 技术寿命

技术寿命：指载运工具从开始使用到因技术性能落后而被淘汰所经历的时间。

技术寿命指载运工具从开始使用到因技术性能落后而被淘汰所经历的时间，称为载运工具的技术寿命。由于载运工具生产制造工艺技术的发展，原有载运工具的无形损耗加剧，当技术更先进、功能更强、完全可替代的新载运工具生产出来后，原来的载运工具在技术上就应该被淘汰了，尽管有些在物理性能上还能使用。

3. 经济寿命

经济寿命：载运工具从投入使用，直到从经济效益方面考虑不宜继续使用、退出运输过程为止的时间。

经济寿命指载运工具从投入使用，直到从经济效益方面考虑不宜继续使用、退出运输过程为止的时间。虽然依靠维修可以延长载运工具的物理寿命，但随着役龄的增加，技术状况不断恶化，维修费、燃油费等运营费用不断增加。载运工具使用的经济效益将逐渐降低，以至于从经济上考虑需要淘汰。

图6-5中的横坐标为车船使用天数，纵坐标为载运工具的按天分摊的平均使用成本。

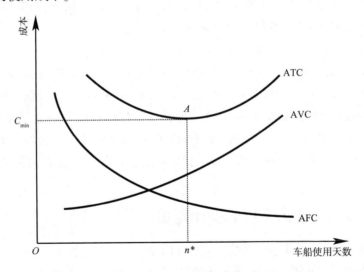

图6-5 载运工具经济寿命

AFC曲线代表载运工具分摊到每天的平均固定成本，这是一种资本成本，与市场的利息率有关。由于车船的购置费用和运营管理费用是相对固定的，因此随着这些载运工具使用天数的增加，平均每车（船）每日所分摊到的单位固定成本应该逐渐下降。

AVC曲线代表载运工具分摊到每天的平均变动成本，主要包括每天的燃料消耗、维修费和物理折旧费，它是一条先水平然后逐渐上升的曲线。AVC曲线后期逐渐上升的一个原因是，随着车船使用天数的增加，

载运工具的寿命周期

设备磨损程度增加,其燃料消耗和维修费用会大大提高;另一个可能原因是,如果车船的使用强度超过其原有的设计标准,那么它的使用寿命就会缩短,因此必须加速折旧,每天计提的折旧费会增加。

AFC 曲线与 AVC 曲线的叠加是载运工具的平均完全成本曲线 ATC。易见,随着车船使用天数的增加,ATC 存在极小值点 A 对应的平均完全成本为 $C_{\min}$。A 点对应的车船使用天数 n^*,即为其经济寿命。从经济性的观点考虑,当载运工具的使用达到某一年限后,继续使用会导致年均运输成本的增加,在经济上将是无效率的行为。因此载运工具的经济寿命为其最佳更新时机。

总结与提要

关键概念:交通运输基础设施,运输网络的互补性,运输网络的替代性,规划,规划程序,规划要素,基础设施特许经营,PPP 模式,BOT 模式,TOT 模式,载运工具,载运工具的寿命周期,物理寿命,技术寿命,经济寿命。

重点掌握:交通运输基础设施的特性,费用难以归依性,交通运输服务层面的市场机制,交通运输基础设施层面的规划机制,规划过程,规划特征,交通运输规划制度内容,PPP 模式特点,BOT 模式特点,TOT 模式特点。

一般理解:基础设施,交通运输基础设施的构成,交通运输规划的层次性,载运工具的构成,载运工具的大型化趋势,载运工具的经济装载量。

案例与阅读

6-1 机场盈亏算大账

2012 年,全国 134 个机场亏损约 29 亿元,平均每个机场亏损约 2000 万元,主要是由于机场负债经营造成的。社会上有一些声音,觉得全国 70% 以上的机场亏损,机场是不是建多了。这是对机场的定位、属性和作用存在认识偏差。

机场属于公共基础设施,机场建设投入不应计入机场的经营性资产。这 134 个机场自身的确亏损,但还要看到,这些机场覆盖了全国 77% 的县、91% 的地区,带动国内生产总值至少在 3 万亿元以上。

看一个机场的盈亏要算大账。例如,江苏淮安自2010年建成机场通航以来,吸引了850多家台资企业落户,成为全国第四大台资聚集区,2012年实际到账的招商引资额已突破20亿美元。粗略估计,淮安机场每年亏损1000万元,但带动的财政收入超过50亿元,当地领导曾对我说,这是"点上种金,面上收银"。

　　"要开放,修机场"。因为修机场、开航班,背后连着产业链。由于注重利用机场区位优势吸纳新兴产业,郑州机场及周边呈现出航空枢纽建设和航空偏好型产业互动发展的良好局面,成为全球最大的智能手机生产基地,汽车及零部件、食品、服装等产业实力雄厚,冷链物流发展水平全国领先。2012年,郑州机场货邮吞吐量增长47.1%,航空港经济区内进出口总额完成307亿美元,占郑州市当年进出口总额的80%。

　　两三公里的跑道,能够建立起与世界的便捷联系,对欠发达地区尤其重要。2008年黑龙江漠河机场正式通航后,漠河变成了一个高端旅游城。2007年,漠河旅游人数仅13.5万人,旅游收入8840万元;2012年,全县旅游人数达135万人,旅游收入12亿元。发展航空经济,可以通过农产品运输和销售的现代化来促进农业现代化。云南迪庆有了机场后,松茸空运到国外显著升值。2012年从迪庆空运出口松茸841万美元,占迪庆出口额的59%。当地老百姓说:"当别人的货还在拖拉机上的时候,我们的货已经在国外市场了。"

　　航空运输还是塑造城市、发展城市的主力,用句形象的话说,就是"城市围着机场建,机场牵着城市走"。现在全球已进入航空经济时代,城市的建设发展要考虑航空运输的因素,城市的转型升级要考虑航空经济的因素。例如,湖南湘西凤凰县自身没有机场,但考虑到航空运输对发展旅游业的重要性,跨省与贵州铜仁机场开展合作,铜仁机场改名为铜仁凤凰机场,使凤凰县具备了航空运输优势。

　　我国的机场不是建多了,而是远远不够。我国每万平方公里仅有0.19个机场,远低于美国(0.57个)、欧盟(0.92个)、日本(2.59个)等发达国家和地区,也低于印度(0.38个)、巴西(0.85个)等发展中国家。因此,机场建设还要加快,特别是支线机场,还可以再快一点儿。早建机场,早开航线,就可以早日融入全国乃至全球市场。

　　(摘编自:人民网.2013年5月17日.中国民航局局长李家祥在中国民航发展论坛上的发言,记者白天亮整理)

6-2　美国的交通规划制度

　　美国的交通规划制度经过长期的发展演变已经相对比较成熟。1991年出台的IST-EA法(The Intermodal Surface Transportation Efficiency Act,地面多式联运效率法)规定"国家多式联运系统需要关注所有运输方式的一体化和相关性,还要考虑未来的运输系统,减少能源消耗和空气污染,并促进经济发展,保障国家在世界商业贸易中的地位"。该法首次对各州运输部和都市区规划组织的规划提出了需要考虑的诸多要素,确保地方政府从综合性角度编制交通规划,同时联邦政府还可以根据这些规划要素对规划方案进行评价与审批。

美国采取的是分级交通规划体系,在该体系中上一级政府负责评价并审批下级政府的有关规划。

(1)国会负责制定运输政策、立法并批准交通资助的总预算。

(2)运输部负责编制国家运输业发展的战略规划,并会同其他联邦机构审批各州交通规划。

(3)各州运输部负责指导有关都市区规划组织编制地区交通规划,并编制州的长期交通发展规划和短期执行计划。

(4)都市区规划组织会同地方政府编制都市区和地方交通规划。

(5)大学、交通企业和各类咨询机构参与有关规划的研究工作。

以都市区规划编制与实施程序为例:

首先,都市区规划组织要确保区域交通决策和联邦法律的一致性。联邦法律中规定的都市区规划程序要求美国所有的都市区规划组织都必须提交两个基本文件:

(1)财政约束下的长期交通规划(Financially Constrained Lon Range Transportation Plan,即LRP),时间跨度大概25年左右。

(2)运输改进方案(Transportation Improvement Program,即TIP),其中要详细列出在今后六年时间里能够得到投资的项目和设计方案。

只有包含在LRP和TIP中的运输项目,才能得到联邦的投资。LRP和TIP的投资必须是"预期能够合理获得的",以确保规划能够变成现实。除此之外,大都市必须确保LRP和TIP中的项目满足区域的空气质量改进目标,这是联邦《净化空气法》中的要求。都市区规划组织还必须依照联邦法律、规章和政策的规定,确保区域运输规划不会对区域的低收入人群或少数民族团体产生负面的不良影响。

其次要对TIP中各种资金的来源进行详细解释,包括联邦的和非联邦的资金,以及各个阶段资金的合法使用和资金获得与约束的背景条件:

(1)要求TIP必须提交一份财政规划,该规划主要是明确TIP每一年可以获得多少资金。如果利用了新的资金或债券,规划中需要明确和解释相关的前提假设,包括债务的偿付方式和年限。所有的财政假设都要反映在财政规划中,包括收益的假设,如税、费提高到合适的水平或当局者的义务。财政规划的目的是为了确保TIP中包含的方案在实施期间能够获得足够的资金。

(2)进入TIP执行阶段,应该对TIP的资金利用进行概括总结,比如资金的授权、资金使用方式、资金的分配状况等。通常情况下会要求提供一张简图,显示资金分配百分比,比如重修和新建的百分比,或者公路、地方道路、公交和步行及自行车之间的资金分配。

最后,美国公众可以在规划编制、审批和实施的各个阶段,通过不同的形式参与其中。为了避免公众参与只是成为交通规划中的口号,美国的联邦法案中明确要求每个大都市规划组织和州必须将公众参与程序公布于众,并展示一段时间,确保"为所有人提供一个全面、充分和开放地了解规划的途径"。

(摘编自:荣朝和,丁琪琳,等.交通规划的综合框架与方法[M]//王庆云.交通运输发展理论与实践.北京:中国科学技术出版社,2006:668-675)

作业与思考

1. 交通运输基础设施的特征有哪些?
2. 交通运输资源配置有什么特点?
3. 规划的本质是什么?有何基本特征?
4. 交通运输规划制度包括哪些主要内容?
5. 什么是规划要素?
6. 简述交通运输规划的层次性。
7. 交通运输规划机制重点解决什么问题?
8. 什么是公路的级差效益?
9. 如何理解交通运输基础设施的费用难以归依性?
10. 运输网络的互补性和替代性分别指什么?
11. 什么叫基础设施特许经营?
12. 举例说明什么是 PPP 模式。
13. PPP 模式有什么特点?
14. 什么是 BOT?什么是 TOT?二者有什么区别?
15. BOT 的实施过程分哪几个阶段?
16. BOT 和 BOOT 的主要区别是什么?为什么需要 BOOT 方式?
17. BOT 和 BT 的主要区别是什么?
18. 载运工具大致有哪几类?试选择两种进行比较。
19. 什么是载运工具的经济装载量?
20. 分析影响载运工具经济装载量各因素的作用机理。
21. 如何理解载运工具的大型化趋势?
22. 载运工具寿命的类型有哪些?它们之间有什么样的联系和区别?
23. 如何确定载运工具的经济寿命?

问题与研讨

6-1 关于京沪高铁沿线车站设置的分析

如果你到一个陌生的城市,不知道火车站位置,随便问一位当地人,都能给你指出来,不过要打听即将正式运营的京沪高铁沿线车站,当地出租车司机都不一定知道,因为大部分车站都是新建的,有的还远离城区。

京沪高铁沿线车站为何大部分都选择新建?京沪高速铁路股份有限公司副总经理赵先生是这样解释的,部分旧站周围已经发展成为当地的现代化商业中心,无论是在旧站的基础上增加线路还是把车站建在城市中,都会有很多的不方便,而且新车站的建设要和当地政府的城市规划结合起来,不是铁道部一家能够做决定的事情。

赵先生:高速铁路速度比较快,选线上面也有些要求,要求半径比较大一点,还有就是整体拆迁这一块,如果进入老城区拆迁量是相当大的,铁路部门在选择的时候是充分考虑地方政府的意见。比如说最典型的苏州这个站,根据当时我们对当地经济发展的认识,认为这个点不应该放这么远,但是地方有地方的考虑,以后要向这个方向发展。

赵先生所提到的苏州站距离苏州市中心有10km,这个距离的确不能说很方便,赵先生指出,地方政府的布局主要是想让车站所在区域能够借助高铁的优势不断向外扩展,缩短地区之间的发展差距。

赵先生:像徐州、苏锡常这些地区,对当地经济最大的一个促进是新区的形成,济南原来有个大学城,马上又要开一个世界性的展览会,又形成一个新城,和高铁站附近的这个新城就连起来了,就形成了济南地区的一个新的城市群,等于说把城市拓展了,这种拓展是经济的一种必然。

据了解,关于高铁车站的建站地点,一般是由各地政府部门自行选址,然后向铁道部报批。各沿线城市政府在几乎每一个高铁车站的周边2km范围内,都做了相应的规划。出于拉动经济发展的考虑,很多站点都被设在了比较偏远的区域。不仅仅是刚才提到的苏州站,新建的沿线天津南站距京津城际列车停靠的市中心车站有25km,目前还没有可以直达的交通工具;还有新建的沿线安徽定远站,是建在了距县城还有18km的乡下,目前也还没有直通的公交车辆,当地人说这18km的路不太好走,建议记者开越野车前往。可见要达到真正快捷方便的目的,到达沿线车站的道路等配套设施也必须迅速跟上才行。

京沪高铁的通车,为经停站的地方,尤其是经济欠发达地区,的确提供了一个难得的发展机遇,但有观点认为,高铁的开通,将可能使会展经济、楼宇经济等高端产业更多地向北京、上海等发达城市聚集,如果地方缺乏明确定位和思路,在这个过程中恐怕只能充当"过道"的角色,最终什么也留不下。

(摘编自:中国广播网.2011年6月26日.京沪高铁沿线车站普遍远离市区需完善配套设施,记者胡波)

6-2 关于珠三角地区机场布局的分析

珠海机场1995年建成投入使用,按国际民用机场标准规划、设计和施工,设计年旅客吞吐量为1200万人次。至此,珠三角地区在半径不超过200km的范围内分布着五个机场:珠海机场、深圳机场、广州机场、香港机场和澳门机场。五大机场相距不远,同属一个市场。理论上来说,到珠海、深圳、广州、香港、澳门中的任何一个地方,五个机场都可以选择。但如此密集的航空机场,也造成各机场间过度竞争、客源分流。

2003年珠海机场完成旅客吞吐量不足60万人次,仅及当时设计能力的1/20。记者从北京直飞珠海,落地后从机场到市区一个多小时车程。回来的时候,同事却建议不从珠海出发,走深圳回北京,因珠海航班太少,可选择的时间和机型都不多。从珠海到深圳机场也一个多小时车程。如果是从北京到香港,很多人习惯先飞深圳,从罗湖过关到香港。因为直飞香港的航班要比飞深圳的航班贵四到五成。

2004年,五大机场开始合作。香港机管局与深圳机场联合推出"经港飞",为深圳机场额外增加20万旅客吞吐量,占内地经港出国旅客的一成左右,这无疑是一个深圳机场、香港机场、旅客三赢的合作。香港国泰航空的机师培训放在珠海机场,珠海机场也有意与香港机场合作,承担香港机场部分国际货运。到2012年,珠海机场年旅客吞吐量达到了209万人次,约为2003年的3.7倍。

2013年,在"珠三角地区五机场主席会议"上,围绕"创新发展模式,增强整体竞争力"主题,五大机场进一步深化了珠三角地区航空运输的合作。珠海机场也进入了快速发展轨道,2014年珠海机场旅客吞吐量达到了407.5万人次,比2012年增加约200万人次。同时区域内的其他机场也实现了航空运输吞吐量的增长。

2016年国务院印发《关于深化泛珠三角区域合作的指导意见》,明确提出广州、深圳携手港澳,共同打造粤港澳大湾区,建设世界级城市群。2019年中共中央、国务院印发了《粤港澳大湾区发展规划纲要》。从珠三角地区到粤港澳大湾区,不仅仅是名称的变化,更重要的是发展战略的提升。粤港澳大湾区要建成充满活力的世界级城市群、国际科技创新中心、"一带一路"建设的重要支撑、内地与港澳深度合作示范区,成为高质量发展的典范。

在国家发展战略的背景下,2017年珠海机场进行了升级改造,提高了机场能力。随着港珠澳大桥于2018年通车,进一步提升了珠海机场的便利性,2019年珠海机场旅客吞吐量达到了1228.3万人次。

(摘编自相关报道)

第7章 城市公共交通供给

7.1 城市公共交通系统

7.1.1 公共交通构成

城市公共交通(Urban Public Traffic,Urban Transit)是指在城市及其所辖范围内由经许可的服务商提供的、面向公众出行乘运的各种客运交通的总称。公共交通供给方式主要包括道路公共交通供给、城市轨道交通供给和辅助公共交通供给三大类。如图7-1所示。不同交通方式在可达性、便捷性、舒适性等方面各不相同,其服务范围也不相同。各种方式组成的交通结构是交通系统的关键,决定着城市交通发展的方向和速度,决定着城市交通职能和综合效益的发挥。

城市公共交通： 指在城市及其所辖范围内由经许可的服务商提供的、面向公众出行乘运的各种客运交通的总称。

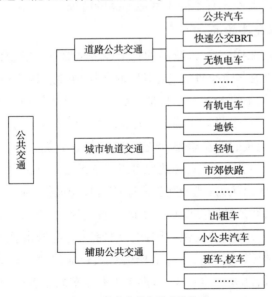

公共交通主要包括： 道路公共交通、城市轨道交通和辅助公共交通。

图7-1 城市公共交通系统构成

1. 道路公共交通

道路公共交通主要指公共汽车(Bus)、无轨电车(Trolleybus)和快速公交(Bus Rapid Transit,BRT)等。其中无轨电车是一种使用电力发动,在道路上不依赖固定轨道行驶的公共交通,也称为有线电动客车。BRT是一种新型的、具有独立路权和灵活性的快速公交服务模式。

2. 城市轨道交通

城市轨道交通主要指地下铁道(Metro)、轻轨交通(Light Rail Transit, LRT)、有轨电车(Tram)和市郊铁路(Rapid Rail Transit, RRT)等。其中有轨电车亦称路面电车或简称电车,轻轨交通也称为轻轨,是从旧式有轨电车系统演变而来的中等运量的新型有轨电车交通方式。地下铁道简称为地铁,是一种重轨轨道交通,线路大部分修建在地下隧道,部分修建在地面或高架桥上。市郊铁路连接市中心与郊区或卫星城,服务对象以城市公交客流为主,通常与大铁路系统兼容。

3. 辅助公共交通

辅助公共交通也称为准公共交通,主要包括出租车(Taxi)、随上随下的小公共汽车(Minibus),另外像单位开行的班车(Regular Bus)、各学校的校车(School Bus)等也属于辅助公共交通。

7.1.2 公共交通特征

城市公共交通是一种特殊的产业,公共交通(主要指道路公共交通和城市轨道交通)服务具有不同于其他产品的特征。

公共交通的特征:属于准公共物品、具有显著的正外部性、具有明显的社会公益性、受到政府的严格管制、服务差异性、规模经济特征。

城市公共交通不属于公共物品,但具有一定程度的消费的非竞争性,可以说是准公共物品。

城市公共交通特征

1. 属于准公共物品

公共物品是相对于私人物品的一个经济学概念。需要同时符合两个特征,一是消费的非竞争性;二是消费的非排他性。从严格意义上,城市公共交通供给均不符合这两个特征,因此,一般认为城市公共交通不属于公共物品。但进一步研究表明,城市公交服务产品虽然具备排他性,但具有一定程度的消费的非竞争性,即在公交车辆达到拥挤点之前,乘客之间没有竞争性。因此城市公共交通也可以说是准公共物品。

公共物品理论认为,纯公共物品应该由政府提供,纯私人物品应由私人部门提供,而准公共物品既可以由政府直接提供,也可以在政府给予补贴的条件下,由私人企业提供。因此,从理论上讲,城市公共交通的服务既可以由政府提供,也可以通过市场由私人企业提供。许多城市在公共交通领域采取独家垄断的方式,但都属于人为垄断或者行政垄断,与自然垄断关联性很小。城市公交的每条线路都具有一定程度的垄断性质,这样可以避免同一线路的恶性竞争,维护正常的交通秩序。但这不代表城市的全部公交线路只能由某个特定企业垄断经营。在不同线路、不同的区域,可以存在不同的公交企业,重要的问题是如何进行公交线路的合理规划,避免线路的重复。

2. 具有显著的正外部性

正外部性是一个经济主体的活动使他人或社会受益,而受益者又无须花费代价。城市交通基础设施尤其是轨道交通的投资建设,提高了当地的交通可达性,表现为时间成本和交通费用的降低。人们倾向于在交通可达性良好的地区集聚,导致这些区域的土地和房地产具有较大的升值空间。如果先进行土地开发和房地产建设,后进行交通基础设施的建设,土地和房地产因交通基础设施带来的升值利益大部分将被地产商和业主获得。

> 城市公共交通具有显著的正外部性,城市交通基础设施尤其是轨道交通的投资建设会引起其沿线的土地和房地产升值,并带动经济的发展。

为了促进交通基础设施的建设,可以把地产开发和交通基础设施的建设这两方面结合起来统筹考虑。例如,香港特区为了弥补地铁建设和营运的成本,采取了地铁与房地产联合开发的策略,在地铁场站的周围划出一定面积的土地协议出让给地铁公司,地铁公司通过公开招标的方式,确定房地产的合作开发商,共同分享地产开发带来的利益。

3. 具有明显的社会公益性

尽管城市公共交通不是严格意义上的公共物品,但城市公共交通具有明显的公益性,体现为普遍服务性,即应该为所有人提供基本的公平服务。世界范围的研究表明,对于低收入家庭而言,交通费占家庭收入的比例应不超过12%,超过12%就成为负担了。城市政府为解决低收入人群出行难的问题,通常可以采取的方法有低票价管制或者直接针对低收入人群进行资助。社会公益性意味着公共交通要以较低的价格(甚至以低于成本的价格)提供服务,也意味着在大部分情况下,城市政府要对公共交通企业进行补贴。

> 城市公共交通具有明显的公益性,体现为普遍服务性,即应该为所有人提供基本的公平服务。

与私人小汽车交通相比,城市公共交通在减少环境污染、减少交通拥挤、节约道路使用等方面具有很多的社会效益。私家车的大量使用,不仅给社会带来噪声、空气污染,而且带来了交通拥挤造成的交通延误和运营成本。在不同的交通工具之间比较,运送同样的人公里,轨道交通造成的污染最少,其次是公共汽车,小汽车污染最大。小汽车造成的交通拥堵给世界上很多城市和地区带来极大的经济和社会损失。如果能够使大量的私人小汽车出行转向公共交通出行,那么私家车造成的负面影响就会大大削弱,这种成果可以看成是大力发展公共交通带来的社会效益。

4. 受到政府的严格管制

城市政府通常对公共交通服务实行经济管制(价格、规模和进入等方面的管制)和社会管制(安全、环境和质量等方面的管制)。加强对公共

> 城市政府通常对公共交通服务实行经济管制(价格、规模和进入等方面的管制)和社会管制(安全、环境和质量等方面的管制)。

交通的管制是城市政府和公共管理机构的重大职责。

公共交通的价格管制主要出于两方面的考虑：第一，同一线路上不可能有几家运营商同时提供公交服务，缺乏竞争性的价格机制，因此通常情况下政府对公共交通领域实行价格管制。第二，出于公交服务的公平性和公益性原则，政府希望公共交通能够为低收入人群提供基本的出行保障，所以采取价格管制。

为了保证公交服务质量，政府对公交进行服务水平管制，要求公交企业在高峰时段要保持较高水平的发车频率，在低谷时段也要保持适当的发车间隔时间，即使是在亏损线路上也要保持适当的服务以体现公平原则。

5. 服务具有差异性

> 城市公共交通具有服务差异性和规模经济性特征。

城市公共交通服务的提供是在一定的路网上完成的，这些路网是由大量的线路构成的，它们可以把乘客从始发地运送到目的地，因此公共交通具有生产上的网络特征。但是与供水、供电等其他网络型产业的产品不同，城市公共交通提供的服务具有很大的差异性。

供水、供电等在同一个城市中提供的产品基本上是无差别的，但是在公共交通领域，对乘客来说，从 A 点到 B 点的运输服务，与从 B 点到 A 点或者从 C 点到 D 点的运输服务，是完全不同的；甚至在不同的时间段，同样是从 A 点到 B 点的运输服务，由于换乘方式不同或运行的速度不同，导致耗费的时间不同。所以，不同线路、同一线路不同时间段或不同方向的交通运输是不同的服务产品。公共交通服务要求便捷、舒适，这对公交系统提出不断整合的要求。

6. 具有规模经济特征

一般来说，以网络形式供应的产品或者服务具有明显的规模经济特征。规模经济是指产品的平均成本随着产量的增加而不断下降的情况。公共车辆如果以乘客为计量单位，则提供公交服务的平均成本将随着乘客的增加而下降。因为运送额外的一名乘客所增加的成本非常小，运送的乘客越多，平摊到每位乘客身上的成本就越低。

7.1.3 城市发展与公共交通

公共交通系统与城市形态协调规划和发展，大致上能够形成三种类型的关系。

1. 适应公共交通发展的城市

这些城市以公共交通引导城市土地开发利用，往往都建成了以轨道交通为骨干的公共交通体系,新城镇的建设和发展多集中在轨道交通车站周围,通过轨道交通引导城市发展。公共交通在优化城市交通结构、空间结构和产业结构等方面起到积极作用。

以轨道交通为导向的都市区中,密度、地价与离中央商务区远近关系呈梯度分布。在中央商务区的密度和地价最高,在郊区的轨道交通车站附近密度和地价出现尖峰,当离开这些节点时,密度和地价迅速逐级下跌,在绿化带中降到零。

轨道交通将外围社区和次级中心与中央商务区连接起来。城市在轨道交通沿线的节点集中发展,并由此导致出行被限制在放射走廊的沿线,使得这样的布置从机动性方面来看是极有效率的。结合了一个大的中央商务区、外围轨道交通车站周围集中混合用地的发展项目,以及长距离放射的轨道交通连接,能够双向平衡出行客流,这是轨道交通为主导的适应性城市迈向成功的关键。

适应公共交通发展的城市:这些城市以公共交通引导城市土地开发利用,往往都建成了以轨道交通为骨干的公共交通体系,新城镇的建设和发展多集中在轨道交通车站周围,通过轨道交通引导城市发展。

2. 适应城市发展的公共交通

适应城市的公共交通是一种被动发展的模式,是对城市中心分散化发展的被动反应,这类城市低密度向外扩展,小汽车是主要的出行方式,公共交通随城市的发展而调整,以适应蔓延式的城市布局。

这种居住环境产生了类似布朗运动的几乎完全随机的出行模式,看上去出行是从区域内任意一点出发,去往任意其他地方。公共交通的作用在于尽可能好地服务于那些起讫点分散的出行。在过去几十年,世界上很多地方所发生的就业岗位和零售业从市中心搬向郊区的分散化发展,在很大程度上造成了穿越城区的出行和城区外侧出行的迅速增加。越来越多的通勤者改变了沿着设计良好的放射状走廊在郊区和城市中央商务区出行的模式,转向郊区至郊区的出行。

适应城市发展的公共交通:一种被动发展的模式,是对城市中心分散化发展的被动反应,这类城市低密度向外扩展,小汽车是主要的出行方式,公共交通随城市的发展而调整,以适应蔓延式的城市布局。

为适应已经形成的蔓延式城市布局形态,公共交通一般不得不放弃大容量、通道式的轨道交通方式,转而采用线路灵活的公交服务,比如穿梭往返的面包车、随上随下的中小型公共汽车等,以满足分散的出行需求。这降低了公共交通的效率。

蔓延式城市布局形态的存在也有一定的市场合理性。要求所有的城市都应该是紧凑型的和由公共交通引导的,忽略了政治的现实以及市场的喜好。一个普遍的事实是,当人们积累更多的财富后,就会追求更为宽敞和私密的居住环境。据世界范围内的消费者喜好调查和购物习惯,显示出人们对独栋别墅生活的强烈喜好,尽管这样的行为可能从长远来看会限制可持续发展。

解决蔓延式发展问题的一个途径是强有力的城市集中规划,另一个

公共交通对城市的影响

途径是通过城市地产(房产)税,更高的燃油价格和类似的措施,将真实的社会和经济成本转嫁给建成这种环境的开发商和居住在这种环境的消费者。当然精确地计算这些价格会比包容蔓延更加困难,只要存在对包括土地在内的稀缺资源定价偏低,就会产生蔓延式发展的结果,对于一些区域而言,一个明智的方法是调整公共交通系统更好地服务于这种发展模式。

3. 混合型的交通和城市

> **混合型的交通和城市**:这些城市的发展模式是城市中部分地方由公共交通来引导,同时城市中的部分公共交通服务是来适应城市用地布局的。混合型城市又可以分为有强大市中心的城市和多中心布局城市。

介于适应性的城市和适应性的公共交通之间的城市可以被称为混合型的交通和城市。这些城市的发展模式是城市中部分地方由公共交通来引导,同时城市中的部分公共交通服务是来适应城市用地布局的。混合型城市又可以分为有强大市中心的城市和多中心布局城市。

强大市中心城市利用轨道交通来提升城市的生活质量。多中心城市在最主要的市中心或中央商务区外环绕着次级中心、第三级的中心和周边地区。这些中心包括有混合用地的发展项目,以及对行人友好的设计,构成了将来能够与区域公共交通网络相互配合的街区。这些中心间通常通过轨道交通或是公共汽车专用道相互连接,通过统一的运营时刻表,用公共汽车、有轨电车和小型公共汽车将外围的居住区与次级中心以及主干线的公共交通服务相连接。

7.2 城市公共交通供给方式

7.2.1 道路公共交通

> **道路公共交通**:主要包括公共汽车、无轨电车和快速公交等。

道路公共交通主要指公共汽车(Bus)、无轨电车(Trolleybus)和快速公交(Bus Rapid Transit, BRT)等,一般具有固定的行驶线路、停靠站、发车时刻表以及预先公布的票价。其中公共汽车和无轨电车也称为常规地面公交,常规地面公交是最常见、使用最广泛的公共交通服务形式,是城市公共交通系统的基础。道路公共交通系统主要由公共交通车辆、公交线路与线网、公交场站以及公交专用道等构成。

> **道路公共交通系统**:主要由公共交通车辆、公交线路与线网、公交场站、公交专用道以及快速公交系统等构成。

1. 公共交通车辆

根据动力推进系统的不同,公共交通车辆(简称公交车)主要有柴油公交车、汽油公交车、环保型压缩天然气(CNG)公交车、无轨电车以及新能源及电动公交车等。柴油公交车具有油料廉价、容易保养、动力强等优点,但会产生废气、噪声等。无轨电车由电力驱动,运行平稳、加减速快,但必须附带架空输电设备,初期投资和保养费用较柴油汽车高,运行区域仅限于设有架空线的地区。CNG 客车具有排放低、发动机使用寿命长、燃料费用低等一系列优点,但只有在专门设计的发动机上才能获得最佳使用效果。新能源及电动公交车是未来发展的方向。

按车型与载客量分为以下几类:

①小型公交车。一般为 9~16 座,主要用于随上随下的灵活公交线路。

②中型公交车。一般车长小于 8m,17~30 座,不允许站立,主要用于郊区公交线、接驳线。

③标准单机公交车。这是使用最普遍的车型,一般车长 11~13m,额定载客 80 人左右,并有空调、低地板等选择,是城市公交车的主要车型。

④双层公交车。一般车长 9~11m,50~70 座,载客量 65~100 人。

⑤铰接公交车。铰接公交车有单铰接车和双铰接车,单铰接车座位数 43~60 座,载客量 130~190 人;双铰接车座位数 70~94 个,载客量 225~270 人,也可以用于快速公交系统。

城市公交车辆的配置,是一个城市公交发展水平的主要标志。城市应拥有足够的公交车辆服务于居民出行,公交车辆的配置也决定着场站规模。

2. 公交线路与线网

公交线路可分为普通线路和快速线路。普通线路站距较短,运营车速一般为 12~16km/h。快速线路布置在公交客流走廊上,在专用道上行驶,采用容量较大、动力性能较好的车辆,站距较大,运营车速可以达到 20km/h 以上。在一个城市中,并不是所有的市区道路都能通行公交线路,可通行公交线路的道路网一般由符合一定条件的道路所组成。公共汽车一般都是往返的,道路至少应满足双向行车的要求(特殊情况可单向通行),有一定的公交乘客集散量。

> 公交线路可分为普通线路和快速线路。

常规公交系统运营线路固定,规划公交线网时应以居民公交出行起讫点(OD)为依据,以方便居民出行为目的,兼顾公交企业效益。线路走向与主要客流流向要相吻合,主要客流集散点之间尽可能有直接的公交线路相连接。线路布设从乘客的角度考虑,要节省时间和花费,线形减少迂回曲折,使乘客便捷地到达目的地。从企业经营角度,线网要优化,减少线路重复,合理配置资源,规范客运市场。

3. 公交场站

公交场站是指可作为公交线路起讫点和中间站点的乘客乘车点。公交的服务区域就是以场站为中心的辐射区域,场站的选取直接关系到公交线网的服务范围,应结合道路两侧的土地利用性质、公交乘客的发生量来进行选取。为使公交线路满足站距要求,场站须按照一定的间距进行布设,同时为消除公交空白区,要使整个规划区内分布均匀合理。

> **公交场站根据服务对象与服务功能,分为中间停靠站、首末站、枢纽站,以及停车场、维修保养场、培训场地和附属生活设施等。**

公交场站根据服务对象与服务功能,可分为中间停靠站、首末站、枢纽站,以及停车场、维修保养场、培训场地和附属生活设施等。

(1) 中间停靠站

公交线路中间停靠站有一般路边停靠站和港湾式停靠站,站台长度由停靠线路数和高峰时段停靠车辆数确定。路边停靠站用站牌确定停站位置,也可以采用标线固定停靠站位。为保证公交车辆出站便利,可在车站前方设禁停标线。主要交通干道要建港湾式停靠站,以减少对动态交通的影响。港湾式停靠站必须保证公交车辆出入便利,通常在进出港湾处设置禁停区域。

(2) 首末站

首末站应安排乘客候车、车辆回转和短时停放、调度以及行车人员作息用房的用地。首末站规模依据服务车辆数决定,车辆数大于50辆为大型站,26~50辆为中型站,少于25辆为小型站。

(3) 枢纽站

枢纽站为3条以上主要公交线路的首末站,或与其他重要交通设施的交汇处,或多条公交线路的交汇处。枢纽站一般至少要设置4条发车通道,其中至少有一条要加宽以便超车。枢纽站还应提供调度室、用餐与停车区及其他辅助设施。应设置公交枢纽站的地方包括航空港、火车客运站、长途汽车站、客运码头、轨道交通站点、大型居住区、市区内客流中心等。

(4) 公交停车场与保养场

公交停车场指用于公交车辆下班后停放及进行低级保养和小修的场地。保养场承担运营车辆的高级保养任务及相应的配件加工、燃料储备、存取等功能。保养场可分为大中型、小型两种,小型保养场年保养能力为200辆左右,大中型保养场年保养能力为500辆左右。公交修理厂承担公交车辆的大中修任务。

4. 公交专用道

> **公交专用道:指在城市道路上通过特定的交通标志、标线或隔离设施等手段,限定路段上的某一条或几条行车道(或整条道路)只允许公共汽车以及部分特殊车辆在规定时段内使用,其他车辆禁止通行。**

公交专用道是指在城市道路上通过特定的交通标志、标线或隔离设施等手段,限定路段上的某一条或几条行车道(或整条道路)只允许公共汽车以及部分特殊车辆在规定时段内使用,其他车辆禁止通行。公交专用道提供给公交车辆道路优先通行权。当一条路段所有车道均为公交专用时,该路段就成为公交专用路。

公交专用道的隔离方式主要有软质隔离和硬质隔离两类。硬质隔离通过在道路上增加车道隔离设施严格分离公交车与其他车辆的行驶空间。软质隔离则通过标志、标线等交通管理手段,保证公交车的专用路权,软质隔离易受到违规车辆的影响。

设置公交专用道系统(包括公交停靠站、交叉口进出口道等配套设施),可以在有限的城市道路空间中给公交车辆提供优先通行的权利,吸引个体交通转移到公共交通,有效缓解道路交通的拥挤状况。但重新分配道路空间资源实施公交优先通行的同时,短期内在局部地区是以牺牲其他车辆的通行权利为前提的。

5. 快速公交系统

快速公交系统(Bus Rapid Transit,BRT)是利用现代大容量、低地板的公交车,在城市中开辟公共交通专用道,再配合智能交通技术,采用轨道交通的运营管理模式,实现轻轨交通的服务水平。这种新的公共交通模式既保持轨道交通具有的快速、大容量的特点,同时又具有传统公共交通的灵活性、便利性和经济性。相对传统地面公共交通系统,BRT 的优势主要体现在速度、可靠性和运送能力等方面。

BRT 系统通过专用车道、路口优先提高行车速度,缩短乘客乘车时间。由于行车可靠性提高,可以按时刻表到站,减少了乘客的候车时间;而站台设计和车外售检票可减少乘客上下车时间。

BRT 车辆单车载客能力、车站候车能力以及服务频率都优于常规地面公交,设计良好的 BRT 能够达到轻轨系统的下限水平,可以作为城市的快速骨干公交系统发挥作用。

(1)BRT 行车道

BRT 系统具有专有路权,在主要交通走廊上使用公交专用车道,使得 BRT 系统与其他车辆从空间上分离,体现了道路使用权的优先分配,从而确保了 BRT 实现快速、省时的目的。

(2)BRT 车站

BRT 系统的车站包括中间站、换乘站和终点站。中间站只提供乘客使用 BRT 系统服务;换乘站提供乘客换乘 BRT 接驳线路、常规公交线路等,终点站除乘客服务设施外,还需要增加线路调度、票务等管理功能。

(3)BRT 车辆

BRT 系统多采用标准的或铰链式改良设计的车辆,一般设计为低底盘、宽车门。

> 快速公交系统:是利用现代大容量、低地板的公交车,在城市中开辟公共交通专用道,再配合智能交通技术,采用轨道交通的运营管理模式,实现轻轨交通的服务水平。

7.2.2 城市轨道交通

城市轨道交通： 指在固定导轨上运行并主要服务于城市客运的交通系统，主要包括地铁、轻轨、有轨电车和市郊铁路等。

城市轨道交通指在固定导轨上运行并主要服务于城市客运的交通系统，一般具有固定的行驶线路、停靠站、发车时刻表以及预先公布的票价。主要包括地铁、轻轨、有轨电车和市郊铁路等。城市轨道交通由于具有快捷、安全、准时、容量大、能耗低、污染少的特点，在城市公共交通体系中的地位不断提升，特别是在长距离出行或在道路交通始终处于比较拥堵的城市中心区具有明显的优势。随着一系列新技术的采用，城市轨道交通对于不同规模和不同类型城市的适应性也在不断提高。城市轨道交通不仅是特大城市公共交通的主体，也是许多大城市甚至中等城市公共交通系统的骨干。表 7-1 是几种主要的轨道交通方式的特征和运营标准对比。

主要城市轨道交通方式的特征和运营标准对比　　　表 7-1

参数	交通方式			
	有轨电车	轻轨交通	地铁	市郊铁路
城市人口规模(万人)	20~500	50~300	>400	>300
线路轨道	地面	高架/专用	地下/专用	隔离/专用
平均站间距(km)	0.5~0.8	0.5~1.5	0.8~1.5	2~5
列车编组数	1~2	2~4	4~8	8~12
电力供应	接触网	接触网/第三轨	接触网/第三轨	接触网
平均旅行速度(km/h)	15~25	25~35	30~40	45~65
高峰运营间隔(min)	2~5	2.5~5	1.5~2	5~30
单向运送能力(万人/h)	0.6~1	1~3	3~6	4~8

1. 地铁

地铁一般指单向高峰小时运量达到 3 万~6 万人次的大运量轨道交通系统，技术上属于重轨系统，采用全封闭线路，运能大，无干扰。由于投资大，这些系统一般都由政府建设及经营，票价有统一票价和按距离计价两类。为保证高密度、高安全的要求，地铁一般需要装备先进的信号和控制设备，对旅客出入、通风、紧急疏散等方面也有较高的要求。大多数城市的实践表明，地铁的票价收入一般不能补偿总成本，需要政府或其他方面的支持。地铁线路行车间隔最短可在 1.5min 左右；车辆最高速度可达 80km/h 以上，平均旅行速度可达 30~40km/h。列车的编组数为 4~8 辆，站距一般在 1km 左右。

地铁系统最适合在高密度的大城市运营。地铁系统的目标市场是高客流的干线走廊，能在城市建成区内以及城市外围组团和中央商务区之间提供高速度、高品质的连接服务。在城市中心区,地铁系统几乎总是在地下运营,在城市的中心区以外,地铁线路通常是在高架结构或是高速公路的中央隔离带上运营。大多数重轨线路的站距要大于轻轨线路的站距,通常都达到2km或是更长,在城区会有例外,城区的车站间隔可能仅有1km左右。

2. 轻轨

轻轨是由早期有轨电车发展而来,一般具有完全独立的行驶空间。轻轨交通线路形式灵活,可以是地面、地下、高架,乘客直接从地面或低站台上车。现代轻轨交通是一种集多元化先进技术于一身的系统工程,在信号自动控制和集中调度配合下,能保证快速而安全地运送中等运量的旅客运输任务。

轻轨可以作为昂贵的重轨系统的替代而为越来越多的城市接受,特别是300万人口以下的中等城市。轻轨系统的运送能力低于地铁,单向一般为1万~3万人次/h,平均旅行速度25~35km/h,最短行车间隔2.5min左右。轻轨系统通常在封闭的路权内运营,并采用现代化的自动列车控制技术,轻轨车辆要比有轨电车车辆更加宽敞和舒适,有更高的车厢空间和更低的底板。轻轨系统不断普及的重要原因是与重轨系统相比,它们的建设成本低,以及它们能够适应已建成区的形态,不会产生太大的破坏,不必像重轨那样需要长的前期建设时间。

3. 市郊铁路

市郊铁路一般利用国家铁路资源来为大都市区居民出行提供客运交通服务。市郊铁路一般归铁路公司所有,线路供电制式按照铁路的25kV设计,运营模式也是按照铁路来管理。发车密度低于城市公交,一般发车间隔时间介于5~30min,为乘客提供时刻表服务。

市郊铁路也尽量利用原铁路网改造,其线路设施与干线铁路基本相同,连接市区中心与郊区或卫星城,服务对象以城市公交客流为主,线路一般穿城而过,长度可达40~50km甚至更长,其车站平均站间距远大于一般的地铁,可达2~5km,以提高运营车速。市郊铁路设计最高车速可达120km/h,旅行速度45~65km/h,单向最大运输能力可达4万~8万人/h。

市郊铁路车站规模比一般地铁车站大。同一线路往往有快线、直达、区间、普通等多种方式。由于服务较长距离客流出行,所以使用包括双层列车在内的载客量较大的车辆,要求车厢内座位比例多、设行李架及行李柜,不要求完全水平登车。车门形式、数量界于地铁和常规铁路之间,列车车厢与普通火车车厢等宽,编组灵活,最多可达10~12节。

市郊铁路在大都市区、高度城市化的走廊沿线和城市群最为普遍。线路连通至城区的尽头式终点站,郊外场站周围一般都环绕着地面停车场,以确保住在郊区的人们能够方便地利用小汽车到达铁路车站。郊区铁路系统主要是服务于居住在郊区而在市区工作的人们的通勤出行。

4.有轨电车

有轨电车是最古老也是最便宜的轨道交通运输工具,它在混行车道上运行,速度低,载客量也较少,其诞生之初担负的功能是主干线运输。随着城市区域向外扩展,它扮演的角色发生了转变,成为在中心城区内循环的客运线路。

近年来,有轨电车在技术上有了很大发展,通过各类新技术的采用,在客运性能上,与轻轨 LRT 已经没有非常明确的分界线。每节车载客量在 100~200 人,乘客客票由车上的司机或售票员负责出售,车辆和轨道维修较为简单。地面有轨电车不具有完全独立路权,发车间隔一般为 5~6min,高峰时段可提高到 2~3min。一般采用多轴车辆单列运行,车辆长度为 20~50m,运量在 1 万人次/h 以下。

另外,作为有轨电车的一种特殊形式,近几年单轨铁路得到了迅速的发展。单轨铁路是指车辆在一根轨道上行驶的轨道交通系统。单轨铁路一般架设在道路上部空间,故土地占用较少。大多数单轨系统采用橡胶轮胎,可以适应急弯及大坡度,对复杂地形有较好的适应性。同时,单轨系统建设工期较短,投资也小于地铁系统。新建的单轨列车由 4 辆或 6 辆组成,单向每小时的客运量为 0.5 万~2 万人次,其运量介于公共汽车与轻轨交通之间。

5.城市轨道交通的组成

城市轨道交通系统:由线路、车辆、车站组成。

(1)线路

按在运营中的作用,轨道交通线路分正线、辅助线和车场线。正线是指供载客列车运行的线路,是独立运行的线路,一般按双线设计,采用右侧行车制,大多数线路为全封闭式,与其他交通线路相交时一般采用立体交叉。辅助线为空载列车提供折返、停放、检查、转线及出入段作业所需的线路。车场线为轨道交通车站内车辆运行的线路。

(2)车辆

车辆是直接为乘客提供服务的设备,车辆一般按有无动力分为动车、拖车两类,也可按有无驾驶室分为带司机室和不带司机室两类。为提高效率,现代车辆大多按动车组单元设计。在一组动车组内,动车、拖车与驾驶室的分布是一个有机的整体,不能随意拆卸。

(3)车站

城市轨道交通车站是旅客乘降的场所,一般应设置在客流量大的集散点以及与其他线路交会的地方,车站间的距离要根据实际需要确定。一般市区车站间距应在1km左右,郊区的车站间距不宜大于2km。车站是线路上供列车到、发及折返的分界点,也是乘客旅行的起始、终到及换乘的地点,是运输企业与服务对象的主要联系环节。

7.2.3 辅助公共交通

辅助公共交通主要包括出租车(Taxi)、小公共汽车(Minibus),另外像单位开行的班车(Regular Bus)、各学校的校车(School Bus)等也属于辅助公共交通。辅助公共交通一般没有固定的行驶线路、停靠站和时刻表,辅助公共交通最具典型性的是出租车交通。

出租车服务本质上是一种不定线路、不定车站,按照乘客意愿行驶,以计程或计时方式计费,为乘客提供门到门服务的交通经营活动。

出租车其实是一种古老的交通服务方式,只是随着科技和社会的发展,所采用的交通工具在不断发生变化,从人力车、马车、非机动三轮车,发展到小汽车等,但基本的服务方式和经营活动特点没有发生变化。

出租车属于自负盈亏的行业,不具有社会公益性,因此不像公共交通企业需要政府的补贴。出租车作为辅助公共交通方式,是城市综合交通运输体系的组成部分,是城市公共交通的补充,为社会公众提供个性化运输服务。出租车的发达程度,反映城市的经济发展水平和市民生活质量水平,也反映城市的现代化总体水平。

1. 巡游出租车的服务特性

城市中,传统的出租车车型外观具有明显标志,可以在城市道路巡游载客,提供招手上车的服务,这类出租车称为巡游出租车。巡游出租车经营服务,是指可在道路上巡游揽客,喷涂、安装出租汽车标志,以七座及以下乘用车和驾驶劳务为乘客提供出行服务,并按照乘客意愿行驶,根据行驶里程和时间计费的经营活动。

和其他公共交通方式相比,巡游出租车服务具有明显不同的服务特性。

(1)服务分布随机性

出租车的起讫点、运营线路、运距都由乘客确定,决定了出租车没有固定的行驶线路和运营时刻,出租车的行驶随乘客上下车点的时空分布呈现出随机性,使得出租车经营处于被动的流动状态。由于随机性带来的乘客和出租车双方信息的不对称,使得某一时刻某一地点发生的乘客需求,很难马上得到出租车服务的响应。

辅助公共交通: 主要包括出租车、小公共汽车、班车、校车等。

巡游出租车服务: 可在道路上巡游揽客,喷涂、安装出租车标志,以七座及以下乘用车和驾驶劳务为乘客提供出行服务,并按照乘客意愿行驶,根据行驶里程和时间计费的经营活动。

巡游出租车服务特性: 服务分布随机性、单车流动作业性、个体交通负外部性、服务效果社会影响性。

这种供给和需求在时空分布上的随机性和不匹配性,以及供需双方对于服务成本等信息掌握的不对称性,增加了供需双方交易的不确定性,乘客和出租车司机通过讨价还价市场交易行为达成均衡价格的难度极大。换言之,如果没有一个事先确定的价格,出租车的服务效率会极低。

(2) 单车流动作业性

出租车实行单车作业,驾驶员不但要驾驶车辆运载乘客,还要承接业务、结算租费。在一定程度上讲,每一个出租车司机都是一个独立的生产经营者。出租车服务质量的优劣和营运效益的高低,很大程度上取决于驾驶员职业道德水平和生产积极性的高低。

单车流动作业性是出租车可以灵活经营的基础。因此出租车可以有公司化的经营方式,即成立出租车公司,公司承担承运人的职责,出租车司机作为公司的雇员进行工作。也可以有个体化的经营方式,出租车司机作为独立个体,承担承运人的职责。不同方式都有其存在的价值。

单车流动作业性使得出租车在载客时表现出一定的垄断力量。当乘客有出行需求时,一般不会有出租车恰好出现在乘客的身边,更很少有多个出租车同时出现在乘客需求的地点(当然一些特殊的场景,比如机场、车站等除外)。与竞争市场不同,当被潜在顾客拦下时,出租车司机可以像垄断者一样对运输服务收取较高的费用,乘客很少因为听到司机的报价而放弃乘坐该出租车,因为很难知道下一辆出租车什么时间会到,下一辆车的收费是否会少。出租车司机也没有降价的动机,因为对于乘客来说出租车的外观是一样的,降价行为不能吸引更多的乘客,反而会使出租车司机的收益下降。

(3) 个体交通负外部性

出租车为个体乘客提供服务,在时间和地点上与需求完全结合在一起,可达性最高,基本实现"门到门"交通运输服务,具有个体交通的特征。出租车的一次出行仅为个体乘客使用,乘坐不会产生拥挤,舒适性最好。车辆技术速度高,中间无停站。而公共交通服务由于线路、运营时刻固定,需求和供给在时间和地点上的结合有一定的差距。

也正是由于行驶灵活快捷,具有个体交通的特征,使得出租车和私人小汽车一样是道路空间最浪费的使用者。据测算,运送相同客运总量,采用出租车所需道路面积大约是公共汽车的 20 倍。另外,出租车有时为了揽客而在城市道路中巡游,这种空驶占用了有限的城市道路空间,加之噪声和废气,不可避免地会对社会带来负外部性,增加了社会成本。

(4) 服务效果社会影响性

出租车在运营服务中,接触社会各个阶层,服务对象广泛,对社会的影响大,敏感性强。虽然各个城市从客运量的角度,出租车完成的客运量一般都远小于公交完成的客运量,但出租车如果在服务过程中发生问题,会影响一个城市甚至国家的声誉,责任重大。

2. 巡游出租车的政府管制

交通运输由于其需求和供给特有的性质,使得政府对交通运输,特别是城市公共交通(包括辅助公共交通)都实行比较严格的政府管制。所谓政府管制一般指的是政府依照一定的规则对企业的活动进行限制的行为,以防止无效率资源配置的发生和确保需要者的公平利用为目的,通过被认可和许可的各种手段,对企业的进入、退出、价格、服务的质和量,以及投资、财务、会计等方面的活动进行的管制。

> **巡游出租车的政府管制**:市场准入管制、价格管制、服务质量管制。

巡游出租车的服务特性决定了存在市场失灵的因素:供需随机分布以及信息不对称,造成市场难以形成均衡价格;特定时空节点的单车垄断行为会损害乘客的利益;具有个体交通的特征以及大量的空驶带来了拥挤、噪声及尾气等负外部性。另外服务效果的社会影响面较大。因此,出租车一直是政府管制比较严格的行业。

政府对巡游出租车企业的管制主要包括三方面:市场准入管制、价格管制、服务质量管制。

(1)市场准入管制

政府对出租车企业的设立和提供服务有比较严格的市场准入门槛。一般包括:企业设立条件管制、出租车辆技术条件管制、出租车驾驶员资质管制。

> **市场准入管制**:主要包括企业设立条件管制、出租车辆技术条件管制、出租车驾驶员资质管制。

①企业设立条件管制。设立出租车企业需要满足相关的条件。包括有符合机动车管理要求和出租汽车技术条件的车辆;有取得符合要求的从业资格证件的驾驶人员;有健全的经营管理制度、安全生产管理制度和服务质量保障制度;有固定的经营场所和停车场地;作为承运人承担全部责任等。

②出租车辆技术条件管制。出租车辆需要满足一定的技术条件要求并取得运营牌证。包括车辆座位数量要求(一般为7座及以下乘用车);车辆技术与环保性能要求;车辆装备要求(安装符合技术标准的计价器、行驶记录功能的车辆卫星定位装置、应急报警装置以及外观标识等);车辆报废年限要求;车辆运营强制保险要求等。

③出租车驾驶员资质管制。出租车驾驶员需要满足特定的资质要求。包括驾驶员要有相应准驾车型机动车驾驶证并具有一定年限以上驾驶经历;未达到法定退休年龄,身体健康;无交通肇事犯罪、危险驾驶犯罪、暴力犯罪记录;无吸毒记录,无饮酒后驾驶记录,无相关的道路交通安

全违法行为记录;经指定考试机构考试合格等。

上述对出租车市场准入的管制是有经济学理论支撑的。现实中,政府对出租车市场准入管制除了上述内容,极易衍生出对出租车的数量进行管制。政府对出租车数量进行管制的理由,一方面是认为出租车具有负外部性,需要控制数量以降低对交通拥挤和环境的影响;另一方面认为出租车市场的进入与退出成本较低,大量就业人员易于进出市场,在价格是由政府定价的情况下,如果解除数量管制,容易导致供给波动,损害出租车司机的合理利益,同时其提供的服务质量也将下降。

这些理由是否有很强的说服力一直令人怀疑,而数量管制造成出租车供给不足,以致带来议价、拒载、绕行等服务质量的下降却是有目共睹。另外,数量管制导致出租车牌照价格飙升,带来了一个利益阶层,这个利益阶层对政策制定的影响力也不容忽视。

(2)价格管制

价格管制:政府综合考虑出租汽车运营成本、居民和驾驶员收入水平、交通状况、服务质量等因素,确定出租车服务的价格,并建立一定时间间隔的运价动态调整机制,通过听证会的方式进行价格调整。

由于供需双方信息的不对称性,以及在时空节点上的随机性和不匹配性,出租车服务价格难以通过市场的动态交易形成均衡。传统上,城市的出租车服务价格实行政府定价,现在也有向政府指导价方向发展的趋势。政府综合考虑出租汽车运营成本、居民和驾驶员收入水平、交通状况、服务质量等因素,确定出租车服务的价格,并建立一定时间间隔的运价动态调整机制,通过听证会的方式进行价格调整。

确定出租车服务价格,关键在于考察需求和价格之间的敏感变动,在合理范围内,运用价格杠杆,通过价格的起伏有效调节出租车市场需求。

①运输成本。运输成本是指出租车企业在进行运输服务过程中发生的各种耗费总和。确定城市出租车服务价格水平时必须考虑出租车行业运输成本的变化,并兼顾与城市居民收入水平相适应的出租车行业盈利水平。

②供求关系。出租车市场供给和需求可以通过出租车服务价格的调节而达到一定程度的平衡。由于政府对出租车企业一般有市场准入和数量的限制,因此价格的调整不会影响供给数量,更多是影响需求数量的变化。出租车服务价格提高会减少人们的打车需求,降价会增加需求。

③城市经济发展水平。城市经济发展水平以及居民的生活水平越高,出行次数就会增加,同时也会提高对出行快捷性和方便性的要求,出租车的出行比例也会相应地有所提高。因此,在确定出租车服务价格时,既要考虑出租车经营者的利益,也要考虑城市广大乘客的承受能力。

(3)服务质量管制

在出租车服务质量和服务水平方面,一般城市都会有相应的标准和规范,包括企业运营规范、车辆状况标准、驾驶员行为规范等。

①企业运营规范。包括在许可的经营区域内从事经营活动,超出许可经营区域的,起讫点一端应当在许可的经营区域内;保证运营车辆性能良好;按照国家相关标准运营服务;保障聘用人员合法权益,依法与其签订劳动合同或者经营合同;加强从业人员管理和培训教育等。

②车辆状况标准。包括车容车貌要求(比如规定车身外观整洁完好,车厢内整洁、卫生、无异味等)、设施设备要求(比如规定车门功能正常,车窗玻璃密闭良好,无遮蔽物,升降功能有效;座椅牢固无塌陷,前排座椅可前后移动,靠背倾度可调整,安全带和锁扣齐全、有效;座套、头枕套、脚垫齐全等),以及标志标识要求(比如规定计价器、顶灯、运营标志、服务监督卡、车载信息化设备完好有效等)。

③驾驶员行为规范。包括驾驶员的着装和仪容仪貌要求(比如规定驾驶员衣着整洁,语言文明,主动问候;不得在车内吸烟,忌食有异味的食物等)、行为举止要求(比如规定要提醒乘客系好安全带;根据乘客意愿升降车窗玻璃及使用空调、音响、视频等服务设备;乘客携带行李时,主动帮助乘客取放行李;主动协助老、幼、病、残、孕乘客上下车等),以及职业道德要求(比如规定要文明驾驶;按照乘客指定的目的地选择合理路线行驶,不得拒载、议价、途中甩客、故意绕道行驶等)。

服务质量管制: 主要包括企业运营规范、车辆状况标准、驾驶员行为规范。

3. 网络预约出租车服务

随着互联网技术,特别是移动互联网技术的发展,以智能手机为载体,整合地理位置信息技术、移动支付技术等科技的互联网出行服务平台,对传统的出租车行业带来了巨大的冲击,出现了新型的、称之为网络预约出租车服务的方式。

网络预约出租车经营服务,是指以互联网技术为依托构建服务平台,整合供需信息,使用符合条件的车辆和驾驶员,以七座及以下乘用车通过预约方式承揽乘客、提供驾驶服务,并按照乘客意愿行驶,根据行驶里程、时间或者约定计费的经营活动。

网络预约出租汽车的出现,改变了出租车行业的服务特性,也给传统的政府管制方式带来了挑战。

(1)网络预约出租车的服务特性

①降低服务随机性,实行供需精确匹配。利用地理位置信息服务技术,互联网出行平台可以实现乘客出行需求与出租车服务供给的准确预约匹配,降低了出租车服务的随机性,减少车辆的空驶现象,提高了运输服务的效率。

②增加信息透明度,实现了竞争性交易。互联网出行平台最大限度地消除了司机与乘客之间信息不对称的问题。一方面,供需时间与位置

网络预约出租车服务: 以互联网技术为依托构建服务平台,整合供需信息,使用符合条件的车辆和驾驶员,以七座及以下乘用车通过预约方式承揽乘客、提供驾驶服务,并按照乘客意愿行驶,根据行驶里程、时间或者约定计费的经营活动。

的准确匹配消除了信息盲点,为摆脱传统出租车在特定时空节点的单车垄断、实现有效竞争提供了基础条件,另一方面,路径规划技术实现了运输服务时间、费用等信息的透明化,便于通过竞争方式实现服务价格的市场均衡。

③价格不仅对需求方,也对供给方产生作用。互联网出行平台扮演了撮合交易的角色,利用大数据和市场规律,在撮合交易的过程中可以发现市场的均衡价格,实现了出租车服务价格的动态调整。这种价格的变化由市场供需双方的力量所决定,反过来也会对供需双方的数量产生影响。

(2)政府管制的变化

由于网络预约出租车的服务特性发生了巨大的变化,因此,政府的管制方式也要随之发生相应的改变。在传统出租车行业的三大管制领域:市场准入管制、价格管制、服务质量管制中,变化最大的是去除了价格管制,因为价格管制已经没有存在的基础和必要性;市场准入管制需要根据新的服务形态作相应的调整;而服务质量管制,归根到底,网络预约出租车和巡游出租车提供的是同样的位移服务,因此服务质量的管制应该是一致的。

由于不再需要价格管制,实现了网络预约出租车服务价格的市场化均衡,有效的价格信号可以自发调节市场的需求和供给,因此,出租车的数量管制也不再有存在的基础。

市场准入管制的变化:

①企业设立条件管制。基本的共识观点是,互联网平台企业需要作为承运人从事出租车经营业务,承担承运人的职责和相应社会责任;和传统出租车企业的要求不同,互联网平台企业可以不直接拥有符合条件的出租车辆和具有资质的驾驶人员。

②出租车辆技术条件管制。依然需要对出租车辆技术条件有一系列的要求,这些管制要求可以和巡游出租车有所不同。

③出租车驾驶员资质管制。依然需要对出租车驾驶员资质有一系列的资质要求,这些管制要求可以和巡游出租车有所不同。

7.3 城市公共交通发展策略与模式

7.3.1 公共交通发展策略

公共交通是保障大多数人出行的高效、低碳、绿色、环保的出行方式。良好的公共交通体系不仅使城市能够具有良好的出行机动性,更主要是能促进城市的可持续发展,提高出行的可达性,提升城市的竞争力。公共交通发展策略需要重视以下几方面的工作。

1. 公共交通与土地利用整合规划

在城市和区域中最重要的要素是人所处的空间，而交通只是连接我们所处位置的一种工具。如果有可能，我们希望花最少时间去想要去的地方，这样才能花更多的时间去做其他想要做的事情，如：工作、购物、社交活动、休闲娱乐或与家人在一起。成功的公交都市能很好地处理土地规划和交通的关系，是由土地发展的长远规划来指导交通政策的制订。

公交都市是根据与之密切相关的长远规划逐步发展起来的。为了实现这些规划，必须要有清晰的长远目标，并且这些目标能够获得公众的接受和赢得政治上的支持。在多元化的社会中，要人们对目标的认同达成一致是非常困难的，然而比制定目标更重要的是开展与公众的对话和交流，共同探讨城市的未来，往往在这些讨论中，人们可以找到一些共同点及消除分歧。

以公共交通为主的城市建设形态主要是有远见的、主动引导型的和具有战略性规划程序的结果。建立明确的宗旨和目标、制订并结合土地利用的长期规划、审慎评估各种不同交通运输和基础设施的投资，在现实的预算条件约束下制订投资项目、执行规划，并落实使公共交通投资和土地发展项目相互协调和支持的措施。在使用以公交为导向发展的工具中，采纳的方法有：通过土地储备保留路权和控制发展，同时利用地区法规来激励实施，比如，对混合土地使用予以密度奖励，为经济适用房提供税务优惠资助，专项投资于特定的辅助性基础设施，人行道和公共空间的改善。

2. 确定公共交通优先发展政策

公交优先（Public Transportation Priority）指有利于公共交通优先发展的政策和措施。一般涉及四个方面：政府在综合交通政策上确立公共交通优先发展的地位；在规划建设上确立公共交通优先安排的顺序；在资金投入、财政税收上确立公共交通优先扶植的做法；在路权及信号上确立公共交通优先通行的权利。

公交优先使得公共交通比私人汽车在出行时间上更具有竞争力。在稀缺的道路空间使用上，给予高乘载车辆行驶优先权。交通信号灯对公交车辆实行优先让行。通过周密地整合大容量的干线服务、中等级的连接服务，以及社区规模的支线服务，公共交通运输为许多起讫点的组合连接提供了有效的服务。大站公共汽车提供连接各市镇中心的公交服务。整合也延伸到票务系统，统一的票制和票价系统允许乘客无须支付额外的车费，在相同的和各种不同的公共交通工具间进行换乘。

采取以公共汽车为主导的公共交通系统不仅减少了固定资产的投资

> 公共交通发展策略需要重视以下几方面的工作：公共交通与土地利用整合规划、确定公共交通优先发展政策、公共交通运营引入竞争机制。

> **公交优先**：指有利于公共交通优先发展的政策和措施。主要包括四个方面：在交通政策上确立公交优先发展的地位，在规划建设上确立公交优先安排的顺序，在资金税收上确立公交优先扶植的做法，在路权和信号上确立公交优先通行的权利。

费用,而且强化了公交运输服务的灵活性。随着城市土地发展的演变和扩展,橡胶轮胎的公交服务——小型巴士、常规公交或双铰接式公共汽车,能够很容易地调整线路和运营模式来适应出行方式的变化。在高峰时段开设快线服务和非高峰时段利用主线和支线换乘运营方式,充分体现了公交运营的灵活性,大站快车和站站停的大容量公交服务沿着主干走廊的组合运营,也只有以公共汽车为基础才能做到这点。

3. 公共交通运营引入竞争机制

很多人认同公共交通运营需要有一定的规模才能产生经济效益,因此应该采用垄断方式来经营才会比较有效。那些想要维持现有利益的人,反对引入竞争的方式,并指出如公交私营化,那些私人运营商仅会经营那些能够获利的公交服务,而将不赚钱的服务留给国有企业。

公共交通并不意味着是公共拥有和经营交通运输系统。公共只是意味着服务是提供给公共大众的,并不是指这是由公共部门来提供服务的。世界上公交都市的经验表明,公共交通的经营并不是仅仅属于公共部门,私人企业也在不同程度上参与了公共交通的经营。私人企业的竞争不仅包括成本和回报,还包括刺激服务的创新。在引入公交竞争的城市,政府仍控制着公共交通服务的供给、质量和价格。固定资本的基础设施属于政府部门,全部车辆和设备属于由竞争得标而来的私人企业运营商。在由政府部门制订的服务标准范围内(如:有关时刻表、票价和线路),由最低成本的运营商提供服务。

政府一旦设定了服务标准,出价最低的竞标者被授予提供服务的合同,乘客并不关心是私人企业拥有着公交车辆,或是政府的员工驾驶着车辆,乘客最关心的是服务的质量和花钱买票后所得到的价值。

公共交通经营并不总是亏损的。新加坡所有的私营巴士公司的运营都是盈利的。东京多数的私营轨道公司从轨道服务中回收一半的运营成本,特许经营的其他服务差不多能够做到公共交通的收支平衡。他们的大量收入来自于轨道车站附近的房地产发展。在巴西库里蒂巴,私营的公共汽车公司赚取足够的利润,平均每3年可以更新车辆,该市的公共汽车车辆更新率是全世界最快的。公共交通经营并不一定是亏损的,吸引乘客和产生利润的关键是提供高质量的服务。

7.3.2 公交企业运营模式

1. 公共交通系统的补贴

由于公共交通的社会公益性,各国政府都会为公共交通提供大量的补

城市公共交通
发展策略

贴。因为公共交通票价收入不足以抵消其运营成本和资本成本。图7-2描述了美国2002年公共交通车票收入占运营成本的比率。对于所有形式的公共交通平均来说，乘客车票收入只占其运营成本的35%（不包括资本成本）。

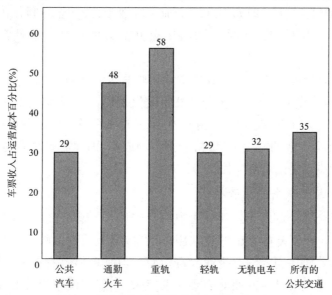

图7-2 美国公共交通的收入成本比率（2002年）

如图7-3所示，公共交通设施的初始投资较大，其固定成本部分占较大的比例，因此其长期平均成本呈下降趋势，长期平均成本曲线具有负斜率，长期边际成本曲线位于平均成本曲线的下方。图中的需求曲线表示随着公交票价的变化，公交客运量也发生相应的变化。对于公交企业而言，由于需求曲线上的每一个点表示在确定的票价下的乘客数量，乘客数量与票价的乘积就是公交企业的票价收入，因此需求曲线也是企业的边际收益曲线。

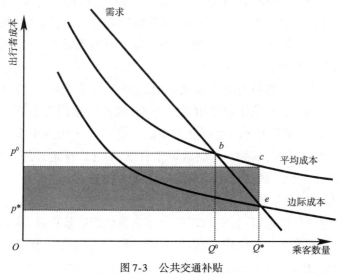

图7-3 公共交通补贴

如果公交企业按照完全补偿成本的原则确定票价,市场的均衡点应在长期平均成本曲线与需求曲线的交点 b 处,此时的价格为 P^0,乘客数量为 Q^0,该点是社会非有效点,因为额外增加的乘客的支付价格高于提供服务的边际成本。即如果继续增加乘客数量,公交企业付出的额外成本为边际成本,小于此时的票价 P^0,公共交通的社会服务性没有充分发挥。

社会均衡点应为长期边际成本曲线与需求曲线的交点 e,点 e 是社会有效点,在该点上边际收益(由需求曲线代表)等于边际成本。均衡乘客数量为 Q^*,均衡价格为 P^*。由于 Q^* 所对应的平均成本 c 点超过了价格 P^*。在社会有效的规模上,价格低于平均成本,因此需要政府提供补贴,补贴额度应该是图中的阴影部分。

2. 轨道交通企业运营模式

轨道交通企业属于公共交通中的特殊形式,很大程度上具有基础设施的特性。由于基础设施的公共服务性,传统上采取由政府直接投资并管理或由政府控制的国有企业投资运营。但是单靠政府投入,越来越不能满足社会经济日益发展的需要。近年来,在基础设施建设的投融资领域产生了非常大的变化,如以特许经营的方式引入非国有的其他投资,包括 BOT、TOT、PPP 等各种方式都有成功的案例。轨道交通企业投资运营模式主要包括以下几种。

(1)政府主导投融资运营模式

政府主导投融资运营模式是指政府以政府信用为基础筹集资金并加以运用的金融活动。政府投融资主体是指经政府授权、为实现政府既定目标代表政府从事投融资活动,具备法人资格的经济实体。政府投融资主体以政府提供的信用为基础,以政策性融资方式为主,辅之以其他手段进行融资。在此种模式中,政府投资兴建并拥有基础设施产权,国有企业按商业化原则经营。

以政府为主导的投资融资模式主要适用于投资额大、回收期长的交通方式。我国早期的地铁建设由政府出资,政府组建国有企业单位负责运营,属于以政府为主导的投资融资模式。这种模式优点不需要支付利息,降低了财务成本;其缺点是财政资金有限,不能广泛地运用,且运营企业缺乏有效的激励机制,运营效率和服务水平较低。

(2)政府主导负债融资运营模式

政府主导负债融资运营模式,资金需求由政府财政投资、银行贷款及国外机构贷款等几部分构成,政府投入部分资金,其余资金则依托政府提供信用担保,由运营企业以银行贷款、发行债券等方式进行债务融资。这

轨道交通企业运营模式:政府主导投融资运营模式、政府主导负债融资运营模式、特许经营模式。

种模式的优点是筹措资金操作简便,资金充足,可以大大缓解轨道交通建设投资对地方的压力。其缺点表现为融资成本高,巨额债务进一步加大了企业和政府的财务负担;以及投资主体单一,不利于运营及服务质量和效率的提高。

(3) 特许经营模式

特许经营模式包括了 BOT、TOT、PPP 等各种方式,其中的 TOT 模式最为简单易行,即政府投资建设,建成后委托企业负责运营管理。此种模式建设资金完全由政府负担,降低了项目的财务费用和折旧成本。政府具有资产所有权,不干涉具体经营,对交通企业经营开支进行少量补贴甚至不补贴,只负责监督、规范公司的运营,以确保公共交通的公共福利性质。运营企业无资产所有权,只有使用管理权,承担专业化的运营职能,采取市场化运作模式,实现公司盈利。新加坡地铁即采用此种模式,部分市政公用行业如收费公路、收费路桥等也可选择此模式。

3. 常规公交企业的运营模式

常规公交也可采取政府主导投资和国有运营的模式。但在实践中,由于常规公交并不像轨道交通那样投资巨大,一般情况下,常规公交的运营更加多元化和市场化,私人企业参与常规公交的运营方式更加多种多样。

为适应市场需求,提高公共交通服务水平,许多城市采取了以多家经营、引入适度竞争为主要标志的行业模式。公交运营一般采用线路专营制度。公交线路专营制度,是特许某公交企业在规定区域、线路和期限经营公交线路的权利。

公交线路经营权:线路经营者通过招标、申请审批和委托方式等获得一定期限内线路经营权利。

公交线路专营制度是公交生产的特点决定的,是城市公交管理和发展的趋势。目前,公共交通的专营形式主要有区域专营和线路专营两种。区域专营是在指定区域内有一家或几家政府认定有资格的企业在一定期限内承担已有线路和新辟线路的营运。线路专营是政府通过招投标、拍卖等方式,在一定期限内将特定线路交由中标单位独家经营。实行专营权制度后,由于专营企业享有独家经营的权利,政府必须加强监督管理的力度,通过专营制度的法律、规章、政策规范企业的行为。

(1) 竞争性招标

公共交通市场是受政府管制的,公共交通企业一般需要获得经营权和专营权才可进入市场。经营权指线路经营者通过招标、申请审批和委托方式等获得一定期限内线路经营权利。专营权是在经营权基础上,授予企业独家经营权,保证其他线路不与其重复(指一条线路覆盖另一条线路70%以上或覆盖主要客流站点)。通常采用招标方式将专营权出让给

公交线路专营权:在经营权基础上,授予企业独家经营权,保证其他线路不与其重复。

经营者。

经营权、专营权大多数采用有偿出让的办法,一般通过竞争性招标方法发放。从具体的实践来看,竞争性招标已经被世界上许多城市和地区所采用。公交竞争性招标是指公交企业必须通过竞标才能获得在一定时期内按照政府机构制订的标准提供公交服务的权利。这些标准通常包括:票价、补贴水平、行车时间表、使用的车辆、公共汽车额定载客人数、行驶线路与区间、途中站点设置等。

(2) 混合产权

从城市公共交通服务成本补贴方式上可看出其不同的产权特征。地方政府对公共交通领域实行价格管制,不同的管制价格影响到公交企业的成本收回及政府补贴方式,也体现公交服务产品的不同产权特征。

①如果公交企业的成本完全由乘客以票价的形式直接承担,那么公交服务体现为私人产权的特征。

②如果完全由政府财政补偿,即实行免费公交,那么它体现为公共产权的特征。

③如果成本的一部分是由乘客承担,一部分是由政府财政补偿,那么它体现为混合产权的特征。从世界各国的实际情况看,通常的产权配置方式是公交企业成本由乘客和政府共同承担,即混合产权方式。

总结与提要

关键概念:城市公共交通,道路公共交通,城市轨道交通,辅助公共交通,巡游出租车服务,网络预约出租车服务,公交线路经营权,公交线路专营权。

重点掌握:公共交通的特征,道路公共交通的构成,城市轨道交通的构成,辅助公共交通的构成,巡游出租车的服务特性,巡游出租车的政府管制,网络预约出租车的服务特性,网络预约出租车的政府管制,公交优先政策。

一般理解:城市发展与公共交通的关系,正外部性和社会公益性的区别,公共交通发展策略,公交企业运营模式。

案例与阅读

7-1 瑞典斯德哥尔摩公交发展的启示

大斯德哥尔摩地区的公共交通系统受到广泛的欢迎,不仅仅是由于郊区市政中心的发展和轨道交通系统良好的硬件上的整合,大量支持性的公共政策也同样重要。斯德哥尔摩市政府通过保持公共交通的低票价来回馈环境友好型的可持续交通模式。由于成人现金车票每次仅需1~1.5美元(根据乘车的里程确定),同时还设有高折扣的联程票,公共交通系统的票款收入仅及运营成本的三分之一。为了控制成本,以使低票价政策能持续执行,该区域所有公共汽车和轨道交通的服务都采取招标竞争。

1991年,斯德哥尔摩公共交通管理局被分解成为两个部分:规划部负责规划运营服务和制定票制;运营部负责地铁和全市400多条公共汽车线路的招标工作。到1995年,已有超过60%的公共汽车和轨道交通线路在市场化的竞标机制下运营。研究表明,竞标外包的公共汽车线路服务每公里的运营成本比没有外包的降低了37%。

在维持公共交通低票价的同时,停车费和出租车费十分贵,尤其是在斯德哥尔摩中心城区。除了设置计时收费表的停车位,路边停车通常是被禁止的,而路边停车的费率也由市中心至城区外围逐级递减。在地铁车站周围停车位的设置标准明显降低,每个工作岗位只配一个车位。瑞典征收高额的机动车增值税和车辆登记费。1992年,车辆购置税和登记费大约为新车本身费用的58%,与之相比,美国这两项费用仅占新车本身费用的9%。在瑞典燃油税是基价的80%,在美国仅为25%。

(摘编自:罗伯特·瑟夫洛.公交都市[M].北京:中国建筑工业出版社,2007:92)

7-2 新加坡地铁公司的窘境

近几年来,地铁在高峰期的拥挤程度可说是愈演愈烈,过往用来形容别人"饼干上去,面粉下来"的调侃,几乎每天在岛国新加坡各处上演。据说地铁正在探寻车费上扬的可能,怀着心理不平衡的不爽快,我决定看看地铁公司的业绩。

看完发现,用"惨淡经营"来形容地铁公司并不为过。这家拥有垄断业务的公司,全年总收入不过是12亿元。2014财政年度上半年,这家公司只取得3070万元净利(包括地铁业务、巴士服务、德士服务、零售租赁和广告业务等),同比下降56%,而且债务与资产的比率大幅上扬到58%。

过去一年,地铁公司的股价从高峰期的2.33元下滑到目前的1.30元左右。屋漏偏逢连夜雨,不久前,债券评级公司标准普尔预期未来地铁公司需要投入更多巨额资本,以及不确定政府是否会拨款资助地铁公司等,将公司的展望评级从"稳定"下调到"负面",可见投资界对地铁公司的财务状况已经有"惊弓之鸟"的防备。

地铁公司表示,盈利压力主要来自员工薪酬、维修成本和资产折旧。上半年这3000多万元的盈利,大部分来自于地铁站店面零售租金和广告方面的收入而非车票收入。作为一个既要为股东创造价值又必须维持公共服务水准的地铁公司,已经进入了一个非常尴尬而又骑虎难下的局面。高峰时期,地铁公司的市值接近35亿元,如果以市场分析员认为股价将朝向0.90元以下的价格看,它的市值会持续下滑到13亿多元。持有地铁公司54.24%股权的大股东淡马锡控股,届时是否会出手将其除牌,而最终解决地铁两头不到岸的窘境呢?

当然,退市后的地铁公司是否就能提供更好的服务仍然值得争议,但至少它能够使地铁的拥有权和经营权合为一体,也不需要每年向公众呈报盈亏,同时也解决公司在股东和乘客之间"顺得哥情失嫂意"的两难。至于未来它调整票价是否就会导致公众将矛头直接指向政府,那也是见仁见智的事。

(摘编自:http://www.zaobao.com/forum/views/opinion/story20131201-283072 联合早报网.2013年12月1日.原作者:谭蕾)

7-3 多地推出定制公交线路

继青岛市推出国内首条定制公交线路后,北京、西安等城市均宣布将推出相关线路。所谓定制公交,就是根据乘客特殊需求设定的线路,以多人共同乘用交通工具的形式,为处于相同区域、具有相同出行时间和相同出行需求的人群量身定做的公共交通服务。它采用一站直达式公交服务模式,具有定点、定车、定时、定价、定人等与普通公交不同的特点。

北京公交集团从9月1日开通了昌平城区至中关村、昌平城区至上地等6条定制公交线路,这些线路的单次乘坐价格从8元到23元不等,昌平城区至中关村线路一个月22个工作日的乘坐价格为352元。而在北京市之前,青岛市已经率先在8月15日推出了两条定制公交线路,定制公交车配备4G无线网络通信设备、广播和影音设备,报纸袋内有多种报纸供乘客免费取阅,并配备了饮水机、大桶矿泉水、纸杯和纸巾等。青岛定制公交服务费用初步按每人每天12元,按月交费。

作为公共交通领域的一个新生事物,定制公交为何受到国内众多城市的青睐呢?记者在采访中了解到,公交部门希望能够通过定制公交线路的推出,在满足市民多样化出行需求的同时,进一步缓解交通拥堵,促进节能减排,改善城市空气质量。定制公交针对的对象就是城市里的有车一族,减少他们开车出行从而起到缓堵效果。

在即将推出定制公交线路的西安市,得知这一消息的许多市民都对这一模式表示欢迎,认为此举将极大改善自己的出行条件。在西安高新区一家保险公司工作的市民李先生说,自己家住西安东郊,日常上班除了爱人开车接送之外,基本上靠坐公交车。由于路上需要花一个多小时,每天早上7点半就要起床坐车,上班高峰期公交车上特别拥挤,因此很期待西安市即将推出的定制公交,自己也很想报名参与。

定制公交模式在网络上也引发了强烈关注和讨论,不少网民质疑定制公交是否会挤占了公共交通资源。在许多人看来,定制公交也属于公共交通系统的一个组成部分,将来也会使用公交专用道行驶,而其专属于少数人群使用的特点违背了公共交通的普惠性,公交系统应该将精力用来多开行普通公交线路上。

针对社会舆论对定制公交挤占公交资源的质疑,西安市公交总公司副总经理翟先生认为,定制公交的车辆采用的是闲置或新购车辆,因此不会占用公众交通资源。从另一个角度来讲,吸引大量开小车的人去乘坐公交车,减少了道路拥堵程度,受益的还是广大乘坐普通公交车的老百姓。

对于定制公交可能面临的亏损问题,翟先生认为,定制公交的客流都是单向客流,每天早上将乘客从甲地放到乙地,晚上再从乙地将乘客送回甲地,导致其来回都是空驶,势必面临利用率不高的问题。可以考虑将定制公交车辆在其没有任务的时段跑一些市内的旅游线路,降低闲置成本。但从总体上来讲,对定制公交应更多地考虑其公益性而非营利性。

陕西省社会科学院副研究员尹先生认为,定制公交鼓励大家更多依靠公共交通资源,从这一点上是值得探索和推广的。定制公交的出现,适应了民众对于出行方式需求的多样性。从公交系统的角度来讲,定制公交的出现反映了其以乘客需求为导向进行创新的转变,值得肯定和鼓励。

(摘编自:新华网.2013年9月5日.原作者:石志勇)

7-4　出租车特许经营权应给谁

在许多国家和地区,个人可直接申请参与拍卖出租车牌照。在美国,纽约的出租车运营模式分为个体经营和公司经营两种,其中44%的出租车是由大的代理行或出租车公司把车包租给有执照的司机运营,27%的出租车由个体出租车业主将车包给有执照的司机运营,其余的29%由个体车主自己运营。在法国,在公司经营模式下,司机有薪酬司机、公司司机和股份司机三种。在德国,个人可直接申请出租车牌照,分别挂靠公司经营,公司在负责油钱、修车费、保养费、车险等养车费用之外,还要负担司机的养老、医疗等保险,司机在支付上述费用后,收入归己。在英国伦敦的两万多辆出租车中,三分之二的司机是个体经营户。我国香港特区政府推行配额拍卖出租车牌照的制度,个人可以参与拍卖,这个制度能避免少数公司垄断。

这些方式背后的思路,是减少垄断和管制,更多借助"市场之手"来调节出租车的供给与需求。事实表明,在这些地方,出租车司机和乘客难免产生抱怨,但司机不满、拒载以及乘客打车难等问题基本不存在。

20世纪90年代,为解决公共交通不发达带来的"出行难"问题,我国内地开始鼓励发展个体出租车行业。以北京为例,从1992年到1993年,在不到两年时间里,北京的出租车数量从1万多辆增长到6万多辆。其中,部分出租车的经营权给到了个人。此后,情况开始发生变化。有一种说法是,为解决出租车拒载、绕路,以及车辆保养和清洁等问题,需要对出租车行业进行整体管控,从而开始实行公司制经营。正是从那时起,出租车司机的收入不断减少,有关出租车行业垄断、暴利等方面的质疑越发强烈。

要解决拒载、绕路等问题,政府就必须将特许经营权直接无偿给予出租车公司吗?经验表明,拒载严重的主要原因是出租车供不应求;而在严厉监管的情况下,绕路等问题是可以杜绝的。所以,以解决这些问题为由,实行目前的公车公营(出租车的产权和经营权属于公司)模式,是站不住脚的。

当然,我们也并不主张一个城市的出租车经营权全部通过拍卖给予个人,进而全部实行私车私营模式。而是主张逐步放开对个人的出租车牌照拍卖,引入多种经营模式,让多种经营模式之间形成竞争,进而给司机以选择权。这样,即便收"份子钱",也将更加合理、透明。应该向个人和公司公开拍卖出租车牌照,其经营采取公司制、个体工商户和社会企业等多种形式,并允许这些组织和司机自发建立地域性的行业组织,让它们在市场监管和行业管理方面发挥积极有效的作用。毋庸讳言,这一过程中会遇到利益冲突,以及制度性、技术性的障碍,但是,如果这一方向和格局是对的,我们就必须坚持以改革的精神,朝正确的方向走下去。

(摘编自:东方早报.2013年4月23日.原作者:陈宪)

作业与思考

1. 什么是城市公共交通?城市公共交通主要包括哪几种类型?
2. 简述城市发展与公共交通的关系。
3. 城市公共交通具有哪些特征?
4. 为什么说公共交通不属于公共物品?
5. 道路公交和轨道交通各有什么优缺点?试简要分析它们之间的关系。
6. 辅助公共交通能够替代公共交通吗?为什么?
7. 巡游出租车有什么样的服务特性?
8. 巡游出租车为什么需要管制?从哪些方面进行管制?
9. 网络预约出租车有什么样的服务特性?
10. 政府对巡游出租车和网络预约出租车的管制方式有什么不同?为什么?
11. 为什么公共交通企业需要政府的补贴?
12. 为什么公共交通也需要引入竞争机制?
13. 举例论述公共交通的运营模式。
14. 结合某个城市的情况,举例说明公交优先具体有哪些政策。

第 8 章 交通运输市场

8.1 市场与市场均衡

8.1.1 市场构成

1. 市场的含义

从需求和供给的角度,可以将独立的经济单位划分为两大类:买方(Buyers)和卖方(Sellers)。买方也就是购买商品与服务的消费者,卖方是出售商品和服务的厂商。实际上,买方、卖方的角色并不是截然分开的,许多消费者和厂商都充当了买方和卖方双重角色。例如,当厂商购买劳动力、原材料等用于生产时,厂商就为买方;当工人出卖劳动力,资源拥有者出租或出卖土地、矿物资源时,这些人就成了卖方。

市场(Market)是某种商品或服务的买方和卖方组成的集合场所,买方作为一个群体决定了产品的需求,而卖方作为一个群体决定产品的供给,买方和卖方确定价格,发生交易,就形成了市场。

市场是通过相互作用决定一种或一系列产品及服务价格的买卖双方的集合。因此,我们可以把市场看作确定价格和交易数量的场所。市场中,交通运输的作用越来越重要。

比如,一个想买名牌服装的北京人不太可能跑到巴黎去,北京绝大多数的服装买者只会与北京的服装卖者交易。但如果巴黎名牌服装的价格远低于北京同样服装的价格,同时服装的运输成本相对于其价格又很低,那么北京的服装卖者就会到巴黎充当买者,买进名牌服装运输到北京出售。一种商品的明显价差创造了套利空间,人们可以在一个地方低价买进,在另一个地方高价卖出。套利空间的存在有赖于交通运输的作用。

2. 市场的界定

市场是经济活动的中心,许多经济问题都与市场的运行有关。经济学家经常关注市场界定的问题,即确定市场的范围,市场应该包括哪些买者和卖者。

> **买方和卖方**:买方是购买商品与服务的消费者,卖方是出售商品和服务的厂商。买方、卖方的角色并不是截然分开的,许多消费者和厂商都充当了买方和卖方双重角色。
>
> **市场**:是某种商品或服务的买方和卖方组成的集合场所,买方作为一个群体决定了产品的需求,而卖方作为一个群体决定产品的供给,买方和卖方确定价格,发生交易,就形成了市场。

市场的概念

市场范围既包括地理范围,又包括产品范围。例如,当我们讨论燃油市场时,首先必须明确它的地理范围是全国范围,还是北京市范围;同时,我们也必须清楚所指的产品范围是包括汽油、柴油、航空煤油在内的全部燃油品种,还是只包括汽油品种。

市场的界定是非常重要的。一家企业必须清楚其所在市场的产品边界和地理边界,据此做出投资决策。

> 市场是确定价格和交易数量的场所。

3. 市场的形式

市场有很多种形式。有时市场组织健全,如众多的农产品市场。在这些市场上,买者与卖者在特定的时间与地点聚集在一起,市场上还有拍卖者帮助确定价格并安排销售。

> 市场界定:确定市场范围,既包括地理范围,又包括产品范围。

更通常的情况是市场并没有什么组织。例如某个镇上的冰淇淋市场。冰淇淋的买者并没有在一个特定时间聚集在一起;冰淇淋的卖者也分散在不同的地方,并提供略有差别的产品,这种市场上也没有报出冰淇淋价格的拍卖者。然而,这些冰淇淋的消费者和生产者是紧密相关的。各个卖者标出冰淇淋的价格,而各个买者决定在每个店买多少冰淇淋。冰淇淋买者都从各个冰淇淋卖者中进行选择,来满足其需求;而冰淇淋卖者都努力吸引各个冰淇淋买者,以便经营成功。尽管这个市场没有人去组织,但由冰淇淋买者和冰淇淋卖者组成的群体形成了一个市场。

8.1.2 市场均衡的形成

1. 市场均衡

市场均衡(Market Equilibrium)指的是市场价格达到使供给量与需求量相等时的状态。

> 市场均衡:指市场价格达到使供给量与需求量相等时的状态。

在市场均衡状态下,市场上不存在短缺或过剩,需求者与供给者都得到了满足。通常将需求曲线和供给曲线放在同一个坐标系中,用如图 8-1 所示的供求图描述市场均衡。

图中,需求曲线 D 与供给曲线 S 相交于 E 点,这一点就是市场均衡点。使市场供给量与需求量平衡时的价格称为均衡价格(Equilibrium Price)(图 8-1 中的 P_E),均衡价格又称为市场出清价格(Market-clearing Price),意味着在此价格下,所有供给与需求的订单都已完成,账簿上已经出清。均衡价格下的供给量与需求量称为均衡数量(Equilibrium Quantity)(图 8-1 中的 Q_E)。

> 均衡价格:使市场供给量与需求量平衡时的价格,又称为市场出清价格。

市场如何从初始状态逐渐达到平衡状态呢?对这一问题的深入研究产生了各种各样的理论和模型,其中最为通俗的模型称为蛛网模型(Cobweb Model)。

> 均衡数量:均衡价格下的供给量与需求量。

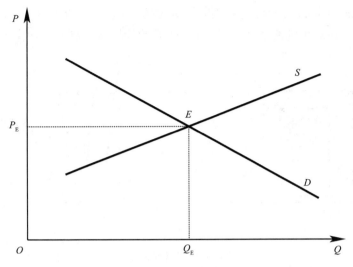

图 8-1 市场供求均衡图

2. 蛛网模型

蛛网模型（Cobweb Model）或蛛网理论（Cobweb Theory）是在 1930 年分别由美国经济学家舒尔茨（Schulz）、意大利经济学家里西（Ricci）和荷兰经济学家丁伯根（Tinbergen）各自提出的，后在 1934 年由英国经济学家卡尔多（Nicholas Kaldor）定名为"蛛网理论"。

蛛网理论是将商品均衡价格理论与弹性理论结合起来并导入时间因素，运用于分析商品的价格和产量的动态变化过程的理论。在分析时有以下假定：

首先，分析的市场是完全自由竞争的市场，生产要素随价格波动自发流动；其次，本期商品的供给量取决于上期的价格，本期商品的需求量取决于本期的价格。另外，用蛛网理论研究和分析价格和产量变动过程的商品其生产周期一般较长，在价格和产量的变化过程中，需求和供给保持不变，即需求曲线和供给曲线不发生移动。

根据商品供给弹性与需求弹性的关系，蛛网模型有以下三种情形。

（1）收敛型蛛网

如果供给价格弹性小于需求价格弹性，这意味着生产者对价格的反应相对于消费者的反应要小些，如图 8-2 所示。

如图 8-2a）所示，假定在开始时，商品的初始价格为 P_0，由于 P_0 远高于均衡价格 P_E，促使厂商增加该商品的生产，导致下一周期该商品的供给量为 Q_1。要消费 Q_1 需求量的商品，消费者只愿支付 P_1 的价格（$P_1 < P_E$）。由于价格的下降，厂商在下一周期减少该产品的生产，导致产量降为 Q_2。面对 Q_2 的需求量，消费者愿意支付的价格为 P_2（$P_E < P_2 < P_0$）。

> **蛛网理论**：是将商品均衡价格理论与弹性理论结合起来并导入时间因素，运用于分析商品的价格和产量的动态变化过程的理论。

市场均衡的形成

收敛型蛛网：随着时间的持续，商品的价格逐步趋向于均衡价格。形成的条件是商品的供给价格弹性要小于需求价格弹性。

如此周而复始，价格与产量的波动幅度越来越小，最终趋于均衡点 E。图 8-2b)显示了随着时间 T 的持续，商品的价格逐步趋向于均衡价格 P_E。

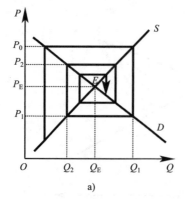
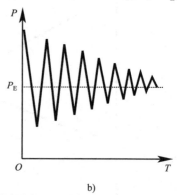

图 8-2　收敛型蛛网

收敛型蛛网形成的条件是商品的供给价格弹性要小于需求价格弹性。在现实经济生活中，绝大部分商品的供给弹性小于需求弹性，因此自由竞争的结果会自然达到均衡状态。

（2）扩散型蛛网

如果供给价格弹性大于需求价格弹性，这意味着生产者对价格的反应相对于消费者的反应要大。在这个前提下，价格和产量的变化越来越远离均衡位置，如图 8-3 所示。

扩散型蛛网：随着时间的持续，商品的价格越来越偏离均衡价格。形成的条件是商品的供给价格弹性要大于需求价格弹性。

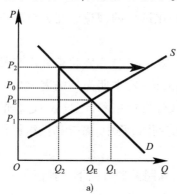
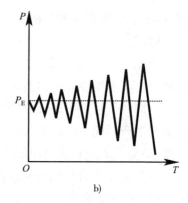

图 8-3　扩散型蛛网

如图 8-3a)所示，开始时商品的初始价格 P_0 高于均衡价格 P_E，促使厂商增加该商品的生产，导致下一周期该商品的供给量为 Q_1。为消费 Q_1 数量的商品，消费者只愿支付 P_1 的价格（$P_1 < P_E$）。由于价格的下降，厂商在下一周期减少该产品的生产，导致产量降为 Q_2。面对 Q_2 的产量，消费者愿意支付的价格为 P_2。与收敛型蛛网不同的是，此时 $P_2 > P_0$。如此周而复始，价格与产量的波动幅度越来越大，始终无法趋于均衡点 E。

图8-3b)显示了随着时间T的持续,商品的价格越来越偏离均衡价格P_E。

扩散型蛛网形成的条件是商品的供给价格弹性要大于需求价格弹性。在现实经济生活中,有些农产品需求弹性较小,如果政府不进行适当的价格和产量调节,就容易出现剧烈的波动。

(3)封闭型蛛网

如果供给价格弹性等于需求价格弹性,即生产者和消费者对价格的反应是一致的。在这个条件下,随着时间的持续,价格和产量始终按同一幅度波动,如图8-4所示。

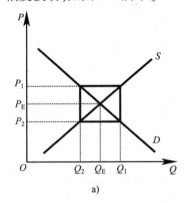
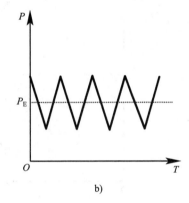

封闭型蛛网:随着时间的持续,商品的价格和产量始终按同一幅度波动。形成的条件是商品的供给价格弹性等于需求价格弹性。

a)   b)

图8-4 封闭型蛛网

封闭型蛛网形成的条件是商品的供给价格弹性等于需求价格弹性。

3. 均衡价格的形成

蛛网模型从一个侧面,描述了均衡价格的动态形成过程。实际上在数字和曲线的背后,是供需双方的竞争过程。就需求方来说,市场上有许多消费者参与竞争,他们分别按某商品对自己使用时效用的大小对该商品出价,对效用大的愿意出较高的价格,对效用小的则只愿出较低的价格,从而形成一个犹如拍卖行中竞买者竞争的态势。在市场商品供给量一定的情况下,最后这些商品必定被愿意出较高价格的购买者买走,出较低价格的购买者则被市场淘汰出局。

就供给方来说,市场上也有许多生产者参与竞争,他们分别按自己的成本高低等提出要价,在市场商品需求量一定的情况下,一些要价较高的商品生产者必然会因找不到买主而被市场淘汰出局。如此反复进行下去,必然会使需求数量和供给数量越来越接近。

在买者之间、卖者之间以及买卖双方之间存在市场竞争的情况下,一种商品的供求开始时往往是不均衡的。图8-5表明,当价格为P_0时,供给数量Q_{S0}大于需求数量Q_{D0},这时该商品存在着降价的压力,有的要价较高的卖者有可能退出市场,有的买者就可能进入市场。相反,当价格为

P_1 时,需求数量 Q_{D1} 大于供给数量 Q_{S1},这时商品存在着涨价的压力,有的出价较低的买者就可能退出市场,有的卖者就可能进入市场。如此反复进行下去,最后必然会使该商品的供给与需求达到相等或均衡的状态 E。当该商品的供需达到一致或均衡时,这时的商品价格即为均衡价格,商品数量即为均衡数量。

> 需求曲线与供给曲线的交点为市场均衡点,对应的商品价格为均衡价格,商品数量为均衡数量。

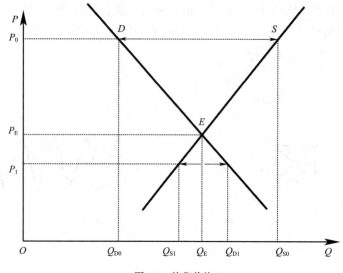

图 8-5 均衡价格

但是,均衡价格不会一成不变,它会随着需求和供给的再次失衡而被打破,并在需求和供给的新的均衡基础上形成新的均衡价格。均衡价格和均衡数量的变化是由供求规律决定的。

8.1.3 市场均衡的变动

市场很难长期处在一个稳定的静态均衡状态,不断地调整、变化是市场动态发展的一个特点。供给、需求任何一方因素的变化都会使市场均衡发生变动。

1. 需求变动对均衡的影响

需求发生变动时,市场均衡会随之而变。在供给不变的情况下,若需求发生变化,则市场均衡价格和均衡数量与需求发生同方向的变动。如果需求增加,则市场均衡价格和均衡数量也将增加;如果需求减少,则市场均衡价格和均衡数量也将减少。

假定某种商品的供给状况不变,需求因收入提高、偏好等原因而增加,如图 8-6a)所示。供给曲线 S 不变动,需求曲线 D_0 向右移至 D_1,均衡点也随之由 E_0 点移至 E_1 点,从而决定了新的均衡价格为 P_1,均衡数量为 Q_1。很明显,$P_1 > P_0$,$Q_1 > Q_0$,均衡价格比原来提高了,均衡数量也比原来增加了。

如果供给不变,需求因收入下降等原因减少了,如图 8-6b)所示。供给曲线没有变动,但需求曲线 D_0 向左移至 D_1,均衡点也随之由 E_0 点移至 E_1 点,于是决定了新的均衡价格为 P_1,均衡数量为 Q_1。很明显,$P_1 < P_0$,$Q_1 < Q_0$,均衡价格比原来降低了,均衡数量也减少了。

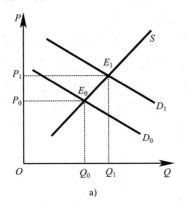 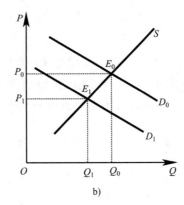

图 8-6 需求变动对均衡的影响

需求变动对均衡的影响:在供给不变的情况下,若需求发生变化,则市场均衡价格和均衡数量与需求发生同方向的变动。

2. 供给变动对均衡的影响

供给发生变动时,市场均衡的变化稍微复杂一些。在需求不变的情况下,若供给发生变化,则市场均衡价格将与供给发生反方向的变动,市场均衡数量将与供给发生同方向的变动,即供给增加,均衡价格下降,但均衡数量增加;供给减少,均衡价格上升,但均衡数量减少。

某种商品的需求不变,其供给因生产成本下降、利润增加等原因而增加,如图 8-7a)所示。需求曲线 D 不变动,供给曲线 S_0 右移至 S_1,均衡点也随之由 E_0 点移至 E_1 点,于是决定了新的均衡价格为 P_1,均衡数量为 Q_1。很明显,$P_1 < P_0$,$Q_1 > Q_0$,均衡价格比原来降低了,均衡数量则比原来增加了。

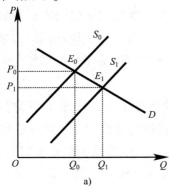 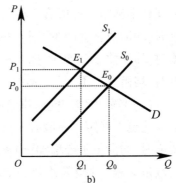

图 8-7 供给变动对均衡的影响

供给变动对均衡的影响:在需求不变的情况下,若供给发生变化,则市场均衡价格与供给发生反方向的变动,市场均衡数量与供给发生同方向的变动。

在需求不变的情况下,若供给因为生产成本的上升、利润减少等原因而减少,如图8-7b)所示。需求曲线 D 不变,供给曲线从 S_0 左移至 S_1,均衡点随之由 E_0 点移至 E_1 点,于是决定了新的均衡价格为 P_1,均衡数量为 Q_1。很明显,$P_1 > P_0$,$Q_1 < Q_0$,均衡价格比原来上升了,均衡数量则比原来减少了。

市场均衡的变动

3. 需求与供给同方向变动对均衡的影响

需求与供给同方向发生变动的情况有两类。

(1)当需求和供给同时增加时,均衡数量肯定会增加,但均衡价格就不一定。当需求增加幅度大于供给增加幅度时,均衡价格会上升[图8-8a)];当需求增加幅度小于供给增加幅度时,均衡价格会下降[图8-8b)];当需求与供给的增加幅度相等时,均衡价格不变[图8-8c)]。

需求和供给同时增加:均衡数量会增加,但均衡价格可能会上升、下降或不变。

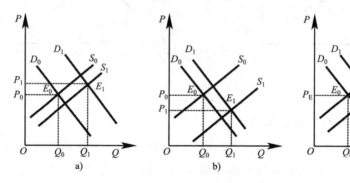

图 8-8 需求与供给同时增加对均衡的影响

需求和供给同时减少:均衡数量会减少,但均衡价格可能会上升、下降或不变。

(2)当需求和供给同时减少时,均衡数量肯定会减少,但均衡价格就不一定,它也会随着需求减少的幅度大于、等于和小于供给减少的幅度三种情况,分别产生下降、不变和上升三种不同的情况。

4. 需求与供给反方向变动对均衡的影响

需求和供给反方向发生变动的情况也有两类。

需求减少供给增加:均衡价格会下降,但均衡数量可能会增加、减少或不变。

(1)当需求减少同时供给增加时,均衡价格肯定会下降,但均衡数量的变化不确定。一般有三种情况:当需求减少的幅度大于供给增加的幅度时,均衡数量会减少[图8-9a)];当需求减少的幅度小于供给增加的幅度时,均衡数量会增加[图8-9b)];当需求减少的幅度等于供给增加的幅度时,均衡数量不变[图8-9c)]。

需求增加供给减少:均衡价格会上升,但均衡数量可能会增加、减少或不变。

(2)当需求增加同时供给减少时,均衡价格肯定会上升,但均衡数量的变化也不确定。一般有三种情况:当需求增加的幅度大于供给减少的幅度时,均衡数量会增加;当需求增加的幅度小于供给减少的幅度时,均衡数量会减少;当需求增加的幅度等于供给减少的幅度时,均衡数量不变。

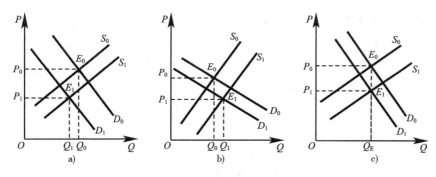

图 8-9 需求减少供给增加对均衡的影响

8.1.4 支持价格与限制价格

1. 支持价格

在市场经济中,均衡是一种趋势,市场上有一种力量促使均衡价格的形成,而实际上,纯粹的市场经济仅仅是一种理论上的假设。在现实经济生活中,由于某些经济和政治因素的介入,市场竞争会陷入一些不健康的状态,如无序竞争、恶性竞争等。政府作为宏观调控的主体,为了保证市场物价的基本稳定、竞争的公平有序以及生产者和消费者的利益,有时会对市场实行对价格控制的政策,这些政策往往会对市场的供需均衡带来一定的影响。

支持价格(Price Floor)又称为地板价格,即通过法律或政策手段把某种商品或服务的价格确定在高于市场均衡价格的水平。支持价格为价格下限,即不允许市场价格低于支持价格(但市场价格可以高于支持价格)。由于它对生产方具有保护作用,又称保护价。如果某行业的供给波动性较大或者行业的需求缺乏弹性,那么供给的变动很可能造成价格严重波动,从而影响生产者的收入。如果政府认为由市场供求力量自发决定的某种产品的价格太低,不利于该行业的发展,政府就可以对该产品实行支持价格政策,阻止低价造成生产者收入下降。

假定图 8-10 所示小麦的供给曲线为 S,需求曲线为 D。在自由竞争市场条件下,市场均衡价格为 P_B,均衡产量为 Q_B。

如果 P_B 不是一个合理的价格,政府可以限定支持价格为 P_1,高于均衡价格 P_B,与 P_1 相对应的需求量为 Q_1,与 P_1 相对应的供给量为 Q_2,由于 Q_2 大于 Q_1,所以小麦供给过剩,且过剩量为供给量 Q_2 与需求量 Q_1 的差值。过剩(Surplus)指在现行价格水平下,商品供给量大于需求量的状态。过剩有时也称为超额供给。在没有政府干预的情况下,供过于求,价格会下跌;但是政府制定的最低价格为 P_1,过剩产品必须由政府全部收

> **支持价格**:通过法律或政策手段把某种商品或服务的价格确定在高于市场均衡价格的水平。

相关价格的概念

购储存在仓库里。

过剩：指在现行价格水平下，商品供给量大于需求量的状态。

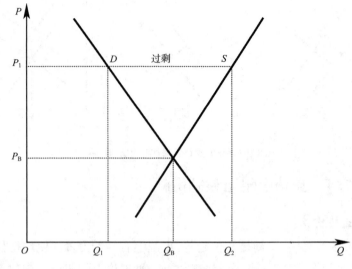

图 8-10　支持价格

在农产品生产中，这种价格支持政策被许多国家广泛采用。因为农产品，特别是粮食、棉花等重要产品的社会需求量相对比较稳定，但其产量往往受自然条件的影响变动较大。如果农产品的价格完全由市场竞争决定的话，那么丰收年份产量增加，价格就会跌到低点，农民的收入反而不能增加，导致第二年减少播种面积，使得第二年农产品的供给小于需求，价格上涨。由于农产品为生活必需品，价格的剧烈波动会引起社会的动荡。许多国家政府对农产品实行价格支持，规定最低限价。农民按此价格或高于此价格向市场出售，剩余部分由政府按最低限价收购。

除了直接采用支持价格政策来进行控制，政府还可以采用间接的支持价格政策，即政府规定最低限价，当市场价格低于最低限价时，政府按照最低限价与市场价格之间的差额补贴生产者，而不收购其剩余产品。这样消费者可以以较低的市场价格购买到产品，而生产者也得到了相应的补偿。

2. 限制价格

限制价格：指政府为了防止某种商品或服务的价格上涨而对其规定的低于市场均衡价格的最高价格。

限制价格（Price Ceiling）又称为天花板价格，是指政府为了防止某种商品或服务的价格上涨而对其规定的低于市场均衡价格的最高价格。政府主要采用最高限价的形式对少数因供求严重不平衡或特殊原因导致的价格暴涨予以控制，以限制暴利。比如，有些政府对石油价格进行控制，因为石油大部分是垄断经营，垄断企业可以通过控制产量来操纵价格，为此政府设立最高限价以保护消费者利益。

从图 8-11 可以看出，某产品的供给曲线为 S，需求曲线为 D。在自由竞争市场条件下,产品的均衡价格为 P_B,均衡产量为 Q_B。政府规定的最高限价为 P_1,低于均衡价格 P_B。与 P_1 相对应的需求量为 Q_2,与 P_1 相对应的供给量为 Q_1,由于 Q_2 大于 Q_1,所以产品供给不足,出现短缺,且短缺量为需求量 Q_2 与供给量 Q_1 的差值。在没有政府干预的情况下,供不应求,价格会提高,短缺逐渐消失,但由于政府规定最高限价为 P_1,因此会出现持续性的短缺状态,从而导致一系列的后果。

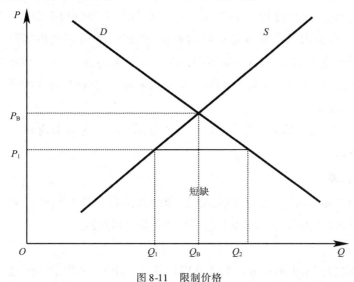

图 8-11　限制价格

政府对某种产品实现限制价格会引起产品供不应求,造成短缺。短缺(Shortage)指在现行价格水平下,商品需求量大于供给量的状态。在短缺状态下,消费者不能买到他们想买的所有物品,短缺有时也称为超额需求。

由于不允许索要较高的价格,就必须通过其他的途径来解决短缺问题。一般情况下,短缺会导致人们为了购买某种产品而不得不去排长队。有时政府会通过发放一定数量的配给券,只有持有配给券的人,才可以购买到商品。但所有这些都会导致非法黑市的出现,以往计划经济体制的后果已经说明了问题。最高限价的另外一个影响就是导致产品质量下降,因为是卖方市场,生产者没有提高产品质量或降低生产成本的动力。

短缺:指在现行价格水平下,商品需求量大于供给量的状态。

8.2　竞争与垄断:不同组合下的市场形态

8.2.1　厂商均衡

买方和卖方同时相互作用,就形成了市场。市场通过买卖双方的相互作用决定一种或一系列产品及服务的价格。市场可能有固定的场所,也可能没有,而是通过电话、互联网等途径建立交换关系。在市场中,厂商所属的产业性质及经济规模差异很大,如厂商数量的多少、产品差异的程度、进入产业的难易程度、掌握信息的全面程度等,因此现实中的市场环境和市场类型也有很大的不同。

如果在一个行业中有很多厂商,他们生产的产品没有什么差别,其他厂商进入这个市场非常容易,并且可以全面掌握这个行业的信息,那么这个行业就是竞争程度很高的市场;反之,市场的竞争程度就较低,垄断程度较高。根据市场上竞争与垄断的程度,经济学中通常把市场分为四种类型:完全竞争市场、完全垄断市场、垄断竞争市场、寡头垄断市场。后面三种有时统称为不完全竞争市场,因为竞争在这三种市场中都受到了垄断因素的限制。

对于不同的市场形态,重点从收益、成本、利润等方面考察厂商均衡实现的条件。

1. 收益

收益(Revenue):也称为收入,是指厂商出售其产品后所得到的货币收入。从收益的划分上有总收益、平均收益、边际收益。

(1) 总收益

> **总收益**:指厂商在出售一定数量的产品后得到的全部收入,它等于产品单价乘以销售数量。

总收益(Total Revenue,TR)是指厂商在出售一定数量的产品后得到的全部收入,它等于产品单价乘以销售数量。

$$\mathrm{TR} = P \cdot Q \tag{8-1}$$

式中:TR——总收益;

　　P——产品单价;

　　Q——产品的销售量。

(2) 平均收益

> **平均收益**:指厂商销售每单位产品所得到的平均收入,它等于总收益除以总销售量。也就是产品的市场价格。

平均收益(Average Revenue,AR)是指厂商销售每单位产品所得到的平均收入,它等于总收益除以总销售量。实际上,平均收益也就是产品的市场价格。

$$\mathrm{AR} = \frac{\mathrm{TR}}{Q} = \frac{P \cdot Q}{Q} = P \tag{8-2}$$

式中:AR——平均收益;

　　TR——总收益;

　　P——产品单价;

　　Q——产品的销售量。

(3) 边际收益

> **边际收益**:厂商每增加一单位产品的销售所引起的总收益的变动量。

边际收益(Marginal Revenue,MR)是指厂商每增加一单位产品的销售所引起的总收益的变动量。

$$MR = \frac{\Delta TR}{\Delta Q} \quad (8-3)$$

式中：MR——边际收益；

ΔTR——总收入的变化量；

ΔQ——销售量的变化量。

2. 成本

成本(Cost)：是指厂商为了生产一定数量和质量的产品或劳务而花费的生产费用或代价。这代价主要是由为生产这些产品或劳务而购买有关生产要素时所支付的货币量构成。所以，成本一般是所耗费的生产要素的数量与其价格乘积的总和。

在生产技术既定的条件下，厂商必须决定如何进行生产。投入要素可以以各种方式组合，从而生产出等量的产出。选择投入要素的最优组合，实际上就是选择成本最小化的组合。

经济学家对于成本的看法与会计人员对成本的看法不尽相同。会计人员必须记录企业的资产和负债，对企业以往的经济活动做出分析评价。经济学家注意企业的前景，他们所关心的是将来成本预计是多少，企业如何通过重组资源来降低生产成本并提高利润率，更关注机会成本、经济成本等的大小。从不同的角度，对成本有不同的分类和定义。

(1) 会计成本

会计成本(Accounting Cost)：是指企业在生产过程中所发生的各项有形的费用支出，是厂商为购买生产要素而支出的货币投入，可以按照一定的规范分类记录。

会计成本是对已经发生支出费用项目的记录，是经济核算的重要工具，可以为生产者制定产品或劳务的价格、计算企业利润以及进一步挖掘节约潜力提供依据。由于这些支出都是以货币形式出现且记载在账面上，是看得见的实际支出，所以会计成本也称为显性成本(Explicit Cost)。

(2) 经济成本

如果以自己拥有的资源作为投入，形式上没有货币支出，从表面上看没有入账成为会计成本，但实际上已经投入。例如，一个个体户利用自有住宅开了一个小商店，家庭的其他成员也经常在小商店里帮助服务，店主从合同上没有支付房租的义务，对于家庭成员也不需要支付工资，但这些属于隐性成本。

隐性成本(Implicit Cost)：是指厂商不需要支出货币的投入成本。隐性成本实际是机会成本的一种形式。

成本：是指厂商为了生产一定数量和质量的产品或劳务而花费的生产费用或代价。

会计成本：是指企业在生产过程中所发生的各项有形的费用支出，是厂商为购买生产要素而支出的货币投入，可以按照一定的规范分类记录。

经济成本：是指显性成本与隐性成本之和。

机会成本(Opportunity Cost):指当人们将资源(生产要素)用于某种产品或劳务的生产时,就必须放弃别的产品或劳务的生产,被放弃的产品或劳务生产中可能得到的最大收益,就是生产这种产品或劳务的机会成本。比如上述个体户如果不开小商店,可以把自有住宅出租获得租金收入,这部分可能的租金收入就是自有住宅用于开小商店的机会成本,也就是隐性成本。

经济成本(Economic Cost):是指显性成本与隐性成本之和。经济学家关注于研究企业如何做出生产和定价决策,这些决策既考虑了显性成本又考虑了隐性成本,因此经济学家在衡量企业的成本时一般都采用包括了这两种成本的经济成本。与此相反,会计师的工作是记录流入企业和流出企业的货币,因此会计成本只包括显性成本。

由于经济成本是所有显性投入和隐性投入成本之和,实际上包括了会计成本和所有生产要素的机会成本,因此,经济成本总是大于会计成本。当收益等于经济成本时,厂商已经有正常的盈利,而如果收益与会计成本持平时,厂商是没有正常盈利的。

在厂商均衡分析中用到的所有成本概念,均是指经济成本。

(3)成本的不同计算方式

①总成本

总成本(Total Cost,TC):是厂商生产一定量的产品或劳务所耗费的所有生产要素的数量与其价格乘积的总和。一般由固定成本和可变成本两部分构成。

固定成本(Fixed Cost,FC):是厂商为生产一定量的产品或劳务对不变生产要素支付的费用投入。固定成本和产品的产量无关,如建筑物和机器设备的折旧费等,无论企业的产量为多少,即使不生产,固定成本也仍然存在。

可变成本(Variable Cost,VC):是厂商为生产一定量的产品或劳务对可变生产要素支付的费用投入。可变成本会随着产品产量的变化而变化,比如对原材料、燃料动力的支出等,厂商是根据产量变化的要求来调整可变要素的投入量的,当产量为零时,可变成本为零。

②平均成本

平均成本(Average Cost,AC):是厂商平均生产单位产品或劳务所花费的费用或货币支出,等于总成本除以产品产量。

$$AC = \frac{TC}{Q} = \frac{FC + VC}{Q} = AFC + AVC \qquad (8-4)$$

式中：AC——平均成本；

TC——总成本；

Q——产品产量。

平均固定成本（Average Fixed Cost, AFC）：是厂商平均生产单位产品或劳务所付出的固定成本，等于固定成本除以产品产量。

$$AFC = \frac{FC}{Q} \tag{8-5}$$

式中：AFC——平均固定成本；

FC——固定成本；

Q——产品产量。

平均可变成本（Average Variable Cost, AVC）：是厂商平均生产单位产品或劳务所付出的可变成本，等于可变成本除以产品产量。

$$AVC = \frac{VC}{Q} \tag{8-6}$$

式中：AVC——平均可变成本；

VC——可变成本；

Q——产品产量。

③边际成本

边际成本（Marginal Cost, MC）：指厂商每额外增加一单位产品产量或劳务所带来的总成本的增加部分。

$$MC = \frac{\Delta TC}{\Delta Q} \tag{8-7}$$

式中：MC——边际成本；

ΔTC——总成本增加量；

ΔQ——产量增加量。

需要特别注意，边际成本和平均成本是两个不同的概念。

(4) 短期成本与长期成本

成本也有短期和长期之分。短期成本（Short-run Cost）指短期生产所发生的各类成本。短期中，部分生产要素的投入量可以按市场对产品需求量的变化而随时调整，而另一部分生产要素的投入量是相对固定的。因此，短期有固定成本和可变成本。长期成本（Long-run Cost）指长期生产所发生的各类成本。长期中一切生产要素的投入量都是可以调整的，因此长期成本也就无固定和可变之分。

(5) 短期成本曲线

在短期，一部分生产要素（如厂房、机器设备等）的投入是固定的，不随产量的变化而变动，这部分要素称为固定要素，购买固定要素的费用就

> **边际成本**：指厂商每额外增加一单位产品产量或劳务所带来的总成本的增加部分。

是固定成本;另一部分生产要素(如劳动、原材料、燃料等)的投入随着产量的变化而变动,这部分要素称为变动要素,支付变动要素的费用就是可变成本。短期成本的最显著特点就是固定成本不变,可变成本随产量的变化而变动。

长短期生产角度的
成本分类

① 短期总成本类曲线

短期总成本类曲线分为短期固定成本曲线(FC)、短期可变成本曲线(VC)、短期总成本曲线(TC),见图8-12。

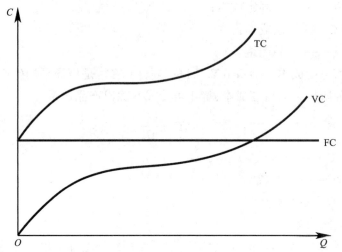

图8-12　短期总成本类曲线

短期成本的最显著特点就是固定成本不变,可变成本随产量的变化而变动。

短期固定成本 FC 是不变的,可视为常数,即使产品产量为零时,它也仍然存在。因此短期固定成本 FC 是一条平行于横轴的直线。

短期可变成本 VC 随产量的变化而变动,是产量的函数。它变动的规律是:最初在产量开始增加时,由于固定生产要素与可变生产要素的效率未得到充分发挥,因此,可变成本的增加率要大于产量的增长率;随着产量的增加,固定生产要素与可变生产要素的效率得到充分发挥,可变成本的增加率小于产量的增加率;最后,由于要素的边际报酬递减规律的作用,可变成本的增加率又大于产量的增加率。

短期总成本 TC 是短期固定成本 FC 和短期可变成本 VC 之和。由于固定成本不会等于零,因此,短期总成本必然大于零。而且,在短期总成本中包括可变成本,所以短期总成本的变动规律与短期可变成本的变动规律是相同的。

② 短期平均成本类曲线

短期平均成本类曲线分为短期平均固定成本曲线(AFC)、短期平均可变成本曲线(AVC)、短期平均成本曲线(AC),见图8-13。

短期平均固定成本 AFC 表示短期内平均每单位产品负担的固定成

本,因为固定成本的总量不变,而产量在增加,随着产量的增加,分摊到每一产量单位上的固定成本也就减少了。因此短期平均固定成本曲线是向下方倾斜的。它起初比较陡峭,说明在产量开始增加时,其下降的幅度很大;后来越来越平稳,说明随着产量的增加,其下降的幅度越来越小。

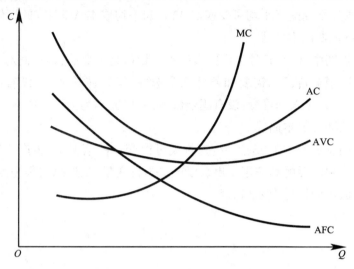

图 8-13　短期平均成本类及边际成本曲线

边际成本曲线与平均可变成本曲线的交点,是平均可变成本曲线的最低点。

短期平均可变成本 AVC 表示单位产品负担的可变成本,短期平均可变成本起初随着产量的增加,生产要素的效率逐渐得到发挥,因此平均可变成本减少;但产量增加到一定程度后,由于要素边际报酬递减规律的作用使得平均可变成本增加。因此,平均可变成本先降后升,呈"U"形,表明随着产量的增加,短期平均可变成本呈现先下降而后上升的变动规律。

短期平均成本 AC 表示单位产品负担的总成本,短期平均成本的变动规律是由短期平均固定成本和短期平均可变成本决定的。当产量增加时,平均固定成本迅速下降,加之平均可变成本也在下降,因此短期平均成本必定迅速下降。随着平均固定成本越来越少,它在短期平均成本中也越来越不重要,当产量增加到一定程度以后,短期平均成本又随着产量的增加而增加。短期平均成本也是先降后升,呈"U"形,表明随着产量的增加短期平均成本也呈现先下降而后上升的变动规律。

但是 AC 在开始时比 AVC 曲线陡峭,说明下降的幅度比平均可变成本大;以后的形状与 AVC 曲线基本相同,说明随着产品产量的增加,变动规律类似于短期平均可变成本。

③短期边际成本曲线

短期边际成本 MC 表示当产量额外增加一个单位时,总成本增加的数量。参见图 8-13。由于在短期,总成本中的固定成本是不变的,因此总成本的增加量也就是可变成本的增加量。由于要素边际报酬递减规律的作用,短期边际成本曲线 MC 也是随着产量的增加而先降后升呈"U"形的。在上升的过程中,开始 MC 均小于 AVC 和 AC,随着产量的增加,MC 会超过 AVC 及 AC,意味着企业会逐渐进入规模不经济阶段。边际成本 MC 曲线分别相交于平均可变成本 AVC 和平均成本 AC 曲线的最低点。

(6) 长期成本曲线

在长期中,由于各种生产要素的投入量都是可变的,即厂商对于生产规模可以根据自己的需要和条件任意选择,所以在长期中,没有固定要素,一切要素投入均可变;没有固定成本,一切成本均为可变成本。

① 长期总成本曲线

长期总成本 LTC 是指在生产规模可以变动的情况下,生产一定数量产品所必须消耗的总费用支出。以产量为自变量,长期总成本为因变量,长期总成本曲线见图 8-14。

> 长期总成本曲线是从原点出发的,短期总成本曲线是从固定成本水平上出发的。

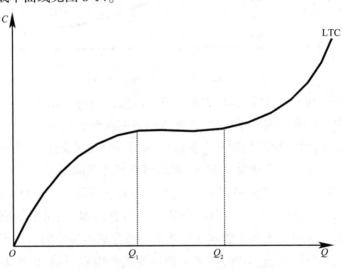

图 8-14　长期总成本曲线

长期总成本曲线 LTC 是一条向右上方倾斜的曲线,这表示长期总成本随着产量的增加而增加。最初在没有产量时,就没有总成本;后来,在刚开始生产时,因为要投入大量的生产要素,而产量又很少,投入的生产要素暂时无法得到充分的利用,因此,成本增加的比率大于产量增加的比率。例如,图中产量在 O 到 Q_1 之间时,就属于这种情况,这时的长期成本曲线比较陡峭。

但是,当产量增加到一定程度后,生产要素开始得到充分的利用,这时成本增加的比率就小于产量增加的比率。产量在 Q_1 到 Q_2 之间时,长期成本曲线变得比较平坦,因为这时有了规模经济的效益。但是,最后由于规模报酬递减，成本的增加比率又开始大于产量增加的比率，长期成本曲线又变得陡峭起来，如图中产量大于 Q_2 的情况。

长期总成本曲线 LTC 与短期总成本曲线 TC 在特征上有相似之处，即它们都是向右上倾斜的曲线。但是它们也存在区别：LTC 曲线是从原点出发的，而 TC 曲线则不是，这是因为在长期中生产要素无固定和可变之分，一切要素的投入量都是可变的。而在短期中，由于生产要素的投入量有固定和可变之分，所以 TC 曲线不是从原点而是从固定成本水平上出发的。

②长期平均成本曲线

长期平均成本 LAC 是指长期内平均每单位产品或劳务负担的成本。长期平均成本曲线如图 8-15 所示。

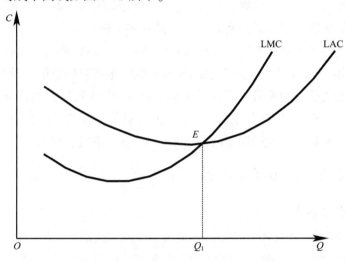

图 8-15　长期平均成本与长期边际成本曲线

长期边际成本曲线与长期平均成本曲线的交点，是长期平均成本曲线的最低点。

长期平均成本曲线 LAC 是先降后升，曲线呈"U"形。这是由于初期随着产量的增加，规模报酬递增，平均成本减少的缘故。随着产量的进一步增加，出现规模报酬递减，平均成本开始增加。从表面看，LAC 曲线与 AC 曲线有些相像，因为 AC 曲线也呈"U"形，但实际上两者是有区别的，其区别在于：LAC 曲线无论是在下降时还是在上升时都比较平缓。这说明在长期中，LAC 无论是减少或是增加都变动得比较慢，从规模报酬递增到规模报酬递减有一个时间较长的规模报酬不变的阶段。而在短期中，AC 的变化是既定规模下的平均成本的变化，它主要受要素边际报酬递减规律的影响。

③长期边际成本曲线

长期边际成本 LMC 是在长期内每增加一单位产量或劳务所增加的成本，长期边际成本曲线如图 8-15 所示。LMC 曲线也是先降后升，呈"U"

形。在降升过程中,LMC 曲线与 LAC 曲线相交于 LAC 曲线的最低点 E。

但是 LMC 曲线的升降幅度比 MC 曲线平缓,这主要也是受规模报酬递增和递减规律的影响,而非像 MC 曲线那样主要受要素边际报酬递减规律的影响。

3. 利润

利润(Profit):指厂商出售产品后所得到的收益减去其生产成本和相关税金后的余额。是厂商生产活动的最大的目标和追求。围绕这一目标,厂商会采取一系列的投资、生产、经营策略。

利润:厂商出售产品后所得到的收益减去其生产成本和相关税金后的余额。

4. 厂商均衡

厂商均衡(Equilibrium for Firm):是指一个厂商在其所处的市场环境中决定合适的产品生产数量和价格,从而获得最大的利润。因此,厂商的均衡点就是使其获得最大利润的生产量点和价格点。

厂商均衡可以分为短期均衡和长期均衡。厂商短期均衡是指在短期内,厂商无法变动所有生产要素的投入来调整生产规模或退出该行业,而只能通过变动可变要素的投入量来调整产量,以获取最大利润或把亏损降低到最小限度。厂商长期均衡是指在长期内,厂商通过变动所有生产要素的投入来调整生产规模或退出该行业,以获取最大利润。

厂商均衡:指厂商在其所处的市场环境中决定合适的产品生产数量和价格,从而获得最大利润。

厂商均衡的概念

8.2.2 完全竞争市场

1. 市场特点

完全竞争市场(Perfect Competition Market)是指有众多交易相同产品的买者和卖者,以致每一个买者和卖者都无法影响市场价格,都是价格接受者的市场。在这一市场中,既没有政府的干预,也没有厂商勾结的集体行动对市场机制作用的阻碍,市场的价格完全在自由竞争的状况下自发形成,竞争完全不受任何限制,生产要素也在市场机制的作用下自发流动。

完全竞争市场:指有众多交易相同产品的买者和卖者,以致每一个买者和卖者都无法影响市场价格,都是价格接受者的市场。

作为一个完全竞争市场,必须具备以下特点。

(1)厂商众多

完全竞争市场上有非常多的生产者即厂商,任何一个厂商生产和销售的商品数量,在市场份额中只占非常小的比例,以致任何一个厂商都无法通过自己的生产和销售行为影响市场价格。

(2)厂商是产品价格的遵从者

因为厂商众多,每个厂商对产品的市场价格都没有影响力,都只能接受市场自发形成的价格,而无法决定市场的价格,所以市场中的厂商都是价格的遵从者(Price Taker),而不是价格的制定者(Price Maker)。

完全竞争市场特点:厂商众多、厂商是产品价格的遵从者、产品同质、厂商可自由进入和退出市场、市场信息畅通。

(3)产品同质

在这一市场中所有厂商提供的产品都是同质的,不存在任何差别,即产品的规格型号、内在品质、外观形态、包装、服务等方面都无差别。这种无差别不是指不同类产品(如面包和服装)之间无差别,而是指同一种产品(如同样大小的运动鞋)之间无差别。对于消费者来讲,买哪家的产品都一样;对厂商来讲,不能通过自己商品的差异性来吸引消费者。

(4)厂商可自由进入和退出市场

每个厂商都可以根据自己的意愿自由进入或退出市场,即新厂商可以不受任何阻碍进入这一行业,老企业也不受约束可以自由选择退出这一行业,这意味着生产要素的流动是完全自由的。

(5)市场信息畅通

在这一市场中,生产者和消费者都可以获得充分的市场信息,他们完全掌握现在和未来的市场情况和可能的变化。市场的买者和卖者都具有完备的信息,都有条件做出理性的消费选择和合理的生产决策,双方都能按市场价格来交易,不存在欺诈行为。生产要素的流动都是理性的,而不是盲目的。

在现实生活中,真正能满足上述条件的市场是很难找到的,尽管如此,完全竞争市场的分析在市场和厂商均衡理论中仍具有重要意义。因为完全竞争市场作为一种抽象的市场形态,在运作过程中,包含了所有市场运行的一些基本特点。我们对其他各类市场进行的分析,都是在完全竞争市场分析的基础上展开的。

2. 厂商收益曲线

在完全竞争市场中,市场价格由总的供求关系决定,其供给曲线为各个厂商在不同价格水平下所愿提供产量的叠加而形成的一条曲线 S;其需求曲线同样为各个消费者在不同价格水平下所愿购买数量叠加而形成的一条曲线 D。总的市场需求曲线和供给曲线在 E_0 上相交[图 8-16a)],表明整个市场的均衡价格为 P_0。这一市场价格一旦形成,每个买者和卖者只能被动地接受这一价格。

个别厂商在产品价格决定中的作用为零,意味着每家厂商的供给量都很小,不足以引起市场价格的变动。在既定的价格下,个别厂商面临的需求是无限的,无论其生产多少产品都能按市场既定价格顺利出售。所以,个别厂商的需求曲线是一条具有完全弹性的价格为 P_0 的直线,如图 8-16b)所示的 D_0。

由于厂商只能按市场既定的价格来出售产品,出售任一单位产品所带来的收益总是等于市场的既定价格,因此个别厂商的平均收益曲线

AR_0 与个别厂商所面临的需求曲线 D_0 是重合的。同理,在完全竞争市场中个别厂商产量的变动不能影响市场价格,厂商每增加一个单位产品所得到的收益也始终等于市场价格。因此,在完全竞争市场中,平均收益 AR_0 始终等于边际收益 MR_0。

完全竞争市场中,个别厂商的需求曲线是一条具有完全弹性的价格为市场均衡价格的直线。

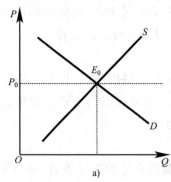
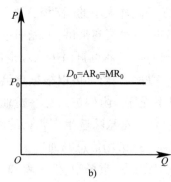

图 8-16 完全竞争市场中的厂商需求曲线

完全竞争市场

3. 厂商均衡的实现

在完全竞争市场条件下,对于厂商而言,由于产品价格是一个既定的常数,能够决定或改变的只有厂商的生产量。因此,在完全竞争市场的厂商均衡是一个在既有价格下的生产量决定问题。

(1) 实现最大利润时的厂商短期均衡

只有当边际收益等于边际成本时,厂商的利益才会最大化。假定厂商的边际成本曲线 MC 在 E_1 点与平均收益曲线 AR 相交。在完全竞争市场条件下,AR = MR,为实现利润最大,厂商就会将产量确定在由 E_1 点所决定的 Q_1 上。因为在产量为 Q_1 时,符合 MR = MC 的条件,如图 8-17 所示。

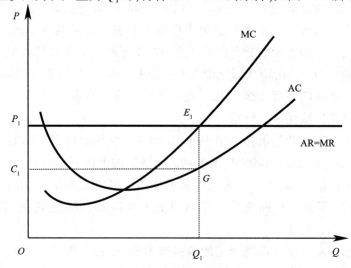

图 8-17 盈利状态时的短期均衡

假如厂商的平均成本曲线为 AC，在产量为 Q_1 时厂商的平均成本 C_1 小于市场价格 P_1，厂商的超额利润（经济利润）R 为：

$$R = P_1 \cdot Q_1 - C_1 \cdot Q_1 = Q_1(P_1 - C_1) \tag{8-8}$$

厂商短期均衡点：边际收益曲线与边际成本曲线的交点。

R 相当于矩形 $P_1 E_1 G C_1$ 的面积。若产量大于或小于 Q_1，均不能满足 MR = MC 这个实现利润最大化的条件。因为在产量小于 Q_1，厂商的边际收益（MR）大于边际成本（MC），这表明产量最后增加一个单位所带来的总收益的增加仍超过总成本的增加，总利益仍将随着产量的增加而增加；而在产量大于 Q_1 时，厂商的边际收益（MR）小于边际成本（MC），这表明产量最后一个增加单位所带来的总收益的增加小于总成本的增加，总利润已呈减少的趋势。只有当产量达到 Q_1 时，总利润才能达到最大。因此，实现超额利润时，厂商均衡的必要条件是 MR = MC。

（2）亏损最小时的厂商短期均衡

假设某厂商边际成本曲线与边际收益曲线虽然在 E_1 点相交，但是无论厂商怎样调整产量，其平均成本 C_1 始终都高于市场价格 P_1，显然这时厂商将出现亏损。那么，厂商是否就停止生产呢？答案是不一定。

厂商亏损最小决策：厂商即使亏损，如果平均可变成本小于市场价格，厂商仍将继续生产，此时亏损最小。如果价格低于平均可变成本，那么厂商就会停止生产。

厂商是否停止生产的关键还在于价格 P_1 是否大于平均可变成本。如果厂商的平均可变成本 C_2 小于市场价格 P_1，那么厂商仍将继续生产，并将产量调整到边际收益曲线 MR 与边际成本曲线 MC 相交点时的产量 Q_1，这时其亏损将达到最小，如图 8-18 所示。

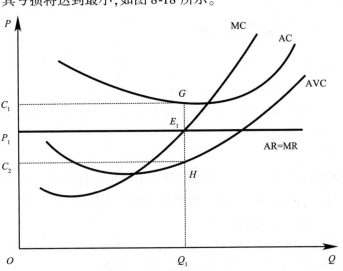

图 8-18　亏损状态时的短期均衡

因为在短期内，厂商无法轻易退出市场，如果厂商停止生产，固定成本仍需继续支出，厂商亏损。如果厂商继续生产 Q_1，由于这时市场价格 P_1 高于平均可变成本 C_2，厂商继续生产得到的总收益高于可变要素投入的成本,这样就能补偿一部分固定成本的支出,补偿额相当于矩形 $P_1E_1HC_2$ 的面积,使亏损达到最小。由此可见,亏损达到最小时厂商均衡的必要条件仍为 MR = MC,充分条件为 AVC < AR < AC。

如果价格低于平均可变成本,那么厂商就会停止生产。这时厂商最大的亏损为固定成本的支出。

(3)厂商长期均衡

从动态的角度来分析,完全竞争市场中厂商的长期均衡是在厂商的竞争中实现的。在长期,厂商可以改变一切投入要素的规模,这是厂商不同于短期的决策基础。就需求方面而言,在完全竞争市场中,厂商仍是市场价格的接受者,厂商面对的需求曲线仍是一条水平直线。

当市场的供给小于需求时,市场价格较高,这时绝大多数的厂商都能得到一个超额利润。由于绝大多数都能得到超额利润,会吸引更多的资源投入,从而导致市场总供给增加,均衡价格下跌,使超额利润逐步消失。

与短期不同的是,长期内没有固定成本,所有成本都是可变的,因此长期内厂商不可能亏损。最终,大多数厂商的平均成本曲线、平均收益曲线、边际成本曲线、边际收益曲线相交于一点,这时大多数厂商既不退出,也不进入,从而实现长期均衡。所以,实现厂商长期均衡的条件是 MR = MC = AR = AC。厂商在反复竞争的过程中,通过调整全部的生产要素,使自己企业的生产规模达到规模经济的效应,从而使成本达到最低点。

8.2.3 完全垄断市场

1. 市场特点

完全垄断市场:指只有一个生产者面对众多消费者的市场。

完全垄断市场(Perfect Monopoly Market)指只有一个生产者面对众多消费者的市场,是与完全竞争市场相反的市场类型。完全垄断市场具有以下特征。

(1)单一厂商

完全垄断市场特点:单一厂商、厂商是产品价格的制订者、市场无替代产品、其他厂商无法进入。

完全垄断市场由单个厂商提供整个市场的全部产品,这个厂商称为垄断者(Monopoly),垄断企业的供给等于整个市场产品的供给。

(2)厂商是产品价格的制订者

由于厂商是产品的唯一供给者,而且面对的又是众多的消费者,它可以通过供给量的调节等手段来决定产品的市场价格,是产品价格的制订者(Price Maker)。

(3)市场无替代产品

垄断厂商提供的产品不能被其他产品所替代,产品的需求交叉弹性等于零,因此垄断厂商不会受到任何竞争者的竞争威胁。

(4) 其他厂商无法进入

作为市场上唯一的产品提供者,垄断厂商也控制了生产要素,生产要素无法自由流动,意味着其他厂商无法进入市场。

2. 形成原因

完全垄断是经济中的一种特殊情况。如果说完全竞争只有竞争因素没有垄断因素的话,完全垄断则只有垄断因素而没有竞争因素。厂商之所以能完全垄断某一行业,是因为市场上存在着某种进入壁垒,以致其他厂商无法进入。完全垄断市场形成的原因主要有以下几方面。

(1) 赢家通吃的规模经济垄断

市场只要存在竞争就会有输赢。个别厂商为了在竞争中取得优势,必然会走上生产规模扩张的道路。因为扩大生产规模有利于先进生产技术的采用,有利于各种资源的合理利用,有利于成本的降低,还有利于品牌的树立。生产扩张过程必然加剧市场内各厂商之间的竞争,竞争的结果使得许多厂商破产或被吞并,市场竞争的胜出者最终可能只有一家厂商,从而形成了垄断。

(2) 知识产权保护形成的垄断

知识产权是基于创造成果和工商标记依法产生的专有权利的统称,一般包括专利权(发明、实用新型、外观设计)、著作权(作品)、商标权、商业秘密等。科学技术和发明创新是经济发展和社会进步的巨大推动力。知识的本质是一种信息,作为信息的知识一旦被传播,提供这一信息的人就无法对信息进行排他性的控制,如果不对这些知识进行法律保护,那么,这个社会的发明创新就会供给不足,经济也就不会发展。因此,现代国家都会在法律上明确对知识产权人的专有性保护,这种专有性保护会使知识产权人在某些产品或行业中形成垄断。

(3) 资源或生产要素特性带来的垄断

某些产品,可能需要独特的资源或生产要素才能生产,这种产品由于资源或生产要素的天赋特性,从而带来了市场垄断。比如产品原料资源的地理区域特性,使得贵州茅台酒、西湖龙井茶、法国波尔多产区葡萄酒等具有了独一无二的市场地位,形成了垄断。或者,当某一厂商控制了某种生产要素(比如某种稀有金属)的供给,那么需要以这种稀有金属为原材料的其他厂商就无法进入该行业,这个厂商就会在该行业形成垄断。

(4) 成本特性形成的自然垄断

有些产品或服务需要大量的一次性投资才能形成供给能力,这些投资一旦发生就成为了沉没成本(即投资所形成的设施和设备只能在固定的区域作固定的用途,无法移往他处,也无法挪作他用)。同时这些产品

完全垄断市场形成原因: 赢家通吃的规模经济垄断、知识产权保护形成的垄断、资源或生产要素特性带来的垄断、成本特性形成的自然垄断、政府特许经营或管制形成的垄断。

完全垄断市场

或服务的市场需求容量有限,无法容纳两家及以上的厂商同时达到正常盈利经营的规模经济水平,因此,先进入者就具有垄断地位。一家厂商一旦经营后,在很大程度上排斥了其他企业的进入,新的竞争对手面临极高的进入门槛,因为要想进入必须支付一笔巨大的投资。

(5) 政府特许经营或管制形成的垄断

政府特许经营是指国家或地方政府出于社会福利、财政收入或公共安全等方面的考虑,根据相关法律规定,授权某一厂商生产某种特定的产品或提供特定的服务,享有经营这种业务的独占权。政府特许经营或管制,实际上就是运用非经济的强制力量,比如行业禁入或限入法令、牌照数量管制等,使特定厂商实现对市场的排他性独占。经许可的厂商一旦拥有了业务经营的独占权,意味着其他厂商无法进入该市场,就形成了垄断。

与完全竞争市场一样,完全垄断市场在当今的市场经济制度中几乎是不存在的。因为各国政府为防止垄断企业牟取暴利,影响技术进步,都相继通过反托拉斯法(Antitrust Law),即反垄断法,而且随着现代科学技术的进步,完全不可替代的产品几乎没有。即使是政府给予特许经营的企业,其经营在相当程度上也受到政府的管制。现在类似于完全垄断市场的行业主要集中在公用事业行业和拥有某些特殊资源的行业中。尽管如此,完全垄断市场的理论仍然是分析各种不完全竞争市场理论的重要基础。

3. 厂商收益曲线

与完全竞争市场不同,在完全垄断市场条件下,由于只有一个厂商,该厂商是产品的唯一卖主,他所面对的需求就是由无数消费者组合而成的整个市场的需求,因此厂商面临的需求曲线就是整个市场的需求曲线。

在买卖双方的对峙中,厂商具有价格的制定权,他可以制定高价,也可以制定低价。消费者在买卖双方的对峙中,虽然只能被动地接受价格,但是可以在接受不同的价格时,对其购买量做出积极的反应。如果价格高,消费者购买的数量就会减少;如果价格低,消费者购买的数量就会增加。因此,垄断厂商若按 P_1 的价格出售,其销售量只能为 Q_1;若按 P_2 的价格出售,其销售量只能为 Q_2……将这些组合点连接起来,就是一条垄断厂商提供不同价格时所能实现消费量的曲线,也就是平均收益曲线 AR。可以看到,平均收益曲线 AR 与该产品的市场需求曲线 D 是重合的,如图 8-19 所示。

由于垄断市场上产品需求曲线的斜率为负,当销售量增加时,产品的价格将下降,说明平均收益 AR 也是下降的。意味着垄断厂商若要增加一个单位产品的销售,需要降低所有销售产品的价格(即平均收益),垄断者的边际收益(增加的最后一个单位产品销售带来的收益)必定小于产品的价格。因此,垄断厂商的边际收益曲线 MR 位于平均收益曲线 AR 的下方。

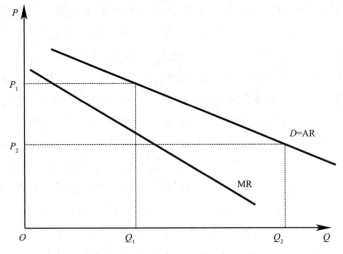

图 8-19　完全垄断市场下的收益曲线

完全垄断市场条件下,厂商面临的需求曲线就是市场需求曲线,平均收益曲线与市场需求曲线重合,边际收益曲线位于平均收益曲线的下方。

4. 厂商均衡的实现

(1) 垄断厂商的短期均衡

在完全垄断市场上,厂商可以通过对产量和价格的控制来实现利润最大化,但厂商也不能为所欲为,其垄断经营行为要受到市场需求的制约,如果价格定得太高,消费者会减少购买需求。另外,在短期内,厂商对产量的调整也受到固定要素无法调整的限制。

在完全垄断市场,厂商仍然根据边际收益(MR)等于边际成本(MC)的原则来决定产量,即和完全竞争市场中厂商的短期均衡一样,垄断厂商实现利润最大或亏损最小的必要条件仍为 MR = MC。不同的是,完全竞争市场中 MR = AR = P,而完全垄断市场中 MR < AR = P。这表明完全垄断市场中,MR 与 MC 交点位于 MC 与 AR 交点的左侧,因此采用高价少销通常是垄断厂商谋取最大限度利润的重要手段,见图 8-20。

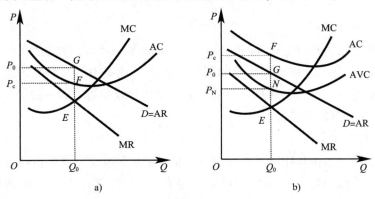

图 8-20　完全垄断条件下厂商的短期均衡

完全垄断市场厂商短期均衡: 厂商仍然根据边际收益等于边际成本的原则来决定产量。

如图 8-20a)所示,垄断厂商根据边际收益(MR)与边际成本(MC)相交点 E 确定产量 Q_0,由 Q_0E 线延伸分别与平均成本曲线 AC、平均收益曲线 AR 相交于 F 点和 G 点。根据 G 点就可得到在产销量等于 Q_0 时,市场价格可确定为 P_0,厂商的总收益即矩形 P_0GQ_0O 所构成的面积。厂商的超额利润为矩形 P_0GFP_c 所构成的面积。由于 MR = MC,这时厂商的利润就达到最大。在完全垄断市场中,一般厂商都可以获得超额利润。

当然垄断厂商也可能亏损。如果在 MR = MC 时,厂商的平均收益(AR)小于平均成本(AC),这时厂商处于亏损状态,如图 8-20b)所示。与完全竞争市场条件一样,厂商是否停止生产取决于平均可变成本的情况。如果平均收益(AR)大于平均可变成本(AVC),这时垄断厂商在短期内将选择产量 Q_0,将损失减少到最低程度。如果厂商不生产,其损失为固定成本的支出。如果生产 Q_0 的产量,可以挽回矩形 P_0GNP_N 面积的损失。如果平均收益(AR)小于平均可变成本(AVC),那么该垄断厂商就会停止生产。

完全垄断市场厂商长期均衡:边际收益等于长期边际成本时的产量为长期均衡产量,厂商都可以获得超额利润。

(2)垄断厂商的长期均衡

由于完全垄断条件下不存在其他厂商进入该行业的问题,所以在长期中,厂商主要通过调整全部生产要素的投入来调整其生产规模,从而确保长期获得最大限度的利润。这就意味着在长期中随着生产规模的扩大,总利润还能继续增加,只有到产量增加到边际收益等于长期边际成本时,厂商的利润才能达到最大。

与完全竞争市场相比,在长期均衡的条件下垄断厂商通常都能获得超额利润。因为在完全垄断的条件下,其他厂商无法进入该行业,垄断厂商能有效控制市场的供给,同时垄断厂商通过调整生产规模,其长期平均成本下降,只要市场需求状况不发生重大变化,垄断厂商通常都能将市场价格控制在其平均成本之上,从而长期稳定地获取超额利润。

垄断竞争市场:指既存在竞争又存在垄断,但竞争因素多于垄断因素的市场。

8.2.4 垄断竞争市场

1. 市场特点

垄断竞争市场(Monopolistic Competition Market)是指既存在竞争又存在垄断,但竞争因素多于垄断因素的市场。现实中的大多数市场都属于垄断竞争市场。垄断竞争市场是垄断和竞争兼而有之的一种混合市场结构,它具有以下特征。

垄断竞争市场特点:厂商较多、厂商对产品价格有一定影响、产品有差别、厂商进入和退出市场较容易。

(1)厂商较多

垄断竞争市场中存在比较多的厂商,但也不像完全竞争市场那样多得不可胜数。各个厂商之间都独立经营,互相之间不存在勾结或操纵市场。

(2)厂商对产品价格有一定影响

不像完全竞争市场中的厂商对产品价格无任何影响是价格的遵从者（Price Taker），垄断竞争市场中的厂商可以通过控制供给数量的多少，对产品价格施加一定的影响。厂商增加产品供给数量会降低产品的市场价格，而减少产品供给数量会提高产品的市场价格。

(3)产品有差别

厂商之间的产品既存在一定的差别，又存在一定的可替代性。这里所说的差别不是指不同产品的差别，而是指同类产品之间存在着某些差异。产品有差别则有垄断发生，差别的程度越大，垄断的因素也越大。但是由于各个厂商生产的是同类产品，因此它们的产品之间又具有相当程度的可替代性。产品之间的可替代性使得厂商之间存在竞争，产品的替代性越强，竞争就越激烈。垄断因素和竞争因素在同一市场中并存，形成了垄断竞争市场的基本特征。

(4)厂商进入和退出市场较容易

在垄断竞争市场条件下，由于生产差别性、垄断性的存在，其他厂商的进入还是有一定的障碍，受到已有厂商的竞争排斥，但新厂商的进入相对还是比较容易。同时，市场中厂商的规模还不是太大，因此退出也比较容易。

最典型的垄断竞争市场是轻工业产品市场，如电视机行业。该行业中通常有较多的厂商，各个厂商生产的电视机在外形设计、销售条件等方面都存在一定的差别，每一个厂商生产的电视机在消费者的心目中都占据一定的地位。这些差别都是其他厂商无法替代的，这就形成了一定程度的垄断，厂商就可以利用这种垄断地位制定价格。但同时各厂商生产的电视机又具有较强的可替代性，各厂商又将以价格、品质、服务等手段进行竞争，以夺取较大的市场份额。

2. 厂商收益曲线

与完全垄断市场相同，垄断竞争厂商的需求曲线和平均收益（AR）曲线也是重合在一起的。但与其他市场类型不同，垄断竞争市场中厂商有两条需求曲线：一条为主观需求曲线（Subjective Demand Curve），另一条为客观需求曲线（Objective Demand Curve），如图 8-21 所示。

图 8-21 中 $d_1 \sim d_3$ 为主观需求曲线，D 为客观需求曲线。主观需求曲线又称预期需求曲线，表示当某厂商变动价格，而其他厂商的价格不变时该厂商产品价格和销售量之间的关系曲线。如果某厂商将产品价格从 P_1 降到 P_2 时，他主观上认为其他厂商的产品价格不变，那么该厂商就能把一部分消费者吸引过来，他的销售量会沿着需求曲线 d_1 从 Q_1 增加到 Q_4。

垄断竞争市场中厂商有两条需求曲线：一条为主观需求曲线，另一条为客观需求曲线。

主观需求曲线： 表示当某厂商变动价格，而其他厂商的价格不变时，该厂商产品价格和销售量之间的关系曲线。

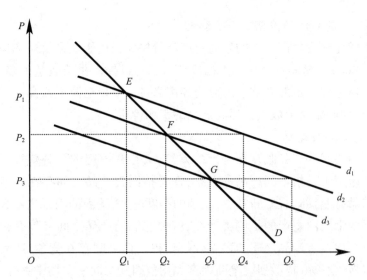

图 8-21 垄断竞争市场厂商的需求曲线

垄断竞争市场

客观需求曲线：在垄断竞争中，某个厂商改变产品价格后，其他厂商也随之改变产品价格，在这种情况下该厂商产品价格和销售量之间的关系。

但实际上这种想法太天真了，因为其他厂商对其降低价格的措施绝不会毫无反应，他们也会纷纷降低产品价格，则该厂商原先降价的效应就会被抵消，他只能享受整个产品市场由于价格水平下降、需求增加所分摊的部分，即 Q_1Q_2 的部分。这时的产销量为 Q_2，主观需求曲线移到 d_2。

如果该厂商再次降低产品的价格至 P_3，其他厂商的价格不变，那么他的产销量就可达 Q_5，但是当其他厂商也采取降价措施时，他的再次降价的效应又被抵消，只能享受整个产品市场由于价格水平下降、需求增加所分摊的部分，即 Q_2Q_3。将 E 点、F 点、G 点连成一条直线，就形成了一条新的需求曲线 D。这条需求曲线是市场竞争的外在势力强制该厂商接受的，所以称为客观需求曲线。

客观需求曲线又称实际需求曲线。它表示在垄断竞争中，某个厂商改变产品价格后，其他厂商也随之改变产品价格，在这种情况下的该厂商产品价格和销售量之间的关系。

3. 厂商均衡的实现

(1) 垄断竞争厂商的短期均衡

在短期内，垄断竞争厂商是在现有生产规模下，通过对可变生产要素投入量的改变来调整产品的产量和价格，从而实现其均衡的。同时，在短期中，垄断竞争市场中厂商的总数不变，整个产品市场的需求仅仅随价格的变动而变动。

垄断竞争厂商的短期均衡：边际收益曲线与边际成本曲线的交点所决定的产量，就是厂商获得最大利润的均衡产量。

对垄断竞争市场厂商均衡实现的分析和完全垄断市场的分析过程是一样的，因为垄断竞争市场中每一个厂商面临的也是一条向下倾斜的需求曲线,在垄断竞争市场中厂商的边际收益曲线 MR 位于客观需求曲线的下方,并且向右下方倾斜,厂商的边际收益曲线 MR 与边际成本曲线 MC 的交点所决定的产量,就是厂商获得最大利润的均衡产量。实现厂商均衡的必要条件仍旧是 MR = MC。

同样,厂商是否盈利还要取决于厂商的售价和平均成本、平均可变成本之间的关系。当厂商的售价大于平均成本时,厂商均衡时能实现利润最大;当厂商的售价小于平均成本但高于平均可变成本时,厂商均衡时的亏损达到最小;当厂商的售价小于平均可变成本时,厂商就会停止生产。

(2)垄断竞争厂商的长期均衡

垄断竞争厂商实现均衡时,并不意味着它一定得到了超额利润,实际上这一点和完全垄断市场有本质的区别。完全垄断市场下因为垄断厂商可以决定价格和产量,因此一般都会获得超额利润。对于垄断竞争市场,个别厂商的生产行为会受到其他厂商的影响,因此当存在超额利润时,一定会有其他厂商进入市场从而减少超额利润,最终市场会处于超额利润为零的正常状态。

在长期内,垄断竞争厂商可以调节所有的生产要素来使生产规模达到最佳程度。另外,在长期过程中,垄断竞争市场中厂商的总数是可变的,当该行业存在超额利润时,其他行业的厂商就会进入;当该行业出现亏损时,行业内有的厂商就会退出。厂商的进入和退出使行业内个别厂商所面临的需求曲线随之变动。当部分厂商退出时,行业内个别厂商的需求曲线向右移动;当外行业厂商进入时,行业内个别厂商的需求曲线就向左移动。需求曲线的移动又会影响厂商的边际效益。因此,在长期的时间内,厂商既不会获得超额利润,也不会发生亏损。厂商的进入和退出达到平衡,从而实现了长期均衡。

垄断竞争厂商的长期均衡:个别厂商的生产行为会受到其他厂商的影响,因此当存在超额利润时,一定会有其他厂商进入市场从而减少超额利润,最终市场会处于超额利润为零的正常状态。

在垄断竞争市场中产品差异性的程度决定了产品竞争的程度,产品的差异性越大,厂商就越能控制产品的价格,这就促使垄断竞争厂商更看重产品差异性的开发。因此,在垄断竞争市场下,厂商之间除了进行价格竞争外,还进行着诸如产品质量、服务、广告等方面的竞争,这些竞争统称为非价格竞争。非价格竞争的手段主要有:

①不断变换产品的外形、颜色,始终以新款式来满足消费者的需要。

②不断完善产品的功能,以适应不同消费层次消费者的需要。

③不断改进销售条件,给予消费者一种安全感。

④通过广告、推销活动使消费者对产品的功能有充分的了解,以吸引更多的顾客。

8.2.5 寡头垄断市场

1. 市场特点

寡头垄断市场(Oligopoly Market)是指只有少数几个卖者提供相似或相同产品的市场。它是一种既有垄断因素又有竞争因素，但垄断因素占主导地位的市场类型。具有以下市场特点。

(1) 厂商极少

市场中只有极少数的几家厂商，这些厂商称为寡头(oligopoly)，市场中的绝大部分产品都由这几家厂商提供，每家厂商的产量在市场总产量中占有较大的份额，其产量和价格的变动会引起整个产品市场的波动。

(2) 寡头之间相互依存

因为每个寡头的产量在市场总产量中占有较大的份额，因此，寡头通过对产品产量的控制可以对产品价格施加比较大的影响。但现实中，寡头厂商之间也存在着相互依存的关系。每个寡头进行决策时，必须时刻考虑竞争者的反应。当一家寡头厂商试图通过降价来扩大市场份额时，必然会直接影响其竞争者的利益，从而引起竞争者的反应行为，最终使降价扩大市场份额的目标难以实现。在寡头垄断市场中，各个寡头为了避免在竞争中两败俱伤，往往采用勾结的方式来控制市场。

(3) 寡头与产品差别无关

产品差别是否存在并不影响寡头的形成。在现实中，既有生产无差别产品的寡头(称为纯粹寡头，如钢铁、水泥寡头)，也有生产有差别产品的寡头(称为差别寡头，如有品牌的汽车、电视机寡头)。产品差别虽然不影响寡头的形成，但会影响寡头的经营行为。

(4) 厂商进入和退出市场较难

寡头垄断市场中，已有寡头在规模、资金、信誉、市场、原料供给、专利等方面都具有较大的优势，在市场需求规模扩大有限的条件下，新厂商的进入是相当困难的。同时，原有寡头垄断厂商由于其生产规模巨大，要想退出市场也不容易。

2. 厂商均衡模型

形成寡头市场的原因有很多：某些产品的生产必须达到相当大的规模才能有经济效益；行业中几家企业对生产所需的基本资源供给的控制；政府的扶植和支持等等。寡头市场既包含垄断因素，也包含竞争因素，但

寡头垄断市场

是更接近于垄断市场,因为少数几个企业在市场中占有很大的份额,使这些企业具有相当强的垄断势力。寡头垄断市场存在明显的进入障碍,最重要的因素是这些行业有较明显的规模经济性,规模经济性使得大规模生产占有强大的优势,大公司不断壮大,小公司无法生存,最终形成少数企业竞争的局面,也是寡头垄断市场存在的原因。

寡头垄断市场根据寡头厂商的数目,可分为双头垄断和多头垄断。双头垄断是指市场中的产品供给主要由两家厂商所垄断,多头垄断是指市场中产品的供给主要被两家以上的少数寡头厂商所控制,寡头厂商数目的多少将影响厂商之间的依存性。寡头垄断企业的产品可以是同质的,也可以是有差别的,前者被称为纯粹寡头(Pure Oligopoly),后者被称为差别寡头(Differentiated Oligopoly),产品的差别程度会影响寡头的经营行为。

寡头垄断企业最突出的特点是:企业之间存在着被认识到的很强的相互依存性。实际上,垄断竞争企业之间也存在一定的相互依存性,但相对而言,垄断竞争企业的相互依存性比较弱,以至于几乎不被垄断竞争者所认识。在垄断竞争行业中,企业数量较多,每家企业都只占很小的市场份额,因此单个企业产销量的变化对于其他各个竞争者的影响是微不足道的。虽然某个垄断竞争企业降价的结果如何和其他竞争者是否全都降价有关,但垄断竞争者的有关决策却是独立作出的,并不考虑对手的反应。在寡头垄断市场中,这种相互依存关系是被明确认识到的,某一家企业降低价格或扩大销售量,其他企业都会受到显著影响,从而作出相应的对策。这就使得任何一家企业作出某项决策的时候,都必须考虑其竞争对手的反应,并对这种反应作出估计。

因此,寡头厂商的价格和产量的决定是非常复杂的问题。每个寡头厂商在采取某项行动之前,必须首先推测或掌握自己这一行动对其他厂商的影响,以及其他厂商可能做出的反应,考虑到这些因素之后,才能采取最有利的行动。每个寡头厂商的利润都要受到行业中所有厂商的决策的相互作用的影响。有些行业寡头之间相互勾结、操纵市场,有些行业寡头之间无勾结;有些行业的寡头可能采取价格竞争来扩大市场份额,有些行业的寡头可能采取非价格竞争来扩大市场份额。总之,寡头垄断市场的收益曲线和均衡产量的确定难以用一种较为典型的或统一的理论模型表示出来。现有的理论模型均是在不同的前提假设条件下建立的。其中比较著名的有:古诺模型(由法国经济学家古诺提出)、斯威齐模型(由美国经济学家斯威齐提出)、伯特兰德模型(由法国经济学家伯特兰德提出)、卡特尔模型、价格领先模型、博弈论模型等。

8.3 市场中的博弈与决策

8.3.1 寡头竞争的均衡问题

1. 博弈中的策略

经济社会作为一个整体,各经济主体的选择是相互影响的,厂商决策的结果不仅依赖于其决策本身,还要取决于竞争对手的反应。

寡头市场的本质是只有少数几个卖者。因此,市场上任何一个卖者的行为对其他所有企业的利润都可能有极大的影响。寡头企业以一种竞争企业所没有的方式相互依存。寡头分析为引入博弈论提供了一个机会,博弈论作为一种方法论,目前已成为微观经济分析的主要工具之一,对研究决策主体间的相互影响关系做出了非常重要的贡献。

> **博弈论**:研究理性的决策主体之间发生冲突时的决策问题及均衡问题,是研究理性决策者之间冲突及合作的理论。博弈论研究在策略状况下人们如何决策,选择什么行为。

博弈论(Game Theory),又称对策论、游戏理论,是研究理性的决策主体之间发生冲突时的决策问题及均衡问题,也就是研究理性决策者之间冲突及合作的理论。博弈论试图把这些错综复杂的关系理性化、抽象化,以便更精确地刻画事物变化发展的逻辑,为实际应用提供决策指导。博弈论研究在策略状况下人们如何决策,选择什么行为。

策略(Strategies)是一个人在给定信息集合中所做的行动选择,信息集合包含了其他人可能对他的决策行动做出的反应。策略告诉该博弈人如何对其他博弈人的选择做出反应,因而策略又叫博弈人的相机行动方案。由于寡头市场上只有少数几家企业,每一家企业都知道,它的利润不仅取决于它生产多少,而且还取决于其他企业生产多少。在做出自己的生产决策时,寡头市场的每一家企业都要考虑它的决策会如何影响所有其他企业的生产决策。

博弈论对于解释竞争或垄断市场的相互作用关系是不必要的。在完全竞争或垄断竞争这两种市场上,每个企业与市场相比都如此之小,以至于它与其他企业在策略上的相互关系并不重要。在垄断市场上,也没有策略上的相互关系,因为市场只有一家企业。但是,博弈论对于理解寡头和只有几个相互关联的参与者的情况是非常有用的。

2. 双寡头竞争问题

> 寡头的关键特征是合作与利己之间的冲突,寡头如果合作起来像一个垄断者那样获取超额利润,客观上对寡头是最有利的。但由于每个寡头只关心自己的利益,因此寡头很难维持一致垄断。

寡头的关键特征是合作与利己之间的冲突,寡头如果合作起来像一个垄断者那样获取超额利润,客观上对寡头是最有利的。但由于每个寡头只关心自己的利益,因此寡头很难维持一致垄断。

考虑只有两个卖者的寡头，即双头。假设某个小镇只有两个纯净水供应商 A、B，供应全镇居民的纯净水消费，A、B 均拥有天然水源，可以无成本地供应纯净水，即纯净水的边际成本为零。表 8-1 为小镇纯净水需求表。

双头垄断均衡案例

小镇纯净水需求表　　　　　　　　表 8-1

需求量(L)	价格(元/L)	总收益(元)
1000	11	11000
2000	10	20000
3000	9	27000
4000	8	32000
5000	7	35000
6000	6	36000
7000	5	35000
8000	4	32000
9000	3	27000
10000	2	20000

从表中数据可以看到，在纯净水产量为 6000L 时，每升纯净水的价格为 6 元，此时生产厂商的总收益最大为 36000 元。因此，对于垄断者来说将生产这种产量并收取这种价格。由于现在有两个生产者，A、B 之间有可能就纯净水的生产量和价格达成一致。企业之间有关生产与价格的这种协议被称为勾结（Collusion），联合起来行事的企业集团被称为卡特尔（Cartel）。一旦形成了卡特尔，市场实际上就是由一个垄断者提供服务。这就是说，如果 A 和 B 勾结起来，他们就会在垄断的结果上达成一致，因为该结果使生产者能从市场上得到的总利润最大化。这两个生产者将总共生产 6000L 纯净水，并以 6 元/L 的价格出售。

卡特尔不仅必须就总产量水平达成一致，而且还要就每个成员的生产量达成一致。在这个例子中，A 和 B 必须就如何在他们之间分配生产 6000L 纯净水的垄断生产达成一致，一个简单的办法是平均分配，即 A 和 B 各生产 3000L 纯净水，每人得到 18000 元的收益。

寡头希望形成卡特尔并赚到垄断利润，但卡特尔成员之间对如何瓜分利润的争斗使他们彼此很难达成协议，同时政府的反垄断法也禁止寡头之间达成某种限制性协议。本例中，A 和 B 之间没有互相限制产量的协议，这样 A 可以推理：B 生产 3000L 纯净水，我可以多生产 1000L 纯净水，这样我生产 4000L 纯净水时可以得到 20000 元的收益（此时市场纯净水的总产量为 7000L，价格为 5 元/L），比生产 3000L 纯净水的利润多出

2000 元。因此 A 决定将自己的产量提高到 4000L。

当然 B 也可以同样推理,将自己的产量增加到 4000L。此时市场上的实际总产量为 8000L,需求价格为 4 元/L,AB 双方各自得到的收益为 16000 元。

这种情况下,A 可以同样推理:B 生产 4000L 纯净水,我如果多生产 1000L 纯净水,这样我生产 5000L 纯净水时可以得到 15000 元的收益(此时市场纯净水的总产量为 9000L,价格为 3 元/L),比生产 4000L 纯净水的利润要少。因此 A 决定维持 4000L 的产量,同样 B 也决定维持 4000L 的产量。这样 A、B 双方达到了寡头均衡。

那么,A、B 双方有没有可能做出更进一步的选择,比如 A 将纯净水的产量减少为 3000L,B 也将产量减少为 3000L,这样他们各自得到的收益不就是最大吗?这个问题可以用经典的"囚徒困境"案例加以说明。

8.3.2 囚徒困境与博弈要素

1. 囚徒困境问题

一个经典的案例叫作囚徒困境。甲、乙两个嫌疑犯(囚徒)被指控犯了同一宗罪行。被捕后,他们被关在了不同的牢房之中,并被断绝了互通消息的可能。这时他们面临两种选择:要么坦白,要么顽抗到底。如果两个人都坦白,依据罪行各将被判入狱 8 年;如果两个人都不坦白,由于证据不足,他们可能面临每人被判 2 年的徒刑;但如果有一个人坦白,另一个人不坦白,那么坦白者可以从轻发落,只入狱 1 年,而不坦白者将入狱 10 年。由于他们必须同时做出选择,因而无法事先得知对方的选择结果。

可以用表 8-2 来表示这个例子。表中每一个方格中前面一个数字代表甲采取相应策略所获得的收益(坐牢的收益是负值),后面一个数字代表乙采取相应策略所获得的收益。这个表格又称为收益矩阵。

囚徒困境收益矩阵　　　　表 8-2

	囚徒甲坦白	囚徒甲抵赖
囚徒乙坦白	-8, -8	-10, -1
囚徒乙抵赖	-1, -10	-2, -2

对囚徒甲、乙而言,最好的是都抵赖,那么刑期最短,各为 2 年;而如果双方都坦白的话,刑期各为 8 年。这样看来,好像都抵赖是他们最可能的选择。但实际情况会如何呢?

从甲的角度来考虑,他会这么想:如果乙已经坦白了,那么我采取坦白的策略要服刑8年,如果我选择抵赖,那就要服刑10年。相比之下,还是坦白的好;如果乙死不承认,那么我坦白只要坐1年牢,我要是也不坦白的话,就要坐2年牢,比起来仍然是坦白的好。结果,不论什么样的情况,甲都会去坦白。

囚徒困境案例

同样,乙也会这么想。那么,最后结果是双方都坦白,显然这对双方整体而言是最差的结局。

囚徒的困境说明了个人理性与集体理性之间的冲突,可以作为现实生活中许多现象的抽象概括。

2. 博弈的要素

从囚徒困境这个典型的博弈案例中就可以看到,一个完整的博弈需要包含博弈人、行动、信息、策略、收益、结果和均衡七个方面的要素。

（1）博弈人

博弈人(Player)又称局中人、参与人,是指参加博弈的直接当事人,是博弈的决策主体和策略的制定者。博弈人可以是个人,也可以是团体。在博弈论的模型中,一般假设博弈人是理性的。但在实际生活中,人常常会被情绪等非理性因素影响,而且在面临十分复杂的博弈局面时,思维能力的限制也使人无法总是采取理性行动。

（2）行动

行动(Action)是指博弈人在博弈的某个时点的决策变量。博弈人的行动可能是离散的,也可能是连续的。在上例中,每个囚徒都只有两种行动可供选择,即坦白与抵赖。几个博弈人的行动的有序集合叫行动组合,如上例中囚徒甲选择坦白,囚徒乙选择抵赖,那么"坦白、抵赖"就是一个行动组合。

（3）信息

信息(Information)是指博弈人有关其他博弈人的特征和行动的知识。按照博弈人事先是否拥有其他博弈人决策方面的信息,博弈可分为完全信息和不完全信息博弈两种。在完全信息的情形下,每一位博弈人都拥有所有其他博弈人的特征、策略集合以及收益方面的准确信息;在不完全信息的情形下,博弈人只能了解上述信息中的一部分。

（4）策略

策略(Strategy)是指博弈人在给定信息集的情况下的行动规则,它规定博弈人在什么时候选择什么行动。因为信息集包含了一个博弈人有关其他博弈人在此之前行动的知识,策略告诉该博弈人如何对其他博弈人的选择做出反应,因而策略又叫博弈人的相机行动方案。策略集合(Strategy Set)是指博弈人可能采取的全部策略。每个策略集合至少有两

一个完整的博弈需要包含博弈人、行动、信息、策略、收益、结果和均衡七个方面的要素。

博弈人:指参加博弈的直接当事人,是博弈的决策主体和策略的制定者。

行动:指博弈人在博弈的某个时点的决策变量。

信息:指博弈人有关其他博弈人的特征和行动的知识。

策略:指博弈人在给定信息集的情况下的行动规则,它规定博弈人在什么时候选择什么行动。

个不同的策略。如果博弈人仅有一个策略,也就是他的行动毫无选择余地,实际上他是不参加博弈的。

(5)收益

收益(Payoff)即参加博弈的各个博弈人从博弈中所获得的利益,它是各博弈方追求的根本目标,也是他们行为和判断的主要依据。收益可以是本身就以数量表示其大小的利润、收入,也可以是经量化以后形成的效用、社会效益、福利等。每一个特定的策略组合所确定的博弈人的效益就构成了收益函数,因而收益函数是博弈人策略的函数。

(6)结果

结果(Outcome)是指博弈分析者所要揭示的东西,是分析者感兴趣的要素的组合。例如,在囚徒博弈中,一个可能的结果为:(抵赖,坦白),(-10,-1),即囚徒甲选择了抵赖,囚徒乙选择了坦白,囚徒甲因此被判坐牢10年,囚徒乙只需坐牢1年。需要注意的是结果与收益的区别。"(抵赖,坦白),(-10,-1)"是一个结果,而只有(-10,-1)是双方的收益。

(7)均衡

均衡(Equilibrium)是指所有博弈人的最优策略组合或行动组合。在前面的例子中,由于两个囚徒都以自己坐牢年限最短为目标,都选择了坦白,其均衡的行动组合为(坦白,坦白),收益组合为(-8,-8),则两个囚徒共需坐牢16年。需要指出的是,并非每一个博弈都能找到均衡状态,一个博弈中也可能出现多个均衡。

8.3.3 博弈中的纳什均衡

在囚徒博弈中,囚徒甲、乙都选择了坦白,尽管这种结果实际上对双方都不是最好的选择,但在给定的信息和策略集合下,这是双方共同的选择,达到了一种均衡状态,这种均衡状态是美国数学家和经济学家约翰·福布斯·纳什(John Forbes Nash Jr.,1928—2015)最先提出的,因此称为纳什均衡。

纳什均衡(Nash Equilibrium)的一个比较准确的定义是:其他参与者所选择的策略既定,如果每个参与者的策略都是他可能选择的最优策略(这个最优策略可能依赖于其他人的策略,也可能不依赖于其他人的策略),则所有参与者的最优策略所构成的策略组合,就叫作纳什均衡。

一个纳什均衡,实际上就是一组最优策略,是每个追求自身最大利益的参与者所能够做的最好选择。尽管由于其他参与者行动的影响,有的参与者无法获取更多的收益,但是在纳什均衡中,每个参与者都不后悔自己的选择,也没有积极性来改变这种选择。在该策略组合状态下,任何参与人单独改变策略都不会得到好处。换句话说,在纳什均衡策略组合上,当所有其他人都不改变策略时,没有人会改变自己的策略。

博弈中的纳什均衡

在下面的博弈中,参与人是政府和一个流浪汉。流浪汉有两种策略:寻找工作或游荡;政府也有两种策略:救济或不救济。政府想帮助流浪汉,但前提是后者必须努力找工作,否则,不予救济;而流浪汉只有在得不到政府救济时,才会去寻找工作。类似的问题在父母决定给予懒惰的儿子多少资助时也会出现。表8-3是这个博弈的收益矩阵,表中前一个数字是政府收益,后一个数字是流浪汉收益。

社会福利博弈收益矩阵　　　　　　　　表8-3

策略	流浪汉寻找工作	流浪汉游荡
政府救济	3,2	-1,3
政府不救济	-1,1	0,0

给定政府救济,流浪汉选择游荡时收益为3,而寻找工作的收益只有2,故流浪汉的最优策略是游荡;而流浪汉策略是游荡时,政府的最优策略应该是不救济。给定政府不救济,流浪汉的最优策略是寻找工作;给定流浪汉寻找工作,政府的最优策略为救济……没有一个策略组合构成纳什均衡。

如果政府和流浪汉均可以选择混合策略方式,情况又会发生变化。所谓混合策略(Mixed Strategies)指博弈各方以一定的概率分布在可选策略中随机选择策略。假设政府以0.5的概率选择救济,0.5的概率选择不救济。那么,对流浪汉来说,选择寻找工作的期望收益为 $0.5 \times 2 + 0.5 \times 1 = 1.5$,而选择游荡带来的期望收益为 $0.5 \times 3 + 0.5 \times 0 = 1.5$,即选择任何混合策略的期望收益都为1.5。所以,流浪汉的任何一种策略都是对政府所选择的混合策略的最优反应。

假定流浪汉是以0.2的概率选择寻找工作,以0.8的概率选择游荡,在这种情况下,政府选择救济的期望收益为 $0.2 \times 3 + 0.8 \times (-1) = -0.2$,选择不救济的期望收益也为 $0.2 \times (-1) + 0.8 \times 0 = -0.2$。当然政府以0.5的概率分别选择救济与不救济也是对流浪汉所选择混合策略的最优反应。

混合策略:指博弈各方以一定的概率分布在可选策略中随机选择策略。

这样,我们得到一个混合策略组合,这个混合策略组合是一个纳什均衡,称为混合策略纳什均衡。混合策略纳什均衡的行动组合为:(政府0.5概率选择救济和0.5概率选择不救济,流浪汉以0.2概率选择工作和0.8概率选择游荡),收益组合为:(-0.2,1.5)。

8.4 交通运输市场

市场是通过相互作用决定一种或一系列产品及服务价格的买卖双方的集合。因此，我们可以把市场看作确定价格的场所。市场是商品经济发展的产物，随着社会分工与商品经济的发展，人们对交通运输产生了需求，随之也就产生了交通运输市场。

交通运输市场(Transportation Market)是为旅客、货主、运输业者、运输代理者提供交易的场所。由于交通运输的特殊性，在市场中起作用的除了买(旅客、货主)、卖(运输企业或中间代理商)双方外，政府的作用也不可忽视。

在交通运输市场活动中，需求方、供给方(包括代理商、中间商)直接从事着客、货运输生产和交换活动，属于市场行为主体。政府方以管理、监督、调控者的身份出现，不参与市场主体的决策过程，主要通过经济手段、法律手段、必要的行政手段制订运输市场运行的一般准则，规范运输市场上不同主体的运行，约束市场主体的行为，使运输市场运行有序化。

8.4.1 交通运输市场的特征与作用

1. 交通运输市场的特征

交通运输市场作为市场体系的组成部分之一，具有一般市场的共性。但交通运输市场又是市场体系中的一个专业市场，具有一些个性特点。

(1) 供需调节具有地域性

交通运输市场与一般的商品市场不同，它出售的不是普通的实物产品，而是不具有实物形态、不能储存、不能调拨的运输服务，而运输服务依赖于交通运输基础设施，是具有地域性的，不同地域之间的需求和供给无法匹配，也无法进行调节。在一般的商品市场上，商品生产、交换和消费都是互相独立存在的，商品的生产、出售和消费构成一个整体循环过程。一般商品的供需调节不受地域的制约。

运输供给只能以提高运输效率或新增运输能力来满足不断增长的运输需求，而一旦需求下降，一些供给能力就会闲置起来。从这一点来看，运输需求的准确预测和运输供给的合理规划就显得尤其重要。

(2) 具有网络服务性

运输产品进行交换的场所是纵横交错、遍布各地的运输线路和港站。这些线路和港站联结城乡，跨越省区甚至超越国界，相互贯通，交织成网。在具体的运输市场上，不同运输服务提供商有时存在竞争关系，同一种运输产品可以由不同的运输方式提供,并行的几种运输工具可以提供相同但质量上(比如运输速度、方便程度、舒适程度等)有差别的运输产品。有时又是互相配合,例如多种运输方式联合完成一次完整的运输过程(又称为多式联运)。运输市场的这种性质,要求对其实行综合的和跨部门的管理,要求打破条块分割、部门各自为政的局面。

(3) 容易形成垄断

交通运输市场容易形成垄断,这主要是因为自然条件和一定生产力发展阶段某一运输方式具有技术上明显的优势等原因造成的。即使到了五种运输方式共存,运输市场发育比较完善的时期,垄断痕迹依然存在。例如,许多发达国家都曾有过运河大规模建设、水运占统治地位的时期,其后铁路在运输市场中占统治地位达百年之久。第二次世界大战以后,随着公路运输、航空运输和管道运输的发展,竞争上升为运输市场运行的主要特征,但各种运输方式仍旧在自己的优势领域保持一定的独占性,特别是铁路、管道在线路方面具有独占性,都使其自然地产生垄断经营的特点。

(4) 强调安全和质量监管

在一般商品市场上,消费者购买商品可以挑挑拣拣,购买后对质量不满意还可以退货。而在交通运输中,运输服务和消费过程同时进行,当消费者发现运输服务质量较差时,他已经身处运输过程之中,很难立即退出,这就使得旅客和货主不得不勉强去消费自己事先选择了的运输服务。

交通运输市场的这种特殊性使得其在安全和质量方面的监管要求比一般商品交换更加严格。在市场准入方面,要对运输业者的专业资质,以及其提供良好服务的能力进行严格的审查;在日常经营方面,通过相关的标准和规章对运输服务过程进行严格监督,同时为保障消费者的权益,普遍实行运输保险制度。

2. 交通运输市场的作用

交通运输市场是重要的专业市场之一,在经济生活中发挥着重要的作用。

(1) 经济发展基础性功能

交通运输活动是为一定的商品生产、交换而开展的,是社会再生产得以进行的必要条件,也是人民生活的重要基础条件。交通运输需求属于派生性需求,但交通运输的发展规模又会影响经济的发展。同时,交通运输也是社会化专业分工得以存在的基础,通过交通运输条件实现了社会化分工,从而有助于实现社会资源的有效配置。

(2) 需求与供给调节功能

无论是交通运输需求,还是交通运输供给,都要通过市场发生联系。

> 交通运输市场的作用:经济发展基础性功能、需求与供给调节功能、市场信息传递功能、资源合理配置功能、技术进步促进功能等。

交通运输市场作为衔接运输生产与运输消费的桥梁和纽带,能够灵敏地反映国民经济和社会发展所提出的运输需求,运输需求和供给之间的矛盾主要是通过市场机制进行调节。从长期的角度来看,价格机制在其中起着重要的作用。

(3) 市场信息传递功能

提供和传递信息是市场的一个基本功能。市场往往通过价格信号向消费者和生产者提供有关稀缺状况的足够信息。参与运输市场活动的市场主体拥有和掌握着不同的信息,通过自身的表现向市场传递着信息,如运输价格信息、运输技术装备信息、供求数量信息等,同时市场信息在不同主体间的流动,客观上起到调节和支配市场主体经济活动的职能。

(4) 资源合理配置功能

在特定的社会生产规模中,各行业之间以及行业内部客观上存在着最佳的比例关系。市场可以发挥合理配置资源的基础性作用,通过价格引导资源从获利较少的生产用途转向获利较多的生产用途上去,从不太重要的用途转到重要的用途上去。但由于交通运输业具有的垄断性、公益性和基础产业性等特点,仅靠市场机制调节很难达到资源的合理配置要求,需要政府采取一定措施干预市场,以使社会拥有低成本高效率的交通运输系统。

(5) 技术进步促进功能

市场竞争分为两种形式,即价格竞争和非价格竞争。价格竞争是通过降低产品价格击败对手,非价格竞争则是在产品质量、品种、信誉等方面进行竞争。在价格竞争中,各运输企业为了降低价格就必须降低成本:一方面,运输市场促进运输企业持续地采用新工艺、新技术、新设备,从而提高生产效率、降低成本;另一方面,运输市场促使运输企业不断提高运输生产组织和管理水平,以实现生产资源的最优组合,从而降低成本。随着经济发展、人民生活水平的不断提高,对运输服务质量提出更新、更高的要求。高速技术、信息技术和智能技术等在交通运输业的广泛运用使非价格竞争成为各运输企业提高企业竞争力的重要途径。

8.4.2 同时拥有基础设施与移动设施的经营者

1. 经营者特征

交通运输供给的特殊性之一是基础设施(固定设施)和载运工具(移动设施)共同作用,构成完整有效的运输供给能力。铁路运输和管道运输就是同时拥有基础设施和移动设施的交通运输供给者的范例。

管道运输是基础设施和移动设施合二为一的特殊情况,具有高度垄

> 同时拥有基础设施和移动设施的交通运输供给者极有可能成为这种运输方式市场的垄断者,铁路运输和管道运输就是垄断市场的范例。

断性。不过由于管道运输对象产品的特殊性,使其只局限在石油、天然气等有限品种的货物种类上。

传统管理体制下的铁路是唯一实行上下一体化经营的运输方式。铁路公司既拥有线路等基础设施,又拥有移动的机车车辆,还负责提供直接的客货运输服务,这就使他们比任何其他运输方式在收取运价方面都具有更大的自主决断权力。

2. 垄断行为问题

垄断是市场经济中经常会发生的供给者形态。在自由竞争的市场中,人们对垄断始终抱有警惕的态度,各国政府都有相应的法律及政策规定,以防止垄断的过度发展。但由于自然的、市场内在的原因,甚至是一些政府行为导致的原因,垄断又在一定程度上不可避免。在交通运输市场,垄断也有其自己的表现形式。

铁路对它的一部分使用者应该是具有市场支配力量的,即它有可能对这些使用者收取高于有效水平的价格。如果铁路运输成本的计算和分摊方法可以做到准确可靠,那么铁路公司是否真的滥用了这种市场力量就可以明确地判断出来。因此,铁路成本分析无论对于铁路使用者还是对于铁路公司来说都成了至关重要的问题。但运输经济学家恰恰在这个问题上很不自信,原因就是铁路运输成本的计算难度太高,而且计算数据的获取十分困难。

3. 铁路运输成本分析的困难

(1)增量成本的划分问题

铁路提供运输服务涉及每一位使用者所承担的成本。把列车成本分摊到其中的每一节车辆上与把飞机的飞行成本分摊到每一位旅客身上有些类似,即均要把使用者成本计算进去。以货运为例,列车上多一节或少一节货车的运营成本是不同的。如果多一节货车,列车的牵引能耗就要增加,列车编解所需要的时间也要增加,这些都会影响到列车内所有其他的货车上。列车越长,由新增车辆所引起的增量成本也会越大。理论上,这种增加到其他使用者身上的增量成本应该由新增的托运人承担,但实际上,要精确地划分这种增量成本是非常困难的。

(2)线路成本的分摊问题

铁路线路在大多数场合是由客、货运输共用的,线路成本计算的主要工作之一是要把总的线路成本分摊到每一张客票和每一批货运业务上去。但线路成本的某一部分很少能够直接归结到某位旅客或某批货物上,这就是所谓的成本不可归依性。

> 铁路运输成本分析的困难:表现在增量成本的划分问题、线路成本的分摊问题、拥挤成本发生问题等。

(3)拥挤成本发生问题

铁路是以列车为单位组织运输的,当一条线路上的列车超过一定数量时,就会影响列车的运行速度,在单线铁路上这种情况特别明显。列车途中经常要在中间站等待避让,以便让其他列车通过,不但车次越多避让的次数越多,而且车速不一样也会引起拥挤现象加剧,因为有些车不但要避让迎面方向的列车,还要允许同方向的其他列车越行。因此,像道路交通一样,铁路系统中的拥挤现象同样会引起列车运行速度降低。当线路是客、货运输共用时,无论是增开货运列车还是客运列车,都应该考虑由它们引起的拥挤成本。

同时拥有基础设施和移动设施的经营者

4. 铁路为何很难获取超额利润

铁路是垄断性很强的运输方式,铁路运输市场也是一个垄断性市场。但是也很奇怪,在人们抱怨铁路垄断经营的同时,在这个行业的投资却很难获取垄断超额利润,甚至有时得不到正常的回报。这也说明,并不是所有拥有固定运输设施的经营者都具有获取所有消费者剩余的能力。

(1)铁路运输受到其他运输方式的竞争

虽然铁路运输市场是一个垄断性市场,但如果放在更大的运输市场中,铁路运输会受到公路运输、水路运输、航空运输甚至管道运输的竞争。在这个意义上,铁路运输企业并非是绝对的垄断者,市场上还有可以提供相同位移服务的其他运输方式企业。

旅客运输市场,传统的中短途距离铁路客运列车受到公路,尤其是利用高速公路进行客运服务的运输企业的强有力竞争,这种情形直到高速铁路的出现才得到扭转。长距离范围铁路客运又受到航空运输的竞争。货物运输市场,公路集装箱运输分流了铁路的大部分件杂货运输。在这种大市场竞争的格局下,铁路运输并非是市场的价格制定者(Price Maker),很难获得超额垄断利润。

(2)铁路运输受到政府的严格管制

由于铁路运输市场的垄断性,同时,铁路运输货物大多是批量大的基础性原材料、能源产品和生活必需品,比如矿石、煤炭、粮食、建材等大宗货物,这些产品作为工业和生活的基础性产品,其价格和运输量的波动会给社会带来不稳定因素,因此历史上铁路可能就是被政府管制最严格的运输方式。

铁路运输难以获得超额利润:主要原因是铁路运输受到其他运输方式的竞争;铁路运输受到政府的严格管制;铁路运输货物价值较低,对运价变动敏感等。

(3)铁路运输货物价值较低,对运价变动敏感

铁路所运输的货物中有一大部分属于本身价格较低的产品,它们承受运价的能力也不强,对运价的变动比较敏感。例如,煤炭就是一种常由铁路运输的货物,由于该产品的市场竞争性很强,加之政府的价格管制,

如果铁路提高对煤炭的运输价格,供应商可能无法通过上涨煤炭价格来弥补运价的上涨。这与航空货运的对象多为较高价值的货物不同,铁路的用户对运价的敏感性更大。一旦铁路运价的上调威胁到铁路用户的利益,他们就会转而求助于管制机构,要求对铁路运价进行限制。

5. 铁路运输方式的变革

从二十世纪六七十年代起,铁路运输方式开始出现变革,这种变革主要体现在技术和管理体制两个方面。

(1) 技术变革

在技术方面,高速铁路的出现极大地提高了铁路旅客运输服务的竞争力。1964年10月1日正式通车的日本东海道新干线从东京起始,途经名古屋、京都等地终至(新)大阪,全长515.4km,运营速度高达210km/h,它的建成通车标志着世界高速铁路新纪元的到来。随后法国、意大利、德国纷纷修建高速铁路,到了20世纪90年代,欧洲大部分发达国家大规模修建国内或跨国界高速铁路,逐步形成了欧洲高速铁路网络。中国从20世纪末开始修建高速铁路,目前运营速度已经达到了350km/h。截至2023年底,全国高速铁路运营里程已经达到4.5万km,总里程居世界第一。

铁路技术变革的另一个方面是重载货物列车,可以使大宗货物运输的效率更高,成本更低。

(2) 管理体制变革

管理体制方面,有些国家开始实行"网运分离"模式,把基础设施与客、货运输服务分开管理,线路等基础设施留给国家负责建设和维护,客、货运输则采取商业化经营的形式,其中有些国家甚至对铁路基础设施也采取了商业化经营的改革。有些国家把全国的铁路运输网按区域划分为若干独立经营的客、货运营公司,各运营公司仍然同时拥有部分基础设施和移动设备,在区域范围上既有一定的分割,也有一定的交叉渗透,以提高竞争性。因此,铁路行业的组织结构目前已经发生了很大变化,在许多国家至少已经不再是那种传统意义上的上下一体化运输经营者的典型了。

8.4.3 不拥有基础设施的经营者

1. 经营者特征

与铁路运输不同,公路运输企业不拥有自己的基础设施。公路作为一种公共的交通基础设施,一般由政府提供并拥有。公路运输企业只需拥有移动设备,即载货汽车或客运汽车就可提供运输服务。只利用可移动载运工具从事客、货运输的运输业经营者,显然不具有垄断市场的力量。

不拥有基础设施的经营者不具有垄断市场的力量,是沉没成本较低且市场容易进入和退出的行业,形成了类似于完全竞争的市场形态。比如公路运输企业。

不拥有基础设施的经营者

由于公路运输的载运工具一次性投资成本较低,市场进入基本没有门槛限制,因此市场中有足够多的供给者;而且人们可以为载运工具找到比较规范的二手交易市场,经营者可以很方便地将这些载运工具转移到有市场需求的地方去,退出市场也比较容易;同时公路运输业者在一个地区或一条线路经营不好时,可以以较低的代价转移到另一个地区或另一条线路上去。这种沉没成本较低且市场比较容易进入的行业,形成了类似于完全竞争的市场形态。

竞争市场内也可能只有少数几家供给者,但这些厂商却很难利用垄断地位获取垄断利润。因为市场以外的"潜在"竞争者随时可能进入市场,以分享这种利润。公路运输企业与私人交通很相似,即它们的成本结构中固定设施成本比重很小,而且没有充分利用网络经济的机会;它们与私人交通的区别主要在于它们是为别人而不是为自己提供服务的。

2. 过度竞争问题

尽管这一类运输市场不具有垄断性,但通常它们也受到管制,原因是可能存在过度竞争(又称毁灭性竞争)。其原因是这种市场中非价格竞争的手段有限,运输厂商有可能在价格战中把运价压得过低,最后结果导致或是市场上只剩下一家最强的垄断者,或是市场供给力量遭到重创而无法满足正常的需求数量。

不拥有基础设施的经营者需要避免过度竞争问题。

在由移动载运工具经营者供给的运输市场上,运价决定于经营者的机会成本,运量在方向上可能是不平衡的,因此这也会影响到运价。如果出现运输需求在方向上的不平衡,那么在回程方向上就会有运输能力的过剩。任何希望揽到回程运量的经营者都可能接受较低的运价,只要该运价高于载运工具空返的成本加上少量增加的燃料费和保险费等,否则空返成本就要全部加在重载方向的成本上了。

在移动载运工具经营者生存的运输市场上,运价有可能是不稳定的。在运输能力过剩的时期,经营者虽然可以使运价的收入等于其经营的可变成本,但却可能保证不了通过经营收入偿还其债务(固定成本)。载运工具的所有者是这类运输市场财务风险的主要承担人,而被雇来驾驶这些载运工具的人员虽然在经营不利时期也会有工资降低甚至失业的可能,但他们只是市场价格波动风险的间接承担者,并没有更多的金钱损失。而一旦市场情况好转,由于运价攀升带来的利润也首先归载运工具的所有人,而不是归驾驶员。

过度竞争有可能会使这个行业出现"超载超限"运输的不安全及违规违法行为。

8.4.4 拥有部分基础设施的经营者

1. 经营者特征

在垄断市场和自由竞争市场之间，还存在兼有两者特征的垄断竞争市场。交通运输市场也是如此，在同时拥有基础设施与移动设施的运输经营者与不拥有基础设施的运输经营者之间，还有一些运输经营者处在这两个极端之间，即拥有部分基础设施，如零担公路货运、航空定期航班和海运集装箱定期航线等。它们的行为符合垄断竞争市场的行为特征。

对于不拥有固定基础设施的运输经营者，他们可以很方便地将载运工具转移到任何有市场需求的地方去。但对于那些拥有一定但并不是全部固定基础设施的运输经营者，如零担公路货运公司必须要有自己的货站或运转中心以便集散、配载和中转货物，尽管并不需要拥有和经营公路网，它们的服务与经营的地域固定性相对更大一些，因为它们在其固定设施上的投资是不能移动的，这种较大的沉没成本把它们一定程度上"拴"在了某些地区。在候机登机和飞机固定维护设施等方面投资较多的航空公司以及在集装箱专用码头及设施方面投资较多的海运公司也有类似的情况，尽管它们也不需要同时拥有机场的跑道和空中指挥系统或整个港口。

因此，这些运输经营者也必须面对与固定设施有关的财务或经营问题：投资的沉没性、能力增长的突变性、服务对象的普遍性以及为有效利用固定设施而制定价格等。

固定运输设施能力扩张的突变性产生了一种需要，即这些设施最好由多种客流或货流同时利用，否则设施的利用效率在大多数时间都可能会很低，除非存在着某一种数量很大的客流或货流，大到足以支持在某一个运输通道上实现点点直达运输。这种由多种交通流共用固定设施所产生的经济性与大型移动载运设备所具有的经济性相结合，就是运输业网络经济存在的基础。能够把多个运输市场，即把多种客流或货流在其运营网络上较好地结合在一起的运输企业，往往可以比单纯提供点点直达服务的运输企业效率更高、成本更低。

一般来说，只要其中转枢纽的处理能力足够，具有较大运营网络的运输企业就可以以较高的频率为客户提供服务，也可以实现较高的运输设备实载率，而这常常是运输经营低成本高效益的必要条件。因此，这一类运输经营者可以较明显地利用运输业的规模经济和范围经济，如通过扩大服务网络的幅员来提高自己的运输密度和设备利用率。

2. 市场操纵问题

市场操纵，一般是指运输经营者利用自己掌握的运输能力、资金、信

> 拥有部分基础设施的经营者，符合垄断竞争市场的行为特征。比如零担公路货运、航空定期航班和海运集装箱定期航线等。

> **市场操纵**：运输经营者利用自己掌握的运输能力、资金、信息等方面的优势，人为地操纵和影响运输市场价格，从而达到获取额外收益的目的的行为。

拥有部分基础设施的经营者

息等方面的优势,人为地操纵和影响运输市场价格,从而达到获取额外收益的目的的行为。

对于那些拥有部分固定设施的运输经营者而言,他们提供的一般都是定期服务,而定期服务是最典型的公共运输服务,因为它的服务对象具有普遍性,包括各种类别的使用者。由于不同类别使用者的旅行机会成本不一样,因此在价格的制定上也有可能通过这些使用者机会成本的差别以及运输经营者边际成本的差别,去制定不同的运输价格。

市场操纵的判定:对不同使用者收取不同水平的运价,不能作为判别垄断或具有市场操纵能力的依据。在定期运输服务市场中,市场操纵最简单的判断标准是看经营者是否为了提高上座率而减少服务的频率。

对不同使用者收取不同水平的运价,不能作为判别垄断或具有市场操纵能力的依据,那只不过是根据不同机会成本定价的结果。那么,如何才能确认运输业者滥用了市场操纵力呢?

在定期运输服务市场中,做出这种判断的最简单标准是经营者减少服务的频率。例如,提供定期航班的航空公司要靠提高飞机的客座率和机票价格来获取最大收益,如果它拥有市场操纵力,它只要减少航班的次数就可以同时达到既提高客座率又抬高价格的目的。服务频率同时也是运输质量的一个重要指标。服务频率高,乘客选择航班的余地就大,等候时间也短,把服务频率降低就会使乘客失去这些方便,买不到机票或一旦误机会更多地误事。

如果市场上有竞争者,航空公司一般不敢使用这样的手段,因为这会给竞争者创造机会,使自己失去市场份额。所以,在大多数情况下,判断航空客运市场存在市场操纵行为的标志就是:高的票价、高的飞机客座率和低的航班频率。在其他定期运输服务市场上,人们也很容易发现类似的现象。

航空公司有时会采取其他一些操纵需求的策略来增加自己的盈利。例如,航空公司都很注意建立自己的品牌,为此它们要花很多钱做广告,广告的作用是可以帮助培养一批具有品牌忠诚的乘客,使公司的需求曲线向右移动。培养和扩大忠诚乘客的另一个策略是实行所谓的"常旅客计划(即里程累积)"。实行这种策略的航空公司会在乘客乘满若干里程的该公司的航班后给予其一张免费机票的奖励,而为了获得这种奖励,乘客就需要不断地选择这同一家公司的航班。由于小的航空公司和新进入的航空公司在提供"常旅客计划"上没有优势,因此,这实际上也增加了其他竞争者进入市场的难度。这些是合理的市场经营策略,并不属于市场操纵行为。

3. 市场细分与定价

(1) 航空运输市场细分与定价

拥有部分基础设施的经营者需要关注市场细分与定价问题。

航空乘客之间的差别之一是在对航班时间的要求上:公务旅行人员往往对他们旅程的时间安排得很严格,甚至很多是临时就有需要,因而宁愿付出较高票价以满足他们在时间上的要求,而假期旅游者则相对比较闲散,对时间的要求也不那么严。从理论上说,如果所有的乘客都对起飞时间不是那么苛求,那么航空公司就可以取消定期航班,所有的航班都可以改成包机飞行,并且做到100%的实载率。显然,这种全部包机飞行的运营成本肯定会大大低于目前固定航班的运营方式。

运营成本较高的定期航班是为满足那些时间要求严格的乘客设计的,而这些乘客主要是公务旅行人员,他们愿意支付较高的票价。在这种情况下,如果定期航班所有乘客的票价相同,旅游者就会认为价格过高而放弃旅行或选用其他运输方式,而没有足够的客座率,定期航班也无法维持。让定期航班能够实现的办法就是对这两类乘客实行不同的票价。

航空客运可能是把市场划分最细的行业。例如,除了由于飞机上的舱位等级以及高峰与淡季差别导致的票价差别外,航空公司还根据乘客购票所提前的时间制定了不同的优惠比例,一般是提前得越多优惠也越多,飞机起飞前的剩余票当然可能更便宜;根据旅客是否有更改乘机日期的要求也有不同票价,不准备更改的可获最大优惠;可以服从航空公司中转安排的与不希望中转而直飞相比,前者票价较低;选择把回程日期放在周末的,也可获得较大优惠……所有这些看起来十分复杂的票价结构,都是为了使固定航班的飞行具有最大的吸引力,以便航班上的载客率能够达到最高。

当然,为了使任何时候的运营收入都能实现最大化,航空公司还会根据季节或其他情况对每一种票价所对应的机座数量进行及时调整,这样当每架飞机起飞时上面乘客的消费者剩余应该已经是最小化了。定期航班票价的复杂性是以不同乘客对时间要求的严格与否和他们的旅行机会成本为基础的。

(2)公路零担货运市场细分与定价

公路零担货运与大多数航空公司很相似,也提供定期服务,一般是地区性的业务保证第二天送到,长途货物则保证隔日或三天内送到。为了提供这种定期服务,零担运输公司每天必须派出足够的车辆上路,而不论任何一条线路上是否满载。显然,对于业务量较大的零担运输公司,车辆的实载率就会较高,运营成本就可能较低,它们甚至有能力把服务延伸到比较偏远的地区,以便为自己的经营网络收集到更多的货源;而对于规模较小的公司,它们在车辆实载率较低的地区维持经营就很困难。

零担货运公司之间这种基于运营网络经济性的竞争,使得小型公司较难生存。地区性市场上一般只有数量不多的公司在经营,能够提供全国或跨国性服务的零担公司更是只有少数几家。

零担运输的客户不像航空客运那样可以分为公务旅行者和旅游者，然而由于货主托运批量大小的差异，零担运输公司可以通过公布运价表与折扣谈判相结合的方式实行区别运价，对托运批量小的货主收取公布运价，给托运量大且长期稳定的货主提供优惠运价。

总结与提要

关键概念：市场，市场均衡，均衡价格，均衡数量，支持价格，限制价格，过剩，短缺，收益，平均收益，边际收益，成本，会计成本，经济成本，机会成本，固定成本，可变成本，平均成本，边际成本，利润，厂商均衡，完全竞争市场，完全垄断市场，垄断竞争市场，寡头垄断市场，交通运输市场。

重点掌握：市场界定，需求与供给变动对市场均衡的影响，完全竞争市场特点，完全垄断市场特点，垄断竞争市场特点，寡头垄断市场特点，垄断形成的原因，完全竞争市场厂商均衡的实现，完全垄断市场厂商均衡的实现，不同市场形态中个别厂商面临的需求曲线形式，交通运输市场特征，交通运输市场作用。

一般理解：蛛网模型，纯粹寡头，差别寡头，囚徒困境问题，博弈的要素，纳什均衡，铁路成本分析的难度，过度竞争问题，市场操纵问题。

案例与阅读

8-1 沃尔玛连锁店的先发制人投资策略

沃尔玛连锁店公司（Walmart Inc.）是山姆·沃尔顿创立的一家很庞大的也是很成功的折扣零售连锁店公司。沃尔玛是怎样在别人失败的地方取得成功的呢？关键在于沃尔玛的扩张策略：定价低于普通的百货商店和小型零售店，依靠规模，免装修以及高存货周转。

在整个20世纪60年代中，人们通常都认为折扣店只有开在10万人或以上人口的城市中才能成功，山姆·沃尔顿不同意这种看法，并决定在西南部的小镇上开店。到1970年，已经有30家沃尔玛店开在阿肯色、密苏里和俄克拉荷马的小镇上，这些店成功了。开在大城镇的折扣店要同其他的折扣店竞争，压低了价格和利润。可是这些小镇只能开一家折扣店，而沃尔玛可以与非折扣零售店削价竞争，不必担心会有另一家折扣店开张和与它竞争。

到 20 世纪 70 年代中期,其他折扣连锁店意识到了沃尔玛有一个营利性强的策略:在只能支持一家折扣店的小镇开一家分店并享有地方垄断。由于美国有许多小镇,所以问题就变成了谁能先到各镇。现在发现沃尔玛处于一种表 8-4 中得益矩阵给出的先发制人博弈中。如果沃尔玛进了一镇,但公司 X 没有,沃尔玛能赚 20,而公司 X 只能赚 0。同样,如果沃尔玛没有进入,但公司 X 进入了,则沃尔玛赚 0,而公司 X 赚 20。但如果沃尔玛和公司 X 都进入,它们将都损失 10。

沃尔玛先发制人投资案例 表 8-4

项目	公司 X 进入	公司 X 不进入
沃尔玛进入	−10,−10	20,0
沃尔玛不进入	0,20	0,0

这个博弈有两个纳什均衡——左下角和右上角。哪个均衡出现取决于谁先行动。如果沃尔玛先行动,它就能进入,而公司 X 理性的反应是不进,从而沃尔玛将肯定能赚到 20。因而该计谋就是先发制人——抢在公司 X 之前很快在其他的小镇建立分店。沃尔玛确实就是这么做的。到 1986 年,它已经经营了 1009 家分店,年利润 4.5 亿美元。当其他折扣连锁店走下坡路时,沃尔玛继续发展。到 1993 年,沃尔玛的分店数目已经超过 2000 家,年利润为 27 亿美元。

(摘编自:平狄克,鲁宾费尔德. 微观经济学[M]. 4 版. 北京:中国人民大学出版社,2000)

8-2 可乐和咖啡市场上的垄断竞争

软饮料和咖啡的市场展示了垄断竞争的特征。各个市场都有不少略有差异、相互替代性很强的品牌。例如,各种牌子的可乐口味差异不大;还有各种牌子的咖啡粉在风味、香味和咖啡因含量方面有很小的差异。大多数消费者形成了他们自己的偏好,不过这种对品牌的忠诚通常是很有限的。如果麦氏咖啡的价格升到比其他牌子高出一截,大多数一直是购买麦氏的消费者大概会转向其他牌子。

究竟生产者的牌子,有多大的垄断势力呢?换句话说,麦氏咖啡的需求弹性多大?相关研究见表 8-5。

不同牌子可乐和咖啡的需求弹性 表 8-5

项目	牌子	需求弹性
可乐	皇冠	−2.4
	可口可乐	−5.2 ~ −5.7
咖啡粉	希尔兄弟	−7.1
	麦氏	−8.9
	蔡斯和桑蓬	−5.6

第一,在可乐中,皇冠的需求要比可口可乐缺乏弹性。虽然它只有很小的市场份额,但它的口味比可口可乐、百事可乐和其他牌子更加特别,所以买它的消费者具有更强的

品牌忠诚。皇冠有较大的市场势力并不意味着它的营利性一定更好。利润取决于固定成本、数量以及价格。虽然平均利润较低,但可口可乐却能产生更多的利润,因为它有一个相对大得多的市场份额。

第二,咖啡作为一类而言,比可乐的价格弹性要大。在咖啡中的品牌忠诚比可乐中的要小,因为咖啡之间的差异比可乐中间的差异要更难辨别。与不同牌子的可乐相比,更少消费者注意或关心希尔兄弟和麦氏之间的差别。

各牌子只有很有限的垄断势力,这是典型的垄断竞争。

(摘编自:平狄克,鲁宾费尔德. 微观经济学[M]. 4 版. 北京:中国人民大学出版社,2000)

8-3 矿物资源价格的长期表现

20 世纪 70 年代初期是一个公众关心地球自然资源的时期。类似罗马俱乐部的组织曾经预言,我们的能源和矿物资源将很快耗尽,所以这些产品的价格会飞涨,并使经济停止增长。但是在 20 世纪里,这些矿物以及其他绝大多数矿物资源的价格相对于总体价格来说是下降了或基本保持不变。例如,图 8-22 显示了铁的实际价格(扣除了通货膨胀因素)以及 1880 ~ 1980 年的铁的消费量(两者均以指数显示,1880 年指数为 1)。

尽管价格在短期内有一些变动,但从长期来看没有出现显著的价格上涨,即使现在的消费量大约是 1880 年的 20 倍。类似的格局也体现在其他矿物资源上,如铜、石油和煤。

对这些资源的需求是随着世界经济的发展而上升的,然而当需求上升时,生产成本却下降了。这首先是由于新的且更大规模的储藏资源被人发现了,而这些资源的开采成本更低廉;其次是因为技术上的进步以及开采和提炼达到一定规模后所产生的经济上的优势。因此,随着时间的推移,供给曲线向右移动,经过了相当长的时间后,供给曲线的变动幅度比需求曲线的变动幅度更大,所以导致价格经常性的下降,如图 8-23 所示。

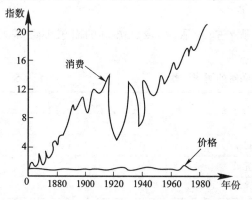

图 8-22 1880 ~ 1980 年铁的消费和价格图

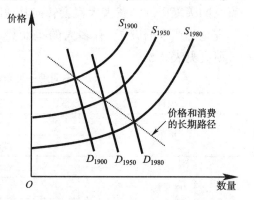

图 8-23 矿物资源供给和需求的长期变动

在 20 世纪,对绝大多数资源的需求急剧上升,但实际价格(扣除了通货膨胀因素)反而下跌了或只略微上升一点,这是因为成本的下降也使供给曲线大幅度地右移。

这并不是说铜、铁和煤的价格将一直下降或一直保持不变,这些资源的确是有限的,但当其价格开始上涨时,消费很可能会有变化,至少消费会使用替代物。

(摘编自:平狄克,鲁宾费尔德. 微观经济学[M]. 4版. 北京:中国人民大学出版社,2000)

8-4 价格控制和天然气短缺

1954年,联邦政府开始控制天然气的进口价格。起初,这些控制不具约束性,最高限价在市场出口价格之上。但是在1962年,这些最高限价却具有约束力,于是产生了对天然气的过度需求,并且这种需求开始慢慢地上升。20世纪70年代,在更高的石油价格刺激下,这一过度需求日益严重,并导致普遍的供给削减,最高限价远低于在一个自由市场上应该通行的价格。

今天,天然气、石油以及其他产品的生产者和工业消费者都在考虑,如果产品价格飞升,那么政府可能再次使用价格控制的办法,而了解这种价格控制可能带来的影响是至关重要的。现以1975年为例,来分析这些价格控制的影响。

依据对天然气市场行为的有关研究报告,以下的数据描述了1975年的市场状况。天然气的自由市场价格本应约为2.00美元/千立方英尺(1英尺约为0.3084m),生产与消费应在20万亿立方英尺上下;而石油的平均价格(包括进口品和国产品)当时约为8美元/桶。石油价格会影响天然气的供给和需求。

对供给价格弹性一个合理的估计值为0.2。由于石油和天然气往往是同时被发现和进行生产的,所以较高的石油价格也会导致更多的天然气生产,因此,供给的交叉价格弹性估计值为0.1。至于需求方面,价格弹性大约为-0.5,而相对石油价格的交叉价格弹性约为1.5。通过以下公式可以证明下面的线性供给和需求曲线配合这些数值。

供给:
$$Q = 14 + 2P_C + 0.25P_O \tag{8-9}$$

需求:
$$Q = -5P_C + 3.75P_O \tag{8-10}$$

式中:Q——天然气数量,万亿立方英尺;

P_C——天然气价格,美元/千立方英尺;

P_O——石油价格,美元/桶。

令供给等于需求,并将8美元代入P_O。不难证明,这些供给和需求曲线的含义是,天然气的均衡自由市场价格为2美元/千立方英尺。

1975年天然气的控制价格为1.0美元/千立方英尺,在需求函数中,将这一价格代入P_C,得到需求量为25万亿立方英尺。因此,价格控制制造了7万亿立方英尺的过度需求。

(摘编自:平狄克,鲁宾费尔德. 微观经济学[M]. 4版. 北京:中国人民大学出版社,2000)

作业与思考

1. 什么是买方？什么是卖方？什么是市场？
2. 什么是市场均衡？市场如何达到均衡状态？
3. 试分析需求与供给对市场均衡变化的影响？
4. 举例说明什么情况下会有支持价格？
5. 什么是限制价格？限制价格有什么弊端？
6. 过剩和短缺的含义是什么？
7. 比萨饼市场的需求与供给情况见表8-6。

比萨饼市场的需求与供给　　　　　　　　表8-6

价格（元）	需求量（个）	供给量（个）
4	135	26
5	104	53
6	81	81
7	68	98
8	53	110
9	39	121

(1) 画出需求曲线与供给曲线。该市场上的均衡价格和均衡数量是多少？
(2) 如果该市场上实际价格高于均衡价格，什么会使市场趋向于均衡？
(3) 如果该市场上实际价格低于均衡价格，什么会使市场趋向于均衡？

8. 考虑以下事件：科学家发现，多吃橘子可以降低患糖尿病的风险；同时农民用了新的肥料，提高了橘子的产量。说明并解释这些变化对橘子的均衡价格和均衡数量有什么影响。

9. 上个月咖啡的均衡价格大幅度上升，但均衡数量几乎和以前一样。三个人想解释这种现象。哪一种解释是正确的？为什么？

甲："需求增加了，但供给总体上缺乏弹性。"

乙："供给增加了，但需求也增加了。"

丙："供给减少了，但需求总体上缺乏弹性。"

10. 新药品的需求缺乏弹性，而电脑的需求富有弹性。假设技术进步使这两种物品的供给都增加了一倍（也就是说，在每种价格水平下，供给量是以前的两倍）。

(1) 两个市场上的均衡价格和均衡数量分别会发生什么变动？
(2) 哪一种产品的价格变动更大？

(3)哪一种产品的数量变动更大?
(4)消费者在每种产品上的总支出会发生什么变动?

11. 什么是总收益?平均收益和边际收益有什么不同?

12. 什么是会计成本?什么是经济成本?二者有哪些区别?

13. 机会成本一定是隐性成本吗?

14. 可变成本和固定成本有什么区别?

15. 举例说明平均成本和边际成本有哪些区别?

16. 如果你准备大学本科毕业后选择直接攻读研究生,试列出可能的机会成本。你选择读研究生的依据是什么?

17. 在以下句子中填入最合适的成本类型:
(1)采取某个行为所放弃的东西的价值称为这个行为的_____。
(2)_____是当边际成本低于它时下降,当边际成本高于它时上升。
(3)不取决于产量的成本是_____。
(4)在冰淇淋行业里,短期中,_____包括奶油和糖的成本,但不包括工厂的成本。
(5)利润等于总收益减_____。
(6)生产额外一单位产品的成本是_____。

18. 王女士正考虑开一家五金店。她计算,租仓库和买仓库存货物每年要花费50万元。此外,她要辞去薪水为每年12万元的会计师工作。如果王女士一年可以卖出价值60万元的商品,她应该开这个店吗?解释原因。

19. 甲公司是一家生产扫帚并挨家挨户出售的公司。表8-7是某一天中工人数量与产量之间的关系。

甲公司某一天工人数量与产量的关系 表8-7

工人数	产量	边际产量	总成本	平均成本	边际成本
0	0				
1	20				
2	50				
3	90				
4	120				
5	140				
6	150				
7	155				

(1)填写边际产量栏。边际产量呈现出何种模式?你如何解释这种模式?
(2)雇佣一个工人的成本是一天100元,企业的固定成本是200元。根据这些信息填写总成本栏。

(3)填写平均成本栏。平均成本呈现出何种模式?
(4)比较边际产量栏和边际成本栏,解释其关系。
(5)比较平均成本栏和边际成本栏,解释其关系。

20. 什么是厂商均衡?

21. 完全竞争市场的特征有哪些?

22. 完全竞争市场中,个别厂商的需求曲线是怎样的?为什么?

23. 草坪修剪中心是追求利润最大化的竞争企业。企业每剪一块草坪赚270元,每天的总成本是2800元,其中300元为固定成本。企业现在每天剪10块草坪。你对企业的短期停止营业决策和长期退出决策有何见解?

24. 纺织业是完全竞争的,假设某国纺织业中没有国际贸易。在长期均衡时,每单位布的价格为300元。

(1)试用图形描述整个市场的均衡和某个单个生产者的均衡。
(2)如果其他国家的纺织品生产者在该国以每单位250元的价格出售大量的布匹。假设该国纺织品生产者有很高的固定成本,进口对个别生产者的产量有什么短期影响?对利润有什么短期影响?用图形说明你的答案。
(3)对该国纺织业中企业数量的长期影响是什么?

25. 分析完全竞争市场上企业的下列两种情况:

(1)假设 $TC = 100 + 15Q$,其中 TC 是总成本,Q 是产量。短期中这家企业生产任何产量所要求的最低价格是多少?
(2)假设 $MC = 4Q$,其中 MC 是边际成本。企业通过生产10单位产品实现了利润最大化。它按什么价格出售这些产品?

26. 为什么会出现完全垄断的情况?

27. 完全垄断市场为什么不存在供给曲线?

28. 垄断竞争市场中,厂商面临几条需求曲线?试图解说明。

29. 说出下面每一个特征描述的是完全竞争企业、垄断竞争企业、两者都是,还是两者都不是。

(1)出售的产品与其竞争对手的产品有差别。
(2)边际收益低于价格。
(3)在长期中获得经济利润。
(4)长期中生产最低平均成本的产量。
(5)边际收益与边际成本相等。
(6)收取高于边际成本的价格。

30. 说出下面每一个特征描述的是垄断企业、垄断竞争企业、两者都是,还是两者都不是。

(1)面临一条向右下方倾斜的需求曲线。

(2)边际收益小于价格。
(3)面临出售相似产品的新企业的进入。
(4)在长期中赚到经济利润。
(5)边际收益与边际成本相等。
(6)生产从社会来看有效的产量。

31. 以前肉鸡超市是完全竞争的。后来 Frank Perdue 以他的名字为品牌销售肉鸡。
(1)你认为 Perdue 这样做的好处是什么?
(2)社会从有品牌的肉鸡中得到什么好处?社会的损失是什么?

32. 博弈包括哪些要素?试解释各要素的含义。
33. 什么是纳什均衡?有什么特点?
34. 什么是交通运输市场?交通运输市场有哪些主要特征?
35. 铁路运输市场和公路运输市场有什么不同?

问题与研讨

8-1 关于170余道文件调控物价的分析

前天,国家发改委副主任走进西城月坛街道,跟家庭主妇们面对面畅聊柴米油盐等物价上涨的热点话题。据了解,这也是月坛街道启动"部长进社区"活动后,首个走进社区的部长级别的干部。

"原来只是在电视上见到过部长,没想到这回这么近距离地接触国家领导。"回忆起前天听副主任的讲话,月坛街道居民张女士还很激动。她说,当天台下坐着的都是像她这样的家庭主妇,有的还是刚刚从菜市场赶来,布袋子里还装着水灵灵的芹菜、黄瓜。去之前,她只觉得能见一见大领导,没想到还能和他聊物价。

张女士回忆说,副主任的第一句话就说:"大家伙儿都有这样的感觉,东西贵了,这到底是因为什么?"台下的主妇们纷纷表示认同,也想听听这个主任怎么说。副主任告诉她们,百姓的生活,时刻牵动中南海。国务院就曾先后下发170余道文件给国家发改委价格司,直指物价上涨问题。

为抑制猪肉价格,国家曾连夜签订购进合同,将平价肉投放市场;方便面利润本已较高还要涨价,政府立即出面制止;某日化用品企业号召全行业涨价,同样很快被制止,并领到百万元罚单;超市瞒天过海改价格蒙顾客,勒令整改之外,也要处以数百万元的罚款。

"听到主任的话,我们对政府控制物价更有信心了。"张女士说。

(摘编自:京华时报.2011 年 7 月 31 日.原作者:文静)

8-2 关于进出藏交通方式竞争的分析

市场"无形之手"正以前所未有的速度构建新的西藏交通格局。

川藏线危险重重、青藏公路路途遥远,长期以来航空一直是进出藏客运的主要途径。从1965年3月西藏开通第一条航线——成都至拉萨航线,直至2005年8月,这条拥有80%左右客源、每年100万人次左右旅客的航线一直由西南航空公司(国航西南分公司)独家经营。从2004年6月15日起,拉萨至成都的票价由1270元涨至1500元。相对来说成都至拉萨航线票价较高,并且不存在折扣票价。

造成这种独家经营的局面是有原因的。首先西藏航线气候条件恶劣,要确保飞行安全需要付出更高的成本;其次早期客运需求少,西藏旅游市场没有开发,经济也不发达,商务活动少。

然而,随着青藏铁路的开通,这种局面完全被打破了。新中国成立之初,中央就决定修建青藏铁路,经过几十年的努力,克服重重困难之后,青藏铁路于2006年7月1日全线开通运营。北京西至拉萨全程4064km,硬座票价389元,硬卧(下)813元,软卧(下)1262元。成都至拉萨硬座票价331元,硬卧(下)712元。重庆至拉萨全程3654km,硬座票价355元,硬卧(下)754元。西藏火车游7月2日的首发团还没到达拉萨,北京各旅行社的预订就已经排到了两周以后。这意味着廉价、便捷、安全的铁路运输方式,将吸引众多的进出藏旅客,加之坐飞机难以感受到的铁路沿线几十个著名风景点,将使铁路成为西藏客运市场"巨头"航空业的有力竞争对手。

面对铁路通车带来的压力,进藏航空市场开始出现竞争局面。2006年5月17日,海南航空公司成功开通西安至拉萨的航线。而国航、东航等国内航空公司也加紧对进藏航线的争夺。截至目前,国航、川航、南航、东航、海航5家航空公司成功开通至拉萨的航线,一场天地之间的争夺战拉开序幕。

由于航班增多,进藏机票从不打折的规矩已被打破。记者查询发现,成都飞拉萨的航班,可以买到9折机票(1350元),重庆飞拉萨的航班,可以买到6折机票(980元)。

(摘编自:新华每日电讯.2006年7月3日第004版.原作者:拉巴次仁,裘立华,肖林)

第 9 章　交通运输外部性与政府作用

9.1　外部性与市场失灵

9.1.1　资源的最优配置

1. 帕累托最优状态

经济学的主要任务是研究如何用有限的资源来满足人们近乎无限的需求。这里就涉及资源如何配置的问题,什么样的资源配置是最优的。要回答这样的问题,首先需要明确最优的标准。

由于最优标准涉及了价值判断,站在不同的立场和角度会有不同的答案。你认为是最优的,对其他人并不一定有利,因此,众说纷纭,很难形成一个统一的标准。对此,意大利经济学家帕累托(Vilfredo Pareto, 1848—1923)作了比较经典的回答。帕累托在用序数效用论分析生产资源的最优配置问题时,提出一个检验生产资源是否最优的标准。这个标准是把一定的生产资源配置状态作为考察的起点,如果现状的改变能使所有人的处境改进,那这种改变就是有利的,它能增进社会福利;如果它能使一部分人的处境变好,同时也没有人因此而处境变坏,则这种变化也是有利的,也能增进社会福利。这两种情况都表明,生产资源的配置还有改进的余地,它们不能被认为是最优的。

如果资源配置的任何变化已不可能在不损害任何一个人利益的情况下去改进任何一个人的处境,则这种时候资源的配置状态被认为是最优的,即社会福利达到了极大值。这种状态被称为帕累托最优(Pareto Optimality),或帕累托效率(Pareto Efficiency)。

简单地说,帕累托最优指的是没有一个人可以在不使任何他人处境变坏的条件下使自己的处境变得更好。在一定的条件下,完全竞争市场经济会显示出资源配置效率。在这样一个体系中,经济作为一个整体是有效率的。现代经济学所认为的最有经济效率的状态,一般就是指帕累托最优状态,在这种状态下,社会无法进一步改进生产或消费,以增进某

帕累托最优:指的是一种资源配置状态,即资源配置的任何变化已不可能在不损害任何一个人利益的情况下去改进任何一个人的处境。

帕累托最优状态

个人的满足程度。

理想的帕累托最优状态是很难出现的,因此我们也常常遇到价值判断的困惑。例如,如果资源的配置改变使成千上万人的处境改进了,但这种改进是以少数人的处境稍微下降一些为代价,那么,改变前后的两种状态哪一种更好一些呢?

根据帕累托最优标准,改变前的状态已经是"最优状态",不需要改变了。但人们的常识或一般的社会价值判断又认为,如果改进的代价只是某几个人处境的稍微下降,却能使大多数人受益,这种改进是值得的。问题是,稍微下降的标准是什么,谁有权利来做这样的判断?

现实社会是复杂的,很难有一个统一的标准答案,这也涉及了公平与效率的问题。

2. 公平与效率

一般认为国民收入的提高是增进社会福利的一个重要方面,在既定的资源条件下,可以通过改善资源配置来提高国民收入。另一方面,实现了经济效率并不意味着社会福利就达到了最大化,贫困问题与丰裕社会经常并存,在既定的国民收入条件下,收入分配越平等,越能增进社会福利。这实际上涉及决定社会福利的两个重要问题,即公平与效率的问题。

（1）公平

> 公平：合理、公正、平等之意,公平关注的是一个经济制度如何合理、公正、平等地分配其负担和利益。

公平（Fairness）就是合理、公正、平等之意,公平关注的是一个经济制度如何合理、公正、平等地分配其负担和利益。负担包括劳动、不好的工作条件以及不理想的生活状况等,利益包括收入、财产、满意的工作环境以及舒适的生活状况等。

> 就收入公平而言,在实际中也存在着不同的评价标准：完全公平标准、市场公平标准、机会公平标准。

公平与其说是一个经济概念,不如说是一个哲学概念。尽管经济学家试图找出一个统一的、科学的标准来衡量一个经济制度是否公平,但实际上,每个人都根据自己理解的公平标准来衡量和评价一定的经济制度和经济政策。公平有多方面的内涵,其中经济分析中非常强调收入的公平,因为它在很大程度上制约着其他公平的实现。就收入公平而言,在实际中也存在着不同的评价标准。

①完全公平标准。这种观点认为,充分的公平只有靠收入分配的完全平等才能真正实现,离开了这一点,任何形式的公平都无法落实。这实际上是一种绝对平均主义的观点,强调结果的公平。

②市场公平标准。这种观点认为,在经济活动中,不同成员提供的生产要素存在着质和量的不同,每个人付出的努力不同,复杂劳动和简单劳动的回报也应该不同。因此,按照不同成员在经济活动中所做贡献的不同给予不同收入的市场分配方式,本身就具有内在的合理性和公平性。

公平与效率

这种观点主要强调的是规则的公平。

③机会公平标准。这种观点认为收入的不平等往往是由于社会成员的竞争起点不一致,即机会不平等造成的,政府应当尽力保障每个人都有平等的竞争机会,而不是保证每个人的所得都均等。这种观点主要强调的是起点的公平。

(2)效率

经济学中对效率(Efficiency)这个名词的使用方式可以从微观与宏观两个层面来理解。微观层面主要是强调生产效率(Production Efficiency),即能以最少的资源或成本生产既定的产量或产出价值;或者使用既定的资源生产最大的产量或产出价值。宏观层面主要指帕累托效率。

效率:微观层面主要指生产效率,宏观层面主要指帕累托效率。

生产效率有两种表现,即技术效率(Technical Efficiency)和经济效率(Economic Efficiency)。生产的技术效率是一个纯粹物质的概念,它着重考察了生产的投入与产出关系,而不追究其成本产值如何,因此,如果一个生产过程没有浪费任何投入品,就可称其具有技术效率。经济效率是一个价值概念,它所考虑的是,在众多具有技术效率的生产方法中,哪一种花费的成本和费用最小。显然要考虑生产的经济效率,必须准确了解各种生产要素的费用。

生产效率:即能以最少的资源或成本生产既定的产量或产出价值;或者使用既定的资源生产最大的产量或产出价值。

(3)公平与效率的关系

通俗地说,效率代表着资源配置的理想状态,公平代表着收入分配的理想状态。公平与效率是经济学两个永恒的主题,有时二者是相互促进、可以兼顾的,有时二者又是相互冲突、必须取舍的。

完全竞争经济虽然有助于实现经济效率,但这是在一定的资源数量及收入分配的前提下进行的。在现实生活中,市场机制的调节作用在增进了经济效率的同时,也造成了收入分配不均等,导致贫富差距悬殊,带来了严重的社会和经济问题。

效率代表着资源配置的理想状态,公平代表着收入分配的理想状态。公平与效率是经济学两个永恒的主题,有时二者是相互促进、可以兼顾的,有时二者又是相互冲突、必须取舍的。

从市场经济分配机制看,社会各成员得到的收入是市场对其提供生产要素的质与量的评价及报酬,也是鼓励其继续努力提供生产要素的手段。各成员所提供的生产要素在质与量方面有所不同,如果收入没有区别,各成员就得不到有效激励,经济效率必然降低。所以,有利于效率则不利于公平,有利于公平则又不利于效率,存在着公平与效率的交替。

公平与效率之间存在的交替关系在两者变化时并不总是对称的。如果假设其他条件不变,在一定限度内,个人收入增加(收入差距扩大),可以使效率较大幅度增加,但是超过一定限度后,个人收入的继续增加(收入差距继续扩大),将使效率下降,导致各成员收入的下降,所以,在一定范围内两者才存在交替关系。实践中,公平与效率都是社会要达到的目标,政策制定者必须兼顾公平和效率,协调好两者的关系。

9.1.2 经济活动的外部性

1. 外部性

外部性:经济行为主体的活动对他人或社会造成了影响,而又未将这些影响计入市场交易的成本与价格之中。

外部性(Externality)是经济行为主体的活动对他人或社会造成了影响,而又未将这些影响计入市场交易的成本与价格之中。

经济学家常用社会效益来描述某些活动产生的高于生产成本的那部分收益,社会效益可以由消费者受益,也可以以利润的形式由生产者受益。也就是说,社会效益既包括了企业内部受益的部分,也包括了我们所谓的外部效益部分。与社会效益对应的概念是社会成本,一项经济活动的社会成本既包括经济活动的生产者本身产生的私人成本(内部成本),也包括我们所谓的外部成本。外部性分为正外部性(也称为外部效益)与负外部性(也称为外部成本)。

2. 正外部性

正外部性:经济行为主体的活动使他人或社会受益,而受益者又无须花费代价。

正外部性(Positive)也称为外部效益,是某个经济行为主体的活动使他人或社会受益,而受益者又无须花费代价。

消费活动或生产活动都有可能产生正外部性。消费者在自己的住宅周围养花种树净化环境会使他的邻居受益,但是他的邻居并不会为此向他做出任何支付。生产中的外部性更是不乏其例。果园主种植果树会使养蜂者受益,养蜂者无须向果园主付费。在果树授粉期养蜂者同样使果园主受益,果园主也无须向养蜂者付费。

3. 负外部性

负外部性:经济行为主体的活动使他人或社会受损,而行为主体却没有为此承担成本。

负外部性(Negative)也称为外部成本,是某个经济行为主体的活动使他人或社会受损,而行为主体却没有为此承担成本。

在消费领域,消费者在公众场合抽烟、扔垃圾则会影响他人健康,但他并不会因此向受害者支付任何形式的补偿费。生产领域,化工、钢铁、炼油等污染严重行业的厂家在生产过程中排放的废水、废气等污染物会给其他生产者与消费者造成损害,但是污染物的排放者却没有给受害者以应有的赔偿。凡此种种均属负外部性问题。

因此,外部性可以在生产者之间、消费者之间或生产者和消费者之间产生。由于外部性并不反映在市场价格中,因此外部性会成为经济无效率的原因。在竞争市场的分析中,帕累托效率是在经济活动不存在外部性的假定下达到的。一旦经济行为主体的经济活动产生外部性,经济运行的结果将不可能满足帕累托效率条件。外部性使竞争市场资源配置的效率受到损失,因此,外部性是导致市场失灵的一个重要原因。

9.1.3 市场失灵

市场失灵(Market Failure)是指市场机制并不是完美无缺的,它在很多场合下不能达到资源的有效配置,价格在调节经济活动的同时,也会引起副作用。市场失灵主要体现在以下几个方面:

1. 垄断问题

只有在完全竞争的条件下,"看不见的手"才能充分起作用,然而有一些现实因素使某些行业无法达到完全竞争的市场结构。在竞争条件下,由于技术的进步,市场的扩大以及企业为获得规模经济和范围经济而进行横向与纵向的合并,企业的规模越来越大,竞争的结果使市场出现了垄断。垄断一方面会给社会生产的进一步发展提供有利的条件,但另一方面,垄断也会破坏市场机制的正常作用。垄断导致了较高的价格、较低的产量和垄断者额外的利润。虽然垄断具有经济上的必然性,但就其抑制竞争与降低社会经济福利而言,它同时又具有经济上的不合理性。这种矛盾迫使人们寻求政府干预,以防止市场经济中的自发力量最终破坏市场经济这种具有较高效率的资源配置方式。

2. 外部性问题

在现实中,经常会有边际社会成本或边际社会收益与边际私人成本或边际私人收益的背离,在个别领域,这种背离程度可以很大。此时,自由市场均衡将使产生外部成本的产品产量过高,而产生外部收益的产品产量过低。这种背离是由于社会中相互影响的经济活动得不到相应的补偿而造成的。外部性问题单纯依靠市场机制是无法解决的。

3. 公共物品缺失问题

公共物品由于其具有非竞争性和非排他性的特征,自由市场没有能力提供出来,或者产量不足。然而,公共物品过于缺乏会损害经济运行的效率,甚至使整个社会经济无法正常运行。因此,向社会提供公共物品的任务只能由政府来承担,这已成为第二次世界大战后政府干预经济活动的一个极为重要的理由。比如国防、公共安全、公共卫生等这些公共物品能够使市场有效运转,但却不能由市场本身提供。

4. 市场不完全性问题

市场不完全性指的是即使消费者对有些产品或劳务愿意支付的价格要高于生产成本,私人市场仍无法提供这种产品或劳务。例如,私人保险公司一般不愿意或无能力承担风险很大的保险业务,如对银行存款的保

市场失灵:指市场机制并不是完美无缺的,它在很多场合下不能达到资源的有效配置,价格在调节经济活动的同时,也会引起副作用。

市场失灵的主要体现:垄断问题、外部性问题、公共物品缺失问题、市场不完全性问题、信息不对称问题、收入分配不公问题等。

市场失灵的概念

险。于是政府承担起了相应的义务。例如,许多国家政府为银行提供了存款保险,并成立了政策性银行开展私人银行不愿涉足的业务。

市场失灵带来的问题

市场不完全的另一表现为互补性市场(Complementary Markets)。例如,假定在某个城市里,许多人爱喝加糖的咖啡,并且糖和咖啡除了放在一起外别无他用,那么在咖啡厂建立起来以前,没有人愿意投资糖厂;而没有糖厂又没有人愿意投资咖啡厂。如果私人之间协调的成本很高的话,在自由市场均衡下,该城市的人们就享受不到加糖的咖啡了。类似的情况常出现在发展中地区或新开发地区,基础设施(如电、水、煤气等)部门与制造业部门之间就存在着这样的互补关系,要使这些地区发展起来,常常需要政府的规划和协调。

5. 信息不对称问题

在现实生活中,信息常常是不完全或不对称的。信息就像其他经济物品一样,也是一种稀缺的、有价值的资源,要想获得足够的信息就必须支付足够的费用。由于搜寻信息的成本有时候会十分高昂,迫使消费者在信息不充分的情况下做出决策,从而导致决策失误与市场配置效率的下降。信息在许多方面具有公共物品的特征,因而在自由市场经济中总是供给不足的。

为了避免这种现象的发生,政府经常要承担起向消费者免费提供信息的职能,一个最典型的例子就是各地的气象预报都是由政府部门提供的。政府还经常通过提供信息来保护消费者权益或代替消费者进行部分决策,例如许多国家的食品、化妆品、药品等都需经过政府有关部门的抽查或检验,并定期公布相关信息。

6. 收入分配不公问题

完全竞争市场机制无法兼顾效率与公平的问题。消费者的市场力量在相当程度上取决于各自的收入,收入的不平等很难保证市场竞争的平等。即使在完全竞争的市场中,富人和穷人也无法进行同等的竞争。在收入分配不公的条件下,根据消费者需要来进行资源配置就不可能达到帕累托最优,政府需要承担起促进收入平等化的作用。

政府的经济职能:在市场失灵的情况下,政府对经济进行的干预作用,包括资源配置职能、收入分配职能和经济调节职能。

9.2 政府的经济职能与政策作用

9.2.1 政府的经济职能

在现实社会中,理想的市场是不存在的,市场失灵的情况会不可避免地出现。在这种情况下,需要政府适时适度地对经济进行干预,担负起政府的经济职能(Economic Function)。政府对于市场经济的职能作用体现在三个方面:资源配置职能、收入分配职能和经济调节职能。

1. 资源配置职能

资源配置应该是市场起决定作用,这一点是毋庸置疑的。但是在市场失灵的几个领域,需要发挥政府的资源配置作用,特别注意的是,政府的资源配置作用主要在以下几个领域起作用:

(1)提供公共物品和服务

由于公共物品的非竞争性和非排他性,如果由市场来提供公共物品,虽然并不意味着公共物品的提供量必然为零,但是其数量肯定低于市场需要的效率水平。因此,提供公共物品是政府改进资源配置效率的一项重要职能。由政府免费向消费者提供公共物品和服务称为公共提供(Public Provision)。与私人物品一样,为了有效地配置资源,政府需要确定社会中有多少资源用于生产公共物品,以及不同类型的公共物品的数量,如多少用于国防,多少用于教育等。随着人民生活水平的提高,对公共物品或准公共物品的需求层次也是不同的,政府提供的公共物品或准公共物品的数量和质量都应该能跟得上社会需求的变化。

> **政府资源配置的作用**:提供公共物品和服务、校正外部性、限制垄断、克服信息失灵等。

(2)校正外部性

外部性导致效率损失,政府可以通过征税的方式来使得其边际私人成本加上税收正好等于边际社会成本,使资源的配置达到效率水平。运用税收手段加强环境的保护被各国普遍采用。此外,政府还可以通过管制的方式来校正外部性,如对环境污染,可以严格规定企业的污染物排放标准,或者设定一定时期的污染物排放总量,以改进资源的配置效率。对于具有正外部效应的活动,政府应该提供补贴,以使得其边际私人收益加上补贴正好等于边际社会收益。

当然,外部性问题并非总是需要通过政府来解决。美国经济学家科斯(Ronald Coase)曾提出过著名的科斯定理:如果私人各方可以无成本地就资源配置进行协商,那么私人市场就能解决外部性问题,并有效地配置资源。科斯定理的前提假设是交易成本为零。所谓交易成本(Transaction Cost)指的是各方在达成协议和遵守协议过程中所发生的成本。当交易成本为零,政府仅仅通过确立资源使用的权利,就可以使外部成本内部化。但实际上大部分情况都是存在交易成本的。

(3)限制垄断

对一般性垄断,政府可以通过反垄断立法来加强市场竞争进而提高资源的配置效率。但是,对于自然垄断,由于垄断规模带来的平均成本是

政府的经济职能

下降的,反垄断可能不是最好的方法。政府可以采用公共定价的方式来改进资源的配置效率。公共定价是公共管制的一种形式。政府可以根据垄断企业的边际成本或平均成本规定其产品的价格,垄断企业只能按这一价格出售产品,超过这一价格就被视为非法。如果这一规定能够得到切实的执行,可以有效消除垄断所造成的效率损失。但是对于政府来说,能否准确地了解到垄断企业的成本等信息是公共定价的关键。

(4) 克服信息失灵

虽然市场竞争本身在一定程度上具有克服信息失灵效率损失的能力,但是单纯依靠市场竞争来消除信息不对称所产生的所有问题显然是不现实的。解决生产者与消费者之间的信息不对称问题不能通过税收方式,而只能通过公共管制的办法来解决。政府可以采用资格规制、信息规制以及质量规制等措施,最大限度地解决生产者和消费者之间的信息不对称问题。

2. 收入分配职能

公平是政府干预经济的另一个重要考虑因素,由于存在收入分配的市场失灵,对收入进行调节是政府的一项重要职能。政府对收入进行再分配的方式主要为:

(1) 税收调节

税收的主要目的是为政府部门筹集资金,没有税收,政府就不可能免费地为公众提供产品和服务。但如何征税却会对收入分配产生影响,税收也是政府调节收入分配的一个重要手段。公平是政府课税的一个重要原则,税收公平要求不但要使同等收入的人纳相同的税,而且要使高收入者多纳税,这样可以使得社会成员之间税后的收入差距缩小。税收具有累进性,其含义是缴纳的税款与收入的比例应根据收入水平来定,收入越多,这一比例就越大。

(2) 社会保障

政府调节收入分配的另一个重要手段就是社会保障(Social Security),其对调节收入分配、促进经济社会的稳定运行具有重要作用。社会保障包括社会保险(Social Insurance)和社会福利(Social Welfare)两大类型。社会保险资金通常来自于专项基金,由于个人在缴费数额和收益大小之间不是完全对等的,通常高收入者缴费相对较多,而受益少,低收入者缴费相对较少,而受益多,因此,社会保险具有收入再分配功能;社会福利是政府对低收入者的无偿援助,其资金通常来自一般税收,税收累进性越强,保障水平越高,对缩小贫富差距的影响就越大,相对于社会保险,社会福利对收入再分配的作用更强。

> **政府收入分配的手段**:主要包括税收调节、社会保障等。其中社会保障包括社会保险和社会福利两大类。

3. 经济调节职能

自宏观经济学产生以来,各国政府都非常重视运用宏观政策工具对经济进行调节。政府的经济调节工具通常包括以下四个方面:

(1) 财政政策

财政政策(Fiscal Policy)指一个国家的政府为达到既定目标,对财政收入、财政支出和公债等做出的决策。财政政策工具主要包括三类:一是财政支出政策工具,如购买性支出和转移性支出;二是财政收入政策工具,主要指税收政策;三是赤字和债务政策,按照财政收支关系及财政赤字的变化,又可以分为扩张性的财政政策、紧缩性的财政政策和中性的财政政策。

(2) 货币政策

货币政策(Monetary Policy)指一个国家根据既定目标,通过中央银行运用其政策工具,调节货币供给量和利率,以影响宏观经济活动水平。货币政策工具一般包括公开市场业务、再贴现率和法定存款准备金率,这也被称为中央银行三大法宝。其他货币政策还有道义劝告、信用放款,存贷款基准利率等。货币政策也可以分为扩张性、紧缩性和中性的三种。

(3) 汇率政策

汇率政策(Exchange Policy)指运用本国货币对外国货币汇率的变化,来调节本国的国际收支,从而实现经济的稳步增长。如在贸易逆差过大时,促使本国货币贬值,提高本国商品的出口竞争力,从而改变国际收支状况。在外汇储备增长过快时,促使本国货币升值,调节国际收支。

(4) 政府投资

政府投资实际上是财政政策中的重要工具,是指政府使用财政资金进行固定资产投资建设的活动,是全社会固定资产投资的重要组成部分。政府投资作为一项重大政府职能,主要用于关系国家安全和市场不能有效配置资源的经济和社会领域,包括提供社会所需的公共物品和公共服务、建设公共基础设施、促进社会公益性项目的良性发展等。政府投资包括政府直接投资和引导投资。直接投资是指某一项目的建设投资全部由政府财政资金承担,政府是项目的实施主体;引导投资是指政府通过财政、税收、信贷等经济杠杆引导社会资本投向某一项目,类似于PPP合作模式,政府和社会资本是项目的共同实施主体。

政府对运输的投资,尤其是对交通运输基础设施的投资,是运输业发展的重要保证。一些交通运输基础设施具有公共物品或准公共物品的特性,从市场失灵的角度看需要政府投资提供;另外,交通运输基础设施一般投资规模大、回收期长,单靠社会资本难以完成;一些交通运输基础设施具有一定的垄断性,企业凭借垄断地位可能获取超额垄断利润,政府出

政府经济调节的工具:财政政策、货币政策、汇率政策、政府投资。

财政政策:政府为达到既定目标,对财政收入、财政支出和公债等做出的决策。

货币政策:政府为达到既定目标,通过中央银行运用其政策工具,调节货币供给量和利率,以影响宏观经济活动水平。

汇率政策:政府运用本国货币对外国货币汇率的变化,来调节本国的国际收支,从而实现经济的稳步增长。

政府投资:政府使用财政资金进行固定资产投资建设的活动,是全社会固定资产投资的重要组成部分。

于抑制垄断产生的效率损失以及增强企业社会责任的考虑,除了进行公共管制外,由政府进行投资建设和管理也是一个有效途径。

此外,为了保持经济的平稳增长,国家可用的经济调节政策还有收入政策、就业政策、产业政策等,如通过某种行政措施强制性或非强制性地限制工资和价格,包括规定最低工资、最低生活保障、价格管制等。还可以通过设立企业进出门槛,促进产业的优化升级,提高本国产业的国际竞争力。

9.2.2 税收与补贴政策

1. 税收政策

(1) 税收影响

税(Tax)指政府依照法律规定,对个人或组织无偿征收的实物或货币的总称。税收是国家对社会产品和国民收入所进行的一种强制性的分配,是国家财政政策的最主要工具。在国家的税收政策中,税种、税目、税率和纳税人是政策控制的主要变量。政府也是通过这些变量的调整来达到不同时期国家财政政策的目的。

> **税**:政府依照法律规定,对个人或组织无偿征收的实物或货币的总称。

政府税收对经济的影响可以分为收入效应和替代效应。收入效应是指由于增加税收而使纳税人的收入发生变化的效应,替代效应是指由于增税影响了商品或服务的相对价格,使纳税人选择另一种商品或服务进行替代消费时所产生的效应。

> **税收收入效应**:由于增加税收而使纳税人的收入发生变化的效应。

(2) 运输税收政策

对于运输业而言,政府税收政策调节可以是直接的也可以是间接的,调节的税种可以是普通的税种也可以是特别税种。目前各国专门针对交通运输企业、运输工具的税收有车船税、船舶吨税、车辆牌照税、汽油税、增值税等。这些税种的征收不同程度地产生了收入效应和替代效应。例如,船舶吨税和车辆牌照税的征集和税率的提高将会直接影响这些运输业者的收益,而汽油税税率的提高又可能导致消费者由消耗汽油较多的私人小汽车的消费向公共交通消费转变;国家防止污染和有关环保税种的征收有可能抑制公路运输的发展,从而转向发展铁路运输。

> **税收替代效应**:由于增税影响了商品或劳务的相对价格,使纳税人选择另一种商品或服务进行替代消费所产生的效应。

然而,各国政府的运输税收政策对运输业发展影响最为直接的则是一些税收的减免。由于国家的税收政策一般是由税法来保证和实施的,而税法是根据本国经济发展的一般情况来确定的,无法区别对待某些特殊情况,也不能及时反映经济发展中对个别经济活动的调节的要求,因此,各国政府往往用税收的减免来达到一定时期的经济目标。

(3) 税收归宿问题

政府可以通过税收增加或减少不同路线上各种运输服务的成本,也可以影响运输投入的要素成本。那么,谁最终支付了政府所征收的税,政府向运输企业征税,难道真是运输企业负担了全部税负吗?这里涉及税收归宿的问题。

税收归宿(Tax Incidence)是指税收负担的最终承担者。这个概念体现了税负被最终负担的方式,及其对价格、数量以及生产和消费构成的影响。

税收归宿:指税收负担的最终承担者。这个概念体现了税负被最终负担的方式,及其对价格、数量以及生产和消费构成的影响。

以汽油税为例,假设此前每升汽油的价格为1元,每年的汽油总消费量为 Q_A 亿升,初始均衡点为 E,即供给曲线 S 与需求曲线 D 的交点,如图9-1所示。

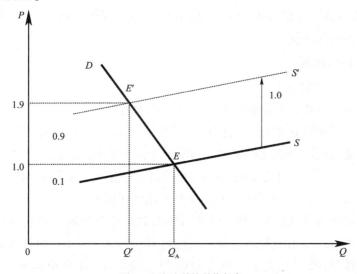

图9-1 汽油税的税收归宿

政府决定对每升汽油向石油企业征收1元的汽油税。在需求曲线 D 保持不变的前提下,供给曲线向上移动了1元变为 S',其原因就在于:只有当生产者得到与以前相等的净价格,他们才会愿意出售某个数量的汽油产品。也就是说,在每一供应量上,市场价格上升的幅度必须正好等于税额。那么,新的均衡价格是多少?答案就是新的供给曲线 S' 与需求曲线 D 的交点 E'。

由于供给曲线的移动,价格上升了,但购买量与销售量却下降了,新的均衡数量为 Q'。新的均衡价格大约从1元上升到了1.9元(扣除1元的税额之后,生产者得到了在 Q' 数量下与以前相同的价格,即每升0.9元)。

谁最终支付了税款呢?显然在新的均衡价格每升1.9元下,消费者比税收前多支付了0.9元/L(以前为1.0元/L),石油企业比以前少收入了0.1元/L(石油公司现在得到0.9元/L的收入)。可以看到,对石油公司征收的1.0元/L的税负,消费者承担了90%,石油公司只承担了10%。

这个例子体现了税收转嫁的一般原理:税收归宿取决于供求均衡时

税收对价格和数量的影响。更一般地说,税收归宿取决于供给和需求的相对弹性。如果需求相对于供给缺乏弹性,则税收主要转嫁给消费者;而如果供给相对于需求缺乏弹性,则税收主要转嫁给生产者。

另一个重要的问题是,政府向生产者征税,或者向消费者征税,两者有区别吗?答案是如果不考虑交易成本的话,两者几乎没有任何区别。谁是纳税方并不影响税收的归宿。如果是向消费者征税,图 9-1 中的供给曲线保持不变,需求曲线向左移动 1.0 元,分析的思路是一样的,最终的结果仍然是消费者承担税赋的 90%,石油公司承担税赋的 10%。当然,征税行为本身的成本会有差别,另外,对消费者作为纳税人的意识的潜在影响可能不同。

2. 补贴政策

(1)补贴的原因

由于一些重要的交通运输企业具有较大的外部效益,即正外部性,政府需要用提供补贴的形式发挥作用。补贴(Subsidy)是政府为了维护具有社会公益性的企业能够正常经营所给予的货币补助或税收优惠。

政府之所以给予运输业以不同程度的补贴是基于运输业项目往往投资额巨大,具有较大的风险,国家补贴可以使风险减少,从而保证运输业能够健康地发展,鼓励和刺激企业与私人对运输业投资。政府对运输业的补贴也可以是出于对运输业发展的特殊目的而设定的,如对运输船队现代化补贴,或者是为了发展某项新的运输方式(如管道运输、多式联运)而给予的补贴。有些国家为了保证边远地区的居民享有最基本的交通出行权利,要求企业在这些航线或道路上经营。由于运输条件恶劣(如气象条件和路况条件)或者需求偏少,企业不能盈利,这种情况下政府也会给予补贴。总之,由于运输或某种运输方式对一国国民经济和社会发展的贡献,多数国家的政府都会对运输企业给予这样或那样形式的补贴。

(2)补贴的对象

交通运输补贴对象有两种:一是为运输使用者(即消费者)提供补贴,使他们转向更合乎社会需要的运输服务;二是为运输提供者(运输企业)提供补贴。一般多采用后一种方式,因为更容易操作,实现的成本也低。这个理由一直被广泛地用来为向铁路和城市公交部门提供大量补贴作辩护。在完全竞争的市场中并不需要采取这种政策,但如果边际社会成本定价并不普遍,补贴便可以为解决外部性问题提供可行的次佳方法。

(3)补贴的形式

尽管政府对运输的补贴形式多种多样,但归纳起来补贴可以分为直接补贴和间接补贴。通常直接补贴是指政府(中央政府和地方政府)对运输

补贴:政府为了维护具有社会公益性的企业能够正常经营所给予的货币补助或税收优惠。

企业的货币补助,而间接补贴是指政府对运输企业的税费减免。直接补贴包括营运补贴、购买运输工具的补贴、现代化补贴和折旧补贴;间接补贴包括投资补贴、投资保证、建造储备金、关税免除以及运输研究补贴等。

我国运输补贴分为中央财政补贴和地方财政补贴两级,补贴方式主要是差额式补贴。中央财政补贴主要用于铁路和管道,即由中央财政拨款弥补运输企业运营亏损。地方财政补贴主要用于城市公共交通,对城市公共交通运输企业包括地铁、公共汽车等公司进行补贴。

(4) 补贴的问题

补贴政策的最大困难是,如何合理地确定补贴的额度,同时利用补贴政策调动被补贴企业提高生产效率和服务质量的积极性。这里存在着信息不对称问题和委托代理问题。

信息不对称指的是在相互对应的经济个体之间的信息呈不均匀、不对称的分布状态,也就是说一方比另一方对于某些信息掌握得更多一些。政府对企业有关经营信息(比如成本和收益等)的了解不可能是完全的、详细的。在信息不对称的基础上,如何确定合理的补贴额度是一件困难的事。

委托代理问题是指由于信息不对称,处于信息劣势的委托人难以观察、知晓代理人的全部、真实的行为,代理人为了追求自己的利益而实施违背委托人利益的行为。在公共交通运输领域,政府作为委托人,运输企业作为代理人完成某些具有正外部性和社会公益性的运输服务。如何确保运输企业高质量、高效率地提供具有社会公益性的服务,也是一项具有挑战性的工作。

9.2.3 政府管制

1. 管制的必要性

政府管制(Governmental Regulation)有时又翻译为政府规制,一般指的是政府依照一定的规则对企业的活动进行限制的行为,主要以自然垄断和信息不对称部门为对象,以防止无效率资源配置的发生和确保需要者的公平利用为目的,通过被认可和许可的各种手段,对企业的进入、退出、价格、服务的质和量,以及投资、财务、会计等方面的活动进行的管制。

政府管制的基本内容是制定政府条例和市场激励机制,以干预经济主体的价格、销售或生产等决策。对于交通运输来说,市场的不完善之处会给运输服务的使用者带来不利的影响,或者是价格过高,或者是提供的服务有危险,或者这些服务会危害第三者。而政府管制是为了克服市场失灵造成的问题,保护社会公众利益。在交通运输领域需要进行政府管制的原因主要包括:

> **直接补贴**:政府对运输企业的货币补助。
>
> **间接补贴**:政府对运输企业的税费减免。
>
> **政府管制**:政府依照一定的规则对企业的活动进行限制的行为,主要通过被认可和许可的各种手段,对企业的进入、退出、价格、服务的质和量,以及投资、财务、会计等方面的活动进行的管制。

(1)交通运输服务与消费的同时性

交通运输的服务过程与消费过程是同时进行,合二为一的。当旅客发现运输服务质量较差时,他往往已经身处运输过程之中了。货主发现运输质量有问题时,更是在运输过程完成之后。这使得旅客和货主不能像普通商品的消费者一样,把质量不合格的商品拿回去退换,他只能消费自己事先选择了的运输过程。交通运输的这种特性使得政府对运输的管制应该更加全面和严格,比如事先对运输业者准入门槛的审查,事中对提供运输服务的监督和检查,为了在发生意外事故时尽可能补偿旅客或货主的经济损失,运输市场还普遍实行了运输保险的制度,有些甚至采取强制性保险的方式。

(2)交通运输容易产生外部性

市场机制的缺陷,可能导致交通运输活动产生不直接包括在私营部门决策之内的成本,其中污染和拥挤是人们关心的事情。市场机制不能很好地解决个人利益与社会利益对立所引起的一些社会问题,这些问题有赖于通过政府的控制和干预得到解决。因此外部性的存在是政府进行管制的必要条件。

(3)交通运输是社会经济活动的基础

交通运输是任何社会经济活动赖以存在的基础,无论是人们的生产活动,还是社会活动及文化交往,莫不如此。由于地球自然资源分布的非均衡性,任何一地都不可能提供当地居民所需要的全部物品,因此需要交通运输来使不同地区之间互通有无。现代社会的高度物质文明依赖于专业化分工,而大工业既需要从各地获得多样化的原材料,也需要为产品开拓远方市场,实现规模经济。交通是增加社会交流与理解的基础,并有助于解决由于地域不同而产生的问题。作为基础性的行业,交通运输市场价格及供需数量的异常波动会传递到整个经济系统,因此,各国政府都会对交通运输采取高于一般商品生产的监管政策。

2. 管制内容

交通运输管制内容:主要包括进入和退出管制、运价管制、服务水平管制、标准与规章制度等。

交通运输管制是政府对运输业实施的特殊管理形式。交通运输管制的政策工具有时被划分为两类,一类旨在进行经济管理,另一类旨在进行社会管理。前者控制运输市场的供给数量、谁供应运输服务以及消费者支付的价格。后者控制运输服务的质量,例如车辆的设计、最大排放水平、人员培训等。实际上这两套工具之间存在不可避免的重复。例如,限制市场进入,可以抑制运输对环境产生的许多有害影响,而严格的质量控制可以起抑制竞争的作用。

(1)进入和退出管制

政府可以给驾驶员、运输工具或运输单位签发执照,以此来管理交通运输设施的质量和数量。驾驶执照制度也影响对私人运输工具的要求。进入和退出管制的内容涵盖了运输企业从设立到退出行业的全过程。

(2) 运价管制

运价管制是交通运输管制的一项重要内容。运输价格政策是指政府对运输业价格制定的引导、限制和规范等方面的政策。制定价格政策的原因较多,但归纳起来主要是为了促进运输业稳步发展和维护运输消费者的合法权益。运输价格管制包括两方面的内容:一是为了保证运输供给需要的投资而实行的投资回报率管制;二是为了运输市场公平竞争及保护运输服务消费者利益而实行的运输价格上下限管制。在市场经济较为发达的国家,政府一般不采用直接的方法来控制运输价格,而是通过支持公平竞争、防止垄断等法规对运输价格进行规范和调节。但对于一些特殊的运输部门如班轮运输、旅客运输和城市公共交通等,政府又往往使用一些直接的方式控制运输价格。

在货运领域,运价的管制分为运价水平和运价结构两部分。其中货运运价水平管制是对整个行业运价总水平提高百分比的控制。这种运价总水平的提高要以行业中代表性企业运营成本的上升作为依据,因此,事前需要核实大量的成本数据资料。虽然控制运价总水平提高是运价管制的主要内容之一,但其实并不是十分重要,重要的是运价结构。

(3) 服务水平管制

交通运输的需求和供给是同时发生的,交通运输服务的过程就是需求满足和提供供给的过程。因此,服务水平的保证对消费者来说是非常重要的。政府对服务水平管制的内容涵盖运输业经营的技术和服务标准,包括对运输设备的提供,以及班次、时刻表、票据、运营线的规定,另外,也涉及安全、运输工具、运输业从业技术人员的考核以及运输合同条款方面的规定等。

(4) 标准与规章制度

通过相关的标准与规章制度对交通运输进行管制,也是政府常用的一种手段。以控制公路运输外部性的政策为例,可以采用制定排放标准、强制性推行低污染汽车或强制报废旧汽车等直接或间接的手段。公路上执行的速度限制主要旨在降低事故风险,并有节约燃料的补充效果。许多国家强迫驾车者系上安全带也是为了降低事故的后果。定期检测车辆和给卡车和飞机等载运工具发放许可证,都是为了保证达到最低的安全和环境标准。最终目的是减少运输的环境成本。

政府管制

9.2.4 政府作用的局限性

市场经济会出现市场失灵的情况,"看不见的手"有时会引导经济走上错误的道路。为了克服"看不见的手"的缺陷,政府的作用有时是非常重要的。然而,由于现实经济社会极其复杂,用来弥补市场经济缺陷的政府职能本身并不是完美无缺的。政府作用存在很大的局限性,也会带来一系列的弊端。

1. 政府作用受到制约

> 政府作用的制约因素:有限信息制约、有限控制制约、时滞限制制约、有限决策制约。

虽然有那么多市场失灵的情况需要政府的干预,但在许多情况下,政府这只"看得见的手"也受到很多因素的制约。

(1) 有限信息制约

市场信息的不足是造成市场失灵的一个因素,政府往往要承担提供信息的职能,或者代替某些市场交易者进行决策。但由于现实生活是相当复杂而难以预计的,政府也很难做到掌握充分信息,政府与市场也存在严重的信息不对称,政府很难了解每个人对公共物品的真实需求。尽管政府有统计制度的保障和统计部门的工作,政府获得的信息也有可能是滞后的、不完整的,甚至可能是错误的。政府"犯错"的情况并不少见,一再修改自己的决策甚至否定过去的做法也是常事。

(2) 有限控制制约

这是指政府对私人市场的控制有限。政府采取某些公共政策后,对私人市场可能的反应和对策往往无能为力。例如,政府采取医疗保险或公费医疗政策,却无法控制医疗费用的急速上升。为了吸引外资或鼓励投资,对外来资本或国内某些地区实行税收优惠政策,却有许多不应享受优惠的投资者也钻了空子。为了使收入均等化,对高收入者征收高额累进税,却把一些人力资本和资产赶到了税率低的国家。

> 认识时滞:从问题产生到被纳入政府考虑日程的时间。

> 决策时滞:从政府已认识到某一问题到政府最后得出解决方案的时间。

> 执行与生效时滞:从政府公布某项决策并付诸实施到引起私人市场反应的时间。

(3) 时滞限制制约

政府的公共政策从决策到执行都受到时滞的限制,如从问题产生到被纳入政府考虑日程的这一段时间称为认识时滞(Recognition Lag),从政府已认识到某一问题到政府最后得出解决方案的这一段时间称为决策时滞(Decision Lag),从政府公布某项决策并付诸实施到引起私人市场反应的时间称为执行与生效时滞(Execution & Effecting Lag)。任何公共政策都难逃这些时滞。有时候,当针对某个问题的政策真正起作用的时候,该问题可能已经不是什么重要的问题了。

(4) 有限决策制约

即使政府拥有充分的信息,通过政治过程在不同的方案之间作选择仍会产生困难。政府的决策会影响到很多人,但真正做出决策的只是少数人,不管这少数人是选举产生的还是其他方式指定的,他们在决策时会不自觉地倾向于自己所代表的阶层或集团的偏好和利益。即使通过选举产生的决策人也往往服务于特定的利益集团,而一旦既得利益集团形成后,这种格局就很难打破。

政府作用的局限性

2. 容易导致寻租行为

(1) 租的概念

租(Rent)或者称为经济租(Economic Rent),是指某种生产要素的所有者获得的超过这种要素的机会成本的收入。在社会经济处于总体均衡状态时,每种生产要素在各个产业部门中的使用和配置都达到了要素收入和其机会成本相等。如果某个产业中要素收入高于其他产业的要素收入,这个产业中就存在着该要素的经济租。在自由竞争的条件下,租的存在必然吸引该要素由其他产业流入有租存在的产业,增加该产业的供给,降低要素价格。要素的自由流动最终使要素在该产业中的收入和在其他产业中的收入一致,从而达到均衡。

经济租:指某种生产要素的所有者获得的超过这种要素的机会成本的收入。

(2) 寻租行为

寻租(Rent-seeking)从字面上理解,就是获取租金的活动,但这种活动是特指的活动,即通过非生产性手段追求经济利益的活动,利用行政权力获取特殊利益的行为。这类寻租行为往往采用阻碍生产要素在不同产业之间自由流动、自由竞争的办法来维护或攫取既得利益。例如,当一个企业开拓了一个市场后,它可能寻求政府的干预来阻止其他企业加入竞争,以维护其独家垄断的地位。这时,他的行为已不能再增进社会福利了,反而阻止了社会从市场竞争中获益。

寻租行为:即通过非生产性手段追求经济利益的活动,利用行政权力获取特殊利益的行为。

在政府这只"看得见的手"调节和管理市场经济的过程中,会产生围绕政府活动的寻租行为。个人或利益集团为了牟取自身经济利益而对政府决策或政府官员施加影响,是现代社会常见的非生产性的有损社会福利的行为。

寻租赖以存在的前提,是政府权力对市场交易活动的介入。寻租活动总是与政府对市场的过度干预相关。寻租活动涉及两方面的行为主体:一是寻求政府特别优惠的市场经济主体,二是掌握分配资源权力的政府官员。他们的共同作用使得社会资源向有钱人和有权人聚集,他们一起分享了经济租。

寻租活动涉及两方面的行为主体:一是寻求政府特别优惠的市场经济主体,二是掌握分配资源权力的政府官员。

(3) 寻租行为的负面作用

尽管寻租特指非生产性追求经济利益的活动,但寻租行为并非都是非法的,也有合法的寻租行为。比如航空公司为了获得对特定航线的垄断权而游说政府出台政策,农场主为阻止外国农产品进口而游说立法机构制定限制外国农产品输入的法律等,都可以成为合法的寻租行为。即便如此,寻租行为对经济发展仍然具有明显的负面作用。

①降低生产效率,扭曲资源配置。寻租活动与市场机制在运行方向上是完全相反的。市场机制要求明晰产权关系,而寻租活动则不断地试图通过各种非生产方式来改变产权的分配,从而造成产权关系的混乱。在一个充满寻租活动的社会中,企业经营成功不是依靠他们在市场中的竞争力,而是得益于接近国家的特权渠道,企业往往没有强烈的动力去完善管理、改进技术、提高生产效率,经济资源的配置也会扭曲。

②社会资源浪费。资源浪费主要表现在三个方面:一是寻租收益的获得者无效使用资源造成的损失;二是游说及争取政府庇护所花费的成本,包括贿赂官员的花费;三是政府在庇护寻租者并维持其非生产性获利时所支出的任何费用。寻租行为使本来可以用于生产性行为的资源浪费在对社会无益的行为上。

③社会福利减少及财富分配不公。寻租活动是一种非生产性活动,并不增加任何新产品或新财富,只不过通过改变生产要素的产权关系,把更大一部分的国民收入装进寻租者的私人腰包。如果把寻租和反寻租所耗费的社会资源投入到社会财富的创造中去,就能产生更多的社会财富。在寻租社会中,生产者未必多劳多得,而没有从事生产活动的寻租者却获得巨额利润,造成社会财富分配的严重不公。

④损害政府运行的效率和公正性。寻租行为扭曲国家公共政策的制定和实施,以损害公共利益为代价,满足特定的人和利益集团的需求。经济租金越高,寻租激励就越大,寻租成本就越高,腐败现象就越严重。政府对市场进行管制,大大增加了官员对企业进行干预的权力,这种权力的设置称为"设租行为",由设租到寻租,会产生贪污腐化、因果联系的恶性循环。这些行为还会导致其他层次的寻租行为或"避租行为"。

因此,经济学家把寻租行为称为人类社会的"负和游戏",即一场就社会整体而言损失大于得利的竞赛。

寻租行为的负面作用:降低生产效率和扭曲资源配置、社会资源浪费、社会福利减少及财富分配不公、损害政府运行的效率和公正性。

3. 政府行为与公众利益存在差异

与企业相比,政府的目标更加多元化。政府管制作为一种公共管理行为,兼有管理、政治、法律三种属性,管理属性追求效率、效能和收益最大化,政治属性强调政府对公众的代表性、责任性和回应性,法律属性强调依法行政和对公民权利的平等保护。属性的多元化导致了目标的复杂化和行为的综合化。另外,现实中的政府是由具体的人和机构组成的,他们的利益和行为目标并不必然和社会公共利益相一致。

当政府行为目标与社会公共利益目标之间存在着差异时,会发生政府机构谋求内部私利而非公利的"内在效应"现象。在管理者的责任大量增加而收益却没有相应增加的条件下,成本、收益的严重不对称可能使得官员做出没有效率的决策。同时,政府行为以相关法律、法令及规章为基础实施。一般来说,相关的法律只提供了管理的原则,大量具体而详细的规则有待进一步地完善和规定,所以政府管理者拥有一定程度的自由裁量权。因此,寻租活动成为可能,有关利益集团便会通过合法或非法的途径"购买政府",对政府政策施加影响,使之对自己有利。如何对政府的政策和行为进行有效的监督是一件困难的事。

9.3 垄断与不正当竞争

9.3.1 垄断地位

1. 垄断的含义

垄断(Monopoly)的一般含义是指排他性控制或独占。在经济行为意义上,垄断的含义就是单一的经济活动主体(个人、组织或集团等)排他性地控制了某种经济资源、产品、技术或市场。简单地说,如果一个产品市场上只有一个买家或一个卖家,就形成了完全垄断;如果一个产品市场上只有少数几个买家或少数几个卖家,就形成了寡头垄断。说到垄断,一般都指的是完全垄断或寡头垄断。

垄断:指排他性控制或独占。一般指单一的经济活动主体排他性地控制了某种经济资源、产品、技术或市场。

产品或服务市场上只有一个或少数几个卖家(供给方)面对众多竞争性的消费者,称为卖方垄断;如果产品或服务市场上只有一个或少数几个买家(需求方)面对众多竞争性的供给者,称为买方垄断。卖方垄断中的卖家指的是供给方,即提供产品或服务的厂商(经营者),买方垄断中的买家指的是需求方,这里的需求方一般并不是传统意义上的大众消费者,实际上也是厂商(经营者),是购买产品或服务的厂商。

从不同的角度观察,有时候同一个垄断者既是卖方垄断者,又是买方垄断者。比如早期美国 AT&T 公司(美国电话电报公司)垄断了全美国的电话电报市场,是卖方垄断者,众多美国消费者只能使用 AT&T 公司提供的电话电报服务;另一方面,AT&T 公司需要铺设全国电话电报网络系统,对于众多的能够提供网络系统设备、设施制造和施工的厂商来说,AT&T 公司是一个买方垄断者。

判断是否存在垄断,和产品或服务的市场范围界定有密切关系。首先需要界定市场范围,即确定在一定时期内包括哪些种类的产品或服务,同时这些产品或服务局限在哪个地域范围,然后再确定在这样的市场范围内,是否只有一个或少数几个卖家或买家。

2. 垄断地位

> 垄断地位:是指经营者(厂商)在相关市场内具有能够控制商品价格、数量或者其他交易条件,或者能够阻碍、影响其他经营者进入相关市场能力的市场地位。

完全垄断和寡头垄断市场中的垄断者具有垄断地位。垄断地位也称为市场支配地位,是指经营者(厂商)在相关市场内具有能够控制商品价格、数量或者其他交易条件,或者能够阻碍、影响其他经营者进入相关市场能力的市场地位。经营者是否具有市场支配地位,一般可以从以下几个方面判断:

(1)该经营者在相关市场的市场份额,以及相关市场的竞争状况。
(2)该经营者控制销售市场或者原材料采购市场的能力。
(3)该经营者的财力和技术条件。
(4)其他经营者对该经营者在交易上的依赖程度。
(5)其他经营者进入相关市场的难易程度。

如果一个经营者在相关市场的市场份额达到二分之一,或者两个经营者在相关市场的市场份额合计达到三分之二,或者三个经营者在相关市场的市场份额合计达到四分之三,一般都可以推定这些经营者具有市场支配地位。

在第8章我们已经分析过市场垄断形成的原因主要有五种:赢家通吃的规模经济垄断、知识产权保护形成的垄断、资源或生产要素特性带来的垄断、成本特性形成的自然垄断、政府特许经营或管制形成的垄断。实际上,一果常常多因,垄断形成的原因可能不是单一而是混合型的。以美国 AT&T 公司为例,早期是由于技术创新(发明电话)知识产权保护形成的垄断,之后是成本特性(铺设了全国电话网络)形成的自然垄断,在自然垄断之后面临潜在竞争者,又通过政府特许经营(唯一的电话经营牌照)维持垄断。当然,后来美国通过了反托拉斯法(即反垄断法),也解决了 AT&T 公司的垄断问题。

市场中的经济活动主体,在主观上无一不追求更多的利润,占有更多的市场份额,这是正常的市场竞争活动,这种追求和竞争的结果,就有可能导致垄断,垄断经营者就在市场中具有了垄断地位。但是垄断地位并不等同于垄断行为。经营者具有垄断地位,并不一定天然具有垄断行为。具有垄断地位经营者的出现作为一种经济现象,一定程度上是竞争发展的必然结果,但垄断行为是市场经济所不能容忍和要反对的,所以大部分国家都会有针对垄断行为的《反垄断法》。

9.3.2 垄断行为

垄断行为是指排除、限制竞争以及可能排除、限制竞争的行为。垄断行为是各国《反垄断法》的规制对象。《中华人民共和国反垄断法》规定了需要禁止的三种经济垄断行为(垄断协议,滥用市场支配地位,具有或者可能具有排除、限制竞争效果的经营者集中),以及行政垄断行为(滥用行政权力排除、限制竞争),同时规定了经营者不得利用数据和算法、技术、资本优势以及平台规则等从事法律禁止的垄断行为。

1. 垄断协议

垄断协议是指排除、限制竞争的协议、决定或者其他协同行为,包括具有竞争关系的经营者达成的垄断协议,以及经营者与交易相对人达成的垄断协议。

(1)禁止具有竞争关系的经营者达成下列垄断协议:

①固定或者变更商品价格。

②限制商品的生产数量或者销售数量。

③分割销售市场或者原材料采购市场。

④限制购买新技术、新设备或者限制开发新技术、新产品。

⑤联合抵制交易。

(2)禁止经营者与交易相对人达成下列垄断协议:

①固定向第三人转售商品的价格。

②限定向第三人转售商品的最低价格。

如果经营者的协议不具有排除、限制竞争效果的,不属于垄断协议。

2. 滥用市场支配地位

市场支配地位,是指经营者在相关市场内具有能够控制商品价格、数量或者其他交易条件,或者能够阻碍、影响其他经营者进入相关市场能力的市场地位。具有市场支配地位的经营者禁止从事下列滥用市场支配地位的行为:

(1)以不公平的高价销售商品或者以不公平的低价购买商品。

(2)没有正当理由,以低于成本的价格销售商品。

(3)没有正当理由,拒绝与交易相对人进行交易。

(4)没有正当理由,限定交易相对人只能与其进行交易或者只能与其指定的经营者进行交易。

(5)没有正当理由搭售商品,或者在交易时附加其他不合理的交易条件。

> **垄断行为**:是指排除、限制竞争以及可能排除、限制竞争的行为。
>
> **垄断协议**:是指排除、限制竞争的协议、决定或者其他协同行为,包括具有竞争关系的经营者达成的垄断协议,以及经营者与交易相对人达成的垄断协议。
>
> **市场支配地位**:是指经营者在相关市场内具有能够控制商品价格、数量或者其他交易条件,或者能够阻碍、影响其他经营者进入相关市场能力的市场地位。

(6)没有正当理由,对条件相同的交易相对人在交易价格等交易条件上实行差别待遇。

(7)具有市场支配地位的经营者不得利用数据和算法、技术以及平台规则等从事上述规定的滥用市场支配地位的行为。

3. 具有或者可能具有排除、限制竞争效果的经营者集中

经营者集中是指经营者合并,或经营者通过取得股权或者资产的方式取得对其他经营者的控制权,或经营者通过合同等方式取得对其他经营者的控制权或者能够对其他经营者施加决定性影响。大部分情况下经营者集中是市场经济中的一种正常行为,而具有或者可能具有排除、限制竞争效果的经营者集中是禁止的。判定经营者集中是否具有或者可能具有排除、限制竞争效果,一般从以下几个方面考察:

(1)参与集中的经营者在相关市场的市场份额及其对市场的控制力。

(2)相关市场的市场集中度。

(3)经营者集中对市场进入、技术进步的影响。

(4)经营者集中对消费者和其他有关经营者的影响。

(5)经营者集中对国民经济发展的影响。

4. 滥用行政权力排除、限制竞争

禁止滥用行政权力排除、限制竞争的行为主要包括:

(1)限定或者变相限定单位或者个人经营、购买、使用其指定的经营者提供的商品。

(2)通过与经营者签订合作协议、备忘录等方式,妨碍其他经营者进入相关市场或者对其他经营者实行不平等待遇,排除、限制竞争。

(3)以设定歧视性资质要求、评审标准或者不依法发布信息等方式,排斥或者限制经营者参加招标投标以及其他经营活动。

(4)采取与本地经营者不平等待遇等方式,排斥、限制、强制或者变相强制外地经营者在本地投资或者设立分支机构。

(5)妨碍商品在地区之间的自由流通。

①对外地商品设定歧视性收费项目、实行歧视性收费标准,或者规定歧视性价格。

②对外地商品规定与本地同类商品不同的技术要求、检验标准,或者对外地商品采取重复检验、重复认证等歧视性技术措施,限制外地商品进入本地市场。

③采取专门针对外地商品的行政许可,限制外地商品进入本地市场。

经营者集中:是指经营者合并,或经营者通过取得股权或者资产的方式取得对其他经营者的控制权,或经营者通过合同等方式取得对其他经营者的控制权或者能够对其他经营者施加决定性影响。

④设置关卡或者采取其他手段,阻碍外地商品进入或者本地商品运出。

9.3.3 不正当竞争行为

1. 市场竞争

市场竞争是市场经济的基本特征,是市场经济中经济行为主体为着自身利益的考虑,通过增强自己的经济实力,排斥同类经济行为主体相同行为的表现。市场竞争的内在动因在于各个经济行为主体自身的物质利益驱动,为取得较好的产销条件、获得更多的市场资源而采取的行动,通过竞争,实现企业的优胜劣汰,进而实现生产要素的优化配置。

竞争是市场经济中最普遍、最重要的行为。经营者在生产经营活动中,应当遵循自愿、平等、公平、诚信的原则,遵守法律和商业道德。

2. 不正当竞争行为

不正当竞争行为,是指经营者在生产经营活动中,扰乱市场竞争秩序,损害其他经营者或者消费者的合法权益的行为。《中华人民共和国反不正当竞争法》规定了七类不正当竞争行为:商品混淆行为、贿赂行为、商品虚假宣传行为、侵犯商业秘密行为、不当有奖销售行为、编造传播虚假信息行为、妨碍及破坏网络产品和服务行为。具有不正当竞争行为的经营者需要承担相应的法律责任。

> 不正当竞争行为:是指经营者在生产经营活动中,扰乱市场竞争秩序,损害其他经营者或者消费者的合法权益的行为。

(1)经营者不得实施下列混淆行为,引人误认为是他人商品或者与他人存在特定联系:

①擅自使用与他人有一定影响的商品名称、包装、装潢等相同或者近似的标识;

②擅自使用他人有一定影响的企业名称(包括简称、字号等)、社会组织名称(包括简称等)、姓名(包括笔名、艺名、译名等);

③擅自使用他人有一定影响的域名主体部分、网站名称、网页等;

④其他足以引人误认为是他人商品或者与他人存在特定联系的混淆行为。

(2)经营者不得采用财物或者其他手段贿赂下列单位或者个人,以谋取交易机会或者竞争优势:

①交易相对方的工作人员;

②受交易相对方委托办理相关事务的单位或者个人;

③利用职权或者影响力影响交易的单位或者个人。

经营者在交易活动中,可以以明示方式向交易相对方支付折扣,或者向中间人支付佣金。经营者向交易相对方支付折扣、向中间人支付佣金的,应当如实入账。接受折扣、佣金的经营者也应当如实入账。

(3)经营者不得对其商品的性能、功能、质量、销售状况、用户评价、曾获荣誉等作虚假或者引人误解的商业宣传,欺骗、误导消费者。不得通过组织虚假交易等方式,帮助其他经营者进行虚假或者引人误解的商业宣传。

(4)经营者不得实施下列侵犯商业秘密的行为:

①以盗窃、贿赂、欺诈、胁迫、电子侵入或者其他不正当手段获取权利人的商业秘密;

②披露、使用或者允许他人使用以前项手段获取的权利人的商业秘密;

③违反保密义务或者违反权利人有关保守商业秘密的要求,披露、使用或者允许他人使用其所掌握的商业秘密;

④教唆、引诱、帮助他人违反保密义务或者违反权利人有关保守商业秘密的要求,获取、披露、使用或者允许他人使用权利人的商业秘密。

商业秘密,是指不为公众所知悉、具有商业价值并经权利人采取相应保密措施的技术信息、经营信息等商业信息。

(5)经营者进行有奖销售不得存在下列情形:

①所设奖的种类、兑奖条件、奖金金额或者奖品等有奖销售信息不明确,影响兑奖;

②采用谎称有奖或者故意让内定人员中奖的欺骗方式进行有奖销售;

③抽奖式的有奖销售,最高奖的金额超过五万元。

(6)经营者不得编造、传播虚假信息或者误导性信息,损害竞争对手的商业信誉、商品声誉。

(7)经营者不得利用技术手段,通过影响用户选择或者其他方式,实施下列妨碍、破坏其他经营者合法提供的网络产品或者服务正常运行的行为:

①未经其他经营者同意,在其合法提供的网络产品或者服务中,插入链接、强制进行目标跳转;

②误导、欺骗、强迫用户修改、关闭、卸载其他经营者合法提供的网络产品或者服务;

③恶意对其他经营者合法提供的网络产品或者服务实施不兼容;

④其他妨碍、破坏其他经营者合法提供的网络产品或者服务正常运行的行为。

> **商业秘密**:是指不为公众所知悉、具有商业价值并经权利人采取相应保密措施的技术信息、经营信息等商业信息。

9.4 交通运输的外部性

9.4.1 交通运输的外部性表现

由于研究目的的不同,对于交通运输的外部性有着不同的分类。这里主要根据交通运输外部性产生的不同原因,分为交通运输设施产生的外部性和交通运输活动产生的外部性。

1. 交通运输设施产生的正外部性

交通运输设施产生的外部性可以分为正外部性和负外部性,正外部性通常也是政府作为运输供给者的主要原因。

（1）基础设施促进经济发展

交通运输设施是经济社会发展的基础性条件,是决定一个国家和地区竞争力的关键因素,基础设施的发展被认为是经济起飞的必备条件,是工业化不可逾越的阶段。交通运输设施对经济发展的促进作用主要体现在两个方面：一是在短期内,基础设施投资是社会投资的重要组成部分,投资具有乘数效应,能够有效带动社会总需求数倍的增长,从而直接拉动经济增长；二是在长期内,基础设施建设能够降低社会生产成本,提高生产效率,改善产业结构,从而间接促进经济增长。

> 交通运输外部性可以分为交通运输设施产生的外部性,以及交通运输活动产生的外部性。

（2）基础设施改善人民生活

交通运输设施与人民生活密切相关,基础设施的改善可以极大提高人民的生活质量。同时基础设施有助于减轻贫困,促进区域、城乡协调均衡发展。政府通过扩大贫困地区的基础设施建设投资,可以长期而有效地改善一个地区的贫困面貌,改善贫困人口的生活状况,这是市场难以做到的。因此,基础设施建设可以作为政府改善收入分配状况,促进社会公平的一个重要手段。

> 交通运输设施的正外部性：促进经济发展、改善人民生活。

这里需要注意,如果供给者是政府,那么上述正外部性是政府决策该运输项目必须考虑的内部效益,也是该运输项目得以建设的主要需求源,特别是其已经在该运输项目费用效益分析时计算在内了,如果仍然将其算作外部性则属于重复计算。但是如果运输基础设施的供给者是私人,那么问题就不一样了,因为私人仅仅考虑该项目所能带给他的私人收益和私人成本,而上述正外部性并不能纳入该私人供给者账户,因此是外部性。

2. 交通运输设施产生的负外部性

交通运输设施产生的负外部性主要包括：

（1）视觉障碍

运输基础设施和移动运输设备经常给人们带来视觉障碍。从审美角度上来看，这些东西远不能用赏心悦目来形容。比如铺设在原本未被破坏的郊区的一条高速公路对景观环境的破坏、港口码头对海岸线的遮挡等。

（2）生态多样化和自然栖息地受到干扰

自然栖息地如水域系统，包括淡水和海水，都面临着运输带来的严重污染和其他环境方面的破坏。海运本身有意或无意地将压载水和废油排放到海洋、湖泊、河流和港口中，尤其是一些需要经常疏浚的水域，这是对海洋生物的破坏行为。其他运输方式也会对水资源造成破坏，包括公路和机场除冰液的排放。另外，交通运输基础设施建设会带来土壤和水污染，土地表面风化。

（3）沟通的隔离

公路、铁路、运河和其他运输通道经常给人们的交流带来了地理上的隔离。城市高速公路可能将当地某个社区一分为二，阻碍了当地长期以来建立的联系，有时使得居民无法享受对面地区的娱乐和就业机会。铁路轨道也会产生同样的效果。虽然有可能估计出由此带来的行人行进和其他方面的延误损失，但很难确定由于阻力的存在而重新安排出行的成本。这些隔离物同时还会对舒适性产生重要影响，所带来的视觉、嗅觉、听觉及感觉方面的冲击会影响一个地区的生活品质，进而影响人们在该地区的活动。

3. 交通运输活动产生的负外部性

交通运输活动的负外部性主要表现为：

（1）噪声污染

交通引发的噪声问题与许多问题有关联，密集的交通流、高速行驶以及数量众多的运输工具都会加剧这一问题。交通工具的噪声是由发动机、排气装置和轮胎发出的声音混合而成的，有缺陷的车载消声器或者其他设备也会加重噪声。交通噪声对居民的影响是邻里间噪声影响的两倍，是工业噪声影响的三倍。在市区、饱受交通负面影响的城镇（如处在铁路、公路主干道上的地区等）、运输站点周边的地区（如机场、公交车站、停车场等），这一问题尤其严重。

噪声对于健康和社会福利有着许多不同的影响，它影响着人们的

交通运输设施的负外部性：视觉障碍、生态多样化和自然栖息地受到干扰、沟通的隔离等。

交流活动(比如交谈、听广播、看电视)和休息,这些影响又会进一步引发心理和生理疾病,例如紧张、疲倦和失眠等。长期受到严重的噪声影响还会引发心血管疾病并导致听力衰退。

(2) 大气污染

交通运输是许多有害气体的产生源头,也是一些大气污染问题的始作俑者。废气排放的影响具有时间性和空间性,它们对环境有较强的破坏作用。主要包括燃料添加剂排放物、颗粒物(PM10 和 PM2.5)、CO_2 排放、氧化氮排放物、CO 排放、SO_2 排放、挥发性有机化合物(VOC)等。大气污染中,早期的排放影响因素会和后来的许多影响结合在一起,而后来的那些影响并非完全是由运输引起的。因此,经常存在一些由运输和非运输排放物混合而成的物质。

(3) 振动影响

低飞状态的飞机、重型卡车、铁路列车的行驶都会带来振动效果,会对建筑物造成一定的影响。运输工具产生的内部振动噪声也会对驾驶员和乘客造成不利影响。振动的幅度会随着车辆荷载的不同而发生变化,一般当车辆荷载变轻之后会有更多的振动。振动会对路面、建筑物、运输对象带来负外部性。

(4) 交通事故

交通事故会造成经济损失和人员伤亡,这里的运输负外部性(即事故成本)主要表现为交通事故造成人员伤亡的损失。交通事故不仅影响交通运输活动参与者,也影响了第三方。单从统计学的角度,道路交通的事故危险性是排在第一位的。航空事故虽然远远没有那么频繁,但由于其危险程度和影响范围的集中性,对人们的心理影响也非常大。

(5) 交通拥挤

交通拥挤指一定时间内要通过道路的车辆数超过了道路通行能力,使得车辆之间相互影响,出现行程时间延误的交通现象。当某种交通工具的使用者由于基础设施容量有限而开始妨碍其他使用者时,就产生了拥挤的外部性。这种拥挤给社会其他人带来了额外的出行时间和出行成本,不仅给公路使用者造成时间和燃料浪费,而且由拥挤带来的停车和启动进一步恶化了空气并产生了其他形式的污染。

> **交通运输活动的负外部性**:主要包括噪声污染、大气污染、振动影响、交通事故、交通拥挤等。

9.4.2 交通运输外部性的评估方法

交通运输外部性研究的复杂性主要源于许多损失无法在市场上标

价。一些外部成本直接对周围产生影响,例如拥挤、噪声、振动及引起人们呼吸和视觉障碍的排放物等,但也有一些外部影响会在较长时间以后才反映出来,例如污染物对人体的其他有害影响、某些污染物对当地植物或建筑物的损害等。这种在多时空层次上的多样化影响,使得对这些影响的评估和币值计算变得十分复杂。

运输外部性币值计量的另一个重大难点是,物理性的外部影响与其货币估价之间的联系在很多情况下并不是直接的,例如计算汽车排放NO_x对林业造成的影响,就要从测量特定时间和特定地域的NO_x排放量开始,到测定这些NO_x对一定时期内环境所造成的影响,再到测定有关地区内林木因此而遭受的损害程度,最后才是对林木损失价值的估计。在很多情况下,人们对其中每一种联系的理解都有很多模糊不清之处,有时要衡量某一外部性的物理或生化影响本身都很困难,更不用说对其进行价值估计了。

> 交通运输外部性的评估方法:判例法、规避成本法、显示性偏好法、旅行成本法、表述性偏好法等。

尽管存在着这些困难,计量交通运输活动造成的环境、拥挤或事故成本的方法,近年来还是取得了一定进展,有关的方法大体分成了如下几类。

1. 判例法

之所以用历史判例来从某些方面估价环境的价值,主要理由是应在长时期内保持一致性。这方面的判例是对造成环境损害进行赔偿的法律裁决。这种方法虽然表面上具有吸引力,但却具有严重的局限性。例如,虽然已有运输供应商(尤其是船运公司)赔偿有害污染物泄漏的例子,但法律裁决主要应用于对交通事故中的伤亡的估价,这是因为判例只存在于已确立权利的地方,而这些权利很少扩展到环境方面。同样,对动植物的损害一般也不在依法判决赔偿之列。

2. 规避成本法

估计环境破坏成本的一种广为应用的方法是使用某种环境污染的规避成本来估算外部性。交通运输对环境的许多不利后果可以通过隔离加以减轻。例如,双层玻璃窗能减少噪声干扰;安装空调可以减少空气污染的不利影响;为运输基础设施和车辆采用更安全的工程设计标准能降低事故风险。这种方法的主要问题在于难以从与其他利益有关的笼统支出中分离出为环境原因做出的特定支出。例如,安装双层玻璃同时可以减少取暖费用;安装空调同时可以调节室内温度;隔离噪声也只能是部分的隔离,当人在花园或窗户打开时就不能提供保护了。

3. 显示性偏好法

在某些情况下,环境资源的消费者通过自身的行为,显示他们对环境资源的估价。典型的例子就是人们愿意多付钱而住到远离喧嚣的机场、公路的地方,或者出高价住到远离繁忙街道的旅馆房间。他们会牺牲一些金钱利益作为交换来获得一些环境利益。因此,交通、振动、噪声和其他污染超过一定水平,就会使暴露在其影响下的有关住房等不动产价值遭受贬损,该方法就是根据住房等市场价格与环境质量方面的联系,推断交通污染所引起的环境成本。

4. 旅行成本法

新的基础设施会破坏以往无偿提供给人们的一些休闲娱乐场所,如公园、池塘等,被污染的河流湖泊会损害在那里钓鱼和游泳的人。失去娱乐机会的价值可以通过计算它的机会成本(人们愿意为类似的娱乐支付的价格)来衡量。由于环境遭到破坏后人们只能旅行去城市的其他地方甚至到外地去寻找这类休闲场所,以便享受曾经很方便就能获得的自然乐趣。于是,我们可以用这种旅行的成本,包括时间和金钱,来间接地衡量运输基础设施带来的外部性。

5. 表述性偏好法

表述性偏好法不是通过观察实际情况来给环境成本定值,而是力求从人们愿为假定的情形所支付的价格中引出信息。使用的最广泛的方法是问卷调查,即询问有关的一组人,如果发生预先明确的交通运输造成的环境破坏,他们需要什么补偿以保持现有的福利水平,或者他们愿意付出多少代价来阻止破坏的发生。但也有批评者指出,由于人们被要求评判的是他们不懂或未经历过的事情,因此结论是不可靠的。另外由于人们无须真的掏钱,当他们说愿意为一个有价值的东西付很多假想的钱时往往感觉良好,因而他们的估价往往是出奇的高,但是可信度却并不很强。

这些评估方法各有自己的长处,也都存在着局限性,我们很难使用某种方法来评估所有不同的外部性影响。因此,我们常常利用不同的定量计算方法应对不同的外部成本,或者综合使用一种以上的评估方法来量化某一种外部成本。

9.4.3 交通拥挤的外部性分析

1. 交通拥挤的产生

以城市交通为例,交通出行需求中最重要的是通勤出行需求。由于城市规模的增加和范围的扩大,城市居民工作地点和居住地点的分离现象越来越突出。图 9-2 为一个示例,H 为居住区,W 为就业区,H—W 之间有道路相连接,同时假定 H—W 之间的距离比较远,一般无法通过步行的方式直接从居住地走到工作地。可行的交通方式为自行车、公共汽车、小汽车。

图 9-2　工作与居住地之间的出行需求

> 从个人决策的角度,交通拥挤难以避免,而且交通拥挤一旦形成,便很难自发地改善。

从个人决策的角度,交通的发展一般会出现四个阶段:

① 起初居民的收入都比较低,所有的人都骑自行车上下班,单程每人需花费 45min 才能到达目的地。

② 随着居民人数的不断增加,政府觉得有必要开通公交线路。公交线路开通后单程时间只需 25min,因此所有的居民都逐渐放弃了自行车交通,改乘公交车上下班。

③ 公交车上出现了拥挤,舒适性降低。另外随着经济的发展,居民的收入都增加了,这时一部分人购买了小汽车。开车上班的人只需 15min 就可到达工作地,乘坐公交仍需花 25min 上班。

④ 其他通勤者看到了开车的好处,开始购买小汽车。随着小汽车数量的增加,道路上行驶的车辆之间开始互相影响,出现了外部性,结果造成了交通拥挤,使开小汽车上班所花费的时间上升为 25min;同时由于拥挤,导致公交车的速度也降低,因此乘公交上下班者要忍受 40min 的旅程。

⑤ 由于公交出行显著恶化,这样导致更多的居民购买小汽车,最终开小汽车上班花费的时间达到 40min,乘坐公共汽车需花费 50min,达到了一个拥挤均衡状态。

可以看到,拥挤均衡状态下居民上下班所花费的时间远远超过了最初单纯乘坐公交的 25min,从个人决策的角度,交通拥挤难以避免,而且交通拥挤一旦形成,便很难自发地改善。

2. 拥挤均衡点的变化

> 交通拥挤会产生负外部性,使交通出行中的边际个人出行成本小于边际社会出行成本。

交通拥挤会产生负外部性,使交通出行中的边际个人出行成本小于边际社会出行成本。个人成本是出行者自己承担的广义出行费用,包括车辆分摊的保养维护费、燃油费、出行时间价值等费用。外部成本是由于出行者的加入对其他车辆造成拥挤影响,给其他车辆带来的时间价值费用。社会成本是个人成本与外部成本之和。

长期而言,可以通过改善道路容量,提高交通供给能力来降低交通拥挤。在短期道路供给基本固定的情况下,系统会平衡在车辆密度为 K_b 的状态,如图 9-3 所示。

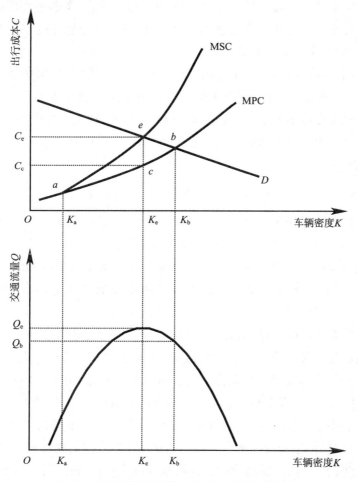

个人成本:出行者自己承担的广义出行费用,包括车辆分摊的保养维护费、燃油费、出行时间价值等费用。

外部成本:由于出行者的加入对其他车辆造成拥挤影响,给其他车辆带来的时间价值费用。

图 9-3 不同车辆密度下的出行成本与道路交通流量

图中,D 为交通出行需求曲线,MPC 曲线代表在不同的道路行驶车辆密度水平下,驾车人所要花费的边际个人出行成本(包括了驾车人承担的货币成本和出行时间换算成本),MSC 曲线代表驾车人的边际社会出行成本:

$$\text{MSC}(K) = \text{MPC}(K) + \Delta \text{SC}(K) \tag{9-1}$$

社会成本:个人成本与外部成本之和。

式中: K——车辆密度,辆/km;

MSC(K)——车辆密度 K 条件下驾车人的边际社会出行成本,元;

MPC(K)——车辆密度 K 条件下驾车人的边际个人出行成本,元;

车辆密度:某一时刻单位道路长度上的车辆数。

$\Delta SC(K)$——车辆密度 K 条件下驾车人互相干扰的外部成本,元。

车辆密度是指某一时刻单位道路长度上的车辆数(辆/km),交通流量指单位时间通过某一道路断面的车辆数(辆/h)。根据交通工程学理论,交通流量和车辆密度呈抛物线型关系,即在不拥挤的状态下,车辆密度的增加会带来交通流量的增加;如果进入拥挤状态,车辆密度的进一步增加会带来车辆行驶速度的急剧下降,使得单位时间能够通过的车辆数减少,反而使交通流量下降。

> 交通流量:单位时间内通过某一道路断面的车辆数。

不同等级的道路都有相应的车辆自由流速度范围,如果车辆能够以自由流速度行驶,意味着道路上的行驶车辆之间不会互相干扰。当道路行驶车辆密度数不大于自由流车辆密度 K_a 时,车辆互不影响,每个驾车者边际个人出行成本 MPC 和边际社会出行成本 MSC 是相同的,此时,$\Delta SC(K)=0$。

$$MSC(K) = MPC(K) \quad (K \leq K_a) \quad (9-2)$$

当进入道路的车辆密度大于 K_a 时,交通出现了拥挤,车辆之间开始互相影响,此时每个驾车者的边际社会出行成本 MSC 将大于其边际个人出行成本 MPC。由于每个驾车人都依据边际个人出行成本 MPC 进行出行决策,因此均衡点为 MPC 与出行需求曲线 D 的交点 b,均衡车辆密度为 K_b。

从社会最优的角度,道路交通流量应该为最大,显然,按照车辆密度和交通流量的关系曲线,K_b 所对应的交通流量 Q_b 并非最大,这是由于对应社会最优交通流量的均衡点为边际社会出行成本 MSC 与出行需求曲线 D 的交点 e,均衡车辆密度为 K_e,对应的交通流量 Q_e 为最大。在交通拥挤的状态下,驾车人的边际社会出行成本不但包括其边际个人出行成本,而且包括由于交通拥挤所导致的道路使用者之间的相互影响,即外部成本 $\Delta SC(K)$。由于道路使用者仅根据 MPC 选择是否出行,从而造成了"过度"的拥挤,即 $K_b > K_e$。

> 交通拥挤产生了交通的外部成本。从经济学的角度优化交通拥挤的想法是,利用价格机制来使驾车人充分意识到他们之间相互施加的影响,使驾车人按照边际社会出行成本进行出行决策。

3. 交通拥挤收费的经济意义

交通拥挤产生了交通的外部成本。从经济学的角度优化交通拥挤的想法是,利用价格机制来使驾车人充分意识到他们之间相互施加的影响,使驾车人按照边际社会出行成本进行出行决策。这意味着除了支付燃油费、维护费、车辆折旧和自己驾车时间的成本等,驾车者还应该承担他所引起的其他驾车人的时间损失,这些损失并不是驾车人自己的实际花费,而是由于车速降低给社会带来的。因而,符合逻辑的想法是,将社会成本内生化,要求驾车人为出行的社会成本付费。

如果要达到社会最优均衡点 e，需要将需求曲线上的 c 点提升到 e 点，通过征收交通拥挤费可以做到，征收的交通拥挤费标准即为这一点的社会成本：

$$\Delta SC(K_e) = C_e - C_c \tag{9-3}$$

由于拥挤收费的出现，需求曲线与边际个人出行成本曲线的交点便由 b 移动至与边际社会出行成本曲线的交点 e，社会效率目标得以实现。拥挤收费阻止了一些汽车使用者使用道路，在车辆密度 K_e 水平上，车辆的行驶速度可以大为加快，交通流量也增加到最大 Q_e。拥挤收费的直接受益者是道路管理部门而不是道路使用者，因此政府征收的费用需要通过某些分配机制返还给公众。

4. 交通拥挤收费的实施模式

目前，已经有新加坡、伦敦、斯德哥尔摩、奥斯陆、罗马等城市实施交通拥挤收费政策，收费模式主要包括特定路段收费和特定区域收费两类。

(1) 特定路段收费

实行特定路段收费模式的代表城市是新加坡。这种收费模式是在拥挤的路段上设置若干自动收费闸口，每个闸口的收费时段和收费标准都可以独立设置，在收费时段车辆每次经过收费闸口都需缴费。

新加坡拥挤收费是一项纯粹以拥挤管理为目的的举措，投资成本完全由政府承担，收入归国家所有。新加坡于 1975 年实施的限制区域执照系统(Area Licensing Scheme, ALS)是世界上第一个城市公路收费系统，主要用以限制车流进入较拥挤的中央商业区路段，当时共设有 28 个控制点，属于人工收费。1998 年，新加坡以全自动的公路电子收费系统(Electronic Road Pricing, ERP)取代了限制区域执照系统，除应急车辆外，每辆车内都设有读卡器，当车辆从公路电子收费闸门下通过时，将从现金卡中自动实时扣除收费金额。对于没有车内读卡器、读卡器或现金卡损坏、现金卡余额不足的车辆，公路电子闸门上方的监控摄像头将自动拍摄该车辆牌照并记录罚款。截至 2013 年 12 月，ERP 系统共有 74 个收费闸口，收费时段集中在 7:00—9:30、8:00—10:00、12:00—16:00，闸口的收费费率在 0.5~6.0 新币之间，其中，收费 2.0 新币以下(含 2.0 新币)的比例超过 90%。

ERP 系统的非营利目标通过以下策略实现：

①对所有车辆免费安装读卡器。

②每个收费闸口的收费率和收费时段均可独立设置，每隔 3 个月对收费率进行审查并加以调整，以使平均车速始终保持在最优车速范围内，

> 交通拥挤收费主要包括特定路段收费和特定区域收费两类模式。

> **特定路段收费**：在拥挤的路段上设置若干自动收费闸口，每个闸口的收费时段和收费标准都可以独立设置，在收费时段车辆每次经过收费闸口都需缴费。

即高速公路 45~65km/h,中央商业区路段及主干路 20~30km/h,对平均车速高于最优车速的时段,收费率降为 0。

③对不同的车型设置不同的收费率,除特定应急车辆外,所有车辆只要经过收费闸口均需付费。

在实施交通拥挤收费之前,新加坡政府对公众进行宣传教育,加强了公众对此系统的接受程度,完善的法律框架也保证了对系统的有效监管。另外,公共交通服务的改善提供了便捷的备选出行方案。

(2)特定区域收费

> **特定区域收费：** 在拥挤地区设置一个闭合的收费区域,在收费时段进出收费区域的车辆每天只需交费一次,当天可多次出入收费区域。

实行特定区域收费模式的代表城市是伦敦。这种收费模式是在拥挤地区设置一个闭合的收费区域,在收费时段进出收费区域的车辆每天只需交费一次,当天可多次出入收费区域。

伦敦自 2003 年 2 月开始在中心区实施道路拥挤收费,收费区域为中心城区约 $22km^2$ 的范围,占大伦敦地区总面积的 1.3%,包括 113 条道路和 8 座穿越边界的桥梁。周一至周五 7:00—18:00 为收费时段,拥挤费为 5 英镑/日,2005 年调整为 8 英镑/日,2011 年进一步调整为 10 英镑/日。

伦敦拥挤费为非实时收费,进入收费区域的车辆可以事后通过电话、互联网、短信、手机、交费终端等多种方式缴费,也可以办理月租或年租享受优惠,收费区域有监控摄像自动拍照,识别车辆车牌。如果未在行驶当天午夜前缴纳费用,车主将会被处以滞纳金(行驶后一天以内缴费滞纳金为 2 英镑)或罚款(行驶后一天以内未缴费罚款 120 英镑)。

由于围成了一个收费区域,伦敦对住在收费区内的居民,以及住在紧靠收费区外沿的一些居民实行收费优惠政策;电动车和代用燃料车辆、应急服务车辆、位于收费区内的地方政府和皇家公园局使用的工作车辆、军用车辆、持有蓝色证章的残疾人或组织的车辆等实行免费政策。另外,对于一些满足特殊情况的非免费车辆的某些出行有退费政策。

5. 交通拥挤收费的社会条件

> **交通拥挤收费的社会条件：** 收费的法律依据和收入的使用问题、消除对分配产生的不良影响、收费模式的选择、提供可替代的公共交通选择、评估收费路段(或区域)对其他路段或区域交通的影响、市民的理解与支持等。

交通拥挤收费涉及价值判断,站在不同的立场和角度会有不同的答案。收费使驾车人之间的互相影响减少了,城市整体的交通状况改善了,但这种改善又是以被收费者的福利减少(尽管作为驾车人也从拥挤降低得利了)为代价的。因此虽然道路拥挤收费的基本理论比较简单,但人们对实施该理论的社会条件及其后果却一直争论不休。交通拥挤收费政策的有效实施需要具备一定的社会条件:

(1)交通拥挤收费本质上属于用经济手段解决交通拥挤问题,这就涉及收费的正当性以及收入的使用问题。既然是为了提高社会福利,那么道路拥挤收费的收入必须要合理地进行再分配。可以使用道路拥挤收费的收入来建设更多的道路;或者用来改进公共交通;当然,也可以将这些收入看成是纯粹的税收收入,作为一般公共支出的一部分来使用。各城市基本通过立法程序来赋予市政府收费权力,并明确规定所收费用的用途和相应的监管程序。

(2)需要尽量消除可能会对分配产生的不良影响。对道路拥挤定价后,道路的使用便取决于潜在使用者的能力,这样可能会对社会福利产生不良的递减效应。比如,政府的工作车辆可以免费(即使付费也是全社会纳税人的钱)因而不用驾车人自己掏腰包,因此收费政策对公车出行的决策影响微乎其微,政府官员可能由于能够"购买"不拥挤的道路空间而获益。相反,中等收入阶层可能被迫从私人交通工具转向一种他们认为是低舒适度的公共交通工具,从而导致他们利益的损失。

(3)拥挤收费模式需要因地制宜。伦敦基于特定区域的收费模式考虑了不同群体的利益,有多种优惠、减免等政策,体现了精细化的管理思路,但这种收费模式的有效实施需要一定的城市行政管理水平和市民行为意识基础。比如对收费区内的居民实行优惠政策,理论上很简单,但实践中如何有效认定并能防止漏洞和权力寻租问题对有些城市却会是很大的难题。新加坡基于特定路段的收费模式通过动态地调整收费费率和收费时段,可以有效地调控道路上的车流量,但ERP系统建造和维护费用较大,收费闸口也需要精确地布置。

(4)需要给受影响的市民提供可替代的公共交通选择。不管采用何种收费模式,肯定会有一些受影响的驾车出行者选择放弃驾车,否则拥挤收费政策就是无效的。对于这些受影响的市民,政府需要规划设置可替代的公共交通出行方案,以供市民选择。

(5)需要仔细评估收费路段(或区域)对其他路段或区域交通的影响。收费路段或区域的设立,导致人们的出行方式或出行线路发生了改变,会给周边其他路段或区域的交通带来影响,这种影响有些可能是正面的,但大部分情况会带来负面的交通压力。对这种影响需要进行仔细的评估,并融入相应的管理方案中。

(6)拥挤收费政策的有效实施需要市民的理解与支持。需要事先加强对公众的宣传工作,同时收费方案的论证和透明化决策也非常重要。

总结与提要

关键概念:帕累托最优,公平,效率,外部性,正外部性,负外部性,市场失灵,垄断,垄断地位,垄断行为,不正当竞争行为,政府的经济职能,寻租行为,政府管制,税收,补贴。

重点掌握:完全公平标准,市场公平标准,机会公平标准,公平与效率的关系,市场失灵的主要表现,政府资源配置职能的作用,政府收入分配的手段,政府经济调节的政策工具,政府作用的局限性,垄断行为的判定,不正当竞争行为的表现,交通运输管制的必要性,交通运输管制的内容,交通运输的外部性表现。

一般理解:税收归宿问题,税收的影响作用,补贴带来的问题,交通运输外部性的评估方法,交通拥挤收费分析。

案例与阅读

9-1 清洁空气的价值

空气是免费的,就是说人们吸入和呼出空气是不需要花钱的。不过,空气市场的缺乏或许有助于说明为什么在有些城市里空气质量数十年来在不断恶化。1970年,美国国会修改了《清洁空气法》以强化对汽车尾气排放的控制,那么,这些控制是否值得?清洁空气所得到的好处是否足以抵消给汽车制造商直接带来的、给汽车购买者间接带来的成本?

为了回答这一问题,国会请国家科学院用一项成本—收益研究来评估这些排放控制。该研究的收益部分考察了人们在多大的程度上珍视清洁的空气,运用的是从经验上确定的、对清洁空气需求的估计值。

虽然并没有一个明确的清洁空气市场,但是人们在购买房子的时候,周围空气清新和周围空气糟糕相比,前者的确让他们付出了更多的钱。这一信息便用来估测人们对洁净空气的需求。有关波士顿和洛杉矶街区房价的详尽数据与不同的空气污染物作对比,同时,其他可能会影响房屋价值的变量的影响也在统计上加以考虑。该研究确定了一条净化空气的需求曲线,如图9-4所示。

阴影部分是消费者剩余,它是在空气污染下降了5个亿分点的NO_x、每个亿分点成本为1000美元时产生的。剩余的产生是因为绝大多数的消费者愿意为NO_x每减少1个亿分点支付1000美元以上的价钱。

横轴度量了空气污染减少的数量,纵轴度量了与那些空气污染减少相关的房屋的升值。例如,看一下某房主的清洁空气需求,他住在一个空气相当肮脏的城市里,NO_x的水平达亿分之十(10pphm)就证明了这一点。如果该家庭对于空气污染中每减少1个亿分点要花1000美元,它就会选择需求曲线上的A,以获得5个亿分点的污染减少。

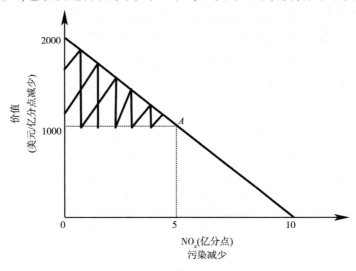

图9-4 评估更洁净的空气

对刚刚描述的那个典型的家庭来说,污染下降50%或5个亿分点值多少呢?通过计算与减少污染相关的消费者剩余便可以测定这一价值。由于这一污染的减少每单位是1000美元,所以该家庭要付5000美元。然而,该家庭对污染减少的估价,除了最后1单位,都超过1000美元,结果图中的阴影部分给出了净化的价值(大于支付的数额)。由于需求曲线是一条直线,所以可以从三角区域计算出剩余来:三角形高为1000美元,底边长5个亿分点,因此,污染减少对于该家庭的价值为7500美元(5000美元加2500美元)。

一项完整的收益—成本分析会运用净化总收益的大小(每户收益乘以户数)与净化的总成本作比较,以判断这类规划是否合算。

(摘编自:平狄克,鲁宾费尔德. 微观经济学[M]. 4版. 北京:中国人民大学出版社,2000)

9-2 拥挤收费的作用分析

假定城市内的一条出行路线长16km(10英里),乘坐小汽车出行的货币成本是每英里20美分,出行的时间成本可用时间乘以每分钟的机会成本(0.1美元)表示。假设每辆车仅有一个人,我们可以用汽车数量替代驾驶员数量。在图9-5中,横轴用于度量每小时每条道路上行驶的汽车数量,纵轴用于度量通勤成本,它等于货币成本和时间成本之和。需求曲线反映了作为实际出行者的汽车驾驶员的数量,其取决于出行成本。例如,如果出行成本是7.87美元,在点h处就有1200人,这些出行者的收益高于成本,因此交通流量是每小时每条道路上有1200辆汽车。当出行的成本降低时,会有更多人的收益超过成本,因此我们可以沿着需求曲线向下移动,在出行成本是 6.10 美元时,交通流量为 1400 辆汽车,而当出行成本是 4.33 美元时,交通流量增加到 1600 辆汽车。

图 9-5 描述了出行者愿意为出行支付的货币值。例如,在价格达到 7.87 美元时,出行的人数为 1200 人。如果出行成本是 7.87 美元,第 1200 个出行者将愿意出行。但是如果出行成本高于这个值,比如说是 7.88 美元,该出行者将不愿意外出。这告诉我们,第 1200 个人的收益正好等于 7.87 美元。类似地,第 1400 个出行者的边际收益是 6.10 美元,第 1600 个出行者的边际收益是 4.33 美元。当我们沿着需求曲线向下移动时,人们使用高速公路的边际收益会越来越低。

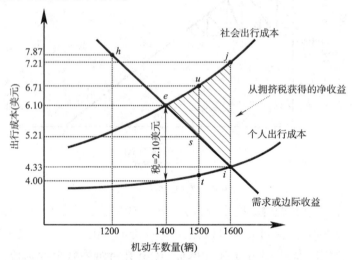

图 9-5 拥挤的外部性和拥挤费

表 9-1 描述了交通流量与出行时间、拥挤外部性之间的关系。

交通流量、出行时间和拥挤的外部性　　　　　　表 9-1

A	B	C	D	E	F	G	H
流量(每条道路上的汽车数量)	出行时间 (min)	个人出行成本 (美元)	每增加一辆汽车导致出行时间的增加量 (min)	总出行时间的增加量 (min)	额外的出行成本 (美元)	社会出行成本 (美元)	边际收益 (需求) (美元)
200	12.000	3.20	0.000	0.00	0.00	3.20	16.73
400	12.000	3.20	0.000	0.00	0.00	3.20	14.96
599	12.476						
600	12.480	3.248	0.004	2.40	0.24	3.49	13.19
1199	17.268						
1200	17.280	3.728	0.012	14.40	1.44	5.17	7.87
1399	19.985						
1400	20.000	4.000	0.015	21.00	2.10	6.10	6.10
1599	23.262						

续上表

A	B	C	D	E	F	G	H
流量(每条道路上的汽车数量)	出行时间(min)	个人出行成本(美元)	每增加一辆汽车导致出行时间的增加量(min)	总出行时间的增加量(min)	额外的出行成本(美元)	社会出行成本(美元)	边际收益(需求)(美元)
1600	23.280	4.328	0.018	28.80	2.88	7.21	4.33
1799	27.100						
1800	27.120	4.712	0.020	36.00	3.60	8.31	2.56

纵列 B 列出了不同交通流量下的出行时间。当交通流量为 400 辆汽车时,不存在拥挤问题:每个出行者都以每小时 50 英里的法定速度行驶,他们的出行时间是 12min。但是后来,交通流量超过了 400 辆汽车时,每个人的出行时间均开始增加。例如,在交通流量为 600 辆汽车时,出行时间提高到了 12.48min。当高速公路变得更加拥挤时,汽车之间的空间在缩短,为使两辆汽车之间保持安全的距离,驾驶员逐渐降低了行驶速度。

纵列 C 给出了个人出行成本,它可以被定义为时间成本(出行时间乘以机会成本每分钟 0.10 美元)加 2 美元的货币成本。当交通流量为 400 时,个人出行成本为 3.20 美元;当交通流量为 1200 时,个人出行成本为 3.728 美元。纵列 D、E 和 F 分别表示拥挤所导致的各种外部性的数量。纵列 G 给出了社会出行成本,它等于个人出行成本与交通流量的外部成本之和。当不存在交通拥挤时(交通流量低于 400 辆汽车),交通流量的外部成本为零,因此其社会成本等个人成本。但是,一旦交通流量超过拥挤的下限,社会出行成本将高于个人成本。

当一个人愿意为出行支付的费用(边际收益)超过个人出行成本时,他将会使用这条公路。需求曲线与个人的成本曲线相交于点 i,该点所对应的均衡交通流量是 1600 辆汽车,均衡出行成本是 4.33 美元。对于第 1600 辆汽车的车主来说,他的意愿支付高于或等于个人出行成本,因此他会在公路上驾驶汽车出行。对于第 1601 辆汽车车主来说,他的意愿支付值低于个人出行成本,因此他将不会使用这条道路。

需求曲线与社会出行成本曲线相交于点 e,因此最优交通流量是 1400 辆汽车。对于这 1400 辆汽车来说,出行的社会收益(意愿支付)要高于或者等于社会成本,因此他们对公路的利用是社会有效的。相反,第 1401 辆汽车产生的社会成本超过了社会收益,因此他再利用公路并不会实现社会效率。

均衡的交通流量要高于最优的交通流量,这是因为每个驾驶员都会忽略自己给他人带来的拥挤成本。额外增加的一个车辆降低了行驶速度,迫使其他驾驶员在公路上花费更多的时间。假设甲是第 1500 辆车的驾驶员,他的意愿支付值是 5.21 美元(用点 s 表示)。当有 1500 辆汽车时,个人出行成本是 4.16 美元(可用点 t 表示),而社会出行成本是 6.71 美元(可用点 u 表示)。此时他将使用这条公路,其原因在于他的意愿支付超过了个人出行成本,但是使用这条公路是一种非效率选择,他的行为给社会带来了 1.50 美元的负担。

解决这一问题的最简单的方法是征收拥挤费,以使拥挤的外部成本内部化。当对每次出行征收 2.10 美元的拥挤费时,个人出行成本曲线将向上方移动 2.10 美元,均衡交通流量将从 1600 下降到 1400。对于甲来说出行成本增加到了 6.26 美元,已经高于意愿支付值,因此他将不再使用该公路。

图中的阴影部分描述了社会福利的变化情况。如果我们能够说服第 1600 个出行者不使用公路,那么由于社会出行成本与第 1600 个出行者(在点 j 处,出行成本是 7.21 美元)有关系,此时社会总出行成本将下降。出行者损失了在公路上行驶所获得的收益,他对出行的意愿支付可用需求曲线表示(在点 i 处,其意愿支付值是 4.33 美元)。通过转移第 1600 个出行者,可以节约 7.21 美元的社会出行成本,而仅损失 4.33 美元的出行收益,最终可以获得 2.88 美元的净收益。重复上面的逻辑,向最优交通流量转移的过程中所获得的社会收益(福利增长)等于这些被转移车辆获得的净收益之和,它可以用社会成本曲线和需求曲线之间的阴影部分来表示。

(摘编自:阿瑟·奥莉莎文.城市经济学[M].6 版.北京:北京大学出版社,2008:202-205)

作业与思考

1. 解释帕累托最优状态的含义。
2. 如何理解公平的意义?收入公平的几个标准有什么区别?
3. 什么是效率?生产效率指什么?
4. 如何理解公平和效率的关系?试联系实际举例说明。
5. 什么是外部性?举例说明外部性有几种表现形态?
6. 什么是市场失灵?市场失灵主要体现在哪些方面?
7. 政府的经济职能主要包括哪些方面?
8. 政府的资源配置功能有什么作用?
9. 政府主要有哪些宏观政策可以实现经济调节职能?
10. 举例说明什么是税收归宿现象。
11. 税收和补贴有什么区别?
12. 为什么需要政府管制?在交通运输领域政府通常进行哪些方面的管制?
13. 政府作用的局限性体现在哪些方面?
14. 经济租指什么?寻租行为指什么?
15. 垄断地位和垄断行为有什么区别?
16. 如何判别经营者是否具有垄断地位?
17. 垄断行为主要有哪几类?
18. 什么是不正当竞争行为?不正当竞争行为主要有哪几类?

19. 交通运输的外部性主要表现在哪些方面？
20. 评估交通运输外部性的方法主要有哪些？你能举出一个案例吗？
21. 交通拥挤是如何产生的？拥挤收费的经济学原理是什么？
22. 拥挤收费的标准应该如何制定？
23. 查找相关城市的资料数据，分析不同拥挤收费模式的利与弊。

问题与研讨

9-1 关于高速公路客运票价变化的分析

从宜昌市至恩施州，2008年高速公路通了，公路距离减为190km，高速公路通车后只有一家客运公司，公路客运票价却涨了：根据车型不同为120~180元，春运期间还一律上浮20%，几近1元1公里。恩施属高山贫困地区，这些年外出务工、经商者很多。年年都有不少人提意见，甚至给政府部门或媒体写信，却不见成效。交通部门说归物价部门管，物价部门说主要属市场调节。去找经营者，经营者说我们花高价买了线路牌照，另外公关的钱不都是成本吗？

我曾有一次去宜昌车站送人回恩施，他新买了一个笔记本电脑，未拆包装用手提着，结果被客运专线的检票员强行收取了20元货票费，说这是惯例。无论是山货出山还是商品进山，只要是带包装的都要收货票费，可见山民之难。

2010年元旦前，宜万铁路终于通车了。宜昌到恩施火车票价为30元，汽车马上没人坐了，高速公路上的大客车数量剧减，超载和狂飙现象几乎绝迹。做高速交警的同学惊喜地说，难得过了个平安年。客车的日子却难过了，没过多久，不少车型的票价不管主动还是被迫减为30元，为原来的1/5，车里还加装了饮水机等便民设施，而且再也不中途停车，强行要求乘客在关系户进餐。铁路竞争带来的好处不容置疑，但也从侧面说明了以前利润之巨，却居然长期得以维系。

还有利川市到恩施州，曾经票价是35元。后来经过"听证"，变成40元。哪料到铁路却很快通了，票价马上主动下调为25元。遗憾的是，铁路只是一条线，公路却是一片网，不通铁路的地方，公路票价依然高昂，出山的愿望多被高昂的票价吓退，命运或生活改变的可能也因此消逝。

（摘编自：三联生活周刊[J].2011,(12).原作者：聂武钢）

9-2 关于知网数据库的行为分析

央广网北京2022年4月21日消息（记者郭佳丽）：近日，一则"中国科学院因近千万续订费停用知网数据库"的消息引发热议。4月17日，中科院图书馆向媒体表示该消息

"属实",中国知网在回复另外一家媒体时则表示情况"不属实"。19日,知网在其官方微信公众号上发布《关于中国知网与中国科学院文献情报中心合作服务的说明》,称将继续向中科院所属各院所提供正常服务,直至2022年度协议签署并启动服务。

知网数据库在之前也引起过若干次纠纷。

请查阅相关报道资料,在准确描述知网数据库服务提供商以及有关事件发生经过的基础上,从经济学的角度,分析事件发生的原因和产生的影响,给出你的判断和观点,并给出彻底避免或解决类似问题的建议。

第 10 章　交通运输成本与价格

10.1　交通运输成本构成与特点

10.1.1　成本的含义

生产理论是从实物的角度分析投入的生产要素与产出量之间的物质技术关系,而成本理论是从货币的角度分析投入成本与收益之间的经济价值关系。

在第 8 章我们已经学习了成本的含义,以及从不同角度分类的一些成本概念,比如会计成本、经济成本、机会成本,以及固定成本、可变成本、平均成本、边际成本等,不同的成本概念有不同的意义和用途。总而言之,成本是指厂商为了生产一定数量和质量的产品或劳务而花费的生产费用或代价。成本与生产者的命运息息相关。人们常常谈论企业的核心竞争力是科技、是人才,谈论企业的产品竞争策略——人无我有、人有我好、人好我廉等。其实,所有这些最终都要落实在成本上。无成本优势的产品或企业,只有"观赏"价值,而无"经济"价值,它们是没有生命力的。

厂商在生产活动中会承担生产某种产品的成本,有时候这种成本并不总是等于生产这种产品的全部成本。例如,造纸厂排出大量的污水使原本清洁的河水资源无法饮用和灌溉农田,从而增加了他人的额外成本。这部分成本其实是由造纸所产生的,但并不包括在造纸厂商的生产成本(会计成本)中,所以从全社会的角度来看,造纸的全部成本高于其会计成本。因此有私人成本、外部成本和社会成本的概念。

私人成本(Private Cost)是指厂商为生产某种产品或劳务按市场价格支付的所有费用。私人成本也就是厂商的会计成本。

外部成本(External Cost)是指由于厂商的经济活动给外界带来了损害,外界为抵消这种损害所需要的投入,并且厂商并没有承担这种投入。

社会成本(Social Cost)是从全社会角度来考虑的成本,等于厂商为某一生产经营活动所必须投入的成本(私人成本)与社会为此要付出的额外代价(外部成本)之和。

由于社会成本等于私人成本与外部成本之和,因此社会成本一般大

私人成本:厂商为生产某种产品或劳务按市场价格支付的所有费用。

外部成本:由于厂商的经济活动给外界带来了损害,外界为抵消这种损害所需要的投入,且厂商没有承担这种投入。

社会成本:私人成本与外部成本之和。

于私人成本,也大于外部成本。

10.1.2 交通运输成本的构成

我们已经讨论过有关成本的构成与分类,所有以上的成本分类在交通运输经济分析中都是必要的,然而对交通运输业或运输活动而言,成本的分类还有一种特殊的复杂性,这种复杂性是和交通运输活动的特殊性相关联的。交通运输的资本被分成了固定设施和移动设备两大部分,这对运输成本的类别划分具有关键性的意义。

交通运输业的固定设施一般是指交通运输基础设施,如铁路线路、公路、站场和港口等,它们一旦建成就不能再移动,这些基础设施一般不能直接提供运输服务;交通运输业的移动设备是指移动性的载运工具,如铁路机车车辆、汽车、船舶、飞机等,这些载运工具一般用来直接提供运输服务,它们显然也可以根据需要在不同地区或不同运输市场之间转移。

交通运输业资本的这种特殊性质,使得交通运输成本的分类与其他行业有所不同,即除了前述按生产要素的类别、与产量变化的关系以及时间长短等划分外,交通运输成本还需要被特别地划分为固定设施成本、移动设备拥有成本和运营成本三个部分。

1. 固定设施成本

固定设施成本是指政府或企业为形成一定供给能力的固定设施所耗费的所有费用支出,包括建设投资成本、养护维护成本和其他相关成本。

固定设施对每一种运输方式都是必不可少的。铁路运输需要轨道、车站和编组站,汽车需要公路和停车场地,航空离不开机场和空中指挥系统,船舶要在港口停泊和装卸,而管道本身就是固定设施。有些固定运输设施,如管道和铁路的所有者本身就提供相应的运输服务,但是在大多数情况下,固定运输设施的所有者与相应的运输服务的提供者是分离的。

固定设施的建设投资被认为是一种沉没成本,因为这些设施一旦建成就不能再移动,而且在一定程度上不能再被用于其他任何用途。例如,港口和道路被废弃时,原来的码头和路基几乎无法改作他用。有学者甚至认为,从这一点来看,已经形成固定运输设施的投资是没有机会成本的,原因是该资源已经没有再被用于其他用途的机会。由于固定运输设施在地理区域上的位置固定,决定了它只能被与那个位置有关的人或货物利用。也正是由于这个原因,在运输系统中常常出现一部分固定设施出现拥挤而与此同时另一部分固定设施被闲置一边的现象。

固定设施除了初始的投资建设,还需要在使用寿命期间内进行养护和维修,因此固定设施成本还包括养护、维修及其他相关使用成本。与投

固定设施成本: 指政府或企业为形成一定供给能力的固定设施所耗费的所有费用支出,包括建设投资成本、养护维护成本和其他相关成本。

有些固定设施的成本会直接计入交通运输服务供应商的运营成本,比如高速公路的成本通过过路费的形式进入企业成本。

有些固定设施的成本不会直接计入交通运输服务供应商的运营成本,比如城市道路、乡村道路的成本。

资相比,这些固定设施的养护、维修及使用费用比较少,其中有些费用与使用这些固定设施完成的运输量的大小无关,属于固定成本,另外一些费用则可能与运输量有密切联系,属于可变成本。

交通运输成本构成

有些固定设施的成本不会直接计入交通运输服务供应商的运营成本,比如政府投资兴建的城市道路、乡村道路等,具有公共物品的性质,利用城市道路、乡村道路提供客货运输服务的企业无须为此支付费用(当然实际上通过各种税费,比如车船税、燃油税等形式间接支出)。

另外一些固定设施的成本会直接计入交通运输服务供应商的运营成本,比如收费的高速公路,其高速公路固定设施成本通过过路费的形式进入了客货运输企业的运营成本。机场建设成本通过机场服务费的方式进入了航空公司的运营成本。

2. 移动设备拥有成本

移动设备拥有成本是指企业为拥有某种载运工具所花费的所有支出,包括载运工具的购置(或租赁)费用以及与运输工作量无关的维护费用。

管道是唯一仅使用固定设施的运输方式,其他各种运输方式都同时包括固定设施和移动设备,可移动的载运工具包括铁路机车车辆、载货汽车、公共汽车、小汽车、船舶和飞机等。由于这些载运工具可以根据需要在不同运输市场之间,甚至不同用途之间转移(也就是说它们的用途不是唯一的,能够允许人们进行选择),因此在移动载运工具上的投资不属于沉没成本。各种载运工具都有自己的市场价格,其中既有新车、新船、新飞机的市场价格,也存在很多载运工具的二手货市场,以方便人们转让这些还有使用价值的载运工具。

移动设备拥有成本:指企业为拥有某种载运工具所花费的所有支出,包括载运工具的购置(或租赁)费用以及与运输工作量无关的维护费用。

各种载运工具都有自己的使用寿命,为保持载运工具功能的正常发挥,需要定期的维护保养工作,有些维护保养工作与运输工作量无关,其费用属于固定成本支出。载运工具的购置费用在其使用期内会通过折旧逐渐转化为运营成本。使用寿命决定着载运工具的折旧过程。有些载运工具的使用寿命是以年限计算的,在这种情况下,载运工具的折旧转移成本与其使用中所完成的运输量没有直接关系,是每年或每月固定的成本。还有些载运工具的使用寿命是以行驶里程计算的,在这种情况下,载运工具的折旧转移成本就与其使用中提供的运输量直接有关,属于可变成本。

3. 运营成本

运营成本是指交通运输企业为完成运输服务所支出的所有费用,包括人员工资、能源费用、管理费用、折旧费用以及相关的材料及维护费用等。在运营成本中,有两类是直接与运输量相关的可变成本,一类是直接

运营成本:指交通运输企业为完成运输服务所支出的所有费用,包括人员工资、能源费用、管理费用、折旧费用以及相关的材料及维护费用等。

运营人员的工资,另一类是运输工具消耗的能源燃料。运输工作量越大,这些直接的运营成本数量也会越大。除了这些直接与运输量相关的可变成本,运输企业一般还需要配备若干辅助人员和管理人员,这些辅助人员和管理人员的工资以及所需要的工作开支属于间接运营成本。间接运营成本的一部分是与运输量有关的可变成本,其他部分与运输量变动关系不大。

不同运输方式的运输成本中,固定设施成本、移动设备拥有成本和运营成本各自所占的比重或涉及的程度是有差别的,其相应部分伴随运输量的不变性或可变性也不一样。而且,这种不变性或可变性还要根据使用者的具体身份来确定。例如,车票对于每次上车购票的公共交通乘客来说应该是可变成本,因为如果他不出行就没有这笔开销,但对购买月票的乘客来说这却是每月的固定支出。又如,高速公路的保养和维护对其经营者而言大体上是一种固定成本,但对使用收费道路的汽车驾驶员而言,却是根据行驶里程支付的变动费用。

因此,交通运输业的三种成本划分与运输变化的关系交织在一起,再加上运输经营者和使用者的多样化,使得运输成本分析具有较大的难度和挑战性。

10.1.3 交通运输成本的特点

> **交通运输成本的特点**:成本计算对象和单位不同、构成内容不同、计算类别不同、与产品数量关系不同。

交通运输业是特殊的部门,不生产有形的物质产品,在生产和组织管理上有着不同于工业的特点,因而交通运输成本与生产物质产品的工业生产部门的生产成本相比,具有以下几个特点。

1. 成本计算对象和单位不同

从成本计算对象和计算单位看,工业成本是对原材料进行加工后完成的产品成本,它是分产品品种、类别或某批产品来计算的。而交通运输企业不生产产品,只提供位移服务。比如,就铁路运输业而言,其服务是旅客和货物的位移,运输成本的计算对象是旅客和货物运输两大类服务。至于运输成本的计算单位也不同于工业成本。虽然铁路运送的是旅客和货物,但运输成本却不能只按运送的旅客人数和货物吨数来计算,而是采用运输数量和运输距离的复合计量单位,即按旅客人公里、货物吨公里或换算吨公里来计算。这是因为运输距离不同所消耗的费用也不同,只用旅客人数和货物吨数不能反映运输服务量和消耗水平。

2. 成本构成内容不同

从成本构成内容看,一般工业产品成本中构成产品实体的原材料消耗占较大比重。而运输企业不生产有形的物质产品,只提供运输服务,因而在其成本构成中,不像一般的工业产品生产那样消耗原材料,只消耗相当于原材料那部分流动资本的燃料、能源和动力等。运输成本中所发生的材料费用主要用于运输设备的运用、保养和修理方面,相对来说所占比重不大。

交通运输业资本密集,固定设施成本巨大。这是因为交通运输业的发展需要大量的固定资本投入,耗费巨资购置运输设备,建设运输线路、港、站、枢纽等运输基础设施。在运输成本中,占比重最大的支出是固定资产折旧费,约占全部成本的一半,其次是燃料费和工资。这和工业产品的成本构成显然是不同的。

3. 成本计算类别不同

从成本计算类别看,工业企业要分别计算生产成本和销售成本,二者构成了产品的完全成本。在一般的生产性行业中,销售费用在其总成本中占有相当大的比重,有的甚至销售费用大于其生产费用。而运输服务不能脱离运输过程单独存在,运输生产过程就是其提供运输服务的过程,其生产过程和销售过程是结合在一起的,边生产边消费。因此,运输成本没有生产成本和销售成本之分,也没有半成品与产成品成本的区别,运输成本只计算它的完全成本,运输企业的生产成本就是其提供运输服务的成本。

交通运输成本的特点

4. 成本与产品数量关系不同

从成本与产品数量的关系看,工业生产过程中耗费的多少,与完成的产品数量直接相关。而运输服务则有所不同,尽管它的生产成果所完成的运量和周转量,其经济效益又体现在以吨(人)公里为计量单位的劳动消耗上,但其生产耗费的多少,主要取决于车、船、飞机运行距离的长短,而不是取决于完成周转量的多少。因为运输服务过程中,车、船、飞机不可避免有空驶情况存在,完成的周转量与实际的运输消耗不完全相同。如果有较大的空驶,虽然完成的周转量不多,但实际消耗依然很大。

10.1.4 交通运输成本的复杂性

1. 固定设施建设成本问题

利用一般成本理论进行交通运输经济分析需要注意一些特殊问题,固定运输设施的影响就是其中之一。由于固定运输设施常常规模巨大,新的固定设施往往会使短期平均成本曲线的形状和位置发生很大的改变,这就造成相对于其他一些产业,运输业的长期平均成本曲线可能显得不那么平缓和有规则。如图10-1所示为一个新固定设施投产所引起的平均成本变化。

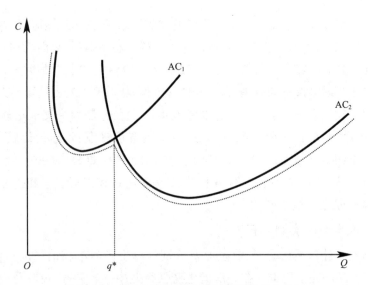

图 10-1 一个新固定设施投产引起的平均成本变化

图中，AC_1 和 AC_2 分别代表新的固定运输设施建成前后的两条短期单位平均成本曲线，AC_2 的运输能力远远超过 AC_1，其平均成本也比较低。显然，在运输需求小于 q^* 的情况下，使用 AC_1 的固定设施组织运输更为合理。而在运输需求大于 q^* 的情况下，使用 AC_2 的固定设施规模组织运输才更合适。在图中沿 AC_1 和 AC_2 两条曲线下部形成的虚线就代表了这段相对长时期的平均成本曲线，它存在着隆起而不那么平缓。

> 由于运输基础设施在一定程度上的不可分割性，运输业的长期平均成本曲线可能显得不那么平缓和有规则。

运输业长期平均成本曲线存在隆起的主要原因是运输基础设施在一定程度上的不可分割性。例如，一条铁路或公路不能只建设其中的一段，一座大桥也不能只造一半，于是投资巨大的工程项目完工就会形成新的强大的运输能力，并形成急剧改变的新短期成本曲线。

当然，不同运输方式和不同运输企业长期平均成本曲线隆起的程度是有区别的。一般来说，固定设施投资越小，或固定设施成本所占比重越小的，隆起的程度也越小。例如，如果一家汽车货运企业仅通过购买新车扩大了运营业务，而在固定设施方面没有新的投资，那么它的短期成本曲线的形状和位置可能变化不大。

2. 成本不可归依性问题

> 成本不可归依性：指有些运输成本的发生无法归结或分摊到某一具体的旅客或货物运输上。

运输成本分析的另外一个难点是运输成本的不可归依性。运输成本的不可归依性(Untraceability)指的是有些运输成本的发生无法归结或分摊到某一具体的旅客或货物运输上。比如客货混行的某段铁路线路上同时行驶着旅客列车和货物列车，线路磨损产生的维护成本很难准确归结到某一列车上。一次飞机航班运送旅客，同时下层货舱装载着货物，这次飞行的成本如何归结分摊到某一个旅客或某一件货物上？这是迄今为止尚无法准确回答的问题。

运输成本出现不可归依性的原因是运输业范围经济的存在。范围经济是指两种或两种以上的产品或服务由一个企业提供比由两个或多个企业分别提供时的成本更低或效率更高。运输业产品或服务的多样性使得运输业的范围经济现象十分普遍，即由同一运输企业提供多种多样不同的运输产品或服务。运输企业合并运量、充分利用固定设施和载运工具的能力，在很大程度上也是发挥其范围经济的优势。

交通运输成本分析的难点

3. 增量成本问题

增量成本（Incremental Cost）是指新增加一个完整的产品或服务的供给所带来的成本。增量成本和边际成本有一定的联系。边际成本是指每增加一单位产品产量或服务所带来的成本。如果新增加的产品就是一个单位，此时的增量成本就是边际成本。对于大部分工业产品的生产来说，边际成本分析更常用一些，但如果新增加的产品需要若干单位聚合在一起更有意义，这时会用到增量成本分析。

增量成本：指新增加一个完整的产品或服务的供给所带来的成本。在运输成本分析中，增量成本有时比边际成本的概念更重要。

在运输成本分析中，增量成本有时比边际成本的概念更重要。运输服务的度量单位一般是吨公里或人公里，运输服务的边际成本是指增加一个单位的吨公里或人公里数所增加的运输成本，然而吨公里或人公里并不是实际的运输产品，一位旅客随飞机在空中飞行一公里距离与他的整个旅程有很大差别，因此传统的边际成本分析在此处也体现出一定的局限性，以吨公里或人公里计算的边际成本仍然带有某种平均的性质。

以旅客运输服务为例，增量成本是要计算某一特定的航程服务中，假定系统其他条件不变，新增加一个旅客的成本，而不是新增加一个人公里的成本。可以看出，边际成本和增量成本有一定的联系又有所不同，在交通运输经济中有时增量成本分析更重要。

4. 联合成本问题

联合成本（Joint Cost）是指提供 A 产品或服务必定会同时带来 B 产品或服务时，B 产品或服务的成本就是 A 产品或服务的联合成本。A 和 B 称为联合产品（或联合服务），联合产品（Joint Product）是指两种产品（或服务）以某种无法避免和改变的比例关系被同时生产出来。联合成本的出现是由于联合产品（或服务）的存在。

联合成本：指提供 A 产品或服务必定会同时带来 B 产品或服务时，B 产品或服务的成本就是 A 产品或服务的联合成本。

以运输返程回空为例，一条独立运煤铁路线路，由于没有其他货物，满载的运煤列车由煤矿驶往电厂，卸载后空车返回，满载的煤炭运输当然是该铁路的主要产品，但空列车必须返回煤矿才有可能开始下一次运输，而且因为列车往返的比例是不变的，所以返程回空的列车就成了满载煤

联合产品：指两种产品（或服务）以某种无法避免和改变的比例关系被同时生产出来。

炭列车的联合产品。于是，列车空返的成本就是满载列车运输的联合成本，它们是不可分割的。

又如，一架150座的客机在为机上任何一个客座提供飞行服务时，也就同时提供了其余149个客座的飞行服务，这无法随意改变，因此这一个客座与其余149个客座的飞行服务也是联合产品，而这150个客座的飞行成本也是不可分割的联合成本。

联合成本还体现在固定运输设施方面。例如，一条公路建成通车后每天24h都可以使用，如果硬要把它分成每小时一段的公路使用服务，并且把每天下午3:00—4:00那一段的建设成本分离出来，那也是不可能的。因为公路不可能只为每天下午3:00—4:00建设，而不为其他23h建设，该公路的建设成本应该是每天24h的联合成本。联合成本的存在给运输成本分析增加了一定的难度。

5. 共同成本问题

共同成本：指多种产品或服务需要使用相同的资源要素，这些资源要素的费用支出就成为这些产品或服务的共同成本。

共同成本（Common Cost）是指多种产品或服务需要使用相同的资源要素，这些资源要素的费用支出就成为这些产品或服务的共同成本。

共同成本与联合成本有相似之处，但是概念不同。联合成本指在一种生产过程中同时出现两种或两种以上产品时所发生的生产成本，并且这些产品或服务以某种无法避免和改变的比例关系被生产出来；而共同成本的出现则往往意味着多种产品或服务的生产正在使用同一种不可分割的资源，使用资源提供某一种产品或服务并非不可避免地导致另一种产品或服务。

运输中有关共同成本的一个经典例子就是道路设施供给，一条道路可能同时被货车和客车使用，道路的使用成本就是共同成本，这些成本将由货车和客车的使用者共同承担。共同成本存在的问题是常常难以准确界定不同使用者的责任，因此成本在各个责任者之间如何分担是比较困难的。

共同成本的存在当然也为不同运输产品或服务的成本分担造成了困难，但其原理与联合成本还是有区别的。共同成本可以使其中的某一部分增量成本找到相应的对象，而联合成本中的任何一部分都不可能分离出来。例如，一列运货列车有50节车厢，这列列车的运输成本对这50节车厢来说是共同成本，而不是联合成本，其原因在于列车的长度是能够改变的，车厢可以多一些也可以少一些，从技术上看，这50节车厢不是绝对不可分的。

由于运输业中存在网络经济以及多产品生产的特点，机会成本、沉没成本、增量成本、联合成本和共同成本的重要性，以及固定设施和移动设备两种资本形式的存在等因素，使得运输成本的计算与分析带有很大的挑战性。运输成本计算主要是将已发生的各种费用尽可能细致地分类，以便把这些费用直接归并到具体的运输服务项目中去；而无法直接归依的费用就作为综合费用或管理费用分配到所有的服务项目中，最后汇总为运输服务的完全分配成本。

10.2 交通运输成本计算与分析

10.2.1 交通运输成本计算

交通运输成本计算是交通运输成本管理的重要环节，它是在交通运输支出日常核算和定期结算的基础上，对交通运输总成本和单位交通运输产品成本进行的计算。

1. 交通运输成本的会计分类

（1）按费用要素分类

交通运输成本按费用要素分为工资、材料、燃料、电力、折旧和其他。

工资指企业支付给员工的劳动报酬，主要包括基础工资、职务工资、附加工资、计件（计时）工资、加班加点工资、各种奖金、各种津贴及其他工资等。材料指运输生产和管理服务工作耗用的材料、配件、润滑油脂、工具、备品、劳保用品、清扫照明材料等。燃料指用于运输机械（火车机车、汽车和轮船）运营、生产、取暖和烧水用燃料（含固体、液体和气体燃料）。电力主要体现在铁路运输中，是指支付铁路发、配、变电厂及路外单位的机车牵引用电力和其他电力费。折旧指按规定提取的基本折旧费和修理提成费。其他指不属于以上各要素开支的费用，如福利费、集中费、差旅费、邮电费、租赁费、按规定支付的客、货运输事故赔偿费和支付附属企业及其他单位的劳务费等。

> 交通运输成本按费用要素分为工资、材料、燃料、电力、折旧和其他。

（2）按支出与生产过程的关系分类

交通运输成本按支出与生产过程的关系，可分为生产费与管理费。

生产费是运输生产过程中所发生的全部费用，它又分为基本生产费和一般生产费两种。前者是在运输生产过程中，运营、维修直接发生的费用，如办理客货运输业务费用、企业的车辆费用和船舶费用、运输机械设备维修费等，包括燃料费、材料、维修费等；后者是指为基本运输生产服务的辅助生产费用，如生产工具备品和劳动保护费等。管理费则是指组织和管理运输生产而发生的各种费用，如管理及服务人员工资、办公费、差旅费等。

> 交通运输成本按支出与生产过程的关系，可分为生产费与管理费。

（3）按支出与运量的关系分类

交通运输成本按支出与运量的关系，分为可变支出和固定支出。

可变支出是指基本上随客货运量的增减成比例变化的费用,如各种客、货运输服务费用,车辆运营所用燃料和电力费,车辆维修费,轮胎,港口费等。固定支出则是指在一定时期和一定运量范围内,不随运量增减变化,相对保持稳定不变的费用,如房屋建筑物维修费、管理费、计时工资、船舶或车辆折旧等。但是,实际支出中还有些是介于可变支出和固定支出之间的费用,可称为半可变支出或半固定支出(或称为混合支出)。对这些支出要采用一些方法将其分开,以便分别列入可变成本和固定成本。

(4) 按支出计入成本的方法分类

交通运输成本按支出计入运输产品成本的方法,分为直接费和间接费。

直接费是专为某种运输所发生的费用,如燃料、轮胎、港口费等,当分别计算不同产品运输成本时,可直接计入某项产品成本中。例如,在分别计算旅客和货物运输成本时,客车维修和货车维修费即可直接计入旅客和货物运输成本。间接费则是完成两种或两种以上运输共同发生的费用,当分别计算不同运输产品成本时,必须采取适当的办法在各种产品之间进行分配,从而分别列入有关产品成本。例如,管理费用、通信信号设备维修费、各项一般生产费等,在分别计算客、货运输成本时,就需按适当指标进行分配。

(5) 按经济用途分类

交通运输成本可按经济用途设置成本科目和项目,以用途为基础进行分类。

如运营费用分别用于运输和装卸,就设置运输支出、装卸支出等分类账户;又如,材料用于车船运营消耗,或是用于装卸机械的保养和运营消耗,则列入相应成本的材料项目;而运营车辆各级保养所发生的工料费用以及车辆、装卸机械耗用的各种材料、液压油料等,则列入运输成本的保修项目。其他业务支出总分类账户下则设置旅客服务、船舶出租、外轮理货、短途运输等项目,也是根据用途分类设置的。

2. 定期成本计算

定期成本计算是为了考核运输企业的平均运输成本和经营管理水平,按照规定的期间如年度、季度按期进行的成本计算。

(1) 主要计算指标

主要计算指标包括按期计算的综合平均运输成本,即旅客人公里成本、货物吨公里成本、换算吨公里成本等。

① 旅客人公里成本。

$$旅客人公里成本 = \frac{客运支出总额}{旅客总周转量} \quad [元/(万人 \cdot km)] \quad (10\text{-}1)$$

②货物吨公里成本。

$$货物吨公里成本 = \frac{货运支出总额}{货物周转量} \quad [元/(万t \cdot km)] \quad (10\text{-}2)$$

③换算吨公里成本。

$$换算吨公里成本 = \frac{运输支出总额}{换算周转量} \quad [元/(万t \cdot km)] \quad (10\text{-}3)$$

换算吨公里成本是客货运输产品的综合成本指标,它能及时反映运输企业运输成本的一般水平,为分析成本计划完成情况、比较各时期成本高低提供依据。在进行成本计算时,运输支出总额应严格保持规定的成本开支范围,以保证运输成本计算的正确性。

(2) 换算周转量

所谓换算周转量,是将旅客人公里按一定换算系数折合成吨公里,再与货物吨公里相加得到的总周转量。

对于不同的交通运输方式,旅客人公里的换算系数不同。目前,我国规定的换算系数:铁路运输为 1,即 1 人·km 换算为 1t·km;公路为 0.1,即 10 人·km 换算为 1t·km;水运铺位为 1,即 1 人·km 换算为 1t·km,水运座位为 0.33,即 3 人·km 换算为 1t·km;航空运输国内航线成人按 1 人为 72kg,国际航线成人按 1 人为 75kg(均包括 5kg 手提行李)进行换算,因此航空国内换算系数为 0.072,国际换算系数为 0.075。这种换算系数是根据过去长期的平均情况,若干旅客人公里和每一货物吨公里的成本比较接近且使用方便,故一直沿用。

但是,换算系数与基础设施、载运设备的技术水平以及运输组织管理水平密切相关,因此换算系数应该是一个动态变化的值,目前已经长期使用的换算系数是否能比较准确地反映实际状况值得进一步研究。

另外一个值得注意的问题是,根据什么目标准则来确定换算系数对数值的大小也有很大的影响。换句话说,如果若干人公里旅客周转量可以换算为 1t·km 货物周转量,那么是否意味着完成这若干人公里旅客周转量与完成 1t·km 货物周转量花费的成本相等,或是占用的运输能力相同,还是消耗的能源相同? 采用不同的目标准则,换算系数也应该是不一样的。

(3) 相关成本划分

分别计算客、货运输成本,就要将全部运输支出划分为客运支出和货运支出两部分。对于不同的交通运输方式,如何正确划分客、货运输成本

换算周转量:将旅客人公里按一定换算系数折合成吨公里,再与货物吨公里相加得到的总周转量。

也是比较复杂的。相对而言,铁路更具有特殊性,因为在很多情况下,客、货运输的基础设施是共用的,属于共同成本,有时很难准确界定出哪些支出属于客运,哪些支出属于货运。

划分时要根据运输支出科目的内容逐个进行分析,将完全与旅客运输或货物运输有关的费用直接列入客运支出或货运支出;与客、货运输都有关的费用,则按照适当指标和客货运输比例在客、货运输支出之间进行分配。具体计算时能直接列入客、货运输支出的费用和支出科目的设置有关。在基本生产费科目尽量分客、货运设置的情况下,能直接列入客、货运输成本的费用就多;反之,则较少,须经过分配列入的费用比重就增大。选择分配指标时,要考虑该项指标与哪些支出有密切联系,能比较合理地把这些支出分配到客、货运输成本中去;同时,也应考虑到计算工作不致过于烦琐。

根据现行规定铁路关于客、货运输支出的划分一般有以下方法:

①直接列入客运的支出。包括:车站及列车旅客服务、卧具、行李包裹运送、专运费,客运机车乘务组工资,客运机车运转用燃料和电力、客运机车运转用油脂,旅客渡江航渡,各种客车修理费、客车折旧费等。

②直接列入货运的支出。包括:整车、零担、集装箱货物运输、易腐货物运输、货车篷布及集装箱使用费,军运费,国际联运杂项支出,货运机车乘务员工资,货运机车运转用燃料和电力、货运机车运转用油脂、其余航渡费,各种货车修理费、货车使用费、货车折旧费、驼峰电务设备维修费等。

③按各种机车客、货运输总重吨公里比例分配的支出。包括:内燃和电力机车整备、机车软水用药、机车折旧费等。

④按各种机车客、货运输总走行公里比例分配的支出。包括:内燃机车和电力机车的洗修(定修)、架修,内燃机车和电力机车的技术服务费等。

⑤按各种机车客、货运输调车公里比例分配的支出。包括:内燃机车的专用调车机车乘务组工资、机车运转用燃料、机车运转用油脂等。

⑥按客、货运输列车公里比例分配的支出。包括:车站运转、列车运行、运输调度人员经费、电务费等。

⑦按客、货运输周转量比例分配的支出。包括:救援列车、电力设备运用维修、房建费合计等。

⑧按电力机车客、货运输用电力比例分配的支出。包括:电力机车供电设备运用维修和折旧费。

⑨按客、货运输基本生产人员比例分配的支出。包括:运输和机务部

门的一般生产费与管理费等。

3. 非定期成本计算

非定期成本计算不是按期进行的,它是为了完成某项特定的任务在需要时进行的成本计算。由于所要解决的任务不同,因此有各种不同的计算种类和方法。例如,为制定和调整客、货运价,需计算分货种类别的货运成本和分座席类别的客运成本;为确定各种运输方式间货流分配,选择合理的货物流向,或评价加强道路通过能力各种方案的经济效果,需计算具体道路或不同方向的运输成本;为评价投资效果或采取某项技术改造措施的经济效果,需计算车辆运营成本等。为解决这些任务而采用的成本计算方法也是不同的。非定期成本计算使用的资料除了统计和决算资料,还包括专门调查或补充计算得到的资料。其计算目的,除了反映和考核生产耗费外,还可以作为目标成本、边际成本、标准成本的数据,也可以作为成本、产量、利润分析及各种预测和决策的依据。

非定期成本的计算方法有很多种,概括起来大致有以下几种方法。

(1) 支出科目直接计算法

根据需要计算的成本,按不同业务部门,将支出科目逐一分析,确定每个支出科目与成本的关系,然后计算某项因素变动对科目的影响,把对各科目的影响加总,求出成本变动的情况。此方法的优点是计算准确;缺点是计算工作量大,比较烦琐。

(2) 运输作业过程分项计算法

计算时,首先要对支出进行划分,如铁路可以划分为始发到达作业费、中转作业费和运行作业费。然后,再根据有关的运营资料及公式进行计算。该种方法因为考虑了运输距离、车辆载重量、各种车辆的修理费、折旧费等因素,其计算结果比较精确;缺点是工作量大,划分作业过程时有一定难度。

(3) 单位支出分摊法

用该种方法计算某项成本时,把能直接列入的支出直接列入该项成本,不能直接列入的支出可以将性质相同或相类似的支出科目归纳在一起,形成一个"单位",然后将"单位"支出用同一个运营指标分摊,列入某项成本。此种方法实质上是支出科目直接计算法的派生方法,它可以减少直接计算法的工作量。

(4) 支出率法

用单位指标支出率计算和分析营运成本。该方法简单易行,但在支出率指标的确定上存在一定的难度。

10.2.2 影响交通运输成本的因素

影响交通运输成本的因素主要包括运输规模、运输距离、装载率、空驶率等基本影响因素。

1. 运输规模

规模经济是交通运输业的基本经济现象。交通运输业的规模经济是指随着运输规模的增大，单位运输成本降低的经济现象。在交通运输业中，每一种运输方式都有规模经济的问题，即适度的规模可以使运输成本达到最低。

①铁路运输中的规模经济问题主要是机车的牵引力、功率的大小与线路上的行车密度。在货源充足的情况下，大牵引力机车之所以比小牵引力机车的营运成本低，一方面是因为机车的造价并非与其牵引力等比例增加，因而大牵引力机车分摊到单位货物上的设备成本要小于小牵引力机车；另一方面是因为就每吨公里货物所分摊的各项成本而言，运量大的列车会低于运量小的列车。因此，铁路实现由粗放经营向集约经营转变的重大举措就是开行长、大列车，实行货物运输重载化。

②公路运输中车辆的载重也属于规模经济问题，随着车辆载重吨位和载客能力的增加，每吨公里、人公里的成本必然降低，其原因就是大型车辆的人工费、燃油、检修和其他费用相对于小型车辆都更为节省，有较高的设备产出率。

③在航空运输中，飞机的舱容属于规模经济问题，大型飞机的运输成本之所以低于小型飞机，除了其造价与舱容存在非等比关系外，还因为随着载客量的增加，燃油、空勤人员的工资等分摊到单位运量上的费用减少。

④水路运输中的规模经济问题主要是船舶的大小。吨位越大的船舶，每吨公里的运输成本越低。因为随着货运量的增大，分摊到单位运量上的固定费用减少，所以船舶的大型化趋势明显。此外，水路运输成本还受到港口水深、码头长度、航道通过能力以及货源等诸多条件的限制。

⑤管道运输的规模经济特性在于管道的直径越大，单位运输成本越低。国外有研究表明，管道运输能力每增加一倍，单位吨公里的运输成本可降低30%。当然，其前提条件是有充足的货源和在多年内保证足量的运输。

交通运输业的规模经济除了上述载运工具的规模之外，还有交通基础设施的规模，即运网的水平、通达程度，其运网密度越大，通达性越高，规模经济效益越好。此外，在既定运输线路上，运输线路通行密度的大小也可以归结为规模经济问题,有些学者也称其为密度经济,但实际上是规模经济的一种特殊表现方式。例如,铁路用计算机操控,建立自动化信号系统、电子自动闭塞,增加线路行车密度,可以降低成本,这主要是因为行车密度加大后,每吨公里货物和人公里旅客所分摊的运输线路等基础设施的投资及维护成本都大为减少;高速公路在保持安全行车距离的前提下,车流量的增大也会创造规模经济效益,但车流量过大会使行车速度下降,反而使经济效益下降。

2. 运输距离

由于各种运输方式的技术经济特点不同,每一种运输方式都有自己合理的经济运距范围。一般来说,航空运输与海洋运输最适合长距离运输,铁路和内河运输最适合中、长距离运输,公路运输最适合短途运输。在经济合理的运距范围内,各种运输方式的平均吨公里、人公里的运输成本随着距离的延长而递远递减。这是因为运输成本可分为线路成本和站点成本,按运输成本与距离的关系,运输作业中的发到作业与中转作业等站点成本与距离不发生关系。因此,随着距离的延长,分摊到每吨公里、人公里的发到作业、中转作业等站点成本减少,单位运输成本也随之降低。

在航空运输中,这种单位成本的下降主要来自于两个方面:一是随着飞行距离的延长,飞机起飞、滑行、上升、降落的时间在总飞行时间中的比重下降,所以与此相关的成本也在下降;二是间接飞行成本中的售票、订票、行李服务费等与距离无关的费用随着飞行距离的延长,分摊到每吨公里、人公里的货物、旅客的费用下降。

影响交通运输成本的因素

在水路运输中,航程越远,单位成本所分摊的装卸费用、中转费用、港口使用费以及折旧费、保险费、借贷利息等越少,只有燃料费用随航程延长而等距离增加,因而距离越长,水运的经济性也就越好。铁路运输也有类似的情况,但公路运输稍有例外。

还必须指出的是,即使是在同一种运输方式的内部,由于运输设备的大小和性能的不同,它们也有自己合理的运距范围,在一定距离范围内,延长运距可降低成本,但超过合理的运距范围,延长运距反而会增大成本。因此,每一种运输方式,甚至每一种具体的运输生产过程,都有一个运输设备的规模与运距合理搭配的问题。例如,飞机、汽车、船舶的大小,管道直径的粗细以及火车机车牵引力的大小与其经济运距的关系是在这些运输设备设计和制造时就已经考虑到了的,因而其经济性与运距有直接关系。

3. 装载率

装载率也称装载系数,即实际装载重量与定额装载重量的比例或实际载客量与定额载客量的比例。装载率对运输成本有极大的影响。各种运输方式下的运输设备,其运行成本的高低,都与装载率有密切的关系,装载率对运输成本的影响是最为明显的。

在一般情况下,在额定的装载量范围内,随着装载量的增加,单位运输成本下降,这是由于无论是船舶、汽车还是飞机,从半载到满载的总成本并不会增加很多,因为设备磨损并无差别,况且作为营运成本中的人工费和维修费几乎不变,虽然燃料费会有所增加,但由于运输设备自重的影响,燃料费并非等比增加,所以平均成本是装载系数的函数,它随着装载系数的提高而下降。在距离已定的情况下,运输成本随运输设备的装载量的增加而下降。

4. 空驶率

空驶率指运输企业载运设备空驶行程占总行驶里程的比例。载运设备空驶是不可能完全避免的,因为载运工具必定是往返运行的,有时在回程即使没有装载货物,也必须空驶返回原处,因此空驶行程是运输生产活动中一个必要的组成部分。影响载运设备空驶的因素很多,例如,货流的平衡性、载运设备与货物相适应的程度、港站布局等。

正因如此,运输企业要提高经济效益,应尽可能让运输设备减少空驶里程,比如合理利用返程运力,提高车辆的调度效率等。

10.2.3 交通运输成本分析

实现服务对象的空间位移是交通运输的主要任务,可以说运输距离是影响交通运输成本的最重要的因素之一。另外,载运工具运用的效率、劳动生产率的高低以及燃料、材料的节约或浪费最终都会影响到运输支出的增减和运输成本的升降。加强对交通运输支出和成本的分析,可以及时了解运输生产过程中各项费用的节约和超支情况,找出运输支出和成本发生变化的原因及各种因素对其影响的程度,提高交通运输企业的现代化管理水平。

1. 运输距离影响分析

假定甲地和乙地相距 $L(km)$,现有数量为 Q(万 t)的货物要从甲地运往乙地,运输总成本(TC)可分为始发到达作业成本($TC_{发到}$)、中转作业成本($TC_{中转}$)和运行作业成本($TC_{运行}$)三部分。其中始发到达作业成本与中转作业成本为站点作业成本,只和货物数量有关,与运输距离无关;而运行作业成本为线路成本,既与货物数量有关,也随着运输距离的增加而增加。

$$TC = TC_{发到} + TC_{中转} + TC_{运行} = a \cdot Q + b \cdot Q + c \cdot Q \cdot L \quad (10-4)$$

式中:TC——运输总成本,元;

　　$TC_{发到}$——始发到达作业成本,元;

　　$TC_{中转}$——中转作业成本,元;

　　$TC_{运行}$——运行作业成本,元;

　　Q——货物运输量,万 t;

　　L——运输距离,km;

　　a——始发到达作业费率,元/万 t;

　　b——中转作业费率,元/万 t;

　　c——运行作业费率,元/(万 t·km)。

由于始发到达作业成本与中转作业成本和运输距离的长短无关,因此,当运输距离延长时,虽然运输支出总额也会增加,但单位运输成本分摊的这部分费用却会减少,从而使平均运输成本降低:

$$AC = \frac{TC}{Q \times L} = \frac{a+b}{L} + c \quad (10-5)$$

式中:AC——平均运输成本,元/(万 t·km);

　　其余变量含义同上。

从式 10-11 可看出:平均运输成本中的发到作业成本和中转作业成本与运输距离成反比,运行作业成本固定不变。总体上,平均运输成本与运输距离成反比关系,参见图 10-2。

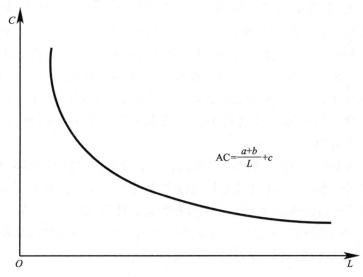

图 10-2　平均运输成本与运输距离关系

【例 10-1】 设某运输企业在运输距离为 500km 时的平均运输成本为 200 元/(万 t·km),其中发到作业和中转作业成本占平均运输成本的 20%,运行作业成本占 80%。如果其他条件不变,那么在运输距离变为 1500km 时,平均运输成本为多少?

解 由已知条件,平均运输成本 AC = 200 元/(万 t·km),运行作业费率 c 为:

$$c = AC \times 80\% = 200 \times 0.8 = 160 \text{ 元/(万 t·km)}$$

在运输距离 L 为 500km 时,发到作业和中转作业费率 $a+b$ 为:

$$a + b = (AC - c) \times L = (200 - 160) \times 500 = 20000 \text{ 元/万 t}$$

当其他条件不变,运输距离 L_1 为 1500km 时,平均运输成本 AC_1 为:

$$AC_1 = \frac{a+b}{L_1} + c = \frac{20000}{1500} + 160 = 173.3 \text{ 元/(万 t·km)}$$

可以看出,随着运输距离从 500km 增加到 1500km,平均运输成本从 200 元/(万 t·km)降为 173.3 元/(万 t·km)。

2. 运输数量影响分析

运输数量的大小也会影响运输成本。运输数量的大小一方面是规模经济的范畴,即大规模的运输数量会降低平均运输成本;另一方面,从微观层面,运量大小更直接地影响运行作业成本的高低,这更多地是由载运工具的运用效率提高所决定的。

距离影响运输成本的案例

在一定类型载运设备条件下,通过加强运输组织工作和采用先进工作方法,改进载运工具运用,或对载运设备进行技术改造,都可使载运工具的运用效率提高。载运工具的运用效率变化对载运成本有重要的影响。因为与运量有关的可变支出和载运工具运用工作量及载运工具需要量是直接关联的,提高载运工具运用效率,无论是提高车辆装载率,还是加速载运工具周转,都会在不同程度上使完成一定运输周转量的载运工具运用工作量或载运工具需要量减少,从而使运输成本降低。

载运工具运用效率主要会影响运行作业成本。在公式(10-4)中,用简化的运行作业费率来计算平均运行作业成本。实际上,载运工具对运行作业成本的影响分两部分:一部分和载运工具的装载量多少无关,只和运输距离相关,相对于运量来说是固定支出;另一部分既和运输距离相关,也和运量相关,是可变支出。

$$TC_{运行} = c \cdot Q \cdot L = d \cdot L + e \cdot Q \cdot L \tag{10-6}$$

式中：$TC_{运行}$——运行作业成本，元；

Q——货物运输量，万 t；

L——运输距离，km；

c——运行作业费率，元/（万 t·km）。

d——载运工具固定支出费率，元/km；

e——载运工具可变支出费率，元/（万 t·km）。

载运工具固定支出主要包括设备折旧、维护费用、管理费用等，这些支出和货物运输量的关系不大，属于固定支出。其他像燃料消耗、直接运输员工费用等和运量相关，属于可变支出。由于载运工具固定支出与运量大小无关，因此，随着设备实载率的提高，货物运输数量的增加，平均运行作业成本（即运行作业费率）会降低：

$$c = \frac{TC_{运行}}{Q \cdot L} = \frac{d}{Q} + e \quad (10\text{-}7)$$

平均运行作业成本与运输数量呈反比关系。

但对平均运输成本 AC 来说情况比较复杂。运输数量的增加会降低运行作业费率，另一方面，运输数量的增加有可能增加到发作业的难度和中转作业的复杂性，因此对始发到达作业费率和中转作业费率的影响可能是非线性的，有可能使之增加，也有可能使之减少。这样，运输数量对平均运输成本的影响不像运输距离的影响简单。尽管如此，在大部分情况下，随着运输数量的增加，平均运输成本一般也呈下降的趋势。

10.3 运价特征与类型

10.3.1 运价的特征

交通运输价格（Transport Price）也简称为运价，和一般商品的价格相比，运价具有以下特征。

1. 运价是一种服务价格

交通运输企业为社会提供的效用不是实物形态的产品，而是通过运输工具实现货物或旅客在空间位置的移动。在运输生产过程中，运输企业为货主或旅客提供了运输服务，运输价格就是运输服务价格。

服务产品与有形产品最大的区别是：服务产品是无形的，既不能储存，也不能调拨，只能满足一时一地发生的某种服务需求，运输企业产品的生产过程也是其产品的消费过程。因此，运输价格就是一种销售价格。

同时，由于运输产品的不可储存性，因此当交通运输需求发生变化时，只能靠调整运输能力来达到运输供求的平衡。而在现实中运输能力的调整一般具有滞后性，故运输价格因供求关系而产生波动的程度往往较一般有形商品要大。

2. 货物运输价格是商品成本的组成部分

社会的生产过程不仅表现为劳动对象形态的改变，也包括劳动对象的空间转移，这样才能使物质产品从生产领域最终进入到消费领域。在很大程度上，商品的生产地在空间上是与消费者相隔离的，这就必须要经过运输才能满足消费者对商品的实际需要。

> 运价是一种服务价格，货物运输价格是商品成本的组成部分，运价根据运输距离的不同而有差别，运价根据运输线路的不同而有差别，运价具有比较复杂的比价关系。

一般而言，商品包括生产过程、运输过程和销售过程。与此对应的，商品的总成本包括生产成本、运输成本、销售成本，而商品的运输成本就是商品作为货物的货物运输价格，货物运输价格是商品总成本的组成部分。货物运价在商品总成本中的比率主要根据商品本身的单位重量价值的高低来决定。比如，南非生产的钻石运到中国销售，其运输成本在其总价值中就只占很小的比例。而巴西的矿石运到中国市场销售，其运输成本在矿石总价值中所占的比例就比较大。在外贸进、出口货物中，班轮货物的运价与商品价格的比率为1%~30%，大宗廉价货物的运价与商品价格的比率可达30%~50%。由此可见，货物运价会直接影响商品的销售价格。

3. 运价根据运输距离的不同而有差别

运输产品的计量单位是复合单位——吨公里或人公里，既有质量，又有距离。货物运输或旅客运输按不同运输距离规定不同的价格，称为"距离运价"或"里程运价"。这是因为运输产品即运输对象的空间位置移动是以周转量来衡量的，货物周转量以吨公里为计量单位，而旅客周转量则以人公里为计量单位。因此，运价不仅要反映所运货物或旅客数量的多少，还要体现运输距离的远近。运价以"元/吨公里"表示，叫作吨公里运价率。

同种货物的每吨公里运价因运输距离的不同而有所差别，甚至差别较大。因为不同运距的货物运输成本不同，总的趋势是运输成本随运输距离的延长而逐渐降低，即运输成本的递远递减。但是，差别运价率的制定，其递远递减程度、递远递减的终止里程，除了考虑不同运输成本因素外，还要考虑市场供需的影响，有时还要考虑政府的运价管理政策的制约。

一般运价率随运距的延长而不断降低，在近距离降低得快，在远距离降低得慢，超过一定距离可不再降低。运价率的变化，会因运输方式不同而有差别。一般来讲,铁路运输、水路运输的运价率变化很明显,公路运输的运价率变化较小。

4. 运价根据运输线路的不同而有差别

货物运输或旅客运输按不同运输线路规定不同的运价,称为"航线运价"或"线路运价"。采用此种运价是基于运输生产的地域性特点,运输工具在不同航线(或线路)上行驶,因自然条件、地理位置等不同而有显著差别。由于运输条件各不相同,即使货运(或客运)周转量相同,运输企业付出的劳务量相差很大。因此,有必要按不同航线或线路采用不同的运价。目前,这种运价同样广泛地使用于远洋运输和航空运输中。

5. 运价具有比较复杂的比价关系

货物运输或旅客运输,可采用不同的运输方式或运输工具加以实现,因此最终达到的效果也各不相同,具体表现为所运货物的种类、旅客舱位等级、载运数量大小、距离、方向、时间、速度等都会有所差别。而这些差别均会影响到运输成本和供求关系,在价格上必然会有相应的反映。

例如,甲、乙两地之间的旅客运输可供选择的运输方式为铁路运输和水路运输,而铁路运输硬席卧铺的舒适程度与水路运输三等舱位相仿,但由于前者运输速度快于后者,因此,在一般情况下铁路运输票价会高于水路运输。若水路运输票价高于铁路运输,旅客都不会选择水路运输,会造成铁路运输紧张而水运空闲。如果水运因运输成本高而无法降价以争取客源,最终只能退出该航线的运输。目前,我国沿海众多客运航线被迫停航就是一个例子。

运价特点与定价策略

10.3.2 运价的分类

运价根据不同的分析角度,有以下几种划分方法:

1. 按运输对象划分

可以分为客运运价(或票价)、货物运价和行李包裹运价。

2. 按运输方式划分

可以分为铁路运价、公路运价、水运运价(包括长江运价、地方内河运价、沿海海运运价和远洋运价)、航空运价、管道运价以及当货物或旅客位移是由几种运输方式联合完成时在各种运输方式运价基础上形成的联运运价。

3. 按运价适用的地区划分

可以分为适用于国际运输线路、航线的国际运价以及适用于国内旅客和货物运输的国内运价和适用于某一地区的地方运价。

4. 按运价适用的范围划分

可以分为普通运价、特定运价和优待运价等。普通运价是运价的基本形式,如铁路有适用于全国正式营业线路的全国各地统一运价,其他运输方式也有普通运价这种形式。特定运价是普通运价的补充形式,适用于一定货物、一定车型、一定地区、一定线路和航线等。优待运价属于优待减价性质,如客票中有减价的儿童票、学生票,也有季节性的优惠票。货运优待运价适用于某些部门或有专门用途的货物以及适用于回空方向运输的货物等。

5. 按照货物托运数量划分

可以分为整车运价、零担运价和集装箱运价。整车运价适用于一批重量、体积或形状需要以一辆货车装载,按整车托运的货物。通常有两种计费形式:一种是按吨计费,另一种是按车计费。大多数国家采用按吨计费,也有一些国家采用按车计费。零担运价适用于批量不够整车条件而按零担托运的货物,它也是铁路运输和公路运输普遍采用的运价形式。一般来说,由于零担货物批量小、到站分散、货物种类繁多、在运输中需要比整车花费较多的支出,所以同一品名的零担运价要比整车运价高得多。集装箱运价适用于使用集装箱运送的货物。各种运输方式对于集装箱运价都有不同的规定。集装箱运价一般有两种形式:一种是单独制定的集装箱运价;另一种是以整车或零担为基础计算的运价。一般来说,集装箱运价按低于零担、高于整车运价的原则来制定。

10.3.3 运价的构成形式

根据运价的不同组成形式及其各组成部分相互的比例,运价有不同的确定原理和结构。主要可以分为里程式运价结构、货种差别运价结构、客运级别运价结构、邮票式运价结构、基点式运价结构和区域共同运价结构等。其中里程式运价结构和差别运价结构是基础,其他各类运输价格主要是以这两种结构形式为基础形成的。

1. 里程式运价结构

里程式运价结构是指基于运输距离的远近而确定运价的一种定价形式,可以分为平均里程定价和递远递减定价,是最简单、最基本的运价结构形式。平均里程定价是按距离的远近平均计算单位运输价格,递远递减定价是根据一定范围内运输距离越远单位运输价格越低的原则确定运价。

铁路运输、水路运输、民航运输大都采用递远递减运价。因为运输成本的变化是递远递减的,即单位运输成本是随着运输距离的延长而逐渐

里程式运价结构:指基于运输距离的远近而确定运价的一种定价形式,分为平均里程定价和递远递减定价。

降低的。运输支出按三项作业过程可以分为发到作业支出、中转作业支出和运行作业支出。运输距离增加,虽然运输总支出会随着增加,但是其中成比例增加的只是与运行作业有关的支出,而始发终到作业支出和中转作业支出是不变的。因此,随着运输距离的延长,分摊到单位运输成本中的始发终到和中转作业费用降低,单位运输成本也随之降低。

2. 货种差别运价结构

货种差别运价结构是指不同种类的货物适用高低不同的运价。不同种类的货物运输成本是有差别的。因此,在制定运价时要根据不同类别的货物制定相应的运价,按货种类别的差别运价是通过货物分类和确定级差来体现的。在我国现行的运价制度中,铁路运输采用分号制,水路运输和公路运输采用分级制,即将货物运价分成若干号或若干级别,每个运价号或级别都规定一个基本运价率,各种货物根据其运输成本和国家政策的要求,分别纳入适当的运价号或运价级别中去。

货种差别运价结构:指不同种类的货物适用高低不同的运价。

影响各种货物运输成本的主要因素如下:

①各种货物的性质和状态不同,需要使用不同类型的车辆或货舱装载,如散堆装货物使用敞车或砂石车装载,贵重品、怕湿货物和危险品需用棚车装载,石油、液体货物需用罐车装载,易腐货物需用冷藏车装载,某些货物需用专用车装载等。而各种车辆的自重、造价、修理费和折旧费不同,车辆的代用程度也不同,从而对运输成本有不同的影响。

运价结构

②各种货物的比重和包装状态不同,对货车载重量的利用程度不同。重质货物在整车运送时可以达到货车标记载重量;而轻质货物单位体积的重量低,占用车辆容积大,不能充分利用车辆载重量,而且同种轻质货物对车辆载重量的利用程度还因包装状态和包装方法而有差别。因此,完成同等周转量的不同货物所占用的运输能力和所花费的支出可能不相等。

③货物性质和所使用的车辆类型不同,装卸作业的难易程度不同,车辆停留时间长短不一,以及货流的集中程度对运输成本也有影响,如煤炭、矿石、砂石料等大宗货物发送和到达比较集中,便于组织运输。有些货物不仅需要特殊的车辆,而且需要提供特殊的装卸设施,这都会使运输成本提高。

3. 客运差别运价结构

客运差别运价结构是指同一运输方式内提供不同级别的客运服务,客运定价按照客运级别的不同而不同。不同级别的客运服务所需要的设备、设施、占用的运输能力及消耗的运输成本是有很大差别的。例如,客

客运差别运价结构:指同一运输方式内提供不同级别的客运服务,客运定价按照客运级别的不同而不同。

船上的一、二等舱与四、五等舱之间,飞机上的头等舱与经济舱之间,火车上的软卧包厢与硬座车厢之间,普通客车与高速列车之间,其设施设备有很大差别,服务标准、旅客的舒适程度和旅行速度也不同。客运运价应该根据运输成本、速度、舒适度等的不同而有所差别。

4. 邮票式运价结构

> **邮票式运价结构**:指在一定的区域范围内,运费就像邮信贴邮票那样,不论距离的长短,都采用同样的运价。

邮票式运价结构是指在一定的区域范围内,运费就像邮信贴邮票那样,不论距离的长短,都采用同样的运价。邮件及某些货物的运输、大部分的包裹快递、单一票制的公共交通等都采用这种运价结构。

5. 基点式运价结构

> **基点式运价结构**:把某一到达站作为基点,并制定基点运价,运费总额是从发送站到基点站的运费再加从基点到终点站的运费。

基点式运价结构把某一到达站作为基点,并制定基点运价,运费总额是从发送站到基点站的运费再加从基点到终点站的运费。基点式运价结构是里程式运价结构的变形,往往是不同运输方式或运输线路之间竞争的结果。

6. 区域共同运价结构

> **区域共同运价结构**:将某一区域内的所有发送站或到达站集合成组,所有在一个组内的各点都适用同一运价,而在不同区域之间,则采用不同的运价。

区域共同运价结构将某一区域内的所有发送站或到达站集合成组,所有在一个组内的各点都适用同一运价,而在不同区域之间,则采用不同的运价。区域共同运价结构是里程式运价结构与邮票式运价结构相结合的产物,也称为成组运价结构。也就是说,在每一个细分区域内部均采用邮票式运价结构,而在不同区域之间,则采用里程式运价结构。远洋运输中航区运价即为区域共同运价。

10.4 运价制定策略

10.4.1 运输服务定价原理

1. 预期目标对价格制定的作用

价格是一种资源分配机制,"正确的"价格是不存在的,但是存在可以实现预期目标的最优定价策略。例如,以利润最大化为目标的价格很可能与以福利最大化或销售收益最大化为目标的价格不同。在某些情况下,定价不以最大化或最小化为目标,而以达到一定的下限,比如足够的安全性或最小市场份额为目标进行定价。不同的目标其价格制定的策略是不同的,对于私人运输企业,运输服务提供者通常以符合其利益为目标进行定价;但在其他领域,如一些公共运输企业,其制定价格的出发点可能是提高消费者福利。

现实中,定价的主要问题之一是如何选择目标。以港口定价为例,对政府而言,希望以促进港口腹地经济增长为目标,而对港口企业而言,是以确保港口能回收成本,甚至获得一定的收益为目标。这两种不同的目标,对于港口价格制定的影响是完全不同的。对于城市公共交通,定价的目标应为使低收入群体能够使用公共交通服务,还是为了减少高峰时期公共交通的拥挤,也存在争论。

2. 竞争和垄断对价格的作用

私人企业的定价很大程度上取决于供需双方市场势力对比,而供需双方市场势力受市场结构的影响。当供给者处在高度竞争的市场中时,该运输企业是不能控制价格的,价格由市场决定;反之,在另一种极端情况下,即市场上只有一个垄断的供给者和大量消费者时,该运输企业可以在很大程度上操控价格,但如果它要设立过高的价格,必须考虑到交易量和净收益的损失。在这两种极端情况之间的市场中,市场的参与方相互博弈,以消费者剩余或利润的方式,努力为自己争得最大的利益。

利润最大化是私人企业的传统动力。在这种情况下,实际价格水平取决于市场上的竞争强度。当市场上竞争激烈时,单个供给者对价格没有控制能力,必须遵从市场上供需双方相互作用形成的价格。在这种完全竞争市场中,没有供给者能长期地获得超额利润。这是因为超额利润会吸引新的供给者进入市场,从而提高了供给量。经济学告诉人们,从长期看,价格将等于供给者的边际成本或平均成本。此时,企业将没有动机退出市场或改变产出,也不会有新供给者被吸引进入该市场。

与上述情况相反,完全垄断的供给者不用担心新的进入者会提高运输服务的供给量,他们可以自由规定价格和服务水平。能对这些垄断者形成有效约束的是买方抗衡势力,它可以阻止产量和价格的联合决策。然而,由于缺少竞争和垄断者们享有充分自由,当供给者采用利润最大化的策略时,价格肯定会高于边际成本和平均成本。这也是政府倾向于对铁路、港口等具有垄断特征的交通运输企业实行监管的原因之一。

3. 供需匹配状态对价格的作用

交通运输市场有自己的一些特征,因此其价格形成机制也有特殊性。由于提供服务的单位——车辆是移动的,所以从整个交通运输市场看,它是充满竞争的;但是由于交通运输服务具有空间特定性,甲地的交通运输供给无法满足乙地的交通运输需求。因此,尽管在总量上交通运输供给和需求达到了均衡,但在实际上,总有个别的不满足的需求和过剩的供给。

因此各个供给者制定价格时,就好像是垄断者,或表现出一定的垄断势力。无管制的市内出租车市场就是一个这样的例子。当且仅当出租车总能够准确地出现在需要它们的地点时,需求才能被完全满足。造成运费较高的原因是单个出租车驾驶人的垄断势力。由于出租车不会总是恰好出现在一个乘客的身边,当某个出租车被潜在顾客拦下时,出租车司机可以像垄断者一样对运输服务收取较高的费用。乘客很少因为听到驾驶人的报价而放弃乘该出租车,转而去拦下一辆,因为下一辆车费较低的可能性非常小,因此这样做是不值得的。当运费处在较高点时,单个出租车驾驶人没有降价的动机。因为对于顾客来说出租车的外观是一样的,因此降价行为不能吸引更多的顾客,也就是说,降价的出租车驾驶人的收益会下降。

根据成本的构成制定运价,需要确定两个问题:一是正确核算运输成本,二是合理确定盈利水平。而其中关键的问题是如何确定运输成本,由此也形成了不同的定价方法。

10.4.2 平均成本与边际成本定价

1. 平均成本定价

> 平均成本定价:
> 以某种运输方式正常营运时的平均单位成本为基础,再加上一定比例的利润和税金而形成的运价。

平均成本定价理论是指在运量一定的情况下,运价总收入必须足以支付运输业务的一切开支,所以运输平均成本是运价的最低极限。运输总收入在支付运输平均成本后,一般还应提供足以吸引投资的必要利润。平均成本定价也称平均成本加成定价,它是以某种运输方式正常营运时的平均单位成本为基础,再加上一定比例的利润和税金而形成的运价。

实际上,平均成本并不是静态不变的,它随着运输量的变化而变化。因此,从动态的角度来说,平均成本定价法是根据单位运量平均成本的变化,确定在不同运输量条件下运输服务价格的方法。在平均成本 AC 构成中,单位运量可变成本 AVC 在一定时间、一定生产技术组织条件下不随运量变化,单位运量固定成本 AFC 随运量的增加呈下降趋势,如图 10-3 所示。

根据平均成本曲线,即可求出一定运量条件下的运输服务平均成本。在此基础上加上预计利润,即可确定价格。可用公式表示如下:

$$P = \mathrm{AC} + r = \mathrm{AFC} + \mathrm{AVC} + r = \frac{\mathrm{FC}}{Q} + \mathrm{AVC} + r \tag{10-8}$$

式中:P——运价;
　　　AC——平均成本;
　　　AFC——平均固定成本;
　　　AVC——平均可变成本;
　　　FC——固定成本;
　　　Q——运量;

r——单位运量利润和税金。

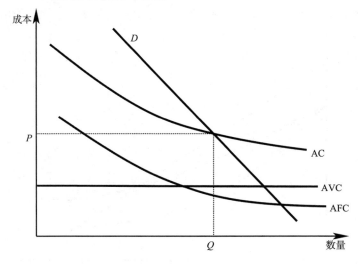

图 10-3 平均成本定价图

可以看出,运价 P 与运量 Q 相关,即在不同的运量水平下运价也是不同的。由于固定成本是不变的,而单位运量固定成本等于固定成本除以总运量,因此单位固定成本是随着运量的增加而递减的。随着运输规模的扩大,运价也应该是降低的。

平均成本定价法的优点是考虑了运输业的全部劳动消耗,且简单易行。一般适合于运输需求充足、竞争不太激烈、货源比较稳定的运输线路或运输方式。但在竞争激烈的市场下具有明显的缺点,因为平均成本定价考虑了固定成本的因素。固定成本在经济决策中属于沉没成本,一般后续决策基本不考虑沉没成本的影响,否则会失去对企业有利可图的价格策略。

2. 边际成本定价

边际成本定价又称边际贡献定价法,是企业寻求和确定边际成本略低于边际效益时的最后一个增量,以找出最有利可图的运量和运价的定价方法。用公式表示如下:

$$P = MC + r = \frac{\Delta TC}{\Delta Q} + r \tag{10-9}$$

式中:P——运价;

MC——边际成本;

r——单位运量利润和税金;

ΔTC——总成本的增加部分;

ΔQ——运量的增加部分。

边际成本定价实际上是一种社会福利最大化定价。社会福利指消费者剩余加上企业总收益。交通运输具有一定的社会公益性,特别是像城

平均成本与边际成本定价

边际成本定价: 是企业寻求和确定边际成本略低于边际效益时的最后一个增量,以找出最有利可图的运量和运价的定价方法。

市公共交通,需要为城市居民提供基本的出行服务,如果按照平均成本定价,均衡点是企业利润的最大化,并非社会福利的最大化。参见图10-4。

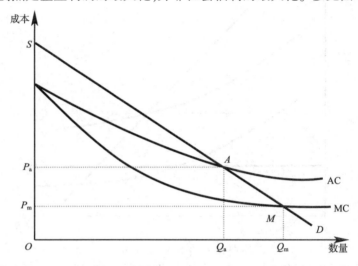

图10-4　平均成本与边际成本定价关系图

图中,AC 为平均成本曲线,MC 为边际成本曲线,在正常的运输规模下,MC 一般位于 AC 的下方,D 为需求曲线。

一般情况下,过际成本定价的社会福利要大于平均成本定价的社会福利。

按照平均成本定价,市场均衡点为 A,均衡运量为 Q_a,均衡运价为 P_a。此时,消费者剩余为三角形面积 SAP_a,企业收益为矩形面积 P_aAQ_aO,社会总福利 SW_a 为:

$$SW_a = SAP_a + P_aAQ_aO \tag{10-10}$$

按照边际成本定价,市场均衡点为 M,均衡运量为 Q_m,均衡运价为 P_m。此时,消费者剩余为三角形面积 SMP_m,企业收益为矩形面积 P_mMQ_mO,社会总福利 SW_m 为:

$$SW_m = SMP_m + P_mMQ_mO = SW_a + AMQ_mQ_a \tag{10-11}$$

显然,$SW_m > SW_a$,即边际成本定价的社会福利要大于平均成本定价的社会福利。

10.4.3　歧视定价与收益管理

歧视定价:指企业在出售一样的产品或服务时,对不同顾客索取不同价格的定价方法。

1. 歧视定价

歧视定价(Discrimination Pricing),指的是一家企业在出售一样的产品或服务时,对不同顾客索取不同价格的定价方法。有时,歧视定价是指对成本不同的产品制定同样的价格,更多的歧视价格是指成本基本相同而价格不同,其目的都是为了增加企业的总利润。

(1) 歧视定价的必要条件

实现歧视定价需要满足以下三个条件:

①企业对价格至少有一定的控制能力,即垄断能力,而不是只能被动地接受既定的市场价格。

②企业能够根据价格弹性把企业的产品市场划分为几个不同的市场,即企业必须能够分清应该向谁索取高价及向谁索取低价。

③企业的市场必须是能分割的,即企业必须能够阻止可以支付高价的顾客以低价购买商品。

满足这三个条件,企业就能实施歧视价格,并从中谋取到更大的利益。

歧视定价与收益管理定价

(2) 歧视定价的类型

歧视定价可采取许多形式,但通常分为三类,它们的共同点是企业尽可能将本属于消费者的部分消费者剩余据为己有,因为消费者剩余是消费者根据自己对物品效用的评价所愿意支付的价格和实际价格的差额,统一定价时总会存在消费者剩余,而歧视定价则是尽量使实际价格接近消费者所愿意支付的价格。

①一度歧视价格。

一度歧视价格是指为每单位产品或服务索取最高可能的价格。一度歧视价格是歧视价格最极端的形式,也是企业最能赢利的一种定价方法。由于每个单位的产品或服务都被索取了最高价格,因此,所有的消费者剩余都被攫取了。

一度歧视价格:为每单位产品或服务索取最高可能的价格。

一度歧视价格并不常见,因为它要求卖者十分了解市场需求曲线。与一度歧视价格比较接近的可能是某些城市私车牌照拍卖制度,管理部门要求每一个可能的买者进行投标,凡超过最低标价的投标都被接受,投标人有义务按投标的报价购买车牌。通过这一过程,就有可能向每个准车主索取他愿意支付的最高价格。

②二度歧视价格。

二度歧视价格是一度歧视价格的不完全形式,它不是为每单位产品或服务制定不同价格,而是根据单个消费者购买的数量大小来定价,每个购买相同数量的消费者支付的价格相同。

二度歧视价格:根据单个消费者购买的数量大小来定价,购买相同数量的消费者支付的价格相同。

二度歧视价格的一种表现形式是批发价格与零售价格的区别,或者团购价格与个别价格的区别。另外如一些铁路旅客票价的单位里程运价随乘车总里程的不同而发生变化,乘车总里程越长,单位里程的旅客票价越便宜。又如,某些城市公交采用月票制和季票制,通常季票比月票更

"划算",因为这样可以鼓励消费者购买更多的产品。

③三度歧视价格。

三度歧视价格最为常见,它要求按需求价格弹性的不同来划分顾客或市场,这种划分可以根据市场的不同地理位置来定,也可以根据用户的特征来定。与拉姆齐定价法相似,三度歧视价格也是对需求弹性较小的顾客或市场制定较高的价格,而对需求弹性较大的顾客或市场制定较低的价格。

例如,航空业通过对商务出行和旅游出行的乘客提供不同价格的机票来分割市场,这使得它们无须牺牲收入就可以为航班吸引到足够的乘客。

有时候,歧视价格不仅体现在成本或价格上,在服务质量上也有所体现。一家公司常常会降低其顶级产品或服务的级别来生产性能较差的产品或提供质量较差的服务,这样它就可以以较低的价格出售这些产品,从而赢得低端的市场。例如,通过加入特殊的芯片,某公司让其激光打印机的速度从每分钟200页降低到每分钟10页,从而可以用较低的价格出售这种产品,同时并不会影响到顶级产品的销售。又如,铁路列车硬座和软座的服务质量差别很大,主要目的未必是降低硬座的运营成本,更可能是阻止软卧客户购买硬座票。"这伤害了穷人,但并不是因为想伤害穷人,而只是为了吓走富人"。通过区分愿意支付高价的顾客(向他们收取高价)和只愿意支付低价的顾客(他们可能愿意以较低的价格获得低级的产品),分别制定不同的价格,垄断者就可以同时提高利润和消费者的满意度。

三度歧视价格: 按需求价格弹性的不同来划分顾客或市场,对需求弹性较小的顾客或市场制定较高的价格,而对需求弹性较大的顾客或市场制定较低的价格。

2. 收益管理

歧视定价原理在实践中最成功的应用之一,就是起源于航空公司客票销售的收益管理系统。

收益管理(Revenue Management/Yield Management),是指航空公司根据乘客需求特性和价格弹性等的不同,向不同乘客提供不同价格标准和差异性服务的客票产品,从而最大限度获取消费者剩余,获得客票销售的最大收益。本质上,收益管理方法是通过科学预测和优化等手段,将不同等级舱位的客票产品在适当的时间,以适当的价格销售给适当的乘客。

收益管理方法得以成功实施的重要基础,就是歧视定价原理。不同乘客具有不同的行为偏好,不同乘客的需求特征也不相同,他们对旅行的时间、价格、服务水平等的弹性也不同,因此,航空公司可以通过提供不同等级的票价来对应不同乘客的需求。

收益管理方法的另一个基础是边际成本定价。有时,航空公司销售

收益管理: 指航空公司根据乘客需求特性和价格弹性等的不同,向不同乘客提供不同价格标准和差异性服务的客票产品,从而最大限度获取消费者剩余,获得客票销售的最大收益。

的最低折扣票价会低于这次航班的平均成本,看似亏本,实际上,如果在航班出发前还有空余座位没有销售出去,这几个座位的收益就为零。而增加一位乘客给航空公司带来的边际成本远远低于平均成本,因此,只要最低折扣票价高于边际成本,那么高出部分就是这几个座位的纯收益。因此,一个有效率的收益管理系统会在适当的时机,提供一些最低折扣票价,以增加航班的收益。

航空公司的提供的产品是指从出发地到目的地的运输服务以及相应的权益。对于同一个航班,按照所提供运输服务的水平不同,在物理层面上可以分为头等舱、商务舱、经济舱等不同的等级。显然,不同等级的物理舱位由于其座椅的舒适性、机上机下提供的服务内容不同,对应着不同的票价(其中头等舱最贵,商务舱次之,经济舱最便宜),通过区分愿意享受高级服务的乘客(向他们收取高价)、只愿意支付低价的乘客(他们可能愿意以较低的价格获得低级的服务),分别制定不同的价格,购买不同等级舱位的乘客支付的票价不同,乘机时享受的服务也不同。

即使同一等级的物理舱位,根据其附属权益的不同又进一步划分为多个虚拟舱位。比如经济舱,可以划分为不同的虚拟舱位,有 Y 舱(全价票价)、H 舱(80% 折扣票价)、Q 舱(60% 折扣票价)等等,乘客购买这些不同价格舱位的客票,在机上和机下享受的运输服务是完全一样的。但是,不同虚拟舱位的客票其附属权益不同,所谓附属权益主要包括是否允许退票和改签(或者不同舱位对退票和改签收取不同的手续费)、不同舱位的里程积分不同等。

对时间敏感、价格不敏感的乘客主要是商务乘客,倾向于可以随时退票改签、具有高里程积分的高舱位全价客票;而对时间不敏感、价格敏感的乘客主要是休闲类个人出行乘客,他们优先考虑的是价格因素,更倾向于购买低舱位折扣客票。通过附属权益的不同设置,可以有效地区分不同需求的乘客。

从收益管理的角度出发,航空公司需要决策在客票销售的有效时间范围内,在每一个时间节点(或时间段内),需要投放销售的不同等级舱位客票的组合,以及每个等级舱位客票的可销售数量。这是一个动态的优化决策过程,目标是使航空公司的客票销售收益最大化,主要约束是所有客票销售数量不得大于这趟航班的座位数,实践中,考虑到乘客经常会发生的退票及改签行为,一般都会在实际座位数的基础上增加一定比例的超售量,作为座位数量约束。

不仅是航空公司,基于收益管理的定价系统目前在酒店、电信、汽车租赁等领域也得到了广泛的应用。随着互联网经济、大数据分析技术的发展，企业可以更准确地刻画和分析消费者的行为，对消费者进行更精细的分类，从而制定更有针对性的价格体系，达到收益的最大化。当然也伴随着出现了侵犯隐私、滥用数据和算法技术等优势从事不正当行为的问题，需要在实践中不断完善法律和监管措施。

10.4.4　高峰负荷与负担能力定价

1. 高峰负荷定价

高峰负荷定价：
供给者成本的主要部分应当由需求最大的消费者来承担，即高峰时期或地区的用户应当支付运输费用的大部分，而非高峰用户只要求支付变动成本。

大多数运输形式，无论是货运还是客运，对其服务的需求都有高峰，而且这种高峰是有规律的。这种运输需求在时间和空间上的不平衡性导致了运输服务定价的困难。城市公共交通在每个工作日的早晨和傍晚的繁忙时刻经历需求高峰，城市货物运输也有需求高峰以适应顾客的要求和经营习惯；而在一周之内，周末和工作日之间的需求水平有明显的差异。一年之中，航空运输、公路运输和铁路运输在夏季的几个月和春节等公共节假日期间经历假日交通需求高峰。在更长的时期里，随着世界经济繁荣和衰落的交替，船运需求也出现周期性的变化。

从空间的角度来看，运输业者往往需要载运工具在完成运输业务后回到起始时的位置，而实际的运输业务都往往是单程的：货物一般不会再由原车载回，旅客一般需要返回其旅行的原起始地，但却存在一个时间差，上下班通勤往返时段客流的主要方向是相反的。此类运输需求在方向上的不平衡会引起如何在满载方向与回程方向分配运输成本的问题，也就是联合成本问题。在所有的这些情况下，如何确定一种价格模式，以保证运输设施得到最优的利用是非常重要的。

高峰定价的基本原理是，供给者成本的主要部分应当由需求最大的消费者来承担，即高峰时期或地区的用户应当支付运输费用的大部分，而非高峰用户只要求支付变动成本。由于多个承运人会竞相压低运价以承揽那些数量有限的回程货物，因此回程运价只能定得很低。

图 10-5 中横轴表示两地之间集装箱航班的数量，纵轴是每个航程的运价；D_{main} 和 D_{back} 分别是主要运输方向和返程方向的运输需求曲线，由于返程方向的货物可以利用主要运输方向货物卸空后的集装箱和轮船舱位，因此可以把这两条需求曲线在纵方向上叠加成为对集装箱轮循环往返的总运输需求曲线 D_{total}；图中还有一条表示一个循环周期船舶租金加运营费用的水平直线，这条成本曲线也可以看作两地之间的运输供给曲线。

形成载运工具一次循环的两个运程是联合产品，因为满载方向的运输不可避免会引起船舶回程的需要。图中总需求曲线上有一个拐点，该点对应着回程方向运价为零时的运输需求量,即 q^*。当航班数量少于 q^* 时,两个运输方向都有为正值的运价水平。在图 10-5 中,航行次数的均衡数量是 X^*,它是由主要运输方向上的运价水平 P_{main} 和返程方向上的运价水平 P_{back} 共同决定的。这一均衡水平的运价和航行次数使有关各方的利益都得到满足,即主要运输方向的客户需求在他们愿意接受的运价上得到满足,回程方向的客户需求也是在他们可以接受的运价上得到满足。在竞争性的航运市场上,市场力量会自动地使主要运输方向的运费水平高于返程方向。这是有效率的运价。

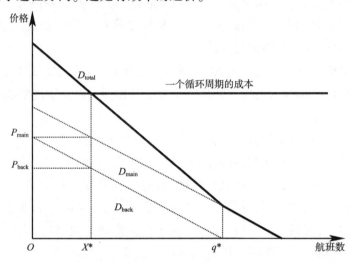

图 10-5　主要货运方向与返程供求均衡示意图

另外一种情况是回程运量很小,如图 10-6 所示。回程运输需求小到回程方向运价为零时其运输需求量 q^* 仍小于航班的均衡数量 X^*。

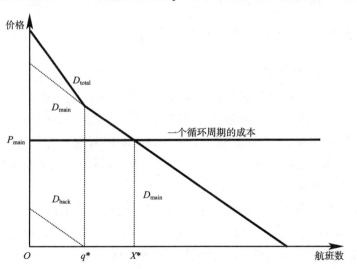

图 10-6　返程需求不足情况下的均衡示意图

高峰负荷与负担
能力定价

在图10-6中我们看到运输量不平衡,返程船只多数不能满载,有些甚至只能空返。这种情况一旦出现,则船只一个循环的全程成本都需要由主要运输方向来承担,而不管回程方向是否搭载了部分货物。

2. 负担能力定价

运输活动的效用就是将一定量的货物或旅客由 A 地运到 B 地,因而在运输企业定价时要考虑这种效用,尤其是在货物运输市场,运输企业为了制定运价,要以货物的运输负担能力来衡量运输活动的效用。这里所讲的货物负担能力是指货物在运输服务起讫点上的价格差别大小。货物在运输服务起讫点上的价格差别是两地间该货物运价的最高限度,超过了这一限度,货物便不值得运输。

以货物的负担能力为依据,对高价格差别的货物制定高运价,对低价格差别的货物制定低运价。其根据主要是考虑高价格差别的货物对运价的负担能力较强。

另外,货物自身价值的高低对运价也有显著的影响。由于货物自身价值较高,运费虽高,但它在商品价值总量中所占的比重往往比低价值商品中运价所占的比重要低,其承受能力也高,因而即使制定高运价,货物也可以运输。而低价值货物由于自身的价值较低,对运价的承受能力也较弱,因此只能制定低运价。此外,运送高价值的货物,托运人对运输条件的要求较高、承运人所承担的风险较大也是一个原因。

按负担能力定价,是运输企业通用的一种定价方法,但这并无严格的科学依据。另外,也有人认为按负担能力定价实际上是使低价值商品享受了高价值商品的补贴,这对货主来说是不公平的。

10.4.5 互不补贴与次优定价

1. 互不补贴定价

几乎所有的交通运输基础设施都是由很多使用者共同利用的。载货汽车和小汽车共同使用公路,客机和货机共同使用机场,客运列车和货运列车共同使用铁路,而货运列车上又装载着不同货主的货物等。这就涉及交通运输基础设施的成本如何分摊的问题,也就是共同成本问题,从而涉及互不补贴定价原理。

互不补贴定价源于这样一个原则:交通运输设施的所有使用者作为一个整体,应该补偿该设施的全部成本;同时,在所有使用者整体内部,也不存在一部分群体比另一部分群体支付过多的情况。

互不补贴定价要求对运输设施成本进行精确的分摊。为了有效地分

负担能力定价:以货物的负担能力为依据,对高价格差别的货物制定高运价,对低价格差别的货物制定低运价。其根据主要是考虑高价格差别的货物对运价的负担能力较强。

互不补贴定价:交通运输设施的所有使用者作为一个整体,应该补偿该设施的全部成本;同时,在所有使用者整体内部,也不存在一部分群体比另一部分群体支付过多的情况。

摊运输固定设施成本,需要找出引起成本的使用者。如果某项运输的取消会导致有关的运输设施成本发生变化,那么该变化的费用就是由这项运输的使用者所引起的。互不补贴定价的另一层含义是,任何一个使用者群体都不能通过取消其他使用者而使自己对运输系统的利用变得更好,即不存在交叉补贴。

互不补贴定价的基础是要对共同使用基础设施所导致的成本进行准确的划分,并能找到对应的使用者。而现实情况下这样的准确区分往往比较困难。因此互不补贴定价的应用也受到一定的限制。

2. 次优定价

互不补贴定价法在不同使用者群体之间确定了费用分摊的上、下限标准,这些标准往往不是针对使用者个人,而是针对使用者群体的。此外,互不补贴定价法常常也不能把成本全部分摊完毕,仍旧不能完全解决固定设施成本的回收问题。现实中很难得到最优的定价方法,因此就出现了次优定价方法。

次优定价法又称拉姆齐定价法,是拉姆齐(Ramsey)于1927年提出来的一种价格理论,即在最优(最有效或福利最大化)定价无法实行的情况下,分摊固定设施成本,利用不同使用者群体的需求价格弹性差别作为分摊固定成本的基础。

次优定价:利用不同使用者群体的需求价格弹性差别作为分摊固定成本的基础。其中需求弹性最小,即其他选择可能最少的使用者群体承担的比重相对最大。

根据次优定价法,每一个使用者群体都要支付一部分固定成本,其中需求弹性最小,也就是其他选择可能最少的使用者群体承担的比重相对最大。该理论的解释是,任何偏离边际成本的定价都会引起运输设施使用中的无效率,对于那些需求弹性较大的使用者,价格上升引起的退出使用的无效率也会较大,而为了尽可能地减少这种无效率,就只好对需求弹性较小的使用者提高价格。次优定价法的计算原理如下:

$$\frac{P_i - C_i}{P_i} = \frac{\lambda}{e_i} \quad (10-12)$$

式中:P_i——对使用者 i 群体收取的单位运价;

C_i——由使用者 i 群体引起的边际运输成本;

e_i——由使用者 i 群体的需求弹性;

λ——对所有使用者群体都相同的常数,其数值由所需要的收入目标决定。

由此,可以确定出单位运价:

$$P_i = \frac{e_i C_i}{e_i - \lambda} \quad (10-13)$$

为了收回固定成本,必须制定高于边际成本的价格,这样价格与边际

互不补贴与次优定价

成本之间就形成了一个价格差。这个价格差控制在什么幅度内,才能使消费者剩余的减少最小化,是次优定价法价格理论关注的核心问题。

一些学者认为次优定价法只能应用于剩余固定设施成本的分摊,也就是说,应该先利用互不补贴定价将固定设施成本的主要部分在不同使用者群体之间进行分摊,分摊不完的部分再使用拉姆齐定价法。其实,拉姆齐定价法适用的领域很广。例如,许多非营利性企业从税收或慈善机构的捐款中接受补贴。在这种有补贴的企业里(如地铁公司),次优定价法仍然适用。即使有补贴,把价格定在边际成本上也不一定能使企业补偿其总成本,但通过使用次优定价法,就既能补偿一定数量的固定成本,又能使对资源配置的消极影响最小化。此外,次优定价法有时候遭到批评是因为对那些替代品最少的产品或服务(即需求弹性最小的产品)在定价时偏离边际成本最远,因而面对的价格最高。尽管这一情况属实,但除了使用次优定价法外,的确没有其他更好的方法了。

总结与提要

关键概念:成本,私人成本,外部成本,社会成本,沉没成本,增量成本,联合成本,共同成本,货种差别运价结构,客运差别运价结构,里程式运价结构,邮票式运价结构,基点式运价结构,区域共同运价结构。

重点掌握:交通运输成本的构成,交通运输成本的特点,增量成本问题,联合成本问题,共同成本问题,影响交通运输成本的因素,运输距离对成本的影响计算,运价的特征,运输服务定价原理,平均成本与边际成本定价,歧视定价与收益管理,高峰负荷与负担能力定价。

一般理解:交通运输成本的分类与计算。不同角度对运价的分类,互不补贴与次优定价。

案例与阅读

10-1 手机与电池的营销策略

在有些地方,要是你跟移动运营商 Verizon 签一份为期两年的合同,该公司就会以

39.99美元的超低价,卖给你一部摩托罗拉V120e型手机。但要是你想给这部手机多买一块电池以备不时之需,那就要出59.99美元。为什么备用电池卖得比手机本身还贵呢?

手机使用的可充电锂电池,制造成本很高。所以,更叫人好奇的问题大概应该是,为什么手机卖得这么便宜。答案藏在移动运营商独特的成本结构当中。这类公司的大部分成本,是与铺设网络有关的固定成本——修建基站、获取相关执照等。这些成本和广告支出一样,不会随着他们提供的服务量而发生变化。不管移动运营商花多大的工夫吸引顾客,这部分成本始终不会消失。假设说一般性服务合约的月费是50美元。那么,每有一名顾客签合同,公司每年可多得600美元收入,而成本并无显著增加。所以,移动运营商很希望多招揽顾客。

手机和无线服务是高度相关的东西。经验表明,提供特价手机,是吸引新顾客的一个有效手段。因为订货量大,移动运营商可以跟诺基亚、摩托罗拉和其他手机制造商谈判,争取优惠的价格。很多移动运营商向新顾客报出的手机价格,比他们的进价要低,还有些运营商甚至提供"免费"手机。但就算运营商向摩托罗拉买手机花了100美元,只要顾客跟他们签下合同,支付一年600美元的通信服务费,这笔买卖还是很划算。

反过来说,卖特价电池,却不是吸引新顾客的成功手段,所以,移动运营商发现,手机卖得比电池便宜的做法有利可图。

(摘编自:罗伯特·弗兰克.牛奶可乐经济学[M].北京:中国人民大学出版社,2008:37)

10-2 英吉利海峡隧道

全长50km的英吉利海峡隧道完全是由私人公司投融资并进行建设的。该海峡隧道是设计用来开行往返于英、法之间的铁路客货列车,包括用特殊车辆装载小汽车和货运卡车的铁路列车,在1994年该隧道开通之前,英吉利海峡上的跨海交通主要是由轮渡承担的。海峡隧道的开通使得英、法两国之间的运输能力明显增强,而且能够提供比轮渡更快和更可靠的服务。然而隧道工程的代价也是十分昂贵的,在该隧道正式开通运营之前,海峡隧道公司已经积累了120亿美元的债务。怎样能够有把握地把这么大数量的一笔钱用对地方呢?为了回答这个问题,必须对投资的未来利润进行预测。从成本方面看,人们需要预测工程本身的造价、相关机车车辆的购置费用和开通以后的运营费用;从需求角度看,则需要预测通过海峡隧道的交通流,还得分析具有吸引力的收费水平。由于海峡隧道是新开工程,缺乏已有的经验数据,因此投资者必须在做出决策之前仔细认真地分析预测所有的相关指标,包括建设费用、车辆购置费用、运营费用、交通量、运价水平以及利率和投资的内部收益率等,任何判断错误都可能导致决策错误,而英吉利海峡隧道工程确实提供了很多值得借鉴的教训。

首先是工程造价大大高于起初时的预算。很多参与该项目的投资者和银行财团都曾一度失去信心,甚至提出了工程是否应该中途废止的问题。当然海峡隧道最后还是建成了,但在建成时其每天所应支付的债务利息就高达300万美元。也就是说,海峡隧道每天的运营收入除了支付运营支出,还至少应该多出300万美元用于支付利息,这成了十分巨大的财务负担。运营支出本身也估计得不准确,一些运营中的问题没有事前得到预见,甚至原本计划好与隧道同时完工的由隧道英国入口至伦敦的高速铁路线,根本就没有按计划施工。实际交通量与预测有较大差距,而且收费水平也远远达不到原先的设计值。此外,由于轮渡公司不愿轻易退出市场,因此采取了激烈的竞争措施,包括大幅度降低轮渡票价,结果海峡隧道的收费标准也只得随之下降。

海峡隧道公司的运营收入可以抵补其运营支出,然而它每天运营的纯收入却远远达不到300万美元,这使得它无法偿还自己的建设费用,并几乎导致公司破产。但是公司破产并不意味着海峡隧道也要关闭,这其中的原因在于运输基础设施的投入在很大程度上是沉没成本,隧道继续运营的决策可以不去考虑那些已经沉没了的建设费用。只要运营收入继续超过其直接的运营支出,海峡隧道公司在商业上就是有价值的。使用隧道的旅客也许根本体验不到隧道公司破产,受损的只是那些当年投资兴建海底隧道的股票所有者和银行财团,他们要承担财产严重缩水的损失。

运输固定设施投资的沉没成本特性有两个后果:一是这种投资的风险很大,银行一般不愿向建设固定运输设施贷款,而宁愿贷款给购买载运工具,原因当然是那些可移动的载运工具可以根据需要转移到其他需要的地方去,即便投资项目失败资金也不至于完全沉没。二是使用固定设施的机会成本很小,我们可以从很多铁路公司可以长期在低于其完全成本的运价水平上生存下来而弄懂这一点。英吉利海峡隧道公司完全可以支撑到与其竞争的轮渡公司最后因为没有能力更新渡轮而歇业。

(摘编自:荣朝和.西方运输经济学[M].2版.北京:经济科学出版社,2008:160-161)

10-3 经理的一些成本考虑

对边际收益等于边际成本这一规则的运用,取决于经理对边际成本的估算能力。为获得有用的成本估算,经理应在心里牢记以下指导原则:

第一,可能的话,平均可变成本不应用来替代边际成本。当边际成本和平均成本接近固定时,它们之间几乎没有差别。但当边际成本和平均成本都迅速增加时,要决定生产多少数量,用平均可变成本则会产生误导。举例来说,假设一个公司有以下成本资料:

当前产量:每天100单位,其中25单位属加班生产。

材料成本:每天500美元。

人工成本:每天正常时间2000美元,加班额外增加1000美元。

平均可变成本容易计算:劳动成本加材料成本(3500美元)除以每天100单位,为35美元/单位。但恰当的成本是边际成本,它可计算如下:不管生产多少产量,每单位材料成本固定不变,所以边际材料成本为500美元除以100,即5美元/单位。因为劳动的边际成本仅涉及加班劳动,这100个单位中的25个单位是在加班时间内生产的,所以可以估算劳动的边际成本为1000美元除以25,为40美元/单位。因而,每多生产一单位产量的边际成本为45美元（材料边际成本加劳动边际成本），比35美元的平均可变成本要大。如果经理依赖平均可变成本进行决策，将导致产量过高。

第二，决定边际成本时应包括所有的机会成本。假定一家百货商店想出售儿童家具。经理决定利用商店三楼本来摆放电器的一部分空间来摆放家具，而不是建一个新的销售点。这部分空间的边际成本要包括机会成本，就是假如商店继续销售电器而赚得的利润除以家具的销量，这样测算出来的边际成本可能要比商店实际为这部分建筑所支付的成本大得多。

（摘编自：平狄克，鲁宾费尔.微观经济学[M].4版.北京：中国人民大学出版社，2000：226-227）

10-4　航空公司的歧视票价

寻找最低的飞机票可能是一件令人眼花缭乱的事，因为任何一天都可以找到上万种不同的票价。一架在美国两个城市之间飞行的150个座位的飞机上，其中一个座位有30种不同的票价也不奇怪。有时候这些票价差别至少部分反映在服务质量上。例如，头等舱乘客有更多的伸腿空间和更加丰盛的餐食，但另一些时候，同样的旅行经历却付出了不同的价格。1992年夏天，从芝加哥到旧金山正常的二等舱往返票价为800美元，但航空公司的促销票价有的只卖200美元，而这两种票价在飞机上所享受的服务和所用设施是完全相同的。

许多年来，航空公司用所谓的收益管理来增加利润，具体做法有歧视定价和市场促销。其中，歧视定价就是根据不同乘客的不同需求价格弹性来定价。一般来说，公务舱乘客的价格弹性较小，因为他们必须满足客户和市场机会对确定时间和地点的要求，通常这种乘客一旦接到通知马上就要动身。航空公司利用这种情况向这类乘客要高价，而且不要求他们必须提前购票。相比之下，假期旅行者可以在许多目的地之间进行选择（包括不坐飞机旅行），并在很久之前就预先做好计划。这些可由旅行者自行做主的旅行需求对价格变化很敏感，因此航空公司就对某些机票定出低价，以吸引乘客提前7~30天购买。

收益管理包括确定有多少低价机票可以出售。虽然航空公司有必要留出一些座位按促销价出售，但在确定每个航班上到底应分配多少的问题上仍有很大决策余地。经常客满的航班就没必要再出售很多低价票，而对那些客座率通常较低的航班则应该多一些低价票以吸引更多乘客。确定最有利的票价组合是航空公司的一项复杂而又经常性的工作，计算机系统可以用来不断根据最新的资料评判和改变票价的最优组合。例如，一位乘客在星期二打电话给旅行社，被告知某个航班没有优惠低价票，但另一位乘客却有可能在星期三同样通过打电话买到了同一航班的优惠票。

优惠低价票往往有许多限制，如要求提前付款出票并且不能退票等，而正常机票就没有这些限制。因此，有些人认为这些代表了不同的服务水平。正常机票的较高票价体现这种票能给乘客提供更多方便。

（摘编自：H.彼得森，W.刘易斯.管理经济学[M].北京：中国人民大学出版社，1998）

10-5 大陆航空公司的成功

20世纪60年代时,大陆航空公司似乎犯了一个可怕的错误。当其他航空公司都遵循这样一个简单的规则(即在现有飞机65%的舱位能够售出的情况下才会提供一个航班,因为只有这样才能收支相抵)时,大陆航空公司却在飞机载客量只有50%的时候就载客飞行,并且还在不断地扩充航班。当大陆航空公司这项举措传开时,股东们很担心,竞争对手们则很得意,他们等着看大陆航空公司的失败。但是该公司的利润却在一直持续增长。

其实,是其他那些航空公司犯了用平均成本代替边际成本做决定的错误。当时普遍采用的载客量65%法则,是基于以航空公司的年度总成本除以年度航班数得到的每一航班平均成本计算得出的。当时,典型的航班平均成本大约是4000美元。因为只有当65%的舱位售出才能获得4000美元机票收入,所以一般将任一载客量低于65%的航班均视为亏损,并予以取消。

而大陆航空公司却决定采用边际成本计算利润。每考虑一个新的航班时,主要确定其新增加的可变投入,包括增加的空勤和地勤人员费用、燃料费和飞行费等。每个新航班增加的这些可变成本大约是2000美元。也就是说,一个新航班的边际成本远远少于载客量的65%的边际效益4000美元。利润的边际分析告诉我们,当边际收益MR大于边际成本MC时,应该增加产量,大陆航空公司就这样做的。实际上,该公司得出了正确的结论,即一个航班载客量即使只有50%,其边际成本收益(3000美元)还是比边际成本高,因此可以增加航班,使利润提高。这就是大陆航空公司在载客量只有50%的情况下仍然增加航班的原因,它靠这个秘密战胜了竞争对手。现在,所有航空公司都会利用边际分析方法去决定航班增减了。

(摘编自:罗伯特·E·霍尔,马克·利伯曼.微观经济学原理与应用[M].2版.大连:东北财经大学出版社,2004)

作业与思考

1. 举例说明什么是私人成本、外部成本、社会成本。
2. 交通运输成本构成有哪些特别之处?
3. 交通运输成本有什么特点?
4. 沉没成本的含义是什么?对于投资决策有什么意义?
5. 边际成本、平均成本、增量成本有什么区别?
6. 共同成本与联合成本有什么区别?
7. 固定设施成本是固定成本吗?
8. 交通运输成本计算的复杂性体现在哪些方面?

9. 影响交通运输成本的主要因素是什么？
10. 和一般商品价格相比，运输价格有哪些特点？
11. 为什么说里程式运价结构是最基本常用的运价结构形式？
12. 差别运价结构在客运和货运中是如何体现的？
13. 邮票式运价结构和基点式运价结构有什么区别？
14. 运价制定需要考虑哪些问题？常用的有什么方法？
15. 平均成本定价有什么好处？有什么弊端？
16. 什么情况下采用边际成本定价法？
17. 需要满足什么样的条件才可实行歧视定价？
18. 歧视定价有几种类型？
19. 收益管理方法的基础是什么？
20. 高峰负荷定价有什么特点？什么是负担能力定价？
21. 互不补贴定价实行的前提条件是什么？次优定价的原理是什么？

问题与研讨

10-1 关于出租车收费标准的分析

根据北京市的相关规定，2023年北京市巡游出租车的价格标准为：起步价13元，即3km以内收费13元，基本单价2.3元/km；另外加收低速行驶费和等候费：根据乘客要求停车等候或由于道路条件限制，时速低于12km时，早晚高峰期间每5分钟加收2km租价，其他时段加收1km租价。全世界各大城市都有类似的收费规定。

由于出租车使用电子里程表来计费，所以不管是现行收费方式，还是只计算里程费的收费方式，在难易度上没有什么区别。为什么各城市不采取一套看似更简单的方法，取消起步价，直接收取较高的里程费和候时费呢？

10-2 关于优惠券和购买奖励的分析

以前，加工食品和相关消费物品的生产商常常会散发一些优惠券。这些优惠券通常是作为该产品广告的一部分散发的，它们也可能出现在报纸和杂志上，或者作为促销邮件的一部分。厂商为何要发这些优惠券，为什么不直接降低产品的价格，从而省下印制和回收这些优惠券的成本呢？

同样还有购买奖励方案，例如，某日用品公司宣传，只要消费者寄回一张表格并附上购买三个公司产品的证明，就能收到15元的现金奖励。那么，为什么不直接将日用品的价格降低5元呢？

10-3 关于机票和演出门票价格差异的分析

  飞机起飞时还剩有空座,意味着收入上的一笔损失,剧院开演时还有空座也是如此。航空公司和剧院都有着尽量填满空位的强烈动机。与此同时,以折扣价填满一个座位,往往意味着失去其他人出全价购买同一个座位的机会成本。所以,航空公司和剧院要克服的营销难题是:尽量填满座位,又不至于在每座平均收入上做太大的牺牲。

  戏剧迷下午到纽约时代广场的售票窗口,能以半价买到当天晚上不少百老汇演出的票。但要是有人预订当天的飞机票,一般就只能出全价,售价比平时的折扣票价高一倍都有可能。如何解释这样的差异呢?

第 11 章 交通运输项目投资评价

11.1 资金时间价值及等值计算

11.1.1 资金时间价值

1. 资金时间价值

资金在不同的时间点上具有不同的价值。我们常说"时间就是金钱""钱能生钱",钱存入银行,应该得到利息;钱投资项目,应该取得利润。简单地说,如果我们今天将 1000 元存入银行,在一年定期利率为 5%的情况下,明年的今天,我们可以从银行取出 1050 元。银行在取得这1000 元后,不会让这笔资金静止在保险柜里,而是寻找投资机会,尽量获得高于 50 元的投资收益,并在一年后向存款人支付 50 元利息。

资金时间价值(Time Value of Money)定义为:资金在使用过程中随时间的推移而发生的增值。在实际应用中,在通货膨胀很低的情况下,可以将几乎无风险的国库券利率视为资金的时间价值。

可以从两个方面理解资金时间价值的来源:

(1)生产经营带来资金的增值

将资金用作某项投资,在资金的运动过程中可获得一定的收益,即资金有了增值。资金在这段时间内所产生的增值,就反映了资金的"时间价值"。具体来讲,一笔用于建设项目的资金,投入后经过一定时间,由于净效益的产生,使得原资金得到增值,即获得了较原投资额更多的资金。归根到底,资金时间价值是在生产经营过程中产生的,来源于劳动者在生产过程中创造的新的价值。

(2)机会成本带来资金的补偿

资金用作某项投资,必定放弃资金的其他使用权力,相当于失去收益的机会,也就相当于付出了一定的代价,是这项投资的机会成本。在一定时期内的这种代价就是资金的"时间价值"。这种解释也是建立在资金用作某项投资的前提下产生的。

可以看出,资金时间价值的存在是以资金的投资作为大前提的,只有

资金时间价值: 资金在使用过程中随时间的推移而发生的增值。

资金时间价值的存在是以资金的投资作为大前提的,只有进入投资领域的资金才有时间价值。

资金时间价值的概念

进入投资领域的资金才有时间价值。

因为资金时间价值的存在,在不同的时间点的资金在价值上是不相等的,也就是说资金的价值会随着时间而发生变化。即使不考虑通货膨胀因素,今天用于投资的资金也比将来同样数额的资金更有价值。

2. 计算要素

资金时间价值的计算包括几个要素:

(1)终值

终值(Future Value)又称将来值,是现在一定量资金在未来某一时点上的价值,俗称本利和,通常记作 F。

终值:现在一定量资金在未来某一时点上的价值,俗称本利和。

(2)现值

现值(Present Value)是指发生在时间序列起点处的资金,是未来某一时点上的一定量资金折合到现在的价值,通常记作 P。时间序列的起点通常就是经济评价时刻的起点,现值与终值的概念是相对的。

现值:发生在时间序列起点处的资金,是未来某一时点上的一定量资金折合到现在的价值。

(3)年值

年值(Annual Value)又称年金,是指一定时期内每次等额收付的系列款项,通常记作 A。

图 11-1 表明了现值、终值和年值的关系。图中的 P 表示现值,F 表示终值,A 表示等年值,年值发生的间隔相同,金额相等。

年值:指一定时期内每次等额收付的系列款项。

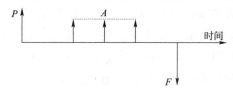

图 11-1 现值、终值和年值

(4)利息

利息(Interest)指放弃资金使用权所得到的报酬,或从资金使用者的角度,是占用资金所付出的代价。在一个计息周期结束时,终值与现值之间的差额即为这个计息周期的利息。计息周期一般以年、季度、月或天为单位。利息的计算分单利计息和复利计息两种。

利息:指放弃资金使用权所得到的报酬,或从资金使用者的角度,是占用资金所付出的代价。

单利计息是以本金(Principal)为基数计算利息的方法,每一计算期的利息是固定不变的。即不论计息周期有多长,每期均按原始本金计息,已取得的利息不再计息。单利法的计算公式为:

$$F = P(1 + i \cdot n) \tag{11-1}$$

式中:F——n 个计息周期末的本利和(终值),元;

P——初始本金(现值),元;

i——利率,%;

利息的计算

n——计息周期数。

例如,今天存入 1000 元,月利率为 1%,一个月后利息为 10 元,本利和为 1010 元,两个月后利息为 20 元(第 1 个月的利息 10 元加上第 2 个月的利息 10 元),本利和为 1020 元,即第一个月的利息 10 元不参加之后的计息。

复利计息是以本金与累计利息之和作为基础计算利息的方法,即上一期的利息可作为下一期的本金再计算利息,是利上加利的计算方法:

$$F = P(1+i)^n \tag{11-2}$$

式中:F——n 个计息周期末的本利和(终值),元;

P——初始本金(现值),元;

i——利率,%;

n——计息周期数。

例如,今天存入 1000 元,月利率为 1%,一个月后利息为 10 元,本利和为 1010 元,两个月后利息为 20.1 元(第 1 个月的利息 10 元加上第 2 个月的利息 10.1 元),本利和为 1020.1 元,即第一个月的利息 10 元还要参加下一期的计息。

(5)利率

利率(Interest Rate)指资金在单位计息周期产生的增值(利息)与投入的资金额(本金)的比值。某个计息周期的利率 i 等于该计息周期的利息除以本金。

例如,本金为 1000 元,一年后本利和为 1050 元,则利息为 50 元,年利率为 5%。

计息周期可以是一年、半年、一个季度或一个月等。计息周期不同,同一笔资金在占用时间相等的情况下,利息额有差异。在计息周期与利率的时间单位不一致时,就出现了名义利率与实际利率的差异。

名义利率(Nominal Interest Rate),是以 1 年为计息基础,按计息周期的利率乘以 1 年中包含的计息周期数计算得到的年利率。

实际利率又称为有效利率(Effective Interest Rate),是以 1 年为计息基础,按复利计算 1 年末的资金利息与期初本金的比值。

设名义利率为 r,1 年中计息次数为 m,按照名义利率和计息周期利率的关系,则计息周期的利率应为 r/m。利息的计算都采用复利计算方法,因此现值为 P 的资金 1 年后本利和 F 为:

$$F = P\left(1 + \frac{r}{m}\right)^m \tag{11-3}$$

按照实际利率的定义,实际利率 i 为:

利率:指资金在单位计息周期产生的增值(利息)与投入的资金额(本金)的比值。

名义利率:是以 1 年为计息基础,按计息周期的利率乘以 1 年中包含的计息周期数计算得到的年利率。

实际利率:以 1 年为计息基础,按复利计算 1 年末的资金利息与期初本金的比值。

$$i = \frac{F-P}{P} = \frac{P\left(1+\frac{r}{m}\right)^m - P}{P} = \left(1+\frac{r}{m}\right)^m - 1 \qquad (11-4)$$

当 $m=1$ 时,即如果以 1 年为实际的计息周期,名义利率等于实际利率;如果 $m>1$,即 1 年中多次计息,计息周期以月或季度为单位,则名义利率小于实际利率;现实生活中,一般不会发生 $m<1$,即计息周期大于 1 年的情况。

例如按月计算利息,月利率为 1%,通常称为"年利率 12%,每月计息 1 次"。这里所说的年利率 12% 指的就是名义利率,因为实际的利息是按复利计算的,由于每月都要计息一次,下个月的利息计算要将上个月的本利和作为本金计算,因此实际年利率要大于 12% 的名义利率。

【例 11-1】 向银行借款,有两种计息方式:A 方式为年利率 8%,按月计息;B 方式为年利率 8.1%,按半年计息。问:借款者应选哪一种?

解 对借款人来说,应选择实际利率低的方式。例中给出的是名义利率,不能按名义利率的高低进行选择。

A 方式的实际利率为:$\left(1+\frac{0.08}{12}\right)^{12} - 1 = 8.3\%$

B 方式的实际利率为:$\left(1+\frac{0.081}{2}\right)^{2} - 1 = 8.26\%$

故应选择计息方式 B。

11.1.2 现金流量与资金等值计算

1. 现金流量和现金流量图

现金流量:指投资项目在其计算期内可能或应该发生的各项现金流入与现金流出的统称。

现金流量(Cash Flow)也称现金流动量或资金流量,是指投资项目在其计算期内可能或应该发生的各项现金流入与现金流出的统称,是计算项目投资决策评价指标的主要根据和重要信息之一。

现金流量图是描述现金流动量作为时间函数的图形,它能表示资金在不同时间点流入与流出的实际运动状况。典型的现金流量图如图 11-2 所示。

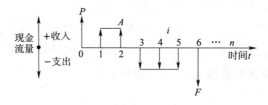

图 11-2 现金流量图

名义利率与有效利率

横坐标量度时间,称时间轴,取计息周期的期数为时间刻度数值,如果用年计息,则时间轴上的刻度单位为年。纵坐标描述现金流量,单位为元或万元等。当资金流入项目时,现金流量为正值,绘制在时间轴上方,用向上的箭头表示;当资金流出时,现金流量为负值,绘制在时间轴的下方,用向下的箭头表示。

绘制现金流量图的好处是可以把项目整个计息期内所发生的现金流量(包括各年投资、营业收入、税金、经营成本等)都画在时间坐标图上,使各年资金流动状况一目了然,便于分析计算;缺点是必须画出某一笔现金流入或流出究竟是发生在计息周期的期初还是期末,这对资金流入或流出时间点明确的行为(如存款和取款)来说是有必要的,但对于交通投资项目来说,资金流入和流出往往平均发生在整个计息周期(如营业收入并不是在年末一次流入的,而是在一整年内流入的),这时,就很难明确地画出现金流入到底是在期初还是在期末。因此,现金流量图更适用于个人理财决策,而对于交通项目现金流入和流出的表示及相应指标计息,我们一般利用现金流量表。

2. 资金等值的概念

资金等值(Capital Equivalence)是指在时间因素的作用下,不同时点上数额不等的资金,在一定利率条件下具有相等的价值。

例如,在基年(即现在的时间点)的10万元贷款,按10%利率用复利计算,其第一年、第二年、第五年的本利和分别为11万元、12.1万元和16.1万元,而这三年的终值转换为基年的现值均等于10万元。说明现值10万元按10%复利计算,它等于1年后的11万元,两年后的12.1万元和5年后的16.1万元。

等值的概念是评价不同时期资金使用效果的重要依据。为了正确地评价项目的经济效果,考虑在不同时间点上各种资金的时间价值,需要把不同时间点上发生的现金流量换算为同一时间点上的等价的现金流量,这种考虑时间因素的资金转换计算,又称为资金的等值计算。

> **资金等值**:指在时间因素的作用下,不同时点上数额不等的资金,在一定利率条件下具有相等的价值。

3. 一次性支付计算

一次性支付资金即资金的收入或付出都是一次性发生的。一次性支付资金等值是最基本的资金等值计算。它分终值计息和现值计算。

(1)终值计息

终值计息即已知现值和利率,求某个计算期末的终值。它的经济含义是:若现在投资 P 元,按年利率 i 计,n 年后可以得到的终值总金额 F 是多少。可按下式计算:

$$F = P(1+i)^n = P(F/P, i, n) \tag{11-5}$$

> **一次性支付资金**:即资金的收入或付出都是一次性发生的,包括终值计息和现值计算。

可以把 $(1+i)^n$ 记作 $(F/P,i,n)$,称为终值系数。此处斜线不是数学除号,是分隔符,斜线后面的 P、i 和 n 表示已知数,斜线前面的 F 表示求解数。当利率为常用整数时,终值系数可以从复利系数表中查得。一次支付求终值的现金流量图如图 11-3 所示。

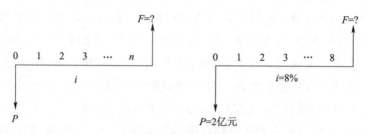

图 11-3　一次支付终值现金流量图

【例 11-2】　银行给某港口建设项目贷款 2 亿元,年利率为 8%,试计算 8 年后的终值(本利和)。

解　$F = P(1+i)^n = P(F/P, 8\%, 8) = 2 \times 1.851 = 3.702(亿元)$

即 8 年后银行需要收回 3.702 亿元贷款。

(2)现值计算

现值计算即已知利率 i 和计算期 n 年后的终值 F,求期初的现值 P。现值公式为终值公式的倒数,即:

$$P = F \frac{1}{(1+i)^n} = F(P/F, i, n) \tag{11-6}$$

$(P/F, i, n)$ 称为现值系数。由于在交通运输项目投资评价时,习惯采用贴现的方式,即将不同时点的现金流量都通过资金等值换算到项目投资的基年,因此,一次支付现值公式是最常用的贴现公式。其现金流量图如图 11-4 所示。

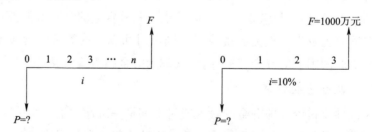

图 11-4　一次支付现值现金流量图

【例 11-3】　某铁路运输公司三年后需要一笔 1000 万元的资金进行设备更新,年利率 $i=10\%$,问现在应存入银行多少钱?

解　$P = F \frac{1}{(1+i)^n} = F(P/F, 10\%, 3) = 1000 \times 0.7513 = 751.3(万元)$

即铁路运输公司现在应存入银行 751.3 万元。

一次性支付计算

4. 等额分付计算

在项目评价期内,大部分的现金流是发生在不同的时点上的。等额分付指现金流发生在间隔相同的连续时间点上,且发生数额相等。等额分付一般有五种类型的计算方法。

(1) 等额分付终值计算

等额分付终值计算也称为年金终值计算,已知利率 i,按时间序列在每期末均发生(流入或流出)一笔等额资金 A,求在 n 年后各年本利和累计总值 F。这是计算由一系列期末等额支付累计而成的一次支付终值,是一种等额序列零存整取的情况。其计算公式为:

$$F = A\left[\frac{(1+i)^n - 1}{i}\right] = A(F/A, i, n) \qquad (11-7)$$

其中,$(F/A, i, n)$ 为年金终值系数。等额分付终值的现金流量图如图 11-5 所示。

> **等额分付**:指现金流发生在间隔相同的连续时间点上,且发生数额相等。包括等额分付终值、等额分付偿债基金、等额分付现值、等额分付资金回收、永续年金现值等方式。

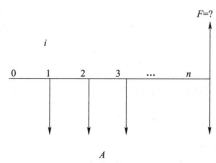

图 11-5 等额分付终值现金流量图

【例 11-4】 某项目的建设期为 4 年,在此期间,每年末向银行借贷 100 万元,银行要求在第 4 年末一次性偿还全部借款和利息。若年利率为 8%,问届时应偿还的总金额为多少?

解 第 4 年末应偿还的总金额 F 为:

$$F = A\left[\frac{(1+i)^n - 1}{i}\right] = 100 \times \left[\frac{(1+0.08)^4 - 1}{0.08}\right] = 450.61(万元)$$

或者:$F = A(F/A, i, n) = 100 \times (F/100, 8\%, 4) = 450.61(万元)$

即第 4 年末应偿还的总金额为 450.61 万元。

(2) 等额分付偿债基金计算

等额分付偿债基金计算指的是为了筹集 n 年后需要的一笔资金 F,在年利率为 i 的情况下,求每个计息期(年)末应等额存储的金额 A。其计算公式为:

$$A = F\left[\frac{i}{(1+i)^n - 1}\right] = F(A/F, i, n) \qquad (11-8)$$

等额分付计算(一)

其中,$(A/F,i,n)$为偿债基金系数,现金流量图如图 11-6 所示。

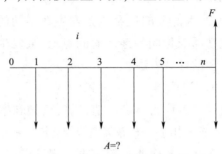

图 11-6 等额分付偿债基金现金流量图

【例 11-5】 某工厂欲积累一笔设备更新基金,用于 5 年后更新设备,届时此设备价值 100 万元,假设银行利率为 10%,问每年末应存款多少?

解 每年末应存款数 A 为:

$$A = F\left[\frac{i}{(1+i)^n - 1}\right] = 100 \times \left[\frac{0.1}{(1+0.1)^5 - 1}\right] = 16.38(万元)$$

或者:

$$A = F(A/F,i,n) = 100 \times (A/100,10\%,5) = 100 \times 0.1638 = 16.38(万元)$$

即每年末应存 16.38 万元。

(3) 等额分付现值计算

等额分付现值计算指的是在年利率为 i 的情况下,希望在未来 n 年内,每年年末能取得等额的收益 A,求现在需投入多少资金 P。其计算公式为:

$$P = A\left[\frac{(1+i)^n - 1}{i(1+i)^n}\right] = A(P/A,i,n) \tag{11-9}$$

其中,$(P/A,i,n)$为年金现值系数,现金流量图如图 11-7 所示。

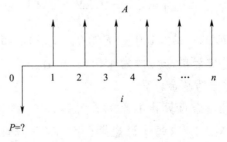

图 11-7 等额分付现值现金流量图

【例 11-6】 某大桥收费项目预计每年可获得收益 9000 万元,如果投资人现在有意购买该项目 15 年经营权,预期投资收益率为 10%,问投资人应花费的投资不应高于多少?

解 投资人应花费的投资 P 为:

$$P = A\left[\frac{(1+i)^n - 1}{i(1+i)^n}\right] = 9000 \times \left[\frac{(1+0.1)^{15} - 1}{0.1 \times (1+0.1)^{15}}\right] = 68454(万元)$$

或者:

$$P = A(P/A, i, n) = 9000 \times (P/9000, 10\%, 15) = 9000 \times 7.606 = 68454(万元)$$

即投资人的投资额不应超过 68454 万元。

(4) 等额分付资金回收计算

等额分付资金回收计算指的是在年利率为 i 的情况下,现在投入资金 P,希望在未来 n 年内每年等额回收投资,求每年年末需回收的收益 A 是多少。其计算公式为:

$$A = P\left[\frac{i(1+i)^n}{(1+i)^n - 1}\right] = P(A/P, i, n) \tag{11-10}$$

其中,$(A/P, i, n)$ 为资金回收系数,现金流量图如图 11-8 所示。

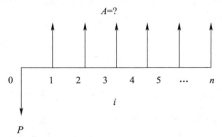

图 11-8 等额分付资金回收现金流量图

【例 11-7】 某新建交通项目期初投资 4 亿元,在年利率为 8% 的前提下,要在 10 年内全部回收期初投资,问每年平均利润应达多少?

解 每年平均利润 A 为:

$$A = P\left[\frac{i(1+i)^n}{(1+i)^n - 1}\right] = 4 \times \left[\frac{0.08 \times (1+0.08)^{10}}{(1+0.08)^{10} - 1}\right] = 0.59612(亿元)$$

或者:

$$A = P(A/P, i, n) = 4 \times (A/4, 8\%, 10) = 4 \times 0.1490 = 0.59612(亿元)$$

即每年平均利润应达 0.59612 亿元。

(5) 永续年金现值计算

永续年金现值计算指的是如果每期末的净现金流量均为 A,且收益期限可以无限长,年利率为 i,求该系列收益的现值 P。这种情况在半永久性的交通基础设施成本、收益折现过程中往往会遇到。其计算公式为:

$$P = \frac{A}{i} \tag{11-11}$$

> 资金等值计算系数: 常用的不同资金等值计算系数包括: 终值系数、现值系数、偿债基金系数、资金回收系数、年金终值系数、年金现值系数等, 这些系数均可查表得到。

等额分付计算(二)

【例 11-8】 1986 年，美国联合太平洋铁路公司花费 12 亿美元兼并了一家公路货运公司。该货运公司每年盈利均为 6000 万美元，银行利率为 10%。假定项目收益和银行利率不变，收益期限可以无限长，那么这次收购将为太平洋铁路公司带来多少收益现值？从这个角度看这次收购成功吗？

解 对项目收益的现值进行测算：

$$P = \frac{A}{i} = \frac{6000}{0.1} = 60000(万美元) = 6(亿美元)$$

由于项目收益现值不抵其收购成本，因此收购是不成功的。

11.2 投资评价指标计算与不确定性分析

11.2.1 评价指标计算

项目投资评价指标有很多，其中常用的指标有净现值、内部收益率和投资回收期。这些指标既可以用于财务评价，也可以用于经济评价，使用范围较广。

1. 净现值

净现值(Net Present Value)，简写为 NPV，是指项目在计算期内各年的净现金流量(或净效益流量)按照一定的折现率折算到期初时的现值之和，它反映了考虑资金时间价值条件下，投资产生的净贡献。表达式为：

$$\mathrm{NPV} = \sum_{t=1}^{n}(\mathrm{CI}_t - \mathrm{CO}_t)(1+i)^{-t} \tag{11-12}$$

式中：CI_t——第 t 年财务现金流入(或经济效益)；

CO_t——第 t 年财务现金流出(或经济费用)；

n——计算期$(1,2,3,\cdots,n)$；

i——设定的折现率。

> **净现值**：指项目在计算期内各年的净现金流量(或净效益流量)按照一定的折现率折算到期初时的现值之和。

在投资评价时常用到"折现"和"折现率"的概念。折现(Discount)也称为贴现，是把将来某一时点的资金金额换算成现在时点的等值金额。也就是我们前面所说的现值的计算。折现率(Discount Rate)也称为贴现率，是进行资金等值计算时使用的反映资金时间价值的参数，按复利计息原理把未来一定时期的预期收益折合成现值的一种比率。折现率和利率的概念相同，都是反映资金时间价值的参数，只是在不同的场合下有不同的表达方式。

> **折现**：把将来某一时点的资金金额换算成现在时点的等值金额。

计算出的净现值可能有三种结果,即 NPV>0,或 NPV=0,或 NPV<0。当 NPV>0 时,则项目是可以考虑接受的;当 NPV≤0 时,说明拟建项目的净效益不足以抵付折现率计算的利息,甚至有可能是负的效益,一般可判断项目不可行。

从净现值指标的定义可以看出,该指标的大小主要受三个因素影响:

(1)项目的净现金流量(或净效益流量)

在财务评价时,净现值指标表达式中的 CI 为项目的财务现金流入,CO 为项目的财务现金流出,(CI-CO)即为净现金流量。在经济评价时,CI 为经济效益流量,CO 为经济费用流量,(CI-CO)即为净效益流量。CI 和 CO 都是根据项目的实际情况,通过市场分析和预测得出的。(CI-CO)的值越大,得出的净现值指标值就越大。

(2)选取的折现率

在运用净现值法进行投资决策时,正确选择折现率是至关重要的。折现率的选择直接会影响到对投资项目的决策,折现率选择得过高或过低都会导致决策的失误。过高会导致一些效益较好的项目不能通过,过低会导致一些效益较差的项目得以通过,这都会给投资人和社会带来损失。

在财务评价时,可以选择的折现率有资金成本率(常用的是同期银行的贷款利率)、预期投资收益率(根据项目的风险程度而定)、行业平均收益率等,而在经济评价时,折现率采取国家发布的社会折现率。

(3)项目计算期长短

项目是有一定寿命期的,寿命期结束后,或者将项目整体结束,或者需要对项目进行改建。但在项目评价时,选择的计算期不一定等于寿命期,尤其是对于半永久性的交通基础设施项目。

例如,港口的寿命期在 30 年以上,但在进行项目评价时,可将计算期定为 20 年。不将计算期设置得太长的原因是,20 年或 30 年后的技术和经济情况很难预测,得出的净现金流量数据误差较大;而且,由于资金时间价值的存在,30 年后的现金流量折现到基年后,其额度是非常有限的,对项目的评价结果产生的影响较小。

项目计算期的长短会影响净现值指标大小。如果项目后期每年的净现金流量(或净效益流量)都为正值,显然计算期越长,净现值指标值越大。

折现率:进行资金等值计算时使用的反映资金时间价值的参数,按复利计息原理把未来一定时期的预期收益折合成现值的一种比率。

【例 11-9】 某交通项目原始投资为 5000 万元,运营期为 10 年,预计项目运营后每年的净现金流量为 900 万元,行业基准折现率为 8%,假定不考虑项目的建设期,计算该项目的财务净现值。

解 项目 10 年运营产生的净现金流量的现值为:

项目投资评价
指标(一)

$$P = A(P/A, i, n) = 900 \times (P/900, 8\%, 10) = 900 \times 6.710 = 6039(万元)$$

考虑期初有 5000 万元的投资,该项目的财务净现值为:

$$NPV = 6039 - 5000 = 1039(万元)$$

即该项目的财务净现值为 1039 万元。

2. 内部收益率

> 内部收益率:指使计算期内各年净现金流量(或净效益流量)现值之和为零时的折现率。

内部收益率(Internal Rate of Return)可简写为 IRR,是指使计算期内各年净现金流量(或净效益流量)现值之和为零时的折现率。内部收益率反映拟建项目的实际投资收益水平,这是一个重要的动态评价指标,其表达式为:

$$\sum_{t=1}^{n}(CI_t - CO_t)(1 + IRR)^{-t} = 0 \quad (11\text{-}13)$$

式中:CI_t——第 t 年财务现金流入(或经济效益);

CO_t——第 t 年财务现金流出(或经济费用);

n——计算期(1,2,3,…,n);

IRR——需要求解的内部收益率。

内部收益率与净现值的表达式基本相同,它的经济含义可以理解为:在投资项目的计算期内按折现率 $i = IRR$ 计算,始终存在未能回收的投资,而在项目结束时,投资恰好被完全回收。

用内部收益率评价投资项目的判别准则是:如果 $IRR > i$,则投资项目在财务或经济效果上可以接受;当 $IRR < i$ 或 $IRR = i$ 时,则投资不可以接受。这里 i 可以是资金成本率、预期投资收益率、行业基准收益率或社会折现率。

对于经济生活中遇到的大多数投资项目,都是先投资再回收,投资集中在初期,净现金流量是负的,开始运营后净现金流量是正的,因此,项目计算期内各年净现金流量的正负号只改变一次。而对于非典型投资项目而言,其净现金流量正负号要改变一次以上,从 IRR 的计算方程可知,其方程式是一个高次方程,正实数根可能不止一个,但这些根中是否有真正的内部收益率呢?这就需要按内部收益率的经济含义进行验证。即以这些根作为折现率,看在项目计算期内是否始终存在未被回收的投资。

交通运输投资项目在财务评价时是有可能成为非典型投资项目的。在运营过程中,大修、集中还贷等情况的发生,都会使项目在运营中期出现净现金流量为负值的情况。

3. 投资回收期

> 投资回收期:指项目从建设到运营后用所获得的净收益抵偿全部投资所需要的时间。

投资回收期(Payback Period)是指项目从建设到运营后用所获得的净收益抵偿全部投资所需要的时间。它是反映项目回收投资能力的重要指标。对于投资者来讲,投资回收期越短越好。根据是否考虑资金的时间价值,可以分为静态投资回收期和动态投资回收期。

(1)静态投资回收期

静态投资回收期是不考虑资金时间价值因素的投资回收期,计算公式可表示为:

$$\sum_{t=0}^{P_\mathrm{T}}(\mathrm{CI}_t - \mathrm{CO}_t - K_t) = 0 \qquad (11\text{-}14)$$

式中:P_T——静态投资回收期;

CI_t——第 t 年现金流入(收入);

CO_t——第 t 年现金流出(支出,不包括投资);

K_t——第 t 年投资。

静态投资回收期:不考虑资金时间价值因素的投资回收期。

能使式(11-14)成立的 P_T 即为静态投资回收期。实际工作中,常用的速算公式为:

$$P_\mathrm{T} = m - 1 + \frac{\text{上年累计净现金流量的绝对值}}{\text{当年净现金流量}} \qquad (11\text{-}15)$$

式中:m——累计净现金流量开始出现正值的年份。

特殊情况:如果项目在期初一次性投入全部资金 P,每年的收入和支出都相同,分别为 CI 和 CO,那么其静态投资回收期为:

$$P_\mathrm{T} = \frac{P}{\mathrm{CI} - \mathrm{CO}} \qquad (11\text{-}16)$$

(2)动态投资回收期

动态投资回收期是考虑资金时间价值因素的投资回收期,计算公式可表示为:

$$\sum_{t=0}^{P_\mathrm{T}}(\mathrm{CI}_t - \mathrm{CO}_t - K_t)(1 + i)^{-t} = 0 \qquad (11\text{-}17)$$

动态投资回收期:考虑资金时间价值因素的投资回收期。

式中:P_T——动态投资回收期;

CI_t——第 t 年现金流入(收入);

CO_t——第 t 年现金流出(支出,不包括投资);

K_t——第 t 年投资;

i——社会折现率。

能使式(11-17)成立的 P_T 即为动态投资回收期。实际工作中,常用的速算公式为:

$$P_\mathrm{T} = m - 1 + \frac{\text{上年累计净现金流量折现值的绝对值}}{\text{当年净现金流量折现值}} \qquad (11\text{-}18)$$

式中:m——累计净现金流量折现值开始出现正值的年份。

计算出的投资回收期要与行业规定的标准投资回收期(若有的话),

或行业平均投资回收期进行比较,如果小于或等于标准投资回收期或行业平均投资回收期,则认为项目是可以考虑接受的。投资者一般都十分关心投资的回收速度,为了减少投资风险,都希望越早收回投资越好。

【例 11-10】 某项目的投资及净现金收入见表 11-1,标准投资回收期为 4 年。

项目投资及现金收入和支出表　　　　表 11-1

年限	0	1	2	3	4	5	6
总投资	6000	4000					
现金收入			5000	6000	8000	8000	7500
现金支出			2000	2500	3000	3500	3500

(1) 试计算其静态投资回收期,判断其在经济上的合理性。

(2) 如果社会折现率为 10%,从动态投资回收期的角度,该项目在经济上是否仍然可行?

解 (1) 根据已知条件,可以计算每年的净现金流量和累计净现金流量见表 11-2。

净现金流量和累计净现金流量　　　　表 11-2

年限	0	1	2	3	4	5	6
净现金流量	−6000	−4000	3000	3500	5000	4500	4000
累计净现金流量	−6000	−10000	−7000	−3500	1500	6000	10000

静态投资回收期 P_T 为:

$$P_T = 4 - 1 + \frac{3500}{5000} = 3.7(年)$$

由于 $P_T < 4$ 年,因此从静态投资回收角度该项目在经济上是可行的。

(2) 动态投资回收期需要计算每年的净现金流量折现值和累计净现金流量折现值,已知社会折现率 i 为 10%,第 n 年净现金流量折现值按照前面所讲的现值计算方法,等于当年的净现金流量乘以现值系数 $(P/F, i, n)$,现值系数可以查表得到。计算结果见表 11-3。

净现金流量折现值和累计净现金流量折现值　　　　表 11-3

年限	0	1	2	3	4	5	6
现值系数 $(P/F,i,n)$	1	0.9091	0.8264	0.7513	0.6830	0.6209	0.5645
净现金流量折现值	−6000	−3636	2479	2630	3415	2794	2258
累计净现金流量折现值	−6000	−9636	−7157	−4527	−1112	1682	3940

项目投资评价指标(二)

动态投资回收期 P_T 为:

$$P_T = 5 - 1 + \frac{1112}{2794} = 4.4(年)$$

由于 $P_T > 4$ 年，因此从动态投资回收角度该项目在经济上是不可行的。

11.2.2 盈亏平衡分析

1. 盈亏平衡点

对于一个项目而言，盈利与亏损之间一般至少有一个临界转折点，这种临界转折点称为盈亏平衡点(Break-Even Point, BEP)。在这点上，营业收入与成本支出相等，对于所研究的项目来说，既不亏损也不盈利。

项目的盈亏平衡分析是指根据量(产销量、营业额)、本(成本)、利(收入)之间的关系，计算项目在盈亏平衡点时的产销量、价格等相关指标，从而判断项目的经营风险大小，并分析项目对市场需求变化的适应能力。一般说来，盈亏平衡点越低，项目实施后盈利的可能性就越大，造成亏损的可能性就越小，对某些不确定因素变化所带来的风险的承受能力就越强。

盈亏平衡分析的基本方法是建立量、本、利之间的函数关系，通过对函数及其图形的分析，找出用产量、价格和生产能力利用率表示的盈亏平衡点。

2. 盈亏平衡产量

盈亏平衡产量是在假定项目产品价格已知的情况下，计算其达到盈亏平衡点状态时的产量。

假定企业产品的完税价格为 P（即扣除税收因素的价格），企业的收入可以表示为：

$$R = P \cdot Q \tag{11-19}$$

式中：R——企业税后收入；

P——产品的完税价格；

Q——产品产量。

企业的成本可以表示为：

$$C = \text{FC} + \text{VC} = \text{FC} + \text{AVC} \cdot Q \tag{11-20}$$

式中：C——企业总成本；

FC——固定成本；

VC——可变成本；

AVC——平均可变成本；

Q——产品产量。

当企业的生产处于盈亏平衡点状态时，意味着企业的税后收入等于总成本，即：

$$R = C \tag{11-21}$$

$$P \cdot Q = C = \text{FC} + \text{AVC} \cdot Q \tag{11-22}$$

$$Q^* = \frac{C}{P} = \frac{\text{FC}}{P - \text{AVC}} \tag{11-23}$$

盈亏平衡分析

Q^* 为盈亏平衡点上的产量,记为 BEP 产量。如图 11-9 所示。

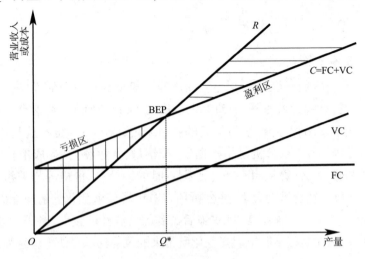

图 11-9 盈亏平衡分析示意图

项目的实际产量 $Q > Q^*$,企业才能盈利;如果 $Q < Q^*$,项目投资就会亏损。用产量表示的盈亏点是最常用的,表明项目至少要达到盈亏平衡点产量才能维持生存。一般来说,盈亏平衡点越低,项目面临的风险越小。

若已知项目的设计生产能力为 Q_C,盈亏平衡点产量为 Q^*,可以计算盈亏平衡时的生产能力利用率 Φ:

$$\Phi = \frac{Q^*}{Q_C} \times 100\% \tag{11-24}$$

盈亏平衡点生产能力利用率的经济意义是:使项目不致亏本的最低生产能力利用率。

3. 盈亏平衡价格

盈亏平衡价格: 在项目生产能力已知的情况下,计算其达到盈亏平衡点状态时的产品价格水平。

盈亏平衡价格是在假定项目生产能力已知的情况下,计算其达到盈亏平衡点状态时的产品价格水平。

根据式(11-22)可以得出盈亏平衡价格 P^* 为:

$$P^* = AVC + \frac{FC}{Q} \tag{11-25}$$

此处 P^* 亦指的是产品完税后的价格。

我们知道在完全竞争市场,价格是由市场决定的,投资项目本身不会对产品价格产生影响。盈亏平衡价格的意义在于按照项目的生产能力进行生产,如果实际市场价格 $P > P^*$,企业是盈利的;如果 $P < P^*$,项目投资就会亏损。

当然在垄断条件下,项目本身会对市场价格产生影响,此时盈亏平衡价格分析可以为项目产品的定价策略提供依据。

【例 11-11】 某企业电子产品生产设计能力为 200 万台/年,年固定成本为 9000 万元,生产电子产品的平均可变成本为 300 元/台,每台电子产品的市场售价(完税价格)为 500 元/台。

(1)计算盈亏平衡点产量。

(2)平衡点生产能力利用率是多少?

(3)若实际的生产销售量为 60 万台,那么此时的保本销售价格为多少?

解 (1)盈亏平衡点产量 Q^* 为:

$$Q^* = \frac{FC}{P - AVC} = \frac{9000}{500 - 300} = 45(万台)$$

(2)平衡点生产能力利用率 Φ 为:

$$\Phi = \frac{Q^*}{Q_C} \times 100\% = \frac{45}{200} \times 100\% = 22.5\%$$

(3)当 60 万台为盈亏平衡点产量时,对应的保本售价 P^* 为:

$$P^* = AVC + \frac{FC}{Q} = 300 + \frac{9000}{60} = 450(元/台)$$

11.2.3 敏感性分析

敏感性分析(Sensitivity Analysis)是指分析、测算项目的主要影响因素发生变化时引起经济效果评价指标变化的幅度。数值变动能显著影响项目经济效果的因素称为敏感性因素(Sensitive Factor)。

1. 目的

敏感性分析的目的是了解影响项目的各种因素,比如价格、投资费用、项目寿命周期等的变化对项目经济效益的影响程度,从而为项目的正确决策提供依据。具体目的是:

(1)了解项目的风险程度。

(2)找出影响项目效果的敏感性因素。

(3)了解各种敏感性因素的偏差在多大范围内是可行的。

(4)掌握各种不能确定因素的利弊及其大小,从而在项目的实施过程中,能够有针对性地充分利用有利因素,尽量避免不利因素,有助于项目经济效益的提高。

2. 主要步骤

(1)确定经济效果指标

评价一个项目的经济效果指标有多个,但对于某一个具体的项目而言,没有必要对所有的经济效果指标都作敏感性分析。因为不同的项目有不同的特点和要求,因此,敏感性分析的指标选择应针对实际需要而

敏感性分析:指分析、测算项目的主要影响因素发生变化时引起经济效果评价指标变化的幅度。

敏感性因素:数值变动能显著影响项目经济效果的因素。

敏感性分析

定。一般最常用的经济效果指标是内部收益率和净现值等指标。

（2）选择需要分析的影响因素

不同项目在不同的经济背景下，影响因素各不相同，但常用的包括：价格、收入、成本、利率等，一般来说找出那些在成本、收益构成中所占比重较大，或可能对项目经济效果评价指标有较大影响，或在整个项目寿命周期内可能发生较大变动，或者数据准确性较差的因素作为敏感性因素。

（3）确定影响因素的变化范围

敏感性分析通常是针对影响因素的不利变化进行的，为绘制敏感性分析图的需要，也可考虑影响因素的有利变化。影响因素的变化范围一般选取 ±5%、±10%、±20%、±30% 等。

（4）分析确定敏感性因素

根据计算结果，分析确定数值变动能显著影响项目经济效果的敏感性因素。

【例 11-12】 某生产小型电动汽车的投资项目，相关的投资、收入及成本预测参见表 11-4。

小型电动汽车项目现金流量表（单位：万元）　　　表 11-4

年限	0	1	2～10	11
投资	15000			
销售收入			19800	19800
经营成本			15200	15200
期末资产残值				2000
净现金流量	-15000	0	4600	4600+2000

已知社会折现率为 10%，由于影响项目经济效果的一些因素存在不确定性，假设投资额、经营成本和产品价格均有可能在 ±20% 之间变动，试分别就上述三个因素作敏感性分析。

解　选择净现值指标作为项目的经济效果指标，计算项目的净现值 NPV。净现值为三部分的代数和：期初的投资额 -15000 万元；因为第 1 年无现金流（为建设期无收入，支出就是期初的投资），第 2～11 年的年净现金流量 4600 万元部分按照等额分付现值计算方法折现到第 1 年，再将此折现值按照现值计算方法折现到期初；另外第 11 年的期末资产残值 2000 万元按照现值计算方法折现到期初。因此：

$$NPV = -15000 + [4600 \times (P/A, 10\%, 10)] \times (P/F, 10\%, 1) +$$
$$2000 \times (P/F, 10\%, 11)$$
$$= -15000 + 4600 \times 6.144 \times 0.9091 + 2000 \times 0.3505$$
$$= 11394（万元）$$

（1）投资额变动的敏感性分析。投资额在 -20%~20% 之间进行增减变动，意味着表 11-4 中的投资在 12000 万~18000 万元之间变动，其他参数不变，可重新计算 NPV。

（2）经营成本变动的敏感性分析。经营成本在 -20%~20% 之间进行增减变动，意味着表 11-4 中的经营成本在 12160 万~18240 万元之间变动，其他参数不变，可重新计算 NPV。

（3）产品价格变动的敏感性分析。产品价格在 -20%~20% 之间进行增减变动，实际上就是销售收入在 -20%~20% 之间变动，意味着表 11-4 中的销售收入在 15840 万~23760 万元之间变动，其他参数不变，可重新计算 NPV。相关计算结果见表 11-5。

不同影响因素变动后的项目净现值 NPV（单位：万元）　　表 11-5

变动率(%)	投资额变动后 NPV	经营成本变动后 NPV	产品价格变动后 NPV
-20	14394	28374	-10725
-15	13644	24129	-5195
-10	12894	19884	335
-5	12144	15639	5864
0	11394	11394	11394
+5	10644	7149	16924
+10	9894	2904	22453
+15	9144	-1341	27983
+20	8394	-5586	33513

根据表中的数据可以绘制敏感性分析图，如图 11-10 所示。

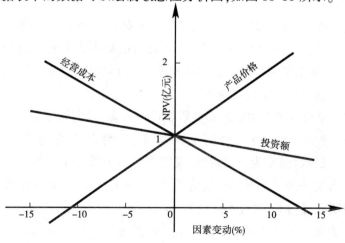

图 11-10　敏感性分析图

从分析结果可以看出，在同样的变动率下，产品价格对项目净现值指标的影响程度最大，经营成本变动的影响次之，投资额变动的影响最小。

同时也可以计算出，当 NPV = 0 时，各个因素的变动率为：投资 +76.0%，经营成本 +13.4%，产品价格 −10.3%。也就是说，投资额增加不超过 76.0%，或经营成本增加不超过 13.4%，或产品价格下降不超过 −10.3% 的情况下，项目在经济上是可行的。

11.2.4 概率分析

1. 风险

风险：指人们从事的某项活动，在一定时间内有可能给人、环境或其他相关利益体带来的危害。

任何投资行为总与风险相伴。风险（Risk）是指人们从事的某项活动，在一定时间内有可能给人、环境或其他相关利益体带来的危害。在现实经济中，风险是不可忽视的因素，单个经济单位总是在不完全信息条件下做出决策。风险的大小由两个因素决定，即风险发生的概率和风险发生后产生的破坏力。要定量地描述风险，通常需要知道某一特定行为的所有可能结果以及每一种结果发生的可能性。

对于交通运输项目来说，由于其本身具有投资大、建设周期长、受客观条件和自然因素等影响较大的特点，在实施过程中就不可避免地受到许多诸如政治、经济、技术等不可预见因素的影响，使得投资项目存在一定风险。尤其是项目的财务和经济评价所使用的大部分基础数据都来自预测或估算，这些数据受不可预见因素的影响，在一定程度上都含有很大的不确定性。这些因素的不确定性，导致工程项目的投资决策存在着较大的潜在风险，因而容易造成决策上的失误。

2. 概率

概率：表示不确定事件某种状态出现的可能性，介于 0 和 1 之间。概率为 0 表示某种状态不会出现，概率为 1 表示某种状态一定会发生。

概率（Probability）是表示不确定事件某种状态出现的可能性，介于 0 和 1 之间。概率为 0 表示某种状态不会出现，概率为 1 表示某种状态一定会发生。概率是一个很难表述的概念，因为它的形成依赖于不确定事件本身的性质和人们的主观判断。

例如，某投资者有 100 万元的资金可供投资，投资期限为 1 年。股市状态为不确定事件，有五种可能的状态，每种状态发生的概率参见表 11-6。投资收益率为方案指标，投资者可供选择的方案为：

（1）方案一为全部投资于政府债券，投资期为 1 年，政府债券按面值发行，到期支付利息，收益率固定为 8%，与股市状态无关。

（2）方案二为购买公司债券，投资者将在年终售出该债券。债券的市场价值取决于出售时的股市状态：股市不景气时，投资者大多愿意投资于利率稳定的债券,因此市场价值相应提高;反之,股市繁荣时,公司债券市场价值较低。

(3)方案三为购买 A 公司股票,年终时的收益率取决于当时股市状况的好坏。

(4)方案四为购买 B 公司股票,其投资内容与方案三相同,只不过不同股市状态下的投资收益率不同。

项目投资选择方案 表 11-6

股市状态	发生概率	各种方案不同状态的投资收益率(%)			
		方案一 (政府债券)	方案二 (公司债券)	方案三 (股票 A)	方案四 (股票 B)
较大幅度下跌	0.05	8.0	12.0	-3.0	-2.0
不景气	0.2	8.0	10.0	6.0	9.0
一般	0.5	8.0	9.0	11.0	12.0
缓慢上升	0.2	8.0	8.0	8.5	15.0
繁荣	0.05	8.0	8.0	19.0	26.0
期望收益率		8.0	9.1	9.2	12.0
方差		0	0.71	19.27	23.23
标准差		0	0.84	4.39	4.82

在这个例子中,股市出现较大幅度下跌的概率为 0.05,不景气的概率为 0.2,一般的概率为 0.5,缓慢上升的概率为 0.2,繁荣的概率为 0.05。

3.期望值

期望值(Expected Value)是方案指标在不确定事件所有可能状态下的加权平均值,权重就是每种状态发生的概率。期望值反映了方案指标的总体趋势或平均结果。若某个事件有 n 种可能的状态,每种状态发生的概率分别为 $p_1, p_2, \cdots, p_n$,方案指标 X 在每个状态下的取值分别为 $x_1, x_2, \cdots, x_n$,则该方案指标 X 的期望值为:

$$E(X) = \sum_{i=1}^{n} p_i \cdot x_i \tag{11-26}$$

式中:$E(X)$——方案指标 X 的期望值。

在前述的投资例子中,方案四(投资于 B 公司股票)有五种可能的状态,在每种股市状态中均有相应的收益率和可能的发生概率,期望收益率为:

$$期望值 = 0.05 \times (-2.0) + 0.2 \times 9.0 + 0.5 \times 12.0 + \\ 0.2 \times 15.0 + 0.05 \times 26.0 = 12.0$$

用相同的方法,可以求得方案一、方案二、方案三的期望值分别为

> **期望值**:方案指标在不确定事件所有可能状态下的加权平均值,权重就是每种状态发生的概率。

概率分析

8.0、9.1、9.2。

4. 方差与标准差

方案指标的实际值与期望值之间会存在偏差,常用方差和标准差来度量这种偏差。方差(Variance)是所有状态方案指标的实际值与期望值之差的加权平方和,权重就是每种状态发生的概率。

$$\delta^2 = \sum_{i=1}^{n} p_i \cdot [x_i - E(X)]^2 \quad (11-27)$$

式中:δ^2——方案指标 X 的方差;

$E(X)$——方案指标 X 的期望值;

x_i——方案指标 X 在 i 状态下的取值;

p_i——i 状态发生的概率。

标准差(Standard Deviation)是方差的平方根:

$$\delta = \sqrt{\delta^2} = \sqrt{\sum_{i=1}^{n} p_i \cdot [x_i - E(X)]^2} \quad (11-28)$$

表 11-6 所示的投资方案,从方案一至方案四的收益率依次增大,但方差和标准差也相应提高。方差和标准差越大,意味着方案的风险也越大。最终投资方案的选择取决于投资者的风险偏好。冒险型的投资者可能会选择方案四,虽然风险较大,但有可能获得更高的收益。保守型的投资者可能会选择方案一,虽然收益比较低,但没有风险。谨慎型的投资者可能会选择方案二或方案三,收益和风险都处于中等水平。

11.3 项目投资评价内容

11.3.1 项目财务评价

财务评价(Financial Evaluation)是根据国家财税制度、价格体系和项目评估的有关规定,分析计算项目直接发生的财务效益和费用,编制财务报表,计算评估指标,考察项目的盈利能力、清偿能力以及外汇平衡能力,从而判别项目在财务上的可行性。

财务评价是项目投资决策分析的第一步,是项目评价的核心内容,也是决定项目投资命运的重要决策依据。

1. 项目财务评价的内容

项目类型的不同会影响财务评价内容的选择。对于经营性项目,需要考察项目的盈利能力、偿债能力和财务生存能力。对于非经营性项目,财务评价主要分析项目的财务生存能力。

(1) 项目盈利能力

项目盈利能力，指项目直接发生的财务收益和费用比较后的投资盈利水平。它直接关系到项目运营后能否生存和发展，是评价项目在财务上可行程度的基本标志。项目的盈利不仅是企业进行项目投资决策的首要考虑因素，与盈利水平直接相关的税收也是国家财政收入的重要来源，可作为衡量和判别项目对国家财政贡献大小的标准。

主要从两方面对其进行评估：一方面是运用静态计算方法用正常生产年份的企业利税占总投资的比率大小，来考察项目年度投资盈利能力；另一方面是用项目整个寿命期内的财务收益和总收益率，并考虑资金的时间因素，运用动态计算方法进行分析，较客观地反映企业所能达到的实际财务收益情况。

项目盈利能力：指项目直接发生的财务收益和费用比较后的投资盈利水平，是评价项目在财务上可行程度的基本标志。

(2) 项目偿债能力

项目偿债能力指项目按期偿还其到期债务的能力，是银行进行贷款决策的重要依据。项目偿债能力的大小，直接决定着贷款者的贷款意愿和贷款决策。此外，通过计算资金流动比率、速动比率和负债比率等各种财务比率指标，对项目投产后的资金流动情况进行比较分析，可以反映项目所面临的风险程度，具体了解项目偿还流动负债（如短期贷款）的能力和速度。

项目偿债能力：指项目按期偿还其到期债务的能力，是银行进行贷款决策的重要依据。

(3) 项目财务生存能力

项目财务生存能力指项目计算期内各个年度的财务状况基本均衡，有足够的净现金流量维持正常运营的能力，评估年度运营的波动性。

在财务评价中，根据财务现金流量表，综合考察项目计算期内各年的投资活动、融资活动和经营活动所产生的各项现金流入和流出，计算净现金流量和累计盈余资金，分析项目是否有足够的净现金流量维持正常运营，这就是财务生存能力评估，也称为资金平衡分析。

盈利能力评价和偿债能力评价是针对整个项目计算期而言的。而项目财务生存能力则更多地考察项目计算期内各个年度的财务情况，避免出现财务整体良好，但在某些年份捉襟见肘的情况。

对于财务生存能力的分析，需要结合偿债能力分析进行。如果拟安排的还款期过短，致使还本付息负担过重，导致为维持资金平衡必须筹借的短期借款过多，可以调整还款期，减轻各年的还款负担。通常，因运营前期的还本付息额较重，故应特别注重运营前期的财务生存能力分析。

项目财务生存能力：指项目计算期内各个年度的财务状况基本均衡，有足够的净现金流量维持正常运营的能力，评估年度运营的波动性。

2. 项目投资现金流量表

现金流量表（Statement of Cash Flows）是将项目寿命周期内的现金流入量和现金流出量以及两者之间的差额列成表格。现金流量表是分析、预测项目效益的重要动态报表。

项目财务评价

识别现金流入量(收益)、现金流出量(费用)是编制现金流量表的前提。凡是削弱盈利的就是现金流出,凡是增加盈利的就是现金流入,对于那些虽由项目实施引起但不为项目所支付或获取的费用及收益,则不予计算。典型的投资现金流量见表11-7。

项目投资现金流量表(单位:万元)　　　　表 11-7

序号	项目	计算期						
		1	2	3	4	5	…	n
1	现金流入							
1.1	营业收入							
1.2	补贴收入							
1.3	回收固定资产余值							
1.4	回收流动资金							
2	现金流出							
2.1	建设投资							
2.2	流动资金							
2.3	经营成本							
2.4	营业税金及附加							
2.5	维持运营投资							
3	所得税前净现金流量(1-2)							
4	累计所得税前净现金流量							
5	调整所得税							
6	所得税后净现金流量(3-5)							
7	累计所得税后净现金流量							
		所得税后				所得税前		
财务内部收益率(%)								
财务净现值($i_c=\%$)								
投资回收期(年)								

现金流量表:是将项目寿命周期内的现金流入量和现金流出量以及两者之间的差额列成表格。

营业收入:指项目生产产品或提供服务取得的收入,是项目财务效益的主体。

补贴收入:项目运营期内得到的各种财政性补贴可作为财务效益,记作补贴收入。

(1)现金流入

①营业收入。营业收入指项目生产产品或提供服务取得的收入,是项目财务效益的主体,如通行费收入、票款收入等。对交通运输项目来说,确定营业收入的关键有两个,即明确服务价格及其变化趋势和进行准确的市场分析。

②补贴收入。项目运营期内得到的各种财政性补贴可作为财务效益,记作补贴收入。尤其是非营利性的交通运输项目,如农村公路、城市公交等,补贴收入是现金流入的主要来源。

③回收固定资产余值和流动资金。在项目计算期结束时,项目固定

资产并不会完全报废,因此,需要估算这些固定资产的价值,同时估算项目周转使用的流动资金,一并计入现金流入。尤其是交通基础设施项目,在 20～30 年计算结束时,港口、机场等半永久性项目依然可以使用,其固定资产余值相当可观,甚至能达到初始投资额的一半。

(2)现金流出

①建设投资。建设投资是指在项目筹建与建设期间所花费的全部费用,包括工程费用、工程建设其他费用和预备费用,其中工程费用包括建筑工程费、设备购置费和安装工程费,预备费用包括基本预备费和涨价预备费。

建设投资:在项目筹建与建设期间所花费的全部费用,包括工程费用、工程建设其他费用和预备费用。

②流动资金。流动资金是指项目运营期内长期占用并周转使用的营运资金。

$$流动资金 = 流动资产 - 流动负债 \quad (11-29)$$

$$流动资金本年增加额 = 本年流动资金 - 上年流动资金 \quad (11-30)$$

流动资产中包括应收账款、预付账款、存货和现金;流动负债中包括应付账款和预收账款。

从流动资金的计算公式中可以看出,流动资金大小与应收应付款和存货直接相关。而交通运输项目以提供服务为主,不是销售产品,基本不存在存货和应收应付款的问题。因此,交通运输项目的流动资金占用一般不大,其金额大小与服务量(即交通量或周转量)有关。

流动资金:项目运营期内长期占用并周转使用的营运资金。

另外,应该注意的是,项目投资现金流量表中的现金流量应该是流动资金本年增加额,而不是本年占用额。

③经营成本。经营成本是项目决策分析与评价的现金流量分析中所采用的一个特定概念,作为运营期内的主要现金流出项,列入项目投资现金流量表。经营成本与融资方案无关,其构成表示为:

$$经营成本 = 外购原材料费 + 外购燃料及动力费 +$$
$$工资及福利费 + 修理费 + 其他费用 \quad (11-31)$$

④营业税金及附加。营业税金及附加包括营业税、资源税、消费税、土地增值税、城市维护建设税和教育费附加。这些税的计税基础和税率各有不同,但总体上额度不大。在进行项目评价时,为了简化起见,往往根据项目具体情况测算一个综合税率,以营业收入为基础进行计税,即:

$$营业税金及附加 = 营业收入 \times 综合税率 \quad (11-32)$$

⑤维持运营投资。在运营期内设备、设施等需要更新或拓展的项目,应估算项目维持运营的投资费用,并在现金流量表中将其作为现金流出。

根据项目评价办法,如果某项资金投入后延长了固定资产的使用寿命,或使服务质量实质性提高,或成本实质性降低,使可能流入项目的经济利益增加,那么该固定资产投资应予以资本化,即应计入固定资产原值,并计提折旧。否则该投资只能费用化,不形成新的固定资产原值。

交通运输项目面临日常养护维修和阶段性大修改造。日常养护维修费应计入经营成本,而大修或改造发生的投资则应视情况进行分析,不能将属于维持运营投资的也计入经营成本。

(3) 所得税前净现金流量

根据以上现金流入和现金流出项计算得到的净现金流量,可以测算所得税前财务内部收益率、财务净现值和投资回收期。

(4) 调整所得税

项目投资现金流量表是融资前分析的主要报表,其现金流量应与融资方案无关。因此,项目投资现金流量表中出现了一个专用概念"调整所得税",由税前利润乘以所得税率计算,计算公式为:

$$调整所得税 = 税前利润 \times 所得税率 \tag{11-33}$$

$$\begin{aligned}税前利润 = &营业收入 - 营业税金及附加 - \\ &经营成本 - 折旧和摊销\end{aligned} \tag{11-34}$$

(5) 所得税后净现金流量

得到调整所得税数值后,即可计算出所得税后净现金流量,并据此计算所得税后评价指标。

3. 项目融资方式

大多数交通运输项目都面临着融资问题,即考虑资本金和债务资金的来源、比例以及融资成本。项目资本金是指在项目总投资中,由投资者认缴的出资额,对建设项目来说是非债务资金,项目法人不承担这部分资金的任何利息和债务。债务资金是项目投资中以负债方式从金融机构、证券市场等资本市场取得的资金。两者之间最大的区别就是是否存在到期偿还的问题。

(1) 资本金筹措

资本金:指在项目总投资中,由投资者认缴的出资额,对建设项目来说是非债务资金,项目法人不承担这部分资金的任何利息和债务。

①政府投资。政府投资即由政府财政投资,包括国家和地方政府对项目的财政拨款,具有使用条件优惠和安全性高的优点。这类资金根据建设项目的重要性、建设规模等由国家拨给项目。目前,为了提高资金使用效果,国家除对重点项目进行必要投资外,其余项目基本上只进行定额补助,其投入较小、周期长,不能完全满足建设需要。

②开征建设基金及受益方集资。开征建设基金是依靠政府,通过立

法来筹集的资金。这种集资承担风险较小,但周期长,受政策影响较大。铁路建设基金是铁路建设项目资金的主要来源之一。受益方集资是当前交通建设中常用的一种筹资方式,包括受益地方政府、企事业单位和个人共同集资,还包括在征用土地、拆迁房屋、工程土方和劳动力投入等方面的优惠政策,以降低工程费用。在筹资时,需要考虑地方的经济状况、群众承受能力以及社会影响等。

③发行股票。用发行股票筹资是利用人们的投资增值心理,吸收社会闲置资金流向交通运输建设。股票筹资没有固定到期日,可长期使用,股息发送也没有硬性规定,在有通货膨胀的情况下,股票可以减少货币贬值造成的损失。但股息通常高于其他投资手段,且股票发行成本高,利息负担比银行贷款高,股息通常在税后利润中列支。在交通设施建设中,一些大型的、条件较好的项目利用股票筹集资金较为有利。目前,我国一些经营状况较好的高速公路项目和港口项目往往采取发行股票的方式进行资金筹措。

④转让公路收费权和港口车站收益权。对于已修建的收费公路、港口和车站,可以对社会公开招商,一次性转让其收费权和收益权。通过转让,可以收回原来的投资,用于新的公路、港口和车站建设,形成投入产出、滚动发展的良性循环。根据相关法规,公路管理机构、港航管理机构和公路运管机构分别对收费公路、港口和车站行使行业管理和执法职能,特许经营公司在规定的经营期限内,按照交通行政主管部门规定的技术标准和操作规程运营,并负责收费公路、港口、车站的养护和维修工作。采取这一筹资渠道时,应通过评估中介机构准确评估收费公路和港口车站的投资价值,按照合理的收益率计算出转让期限,防止作价过低而造成国有资产流失。

(2) 债务资金筹措

①国内银行贷款。国内银行对交通建设项目贷款具有偿还期灵活、数量大、资金成本低、风险较小的特点。在目前我国银行管理体制下,其贷款受国家政治、经济形势和政策以及计划变化的影响,可能会使投资项目中止、推迟或调整,项目会有经济损失的风险。同时,贷款利率由中央银行决定,同建设单位有贷款协议的专业银行原则上不承担利率上升的利息费用,当贷款利率上调时,资本筹集成本相应提高,会造成资金筹集过程中的利率风险。

②国际金融组织贷款。国际金融组织贷款即向世界银行、亚洲开发银行等国际金融组织贷款。这种贷款必须用于这些金融组织赞同的特定项目,它具有使用年限和还款期长、利息低等特点,但使用要求严格,融资

债务资金:项目投资中以负债方式从金融机构、证券市场等资本市场取得的资金。

者必须向这些国际金融组织提供有关经济、财政以及与贷款项目有关的情况和统计资料。国际金融贷款的主要风险是汇率风险。例如,世界银行贷款的计值单位采用美元,国际开发协会信贷的计值单位采用特别提款权,它们每天都要根据汇率变化调整其债权、债务的价值。鉴于交通建设项目使用年限和还款期都较长,在此时期里,汇率变动积累起来,有可能使某特定币种的世界银行贷款本息远高于一般银行贷款的利率水平。

③国外商业银行贷款。向外国商业银行贷款考虑资金的安全性和流动性,对周期长、投资额大的交通建设项目贷款,外国商业银行一般用银团贷款的方式,由多家银行共同承担。国外商业银行贷款的利率一般由两部分组成:一部分是金融市场上银行同业拆借的利率即市场利率,这部分是浮动的;另一部分是银行收取的手续费率,一般按全部贷款额的一定比例收取,这部分手续费率是固定的。外国商业银行贷款的主要风险是利率风险和汇率风险。

④发行债券。发行债券有着能获得长期的、数额较大的资金来源及利率固定的优点。交通项目发行债券带有政府信用的特点,债券期限较长,符合交通建设工期长、投资回收期长的特点。但债券利息负担比银行贷款高,也要承担一定风险,如是否能筹集预计数额资金,能否按预先规定的期限还本付息等。

11.3.2 项目经济评价

> 经济评价:按照合理配置资源的原则,从项目对社会经济所做贡献以及社会为项目付出代价的角度,考察项目的经济合理性。

经济评价(Economic Evaluation)又称国民经济评价或经济费用效益分析,是按照合理配置资源的原则,从项目对社会经济所做贡献以及社会为项目付出代价的角度,考察项目的经济合理性。

经济评价的理论基础是经济学中有关资源优化配置的理论。从经济学角度看,经济活动的目的是配置稀缺经济资源用于生产产品和提供服务,满足社会需要。当经济体系功能发挥正常,社会消费的价值达到最大时,就认为是达到了经济学上的帕累托最优状态。

1. 直接效益和直接费用

(1)项目直接效益

> 项目直接效益:由项目产出物产生的并在项目范围内计算的经济效益。

项目直接效益指由项目产出物产生的并在项目范围内计算的经济效益。大部分的直接效益可以在财务评价中得到反映。某些行业的项目,其产生的效益有特殊性,不可能体现在财务分析的营业收入中。例如,交通项目产生的时间节约的效益,从经济分析的角度应记作项目的直接效益。

(2)项目直接费用

项目直接费用指项目使用投入物所产生并在项目范围内计算的经济费用,一般表现为投入项目的各种物料、人工、资金、技术以及自然资源而带来的社会资源的消耗。直接费用一般在项目的财务评价中已得到反映。

2. 外部效益和外部费用

(1)项目外部效益

项目外部效益,又称为间接效益,是指由项目引起,在直接效益中没有得到反映的效益,主要包括技术扩散效果和乘数效果。

技术扩散效果是指一个技术先进项目的实施,由于技术人员的流动,技术在社会上扩散和推广,从而使得整个社会都受益。乘数效果是指项目的实施使原来闲置的资源得到利用,从而产生一系列的连锁反应,刺激某一地区或全国的经济发展。

交通项目的外部效益,主要体现在由于网络结构和运输能力的改善引起的运输费用和运输时间的节约,运输质量的提高,以及交通事故的减少等方面。

(2)项目外部费用

项目外部费用,又称间接费用,是指由项目引起而在项目的直接费用中没有得到反映的费用,如项目对自然环境造成的损害。对交通项目而言,环境及生态影响效果是主要间接费用。应尽可能对其进行量化,在可行的情况下赋予其经济价值,并纳入整个项目经济评价的框架体系之中。

交通项目的建设,会给社会带来某些不利的影响,如污染、噪声等,从而引起社会经济损失。外部费用就是社会为消除或减少上述消极外部影响而付出的代价。在衡量外部费用时,应注意从"有项目"总外部费用中减去"无项目"时的外部费用。

3. 影子价格

影子价格(Shadow Price)指的是资源处于最优配置状态时的边际产出价值,是为实现一定的社会发展目标而人为确定的、比交换价格更能合理利用资源的效率价格。影子价格能更好地反映出产品的社会价值和资源的稀缺程度。

在现实经济中,由于市场本身的原因及政府不恰当的干预,都可能导致市场配置资源的失灵,市场价格难以反映建设项目的真实经济价值,客观上需要通过影子价格来反映资源的真实经济价值。需要进行影子价格调整的一般具有三种情况:

①项目的产出物不具有市场价格,如农村公路的使用。

项目经济评价

②市场价格虽然存在,但由于存在政府的补贴或其他优惠政策的支持,市场价格无法确切地反映投入物和产出物的边际社会效益和成本。比如利用某些农产品做原料生产生物燃料,如果这些农产品价格受到政府补贴,那么以这些农产品的市场价格来计算生物燃料的成本显然是不合适的,相当于政府补贴了生物燃料的生产。实际上政府补贴农产品的目的只是为了粮食用途。这种情况下,需要采用农产品的影子价格来计算。

③特殊投入物的价格(比如工资、土地费用、汇率等)会受到国家或地区因素的影响,如果其市场价格在更大的范围内不能充分反映其边际产出价值,一般也采用影子价格。

总结与提要

关键概念:资金时间价值,现值,终值,年值,利息,名义利率,实际利率,资金等值,净现值,内部收益率,投资回收期,折现,折现率,盈亏平衡点,财务评价,项目盈利能力,项目偿债能力,项目财务生存能力,经济评价,项目外部效益,项目外部费用,影子价格。

重点掌握:复利计算方法,名义利率与实际利率的转换计算,一次性支付计算(终值计息、现值计算),等额分付计算(等额分付终值计算、等额分付偿债基金计算、等额分付现值计算、等额分付资金回收计算),净现值计算,盈亏平衡分析方法和盈亏平衡图,敏感性分析方法和敏感性分析图。

一般理解:现金流量图,永续年金现值计算,内部收益率计算,静态投资和动态投资回收期速算,概率分析,项目融资方式。

案例与阅读

11-1 决策失误的教训

有一个例子可以说明在运输基础设施建设方面使用费用效益分析方法应该注意的问题。这个项目是联结美国田纳西河与汤比格比河的运河工程,该运河使原来必须由田纳西河绕道密西西比河才能到达墨西哥湾港口的驳船,可以经由汤比格比河到达位于亚拉巴马州的莫比尔港,这样比原先必须到密西西比州新奥尔良港的距离节约很多。该运河工程于1986年完工,但为了实施该工程,美国有关当局早在1977年就进行了项目的费用效益分析。根据那个分析报告,该运河建设投资的折现值为14.1亿美元,建成后每年的运营维护费为3630万美元,而每年运河带来的效益为9469万美元,其中的净效益有5840万美元。该报告用3.25%的折现率,按照50年寿命期计算,运河净效益的折现值是14.8亿美元,由于效益折现值大于投资折现值,因此结论是项目可行。

但有些运输经济学家对该报告提出了批评,认为结论不可靠。他们的第一个理由是报告所用3.25%的折现率太低,如果采用当时银行6.875%的利率计算,该项目的效益现值就会大大低于投资成本。权威机构曾建议在项目费用效益分析中使用的折现率是7%。第二个被质疑的问题是效益的计算。根据原报告,运河每年9469万美元的效益由三部分组成,即就业效益1565万美元、观光效益478万美元和航运效益7426万美元,其中前两项分别来自运河工程直接或间接形成的就业机会,以及运河开通所促进的旅游业。但运河最主要的效益应该来自航运,因为报告预计运河将会使伊利诺伊、肯塔基和田纳西几个州运往墨西哥湾的煤炭运费下降,并促进对美国东南部地区的煤炭运输需求。航运效益的可信计算可以从图11-11中看出。由于运河的修建,煤炭运输费用下降,相当于图中供给曲线由 MC_1 移动至 MC_2。据原分析报告估计,每吨煤炭运费可以下降2美元,而这可以使煤炭的运输需求从2000万t增加到2500万t。从图可以看出,这样估计出来的航运效益是 $ABCFE$ 所包围的区域,但该区域代表的数额不是7426万美元,而应该是4500万美元(面积 $ABFE$ 加上面积 BCF,即4000万美元加上500万美元)。而且即使是4500万美元的航运效益,其是否正确还要取决于运往墨西哥湾的煤炭运输需求曲线是否估计准确,以及运费节约的估计是否准确。我们已经知道,运输成本不但受运输距离影响,也受驳船载运能力的影响,由于运河宽度难以满足大型船队的要求,因此运距上的成本节约也许不足以吸引货主和船公司放弃原先使用的密西西比河航道。

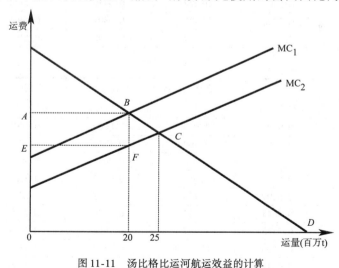

图11-11 汤比格比运河航运效益的计算

不幸的是,事实被这些运输经济学家言中。在运河开通的第一年,只有50万t煤炭的运量,后来也一直没有超过 100 万 t,远远低于原来估计的 2500 万 t。而运河的实际工程费用也超过了 20 亿美元。显然,如果当初能够按照实际或准确一点的数据进行费用效益分析,该运河项目是不应该建设的。话虽然是这么说,但在现实中像田纳西—汤比格比运河这样的决策错误往往还是很难避免,因为运输需求和其他重要参数的预测与把握难度非常大,不到最后实际情况已经发生的时候,往往无法判断谁的预见更准确。

航道的工程费用属于沉没成本,保持已有运河运营的机会成本仅仅是它的维护费用。如果运河使用者每年的效益大于已经变得相对很小的运营成本,那么运河就值得继续运营。在运河使用者效益很难计算的情况下,可以计算目前通过运河的货物如果改道密西西比河航线需要增加的运费,再对比运河的运营费,以决定是否应该维持运营。

(摘编自:荣朝和.西方运输经济学[M].2 版.北京:经济科学出版社,2008:164-165)

11-2 普通复利系数表

表 11-8 ~ 表 11-11 为普通复利系数表。

年利率 $i=8\%$ 表 11-8

n	终值系数 $(F/P,i,n)$	现值系数 $(P/F,i,n)$	年金终值系数 $(F/A,i,n)$	偿债基金系数 $(A/F,i,n)$	资金回收系数 $(A/P,i,n)$	年金现值系数 $(P/A,i,n)$
1	1.0800	0.9259	1.0000	1.0000	1.0800	0.9259
2	1.1654	0.8573	2.0800	0.4808	0.5608	1.7833
3	1.2597	0.7938	3.2464	0.3080	0.3880	2.5771
4	1.3605	0.7350	4.5061	0.2219	0.3019	3.3121
5	1.4693	0.6806	5.8666	0.1705	0.2505	3.9927
6	1.5869	0.6302	7.3359	0.1363	0.2163	4.6229
7	1.7138	0.5835	8.9228	0.1121	0.1921	5.2064
8	1.8509	0.5403	10.6366	0.0940	0.1740	5.7466
9	1.9990	0.5002	12.4876	0.0801	0.1601	6.2469
10	2.1589	0.4632	14.4866	0.0690	0.1490	6.7101

年利率 $i=10\%$ 表 11-9

n	终值系数 $(F/P,i,n)$	现值系数 $(P/F,i,n)$	年金终值系数 $(F/A,i,n)$	偿债基金系数 $(A/F,i,n)$	资金回收系数 $(A/P,i,n)$	年金现值系数 $(P/A,i,n)$
1	1.1000	0.9091	1.0000	0.0000	0.1000	0.9091
2	1.2100	0.8264	2.1000	0.4762	0.5762	1.7355
3	1.3310	0.7513	3.3100	0.3021	0.4021	2.4869
4	1.4641	0.6830	4.6410	0.2155	0.3155	3.1699
5	1.6105	0.6209	6.1051	0.1638	0.2638	3.7908
6	1.7716	0.5645	7.7156	0.1296	0.2296	4.3553
7	1.9487	0.5132	9.4872	0.1054	0.2054	4.8684
8	2.1436	0.4665	11.4359	0.0874	0.1874	5.3349
9	2.3580	0.4241	13.5795	0.0736	0.1736	5.7590
10	2.5937	0.3855	15.9374	0.0628	0.1628	6.1446

年利率 $i=12\%$　　　　表 11-10

n	终值系数 $(F/P,i,n)$	现值系数 $(P/F,i,n)$	年金终值系数 $(F/A,i,n)$	偿债基金系数 $(A/F,i,n)$	资金回收系数 $(A/P,i,n)$	年金现值系数 $(P/A,i,n)$
1	1.1200	0.8929	1.0000	1.0000	1.1200	0.8929
2	1.2544	0.7972	2.1200	0.4717	0.5917	1.6901
3	1.4049	0.7118	3.3744	0.2964	0.4164	2.4018
4	1.5735	0.6355	4.7793	0.2092	0.3292	3.0374
5	1.7623	0.5674	6.3529	0.1574	0.2774	3.6048
6	1.9738	0.5066	8.1152	0.1232	0.2432	4.1114
7	2.2107	0.4523	10.0890	0.0991	0.2191	4.5638
8	2.4760	0.4039	12.2997	0.0813	0.2013	4.9676
9	2.7731	0.3606	14.7757	0.0677	0.1877	5.3283
10	3.1059	0.3220	17.5487	0.0570	0.1770	5.6502

年利率 $i=15\%$　　　　表 11-11

n	终值系数 $(F/P,i,n)$	现值系数 $(P/F,i,n)$	年金终值系数 $(F/A,i,n)$	偿债基金系数 $(A/F,i,n)$	资金回收系数 $(A/P,i,n)$	年金现值系数 $(P/A,i,n)$
1	1.1500	0.8696	1.0000	1.0000	1.1500	0.8696
2	1.3225	0.7561	2.1500	0.4651	0.6151	1.6257
3	1.5209	0.6575	3.4725	0.2880	0.4380	2.2832
4	1.7490	0.5718	4.9934	0.2003	0.3503	2.8550
5	2.0114	0.4972	6.7424	0.1483	0.2983	3.3522
6	2.3131	0.4323	8.7537	0.1142	0.2642	3.7845
7	2.6600	0.3759	11.0668	0.0904	0.2404	4.1604
8	3.0590	0.3269	13.7268	0.0729	0.2229	4.4873
9	3.5179	0.2843	16.7858	0.0596	0.2096	4.7716
10	4.0456	0.2472	20.3037	0.0493	0.1993	5.0188

作业与思考

1. 解释以下名词：名义利率，实际利率，影子价格，净现值，投资回收期，内部收益率，折现率。

2. 解释以下名词：年值、现值、终值、利息。

3. 资金时间价值的含义是什么？什么叫资金等值？

4. 一次性支付计算包括哪几种计算方法？各种系数的含义是什么？

5. 等额分付计算包括哪几种计算方法？各种系数的含义是什么？

6. 净现值、内部收益率和投资回收期指标在项目评价与决策过程中有哪些优缺点？

7. 盈亏平衡点指什么？如何计算盈亏平衡产量和盈亏平衡价格？

8. 什么是敏感性因素？为什么要进行敏感性分析？

9. 如何衡量一个项目的风险？

10. 项目财务评价和经济评价有什么不同之处？

11. 某投资项目主要经济参数的估计值为：初始投资15000万元，运营期为10年，残值为0，年收入为3500万元，年支出为1000万元，折现率为15%。试就年收入、年支出分别变化时，对内部收益率的影响进行敏感性分析。

12. 某企业拟向国外银行商业贷款1500万美元，5年后一次性还清。现有一家美国银行可按年利率17%贷出，按年计息。另有一家日本银行愿按年利率16%贷出，按月计息。问该企业从哪家银行贷款较合算？

13. 某企业年初从银行贷款120万元，并计划从第二年开始，每年年末偿还25万元。已知银行利率为8%，问该企业在第几年时，才能还完这笔贷款？

14. 某工厂生产一种化工原料，设计生产能力为月产6000t，产品售价为1300元/t。每月的固定成本为145万元。单位产品变动成本为930元/t，试分别画出月固定成本、月可变成本、单位产品固定成本、单位产品可变成本与月产量的关系曲线，并求出以月产量、生产能力利用率、销售价格、单位产品可变成本表示的盈亏平衡点。

15. 某工厂拟安装一种自动装置，据估计每台装置的初始投资为1000元，该装置安装后可使用10年，每年可节省生产费用300元，设基准折现率为10%，分别就初始投资和生产费用节省额变动±5%、±10%、±15%、±20%及使用年限变动±10%、±20%对该方案的净现值和内部收益率作单因素敏感性分析，画出敏感性分析图，指出敏感因素。

第 12 章　交通运输固定资产折旧与设备更新

12.1　交通运输固定资产损耗

12.1.1　固定资产分类及构成

1. 固定资产的概念

固定资产(Fixed Assets)是指在生产过程中,单位价值在规定标准以上,能够在长时期内(一般超过 1 年)发挥作用而不改变其实物形态,价值则逐渐转移到新产品中去的生产要素。

固定资产具有以下特征:

①获取固定资产的目的是生产经营的需要,不是为了获利而转手出售。只有在企业正常的生产经营中使用的长期有形资产才是固定资产。比如汽车在运输企业是固定资产,对于汽车经销商汽车就不是固定资产而是存货。同样,企业生产所需的房屋建筑属于固定资产,而房地产开发商所拥有的房屋建筑物则应列作存货。

②使用年限超过一年,且多次参加生产经营过程而不改变其实物形态。固定资产是一种为企业经营所需而长期使用的资产,它可以多次参加企业的生产经营过程而不改变其实物形态,并且服务潜力会随其在生产经营中的使用而逐渐降低以至消失。

③单位价值较高。购置固定资产的支出一般较大,如一次计入企业的生产费用,对当期损益影响很大,因此需要计提折旧。随着固定资产的使用,将固定资产的原始成本以折旧的方式,逐渐转移到新产品的成本中。

固定资产取得的核算首先要解决的问题是其入账价值,即确定固定资产的计价标准。固定资产取得时的入账价值,包括企业为购建某项固定资产达到预定可使用状态前发生的一切合理的、必要的支出,这些支出既有直接发生的,如支付的固定资产的价款、运杂费、包装费和安装成本等;也有间接发生的,如应予以资本化的借款利息和外币借款汇兑差额以

> 固定资产:指在生产过程中,单位价值在规定标准以上,能够在长时期内(一般超过 1 年)发挥作用而不改变其实物形态,价值则逐渐转移到新产品中去的生产要素。

及应予分摊的其他间接费用等。

交通运输固定资产是指使用年限超过1年的房屋、建筑物、机器机械、交通运输工具,以及超过一定价值的与运输有关的设备、器具、辅助工具等。

2. 固定资产的分类

运输固定资产按其经济用途可分为生产用固定资产和非生产用固定资产;按其使用情况,可以分为使用中的固定资产、未使用的固定资产和不再用的固定资产三大类;按其所属关系可以分为自有固定资产和租入固定资产两大类;按经济用途结合使用情况可分为生产用固定资产、非生产用固定资产、租出固定资产、未使用固定资产、不再用固定资产、封存固定资产和土地七大类。

①生产用固定资产,指在用的、直接参加运输生产过程或直接服务于运输生产过程的固定资产,如运输线路、载运工具、装卸机械、建筑物等。

②非生产用固定资产,指在用的、不直接用于运输生产的各种固定资产,如职工宿舍、医院、食堂、俱乐部等。

③未使用的固定资产,指建设单位已经交付使用或已经购入但尚未投产的固定资产,国家无偿拨入等待安装的设备,以及由于生产任务变更、产品停产和进行改建、扩建、技术改造而停用的固定资产。

④不再用固定资产,指企业已经准备处理的不需要的固定资产。

⑤租出固定资产,指企业多余闲置、出租给外单位的固定资产。

⑥封存固定资产,指由于生产调整经主管部门和同级财政部门批准暂时封存不用的固定资产。

⑦土地,指已经估计入账的土地。新征用土地一般不再估计入账,因征用土地而支出的补偿费,应计入与土地有关的房屋、建筑物价值内。

3. 固定资产的构成

交通运输固定资产构成,按其使用情况的划分,包括使用中的固定资产、未使用的固定资产和不再用的固定资产三大类,其中第一类占绝大部分,第二类和第三类很少。而使用中的固定资产主要是生产用固定资产,使用中的交通运输生产用固定资产,按其功能由以下三种构成:

①不能移动的固定资产,包括构成运输系统的线路(公路、铁路、管道、内河及运河航道)及其附属设备,各种港站及其附属建筑物,通信信号设备,机械动力设备,传导设备等。

②可移动的固定资产,包括飞机、船舶、铁路机车车辆、汽车等载运工具,装卸设备,工具仪器及生产用具等,还包括部分备用物品如汽车轮胎、

> 使用中的交通运输生产用固定资产由以下三种构成:不能移动的固定资产、可移动的固定资产、管理用具。

铁路钢轨等。

③管理用具,指运输生产经营管理中需要的各种用具,如计算机等。

4. 固定资产的形成

固定资产是由固定投资形成的,但固定投资并非只形成固定资产,固定投资除了形成固定资产之外,还可形成企业的无形资产和递延资产。无形资产包括专利权、商标权、著作权、土地使用权等,递延资产主要是指企业的开办费,包括筹建期间的人员工资、办公费、培训费、差旅费、注册登记费等。

交通运输固定资产投资是指用于购置和建造固定资产的投资,包括基础设施建设投资、更新改造投资、载运工具投资和其他固定资产投资。

基础设施建设是指投资进行建筑、购置和安装基础设施的活动以及与此相联系的其他经济活动,包括新建、扩建、改建、迁建和恢复。基础设施在交通运输固定资产投资中占有重要地位,有如下特点:

①基础设施是一种整体性产品。它是按照总体设计建造出来的,要求工程配套、项目衔接的固定资产体系。

②基础设施的地点是固定的,如运输线路在哪里,将来就在哪里发挥作用,不能用于其他任何地方。

③基础设施的单件性。几乎每一个项目都有它独特的形式和结构,是一个单件生产的产品。

交通运输业属资金密集型产业,投资大,回收期长。运输业中的线路设施建设周期长,工程规模大,投资成本高;运输业中的载运工具如飞机、轮船、铁路机车等单位价值量大,使用周期长。运输业作为资本装备率较高的行业之一,对投资的依赖性很大,投资的规模、增长速度、分配方向对运输业自身的发展以及运输经济的外部效果影响很大。

另外,交通运输投资还具有公益性,因为这类运输设施和载运工具的利用者是大多数不特定的公众,而公众利用运输设施和交通工具又与其自身的福利和利益有直接关系。交通运输是实现公众福利和公众利益的重要途径和手段,运输的公益性在于运输部门是公众运输利益的维护者和提供者。

运输投资与其他产业投资不同的一点就是运输投资中公共投资(国有运输企业投资和政府行政投资之和)占有很大的比重。运输投资的公共性决定了它很难全部由市场机制和价格机制来自发地进行投资。

> 交通运输固定资产投资是指用于购置和建造固定资产的投资,包括基础设施建设投资、更新改造投资、载运工具投资和其他固定资产投资。

12.1.2 固定资产损耗

固定资产在使用和闲置过程中,会逐渐损耗。这里的损耗(Abrasion),是一种广义的损耗,是指固定资产原始价值的降低。由于造成固定资产原始价值降低的原因有两大类,故固定资产损耗也分为有形损耗和无形损耗两类。

1. 固定资产的有形损耗

固定资产在使用和闲置过程中所发生的实体损耗,称为有形损耗(Tangible Abrasion of Equipment)或物质损耗。按引起损耗的原因又可分为两类:

(1) 第Ⅰ类有形损耗

第Ⅰ类有形损耗指固定资产在使用中的实体损耗,主要是由于固定资产零部件的摩擦、振动、疲劳和腐蚀而产生,通常表现为零部件原始尺寸和形状的改变、公差配合性质的改变、加工精度下降、效率降低、故障增多等。它主要与使用时间和使用强度有关,使用强度越大,磨耗越快;使用时间越长,磨耗量越大。如汽车轮胎和铁路机车车辆的轮轨在载重时比空车时磨耗快,高速行驶时比低速行驶时磨耗快。

(2) 第Ⅱ类有形损耗

第Ⅱ类有形损耗指固定资产在闲置中的实体损耗,主要是由于自然环境的作用及管理不善造成的,通常表现为固定资产锈蚀、材料老化变质、功能下降等,它在一定程度上与固定资产闲置时间长短和固定资产的维护好坏有关。许多固定资产暴露在大自然中,由于风、霜、雨、雪的侵袭,发生损耗。如房屋、建筑物、铁路与公路线路的路基、各种载运工具等,在一定程度上是由此而发生的有形损耗。

有形损耗伴随产生的是固定资产功能的下降、劳动生产率下降及一系列操作费用的增加,如燃料、动力、台时消耗增加,维修费用上升,废品损失及固定资产停工损失增加等。固定资产的有形损耗会降低其使用价值。

2. 固定资产的无形损耗

固定资产的无形损耗(Intangible Abrasion of Equipment)是由于技术进步引起的原有固定资产技术上的陈旧与贬值,也称精神损耗或经济损耗。它不是一般物理意义上的损耗,不表现为固定资产实体的变化,而表现为固定资产原始价值的降低。无形损耗按形成原因也分为两类:

(1) 第Ⅰ类无形损耗

第Ⅰ类无形损耗指由于技术进步而使生产同种固定资产的社会必要

劳动耗费减少、成本降低、价格下降，导致原有固定资产价值降低。这种无形损耗的后果，只是现有固定资产的原始价值部分贬值，固定资产本身的技术特性和功能即使用价值并未发生变化，故不会影响现有固定资产使用。

(2) 第Ⅱ类无形损耗

第Ⅱ类无形损耗指由于技术进步，市场上出现了性能更完善、效率更高、耗费原材料和能源更少的新型固定资产，而使原固定资产在技术上相对陈旧落后，导致原有固定资产相对贬值。第Ⅱ类无形损耗不仅可以使原有固定资产相对贬值，而且由于用原有固定资产生产出来的产品成本过高，会使其局部或全部丧失其使用价值。第Ⅱ类无形损耗虽然使固定资产贬值，但它是社会生产力发展的反应，这种损耗越大，表明社会技术进步越快。

3. 固定资产的综合损耗

机器固定资产在使用期内，既要遭受有形损耗，又要遭受无形损耗，所以称之为综合损耗（Comprehensive Abrasion of Equipment）。两种损耗都会引起固定资产原始价值的贬低，这一点两者是相同的。

不同的是，遭受有形损耗的固定资产，当有形损耗严重时，在修理之前，往往不能正常工作；而遭受无形损耗的固定资产，即使无形损耗很严重，仍然可以使用，只不过继续使用它，在经济上是否合算，需要分析研究。

一般情况下，当固定资产的有形损耗期小于无形损耗期时，仅需对遭到有形损耗的固定资产进行大修或换一台相似的固定资产就可以了；若有形损耗期大于无形损耗期时，企业面临的选择是继续使用原有固定资产，还是选用先进的新固定资产更换尚未折旧完的旧固定资产；若固定资产的有形损耗期与无形损耗期接近，则是一种理想的"无维修"设计，也就是说，当固定资产需要进行大修时，恰好到了更换的时刻，但这种情况在实际中是很少见的。

4. 固定资产使用年限

交通运输固定资产由于损耗而具有一定的使用时间限制，到时就需要对资产进行更新。习惯上以年为时间单位来计算资产的使用期限，称为使用年限。确定合理的使用年限，是对运输固定资产进行折旧的基本依据，不仅关系到固定资产使用的经济效果，还关系到运输生产的安全。因此，确定固定资产的使用年限是运输固定资产使用与管理的一项重要工作。

第Ⅰ类无形损耗：指由于技术进步而使生产同种固定资产的社会必要劳动耗费减少、成本降低、价格下降，导致原有固定资产价值降低。

第Ⅱ类无形损耗：指由于技术进步，市场上出现了性能更完善、效率更高、耗费原材料和能源更少的新型固定资产，而使原固定资产在技术上相对陈旧落后，导致原有固定资产相对贬值。

固定资产的损耗

使用年限也称为固定资产的寿命,按照损耗的不同,固定资产的寿命分为物理寿命、技术寿命、经济寿命和折旧寿命。

(1) 物理寿命

物理寿命(Physical Life)指资产投入使用,直到它们的物理性能损耗到不能或不宜继续使用、退出生产过程为止的时间。固定资产的有形损耗,决定着资产的物理寿命。判断资产是否达到物理寿命,主要有以下标志:

① 运输设备中最耐磨的重要部件损耗到使用限制标准,这时为了运输生产的安全,资产已不能按照原来的用途使用或根本无法使用。

② 运输设备经过长期使用,虽然外形完好,但材质损伤疲劳,强度不足规定标准。

③ 运输设备动作失灵、欠准或者性能不稳定,不能再通过大修恢复其原有的使用性能。

(2) 技术寿命

技术寿命(Technical Life)指资产投入使用,到因技术性能落后而被淘汰所经历的时间。固定资产的无形损耗,决定着资产的技术寿命。技术寿命与技术进步的速度有关,技术进步越快,设备技术寿命越短。通过现代化改装,可延长设备的技术寿命。在技术不断发展进步的情况下,技术寿命一般短于物理寿命,当更先进的设备出现或生产过程对原有设备的技术性能提出更高要求时,原有设备在其物理寿命尚未结束前就被淘汰了。

载运工具类固定资产存在技术寿命问题,由于载运工具生产制造工艺技术的发展,使原有载运工具的无形损耗加剧,有些载运工具在它们的物理报废状态到来之前就已经在技术上应该被淘汰了。基础设施类固定资产的技术寿命一般特征不明显。

(3) 经济寿命

经济寿命(Economic Life)指资产投入使用,直到从经济效益方面不宜继续使用、退出生产过程为止的时间,也是达到平均年使用费用最低所经历的时间,是从经济角度确定的设备最合理使用期限。经济寿命主要是由有形损耗决定的。

一项设备可供使用的年限越长,则分摊到每年的设备购置费用(包括购价、运输费和安装调试费用)越少,同时设备的运行费用(操作费、维修费、材料费及能源消耗费等)越多。一种费用增加,另一种费用减少,其年平均成本是随着使用时间变化的。在设备的整个使用年限内会出现年平均总成本的最低值,而能使年均总成本最低的年数,就是经济寿命。设备的经济寿命是设备最佳更新时机的具体表现,是设备更新经济分析中的一个十分重要的概念。

(4) 折旧寿命

折旧寿命(Depreciable Life)是指按照行业规定提取折旧,从设备开始使用到设备的账面价值接近于零所延续的时间。它不等于设备的物理寿命,而是由国家统一规定或行业惯例决定的,是从固定资产折旧的角度来看的。

> 折旧寿命:指按照行业规定提取折旧,从设备开始使用到设备的账面价值接近于零所延续的时间。

12.2 交通运输固定资产折旧

12.2.1 固定资产折旧的概念

1. 固定资产折旧

折旧(Depreciation)是指固定资产在使用过程中,由于损耗而转移到产品成本中去的价值。在生产过程中固定资产不断发生磨损,必须同时取得实物补偿和价值补偿,没有合理的补偿,简单再生产都无法进行,更谈不上扩大再生产了。这种补偿在实物上表现为设备的大修和整体更新,在价值上表现为提取折旧费。

> 折旧:指固定资产在使用过程中,由于损耗而转移到产品成本中去的价值。

折旧费是实物补偿的资金来源。固定资产折旧,就是把固定资产损耗掉的价值转移到所生产的产品中去,构成产品成本的一个要素,这一部分成本从产品销售收入中提取出来,形成折旧基金,专门用于设备的大修和整体更新。

根据计提折旧的用途,可以分为大修折旧和基本折旧。

使用中的设备,每时每刻都在发生磨损,保证设备正常运转的日常维修随时在进行,其费用直接列入产品成本。但设备的大修,可能需要几个月、几年甚至更长时间才进行一次,设备大修的时间和发生磨损的时间不一致,大修费用应该计入大修周期内生产的全部产品中去,不能一次摊入当年的产品成本中去,因为当年的大修,并不只是当年的生产过程所引起的,那样不能真实反映产品成本水平,会造成各年产品成本的忽高忽低。通常的办法是提取大修折旧,把大修费用均衡地摊入大修周期内所有产品中去。

设备大修只是部分更新,不能解决设备的整体更新,为了保证设备报废时有足够的资金重新购置,还需要根据设备的原价(或重置价)和整体使用寿命提取折旧,称为基本折旧。基本折旧是固定资产投资收回的资本及其投资回报,可以根据需要用于固定资产的更新,也可以用来投资于其他项目。

固定资产的折旧与使用寿命

2. 固定资产折旧的范围

企业在用的固定资产需要计提折旧,主要包括:生产经营用固定资产、非生产经营用固定资产、经营租出固定资产等。如:房屋和建筑物,在用的机器设备、仪器仪表、运输工具,季节性停用、大修理停用的设备,融资租入和以租赁方式租出的固定资产等。

通常,不计提折旧的固定资产主要包括:以经营租赁方式租入的固定资产、在建工程达到预定可使用状态以前的固定资产、已提足折旧继续使用的固定资产、未提足折旧提前报废的固定资产、国家规定不提折旧的其他固定资产,如土地等。

固定资产应当按月计提折旧,并根据用途分别计入相关资产的成本或当期费用。在实际计提固定资产折旧时,当月增加的固定资产当月不提折旧,从下月起计提折旧。当月减少的固定资产当月仍提折旧,从下月起停止计提折旧。

12.2.2 固定资产折旧的计算

1. 折旧计算的要素

> **折旧计算的要素**:计提折旧基数、预计使用寿命、预计净残值和折旧方法。

固定资产计提折旧也是有一定的范围和依据的。交通运输企业下列资产需要计提折旧:房屋、建筑物、港站设施、库场设施,在用的各种载运工具、装卸机械、机器设备,季节性停用和大修停用的固定资产,以经营租赁方式租出的固定资产,以融资租赁方式租入的固定资产等。

下列固定资产不计提折旧:房屋和建筑物以外的未使用或不再用的固定资产,以经营租赁方式租入的固定资产,已提足折旧继续使用的固定资产,破产、关停企业的固定资产以及已经估价单独入账的土地等。

折旧计算的要素主要有四个:计提折旧基数、预计使用寿命、预计净残值和折旧方法。

(1)计提折旧基数

> **计提折旧基数**:一般为取得固定资产的原始价值或固定资产的账面净值。

固定资产计提折旧基数(Depreciation Base)一般为取得固定资产的原始价值或固定资产的账面净值。固定资产的原始价值包括固定资产的购置成本、安装成本和安装调试时消耗的材料成本。企业一般以固定资产的原始价值作为计提折旧的基数;运用双倍余额递减法的企业,以固定资产的账面净值作为计提折旧基数;如果已对固定资产计提减值准备,还应当扣除已计提的固定资产减值准备累计金额。

(2)预计使用寿命

> **预计使用寿命**:指预期使用的期限,又叫作固定资产折旧年限。

固定资产使用寿命(Useful Life)指预期使用的期限,又叫作固定资产折旧年限。折旧年限的长短直接关系到折旧率的高低,它是影响企业计提折旧额的关键因素。在确定固定资产的使用寿命时,主要应当考虑下列因素:

①该资产的预计生产能力或实物产量。

②该资产的有形损耗,如设备使用中发生磨损、房屋建筑物受到自然侵蚀等。

③该资产的无形损耗,如因新技术的出现而使现有的资产技术水平相对陈旧、市场需求变化使产品过时等。

④有关资产使用的法律或者类似的限制。

不同类别的固定资产折旧年限也不同,交通运输行业制定了折旧年限的弹性区间,一般是规定一个最高限和一个最低限,企业根据实际情况,在这个区间内自行确定折旧年限,适当选择加速折旧的幅度。

(3)预计净残值

固定资产的净残值(Net Salvage Value)是指预计的固定资产报废时可以收回的残余价值扣除预计清理费用后的数额。在没有计提减值准备的情况下,固定资产账面原价减预计净残值即为固定资产应计提折旧总额。

> **预计净残值**:指预计的固定资产报废时可以收回的残余价值扣除预计清理费用后的数额。

企业可以按照国家统一规定的净残值率计算固定资产的净残值。所谓净残值率是指固定资产的净残值占其原始价值的比率。铁路运输企业计提折旧所使用的预计净残值率按照规定一般不超过4%。

(4)折旧方法

企业应当根据固定资产所含经济利益的预期实现方式选择折旧方法。固定资产折旧有不同的计算方法,常见的有直线折旧法、双倍余额递减法、年数总和法、定率递减余额法、偿债基金法、年金法等。

> **折旧方法**:常见的有直线折旧法、双倍余额递减法、年数总和法、定率递减余额法、偿债基金法、年金法等。

2. 直线折旧法

直线折旧法(Straight-line Depreciation)又称为平均年限法,是在固定资产的规定期限内,平均地分摊固定资产价值。可表示为:

$$D = \frac{K_0 - S}{T} \tag{12-1}$$

$$d = \frac{D}{K_0} \times 100\% \tag{12-2}$$

式中:D——年固定资产折旧额;

T——固定资产折旧年限;

K_0——固定资产的原始价值;

S——固定资产净残值;

d——固定资产折旧率。

折旧计算的要素

【例 12-1】 某项固定资产原值为 500000 元,预计残值收入 21000 元,清理费用 1000 元,使用寿命 8 年,采用直线折旧法,试计算年折旧率和月折旧额。

解 年折旧额 D 为:

$$D = \frac{500000 - (21000 - 1000)}{8} = 60000(元)$$

年折旧率 d 为:

$$d = \frac{60000}{500000} \times 100\% = 12\%$$

月折旧额 $D_月$ 为:

$$D_月 = \frac{D}{12} = 5000(元)$$

直线折旧法计算简便,但折旧速度慢。采用这种方法计算的每年的折旧额是相等的。如果在固定资产使用期内,固定资产负荷、开动时间与利用强度等基本相同,由固定资产得到的经济效益也较均衡时,使用直线折旧法较适宜。而对某些使用期内损耗量变化较大,使用不均衡的固定资产,这种方法不太合理。

3. 双倍余额递减法

双倍余额递减法是一种加速折旧法。

所谓加速折旧法是指固定资产使用得越早,提取的折旧就越多,越晚提取的折旧就越少,因此也称为递减费用法。之所以采用加速折旧法,是因为新的固定资产往往在使用的前期服务效用较大,而到后期逐渐衰退,此时,加速折旧法更符合谨慎原则,递延了企业所得税的纳税期间,有利于企业的资金周转。

双倍余额递减法(Double Declining Balance Depreciation)采用的折旧率按直线法残值为零时的折旧率的两倍即 $2/T$ 计算,每年的折旧基数为当年期初账面余额,即按固定资产的原值减去累计折旧额后的净值计算。计算公式为:

$$d = \frac{2}{T} \times 100\% \tag{12-3}$$

式中:d——年折旧率;

T——折旧年限。

$$D_m = K_0 \cdot (1-d)^{m-1} \cdot d \tag{12-4}$$

式中:D_m——第 m 年折旧额;

m——固定资产已使用年限;

K_0——固定资产的原始价值;

直线法与双倍余额递减法

d——固定资产年折旧率。

采用双倍余额递减法计提折旧,每年的折旧率相同,但由于每年的折旧基数采用当年固定资产期初净值计算,所以每年计提的折旧额是不平均的,开始年份计提得多,以后逐年减少。

由于双倍余额递减法不考虑固定资产的残值收入,因此,在使用这种方法时,为了使折旧总额分摊完,到一定年数后,要改用直线法,否则可能使固定资产的账面折余价值低到它的预计残值收入以下。一般在最后两年平均分配折旧额。

【例 12-2】 某项固定资产原值为 80000 元,预计净残值为 1000 元,使用年限为 4 年。试采用双倍余额递减法计算每年应提取的折旧额。

解 年折旧率 d 为:

$$d = \frac{2}{4} \times 100\% = 50\%$$

第 1 年应提折旧额 D_1 为:

$$D_1 = 80000 \times (1-0.5)^0 \times 0.5 = 40000(元)$$

第 2 年应提折旧额 D_2 为:

$$D_2 = 80000 \times (1-0.5)^1 \times 0.5 = 20000(元)$$

第 3、4 年按直线折旧法,每年应提的折旧额分别为:

$$D_3 = D_4 = \frac{20000 - 1000}{2} = 9500(元)$$

双倍余额递减法具有以下三个特点:

①折旧基数(期初固定资产账面价值)逐渐减少,而折旧率不变。

②最初固定资产残值被忽略,表现为第一年的折旧按照资产的全部成本来计算。

③为了将资产的账面价值转为残值,通常选择在最后两年将折旧方法改为直线法。

4. 年数总和法

年数总和法(Sum-of-the-years-digits Depreciation)又称年序相加法。它是以固定资产使用寿命的年数总和为分母,以当年还剩余可使用的寿命为分子,求得各年折旧率,以固定资产的原始价值减去净残值作为折旧基数,来计算确定固定资产折旧额的一种方法。此种方法的折旧率是逐年减小的,因此折旧率也称为递减系数,但每年的折旧基数是相同的,为固定资产的原始价值减去净残值。固定资产在第 m 年的折旧率(即递减系数)为:

$$d_m = \frac{T+1-m}{1+2+\cdots+T} \times 100\% = \frac{T+1-m}{T \cdot (T+1)/2} \times 100\% \quad (12-5)$$

式中：d_m——第 m 年固定资产折旧率；
  m——固定资产已使用年限；
  T——固定资产折旧年限。

$$D_m = (K_0 - S) \cdot d_m \tag{12-6}$$

式中：D_m——第 m 年折旧额；
  K_0——固定资产的原始价值；
  S——固定资产净残值。

【例 12-3】 某项固定资产原值为 80000 元，预计净残值为 1000 元，使用年限为 4 年。试采用年数总和法计算每年应提取的折旧额。

解 计算结果参见表 12-1。

年数总和法折旧计算表   表 12-1

年份	尚可使用寿命	年折旧率	原值－净残值	年折旧额
1	4	4/10	79000	31600
2	3	3/10	79000	23700
3	2	2/10	79000	15800
4	1	1/10	79000	7900

年数总和法具有不同于双倍余额递减法的特征，它在计提折旧时，折旧基数（固定资产原价减预计净残值）不变，折旧率逐渐变小。而双倍余额递减法则是在计提折旧时不考虑固定资产残值，并以每期期初的固定资产账面价值为折旧基数，呈逐渐变小的趋势，折旧率不变。但这两种方法的共同点是计提的折旧额是逐年减少的，都属于加速折旧法。

5. 定率递减余额法

定率递减余额法（Fixed Rate on Declining Balance Depreciation）是用固定的折旧率乘以扣除累计折旧额后的固定资产净值来计算折旧额。计算中，折旧率不变，固定资产净值逐年递减，折旧额也逐年递减，最后有一个余额。计算公式为：

$$D_m = K_0 \cdot (1-d)^{m-1} \cdot d \tag{12-7}$$

$$d = 1 - \sqrt[T]{\frac{S}{K_0}} \tag{12-8}$$

式中：D_m——第 m 年折旧额；
  m——固定资产已使用年限；
  d——固定资产折旧率；
  K_0——固定资产的原始价值；
  S——固定资产净残值；
  T——固定资产折旧年限。

其他折旧计算方法

这种方法虽为加速折旧法,但折旧率计算较麻烦,且有余额。

6. 偿债基金法

偿债基金法(Sinking Fund Depreciation)是一种动态折旧法,把每年的折旧额看作等额年值,折旧完毕时,各年折旧额本利之和即为折旧总额。利用偿债基金系数,计算公式为:

$$D = (K_0 - S) \cdot \left[\frac{i}{(1+i)^T - 1}\right] \quad (12\text{-}9)$$

式中:D——年折旧额;

K_0——固定资产的原始价值;

S——固定资产净残值;

T——固定资产折旧年限;

i——年利率。

7. 年金法

年金法也是一种动态折旧法。将残值折算成现值,利用资金回收系数计算每年折旧提取额,公式为:

$$D = \left[K_0 - \frac{S}{(1+i)^T}\right] \cdot \frac{i(1+i)^T}{(1+i)^T - 1} \quad (12\text{-}10)$$

式中:D——年折旧额;

K_0——固定资产的原始价值;

S——固定资产净残值;

T——固定资产折旧年限;

i——年利率。

8. 案例计算

选择上述几种折旧方法的任何一种都是可以的。折旧方法的不同,会影响到固定资产账面价值和折旧费用的大小,对企业财务状况和经营成果有重大影响。如果选择了不适当的方法,虽然在固定资产的使用寿命内总折旧费用是相等的,但对企业各年的财务状况和经营成果可能会产生负面影响。

大多数的企业都采用直线折旧法,因为简单易懂。一般公开上市公司为了吸引投资者,企业愿意表现出尽可能强的盈利能力,所以它们一般采用直线折旧法。

加速折旧法在前期产生较高的折旧费用,因此,以此计算出的净利润就比直线折旧法低。从纳税的角度可以看到采用加速折旧法对企业比较有利,因为加速折旧法能够显著减少当期的应税利润和支付的所得税,从而直接增加企业可供支配的现金。所以,采用加速折旧法估算的利润比采用年限平均法更加符合谨慎性原则。

以下举例说明各种折旧方法的计算。

【例 12-4】 某型号数字控制装置价值为 20000 元,残值率为 10%,使用年限为 6 年,计算年折旧额、折旧率。

解 此固定资产的净残值 $S = 20000 \times 10\% = 2000(元)$

(1)按直线折旧法计算

$$年折旧额\ D = \frac{K_0 - S}{T} = \frac{20000 - 2000}{6} = 3000(元)$$

$$年折旧率\ d = \frac{D}{K_0} \times 100\% = \frac{3000}{20000} \times 100\% = 15\%$$

(2)按双倍余额递减法计算

双倍余额递减法的折旧率取直线折旧法残值为零时的两倍,即 $d = \frac{2}{6} = 33.333\%$,最后两年(从第 5 年开始)改用直线折旧法。各年折旧额计算见表 12-2。

双倍余额递减法计算表(单位:元) 表 12-2

年度	设备净值	折旧额	累计折旧额	账面余额
1	20000	20000 × 33.333% = 6667	6667	13333
2	20000 − 6667 = 13333	13333 × 33.333% = 4444	11111	8889
3	13333 − 4444 = 8889	8889 × 33.333% = 2963	14074	5926
4	8889 − 2963 = 5926	5926 × 33.333% = 1975	16049	3951
5	5926 − 1975 = 3951	(3951 − 2000) × 1/2 = 976	17025	2975
6	3951 − 976 = 975	975	18000	2000

(3)按年数总和法计算

按年数总和法计算,各年的折旧基数相同,为设备原始价值减去净残值,即:$20000 - 2000 = 18000(元)$。各年折旧额计算见表 12-3。

年数总和法计算表(单位:元) 表 12-3

年度	折旧率(递减系数)	折旧额	累计折旧额	账面余额
1	6/21 = 28.571%	18000 × 28.571% = 5143	5143	14857
2	5/21 = 23.810%	18000 × 23.810% = 4286	9429	10571
3	4/21 = 19.048%	18000 × 19.048% = 3429	12857	7143
4	3/21 = 14.286%	18000 × 14.286% = 2571	15429	4571
5	2/21 = 9.524%	18000 × 9.524% = 1714	17143	2857
6	1/21 = 4.762%	18000 × 4.762% = 857	18000	2000

(4)按定率递减余额法计算(表 12-4)

年折旧率:$d = 1 - \sqrt[T]{\frac{S}{K_0}} = 1 - \sqrt[6]{\frac{2000}{20000}} = 31.871\%$

定率递减余额法计算表（单位：元）　　　　　　表 12-4

年度	设备净值	折旧额	累计折旧额	账面余额
1	20000	20000×31.871%=6374	6374	13626
2	20000-6374=13626	13626×31.871%=4343	10717	9283
3	13626-4343=9283	9283×31.871%=2959	13675	6325
4	9283-2959=6324	6324×31.871%=2016	15691	4309
5	6224-2016=4309	4309×31.871%=1373	17064	2936
6	4309-1373=2936	2936×31.871%=936	18000	2000

12.3 交通运输设备更新决策

12.3.1 设备损耗的补偿

1. 设备补偿的方式

要维持企业生产的正常进行，必须对设备的损耗及时进行补偿。由于机器设备遭受的损耗形式不同，其补偿损耗的形式也不一样，补偿方式分局部补偿和完全补偿。设备损耗形式与补偿方式的关系如图 12-1 所示。

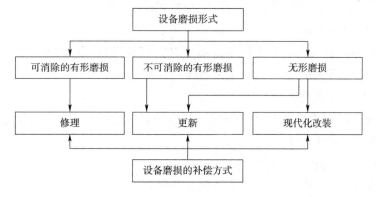

图 12-1　设备损耗的补偿方式

修理：是对有形损耗的局部补偿，是为保持设备在寿命期限内的完好使用状态而进行的局部更换或修复工作。

（1）修理

修理是对有形损耗的局部补偿，是为保持设备在寿命期限内的完好使用状态而进行的局部更换或修复工作。它分为日常维护、小修、中修和大修等几种形式。设备的物理寿命与修理的好坏有关，又可通过恢复性的修理来延长其物理寿命，但不能从根本上避免设备的损耗。

（2）现代化改装

现代化改装是对无形损耗的局部补偿。通过现代化改装，可延长设备的技术寿命。在技术不断发展进步的情况下，技术寿命一般短于物理寿命，当更先进的设备出现或生产过程对原有设备的技术性能提出更高

现代化改装：是对无形损耗的局部补偿。通过现代化改装，可延长设备的技术寿命。

要求时,原有设备在其物理寿命尚未结束前就被淘汰。

(3)更新

更新是对设备有形损耗和无形损耗的完全补偿,即用新设备更换旧设备。更新有两种形式:一种是原型更新,即用结构、性能完全相同的新设备更换旧设备,这是对原有设备有形损耗的完全补偿;另一种是新型更新,即用结构更先进、技术更完善、效率更高、性能更好的新型设备更换旧设备,这是对第Ⅱ类无形损耗的完全补偿,也是技术进步的表现之一,是目前设备更新的主要方式。

更新:是对设备有形损耗和无形损耗的完全补偿,即用新设备更换旧设备。

2. 设备实际使用年限的确定

在运输生产活动中,如果考虑无形损耗而提前更新设备,在经济上会引起两种损失:①原有设备还有一部分价值未转移到产品中去,报废使这部分价值无法收回,带来经济损失;②需要提前投资购买新的设备,增加资金成本。

但另一方面,提前更新设备可以获得增加产量、提高产品质量、减少物化劳动和活劳动的消耗等带来的利益。是否提前更新设备,可以通过计算可能的损失、收益来确定。确定设备使用年限的方法,一般采用磨耗系数法、统计观察法、修理费与折旧费总和最小法等。

(1)磨耗系数法

磨耗系数法指有些设备可以确定允许磨耗限度,这样就能通过计算单位工作量磨耗系数与预计未来各年的工作量来大致确定使用年限。

(2)统计观察法

统计观察法是指通过使用情况记载资料,用统计分析方法确定该类设备的平均使用年限。

(3)修理费与折旧费总和最小法则

修理费与折旧费总和最小法则是根据计算设备继续维修使用在经济上是否合算来确定设备的使用年限。因为设备越旧每年维持使用需要的修理养护费用越高,而缩短使用年限会增加每年提取的折旧费,两者的和存在最小值。

12.3.2 设备更新决策

设备更新,就是用新设备代替原有的旧设备完成相同的工作(或服务)。一台设备随着使用时间的不断增加,由于物质损耗,其效率不断降低,运行和维修费用不断增加,产品质量不断下降,越来越不能满足生产的要求,这时原有设备就需要更新。另外,随着科学技术的迅速发展,多功能、高效率的设备不断出现,使得继续使用原有设备不够经济,这时也需要更新。

更新有两种形式:一是用相同的设备去更换有形损耗严重、不能继续使用的旧设备,即原型更新,这类更新不具有更新技术的性质;二是用效率高、功能多、经济效益好的新型设备来更换技术上不能继续使用或经济上不宜继续使用的旧设备,即新型更新,这种更新才真正解决设备的损坏和技术落后问题。在技术进步很快的今天,设备更新主要是新型更新。

对一台具体设备来说,应不应该更新,应在什么时候更新,应选用什么样的设备来更新主要取决于更新的经济效果。适时更新设备,既能促进技术进步,加速经济增长,又能节约资源,提高经济效益。

1. 设备更新原则

在对设备更新进行经济分析时,应遵循以下几个原则:

(1)不管是购置新设备,还是改造旧设备,在设备经济分析中一般只分析其费用。通常设备更新或大修,其生产能力不变,所产生的收益相同(若生产能力变化了,可经过等同化处理,将生产能力的不同转化为费用的不同)。所以,设备更新方案的评价,就是在相同收益情况下对费用进行比较。

(2)不同的设备,其使用寿命不同。在对设备进行更新分析时,要避免不同使用寿命期的影响。在实际工作中,通常将设备有关的各种费用都折算为费用年值进行比较,多采用等额分付的年成本法来进行方案比较。

(3)不考虑沉没成本。通常旧设备更新,往往未到其折旧寿命期末,账面价值和转售价值之间存在差额,故存在沉没成本,即未收回的设备价值。在购置新设备时,沉没成本是一种投资损失,但这种损失是过去决策造成的,不应计入新设备的费用中,可以在企业盈利中予以扣除,但在进行新设备购置决策中,不予考虑。

(4)旧设备应以目前可实现的价格与新设备的购置价格相比。在进行更新分析时,应将新旧设备放在同一位置上进行考虑。对于旧设备,应采用最新资料,看作是一个以目前可实现的价格购买,以剩余使用寿命为计算期的设备,从而与以现在价格购买,以使用寿命为计算期的新设备相比。这样,在更新分析中,才不至于发生失误。

2. 设备原型更新决策

有些设备在整个服务期内,没有更先进的同类设备出现,即不存在无形损耗的影响,只有有形损耗使设备的维修费用,特别是大修费用以及其他运行费用不断增加。当继续使用旧设备还不如再购置一台原型新设备经济时,就应及时更新,这就是原型更新问题。在这种情况下,可以通过分析设备的经济寿命进行更新决策,即在设备年均费用最小时更新,也就是说,设备原型更新问题就是计算设备经济寿命问题。

3. 设备新型更新决策

用经济寿命来决定设备的最佳更新时机,只考虑了设备的有形损耗,而未计算无形损耗的影响。这种情况多用于设备在使用期内不发生技术上的过时和陈旧,没有更好的新型设备出现,只是由于有形损耗的影响,造成运行成本的不断提高的情况下。但在技术不断进步的条件下,多数设备不仅受第Ⅰ类无形损耗和有形损耗的影响,还要受到新型设备的挑战,由于受第Ⅱ类无形损耗的作用,很可能在设备运行成本尚未升高到该用原型设备替代之前,即还未使用到经济寿命年限,市场上就已出现了性能更好、效率更高、消耗费用更省、经济效果更好的新设备,这时就存在一个继续使用旧设备,还是购置新设备的问题。若更新,又在什么时候更新最为经济,这也是一个最佳更新时机的选择问题。

当市场上出现同类功能的新型设备时,选择旧设备合理使用年限的原则是:当旧设备再继续使用一年的年费用(既旧设备的年边际成本)超过新型设备的最小年费用时,就应立即更新。

【例 12-5】 某企业的设备在 4 年前以原始费用 22000 元购置,估计可以使用 10 年,第 10 年末预计净残值为 2000 元,年使用费为 7500 元,此设备目前市场上的售价为 6000 元。现在市场上同类设备的原始费用为 24000 元,估计可以使用 10 年,第 10 年末预计净残值为 3000 元,年使用费为 4000 元。已知基准折现率为 15%,企业应继续使用原设备,还是应该把原设备出售,然后购买新设备?

解 分析比较的标准,是计算不同方案的费用年值的区别,选择费用年值较小的方案。同时要注意,因为要进行比较,相对于新购买决策,原设备的原始投资是沉没成本,不应该考虑。

(1)继续使用原设备。设备的原始费用 22000 元是 4 年前发生的,是沉没成本不予计算。继续使用该设备的费用年值 AC_1 包括三部分:①目前该设备的价值为 6000 元,作为比较计算用的该设备的原始价值,剩余使用寿命为 6 年,按照等额分付资金回收计算方法计算年费用。②该设备 6 年后净残值为 2000 元,按等额分付偿债基金计算每年可得到的收益,抵消部分年费用。③年使用费 7500 元。

$$AC_1 = 6000 \times (A/P, 15\%, 6) - 2000 \times (A/F, 15\%, 6) + 7500$$
$$= 6000 \times 0.2642 - 2000 \times 0.1142 + 7500$$
$$= 8856.96(元)$$

设备更新决策

（2）购买新设备并出售旧设备。此方案的费用年值 AC_2 包括四部分：①新设备的价值为 24000 元，使用寿命为 10 年，按照等额分付资金回收计算方法计算年费用。②出售旧设备收入 6000 元，按照等额分付资金回收计算方法计算每年可得到的收益，抵消部分年费用。③该设备 10 年后净残值为 3000 元，按等额分付偿债基金计算每年可得到的收益，抵消部分年费用。④年使用费 4000 元。

$$AC_2 = 24000 \times (A/P, 15\%, 10) - 6000 \times (A/P, 15\%, 10) -$$
$$\quad\quad 3000 \times (A/F, 15\%, 10) + 4000$$
$$= 24000 \times 0.1993 - 6000 \times 0.1993 - 3000 \times 0.0493 + 4000$$
$$= 7478.75(元)$$

可以看到，$AC_2 < AC_1$。应该选择购买新设备并出售旧设备，每年可节约费用 1378.21 元。

4. 设备租赁决策

运输企业扩充设备，其目的是利用这些设备来发展生产，提高经济效益。从这个观点出发，设备是否是自有，对企业来说，并不重要，重要的是有适用的设备可供使用。所以，企业在购置设备的同时，还应考虑利用租赁来获取设备使用权的可能性和经济性。

设备租赁和自有相比具有以下优点：

①可以避免拥有设备所带来的许多责任，其中包括损失与毁损，以及设备性能的衰退、过时和更新等，这些麻烦是设备拥有者操心的事。

②租赁不需筹资，也无须占用企业资金，投入的有限资金还可以和得到的利润同时发生，且所得的设备也不作为资产出现在账面上。

③可避免技术落后的风险。当前科学技术发展迅速，设备更新换代很快，设备的技术寿命缩短。如果企业自己购置设备，则设备技术落后的风险很大。此外，企业如果在偿还能力或借款能力方面有问题的话，租赁还可以作为一种额外的资金来源。

设备租赁虽具有很大优势，但也必须考虑到设备租赁与自有相比的不足，主要表现在：

①比自己直接拥有的设备费用高，租金中包括有出租者的管理费和边际利润。

②不如其他可供选择的财务形式更合算，如利用银行透支或专项贷款等。

③不管企业的现金流量和经营状况如何，都需按时计付租金。

随着社会化分工的发展，设备租赁业务也不断扩大，一些专营设备租赁业务的企业相继建立。为了充分利用设备，每个运输企业在设备的配置上,也就不一定要样样齐全,一些不经常使用,或周转率很低的设备,可以考虑采用租赁的方式加以解决。企业在具体决定是否租用设备时,要对设备租赁进行经济分析。在设备技术性能相同的条件下,需要将购置设备和租赁设备的使用成本进行比较。

购置设备的使用成本包括折旧费、维修费、耗用能源费、设备投资利息、操作人员工资等。租用设备的使用成本根据租赁方式不同有不同的内容,有的是由出租单位提供设备,租用单位自己使用,这时的使用成本除租金以外,还包括使用设备的维修费、耗用的能源费、操作人员工资等。

【例12-6】 某企业需要购买一台设备,设备的价格为500000元。企业若一次性付款可以有12%的优惠,如果分期付款则不享受优惠,分期方式为:首付40%,第1年年末付30%,第2年年末付20%,第3年年末付10%。假定基准折现率为10%,问:

(1)企业应该一次性付款还是分期付款?

(2)若该设备预计使用10年,预计设备净残值为15000元,该设备每年可能的使用和维护费用为12000元。若向租赁公司租赁设备,每年的租赁费为69000元。企业应该购买还是租赁设备?

解 选择一次性付款还是分期付款,需要将购买费用折现为现值进行比较。选择购买还是租赁设备,一般需要将费用折算为费用年值进行比较。当然对于此问题,因为比较方案的使用寿命是相同的,因此也可以折现为现值进行比较。

(1)一次性付款实际支付的费用 P_1 为:
$$P_1 = 500000 \times 88\% = 440000(元)$$

分期付款折现到一次支付的费用 P_2 为:
$$\begin{aligned}P_2 &= 500000 \times 40\% + 500000 \times 30\% \times (P/F,10\%,1) + \\ & \quad 500000 \times 20\% (P/F,10\%,2) + \\ & \quad 500000 \times 10\% \times (P/F,10\%,3) \\ &= 200000 + 150000 \times 0.9091 + 100000 \times 0.8264 + \\ & \quad 50000 \times 0.7513 = 456570(元)\end{aligned}$$

可以看到 $P_1 < P_2$,因此,企业应该选择一次性付款。

(2)如果选择购买,设备的原始价值为440000元,结合已知条件,计算其费用年值 AC_1 为:
$$\begin{aligned}AC_1 &= 440000 \times (A/P,10\%,10) - 15000 \times (A/F,10\%,10) + 12000 \\ &= 440000 \times 0.1628 - 15000 \times 0.0628 + 12000 \\ &= 82690(元)\end{aligned}$$

设备租赁决策

如果选择租赁,其费用年值 AC_2 为:
$$AC_2 = 69000 + 12000 = 81000(元)$$

可以看到 $AC_2 < AC_1$,因此,企业应该选择租赁设备,每年可节省 1690 元。

总结与提要

关键概念:固定资产,固定资产有形损耗,第Ⅰ类有形损耗,第Ⅱ类有形损耗,固定资产无形损耗,第Ⅰ类无形损耗,第Ⅱ类无形损耗,物理寿命,技术寿命,经济寿命,折旧寿命,折旧。

重点掌握:固定资产分类和构成,直线折旧法,双倍余额折旧法,年数总和折旧法,设备更新决策计算,设备租赁决策计算。

一般理解:固定资产的形成,设备损耗的补偿方式,定率递减余额折旧法,偿债基金折旧法,年金折旧法。

作业与思考

1. 什么是固定资产?固定资产有什么特征?
2. 交通运输固定资产是如何形成的?
3. 什么是固定资产有形损耗?分哪几种类型?
4. 什么是固定资产无形损耗?分哪几种类型?
5. 解释固定资产的相关概念:物理寿命、技术寿命、经济寿命、折旧寿命。它们之间有什么样的联系和区别?
6. 什么是固定资产的折旧?都有哪些方法来计算?
7. 折旧计算包括哪些要素?
8. 折旧年限与速度对投资者税后财务盈利能力有什么影响?
9. 试证明年数总和法的各年折旧率之和等于 1。
10. 设备修理指什么?什么是设备的现代化改装?
11. 如何对设备的更新进行合理的决策?
12. 某企业某项固定资产的原值为 100 万元,预计使用年限为 10 年,采用直线法、双倍余额递减法、年数总和法分别计算净残值率为 30% 和 5% 时各年的折旧额。

13. 某项目为了购买设备，以 12% 的利率贷到 40 万元，预计按 15 年每年年末等额还清本利，在归还了 10 次后，该企业想把余额一次性还清，问在第 10 年末应准备多少款项才能将余款还清？

14. 某企业拟购买一套分析检测设备，若贷款一次付清，需 10 万元；若分 3 年，每年年末付款 4 万元，则共付款 12 万元。如果利率为 10%，选择哪种支付方式经济上更有利？

15. 某企业计划 5 年后更新一台设备，预计那时新设备的售价为 8 万元，若银行利率为 10%，试求：

（1）从现在开始，企业每年应等额存入多少万元，5 年后才能购买一台新设备？

（2）现在企业应一次性存入多少万元，5 年后能购买一台新设备？

16. 现在市场上新出现一种性能更佳的高压泵，售价为 5.4 万元。如果用该新型的高压泵取代现有的同类设备，估计每年可增加收益 2 万元，使用期为 7 年，期末残值为 0。若预期年利率为 10%，现用的老式设备的现成残值为 0.4 万元。问从经济上看，能否购买新设备取代现有设备？

第13章 交通运输企业经济活动分析

13.1 人力资源管理与效率分析

13.1.1 人力资源管理

1. 人力资源的特征

对于交通运输企业,人员工资、设备折旧费以及能源燃料费用构成了企业成本的绝大部分。因此,如何对人力资源进行科学管理,以提高劳动生产率是交通运输企业的重要任务。

资源是可以为人类利用并能够创造财富或增加福利的要素或手段。人力资源(Human Resource)由当代著名管理学家彼得·F·德鲁克于1954年在其《管理的实践》一书中首次提出。他认为,人力资源拥有当前其他资源所没有的素质,即协调能力、整合能力、判断力和想象力,是一定范围内的人口中具有劳动能力的人口总和,它是一种生产能力,是表现在劳动者身上并以劳动者的数量和质量来表现的资源。

一般而言,人力资源是企业或组织中可以利用且能够推动企业发展的具有智力劳动和体力劳动能力的劳动者数量的总和,体现为员工的数量、结构及其所拥有的体力、知识、技能及价值观等。

人力资源的实体是人,与其他物质资源不同,具有以下几个特征。

(1)生物性

生物特性是人力资源与矿产资源、能源资源、资本资源和信息资源等资源的根本区别之一。正因为具有生物特征,劳动力资源才能不断增值和繁衍,也才能得以世代更替与发展。

(2)社会性

人力资源只有在一定的社会环境中才能形成、发展和产生作用,同时作为人力资源的人的劳动能力,是在劳动过程中得以形成和提高的。通过社会实践活动,人们逐渐地了解自然现象、自然性质、自然规律性、人和自然的关系及人与人之间的关系等。这一过程也是人的劳动能力特别是智力资源逐渐形成和提高的过程。

> **人力资源**:是企业或组织中可以利用且能够推动企业发展的具有智力劳动和体力劳动能力的劳动者数量的总和,体现为员工的数量、结构及其所拥有的体力、知识、技能及价值观等。

（3）主观能动性

人具有思维和创造能力，具有主观能动性，其主观能动性主要体现在以下几方面：

①人力资源具有意识性，知道活动的目的性，可以有效地对自身活动做出抉择，调节自身与外部的关系；

②人力资源在生产活动中处于主体地位，是支配其他一切资源的主导因素，包括创造、使用和改造工具；

③人力资源具有开发性，在生产过程中，通过自身行为的合理化，使自己的劳动能力得到补偿、更新和发展；

④人力资源在活动过程中具有可激励性，通过对人的工作能力和工作动机的激励来提高工作效率。

（4）可再生性

随着社会生产方式的进步，人力资源的质和量在不断提高和更新。随着社会生产力进步和社会经济条件改善，人力资源的质不断提高，质的内容不断更新，以适应新的经济活动和技术要求。例如，运输业劳动者的知识、技能和经验，在劳动和不断学习、训练中得到增值和更新。人力资源的量则在人口生产和再生过程中不断得到更新和补充。

（5）时效性

人力资源在使用过程中是有时效性的，即人力资源必须在一定的时间内开发，超越一定的时段，就会荒废和退化。因为在人的生命的每个时期（如青年、中年、老年等），其工作能力会有所不同，劳动能力是会衰退的，智力、知识和技能也会发生变化。

（6）资本特性

人力资源通过物质、资金和时间的投入进行开发。人力资源的开发程度与人力投资的多少及投资方向和利用效率存在较强相关性，即在投资方向正确的前提下，投入越多、利用效率越高，则人力资源开发得越好，带来的经济收益也越高。

2. 人力资源管理的意义

人力资源管理是为了满足企业发展战略的要求，有计划地对人力资源进行合理配置，通过对员工的招聘、培训、使用、考核、激励、调整等一系列环节，调动员工的积极性，发挥员工的潜能，为企业创造价值，确保企业战略目标的实现。这包括了三层主要含义：

①人力资源管理的目标是满足企业发展战略的要求。

②人力资源管理不仅强调人力资源数量的配置，而且强调通过组织、培训、评价、激励等管理手段，实现人力资源质量的提高。

> 人力资源的特征：生物性、社会性、主观能动性、可再生性、时效性、资本特性等。

③人力资源管理强调通过调动员工的积极性,充分发挥员工的潜能,进而为企业创造更大的价值。

对于交通运输业来说,人力资源管理显得更为重要。主要原因是:

①交通运输是劳动密集型产业,所谓劳动密集型产业是指单位资本占用劳动力较多或单位劳动占用资本较少的企业,交通运输企业是吸纳劳动力相对较多的劳动密集型产业,正是劳动密集型产业大量使用人力劳动,才使人力资源管理在交通运输企业发展过程中显得尤为重要。

②交通运输企业是服务性企业,这就决定了必须利用人力资源管理,充分发挥企业员工的积极主动性,合理利用物质奖励、行为激励、员工专业及素质培训等,挖掘员工的劳动潜能和智慧,不断提高服务水平,为运输企业树立良好的形象。

3.人力资源管理的内容

人力资源管理是一个系列的过程,主要包括人力资源规划、岗位分析、人员招聘、员工培训、绩效考评、薪酬制定等内容。

(1)人力资源规划

人力资源规划,就是根据企业的经营目标与目前的实际运行情况,对交通运输企业未来一定时期所需要的人力资源数量、质量要求进行分析、预测,以保证企业及时地获得所需的各类人才。

人力资源规划包括岗位规划、员工招聘计划、培训计划、员工考核和奖励规则、机构改革和员工调动计划等内容,其中岗位规划是重点。

(2)岗位分析

岗位分析就是对交通运输企业各类岗位的性质、任务、职责、劳动条件和环境、待遇及承担本岗位工作人员应当具备的素质等进行系统的分析和研究。

岗位分析的主要内容包括:岗位名称分析、岗位任务分析、岗位职责分析、岗位关系分析、劳动环境与劳动强度分析等。

(3)人员招聘

人员招聘是交通运输企业人力资源管理的基础,有一批高素质的运输从业人员是交通运输企业各项工作顺利开展,并不断创新发展的保证。

交通运输企业人员招聘是一项系统工程,由一系列活动构成,具体包括以下主要环节:

①制定招聘计划:在人力资源规划和工作岗位分析的基础上,根据运输工作描述和岗位规范,确定具体的用人标准和任用人员种类与数量。

②确定招聘途径:确定是在交通运输企业内部选拔还是外部招聘,以及发布招聘信息的形式,建立交通运输企业与求职者的沟通渠道。

> 人力资源管理是一个系列的过程,主要包括人力资源规划、岗位分析、人员招聘、员工培训、绩效考评、薪酬制定等内容。

③收集求职申请:通过求职申请,交通运输企业可以大致了解求职者的基本情况,并作为对求职者面试和综合判断的依据。

④检查分析求职者个人资料:对求职者提供的资料进行核实和分析。

⑤面试:通过对求职者的面试,可以了解其知识和技能水平,判断其与招聘岗位要求的符合程度。

⑥审批:将求职者的求职申请、背景资料、面试记录等统一汇总,由交通运输企业高层管理者审批。

⑦录用:在完成以上各环节后,应给录用者正式的录用通知,对未录用者也要给予通知。

(4) 员工培训

员工培训是交通运输企业为提高员工专业知识和技能,改善工作态度,培养交通运输企业优秀文化而进行的有计划、有组织的活动。进行员工培训的意义如下:

①提高员工的修养和素质:随着现代交通运输业的发展,交通运输企业对员工素质的要求越来越高,员工通过培训使个人修养得到完善、整体素质得到提高,对企业适应现代交通运输业的技术要求和发展趋势都具有重大意义。

②促进员工掌握运输专业技能:交通运输企业的许多工作对专业技能具有明确的要求,培训可以帮助员工适应技术的发展,掌握专业的技能。

③增强企业凝聚力和竞争力:对员工进行有计划、有针对性的培训,可以提高员工的工作效率;强化员工的团队意识,创造和谐的工作环境,提高员工工作的积极性和主动性,提高企业的竞争力。

(5) 绩效考评

绩效考评是指交通运输企业对员工现任职务职责的履行程度以及未来担任更高一级职务的潜力,进行有组织的客观的考核和评价的过程。考核员工在现任职位上的业绩以及考核员工的素质和能力。

绩效考评是按照一定的标准,采用科学的方法来检查和评定交通运输企业员工对职位所规定职责的履行程度。交通运输企业通过对员工进行全面考评,判断他们是否称职,从而切实保证员工的报酬、培训等工作的科学性,这是考评的考核性;同时,交通运输企业希望通过考评,帮助员工找出绩效不好的原因,激发员工的潜能,这是考评的发展性。

(6) 薪酬制定

薪酬是指交通运输企业员工因工作关系从企业获得的各种财务报酬,包括薪金、福利以及各种奖励。它是根据交通运输企业所处的市场环

境和内部人力资源状况而制定的。其影响因素包括:

①法律法规因素:交通运输企业作为服务型企业,涉及岗位、工种多样,必须根据《中华人民共和国劳动法》等法律法规对薪酬进行管理。

②社会因素:交通运输企业员工的薪酬还受到社会环境不断变化发展的影响,需要从社会的角度管理员工薪酬。

③组织因素:交通运输企业自身的薪酬政策也将影响员工的薪酬。如企业为控制成本严格要求员工的素质,会适当延长新员工的见习期限等。

④员工因素:员工的数量、工作量、职位高低、技能水平、工作条件等都将影响员工的薪酬。

13.1.2 劳动定额与工资

1. 劳动定额

劳动定额,是指在一定的生产、技术、组织条件下,为完成一定量的运输生产任务所预定的必要劳动消耗量的标准。其中,生产条件指生产方式和生产批量;技术条件指设备、工具和量具等;组织条件指企业管理制度、操作者的分工协作和专门化程度。一般包括时间定额和产量定额。

(1) 时间定额

时间定额是用生产单位产品消耗的时间数量表示的劳动定额。如修理工时定额、装卸工时定额、车辆维护工时定额等。

(2) 产量定额

产量定额是用单位时间产出的工作量来表示的劳动定额。它与时间定额互为倒数。产量是最直观地表示劳动产出的量纲,最适用于大量生产,如运输定额、装卸定额等。

时间定额与产量定额在数量上是互成倒数的关系,时间定额越低,产量定额越高,反之亦然。可以表示为:

$$T = \frac{1}{Q} \tag{13-1}$$

式中:T——时间定额;

Q——产量定额。

(3) 劳动定额的制定

以汽车企业为例,汽车运输企业的劳动包括运输劳动、维修劳动、配件生产以及其他辅助性劳动等。制定劳动定额时,根据不同的劳动特点,采用不同的方法。

> 劳动定额:指在一定的生产、技术、组织条件下,为完成一定量的运输生产任务所预定的必要劳动消耗量的标准。一般包括时间定额和产量定额。

劳动定额与劳动工资

汽车运输企业中,营运车辆驾驶员是最主要的劳动工种。驾驶员从事运输生产劳动时,受到客源、货源、天气和道路条件、车辆技术性能以及运输生产组织和车辆运行调度工作水平等多种因素的制约,因此,核定营运车辆驾驶员劳动定额时,以单车月度运输生产计划规定的月产量计划指标为依据。

当营运车辆在一定时期内,相对稳定地执行固定线路、往返运行的运输任务时,可以制定和执行日运次定额(营运货车)或日班次定额(营运客车)。从事大宗定点货物运输(如火车站、港口、矿山、大型工厂等)的汽车,由于运输任务单一化,运行线路在一定时间内比较固定,可以制定和执行日运行定额。对于车辆维护和修理工作、配件生产加工以及其他辅助性劳动,基本是在固定的工作地点进行,有比较成熟和定型的工艺程序和操作规程。因此,有条件按技术相同的工作内容、劳动强度、作业精度要求以及劳动工具和劳动环境等具体情况,制定产量定额或时间定额。

2. 劳动工资

劳动工资:是企业根据不同工作岗位和工作内容,按照事先的约定,按期固定支付给员工的劳动报酬。

工资(有时也称为薪酬)是企业根据不同工作岗位和工作内容,按照事先的约定,按期固定支付给员工的劳动报酬。工资形式通常与企业生产技术特点和支付劳动报酬的对象相适应,有利于调动员工的积极性和创造性。工资形式主要有:岗位工资制、结构工资制、企业经营者年薪制、股票期权制等。

(1)岗位工资制

企业设置若干岗位,根据各岗位责任大小、专业技术要求、业务繁简、环境条件、劳动强度等因素制定每个岗位的标准工资。

(2)结构工资制

将岗位工资进一步细化为不同的构成部分,每一部分对应不同的等级。它与岗位工资制的区别在于:变一元综合工资为多元组合工资,突破了传统的单一等级工资制,更好地反映劳动差别,使工资的职能更加明确,调整工资时更加方便。

(3)企业经营者年薪制

企业经营年薪制是指为激励企业经营者努力工作,克服短期行为,使经营者的收入与其业绩挂钩,与企业的长远利益融为一体而实行的制度。它是以工作年限(或工作任期)作为工资计算的标准,其中固定年薪(基本年薪)按月发给,按利润提成的效益年薪必须到年底(或任期满后)才能发给。

(4)股票期权制

股票期权制是对企业高层管理者进行有效激励的一种工资制度。它是企业所有者给予经营者的一种权利,经营者凭借这种权利,在双方约定的期限内享有按预先确定的价格(称行权价格)购买一定数量的本企业股票的权利。这一购买过程称作行权。对于享有股票期权的经营者来说,当然希望本企业的股票价格能不断上涨,这样他就可以低价买、高价卖,从中获益。

经营者的收入具体体现为行权价与行权日市场之间的价差。这个价差与经营者的经营业绩和企业经济效益是密切相关的。实行股票期权制度可以使经营者的利益与投资者的利益结合起来,使经营者更加关心投资者的利益,关心企业资产的保值和增值,关心企业的长远发展。

交通运输业不同运输方式、不同运输企业的工资制度,除了随国家体制变化外,也有不同的变化,有的已经完全市场化,有的则还受到一定的限制。主要原因是交通运输业属于具有自然性垄断性质的行业,管理体制、经营体制还在变革中。

3. 报酬总额构成

企业的劳动报酬总额一般由工资(包括基础工资、津贴工资、职务工资)、奖金、加班奖励三部分构成。

(1)工资

工资一般包括基础工资、津贴工资、职务工资。

①基础工资。基础工资是依照规定以大体上维持职工基本生活费确定的劳动报酬,按照固定时间(年、月或日)支付给职工,是工资的基本组成部分。

②津贴工资。津贴工资是补偿职工额外的或特殊的劳动消耗而支付的劳动报酬,一般随基础工资同时发放。例如,野外补贴、高温补贴、医疗补贴、工龄补贴、冬季采暖补贴、房补、书报费等。

③职务工资。按照职工职务高低、责任大小、工作繁简和业务技术水平等确定的在岗位担任特定职务的劳动报酬,一般随基础工资同时发放。职务工资只在员工担任相关职务时发放,如果员工的职务发生变化,其职务工资一般也要随之调整。

(2)奖金

奖金是对工作中有优良表现的职工,为了奖励他们,在标准工资之外额外奖励的劳动报酬。如超产奖、节约奖、质量奖、安全奖、年终奖等。

(3)加班奖励

加班奖励是按照国家规定,在工作时间以外或节假日工作的职工的额外的劳动报酬。

13.1.3 企业劳动生产率

1. 劳动生产率的计算

从微观经济分析的角度,劳动生产率包括个人劳动生产率和企业劳动生产率。

(1)个人劳动生产率

> 个人劳动生产率:以劳动者个人为考察对象,计算其在单位时间内所生产的产品数量。

个人劳动生产率是以劳动者个人为考察对象,计算其在单位时间内所生产的产品数量;单位时间内所生产的产品越多,个人劳动生产率水平越高,反之越低,此指标定义为个人劳动生产率的正指标。计算公式如下:

$$个人劳动生产率(正指标) = \frac{产品产量}{劳动时间} \quad (13-2)$$

有时个人劳动生产率也可以用单位产品所消耗的劳动时间来表示;单位产品花费的劳动时间越少,劳动生产率水平越高,反之越低,此指标定义为劳动生产率的逆指标。计算公式如下:

$$个人劳动生产率(逆指标) = \frac{劳动时间}{产品产量} \quad (13-3)$$

正指标和逆指标存在着互为倒数的关系,以不同的形式来反映个人劳动生产率。正指标被广泛用于计划统计工作,逆指标一般用于劳动定额制定工作方面。

> 企业劳动生产率:以企业为考察对象,计算其在一定的时期内生产的总产出量与相应的劳动人员数量的比值。

(2)企业劳动生产率

企业劳动生产率是以企业为考察对象,计算其在一定的时期内生产的总产出量与相应的劳动人员数量的比值。计算公式如下:

$$企业劳动生产率 = \frac{总产出量}{劳动人员数量} \quad (13-4)$$

企业劳动生产率实际上是企业劳动人员平均创造的产出数量,平均每个劳动人员创造的产量越多,企业劳动生产率越高。

2. 劳动生产率的影响因素

劳动生产率的状况是由社会生产力的发展水平决定的。具体说,劳动生产率的高低主要取决于生产中的各种经济和技术因素。

(1)劳动者平均熟练程度

劳动者平均熟练程度越高,劳动生产率就越高。劳动者平均熟练程度不仅指劳动实际操作技术,而且也包括劳动者接受新生产技术手段、适应新工艺流程的能力。

(2) 科学技术发展程度

科学技术越发展,其成果运用于生产越普遍,就越能促进劳动生产率的提高。

(3) 劳动组织和生产管理

劳动组织和生产管理的好坏,对劳动生产率的高低有重大作用。

(4) 生产资料的规模与效能

生产资料的规模与效能决定着劳动工具的有效使用程度、对原材料和动力燃料的利用程度,因而对劳动生产率也有决定性的作用。

(5) 自然条件

自然条件包括对自然资源和自然力的利用程度,这些都会直接影响劳动生产率,特别是农业和采矿业的劳动生产率。

劳动生产率的影响因素:劳动者平均熟练程度、科学技术发展程度、劳动组织和生产管理、生产资料的规模与效能、自然条件等。

3. 企业劳动生产率的分类

企业劳动生产率的计算涉及了产出指标、人员范围指标,同时也隐含了计算时所取的时间范围。因此根据产出、人员、时间范围的不同,企业劳动生产率有不同的分类。

(1) 按产出指标分类

计算企业产出的指标有实物指标和价值指标,相应地,企业劳动生产率指标也分为企业劳动人员平均创造的产量,以及平均创造的产值两大类。

交通运输企业的实物指标产量一般以运输工作量来衡量。对于运输工作量,不同类型的运输企业有不同的衡量指标。例如,铁路、公路、航空等运输企业采用货物吨公里、旅客人公里或换算吨公里等运输周转量指标来衡量,港口企业用吞吐量来衡量,装卸企业用装卸车数或吨数来衡量。

价值指标一般是产值增加值。交通运输企业一般采用实物指标衡量产出,因此后面一些指标的计算大多采用产量指标。不过如果需要,同样可以产值指标代替公式中的产量指标。

(2) 按时间范围分类

企业劳动生产率中的总产出量的计算是以一定的时间范围为基础的,这个计算的时间范围称为报告期。报告期可以是小时、日、月、季、年等,相应的企业劳动生产率称为时劳动生产率、日劳动生产率、月劳动生产率、季劳动生产率、年劳动生产率等。

时劳动生产率是每小时产品产量与劳动人员数量的比值。计算公式为:

劳动生产率及影响因素

$$时劳动生产率 = \frac{小时产品产量}{劳动人员数量} \tag{13-5}$$

这个指标体现了职工在纯劳动时间内的平均生产效率。它与职工的熟练程度、劳动态度、生产组织管理、设备能力大小、生产技术进步程度等因素相关。

日劳动生产率是每日产品产量与劳动人员数量的比值。计算公式如下：

$$日劳动车生产率 = \frac{小时产品产量 \times 平均实际工作日时长}{劳动人员数量} \tag{13-6}$$

这个指标体现了职工在实际工作日内所生产的产品数量。它与劳动效率和工作日的实际长度相关。例如，它受非全日停工、非全日缺勤、非全日非生产时间等因素的影响。

其他月、季、年劳动生产率计算方法类似。

(3) 按人员范围分类

根据不同的目的，企业劳动生产率可以按照不同的人员范围计算，常用的有全员劳动生产率和生产人员劳动生产率。全员劳动生产率是在一定的时期内生产的总产出量与企业全部职工人数的比值。说明报告期平均每个职工的劳动效率。计算公式为：

全员劳动生产率：在一定的时期内生产的总产出量与企业全部职工人数的比值。

$$全员劳动生产率 = \frac{总产出量}{全部职工数量} \tag{13-7}$$

企业全部职工既包括了直接参与生产的职工，也包括管理人员等各种管理及辅助生产人员，全员劳动生产率是企业改进劳动组织、合理使用劳动力的重要依据。

生产人员劳动生产率在一定的时期内生产的总产出量与企业生产职工人数的比值。计算公式为：

生产人员劳动生产率：在一定的时期内生产的总产出量与企业生产职工人数的比值。

$$生产人员劳动生产率 = \frac{总产出量}{生产职工数量} \tag{13-8}$$

运输企业的生产人员劳动生产率也称为运营人员劳动生产率，是用与运输工作有直接关系的运营人员人数进行计算的，它反映的是直接运输人员的劳动效率，为制定生产定额和改进劳动生产组织提供依据。

13.2　载运工具运用指标分析

载运工具是完成运输任务必不可少的设备，数量多、占用资金多，其运用效果好坏直接影响到运输企业的经济效益。

提高载运工具的运用效率，可以在现有运输资源条件下最大限度地满足社会对运输的需求,或以尽可能少的资源投入来满足一定量的运输需求。同时,还可以节省人和货物花费在运输上的时间,并降低运输企业的成本,使运输企业提高经济效益。从资产运用的角度,提高载运工具的运用效率即是提高资产效率,少投入可提高资产报酬率,多产出提高资产产出率,加快速度提高资产周转率。因此,加强对载运工具的管理,提高其运用效率,是交通运输经济学研究的重要内容。

13.2.1 运输能力和运输量指标

1. 运输能力指标

衡量一个企业的运输能力有不同的指标,主要包括:

(1)载运工具数量

载运工具数量指运输企业在营运期内拥有的各种载运工具的数量总和,计量单位为辆数、艘数和架数。

(2)载运工具吨(客)位

载运工具吨位数指运输企业中所有载运工具装运货物的定额载货吨数之和。载运工具客位数(也称座位数)指运输企业中所有载运工具装运旅客的定额数之和。

(3)载运工具功率

对于载运工具,除了可以载客、装货的车辆,还有专门提供运输动力的设备,比如铁路运输机车、内河运输拖船、公路运输拖车等,它们是构成运输能力的一个组成部分,不仅以数量表示,还以拖拉能力——功率表示,一般功率的单位是瓦(W)或马力。

2. 运输量指标

运输量指标说明载运工具在一定的工作时间(年、月、日)内实际完成的运输产品数量,包括:货运量、客运量、货运周转量、旅客周转量以及运输密度、不均衡系数等指标。

货运量:指载运工具运输的货物数量,以吨为单位计算。

(1)货运量

货运量是指载运工具运输的货物数量,以吨为单位计算。反映货运量的指标有发送货物吨数、到达货物吨数以及运送货物吨数。

①发送货物吨数是指货物在发送站(港)始发的货物吨数。
②到达货物吨数是指到达目的站(港)的货物吨数。
③运送货物吨数是指运输企业为完成运输任务而从甲地运往乙地的货物吨数。

货运量不包括装卸量及为装卸而进行的短距离的搬运。在划有港

运输能力指标

(站)区的地方,港(站)区范围内为装卸而进行的搬运量、驳运量和倒载、倒堆等,均不能作为运输量;在没有划定港(站)的地方,为装卸而进行的搬运量与驳运量,其实际距离在 1km 及 1km 以上者作为运输量;不足 1km 的倒载、倒堆等,均不能统计为运输量。

(2)货运周转量

货运周转量:指载运工具运输的货物吨数与相应的运输里程的乘积,单位一般为吨公里、吨海里。

货运周转量是指载运工具运输的货物吨数与相应的运输里程的乘积,单位一般为吨公里、吨海里。计算公式为:

$$货物周转量 = \sum(每批货物的质量 \times 该批货物的运距) \quad (13\text{-}9)$$

计算周转量所用的运送距离通常是收费距离,就是货物发送站(港)与到达站(港)之间的收费距离。

(3)客运量

客运量:指载运工具运输的旅客数量,以人次为单位计算。

客运量是指载运工具运输的旅客数量,以人次为单位计算。反映客运量的指标有发送人数、到达人数以及运送人数。

①发送人数是指在发送站(港)始发的旅客人数。

②到达人数是指到达目的站(港)的旅客人数。

③运送人数是指运输企业为完成运输任务而从甲地运往乙地的旅客人数。

(4)旅客周转量

旅客周转量:指载运工具运输的旅客数量与相应的运输里程的乘积,单位一般为人公里、人海里。

旅客周转量是指载运工具运输的旅客数量与相应的运输里程的乘积,单位一般为人公里、人海里。计算公式为:

$$旅客周转量 = \sum(每批旅客人数 \times 该批旅客的运距) \quad (13\text{-}10)$$

(5)换算周转量

为了综合考察一个企业或某一载运工具的工作成果,有时需要将客运周转量与货运周转量按照一定的换算系数进行计算,形成统一的换算周转量(吨公里、吨海里)。所谓换算周转量,是将旅客人公里按一定换算系数折合成吨公里,再与货物吨公里相加得到的总周转量。

(6)机车牵引总重吨公里

在铁路运输中,主要运输工具是不同动力的机车及各种类型和用途的车辆。为完成旅客或货物运输服务,铁路机车需牵引车辆行驶。机车牵引总重吨公里是以机车牵引列车的总质量(包括旅客或货物的质量以及车辆自重,但不包括运行机车本身的质量)乘以实际走行公里求得:

$$机车牵引总重吨公里 = 牵引列车总质量 \times 机车牵引总行程 \quad (13\text{-}11)$$

机车牵引总重吨公里反映的是为完成相应旅客或货物的位移,铁路运输企业实际付出的工作量。

运输工作量指标

440 | 交通运输经济学(第4版)

(7) 运输密度

运输密度是说明线路能力利用程度和工作强度的指标。它是指一定时期内(通常指一年)某种运输方式平均每公里线路所负担的货物周转量(客运周转量),其单位为 t·km/km 或者人·km/km。计算公式为:

$$\text{运输密度} = \frac{\text{周转量}}{\text{线路营业长度}} \tag{13-12}$$

运输密度可以按照营业线路上的某一区段计算,也可按照全部营业线路长度计算。计算运输密度时,还要按照上下行计算。为了便于分析,货物运输密度还应按照物品类分别统计。

> **运输密度**:指一定时期内某种运输方式平均每公里线路所负担的货物周转量(客运周转量)。

(8) 不均衡系数

不均衡系数即货运量(港口为吞吐量)在时间上的不均衡性,主要包括日不均衡系数和月不均衡系数。日不均衡系数是报告期最高日货运量(吞吐量)与全年平均日货运量(吞吐量)之比,月不均衡系数是报告期最高月货运量(吞吐量)与全年平均月货运量(吞吐量)之比,计算公式为:

$$\text{月(日)不均衡系数} = \frac{\text{报告期最高月(日)货运量(吞吐量)}}{\text{报告期全年平均月(日)货运量(吞吐量)}} \tag{13-13}$$

对货物运输不均衡情况进行统计研究,可以掌握货物运输在时间上的不均衡情况及其规律性,为改善运输组织工作提供资料。

13.2.2 运输时间和速度指标

1. 运输时间指标

载运工具时间指载运工具所处状况及其营运活动的时间消耗,涉及不同的时间概念。各时间概念的关系如图 13-1 所示。

> **营运时间**:指载运工具处于技术状况良好、可用于客货运输的工作时间,包括运行时间、停泊时间和其他工作时间。

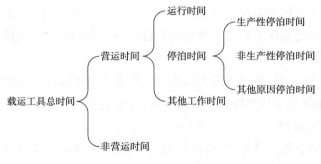

图 13-1 载运工具时间消耗

(1) 载运工具总时间

载运工具总时间是指运输企业在报告期内在册载运工具的累计时间。载运工具总时间包括营运时间和非营运时间。

运输时间指标

(2)营运时间

营运时间(也称完好时间)是指载运工具处于技术状况良好、可用于客货运输的工作时间,包括运行时间、停泊时间和其他工作时间。

(3)非营运时间

非营运时间(也称非完好时间)是指在载运工具总时间中由于技术状况不好,需要修理、正在修理和其他不能从事运输生产的时间。

(4)运行时间

运行时间是载运工具在途中行驶(或飞行)的时间。

(5)停泊时间

停泊时间是指载运工具在营运时间内由于装卸货物、上下旅客、解编或摘挂车(驳)、供应燃料(或水、物料等)及其他原因的停泊时间。主要分为生产性停泊时间、非生产性停泊时间、其他原因停泊时间。

(6)生产性停泊时间

生产性停泊时间是指载运工具在运输过程中为完成运输任务所必须停泊的时间,包括装卸作业、车船清洗与消毒及解编或摘挂车(驳)等作业时间。

例如铁路货物运输中,铁路货车的周转时间包括运行时间、中转作业时间和货物作业停留时间,其中的中转时间和货物作业停留时间属于生产性停泊时间。

(7)非生产性停泊时间

非生产性停泊时间是指非必要的停泊时间,包括等待装卸作业场地、等待装卸设备或工人、等待货物、等待机车(或拖船、推轮)、等候调度命令等停泊时间。

(8)其他原因停泊时间

其他原因停泊时间是指载运工具在生产活动中由于风、雨、雾、雪等气象原因及受潮汐影响或不能夜航等自然条件限制而发生的停泊时间。

(9)其他工作时间

其他工作时间是指载运工具临时从事国家短期征用或为救援遇难旅客、货物和载运工具等特殊任务的时间,或是处于扣押、查验的时间。

(10)完好率

完好率也称为营运率,指计算期内运输企业载运工具的总营运时间在总时间中所占的比重。总营运时间也叫营运车日,即计算期内运输企业所有载运工具营运时间(以日计算)的总和。完好率计算公式为:

$$完好率 = \frac{营运车日}{总车日} \times 100\% \tag{13-14}$$

完好率:计算期内运输企业载运工具的总营运时间在总时间中所占的比重。

(11)工作率

工作率是指计算期内运输企业载运工具的总运行时间在总时间中所占的比重。计算公式为:

$$\text{工作率} = \frac{\text{运行车日}}{\text{总车日}} \times 100\% \tag{13-15}$$

由于载运工具的运行时间要小于营运时间,因此载运工具的工作率要小于完好率。

工作率:计算期内运输企业载运工具的总运行时间在总时间中所占的比重。

2. 运输速度指标

运输速度指标主要有技术速度、旅行速度、平均车日行程三个指标。

(1)技术速度

技术速度是指运输车辆在运行时间内实际达到的平均行驶速度,单位是 km/h,计算公式为:

$$\text{技术速度} = \frac{\text{计算期总行程}}{\text{同期运行时间}} \tag{13-16}$$

同期运行时间指车辆在行驶状态下花费的总时间,不包括中途的停留、作业等时间。显然,技术速度越高,车辆的速度利用就越充分。在保证行车安全的前提下,一般来说,尽量提高技术速度,意味着在相同的运行时间内,可以行驶更多的里程,使旅客或货物移动更远的距离。

技术速度:指运输车辆在运行时间内实际达到的平均行驶速度。

(2)旅行速度

旅行速度又称为运营速度,是按行程时间计算的车辆平均行驶速度,也就是从车辆开始运行至到达目的地,全程平均每小时行驶的公里数。其单位是 km/h,计算公式为:

$$\text{旅行速度} = \frac{\text{计算期总行程}}{\text{同期行程时间}} \tag{13-17}$$

旅行速度:按行程时间计算的车辆平均行驶速度。

其中,同期行程时间为运行时间与停留时间之和,停留时间包括客车停站上下车时间或货车中转作业时间。

一般而言旅行速度总是小于技术速度。

(3)平均车日行程

平均车日行程是以车日为时间单位计算的综合性速度指标,它是统计期内全部运营车辆平均每个工作日内行驶的公里数。其单位为 km/车日,计算公式为:

$$\text{平均车日行程} = \frac{\text{计算期全部运营车辆总行程}}{\text{计算期工作车日总数}} \tag{13-18}$$

运输速度指标

13.2.3 载重和行程利用率指标

1. 载重利用指标

载运工具载重利用指标用来衡量载运工具在运营过程中吨位、客位的利用情况,即载运工具的装载能力利用情况。它包括载运工具出发时的负载指标,以及考虑了运行里程的能力利用程度。

（1）静载重

载运工具的静载重是指载运工具在静止状态下实际装载的货物吨数(t)。平均静载重是指运输企业所有载运工具在静止状态下平均每车装载的货物吨数(t)。计算公式为：

$$平均净载重 = \frac{实际装载货物吨数}{载运工具数量} \tag{13-19}$$

> **平均静载重**：指运输企业所有载运工具在静止状态下平均每车装载的货物吨数。

静载重指标与运输效率和成本直接有关。一般讲,提高载运工具的平均载重量,可以提高运输能力。在既定载运工具条件下,提高载运工具载重量利用程度的前提,是最大限度地利用载运工具的载重能力和载运工具最大的有效容积。

载运工具平均静载重的大小,直接影响到为完成一定运量所需要的载运工具数量,静载重提高时,完成一定运量所需载运工具数就可减少,或者能以同样多的载运工具数,完成更多的运量。

影响静载重的因素很多,其中主要是载运工具类型、货物性质、货物包装状态、装载方法、载运工具调配水平等。

（2）核定载重量

载运工具核定载重量(也称为核定吨位)是根据载运工具结构所能承担的负载能力,在保证运行安全的条件下所允许的最大装载量(t)。一般情况下,载运工具的静载重小于其核定载重量(当然非法超载运输情况除外)。平均核定载重量是指运输企业所有载运工具的核定载重量之和与载运工具数量的比值。计算公式为：

> **平均核定载重量**：指运输企业所有载运工具的核定载重量之和与载运工具数量的比值。

$$平均核定载重量 = \frac{核定载重量总和}{载运工具数量} \tag{13-20}$$

由于载运工具结构不同、尺寸有异,不同类型载运工具的比容也各不相同。所谓比容是指载运工具每一吨位核定载重量所分配到的容积(m^3/t)。货物种类繁多,能装足载运工具核定载重的不一定能装满容积,能充分利用容积的不一定能达到载运工具核定载重。载运工具的比容大小会影响到不同货物的配载。

(3)载重能力利用率

载运工具载重能力利用率(又称为吨位利用率)是载运工具静载重占其核定载重量的比例。它是检查核定吨位利用程度的一项重要指标。因为不同的载运工具有不同的核定吨位,因此载运工具静载重不能真正反映载运工具载重能力利用程度。当用大型载运工具装货时,静载重一般都会提高,反之就有可能下降。为了客观地反映装载工作量,载重能力利用率更能说明问题。

平均载重能力利用率是指运输企业所有载运工具的实际载重量之和与核定载重量之和的比值。计算公式为:

$$平均载重能力利用率 = \frac{实际装载货物总吨数}{核定载重量总和} \times 100\%$$

$$= \frac{平均净载重}{平均核定载重量} \times 100\% \quad (13\text{-}21)$$

平均载重能力利用率:指运输企业所有载运工具的实际载重量之和与核定载重量之和的比值。

(4)实载率

载运工具实载率是载运工具实际完成的货物周转量与总行程核定载重周转量的比值,用来说明载运工具在运行过程中的负载情况。实载率实质上是对运输设备全程负载能力利用的综合反映。其计算公式如下:

$$实载率 = \frac{货物周转量}{总行程核定载重周转量} \times 100\% \quad (13\text{-}22)$$

$$货物周转量 = 净载重 \times 有载运距 \quad (13\text{-}23)$$

$$总行程核定载重周转量 = 核定载重量 \times 总行程距离 \quad (13\text{-}24)$$

有载运距指的是货物从甲地运往乙地实际位移的距离,即载运工具装载货物所走行的距离,也称为运输距离。总行程距离指的是为完成将货物从甲地运往乙地的服务,载运工具实际走行的全部距离。其计算公式如下:

$$总行程距离 = 有载运距 + 无载运距 \quad (13\text{-}25)$$

可以看到,载运工具的总行程距离除了包括装载货物所走行的距离,还要包括未装载货物时为完成这次运输服务载运工具的空驶距离(也称为无载运距)。

平均实载率指运输企业完成的全部货物周转量与所有载运工具总行程核定载重周转量之和的比值。其计算公式如下:

$$平均实载率 = \frac{货物周转量总和}{总行程核定载重周转量总和} \times 100\% \quad (13\text{-}26)$$

平均实载率:指运输企业完成的全部货物周转量与所有载运工具总行程核定载重周转量之和的比值。

受货流流量、流向、种类、运行线路条件等因素的影响,货物运输的不对称是运输生产的一大特征,必然出现载运工具在各线路上的吨位利用情况的差异。提高实载率,一方面要提高载运工具的静载重,从而提高载

第13章 交通运输企业经济活动分析

重能力利用率,另一方面要减少载运工具的无载运距,提高行程利用率。

2. 行程利用指标

(1) 总行程、有载行程与无载行程

载运工具在完成一次运输服务并回到起始点所行驶的总里程称为总行程。有载行程是指在总行程中载有客、货的行驶里程,无载行程是指总行程中不载客、货的行驶里程。它们之间的关系为:

$$总行程 = 有载行程 + 无载行程 \tag{13-27}$$

载运工具无载行程又包括空驶行程和调度辅助行程:

$$无载行程 = 空驶行程 + 调度辅助行程 \tag{13-28}$$

空驶行程不是直接的生产行程,但它往往与生产活动密切联系,因为载运工具必定是往返运行的,有时在回程即使没有装载货物,也必须空驶返回原处,因此空驶行程是运输生产活动中一个必要的组成部分。载运工具的调度辅助行程是指载运工具进出场库的那部分行程,此外,还包括与完成运输生产无关作业的行程。例如,运输车辆往加油站加注燃料,或开往保修车间进行车辆保养和小修作业等。

(2) 行程利用率

行程利用率:指运输企业在计算期内载运工具有载行程的总和与总行程总和的比值。

为了表明载运工具在行程利用的程度,引入行程利用率指标。行程利用率指运输企业在计算期内载运工具有载行程的总和与总行程总和的比值,其计算公式为:

$$行程利用率 = \frac{有载行程总和}{总行程总和} \times 100\% \tag{13-29}$$

行程利用率是载运工具在行程利用方面的一个基本指标,在总行程一定的前提下,要提高行程利用率,必须增加有载运行的比重,载运工具只有在有载运行下才会进行有效生产。要提高载运工具生产率,降低成本,提高行程利用率是一个有效措施。

(3) 空驶率

空驶率是指运输企业载运工具空驶行程总和占总行驶里程的比例,即:

$$空驶率 = \frac{空驶行程总和}{总行程总和} \times 100\% \tag{13-30}$$

载运工具空驶是一种很大的浪费,它不仅没有产生运输工作量,相反却消耗了燃料和轮胎,增加了机械的磨损,从而致使运输成本上升。空驶距离越长,这种影响也就越严重。载运工具空驶是不可能完全避免的,影响空驶的因素很多,例如,货流的平衡性、载运工具与货物相适应的程度、港站布局等。

行程利用指标

在铁路运输中空驶率称为空率,含义为货车在一次周转中,空车运行距离(简称空周距)对重车运行距离(简称重周距)的比率,或每一重车公里平均要产生(或分摊)的空车公里数,即:

$$空率 = \frac{空车运行距离}{重车运行距离} \times 100\% \qquad (13-31)$$

13.2.4 运输质量和安全性指标

运输服务的质量和安全是满足社会需要的必要前提。运输质量是用户对运输客货位移服务的满意程度。顾客购买运输服务首先关注的是能否达到他们满意的服务标准,服务质量越好,越能稳定长期顾客和挖掘潜在顾客。

运输质量统计是交通运输统计的重要内容之一,可以反映运输服务中存在的问题,为提高运输服务水平,加强企业管理提供依据。运输安全统计是对运输服务过程中的行车事故情况进行统计,用以反映运输服务的安全状况,为加强安全管理和监督提供依据。

1. 运输质量特性

(1) 安全性

运输的安全性包括运输过程中车辆运行安全以及运输对象的安全。安全性是评价运输质量的首要因素,坚持安全运输是确保运输质量最基本也是最起码的要求。

(2) 及时性

及时性是运输质量的时间特性。它是指迅速、准时地满足客货运输时间需求的特性。及时性直接影响客货的时间价值。随着社会经济的发展和人民生活质量的提高,及时性显得尤为重要。

(3) 方便性

方便性是指尽可能便利客货运输需求的特性。它的基本要求是做到招之即来,来则能运,运则能达。运输企业应尽最大可能实现运输对象的门到门服务。

(4) 服务性。服务性要求运输企业在生产经营活动中,能够满足客货运输的个性化需求,是企业各方面工作的综合体现。

脱班:指营运班车未按照预定的班次、班期开行。

2. 运输质量指标

(1) 脱班率

脱班率是指报告期内班车脱班班次占总班次的比率。计算公式:

$$脱班率 = \frac{脱班班次数}{总班次数} \times 100\% \qquad (13-32)$$

运输质量与安全指标

脱班是指营运班车未按照预定的班次、班期开行,总班次是指计算期内应发送的班次总数。

(2)误点率

误点率也称晚点率,是指报告期内误点班次占总班次的比率。计算公式:

$$误点率 = \frac{误点班次数}{总班次数} \times 100\% \quad (13-33)$$

> **误点**:指班车在允许的延误时间外,迟于班次时刻表规定的时间发车、运行、停靠、到达。

误点(晚点)是指班车在允许的延误时间外,迟于班次时刻表规定的时间发车、运行、停靠、到达。

(3)货差率

货差率是指报告期内发生的货差实际数量与货运量的比率。计算公式:

$$货差率 = \frac{货差数量}{货运量} \times 100\% \quad (13-34)$$

> **货差**:指货物在运输、装卸、保管过程中出现的票货不符、数量溢缺等差错。

货差是指货物在运输、装卸、保管过程中出现的票货不符、数量溢缺等差错。货差主要是由于错装、错卸、漏装、漏卸、错转、错交等原因造成的。为减少货差,应加强装卸质量、业务工作质量和交接环节的管理工作。

(4)货损率

货损率是指报告期内发生的货损数量与货运量的比率。计算公式:

$$货损率 = \frac{货损数量}{货运量} \times 100\% \quad (13-35)$$

> **货损**:指货物在运输、装卸、保管过程中发生的质量上的损坏。

货损是指货物在运输、装卸、保管过程中发生的质量上的损坏。货损包括违纪进行装卸作业,发生交通事故等原因造成的货物碰坏、摔坏、残损、污染、变质、变形,以及由于挥发、撒失、流失等原因所造成的超过自然减量的货物损耗。

3. 运输安全指标

(1)货运赔偿率

货运赔偿率是指报告期内货运事故赔偿金额与货运营业收入总金额的比率。计算公式:

$$货运赔偿率 = \frac{货运事故赔偿金额}{货运营业收入总金额} \times 100\% \quad (13-36)$$

> **货运事故**:指承运责任期内,由于承运人责任所造成的货物灭失、短少、变质、污染、损坏和运输延误等。

货运事故是指承运责任期内,由于承运人责任所造成的货物灭失、短少、变质、污染、损坏和运输延误等。货运事故赔偿金额是将货运事故折合成货币价值计算的损失。

货运事故一般按货物损失金额大小分为小事故、一般事故、大事故、重大事故四类：

①货运小事故。货物损失金额在 200~1500 元(含 1500)的事故。

②货运一般事故。货物损失金额在 1500~5000 元(含 5000)的事故。

③货运大事故。货物损失金额在 5000~10000 元(含 10000)的事故。

④货运重大事故。货物损失金额在 10000 元以上的事故。

(2)行车事故率

行车事故率是指报告期内所发生的行车事故次数与总行程的比率。计算单位：次/(百万车·km)。计算公式为：

$$行车事故率 = \frac{行车事故次数}{总行程} \qquad (13-37)$$

行车事故是指企业营运车辆在运行或停放过程中，因发生碰撞、碾压、翻车、失火、坠落等事态而造成的人员伤亡、车辆损坏的事故。行车事故一般按人员伤亡数量可分为以下四种：

①客运轻微事故。一次造成轻伤 1~2 人的事故。

②客运一般事故。一次造成重伤 1~2 人，或者轻伤 3 人以上的事故。

③客运重大事故。一次造成死亡 1~2 人，或者重伤 3~10 人的事故。

④客运特大事故。一次造成死亡 3 人以上，或者重伤 11 人以上，或者死亡 1 人同时重伤 8 人以上，或者死亡 2 人同时重伤 5 人以上的事故。

轻伤是指因事故造成人员的受伤程度达到人体轻伤鉴定标准的有关规定。重伤是指因事故造成人员的受伤程度达到人体重伤鉴定标准的有关规定。事故死亡是指因事故造成人员在事故发生后 7 日内死亡。

行车事故：指企业营运车辆在运行或停放过程中，因发生碰撞、碾压、翻车、失火、坠落等事态而造成的人员伤亡、车辆损坏的事故。

(3)行车事故伤人率

行车事故伤人率是指报告期内行车事故受伤人数与总行程的比率。计算单位：人/(百万车·km)。计算公式为：

$$行车事故伤人率 = \frac{行车事故受伤人数}{总行程} \qquad (13-38)$$

(4)行车事故死亡率

行车事故死亡率是指报告期内行车事故死亡人数与总行程的比率。计算单位：人/(百万车·km)。计算公式为：

$$行车事故死亡率 = \frac{行车事故死亡人数}{总行程} \qquad (13-39)$$

13.3　运输企业经济效益分析

13.3.1　经济效益的内涵

1. 经济效益概念

经济效益是指人们在经济活动中投入与产出的比较。产出大于投入就称为有效益,否则称为无效益。

经济效益是一个相对概念。投入指各种生产要素(劳动手段、劳动对象和劳动力)的投入,分为劳动消耗和劳动占用两个方面;产出指劳动成果,即产品产量或产出价值。经济效益的内容就是劳动消耗与劳动占用同劳动成果之间的比较关系。通过比较,就可以评价经济效益的好坏,计算公式为:

$$经济效益 = \frac{产出}{投入} = \frac{所得}{所费} = \frac{劳动成果}{劳动消耗 + 劳动占用} \tag{13-40}$$

经济效益:指人们在经济活动中投入与产出的比较。产出大于投入称为有效益,否则称为无效益。

这种比较,既可以用实物形式表示,也可以用价值形式表示。用实物形式表示,比较直观,但无法汇总;用价值形式表示,便于汇总,可以综合比较。如果提供同样数量和质量的产品或劳务所占用或消耗的劳动少,经济效益就好;反之,经济效益就差。从另一方面说,如果占用和消耗劳动一样,劳动成果多、质量好,经济效益就好;反之,经济效益就差。

2. 投入

经济效益中的投入包括劳动消耗和劳动占用两个方面。

(1)劳动消耗

劳动消耗是按照劳动时间来衡量的。具体地说,活劳动消耗是指劳动力的消耗;物化劳动消耗表现在劳动手段和劳动对象的消耗,即机器设备的磨损和原料、材料、燃料的消耗。在价值形式上,活劳动消耗属于补偿劳动力消耗而支出的各种工资费用,物化劳动消耗属于机器设备的折旧费用和原料、材料、燃料的消耗费用。

(2)劳动占用

劳动占用主要指物质资料生产中占用的全部劳动手段和劳动对象,即占用的机械设备和原料、材料、燃料,表现在价值上则为占用的固定资金和流动资金。

3. 产出

产出指劳动成果,即产品产量或产出价值,是人们经济活动的直接结

运输企业经济
效益核算

果及生产的使用价值总量,体现了人们生产实践活动的目的。由于不同种类的产品无法相加,经济效益通常用价值形式表示,如总产值、净产值和生产产品价值(即税金、利润)。

4. 经济效益的衡量

经济效益是经济效果、经济效用和经济效率三者的结合。经济效果是经济活动的产出,代表经济活动的直接结果;经济效用指经济活动提供的使用价值,要求产出的劳动成果必须符合社会需要;经济效率是指各种资源的利用效能,强调单位时间内的产出或单位资源的利用效率。在人们的经济活动中,如果只有经济效果和经济效用,没有经济效率,只能说明经济活动有了较多、较好的成果,还不能体现投入和产出的全部对比关系,必须同时提高经济效率,才能完全体现经济效益。

把劳动消耗和劳动占用同劳动成果进行比较,才能体现经济效益。其中劳动消耗同劳动成果的比较指标有:成本利税率、产值利税率、销售收入利润率、材料利用率、单位产品成本等;劳动占用同劳动成果的比较指标有:劳动生产率、资金利税率、流动资金周转率、固定资产产出率等。经济效益的内容如图13-2所示。

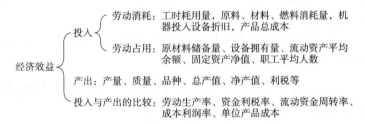

图13-2 企业经济效益内容

运输企业的经济效益与其他行业相比有所不同,主要表现在:

①运输业的性质决定了运输企业的经营受国家管制较多,不是完全由市场决定的。

②运输企业的运价不一定完全由成本或供求关系确定,而是较多地受到国家的一些管制政策、优惠政策、补贴政策等综合因素的影响。即使是市场化程度较高的国家,运价仍在一定程度上受到限制。

③运输基础设施大部分是由国家投资的,或是国家给予某些优惠政策而建设的,因此在投资回收(折旧)上受国家政策限制,而经济效益的计算又与投资回收策略有关。

13.3.2 经济效益核算

运输企业的经济效益核算就是通过分析运输成本、运输价格、运输收入、运输工作量间的相互关系,在制定合理价格的基础上,通过降低成本、增加运量(增加运输收入)来提高企业的经济效益。

1. 运输企业进款

运输企业进款是指运输企业在办理客货运输业务中,按市场费率(包括国家规定的费率)向旅客、托运人或收货人等核收的票款、运费、杂费以及其他与客货运输有关的费用的总称。

由于交通运输的网络特性,一次完整的客货运输服务可能涉及中转、换乘,不一定是由一家企业完成的。因此运输企业的进款不一定完全是运输企业的收入,还包括专项进款、代收款。

专项进款主要是指运输进款中按照国家的有关政策规定收取的、有特定用途的款项。比如铁路建设基金、机场建设费、保价运输费等。

代收款是指需要清算给其他参与运输服务的企业的款项。

2. 运输企业收入

运输企业收入是运输企业可以支配的运输进款,是从运输进款中扣除需要清算给其他企业的费用、上缴给政府或专项专用的费用等以外的剩余部分。主要包括运输运营收入和销售收入。

(1) 运输运营收入

运输企业的运营收入按其经营的业务不同分为运输收入、装卸收入、港站服务收入和其他业务收入四类。

① 运输收入是运输企业经营旅客、货物和其他(行李、包裹、邮件等)运输业务取得的营业收入。

② 装卸收入是运输企业经营装卸业务所取得的营业收入,包括装卸、联运换装、倒装及出租装卸机械的租金等。

③ 港站服务收入是运输港站为顾客提供各种服务所取得的收入,如客运站台票、送票费,货运的堆场及仓库和码头使用费(堆存费)、餐饮服务费等收入。

④ 其他业务收入种类较多,主要是运输延伸服务所得收入,如运输代理手续费、保险代理手续费、载运设备延期使用费及其清扫洗刷费等收入。

不同的运输方式由于基础设施的归属不同,运输收入的计算也有所不同。铁路运输、管道运输收入中包括了有关基础设施与设备的收入;对于公路运输、水路运输和航空运输,由于基础设施与运输经营是分开的,运输企业只经营运输生产的活动设备,不经营基础设施,所以在计算收入时不包括基础设施使用收入,或只是代收此项费用,而港口、机场等主要是基础设施使用收入。

运输企业进款：指运输企业在办理客货运输业务中,按市场费率(或国家规定的费率)向旅客、托运人或收货人等核收的票款、运费、杂费以及其他与客货运输有关费用的总称。

运输企业收入：运输企业可以支配的运输进款,是从运输进款中扣除需要清算给其他企业的费用、上缴给政府或专项专用的费用等以外的剩余部分。

(2) 销售收入

运输企业的销售收入是指企业出售燃料和材料及自制配件的收入、广告收入、载运设备维修收入、技术转让收入等。

3. 运输企业利润

利润是指企业在一定期间的经营成果。利润既有通过生产经营活动获得的,也有通过投资活动获得的,还包括与生产经营活动无直接关系的事项所引起的盈亏。

运输企业的利润包括总利润和净利润。总利润是运输企业的收入减去成本支出和营业税金及附加后的余额。净利润是总利润减去所得税后的余额。

> 运输企业利润:指企业在一定期间的经营成果,包括总利润和净利润。总利润是运输企业的收入减去成本支出和营业税金及附加后的余额。净利润是总利润减去所得税后的余额。

4. 经济效益指标体系

经济效益本身是一个质和量相结合的概念,经济效益的好坏,必须有一个尺度来衡量,这个尺度通常就是经济指标。运输企业的经济效益指标体系可以由以下几项来组成。

(1) 全员劳动生产率

全员劳动生产率反映在一定时期内,平均每个企业员工生产出来的有用产品(或业务量)的数量。运输企业计算全员劳动生产率的公式如下:

$$全员劳动生产率 = \frac{运输总量(总收入)}{全部职工人数} \quad (13\text{-}41)$$

(2) 资金利税率

资金利税率综合反映企业固定资产和流动资金运用的效果。企业资金利税率是指企业实现利润和税金同全部资金(包括固定资金年平均净值和流动资金年平均占用余额)的比率。

$$资金利税率 = \frac{实现利润 + 应缴税金}{年平均固定资产净值 + 年平均流动资金占用额} \times 100\%$$

$$(13\text{-}42)$$

其中:

$$年平均固定资产净值 = \frac{固定资产年初净值 + 年末净值}{2} \quad (13\text{-}43)$$

$$年平均流动资金占用额 = \frac{流动资金年初余额 + 年末余额}{2}$$

$$(13\text{-}44)$$

(3) 费用水平

费用水平是指运输企业每创造一元收入,需要支出多少成本的水平。

计算公式如下：

$$费用水平 = \frac{业务总支出}{业务总收入} \times 100\% \qquad (13-45)$$

业务总支出是指运输企业为完成某种业务量的全部开支，包括职工工资、材料费、燃料费、固定资产折旧费及管理费、财务费等。业务总收入是指运输企业的全部收入，包括客货运输收入，集装箱运输收入，企业自备运输工具从事长途运输、短途接取送达业务的运费收入及多种经营收入等。该指标越小，经济效益越好。增加总收入，减少总支出，是降低费用水平的根本途径。

(4) 单位业务量的营业支出

单位业务量的营业支出是指企业在一定时期内，为了完成一定业务量所支出的全部生产费用。原材料消耗的多少，劳动生产率的高低，费用开支的大小，甚至资金使用有无浪费，都直接或间接地从成本上反映出来。

$$单位业务量营业支出 = \frac{业务支出总额}{业务总量} \qquad (13-46)$$

业务总量代表了运输企业的劳动成果，业务支出总额是劳动消耗和劳动占用的货币表现，该计算式是经济效益计算式的倒数。在劳动消耗和劳动占用不变的情况下，劳动成果增多，经济效益就好；反之，经济效益就差。而单位业务量的营业支出，也具有投入和产出相互比较的意义，总支出是投入，总业务量是产出，在总支出不变的情况下，业务量增加，单位业务量支出就低，经济效益就好；反之，单位业务量支出升高，经济效益就差。

(5) 成本费用利润率

成本费用利润率是利润额与成本费用的比值。这里的利润是指缴纳了所得税后的净利润；成本费用是指运输企业的全部生产费用，包括完成业务量的直接材料、直接人工、间接费用、管理费用和财务费用。这一指标反映企业所得与所耗的比率。利润高，成本费用低，指标值便高，企业经济效益就好；反之则差。指标的公式为：

$$成本费用利润率 = \frac{净利润额}{成本费用总额} \times 100\% \qquad (13-47)$$

13.3.3 能源消耗统计

1. 能源对交通运输企业的约束

能源是指可以提供能量的资源。交通运输的能源则是指为交通运输业提供能量的资源。如果交通运输业没有了能源,一切的交通方式都将陷入瘫痪状态。正是由于能源的提供,才使得交通运输业体现出了蓬勃的生机。因此,能源对于交通运输业来说,就如同淡水对于人类的生活一样,一刻也不可少。

交通运输业是发达国家主要的能源消费行业之一,平均约占总能源消耗的30%。发达国家用于交通运输的人均能源消耗远远高于发展中国家。发达国家人均拥有机动车的数量远远大于发展中国家。近20年来,发达国家致力于提高汽车的能源消耗效率以及用少污染或不污染的清洁燃料来代替矿物燃料,靠电力、液化天然气、酒精、太阳能等新能源驱动的汽车在整个汽车行业中的比例越来越大。尽管各个国家正在加速开发新的可再生的能源。但是,不可再生的资源(尤其是石油)仍然将在长期内为交通运输业发展提供最主要的能源供应。能源供应跟不上交通运输业的发展趋势以至在少数国家造成国内的能源衰竭,是当前面临的重要问题。

交通运输系统在运输生产过程中会对环境产生巨大的影响。目前交通运输这种流动源的排放污染问题日益突出,推广使用清洁能源,减少运输活动产生的二氧化碳和大气污染物,降低交通噪声污染;控制或减少散堆装货物在装卸和运输过程的飞扬、扩散;发展无公害、可降解的包装材料,妥善处理旅客在旅行过程中产生的各种废弃物,实行清洁运输,是可持续运输体系的重要标志。

2. 能源消耗基本统计指标

能源是运输车辆运行的动力来源,也是车辆运行中主要的物质消耗。对运输活动中能源消耗情况进行统计,对于加强运输管理、提高运输环保意识和节能降耗具有重要意义。

统计范围:凡载运工具的能源消耗均纳入统计。一般分为运输生产和运输辅助生产能源消耗。

运输生产能源消耗是指运输车辆进行运输生产时对能源的消耗。运输辅助生产能源消耗是指与运输生产密切相关的辅助行业,如运输场站、车辆维修检测和设施养护等生产活动对能源的消耗。

(1)百车公里燃油消耗量

百车公里燃油消耗量是指报告期内道路运输车辆每行驶百公里的平均燃油消耗数量。计算单位:L/(百车·km),计算公式:

$$百车公里燃油消耗 = \frac{燃油总消耗量}{车辆数 \times 车辆平均行驶里程} \quad (13-48)$$

根据车型的不同,燃油可以是汽油或柴油。

运输生产能源消耗:指运输车辆进行运输生产时对能源的消耗。

运输辅助生产能源消耗:指与运输生产密切相关的辅助行业,如运输场站、车辆维修检测和设施养护等生产活动对能源的消耗。

百车公里燃油消耗量指标主要反映运输企业车辆的质量和驾驶员的技术水平。影响燃油消耗的因素很多，如道路状况、气候条件、驾驶员的技术水平、车辆的技术状况等，而技术状况又与车辆的使用、保养、修理的质量有关。因此，百车公里燃油消耗量指标着重反映车辆的技术管理工作的质量，在分厂牌型号计算的情况下还可以反映各类车的技术性能。

(2) 百吨公里燃油消耗量

百吨公里燃油消耗量是指报告期内道路运输车辆每完成百吨公里换算周转量的平均燃油消耗数量。计算单位：L/(百 t·km)。计算公式：

$$百吨公里燃油消耗 = \frac{燃油总消耗量}{总换算周转量} \tag{13-49}$$

百吨公里燃油消耗水平，除受到前述因素影响外，还受里程利用率、吨位利用率与拖运率等指标影响，能综合反映道路运输企业的燃料消耗水平和经济效益。

百车公里燃油消耗量指标着重反映车辆技术状况、吨位大小、道路情况及气候条件等客观因素的影响，适宜于对单车进行考核。但这一指标没有反映运输企业经营管理方面的情况，而百吨公里燃油消耗量指标却综合了里程利用率、吨位利用率和拖运率及车吨产量等因素的影响，能确切地反映企业经营管理水平。它们之间的关系可用下面的公式表示：

$$百吨公里燃油消耗 = \frac{百车公里燃油消耗量 \times (1 - 拖运率)}{行程利用率 \times 平均吨位 \times 吨位利用率} \tag{13-50}$$

为了充分发挥车辆牵引能力，在组织汽车运输生产过程中，常用主车拖带挂车，以提高车辆的使用效率，降低运输消耗。拖运率是指报告期内挂车完成的换算周转量占自载及拖载总换算周转量的比重，用以反映拖载运输水平。计算公式：

$$拖运率 = \frac{拖载换算周转量}{自载及拖载总换算周转量} \tag{13-51}$$

行程利用率是指报告期内载运工具有载行程占总行程的比重，吨位利用率是载运工具静载重占其核定载重量的比例。平均吨位是指报告期内车辆核定吨位的平均值。

(3) 机车万吨公里能源消耗量

对于铁路运输，能源消耗的一项重要指标是机车万吨公里能源消耗量。机车万吨公里能源消耗量是指单位机车牵引总重吨公里(一般用万吨公里表示)所消耗的能源数量。由于铁路机车主要为内燃机车和电力机车，相应的能源品类是柴油和电力：

$$内燃机车每万吨公里耗油量 = \frac{燃油消耗总量}{内燃机车牵引总重吨公里}$$
(13-52)

内燃机车万吨公里耗油量的单位是 kg/(万 t·km)。

$$电力机车每万吨公里耗电量 = \frac{电力消耗总量}{电力机车牵引总重吨公里}$$
(13-53)

电力机车万吨公里耗电量的单位是 kW·h/(万 t·km)。

3. 可持续发展和环境约束

可持续发展(Sustainable Development)是指既满足当代人的需要又不对后代人满足其需求的能力构成危害,既满足特定区域的需要又不对其他区域满足其需求的能力构成危害和削弱的发展方式。作为一种发展模式,可持续发展在时间尺度和空间尺度上都有一定的限定。

可持续发展对于运输业而言是在与环境协调的前提下考虑运输业发展。交通运输可持续发展需要遵循以下原则:

①环境承载力原则。环境承载力是指环境所能承受的人类活动作用的限值。交通运输可持续发展必须遵守"其污染物的排放不得超过环境的吸收能力"的原则。

②资源消耗速率原则。自然资源可以分为可再生资源和不可再生资源。对于可再生的自然资源使用速度应维持在其再生速率限度之内;对于不可再生的资源,其使用耗竭速率不应超过寻求作为代用品的可再生资源的速率。这个原则要求运输部门必须提高资源利用效率,节约能源,采用先进技术,避免能源危机。

③公平性原则。运输活动的使用者通过运输而获益,但没有承担环境费用;相反,非运输用户却遭受着环境质量下降引起的损害,这是很不公平的。从代际关系上来看,当代人消耗大量运输活动以促进经济发展,却将严重的环境损害后果留给后代人承担,这也是不公平的。

④价值性原则。交通运输可持续发展必须遵循"环境成本是真实的经济成本"的原则,将环境成本纳入运输成本,分担到用户身上。

⑤协调性原则。交通运输可持续发展的目标仅仅依靠运输政策是难以实现的,必须与其他政策(如科技政策、财政金融政策、土地利用政策、环境政策)相结合,协调作用,才能收到良好的效果。

交通运输的发展引起了诸多环境问题。判断交通与环境之间是否协调,主要通过交通发展模式下的环境质量来衡量。一般将环境承载力这一概念作为判断交通运输活动与环境之间协调程度的基础。

可持续发展:指既满足当代人的需要又不对后代人满足其需求的能力构成危害,既满足特定区域的需要又不对其他区域满足其需求的能力构成危害和削弱的发展方式。

环境承载力：在某一时期、某种状态或条件下，某地区的环境所能承受的人类活动作用的限值。

环境承载力（Environment Bearing Capacity）一词来源于生态学，其定义可以表述为：在某一时期、某种状态或条件下，某地区的环境所能承受的人类活动作用的限值。所谓"能承受"是指不影响环境系统正常功能的发挥。由于它所承受的是人类社会发展（主要指经济发展）在规模、速度的限值，因而其大小可用人类活动的规模、速度等量值来表现。

环境承载力说明在一定的条件下环境对人类社会经济活动的支持能力是有限度的，应根据环境资源有限的承载力来确定人类社会经济活动的发展规模、速度。交通系统在衡量其自身发展与环境系统之间的协调程度时，也可用环境承载力作为判断的依据。因为这样做不仅能够描述交通系统给环境带来的影响，而且对交通发展的规模和速度也具有一定的指导意义，能在一定程度上规范交通发展行为，引导交通运输系统走可持续发展之路。

总结与提要

关键概念：企业劳动生产率，客货运量，客货周转量，换算周转量，运输密度，技术速度，旅行速度，完好率，平均载重能力利用率，平均实载率，行程利用率，脱班率，误点率，经济效益，运输企业进款，运输企业收入，可持续发展。

重点掌握：人力资源管理内容，劳动工资的形式与构成，运输能力和运输量指标，运输时间和速度指标，载重和行程利用率指标，运输质量和安全指标。

一般理解：经济效益计算指标，能源消耗基本统计指标，环境承载力。

案例与阅读

13-1 泛美航空公司的终结

1991年12月4日，世界著名的泛美航空公司寿终正寝。这家公司自1927年投入飞行以来，曾数十年保持了国际航空巨子的骄人业绩，泛美（Pan Am）也被人们认为是世界上最广为人知的企业标志。但是对于了解内情的人来说，这个商业巨人的死亡算不上是什么令人吃惊的新闻。1980—1991年泛美公司年年亏损，总额累计接近20亿美元。是什么因素使这家公司能得以苟延残喘，连续亏损经营长达12年之久？

从经济学角度看，这是以市场供求曲线为基础的企业进出市场规则作用的结果。可变成本是随生产规模变化而变化的成本,只要企业能够以一个高于其平均可变成本并被顾客所接受的价格提供产品,那么即使这一价格实际上导致了该企业亏损,这种经营在一定时期之内还是有经济意义的。

当然企业要想在亏损情况下继续经营,往往必须通过出售其原有资产来维持。泛美公司在几十年的经营中积累了巨大的资产财富,足够它出售好一段时间。从20世纪80年代初起,这家公司先后卖掉了不少大型资产,包括以4亿美元出售泛美大厦,国际饭店子公司卖了5亿美元,还把位于日本东京的房地产转手。在整个20世纪80年代,尽管泛美公司仍然坚持飞行,但已经逐步撤出国际航空市场,它向联合航空公司出售了太平洋和大西洋航线,把其他一些重要航线转让给三角洲航空公司,自己则缩减成一家以迈阿密为基地的小型航空企业。但这还是未能挽救公司的命运。

市场经济是否应该加速企业退出市场,在这一问题上有不同意见。从泛美公司的例子看,企业在较长时间内退出,员工们可以晚一些经历裁员的痛苦;而公司股票持有者的利益大多在公司经年积累的家当上,当然不会愿意以出售资产维持经营,但仍对变卖家产渡过难关抱有希望。如果他们了解公司必然倒闭的结局,就可能会迫使它早些关门以便尽可能多地收回资产的残值了。

(摘编自:斯蒂格利茨.经济学的小品和案例[M].北京:中国人民大学出版社,1998:61-62)

13-2 高档餐厅侍者与助理厨师的工资

在高档餐厅,一名侍者一个晚上光小费都能挣好几百块,而同一餐厅的助理厨师却只挣得到几十块。对餐厅的成功而言,两份工作都很重要,但大多数人想必都认同,成为一名优秀助理厨师所需要的经验、天赋和训练,比做一名好侍者要多得多。那为什么侍者的收入反而要高得多呢?

除了必要的技能,特定工作的收入还取决于其他很多因素。不少需要熟练技能的工作,工资相对较低,是因为它们是迈入心仪工作的垫脚石。助理厨师的职位属于此列,侍者却不是。具备熟练技能的人愿意接受较低薪资,从事助理厨师的工作,是因为这个职位为晋身主厨提供了必要的训练和经验。而主厨,是一个受人尊敬且收入优厚的职业。反之,侍者却是一个终极岗位。不少侍者再也无法步入收入更高的岗位,即便有人做到了这一点,他们的成功也跟过去当过侍者没什么关系。

(摘编自:罗伯特·弗兰克.牛奶可乐经济学[M].北京:中国人民大学出版社,2008:60-61)

作业与思考

1. 简述人力资源的概念和特征。
2. 人力资源管理主要包括哪些内容?

3. 如何制定劳动定额？劳动工资的形式有哪些？

4. 如何计算劳动生产率？不同劳动生产率有什么区别？

5. 影响劳动生产率的因素主要有哪些？

6. 解释以下概念：货运量、客运量、货运周转量、客运周转量、换算周转量。

7. 运输密度如何计算？这一指标有什么意义？

8. 完好率和工作率有什么区别？

9. 技术速度与旅行速度有何区别？

10. 平均载重能力利用率和平均实载率有何区别？

11. 行程利用率和空驶率有什么关系？

12. 解释以下概念：脱班、误点、货损、货差。

13. 为什么要进行运输企业进款的清算？

14. 对运输企业经济效益的核算包括哪些内容？

15. 简述交通运输企业可持续发展的概念。怎样实现可持续发展？

附录 本课程教学安排建议

交通运输经济学是交通运输类专业本科生的重要基础课程。教师通过课堂讲授和专题研讨相结合的方式进行教学。要贯彻理论联系实际的原则,在讲授交通运输经济学基本概念、基础知识和基本理论的基础上,着重培养学生分析和解决交通运输经济活动实际问题的能力。

(1) 思想教育与科学精神的融合。一方面注重价值观教育,培养学生探索未知、追求真理的责任感和使命感;另一方面加强科学思维训练,引导学生深入社会实践、关注现实问题,了解相关国家战略与经济政策。

(2) 交通运输经济学理论知识的掌握。了解经济学的发展历程,理解课程基本概念和原理,掌握交通运输需求理论(交通运输需求基础、旅客与货物运输需求、城市交通出行需求)、交通运输供给理论(交通运输供给基础、交通运输基础设施与载运工具供给、城市公共交通供给)、交通运输市场理论(交通运输市场、交通运输外部性与政府作用、交通运输成本与价格)、交通运输企业经济分析理论(交通运输项目投资评价、交通运输固定资产折旧与设备更新、交通运输企业经济活动分析)。

(3) 独立思考与分析问题能力的培养。通过研讨型教学提高学生独立分析、解决实际问题的能力,引导学生学会运用经济学的逻辑,准确分析和归纳资料,清晰表达观点,同时在分组研讨中培养学生的团队合作精神。

课堂讲授,要注重学生对课程内容的总体把握,注重对基本概念、基本原理的准确理解,使学生能够触类旁通,运用基本概念、基本原理去分析问题;引导学生对各章末的"案例与阅读"进行延伸学习;通过布置学生课后完成"作业与思考"中的相关题目,巩固课堂知识的掌握。

专题研讨,在于加深对所讲知识的理解,增加分析、解决实际问题的能力。教师可以参考各章末的"问题与研讨"主题和素材,也可根据现实需要自行拟定研讨内容。学生以研讨小组(建议每组 2~4 人)为单位,工作过程包括查找资料、概念介绍、原理说明、观点总结,以及必要的数据处理、画图制表、计算分析等,撰写研讨主题论文,并制作 PPT 进行主题演讲,课堂同学进行提问、质疑、答辩以及讨论。要求依据交通运输经济学原理和方法,分析解释运输经济生活真实现象,力求理解准确和表达清晰,从而体现本课程学习心得;"概念总结"+"原理解释"+"逻辑分析"是研究讨论的基本要求;要善于从现象描述中总结抽象出经济学概念,用经济学原理来解释案例描述的事实,要学会通过逻辑分析推导出自己的观点和结论。

本课程的学习,建议以48学时(32学时课堂讲授、16学时专题研讨)为宜。当然,也可以对课堂讲授和专题研讨的内容作适当调整,按照32学时或64学时安排教学,本课程教学日历示意见附表1。

交通运输经济学教学日历 附表1

课堂	知识单元	知识点及教学要求	学时
1	绪论	了解经济学的产生与发展历史,以及不同的经济学流派与经济学代表人物。	2
		掌握经济学的研究内容以及不同经济体制的特征与区别,理解实证分析和规范分析的区别,理解经济学的逻辑基础。	
		理解交通与运输概念的异同,掌握交通运输的含义。	
		理解交通运输的产业属性,交通运输经济学研究重点。	
2	交通运输需求基础(1)	掌握需求的概念与表示方法,需求与需求数量的区别,需求法则的意义。	2
		掌握正常商品、劣等商品、必需品、奢侈品、替代品、互补品等基本概念。	
		掌握需求和需求数量的变化的区别,掌握需求变化的影响因素。	
		掌握需求价格弹性、需求收入弹性、需求交叉弹性的概念、计算方法,掌握需求弹性的影响因素。	
3	交通运输需求基础(2)	理解个人选择与消费者行为,掌握效用、边际效用的概念,边际效用递减规律,理解消费者剩余概念。	2
		掌握消费者均衡概念,理解预算约束线和无差异曲线的分析方法,了解价格变化及收入变化对消费者均衡的影响。	
		理解交通运输需求的概念,了解交通运输需求的产生原理。	
		掌握交通运输需求的特征。	
4	专题研讨1		2
5	旅客与货物运输需求	掌握旅客运输需求概念,以及影响旅客运输需求变化的因素。	2
		掌握客运广义费用的概念及费用构成,以及客运相关需求弹性的概念及影响因素分析。	
		掌握货物运输需求概念,以及影响货物运输需求变化的因素。	
		掌握货运广义费用的概念及费用构成,以及货运相关需求弹性的概念及影响因素分析。了解经济区位与运输因素的关系。	
6	城市交通出行需求	掌握城市交通出行的相关概念与方式分类,交通出行需求,交通出行广义费用。	2
		掌握交通出行的互补与替代,出行选择决策过程及影响因素。	
		理解城市交通结构。	
		理解交通需求管理的概念、目的、方法。	
7	专题研讨2		2

续上表

课堂	知识单元	知识点及教学要求	学时
8	交通运输供给基础(1)	掌握供给的含义与表示,供给与供给数量的区别,供给法则的意义。	2
		掌握影响供给变化的因素,掌握供给价格弹性的概念、类型与影响因素。	
		理解厂商生产活动分析,掌握生产要素概念,了解生产函数,了解经济学中短期与长期的区别。	
		理解短期生产分析,理解生产者均衡概念,掌握等产量线与等成本线的分析方法。	
9	交通运输供给基础(2)	掌握规模经济与范围经济的概念。	2
		掌握物品消费的排他性和竞争性概念,掌握私人物品、公共物品、俱乐部物品,公共资源概念,理解公共物品的特征,了解交通运输的公共性分析。	
		掌握交通运输供给概念、表示,交通运输供给弹性及影响因素。	
		掌握交通运输供给特点。	
10	专题研讨3		2
11	交通运输基础设施与载运工具供给	掌握交通基础设施的概念、特性,了解交通运输基础设施的构成。	2
		理解交通运输基础设施形成的规划机制。了解规划的本质与特征,理解交通运输规划制度。	
		理解交通运输基础设施特许经营模式。掌握PPP模式、BOT模式、TOT模式的基本形式与特征。	
		了解载运工具的分类和特性,了解载运工具的大型化趋势,理解载运工具经济装载量的确定和影响因素,掌握载运工具使用寿命概念。	
12	城市公共交通供给	掌握城市公共交通构成,公共交通特征。	2
		了解城市发展与公共交通的关系,了解道路公共交通、城市轨道交通的方式特点和构成。	
		掌握巡游出租车的服务特性以及政府管制方式,掌握网络预约出租车的服务特性,以及与巡游出租车的不同管制方式。	
		理解城市公共交通发展策略,理解公交企业运营模式	
13	专题研讨4		2
14	交通运输市场(1)	掌握市场的含义、界定与形式。了解蛛网模型,掌握市场均衡的概念,以及供需变化对市场均衡的影响分析。	2
		掌握相关价格的概念,掌握相关成本的概念,掌握收益、利润、厂商均衡概念。	
		掌握完全竞争市场的特点,掌握达成厂商均衡的分析方法。	
		掌握完全垄断市场的特点,垄断形成的原因,以及达成厂商均衡的分析方法。	

续上表

课堂	知识单元	知识点及教学要求	学时
15	交通运输市场(2)	掌握垄断竞争市场、寡头垄断市场的特点,以及达成厂商均衡的分析方法。	2
		理解博弈分析中的相关概念,了解囚徒困境问题,以及寡头竞争的博弈决策。	
		掌握交通运输市场的概念、特征与作用。	
		理解特定交通运输市场的行为特征(同时拥有基础设施与移动设施、不拥有基础设施、部分拥有基础设施的经营者)。	
16	专题研讨5		2
17	交通运输外部性与政府作用	理解帕累托最优概念,公平、效率的概念与关系,经济活动外部性概念。	2
		掌握市场失灵的主要表现,政府资源配置、收入分配、经济调节的政策和作用,政府管制,政府作用的局限性。	
		掌握垄断、垄断地位、垄断行为的概念与判定,不正当竞争行为的表现,掌握政府的税收与补贴政策。	
		了解税收归宿问题,交通运输的外部性表现及评估方法,交通拥挤的外部性分析。	
18	专题研讨6		2
19	交通运输成本与价格	掌握相关成本的概念,以及交通运输成本构成、特点与复杂性表现,掌握增量成本问题,联合成本问题,共同成本问题。	2
		掌握交通运输成本的计算与影响因素分析,了解运输距离对成本的影响计算。	
		掌握运价的特征与分类,以及运输服务定价原理,理解不同运价的构成形式。	
		掌握平均成本与边际成本定价,歧视定价与收益管理,高峰负荷与负担能力定价,了解互不补贴与次优定价。	
20	交通运输项目投资评价	掌握资金时间价值概念与计算要素,掌握现值、终值、年值之间的等值计算方法,理解现金流量概念。	2
		理解项目评价指标与计算方法。掌握净现值、内部收益率、投资回收期的计算与意义。	
		掌握盈亏平衡分析,敏感性分析,概率分析。	
		了解交通运输项目财务评价、经济评价的内容和相关指标计算。	
21	专题研讨7		2
22	交通运输固定资产折旧与设备更新	理解交通运输固定资产的概念、分类及构成,理解固定资产有形损耗和无形损耗的概念及类型。	2
		理解固定资产折旧的概念,掌握直线折旧费、双倍余额递减法、年数总和法。了解其他折旧计算方法。	
		了解交通运输设备损耗的补偿方式,设备使用年限的概念。	
		掌握交通运输设备更新决策、租赁决策的计算与比较方法。	

续上表

课堂	知识单元	知识点及教学要求	学时
23	交通运输企业经济活动分析	理解人力资源管理,劳动定额与工资,劳动生产率。	2
		掌握运输能力和运输量指标,运输时间及速度指标。	
		掌握运输工具利用率指标,运输质量及安全性指标。	
		掌握经济效益核算,交通运输能源消耗统计。	
24	专题研讨8		2

参 考 文 献

[1] 平狄克,鲁宾费尔德.微观经济学[M].张军,罗汉,尹翔硕,等,译.4版.北京:中国人民大学出版社,2000.

[2] 约翰·B·泰勒.微观经济学[M].李绍荣,李淑玲,等,译.5版.北京:中国市场出版社,2006.

[3] 保罗·萨缪尔森,威廉·诺德豪斯.经济学[M].萧琛,译.18版.北京:人民邮电出版社,2008.

[4] 曼昆.经济学原理[M].梁小民,梁硕,译.5版.北京:北京大学出版社,2009.

[5] 罗伯特·弗兰克.牛奶可乐经济学[M].闾佳,译.北京:中国人民大学出版社,2008.

[6] 柯兰德.微观经济学[M].陈蒙,译.6版.上海:上海人民出版社,2008.

[7] 周平海,王雷.新编西方经济学[M].上海:立信会计出版社,2000.

[8] 吕荣华,路琳.微观经济学教程[M].上海:上海交通大学出版社,2006.

[9] 陆迁.微观经济学[M].咸阳:西北农林科技大学出版社,2003.

[10] 刘东,梁东黎,史先诚.微观经济学教程[M].2版.北京:科学出版社,2010.

[11] 肯尼斯·巴顿.运输经济学[M].李晶,吕靖,等,译.3版.北京:机械工业出版社,2013.

[12] Kenneth D. Boyer. Principles of Transportation Economics[M]. New York:AddisonWesley Longman,Inc.,1997.

[13] Kenneth J. Button. Transport Economics[M]. 2nd ed. Surrey:Edward Elgar Publishing Limited,1993.

[14] Stuart Cole. Applied Transport Economics:Policy,Management and Decision Making[M]. 3rd ed. Buckinghamshire:Kogan Page,2005.

[15] 阿瑟·奥沙利文.城市经济学[M].周京奎,译.北京:北京大学出版社,2008.

[16] 赵建国,吕丹.公共经济学[M].北京:清华大学出版社,2014.

[17] 魏陆,吕守军.公共经济学[M].上海:上海交通大学出版社,2010.

[18] 杭文,朱金福.运输经济学[M].南京:东南大学出版社,2008.

[19] 秦四平.运输经济学[M].2版.北京:中国铁道出版社,2007.

[20] 蒋惠园.交通运输经济学[M].武汉:武汉理工大学出版社,2009.

[21] 荣朝和.西方运输经济学[M].2版.北京:经济科学出版社,2008.

[22] 陈贻龙,邵振一.运输经济学[M].北京:人民交通出版社,1999.

[23] 邵春福,秦四平. 交通经济学[M]. 北京:人民交通出版社,2008.

[24] 卢明银,王丽华,苑宏伟. 运输经济学[M]. 北京:中国矿业大学出版社,2007.

[25] 徐剑华. 运输经济学[M]. 北京:北京大学出版社,2009.

[26] 管楚度. 新视域运输经济学[M]. 北京:人民交通出版社,2002.

[27] 赵淑芝. 运输经济分析[M]. 北京:人民交通出版社,2003.

[28] 李永生,黄君麟. 运输经济学[M]. 北京:机械工业出版社,2004.

[29] 乔乐中. 运输经济学[M]. 成都:成都科技大学出版社,1993.

[30] 现代交通远程教育教材编委会. 运输经济学[M]. 北京:北京交通大学出版社,2004.

[31] 王庆云. 交通运输发展理论与实践(上、下册)[M]. 北京:中国科学技术出版社,2006.

[32] 胡思继. 综合运输工程学[M]. 北京:北京交通大学出版社,2005.

[33] 李杰,王富,何雅琴. 交通工程学[M]. 北京:北京大学出版社,2010.

[34] 罗伯特·瑟弗洛. 公交都市[M]. 宇恒可持续交通研究中心,译. 北京:中国建筑工业出版社,2007.

[35] 冯树民,白仕砚,等. 城市公共交通[M]. 北京:知识产权出版社,2012.

[36] 郭亮. 城市规划交通学[M]. 南京:东南大学出版社,2010.

[37] 刘延平,龚玉荣,李卫东. 运输统计理论与方法[M]. 北京:中国铁道出版社,2005.

[38] 杨茂桢,邵光田,宋来民. 运输统计学[M]. 北京:中国统计出版社,1986.

[39] 张志俊,袁长伟. 道路运输统计[M]. 北京:人民交通出版社,2010.

[40] 王慈光. 运输统计基础[M]. 成都:西南交通大学出版社,2004.

[41] 毛保华,王明生,贾顺平,等. 城市客运管理[M]. 北京:人民交通出版社,2009.

[42] 郭继孚,毛保华,刘迁,等. 交通需求管理:一体化的交通政策及实践研究[M]. 北京:科学出版社,2009.

[43] 晏克非. 交通需求管理理论与方法[M]. 上海:同济大学出版社,2012.

[44] 毛保华,郭继孚,陆金川,等. 城市综合交通结构演变的实证研究[M]. 北京:人民交通出版社,2010.

[45] 吴添祖,虞晓芬,龚建立,等. 技术经济学概论[M]. 2版. 北京:高等教育出版社,2004.

[46] 陈伟,韩斌,张凌. 技术经济学[M]. 北京:清华大学出版社,2012.

[47] 王柏轩. 技术经济学[M]. 上海:复旦大学出版社,2007.

[48] 隽志才. 运输技术经济学[M]. 北京:人民交通出版社,2007.

[49] 谢海红,罗江浩,贾元华. 交通项目评估与管理[M]. 北京:人民交通出版社,2008.

[50] 全国注册咨询工程师(投资)资格考试参考教材编写委员会. 项目决策分析与评价[M]. 北京:中国计划出版社,2008.

[51] 李岱安.中国铁路成本计算[M].北京:中国铁道出版社,1999.
[52] 《铁道运输企业会计》编委会.铁路运输企业会计[M].北京:中国铁道出版社,2005.
[53] 贾顺平,周洋帆,张思佳.交通拥堵收费的经济意义与社会条件分析[J].交通运输系统工程与信息,2014,14(1):14-19.
[54] 孙慧.工程项目与融资:特许经营项目融资的定义、特点及模式比较[J].中国工程咨询,2009(7):59-61.
[55] 周其仁.真实世界的经济学[M].北京:中信出版社,2021.
[56] 陈富良.政府承诺问题及其治理:特许经营合约视角[M].北京:经济管理出版社,2021.